Mensch & Politik

Sekundarstufe II

Gesamtband Politik und Wirtschaft

Dr. Dietrich Heither
Egbert Klöckner
Dr. Hartmann Wunderer

Mit Beiträgen von
Werner Launhardt und
Karl-Heinz Meyer

Schroedel

Mensch & Politik
Sekundarstufe II

Gesamtband
Politik und Wirtschaft

Dr. Dietrich Heither
Egbert Klöckner
Dr. Hartmann Wunderer

mit Beiträgen von
Werner Launhardt und
Karl-Heinz Meyer

Druck A [1] / Jahr 2010
Alle Drucke der Serie A sind im Unterricht parallel verwendbar.
Die letzte Zahl bezeichnet das Jahr dieses Druckes.

Redaktion: Dr. Mathias Wiards, Leipzig
Herstellung: Sabine Schmidt, Hannover
Gesamtlayout: Jesse Konzept & Text, Hannover
Grafik: Langner & Partner, Hannover
Satz: Jesse Konzept & Text GmbH, Hannover
Druck und Bindung: westermann druck GmbH, Braunschweig

ISBN 978-3-507-**10876**-9

Inhaltsverzeichnis

Jugend – Familie – Alter: Bevölkerungsstruktur im Umbruch

Seite 6

1 Leben in einer sich wandelnden Gesellschaft ... 8
2 Jugend im Wandel ... 10
2.1 Jugendkulturen gestern und heute ... 10
2.2 Wie sind wir geworden, was wir sind? – Sozialisation und Identitätsbildung ... 14
2.3 Identitätsbildung in einer sich wandelnden Gesellschaft ... 18
2.4 Individualisierung und Wertewandel ... 20
3 Demografischer Wandel ... 22
3.1 Bevölkerungsentwicklung als Problem ... 22
3.2 Weniger und älter – ein Land verändert sein Gesicht ... 24
3.3 Vom Generationenkonflikt zum „Krieg der Generationen"? ... 28
4 Familie – wieder gefragt? ... 30

Gesellschaftlicher Wandel und Sozialreform

Seite 38

1 Arbeitswelt im Wandel ... 40
1.1 Auf dem Weg in die Informationsgesellschaft? ... 40
METHODE Strukturwandel-Recherche ... 44
1.2 Strukturwandel und Arbeitsmarkt ... 46
1.3 Gleichstellung der Geschlechter? ... 51
2 Sozialstaat und soziale Ungleichheit ... 54
2.1 Soziale Ungleichheit und Chancengleichheit ... 54
METHODE Fotoanalyse ... 57
2.2 Soziale Differenzierung und Ungleichheit in Deutschland ... 58
2.3 Auf dem Weg zu einer offenen Gesellschaft? – Soziale Mobilität ... 64
2.4 Modelle der Sozialstruktur ... 66
3 Vom Modellfall zum Auslaufmodell? – Der Sozialstaat in der Krise ... 70
3.1 Der Sozialstaat in Deutschland ... 70
3.2 Der Sozialstaat in der Krise? ... 72
3.3 Die Agenda 2010 – Umbau oder Abbau des Sozialstaates? ... 74

Ökologie und Marktwirtschaft

Seite 78

1 Ökologische Probleme der Gegenwart ... 80
1.1 Der Klimawandel – Zufall oder von Menschen verursacht? ... 80
1.2 Der Treibhauseffekt ... 82
METHODE Präsentieren ... 87
2 Wirtschaftswachstum und Ökologie ... 88
2.1 Freie und soziale Marktwirtschaft ... 88
2.2 Preisbildung und Wachstum in der Marktwirtschaft ... 92
3 Zwischen Standortsicherung, Wirtschaftsentwicklung und ökologischen Ansprüchen – Umweltpolitik ... 100
3.1 Beispiel Klima ... 101
3.2 Umweltpolitik in der Europäischen Union ... 108
METHODE Arbeit mit statistischem Material ... 113
4 Umweltschutz – Handlungsmöglichkeiten vor Ort ... 116

Wirtschaftspolitik

Seite 126

1 Wirtschaft und Staat ... 128
2 Sicherung des Wettbewerbs ... 136
2.1 Wettbewerb und Konzentration – das Beispiel Strommarkt ... 136
2.2 Wettbewerbspolitische Instrumente ... 140
3 Ziele und Zielkonflikte der Wirtschaftspolitik ... 144
3.1 Vom „Magischen Viereck" zum „Magischen Vieleck" ... 145
3.2 Die Ziele im Einzelnen ... 148

METHODE Anregungen für ein Szenario „Arbeitsmarkt“ 158
4 Staatsverschuldung 160
5 Konjunkturtheorien 162
6 Konjunktur-, Fiskal- und Geldpolitik 168
7 Ist unsere Wirtschaftsordnung gerecht? 174

Globalisierung und die deutsche Wirtschaft

Seite 178

1 Leben in einer „vernetzten Welt“ 181
2 Auf dem Weg zur globalen Ökonomie 184
2.1 Von der Volks- zur Weltwirtschaft 184
2.2 Die Entwicklung des Welthandels 186
2.3 Ausländische Direktinvestitionen und transnationale Konzerne . 190
3 Ursachen der Globalisierung 192
4 Der Standort Deutschland in einer globalisierten Ökonomie 194
4.1 Der „Standort Deutschland“ in der Diskussion 194
4.2 Zahlen und Fakten zum Standort Deutschland 197
4.3 Ab- und Rückwanderungen 200
5 Europa im Globalisierungskontext 202
5.1 Der europäische Integrationsprozess 202
5.2 Der europäische Binnenmarkt 204
5.3 Probleme der Europäischen Wirtschafts- und Währungsunion 208
6 Globalisierung im Griff der Finanzmärkte 210
6.1 Die Entwicklung der FInanzmärkte 210
6.2 Beispiel die Asienkrise 216
6.3 Von der US-amerikanischen Bank- zur internationalen Finanzkrise 218
6.4 Von der Banken- und Finanzkrise zur Weltwirtschaftskrise 220

Ist die Bundesrepublik eine „Parteiendemokratie“?

Seite 224

1 Politik – Verdrossenheit oder Beteiligung? 226
2 Freiheit? Gleichheit? Soziale Gerechtigkeit? – Positionen der Demokratietheorie 234
METHODE Gedankenspiel – Was verbinden Sie mit dem Begriff „Demokratie“? 236
3 Parteien – Sprachrohre des Volkes? 238
4 Innerparteiliche Demokratie – eine Illusion? 248
5 Beuten die Parteien den Staat aus? 252
6 Die Parteien und der Staat: „L‘état, c‘est nous“? 252
7 Organisierte Interessen 252
8 Beuten die Parteien den Staat aus? 260
METHODE Auswertung von Wahl- und Parteiprogrammen 265
METHODE Parteien – eine Erkundung vor Ort 265

Grundrechte und demokratisches System in Deutschland

Seite 266

1 Warum ist das deutsche Wahlrecht so kompliziert? 268
2 Die Rolle des Bundestages im Gesetzgebungsprozess 274
3 Grund- und Menschenrechte 280
3.1 Beispiel BKA-Gesetz 280
3.2 Gelten Menschenrechte universal? 286
4 Europa reagiert (mit) 290
4.1 Europa entwickelt sich weiter!? 294
5 Beherrschen die Medien die Politik? 298
METHODE Bestandsaufnahme: Politik in der Mediengesellschaft 305

Weltordnung(en) im 21. Jahrhundert

Seite 310

1 Auf dem Weg zu einer neuen Weltordnung? ... 312
2 Internationale Beziehungen ... 318
3 Konturen einer neuen Weltordnung ... 322
4 Weltkulturen – Triebkräfte der internationalen Politik? ... 332
5 Islamismus – der neue Feind? ... 336
6 Nationalismus – ein „Krebsschaden" der Welt? ... 340
7 Deutschlands Rolle in der veränderten Welt ... 344
8 Eine gemeinsame Außen- und Sicherheitspolitik für die EU? ... 354
9 Die NATO im 21. Jahrhundert ... 360
10 Die OSZE ... 364
11 Die Vereinten Nationen – eine Weltorganisation in der Krise? ... 368
12 Zukünftig Frieden sichern ... 378

Internationale Konflikte – das Beispiel Afghanistan

Seite 382

1 Allgemeines zur Analyse außenpolitischer Konflikte ... 384
2 Zur Geschichte und Gegenwart Afghanistans ... 386
3 Vom Stellvertreterkrieg zum Krieg der neuen Weltordnung ... 390
4 Ölinteressen in Zentralasien ... 392
5 Die Außenpolitik der USA ... 396
6 Macht- und Gewaltstrukturen in Afghanistan ... 398
7 (Drogen-)Ökonomie Afghanistan ... 402
8 Afghanistan und die Vereinten Nationen ... 404
9 Die Bundeswehr am Hindukusch ... 406
10 Der Wiederaufbau Afghanistans ... 410

Entwicklung in einer globalisierten Welt

Seite 414

1 Die Welt entwickeln ... 416
2 Freihandel – mehr Wohlstand für alle? ... 420
2.1 Außenhandelstheorien ... 420
2.2 Freihandel – Wohlstand für wen? ... 422
3 Internationale Handelspolitik ... 424
4 Der IWF ... 428
5 Freihandel versus Protektionismus ... 430
6 Unterentwicklung – Schicksal oder Politikergebnis? ... 432
7 Beispiel Nigeria ... 436
8 Entwicklung durch Politik ... 442
9 Migration – die Welt in Bewegung ... 448
9.1 Weltweite Migration ... 450
9.2 Migration und Entwicklung ... 453
9.2 Migration und Globalisierung ... 454
10 Krise als Chance – ein Ausblick ... 456
METHODE Expertenbefragung ... 457

Glossar ... 458
Stichwortverzeichnis ... 462
Bildquellenverzeichnis ... 464

Jugend – Familie – Alter: Bevölkerungsstruktur im Umbruch

Artikel 6

(1) Ehe und Familie stehen unter dem besonderen Schutze der staatlichen Ordnung.
(2) Pflege und Erziehung der Kinder sind das natürliche Recht der Eltern und die zuvörderst ihnen obliegende Pflicht. Über ihre Betätigung wacht die staatliche Gemeinschaft.
(3) Gegen den Willen der Erziehungsberechtigten dürfen Kinder nur auf Grund eines Gesetzes von der Familie getrennt werden, wenn die Erziehungsberechtigten versagen oder wenn die Kinder aus anderen Gründen zu verwahrlosen drohen.
(4) Jede Mutter hat Anspruch auf den Schutz und die Fürsorge der Gemeinschaft.
(5) Den unehelichen Kindern sind durch die Gesetzgebung die gleichen Bedingungen für ihre leibliche und seelische Entwicklung und ihre Stellung in der Gesellschaft zu schaffen wie den ehelichen Kindern.

Aus: Grundgesetz für die Bundesrepublik Deutschland, I. Die Grundrechte (Art. 1–19)

1 Leben in einer sich wandelnden Gesellschaft

Jeder Mensch erfindet sich seine Geschichte,
die er dann unter gewaltigen Opfern für sein Leben hält.
Max Frisch

Gesellschaft findet ohnehin statt. Was gibt es also überhaupt über sie zu lernen? Stellt man dabei nicht nur umständlich fest, was man vorher schon weiß?
In die Gesellschaft wachsen wir hinein, sie umgibt uns mit scheinbarer Selbstverständlichkeit. Als Gegenstand des Nachdenkens kommt sie aber in den Blick, wenn

- der Einzelne im Zusammenleben mit anderen Schwierigkeiten hat,
- Gruppen miteinander nicht auskommen,
- es Missstände gibt, die nicht auf das zufällige Fehlverhalten Einzelner zurückzuführen sind,
- eine Gesellschaft auseinanderzubrechen droht oder nicht zusammenwachsen will.

Bei einer problembezogenen Auseinandersetzung mit Gesellschaft ist zu klären,

- welche Vorstellungen die Menschen in einer Gesellschaft über ihr Zusammenleben in Gegenwart und Zukunft haben,
- welche Werte ihnen wichtig sind und wie sie zu ihnen kommen, wer in der Lage ist, seine Vorstellungen durchzusetzen, und wer zurückstehen muss.

Beschäftigt man sich mit der Gesellschaft aus wissenschaftlichem oder politischem Interesse, kommt es darauf an, den Gegenstand der Untersuchung zu erfassen. Zu diesem Zweck sucht man Strukturen – z. B. Klassen, Schichten, Milieus oder Lebensstile/-lagen – in dem chaotischen Geschehen des gesellschaftlichen Lebens ausfindig zu machen und Einzelerscheinungen unter Begriffe zu fassen. Was dabei entsteht, sind nicht Abbildungen der Realität, sondern modellhafte Vorstellungen, Konstrukte, die unterschiedlich ausfallen können, je nachdem, welches Anliegen verfolgt wird. Da sie aber dazu dienen sollen, Aussagen über gesellschaftliche Realität zu machen, müssen sie an diese angebunden werden, was neben theoretischer Stringenz durch Zählen und Messen (statistische Erhebungen) oder durch Untersuchung repräsentativer Beispiele (z. B. Fälle oder Biografien) geschehen kann.

Wenn Aussagen über die Gesellschaft orientierende Wirkung für Gegenwart und Zukunft entfalten sollen, benötigt man für ihre Deutung einen sinnvollen Zusammenhang. Das Bedürfnis zu wissen, „was die Welt im Innersten zusammenhält", womöglich die Gesetze ihrer Entwicklung zu entdecken, ist die Quelle von Gesellschaftstheorien oder zumindest von Versuchen, die Hauptmerkmale einer Gesellschaft zu bestimmen. Begriffe wie Klassengesellschaft, Massengesellschaft, Erlebnisgesellschaft, Risikogesellschaft oder Informationsgesellschaft deuten auf solche - zumindest partiell entgegengesetzten - Ansätze hin.

Koordinaten, an denen junge Menschen ihre Lebensplanung ausrichten konnten, scheinen sich in den letzten Jahren zunehmend schneller zu verändern. Lebensläufe der Eltern, die im Westen wie im Osten der Bundesrepublik überwiegend nach einer Phase der schulischen und beruflichen Ausbildung zur Familiengründung führten und im früheren oder späteren Ruhestand endeten, verlieren ihren Beispielcharakter schon allein deshalb, weil auch in ihnen die Brüche zunehmen - z. B. durch Scheidung, Arbeitslosigkeit und Berufswechsel. Den Jugendlichen wird nun geradezu aufgetragen, sich auf Wandel einzustellen, am besten ihm voraus zu sein. Ihnen gehöre die Zukunft, so heißt es, nur kann niemand wissen, welche es sein wird.

Gleichwohl sind einige Determinanten und Entwicklungslinien zu erkennen, mit denen in absehbarer Zukunft zu rechnen ist:

- Der Raum, in dem die Jugendlichen sich zu orientieren haben, wird zumindest der eines größer werdenden Europas oder eher ein globaler Raum sein.
- Die Zahl konkurrierender Angebote an Lebensentwürfen wird eher zunehmen; erinnert sei an neue Formen von Lebensgemeinschaften, für die nach rechtlichen Formen gesucht wird, die denen der bürgerlichen Familien entsprechen.
- Der demografische Aufbau der Bundesrepublik wird auf absehbare Zukunft dadurch bestimmt sein, dass sich die Gewichte noch stärker als bisher zugunsten der älteren Menschen verschieben: Der Altersdurchschnitt der Gesellschaft steigt, der Anteil der jüngeren Menschen sinkt fortwährend.
- Von einer ebenso großen Unsicherheit und einem ebenso großen Wandel ist eine der wichtigsten gesellschaftlichen Institutionen, die Familie, betroffen. Früher fest geordnete Zusammenhänge wie z. B. Ehe und Familie werden neu geordnet und erhalten teilweise ein neues Gesicht.
- Der technologische Wandel vollzieht sich in einer Geschwindigkeit, die in der Geschichte keine Entsprechung findet. Das Internet und die es tragenden Kommunikationsmittel revolutionieren Wirtschaftswelt und Privatwelt.
- Das Berufsleben verändert sich zunehmend. Nicht nur alte Werte der Arbeit, des Berufs und der Freizeit, sondern die Arbeit selbst und eine feste Vorstellung der Beruflichkeit selbst sind infrage gestellt. Diese Veränderungen sind großenteils mit steigender Unsicherheit auf Seiten der Betroffenen verbunden.

Die genannten Entwicklungen sind Ergebnisse menschlichen Handelns im privaten und im öffentlichen Bereich, daher auch durch Entscheiden und Handeln zu beeinflussen. Bewusstes Verhalten ihnen gegenüber setzt ihre Wahrnehmung und Kriterien ihrer Beurteilung voraus:

- Welche sozialen Gebilde haben Einfluss auf die Einzelnen?
- Welcher Art ist dieser Einfluss und kann man sich ihm entziehen?
- Welche Normen und Regeln setzt uns die Gemeinschaft?
- Inwiefern sind sie bindend? Was folgt auf eine Nichteinhaltung?
- Ist es richtig anzunehmen, dass die Einzelnen stärker auf sich selbst bezogen sind, dass die Bindung an soziale Institutionen nachlässt?
- Wie lassen sich die Veränderungen mit Blick auf die Lebenssituation der Menschen beschreiben? Wie werden sie von den Menschen erlebt?
- Welche Chancen haben sie, darauf zu reagieren?
- Wie können sie diese Prozesse politisch gestalten?
- Inwiefern ist dabei zwischen den verschiedenen politischen und gesellschaftlichen Akteursgruppen zu unterscheiden?

2 Jugend im Wandel

„Jugend“ als Lebensphase ist eine moderne Erscheinung, ein „Produkt“ des 20. Jahrhunderts. Noch im 19. und beginnenden 20. Jahrhundert erlebten nur wenige junge Menschen aus gut situierten Verhältnissen (i. d. R. beschränkt auf die männlichen Heranwachsenden) den Luxus einer Jugendzeit, in der viele Zwänge der Kindheit entfielen, aber das eigene Leben und vor allem die Existenzsicherung noch nicht selbstverantwortlich gestaltet werden mussten. Die große Mehrheit der Heranwachsenden demgegenüber musste direkt aus der Kindheit in ein von Arbeitsbelastung gekennzeichnetes Erwachsenenalter übertreten. Von einer Standardisierung der Jugendzeit als biografisches Muster kann man erst ab den 1950er-Jahren sprechen, als Schulreformen und Verlängerung der Ausbildungszeiten begrenzte Freiräume schufen – wenn auch immer noch unterschiedlich lang und von materiellen und sozialen Ressourcen abhängig. Geprägt von verschiedenen gesellschaftlichen Einflüssen entstanden vielerlei Jugendkulturen, mit denen sich die Jugendlichen von der Erwachsenenwelt absetzten und eigene ästhetische Stile, Lebensmuster und Werte kreierten. Die Kennzeichnung des 20. Jahrhunderts als „Jahrhunderts der Jugend“ verweist auf die Bedeutung dieses Prozesses, der weit über die Jugendphase selbst hinausreicht und Einfluss auf die gesamte Sozialkultur genommen hat und nimmt: Kunst, Mode, Musikrichtungen, Lebensziele und Werte orientieren sich immer stärker an jugendkulturellen Vorgaben. Jugendlichkeit ist zur universalen Idealfigur für einen Großteil der Erwachsenen geworden, aufgegriffen und forciert durch die Freizeitindustrie und den Konsumsektor.

2.1 Jugendkulturen gestern und heute

MATERIAL **1**

Jugendkulturen im Zeitraffer

50er: **Rock'n Roll**

In den wilden 50ern beglückt der „American Way of Life“ die jungen Bundesdeutschen mit Jeans, Kaugummi und Coke. Der Rock'n Roll macht Karriere und Elvis, the Pelvis, wird zum King!

Links: Krawalle beim Bill-Haley-Konzert, Stuttgart 1958

Rechts: Demonstration vor dem Amerikahaus in Stuttgart, 1969

Unten: Plakat des Sozialistischen Deutschen Studentenbundes, 1973

68er: **Studentenrevolte**

Nachdem seit 1966 die große Koalition aus CDU/CSU und SPD praktisch ohne parlamentarische Opposition regiert, bildet sich nun die „Außerparlamentarische Opposition“: die APO. Die Studierenden spielen dabei eine große Rolle; sie demonstrieren gegen bürgerliche Parteien und Werte, gegen das „Establishment“. Es geht nicht zuletzt um die nationalsozialistische Vergangenheit der deutschen Eliten.

70er: **Flower Power**

Nach der harten politischen Konfrontation gegen Ende der 60er-Jahre beginnt die Epoche der Aufklärung und der sexuellen Revolution. „Hot pants“, Plateausohlen und fantasievolle Hippieklamotten setzen modische Akzente.

Plattencover „Woodstock“, 1970

Punks in Berlin 1988

80er: **Punk eckt an**
Mit gefärbten Haaren, schriller Kleidung, Sicherheitsnadeln in den Wangen und Ratten als ständigen Begleitern schockieren die Punks das Bürgertum. Im Zeichen von Hochrüstung und Umweltverschmutzung wird „No Future!" zum Motto. Auch in der DDR findet man Punks – im Gegensatz zu Westdeutschland jedoch engagieren sie sich eher im Umfeld der Kirchen und innerhalb der Friedensbewegung.

90er: **Love Parade**
Einmal im Jahr liegt Berlin (nicht nur) im Technorausch. Über eine Million Jugendliche feierten 1998 die größte Technoparty der Welt – das Motto: „Love, Peace and Un@ity!" Bereits vier Jahre später war die Teilnehmerzahl auf ein Viertel zurückgegangen.

Love-Parade, Berlin 2000

Was ist der Unterschied zwischen der Jugendkultur heute und damals? Gegen Ende des Jahrtausends sind jugendliche Trends wesentlich vielfältiger und schnelllebiger geworden: So gab es beispielsweise in den 50er-Jahren im Wesentlichen nur zwei Jugendkulturen – die „Exis" (Existentialisten) aus der Oberschicht und die „Rock'n Roller" aus der Unterschicht. Heute sind es über 50 verschiedene und sich überschneidende Stile – von den Hip Hoppern über die Snowboarder, die Computerfreaks bis hin zu den Ravern.
Nicht nur in der Wirtschaft, auch in der Jugendkultur ist Globalisierung „in". Trendscouts spüren weltweit an den Szeneplätzen in New York, London und Berlin die neuesten Stile auf. Während Ende der 70er-Jahre die Punkbewegung erst nach vier Jahren von England nach Deutschland schwappte, passieren heute Trends weltweit fast gleichzeitig.

Nach: 50 Jahre Bundesrepublik, Zeitbild, April 1999, S. 12 f.

Jugend heute – traurige Streber?

MATERIAL 2

Idealismus galt einmal als Zug der Jugend, das Nein zu Kompromiss, Anpassung und Geschäftemacherei. [...] Aber heute? [...] Die Praktikanten und Berufsanfänger akzeptieren bis zur Charakterlosigkeit jede Bedingung, jede eingespielte Dummheit, jede ethisch bedenkliche Praxis. Sie blicken aus Rehaugen, die sich nur manchmal melancholisch verschleiern, auf die raue Welt der Wirtschaft und Politik und scheinen den Schwur getan zu haben, so schnell wie möglich zum Haifisch zu werden, um auch dort zu überleben, wo es von Feinden wimmelt. Denn dass die Welt böse ist, die Berufswelt zumal, das halten sie für gewiss; man hat es ihnen oft genug gesagt. Die gesellschaftliche Großdebatte um Globalisierung und verschärfte Konkurrenz, um Standort und Wettbewerbsfähigkeit ist tief bis in die Psyche vorgedrungen, man könnte auch sagen, sie ist dort eingeschlagen wie ein Meteor und hat einen Krater hinterlassen, in dem alles Leichte und Hoffnungsvolle, alle Fantasie und alles Aufbegehren verschwunden sind.

Von grimmigen Vorgesetzten, Lehrern und Professoren muss die Jugend nicht mehr an die Kandare genommen werden; sie hat sich selbst schon an die Kandare gelegt. [...] Die Imperative von Knappheit und Konkurrenz [...] sind längst verinnerlicht. Junge Germanisten, die sich an Schillers, an Heines, an Brechts Ideologiekritik geschult haben, arbeiten bereitwillig und demutsvoll in PR-Abteilungen, die den Kunden und der Öffentlichkeit ein X für ein U vormachen. Junge Betriebswirte verkaufen im Außendienst Versicherungsverträge, deren Nutzlosigkeit für den Kunden ihnen offen zutage liegt. Junge Ingenieure, die den Wirkungsgrad der Energieerzeugung genau berechnen können, entwerfen Windkraftanlagen, deren Rentabilität allein auf irregeleiteten Subventionen beruht. [...]

Wer oder was, um Himmels willen, hat den jungen Leuten das darwinistische Weltbild aufgeredet? Das Überleben der Stärksten allein? Hat sich etwas, was als ökonomisches Marktprinzip Sinn ergibt, zur Universalmetapher aufgeschwungen und alles Gnädig-Humane auf den Schrotthaufen der Illusionen befördert? Denn die jungen Leute glauben ja nicht, dass die Welt gut ist, wie sie ist. Nichts wäre falscher, als ihnen nachzusagen, sie seien unkritisch. Sie glauben aber auch nicht, dass sich die Welt zum Besseren verändern ließe. [...]

An persönlichem Erfolg, sei es im Beruf oder in der Liebe, sind alle interessiert, an Fragen der sozialen Gerechtigkeit eine schwindende Anzahl. Mit dem Vorwurf von Egoismus und Wegduckerei ist das Phänomen nicht erklärt, denn auch der Rückzug aufs Private und das »Ich zuerst« sind nur der Ausdruck einer Depression, die von der Zukunft nichts erwartet. Rette sich, wer kann! Manches spricht dafür, dass die Jugend unsere Gesellschaft zerfallen sieht und nur noch das eigene Überleben sichern will.

Aus: Jens Jessen, Die traurigen Streber, in: DIE ZEIT 36/2008 (28.08.2008)

1 Arbeiten Sie anhand von M 1 den Unterschied zwischen der heutigen Jugendkultur und früheren Jugendkulturen heraus.

2 Methodische Anregung: Erstellen Sie in Arbeitsgruppen einen kulturhistorischen Vergleich zwischen den in M 1 angeführten Jugendwelten, indem Sie – möglichst fächerübergreifend – publizistische, literarische und musikalische „Spiegelungen“ der jeweiligen Jugendkulturen untersuchen.

3 Diskutieren Sie die Beschreibung der heutigen Jugendgeneration in M 2. Finden Sie sich in dieser Beschreibung wieder?

4 Erörtern Sie schriftlich: Inwieweit ist der Begriff der Generation geeignet, sozialen Wandel zu beschreiben, wo findet er seine Grenzen?

2.2 Wie sind wir geworden, was wir sind? – Sozialisation und Identitätsbildung

Sind es die Erbanlagen, die bestimmen, was ein Mensch ist und was er wird, oder ist es das „Milieu", das ihm Verwirklichungs- und Lebenschancen eröffnet oder verwehrt? Dieser Streit erinnert an die Frage, was zuerst da war – die Henne oder das Ei. Mit der Entschlüsselung des menschlichen Genoms bestimmt heute zunehmend ein „Sozialbiologismus" die Sicht des Menschen. Auch das psychische und soziale Verhalten, insbesondere wenn es den gegebenen gesellschaftlichen Verhaltensmustern und Normen nicht entspricht, wird aus einer genetischen Disposition (Gendefekten) heraus erklärt, sei es Alkoholismus, sei es Kriminalität.

Demgegenüber betonen Soziologen, die sich mit dem Zusammenleben der Menschen in der Gesellschaft befassen, die Abhängigkeit des Menschen von seinem sozialen Umfeld. Nur im Zusammenleben mit anderen ist der Mensch lebens- und überlebensfähig. Er bedarf – nach seiner „physiologischen Geburt" – einer viele Jahre währenden zweiten „soziokulturellen Geburt", um zu einem Mitglied der Gesellschaft zu werden. Dass der Mensch als Disposition Erbanlagen hat, ist für die Soziologen nicht die Frage, entscheidend ist, ob und wie er diese Anlagen in dem gesellschaftlichen Umfeld, in das er hineingeboren wird, verwirklichen kann.

Zeichnung: Quino

MATERIAL **1**

Sozialisation – die soziokulturelle „Geburt" des Menschen

Prof. Dr. Hans Peter Henecka lehrt Soziologie an der Pädagogischen Hochschule Heidelberg.

[...] Sozialisationsprozesse lassen sich zunächst danach unterscheiden, ob es darum geht, die grundlegende Mitgliedschaft in der Gesellschaft und damit die Fähigkeit zur Teilnahme am sozialen Geschehen überhaupt zu erwerben, oder darum, neue Möglichkeiten der Verwirklichung dieser Beteiligung zu lernen. [...]
Man bezeichnet die erste und elementare Sozialisation in der frühen Kindheit als primäre Sozialisation. Sie erfolgt in der Regel in der Familie und vermittelt inhaltlich und formal die Grunderfahrung des sozialen Lebens in einer kleinen und vertrauten Gruppe: Das Kind lernt, welche Bedeutung die Menschen seiner Umgebung mit ihren Worten, Gesten, Mienen und mit ihrem Tun und Lassen verbinden; [...] schließlich muss das Kind lernen, seine Bedürfnisse mit den Erwartungen seiner Umwelt in Einklang zu bringen. [...]
Die hierbei vermittelten gesellschaftlichen Verhaltensmuster und Erfahrungen legen zwar ein relativ solides Fundament, das im Verlauf späterer Lebensphasen jedoch nach zahlreichen Richtungen hin weiter ausgebaut und ergänzt, aber auch differenziert werden muss. Dies geschieht in der sogenannten sekundären Sozialisiertheit, die auf der Basis

primärer Sozialisation aufbaut, hingegen im Wesentlichen im außerfamiliären Raum verläuft. [...]
Sozialisation müssen wir darum auch als einen [...] lebenslangen Prozess verstehen, der nicht [...] mit dem Ende der Jugendphase als abgeschlossen gelten kann. In jeder neuen Lebensphase ergeben sich nicht zuletzt unter veränderten materiellen Bedingungen und durch den Wechsel von sozialen Beziehungen (z. B. bei Eheschließung, Berufswechsel, Arbeitslosigkeit, notwendigem Wohnortwechsel) immer wieder neue Sozialisationskonstellationen, die beim Individuum Veränderungen von bestehenden bzw. die Übernahme neuer Handlungsfähigkeiten erforderlich machen.
[...] Zwar ist das zu sozialisierende Kind in seinen ersten Lebensjahren in seinem physischen Überleben völlig abhängig von seiner sozialen Umwelt, was es damit „bezahlt", dass es sich dieser Umwelt anpasst. Aber diese „Anpassung" erfolgt ja nicht so, dass das Kind einfach alles aufnimmt, sondern es trifft unbewusst eine Auswahl aus der angebotenen Fülle. Was ihm nicht passt, das sieht und hört es nicht; es lernt also durchaus nicht alles, und was es lernt, lernt es verschieden gut. So setzt sich also das Individuum [...] bewusst und unbewusst mit seiner materiellen und gesellschaftlichen Umwelt auseinander, wirkt auf dieselbe zurück und macht sie sich auf eigene Art und Weise zu eigen. Sozialisationsvorgänge sind deshalb keineswegs einseitig als „Einbahnstraßen" zu betrachten, sondern müssen notwendigerweise als soziale Interaktionsprozesse begriffen werden.

Aus: Hans Peter Henecka, Grundkurs Soziologie, 7., verbesserte Aufl., Opladen 2000, S. 70 f., 76–80

Jugend als Lebensphase

MATERIAL **2**

Prof. Dr. Klaus Hurrelmann, Soziologe an der Universität Bielefeld.

In soziologischer Betrachtung ist die Jugendphase ein Lebensabschnitt, der durch ein Nebeneinander von noch unselbstständigen, kindheitsgemäßen, und selbstständigen, schon erwachsenengemäßen Handlungsanforderungen charakterisiert ist. Der Austritt aus der Jugendphase ist erst dann vollzogen, wenn in allen relevanten Handlungsbereichen ein vollständiger oder zumindest weitreichender Grad von Autonomie und Eigenverantwortlichkeit erreicht ist.
In der Regel wird der entscheidende Schritt in Richtung Erwachsenenstatus dann vollzogen, wenn im „öffentlichen" Bereich die schulischen und die anschließenden beruflichen Ausbildungsverhältnisse verlassen werden und Jugendliche den Übertritt in den Berufs- und Erwerbstätigensektor vornehmen. Die zweite wichtige Markierungsstelle ist im „privaten" Bereich gegeben und besteht in der Ablösung von den Eltern, dem Auszug aus dem Elternhaus und der Gründung von fester Partnerschaft und eigener Familie. Auch die Autonomie in den Handlungssektoren „politischer Bürger" mit eigenem aktiven und passiven Wahlrecht [...] sind weitere wichtige Markierungspunkte für den Übergang vom Jugendlichen zum Erwachsenen. [...]

Typisch ist für Jugendliche heute, dass sie im Bereich der politischen Partizipation und der wirtschaftlich-konsumistischen Partizipation schon sehr früh in die Rolle des Erwachsenen einrücken können, hingegen aber im Bereich der Familienrolle und erst recht im Bereich der Erwerbstätigenrolle erst sehr spät diesen Status erreichen. Ihre Situation ist, zugespitzt formuliert, durch frühe soziokulturelle Selbstständigkeit bei später sozioökonomischer Selbstständigkeit charakterisiert. Hierdurch ergibt sich eine spezifische Ausprägung von unterschiedlichen Anforderungen in den einzelnen sozialen Positionen, die soziologisch als „Statusdiskrepanz" bezeichnet wird.

Aus: Klaus Hurrelmann: Soziales Lernen in der Schule, in: Pädagogikunterricht, 20. Jg., Nr. 1/2000, S. 2–8

MATERIAL 3

Jugend zwischen Individuation und Integration

Unzweifelhaft ist das Jugendalter dadurch charakterisiert, dass die Fähigkeiten und Fertigkeiten erworben werden müssen, die für den anschließenden Erwachsenenstatus typisch und selbstverständlich sind. Zugleich aber kommt es wegen der im Jugendalter charakteristischen unvoreingenommenen Aneignungs- und Auseinandersetzungsprozesse keinesfalls zu einer einfachen Übernahme von gesellschaftlichen Vorgaben oder zu einer Reproduktion von Sozialcharakteren von einer Generation zur nächsten. Vielmehr ist gerade in diesem Lebensabschnitt das Ausmaß von kreativer und eigenständiger Gestaltung, von produktiver und aktiver Auseinandersetzung mit den inneren und äußeren Lebensbedingungen von sehr großer Bedeutung. [...] Hieraus ergeben sich außerordentlich hohe Anforderungen an die biografische Selbstgestaltung der Lebensphase Jugend. [...]

Jugendliche müssen eine schnelle Veränderung ihrer psychophysischen Disposition, also der Struktur ihrer Motive, Gefühle, Denkweisen und Reaktionsmuster, bewältigen und mit dem Aufbau von Selbstbild und Identität in Verbindung bringen. Im gleichen Zeitraum, in dem sich diese wichtigen biopsychischen Gestaltveränderungen und individuellen Persönlichkeitsformungen abspielen, werden von ihnen mit massivem Nachdruck soziale Integrationsleistungen verlangt, insbesondere soziokulturelle Anpassungsleistungen und ökonomisch relevante Qualifizierungs- und Leistungsanforderungen. Aus diesem Zusammenprall von psychobiologischen und sozialökologischen Anforderungen in einem knappen Zeitraum der Lebensspanne können sich Belastungen ergeben, wenn die Bewältigungsstrukturen nicht ausreichen.

Zugleich ist diese Lebensphase Jugend durch die lebensgeschichtlich erstmalige Chance gekennzeichnet, eine Ichidentität zu entwickeln. Jugendliche werden zur Teilnahme an sozialer Interaktion fähig, indem sie sich zum ersten Mal nicht nur als handelndes Subjekt empfinden, sondern sich selbst im Prozess des Handelns auch als Objekt wahrzunehmen vermögen. Sie bauen auf diese Weise ein erstes Bild von sich selbst auf, indem sie alle Ergebnisse der bisherigen Interaktionen auswerten und zu einem in sich stimmigen und schlüssigen Entwurf als „Selbstbild" („Selbstkonzept") zusammenfügen.

Klaus Hurrelmann, a. a. O.

MATERIAL 4

Identität und soziale Rolle – Grundbegriffe der Soziologie

In der Soziologie wird zur Beschreibung des Zusammenlebens häufig das Rollenmodell benutzt, das auch den Vorgang der Sozialisation, der *Soziabilisierung* (Erwerb der elementaren sozialen Handlungsfähigkeit) und der *Enkulturation* (Übernahme der kulturspezifischen Kenntnisse und Wertvorstellungen), erklären kann.

Menschen nehmen in der Gesellschaft unterschiedliche *soziale Positionen* ein, zugewiesene oder zugeschriebene Positionen (z. B. Mann, Frau, Tochter, Jugendlicher) und erworbene Positionen (z. B. berufliche Stellung, Freund, Mitgliedschaft in einer Partei). Mit diesen Positionen sind *soziale Erwartungen* verknüpft, *Normen,* die nach dem Grad ihrer Verbindlichkeit unterschieden werden können: *Muss-Erwartungen,* deren Einhaltung zwingend ist (z. B. Schulbesuch, Verkehrsregeln), *Soll-Erwartungen,* die nicht rechtlich fixiert sind, deren Einhaltung aber häufig ebenfalls zwingend ist, um Druck, Ausgrenzung oder Verachtung zu verhindern (z. B. Mithilfe im Haushalt, Respekt gegenüber Älteren) und *Kann-Erwartungen,* deren Erfüllung – ohne zwingend zu sein – positive Reaktionen der Umwelt hervorruft (Lob, Anerkennung, Ansehen). Die Summe der Erwartungen, die dem Inhaber einer sozialen Position entgegengebracht werden, macht die *soziale Rolle* aus. *Sozialisation* wird von diesem Ansatz her entsprechend als Prozess verstanden, in dem

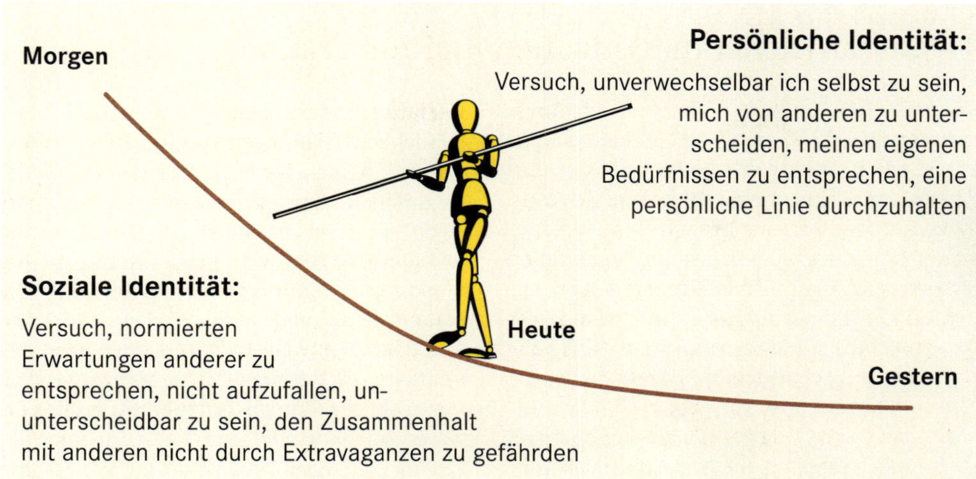

Nach: Erhard Meneler, Wie aus Schwäche Stärke wird. Milow 1999, S. 54

L&P / 3645

das Individuum die sozialen Normen und Rollenerwartungen erlernt, sich aneignet und damit eine *soziale Identität* erwirbt. Gleichzeitig interpretiert aber das Individuum die Normen und Rollenerwartungen nach seinen eigenen Erfahrungen und Bedürfnissen, d. h. nach seiner persönlichen Identität.

Dieser Prozess der Herausbildung von Ichidentität vollzieht sich im Sozialisationsprozess in drei Stufen: Zunächst findet eine *Rollenübernahme* statt: Die gesellschaftlichen Erwartungen/Zuweisungen werden übernommen und die soziale Identität entfaltet sich. Auf der zweiten Stufe werden die persönlichen Bedürfnisse zur Ausgestaltung der sozialen Rolle, die persönliche Identität, eingebracht; das Individuum grenzt sich von den zugeschriebenen Erwartungen ab *(Rollendistanz)*, um schließlich zu einer eigenen *Rollengestaltung* zu gelangen, die die gesellschaftlichen Erwartungen und die individuellen Bedürfnisse ausbalanciert und *Ichidentität* herstellt.

Autorentext

1 Formulieren Sie die Aussage des Cartoons auf Seite 14 und nehmen Sie Stellung dazu.

2 Verdeutlichen Sie in einem Schaubild den in M 1 beschriebenen Prozess der Sozialisation (Phasen, Träger, Leistungen) und erläutern Sie das Verständnis von Sozialisation als „lebenslangem Prozess“, der keine „Einbahnstraße“ sei.

3 Stellen Sie anhand von M 2 die wesentlichen Merkmale der „Lebensphase Jugend“ in Abgrenzung zur Kindheits- und Erwachsenenphase zusammen und erläutern Sie die in M 3 aufgezeigten Chancen und Belastungspotenziale.

4 Erörtern Sie die Rolle der sozialen Umwelt beim Prozess der Identitätsbildung (M 3). Ziehen Sie hierbei das Schaubild oben heran.

5 Benutzen Sie die in M 4 angeführten soziologischen Grundbegriffe, um den Sozialisationsprozess (M 1, M 3) zusammenfassend darzulegen.

2.3 Identitätsbildung in einer sich wandelnden Gesellschaft

MATERIAL 1 „Individualisierung“ – Merkmal gesellschaftlichen Wandels?

„Individualisierung“. Mit diesem Begriff ist ein Ensemble gesellschaftlicher Entwicklungen und Erfahrungen gemeint [...]: zum einen die Auflösung vorgegebener sozialer Lebensformen – zum Beispiel das Brüchigwerden von lebensweltlichen Kategorien wie Klasse und Stand, Geschlechtsrollen, Familie, Nachbarschaft usw.; oder auch, wie im Fall der DDR und anderer Ostblockstaaten, den Zusammenbruch staatlich verordneter Normalbiografien und Leitbilder. Wo immer solche Auflösungstendenzen sich zeigen, stellt sich zugleich die Frage: Welche Lebensformen entstehen dort, wo die alten zerbrechen?
Die Antwort, auf die zweite Seite von Individualisierung verweisend, heißt schlicht: In der modernen Gesellschaft kommen auf den Einzelnen neue institutionelle Anforderungen, Kontrollen und Zwänge zu. Über Arbeitsmarkt, Wohlfahrtsstaat und Bürokratie wird er in Netze von Regelungen, Maßgaben, Anspruchsvoraussetzungen eingebunden. Vom Rentenrecht bis zum Versicherungsschutz, vom Erziehungsgeld bis zu den Steuertarifen: All dies sind institutionelle Vorgaben mit dem besonderen Aufforderungscharakter, ein eigenes Leben zu führen. [...] Das entscheidende Kennzeichen dieser modernen Vorgaben ist, dass das Individuum sie, weit mehr als früher, gewissermaßen selbst herstellen muss, im eigenen Handeln in die Biografie hereinholen muss. Das hat wesentlich damit zu tun, dass die traditionellen Vorgaben oft rigoros Handlungsbeschränkungen, ja Handlungsverbote beinhalten (wie etwa die Heiratsverbote der vorindustriellen Gesellschaft, die den besitzlosen Bevölkerungsgruppen eine Eheschließung unmöglich machten [...]. Dagegen sind die institutionellen Vorgaben der modernen westlichen Gesellschaft eher Leistungsangebote bzw. Handlungsanreize – man denke etwa an den Wohlfahrtsstaat, von Arbeitslosengeld bis Bafög und Bausparprämie. Vereinfacht gesagt: In die traditionelle Gesellschaft und ihre Vorgaben wurde man hineingeboren (wie etwa in Stand und Religion). Für die neuen Vorgaben muss man etwas *tun*, sich aktiv bemühen. Hier muss man erobern, in der Konkurrenz um begrenzte Ressourcen sich durchzusetzen verstehen – und das nicht nur einmal, sondern tagtäglich.
Die Normalbiografie wird damit zur „Wahlbiografie“, [...] zur „Bastelbiografie“. Das muss nicht gewollt sein, und es muss nicht gelingen. Bastelbiografie ist immer zugleich „Risikobiografie“, ein Zustand der (teils offenen, teils verdeckten) Dauergefährdung. Die Fassaden von Wohlstand, Konsum, Glimmer täusche oft darüber hinweg, wie nahe der Absturz schon ist. Der falsche Beruf oder die falsche Branche, dazu die privaten Unglücksspiralen von Scheidung, Krankheit, Wohnungsverlust – Pech gehabt, heißt es dann. Im Falle des Falles wird offen erkennbar, was untergründig immer schon angelegt ist: Die Bastelbiografie kann schnell zu Bruchbiografie werden [...], wie Zygmunt Baumann sagt: „Heutzutage scheint alles sich gegen [...] lebenslange Entwürfe, dauerhafte Bindungen, unwandelbare Identitäten zu verschwören. Ich kann nicht langfristig auf meinen Arbeitsplatz, meinen Beruf, ja nicht einmal auf meine eigenen Fähigkeiten bauen; ich kann darauf wetten, dass mein Arbeitsplatz wegrationalisiert wird, dass mein Beruf sich bis zur Unkenntlichkeit verändert, dass meine Fähigkeiten nicht länger gefragt sind. Auch auf Partnerschaft oder Familie ist in Zukunft nicht mehr zu gründen; im Zeitalter dessen, was Anthony Giddens ‚confluent love‘ nennt, währt das Beisammensein nicht länger als die Befriedigung eines der Partner, die Bindung gilt von vornherein nur ‚bis auf Weiteres‘, die intensive Bindung von heute macht Frustrationen morgen nur umso heftiger.“

Aus: Ulrich Beck/Elisabeth Beck-Gernsheim (Hrsg.): Riskante Freiheiten. Individualisierung in modernen Gesellschaften, Frankfurt a. M.: Suhrkamp, 1994, S. 11–13

„Individualisierung“ – ein Missverständnis?

MATERIAL **2**

Kein anderer Begriff von gesellschaftlicher Modernisierung und Fortschritt hat sich so durchgesetzt wie der der Individualisierung – verstanden als „Freisetzung von traditionalen Bindungen“. [...] Trotz des Wählenmüssens steckt darin die Vorstellung vermehrter Optionen, wachsender Freiheit. Die Vision der Individualisierungstheoretiker ist die einer Gesellschaft, die ihre Grundstruktur von herkunftsbedingten Bindungen auf wählbare Bindungen umstellt. Das entspricht durch und durch unserem zeitgenössischen Lebensgefühl. Es scheint evident zu sein: Was früher vorentschieden war, kann heute so oder so entschieden werden. Was früher durch Normen festgelegt war, ist heute offen, was früher kollektiv entschieden wurde, wird heute individuell entschieden [...] Zwar gibt es auch in der Individualisierungstheorie soziale Zwänge, aber nur noch als Restbestand von Traditionen, als strukturelle Randbedingungen, Restriktionen des Wählens und als Zwang zur Wahl. [...] Meine These lautet nun gegen die Individualisierungstheoretiker: Die strukturellen Wandlungen in modernen Gesellschaften werden radikal – an der Wurzel – falsch verstanden, wenn sie als Individualisierung verstanden werden. Sie sind immer, zugleich und gegenläufig, Individualisierung und Rückbindung. Rückbindung bringt Individualisierung hervor und umgekehrt [...]. Steigende Trennungs- und Scheidungsraten als kollektives Phänomen gelten als der Indikator par excellence für Individualisierung. An diesem Punkt, bei der Trennung des Paares, möchte ich meine Suche nach dem Verbleib traditionaler Bindungen und Zwänge fortführen. [...] Bei der Trennung des Paares geschieht, was ich [...] als den zweiten Weg der Individualisierung im Paar beschrieben habe: Die sich individualisierenden Bindungen führen zurück zur alten Ordnung der Herkunftsbindungen. An wen wenden sich die modernen Menschen, wenn die Beziehung zerbricht? Der nächste Partner steht selten sogleich zur Wahl bereit. Da sind es die Eltern, Geschwister, Großeltern, Tanten und Onkel, Cousins und Cousinen, Jugendfreunde, also altvertraute Personen, bei denen man Halt und Unterstützung sucht. [...]

Wir wählen diese Bindungen nicht. Wir haben sie auch früher nicht gewählt. Wir haben sie nie wählen können. Und wir werden sie nie abwählen können. Sie sind immer schon da. [...] Der Individualisierungsprozess, der in der Trennung des Paares, also in der Auflösung einer Wahlbindung gipfelt, führt zur Rückverwandlung dieser Wahlbindung in nicht gewählte Herkunftsbindungen. [...] Die vorläufig letzte Station auf meiner Suche nach dem Verbleib sich auflösender Paarbeziehungen ist wieder das Paar selbst, diesmal aber nicht als individuelle, handfeste Zweisamkeit, sondern als Träger einer kollektiven Idee der Zweisamkeit. Meine These lautet: Die sich auflösenden individuellen Liebes- oder Ehebindungen verwandeln sich, in den Köpfen der Beteiligten, in kollektive Bindungen.

Aus: Karl Otto Hondrich: Zur Dialektik von Individualisierung und Rückbindung am Beispiel der Paarbeziehung, in: Aus Politik und Zeitgeschichte B 53/98, S. 3–7

1 Erarbeiten Sie anhand von M 1 die wesentlichen Bestimmungsmerkmale des Begriffes „Individualisierung“ und fertigen Sie eine Mindmap zu diesem soziologischen Terminus an.

2 Beschreiben Sie, vor welchen Herausforderungen das Individuum bei der Erstellung der „Bastelbiografie“ steht. Berücksichtigen Sie dabei insbesondere die Aspekte „Freiheit“ und „Risiko“.

3 Fassen Sie die Kritik an der Individualisierungsthese (M 2) zusammen und fertigen Sie eine Gegenüberstellung der Argumente an.

2.4 Individualisierung und Wertewandel

MATERIAL 1 Einstellungen und Haltungen Jugendlicher 2006

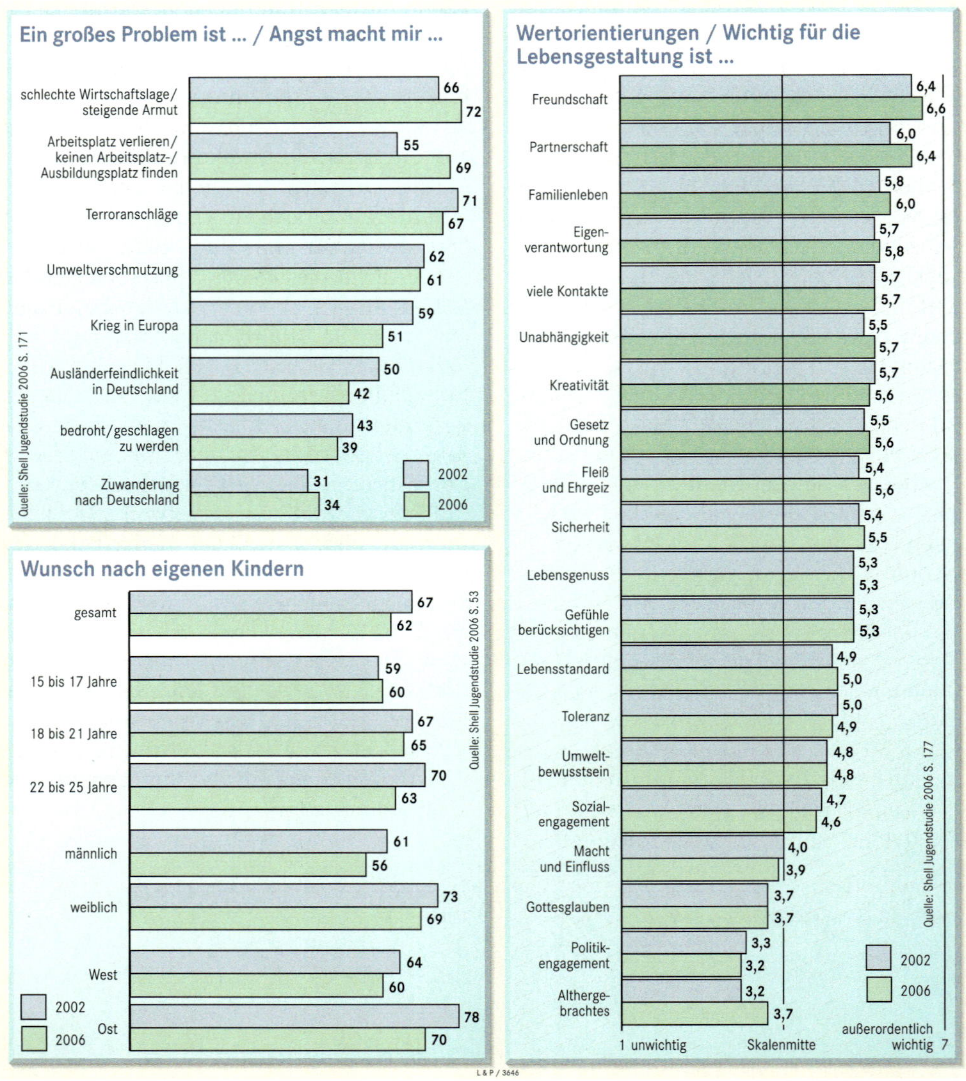

MATERIAL 2 „Soziale Werte“ – nach wie vor gefragt

Der Sozialwissenschaftler Gerd F. Hepp zum Wertewandel:

Von der Jugend ist die Rede als einer Generation bindungsloser „Ichlinge“, die auf Leistungs- und Verantwortungsvermeidung bedacht, alle Vorteile der Multioptionsgesellschaft nutzend, sozusagen im Wellness-Schongang durch die konsumtiv geprägte Dienstleistungswelt surft, bar jeglichen Interesses für die öffentlichen Angelegenheiten, erst recht ohne Bereitschaft, sich über

den eigenen privatistischen Interessenhorizont hinaus im Sinne des Gemeinwohls nachhaltig zu engagieren. [...]
In einer grob bilanzierten Gesamtübersicht kann zunächst bestätigt werden, dass der oben beschriebene Megatrend in Richtung auf individualistische Selbstentfaltungswerte sich erwartungsgemäß vor allem bei den Jüngeren manifestiert. Allerdings bieten die Daten für die oft behauptete Erosion der Pflicht- und Akzeptanzwerte keinerlei Grundlage. [...] Die einzelnen Studien bestätigen [...], dass nicht nur die Wertschätzung der Familie als Ort verlässlicher Partnerschaft, sondern auch Leistungs- und Lernbereitschaft in der Ausbildung wie auch Einsatzbereitschaft im Berufs- und Arbeitsleben nach wie vor unter Jüngeren in signifikanter Weise mehrheitliche Orientierungsmuster darstellen. Auch fehlt es nicht, wie oft unterstellt, an moralischer bzw. ethischer Substanz. Zwar zeigen alle neueren Untersuchungen, dass unter den Jüngeren hedonistisch-materialistische Wertorientierungen deutlich stärker ausgeprägt sind als in der Erwachsenengeneration. Aber dessen ungeachtet erreichen auch soziale Werte wie Glaubwürdigkeit, Toleranz, Respekt vor der Individualität des anderen, Menschlichkeit oder Solidarität unter jungen Menschen z.T. höhere Ausprägungen als bei älteren. [...]
Der Hinweis auf den mental-kulturellen Anpassungsdruck, der von einer sich kontinuierlich modernisierenden Gesellschaft auf die individuelle Lebenssituation ausgeht, enthält [...] den Schlüssel zum Verständnis sowohl der Genese wie auch der Unumkehrbarkeit des Wertewandels. Lebensbewältigung kann unter den Bedingungen von Informatisierung und Globalisierung weder auf der öffentlichen noch auf der einzelbiografischen Ebene mit den traditionellen Wertemustern gelingen. Nicht von ungefähr wird heute mit Blick auf künftige Herausforderungen allenthalben eine neue Kultur der Selbstständigkeit eingefordert. Schon ein flüchtiger Blick auf die immer komplexere Erwerbs- und Berufswelt macht ja die gewandelten Anforderungsprofile deutlich. Bei wachsender Standortkonkurrenz sind heute eigenverantwortliche, die eigenen Selbstständigkeits-, Mitgestaltungs- und Kreativitätspotenziale ausschöpfende Mitarbeiter gefragt. [...]
Verstärkt wird dieser auf die Eigenkräfte des Individuums setzende Trend auch durch generelle lebenszyklische Veränderungen, die bewirken, dass auch der gesamte private Lebensbereich heute von Unsicherheiten und Brüchen geprägt ist, die zeitweilige Arbeitslosigkeit oder berufliche Neuorientierung bedeuten. [...] Wo die alten kollektiven Sicherheiten nicht mehr existieren, benötigt man einen flexiblen Wertehaushalt, der in lebenszyklischer Anpassung die neuen Tugenden der Selbstverantwortung und Selbstständigkeit mit den nach wie vor erforderlichen Sekundärtugenden der Leistungs-, Arbeits- und Anpassungsbereitschaft in Eigenregie zu kombinieren vermag.

Aus: Gerd F. Hepp: Wertewandel und bürgerschaftliches Engagement – Perspektiven für die politische Bildung, in: Aus Politik und Zeitgeschichte B 29/2001, S. 31–34

1 Tauschen Sie sich über Ihre Lebensvorstellungen aus. Wie beurteilen Sie die häufig in der Öffentlichkeit geäußerte Meinung von einem „Werteverfall“ in Ihrer Generation?

2 Werten Sie die Grafiken (M 1) aus. Beurteilen Sie vor diesem Hintergrund das in der Öffentlichkeit vorherrschende Krisenszenario.

3 Überlegen Sie, worin die Problematik „repräsentativer Erhebungen“ zur „Wertepräferenz“ liegt. Verdeutlichen Sie dies an den vorliegenden Umfragen.

4 Arbeiten Sie die Position Hepps (M 2) heraus: Welche Erklärungsansätze für den Wertewandel formuliert er? Wie beurteilt er den Wertewandel?

5 Diskutieren und beurteilen Sie – vor dem Hintergrund Ihrer gewonnenen Erkenntnisse – erneut das in M 1 und 2 vorliegende Material.

3 Demografischer Wandel

Zeichnung: Metzler

„Deutschland vergreist", „Die demografische Zeitbombe" – keine Zeitung, keine Zeitschrift, die in der jüngeren Vergangenheit nicht – meist in dramatischer Form – den Bevölkerungswandel in Titelgeschichten ins Zentrum der Berichterstattung gerückt hat.

Demografie ist zum politischen „Kampfbegriff" geworden. Im Mittelpunkt der Diskussion stehen die Folgen dieses Wandels für die Sozialversicherungssysteme – Demografie als Zwang zum Umbau des Sozialstaates, was mit weitreichenden Leistungseinschränkungen verbunden ist. In diesem Zusammenhang wird häufig von „Generationengerechtigkeit" gesprochen; neue Konfliktlinien in der Gesellschaft werden darin deutlich: „Jung gegen Alt". Aber auch die Auswirkungen einer schrumpfenden und alternden Bevölkerung auf das Wachstumspotenzial der Wirtschaft und daraus resultierende enger werdende Verteilungsspielräume werden als bedrohlich wahrgenommen.

3.1 Bevölkerungsentwicklung als Problem

MATERIAL **1**

Deutschland im Jahr 2050

Der Staat ist zahlungsunfähig. Tüchtige Arbeitskräfte sind knapp. Die Alten zittern um ihre Rente. Junge suchen ihr Glück in der Fremde. Firmen fliehen über die Grenze. Städte verwahrlosen. Ganze Regionen verfallen. Deutschland im Jahr 2050 […]

Der Staat ist bankrott: Weil immer weniger Menschen arbeiten, sinken die Steuereinnahmen unaufhörlich. Gleichzeitig brauchen Rentenkasse und Krankenversicherungen immer höhere Zuschüsse. Der Staat ist überschuldet. Für Theater, Parks, Museen sind keine Mittel da. Selbst der Unterhalt von Straßen, Schulen oder Universitäten klappt nicht mehr. [...]

Die Sozialsysteme brechen zusammen: Weil Rentner weniger Beiträge an die Krankenversicherung zahlen als Arbeitnehmer, fehlen den Krankenkassen die Beiträge. Die Rentner bangen jeden Monat um ihr Geld, Pflegebedürftige werden nur noch verwahrt, wenn sie nicht aus eigener Tasche zuzahlen. [...]

Die Unternehmen wandern ab: In der alternden Gesellschaft sinkt die Nachfrage: Rentner kaufen weniger Handys, machen nicht jede Mode mit. Der einst so wichtige deutsche Markt wird für Unternehmen uninteressant. [...]

Vollbeschäftigung bleibt ein Traum: Arbeit wird immer teurer. Deswegen brechen gerade im mittleren Einkommensbereich die Arbeitsplätze schneller weg, als die Zahl der Arbeitnehmer sinkt. Das Land stirbt: In ein vergreistes Land mit hohen Steuern wandert niemand ein. Wer gut ausgebildet und jung ist, macht sein Glück besser in den USA oder in Asien. Das gilt auch für Deutsche, die in großer Zahl auswandern werden, was den Niedergang der Sozialsysteme beschleunigt. [...]

Die Städte verfallen: Die geschrumpfte Bevölkerung braucht weniger Wohnraum. Zunächst fallen die Baulandpreise, dann die Preise für Immobilien. [...] Schleichend trennen sich die Wohngebiete der verschiedenen Altersgruppen: Junge ziehen in junge Gegenden, wo es noch Kindergärten und Schulen gibt. Altengettos entstehen. [...]

Politiker kapitulieren: [...] In der herrschenden Schicht wird der Ruf nach dem starken Staat laut. Der große gesellschaftliche Konsens, der das Land einst getragen hat, ist aufgekündigt.

Aus: J. B. Wintzenburg: Wir haben ein Problem, in: stern 37/2003, S. 26–31

Der „Generationenvertrag“

MATERIAL 2

Ein eigentlicher „Generationenvertrag“ ist in Deutschland oder anderen Gesellschaften nie unterschrieben worden. Der Ausdruck ist deshalb irreführend. Er beschreibt ein Modell der sozialen Sicherung, dass sich am Bild der vorindustriellen Großfamilie orientiert: Die im Arbeitsleben stehende Generation sichert die Versorgung der Generationen, die noch nicht oder nicht mehr im Erwerbsleben stehen, der Kinder und der Alten. Diese Vorstellung wurde im Rahmen der soziastaatlichen Absicherung auf die gesamtgesellschaftliche Ebene übertragen: Die Erwerbstätigen zahlen Pflichtbeiträge in die Rentenversicherung ein, wovon die Renten der aus dem Erwerbsleben Ausgeschiedenen ausbezahlt werden (Umlageverfahren). Die Beitragszahler erwerben damit ihrerseits Ansprüche auf Altersrente, die durch die Beiträge der dann Erwerbstätigen finanziert werden müssen. Die Rentenansprüche einer Generation sind entsprechend nicht durch einen aus ihren Beiträgen aufgebauten Kapitalstock gesichert, sondern durch die Arbeitsleistung der nachfolgenden Generation.

Das System setzt in seiner heutigen Gestalt ein verhältnismäßig ausgewogenes, stabiles Verhältnis der beteiligten Generationen (Beitragszahler und Rentenempfänger) voraus.

Autorentext

1 Beschreiben und interpretieren Sie die Karikatur.

2 Vergegenwärtigen Sie sich das in M 1 entwickelte Krisenszenario.
Für wie realistisch halten Sie es? Ist diese Entwicklung Ihrer Meinung nach unausweichlich? Was müsste geschehen?

3 Erläutern Sie den „Generationenvertrag“ (M 2): An welche Voraussetzungen ist er gebunden?

3.2 Weniger und älter – ein Land verändert sein Gesicht

„Die Bevölkerungspyramide in der Bundesrepublik Deutschland steht auf dem Kopf", heißt es im Vorwort zum Abschlussbericht der Enquete-Kommission 2002. Die Aussage bezieht sich auf eine Momentaufnahme mit langem Vorlauf, und sie ist eingebunden in Entwicklungen, deren Richtung nur schwer und langfristig zu verändern ist. Die Alterung und das Schrumpfen der deutschen Bevölkerung ist auf absehbare Zeit unvermeidbar. Die Auswirkungen für Politik und Gesellschaft sind in einigen Bereichen schon deutlich zu spüren. In den Ländern und in den Kommunen entstehen daher Initiativen, in denen nach Antworten auf die Herausforderungen des demografischen Wandels gesucht wird, so zum Beispiel die Zukunftsinitiative Rheinland-Pfalz (ZiRP; www.zirp.de). Gerade für Regionen, die von starkem Bevölkerungsverlust betroffen sind, stellen sich viele Fragen, die z. B. das Schicksal von Schulen, die Finanzierung und Verwendung von Teilen der Infrastruktur oder den Umgang mit nicht benötigten Immobilien betreffen. Wo es einst um die Gestaltung von Wachstum ging, wird schonender Rückbau zur Aufgabe.

MATERIAL **1** Altersaufbau der Bevölkerung im Wandel

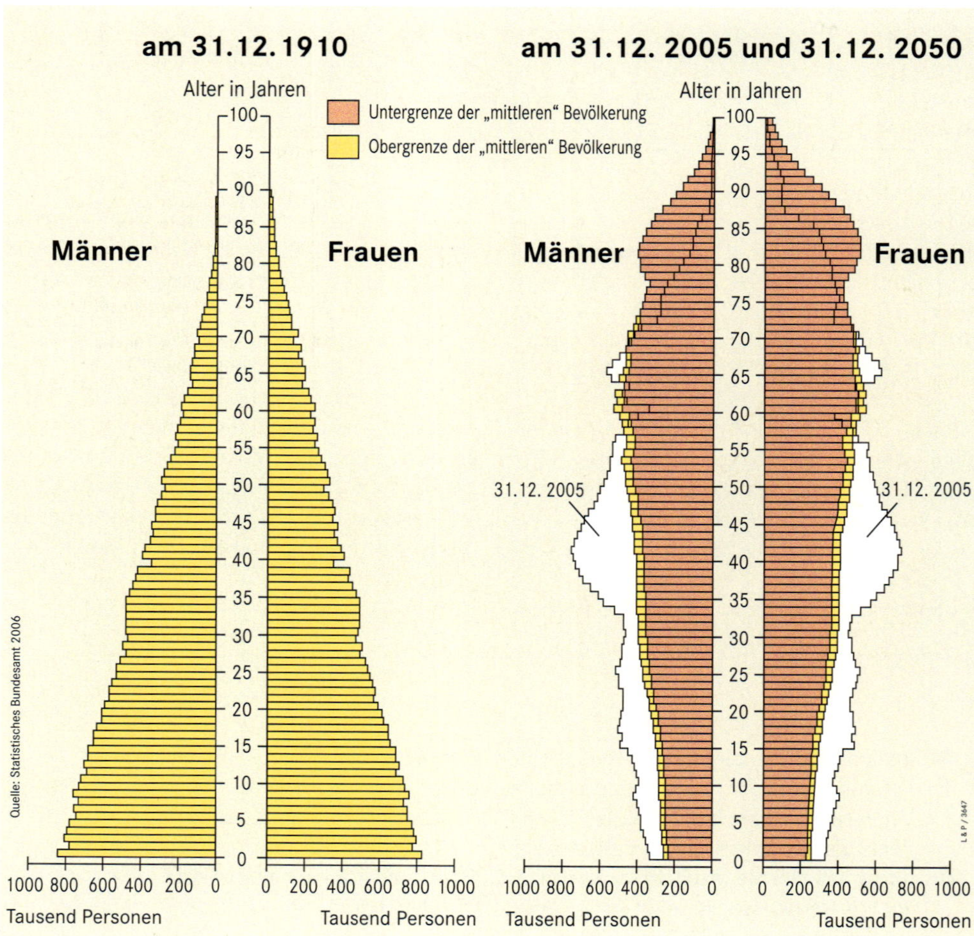

Bedenkliche Entwicklungen?

MATERIAL **2**

Entwicklung der Bevölkerungszahl in Deutschland
ab 2006 Ergebnisse der 11. koordinierten Bevölkerungsvorausberechnung

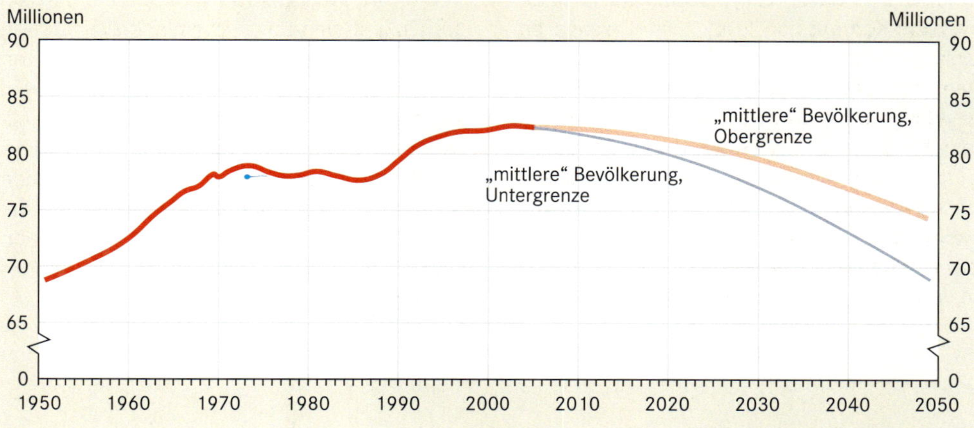

Statistisches Bundesamt 2006 · 15 · 1301

Jugend, Alten- und Gesamtquotient mit den Altersgrenzen 20 und 65 Jahre[1)]
ab 2006 Ergebnisse der 11. koordinierten Bevölkerungsvorausberechnung
Variante: „mittlere“ Bevölkerung, Obergrenze

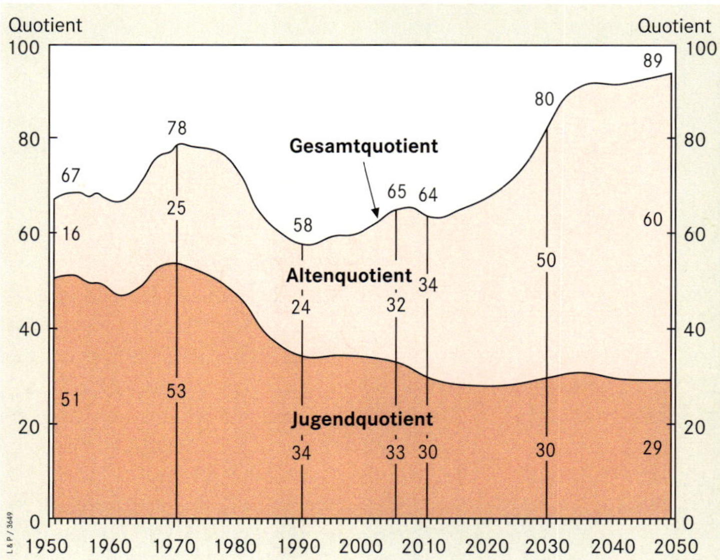

Erläuterung: Die Darstellungen des Bundesamtes ergeben sich aus Berechnungen, in die bestimmte Annahmen eingegangen sind.
Für die „mittlere“ Bevölkerung, Obergrenze, gelten folgende Annahmen: Geburtenhäufigkeit (Kinder je Frau) annähernd konstant 1,4, Lebenserwartung bei Geburt in 2050 Anstieg bei Jungen um 7,6 und bei Mädchen um 6,5 Jahre, Wanderungssaldo (Personen/Jahr) 2000.

1) Jugendquotient: unter 20-Jährige je 100 Personen im Alter von 20 bis 64 Jahren; Altenquotient: 65-Jährige und Ältere je 100 Personen im Alter von 20 bis 64 Jahren; Gesamtquotient; unter 20-Jährige und ab 65-Jährige je 100 Personen im Alter von 20 bis 65 Jahren.

Statistisches Bundesamt 2006-15-1308

1 Beschreiben Sie die in den grafischen Darstellungen erkennbaren Entwicklungen (M 1) und suchen Sie nach Erklärungen dafür.

2 Lokalisieren Sie in der Grafik für 2005 Ihre Generation und formulieren Sie deren Perspektiven aufgrund demografischer Entwicklungen.

3 Interpretieren Sie die Grafiken von M 2. Benennen Sie die aus Ihrer Sicht wichtigsten Aussagen und suchen Sie nach Zusammenhängen, in denen sie von Bedeutung sein könnten.

MATERIAL 3

Aus einem Streitgespräch

Herwig Birg, Jahrgang 1939

Albrecht Müller, Jahrgang 1938

Wir leben laut Herwig Birg in einer demographischen Zeitenwende, die diese Gesellschaft verändern wird. Sie, Herr Müller, bestreiten das. Aber Sie bestreiten damit doch Fakten.

Müller: Wir haben kein demografisches Problem. Unsere Gesellschaft wird älter, die Lebenserwartung wächst, und es wird zunehmend mehr Ältere im Vergleich zu den Aktiven geben. Unser Hauptproblem aber ist die hohe Arbeitslosigkeit: dass wir fast 53 Millionen arbeitsfähige Menschen haben und nur etwas mehr als 26 Millionen mit Sozialversicherungspflichtigen Arbeitsverträgen. Das demografische Argument der Überlastung durch Alte ist absurd.

Das gilt aber nur für das Jahr 2006.

Müller: Es gilt auch für die absehbaren Jahrzehnte. Herr Birg dramatisiert, wenn er nur die Belastung durch die Alten rechnet. Wenn man berücksichtigt, dass die Arbeitsfähigen auch für die Jungen und die Kinder zu sorgen haben und dass diese sogenannte Jugendlast sinken wird, wenn man also die Gesamtbelastung berechnet, [...], dann wird sichtbar, dass auf Jahrzehnte hinaus die Belastung der Arbeitsfähigen nur wenig steigt und von der wachsenden Arbeitsproduktivität locker aufgefangen werden kann. [...]

Herr Birg, sind Sie auch so gelassen? [...]

Birg: Schon heute schafft man es nicht, die Defizite der Renten-, Kranken- und Pflegeversicherung zu beseitigen. Warum soll das zu bewältigen sein, wenn die demografisch bedingten Lasten noch zunehmen?

Müller: Heute kommen auf hundert Menschen in der arbeitsfähigen Altersgruppe 82 auszuhaltende Alte und Junge. Im Jahr 2050 werden es nach den Modellrechnungen des Statistischen Bundesamts 112 sein. Wenn die Leute so lange arbeiten könnten, wie sie es formal tun sollten – bis zum Ende des fünfundsechzigsten Lebensjahrs –, würde sich die Gesamtlast nur von den erwähnten 82 auf 85 erhöhen.

Birg: Das Hauptproblem bleibt aber, dass die Unterschiede zwischen den verfügbaren Einkommen und die Verteilungskämpfe zwischen den Bevölkerungsgruppen stark zunehmen, weil die Zahl der zu versorgenden älteren Menschen vom Ende des 20. bis zur Mitte des 21. Jahrhunderts um zehn Millionen wächst, während die mittlere Gruppe der Zwanzig- bis Sechzigjährigen um sechzehn Millionen abnimmt. [...]

Müller: Wieder lassen Sie die Jugendlast weg. Und Sie beachten nicht, dass Modelle entwickelt werden können, die es älteren Leuten erlauben, wieder leichter Arbeit zu finden oder zu behalten. [...] Dabei habe ich noch gar nicht berücksichtigt, dass sich in der gleichen Zeit bei mittlerem Produktivitätszuwachs das Sozialprodukt verdoppelt. Wir haben also zwei Sicherheitsventile. Es gibt somit keinen Grund zur Dramatisierung.

Birg: Richtig, aber für Realismus und genaues Nachdenken. In Deutschland bestehen seit den Sechzigerjahren zwei Optionen. Erstens: Wir ersetzen die fehlenden jungen und mittleren Altersgruppen durch Einwanderer. Das haben wir getan – in viel größerem Ausmaß als andere Länder. Zweitens: Wir erneuern die durch Tod ausscheidenden Generationen durch Geburten im Inland, die wir selbst erziehen und ausbilden, sodass Integrationsprobleme gar nicht erst entstehen. [...] Durch Nachdenken lässt sich einsehen, dass Kinderlose in einer Weise bevorzugt werden, die die Verfassung verletzt, weil sie die Familien ausbeutet. Ja, es gibt Ausbeutung in Deutschland: eine Transferausbeutung der Familien vor allem durch das Umlageverfahren bei den Sozialabgaben.

Müller: Ihre Vorstellung von der Beeinflussbarkeit des Gebärverhaltens ist, milde ausgedrückt, merkwürdig. Und mit Ihrer These von der Transferausbeutung begehen Sie einen Denkfehler. Kinderlose zahlen Steuern und Beiträge und erwerben beim Umlageverfahren damit einen Rentenanspruch. [...]

Birg: Das Geld, das Ihre Kinder einzahlen, wird im gleichen Moment an die Älteren weitergereicht, also zu hundert Prozent ausgegeben. Zurückgelegt wird im Umlageverfahren gar nichts. Wenn die Menschen, die etwas einzahlen, später als Kranke, Rentner oder Pflegefälle selbst bedürftig werden, woher soll das Geld dann kommen? Wenn keine Kinder da sind, kann auch niemand etwas einzahlen. [...]

Müller: Beschäftigungspolitik ist um vieles wichtiger als Demografie. Nehmen wir die Erwerbsquote. In Deutschland beträgt sie 65,1 Prozent, in Schweden zum Beispiel 72,9 Prozent. Wir betreiben außerdem eine absurde Makropolitik. Die Konjunktur in Deutschland wurde 1992 abgebrochen, und seitdem haben wir eine Rezession größten Ausmaßes mit einem Wachstum von real nur noch 1,2 Prozent im Jahr. Wenn wir durchschnittlich 2,5 Prozent erreicht hätten – was in vielen vergleichbaren Ländern gelungen ist –, könnten wir heute jährlich über siebenhundert Milliarden Euro, fast ein Drittel unseres Bruttoinlandsproduktes, zusätzlich verfügen.

Birg: Jetzt möchte ich als Volkswirt Ihnen etwas sagen. Es gibt drei Quellen des Wachstums. Erstens: Der Produktionsfaktor Arbeit wächst. Zweitens: Der Produktionsfaktor Kapital wächst. Drittens: Die Produktivität steigt. Von diesen drei Quellen ist die erste versiegt. Da wächst nicht nur nichts, da schrumpft etwas. Auch das Produktionskapital wächst nicht mehr ausreichend [...]. Es bleibt uns somit nur die dritte Quelle, der technische Fortschritt.

Müller: Das ist grotesk! Wenn Leute arbeitslos sind, wenn wir 2003 zum Beispiel 1,36 Millionen junger Menschen im Alter von 20 bis 29 Jahren ohne abgeschlossene Berufsausbildung hatten, dann können Sie doch nicht sagen, wir hätten einen Engpass bei der Arbeitskraft. [...]

Birg: Ich schlage vor, wir behandeln die Themen separat – erst die Demografie und dann ihre Auswirkungen. Demografisch sieht es so aus: Deutschland ist das erste Land der Welt, das ohne äußeren Grund in Friedenszeiten von jahrhundertelangem Wachstum zur Schrumpfung übergegangen ist.

Müller: Und wir erreichen 2050 wieder die Bevölkerungszahl von 1950. Was ist daran schlimm?

Birg: Schlimm ist, dass die Schrumpfung auch im 22. und 23. Jahrhundert weitergeht, wenn die Geburtenrate so bleibt, wie sie ist. [...]

Müller: Sie machen sich Gedanken über die Bevölkerungszahl im Jahr 2200 oder 2250. Das ist so absurd, als hätte sich Goethe seinerzeit Gedanken über die demografische Entwicklung des Jahres 2006 gemacht. Ihre Sprache ist bereits ideologisch gefärbt: „Schrumpfung". Die Bevölkerungszahl verändert sich. Mehr passiert nicht. Insgesamt haben wir auf der Welt eher mit Überbevölkerung zu kämpfen. [...]

Aus: „Ist Deutschland noch zu retten?" Ein Streitgespräch zwischen Herwig Birg und Albrecht Müller in: FAZ 28. 8. 06, S. 32/33: Das Gespräch führten Frank Schirrmacher und Andreas Platthaus.

1 Verschaffen Sie sich einen Überblick über die in dem Gespräch verhandelten Themen und halten Sie fest, welche Positionen die beiden Kontrahenten dazu vertreten.

2 Diskutieren Sie darüber, wem Sie sich am ehesten anschließen könnten. Ziehen Sie zur Absicherung Ihrer Auffassung M 1 und M 2 heran.

3 Untersuchen Sie arbeitsteilig, welche Bedeutung die demografische Entwicklung für die Situation der sozialen Sicherungssysteme hat (S. 72 ff.).

VERWEIS

s. S. 148 f.
Konjunkturverlauf

s. S. 154 f.
Arbeitsmarkt

3.3 Vom Generationenkonflikt zum „Krieg der Generationen“?

MATERIAL **1**

Was derzeit passiert, verdient nur einen Namen: Generationenverrat

Philipp Missfelder, Vorsitzender der Jungen Union, in einem Interview.

Sie bitten die Alten also zu Kasse?
Natürlich. Die Alten sollen sich stärker an dem beteiligen, was den Sozialstaat wirklich ausmacht. Nehmen und Geben! Es ist ganz klar, dass die Belastung nicht nur oder im Wesentlichen auf meiner Generation liegen kann. [...] Was derzeit passiert, hat nichts mehr mit Generationenvertrag zu tun, sondern verdient nur einen Namen: Generationenverrat.
Sie sind jung, Ihre Zähne dürften noch halbwegs fest sitzen. Wer wird später dafür aufkommen, wenn sich erste Zipperlein einstellen oder echte Gebrechen?
Für die Zipperlein werde ich selbst aufkommen müssen. Die junge Union fordert in der Gesundheitspolitik einen Grundkatalog, nach dem das Nötigste abgesichert wird. [...]
Was zählt noch zum Nötigsten? Künstliche Hüftgelenke etwa? Früher ging's auch ohne.
Genau, das auszusprechen, davor schrecke ich nicht zurück. Ich halte nichts davon, wenn 85-Jährige noch künstliche Hüftgelenke auf Kosten der Solidargemeinschaft bekommen. Das ist eine reine Frage der Lebensqualität. Das klingt zwar jetzt extrem hart, aber es ist doch nun mal so: Früher sind die Leute auch auf Krücken gelaufen. Wir werden uns darauf einstellen müssen, dass nicht jeder medizinische Fortschritt automatisch und auf Kosten der Allgemeinheit in Anspruch genommen werden kann. [...] Die Solidarsysteme sind nicht dafür zuständig, dass jeder Senior fit für einen Rentner-Adventure-Urlaub ist.

Aus: Berliner Tagesspiegel vom 3. 8. 2003, Interviewfragen: Stephan-Andreas Casdorff, Markus Feldenkirchen, Peter Siebenmorgen

MATERIAL **2**

Rentner an der Macht

Deutschland ist jetzt Altenrepublik. [...] Jeder dritte Wähler hat seinen 60. Geburtstag bereits hinter sich – und jeder zweite Christ- und Sozialdemokrat auch. In der CDU stieg der Anteil der über 60-Jährigen von 1990 bis 2007 von 29 auf 48 Prozent, in der SPD von 25 auf 47. Immer mehr alte Politiker machen Politik für immer mehr alte Bürger. Das hat Folgen. Beispielsweise eine außerplanmäßige Rentenerhöhung von 1,1 Prozent, eine satte Verdopplung der einkalkulierten Summe. [...]
Die Rentner sind jetzt an der Macht – und die Jungen müssen bangen. Von Generationengerechtigkeit spricht niemand mehr. Wie auch, wenn alle nur noch vom Verteilen im Hier und Jetzt reden? [...]
Gegner der These vom Generationenkonflikt, von der Macht der Alten und der Ohnmacht der Jungen, führen gern an, es gäbe sie ja gar nicht, *die* Alten. Was soll der Rentner mit Villa an der Costa Blanca gemein haben mit der Rentnerin in Jena-Lobeda, die nicht weiß, wovon sie vom 20. eines jeden Monats an leben soll? Was der Wirtschaftswunder-Konservative, der seit Jahren in Rente ist, mit dem Alt-68er, der jetzt in Rente geht? [...]
Angeführt werden die Generationenversöhner von Ursula von der Leyen. Wenn die Seniorenministerin über ihre Schutzbefohlenen spricht, wird das ergrauende Deutschland zur Heimat der edlen Alten. 20 Millionen Rentner sind tagein, tagaus damit beschäftigt, gut zu sein. [...]
Dumm nur, dass von der Leyens Parteifreund, der 27-jährige Jens Spahn, soeben mitten in ihn hineingeraten ist.

Der CDU-Bundestagsabgeordnete kennt Senioren nicht als edle Alte, er kennt sie als bestens organisierte politische Kampfeinheit. In verimintem politischen Terrain verfolgt diese jeden erbarmungslos, der es wagt, den Pfad der Wahrheit zu betreten. So wie Spahn selbst. Der hatte die Rentenerhöhung als das bezeichnet, was sie ist: ein Wahlgeschenk an die Rentner, das die Jungen langfristig viel Geld kostet. Daraufhin versprach die Senioren-Union dem jungen Parteifreund, alles zu tun, damit er nie wieder in den Bundestag kommt. Niemand in der Union regte sich darüber auf. [...]

Die Macht der Rentner erwächst nicht nur aus ihrer steigenden Zahl. Sie erwächst auch aus ihrer zunehmenden Wut. [...] Sie verbindet den Costa-Blanca-Rentner mit der Jena-Lobeda-Rentnerin; den Wirtschaftswunder-Konservativen mit dem Alt-68er. Die Wut tobt sich, unter anderem, in den Diskussionsforen des Internets aus. Als „Lug und Betrug" wird die „läppische" Rentenerhöhung da attackiert, als „Witz", „Frechheit". Es ist die Wut, die sich Bahn bricht, wenn man erkennen muss, dass die Versprechen der Vergangenheit in der Gegenwart nicht einzuhalten sind.

Aus: Die Zeit Nr. 16 vom 10.04.2008, Verf.: Peter Dausend

Demografie als Demagogie

MATERIAL 3

Man führt soziale Probleme auf demografische Entwicklungsprozesse bzw. Sachzwänge zurück, was sie einer rationalen Lösung im Interesse der Betroffenen entzieht. Dabei beruht die Krise weder auf der Globalisierung noch auf dem demografischen Wandel. Sie resultiert aus einer Politik, die den Markt hofiert und den Wohlfahrtsstaat demontiert. Feststellbar ist nicht nur eine Ökonomisierung des Sozialen, [...] sondern auch eine Biologisierung des Sozialen, die den Gegensatz zwischen Arm und Reich als Kluft zwischen Alt und Jung fehlinterpretiert, also den gesellschaftlichen Verteilungskampf zum Generationenkonflikt umdeutet. Renten und Pensionen hängen aber nicht von der Biologie, sondern von der Ökonomie und der Politik ab. Entscheidend ist, wie viel Reichtum die Volkswirtschaft erzeugt und auf wen er verteilt wird.

Man benutzt die Demografie als Mittel der sozialpolitischen Demagogie. Bei der Gleichung „Wenn die Lebenserwartung steigt, müssen entweder die Beiträge drastisch angehoben oder die Renten radikal gekürzt werden" handelt es sich um eine politische Milchmädchenrechnung, weil andere Möglichkeiten, wie etwa bisher nicht beitragspflichtige Gruppen (Selbstständige, sog. Freiberufler, Beamte, Abgeordnete und Minister) in die gesetzliche Rentenversicherung einzubeziehen, die Beitragsbemessungsgrenze an- bzw. aufzuheben und/oder den Bundeszuschuss zu erhöhen, darin ausgeblendet werden. [...]

Deutschland braucht nicht mehr Kinder, sondern eine andere, sozial gerechte Politik, die – statt heutige und kommende Generationen zu entzweien – allen Gesellschaftsmitgliedern ermöglicht, ohne Angst vor Arbeitslosigkeit, Armut und Ausgrenzung zu leben. Wer die „Vergreisung" als Hauptproblem der Bundesrepublik betrachtet, wird eher die Armut an Kindern als die Armut von Kindern bekämpfen. Es geht aber nicht darum, Eltern generell besserzustellen als Kinderlose, sondern Kinder besserzustellen, die entweder keine wohlsituierten Eltern haben oder von ihnen vernachlässigt werden. [...]

Aus: Frankfurter Rundschau vom 4.5.2004, Verf.: Christoph Butterwegge

1 Beziehen Sie Stellung zur Position des Vorsitzenden der Jungen Union (M 1).
2 Diskutieren Sie die in M 2 vertretene These von Deutschland als einer „Altenrepublik".
3 Setzen Sie sich mit der in M 3 formulierten Position zum „Generationenkrieg" auseinander und diskutieren Sie die Forderungen des Autors.

4 Familie – wieder gefragt?

Anfang der Siebzigerjahre fanden Bücher mit den Titeln „Der Tod der Familie" oder „Patient Familie" große Verbreitung. Die Familie erschien darin als eine kranke und krank machende Institution, die abzuschaffen oder zu therapieren war. Heute erfährt die Familie in Öffentlichkeit und Politik (wieder) große Wertschätzung. Ihre Sozialisationsleistung wird gewünscht und eingefordert, ihre Stabilisierungswirkung wird von vielen Menschen in Lebenskrisen erfahren, ihre ökonomische Leistung, z. B. in Gestalt von Arbeitsleistungen, die im BIP gar nicht erfasst werden, ist kaum abzuschätzen. Angesichts der Bevölkerungsentwicklung in der Bundesrepublik rückt vor allem die Reproduktionsleistung der Familie in den Mittelpunkt des Interesses: Die Familie, in welcher Definition auch immer, ist die Einrichtung, in der Kinder geboren und aufgezogen werden. Der Feststellung, die Bundesrepublik brauche mehr Kinder, wird kaum noch widersprochen. Sie ist zugleich Appell an die junge Generation, und vor allem an die jungen Frauen. Die junge Generation aber reagiert auf diesen Appell nicht eindeutig. So sind zwar nach der Shell-Studie 76 % der befragten Mädchen und 69 % der befragten Jungen der Meinung, man brauche eine Familie, um glücklich zu sein, aber nur 46 % bzw. 42 % sind der Auffassung, eigene Kinder seien dafür erforderlich.

Was auch immer diverse Befragungen zutage fördern, Tatsache ist, dass trotz aller Bekundungen zugunsten der Familie die Zahl der Singlehaushalte und Paarbeziehungen ohne Kinder zunimmt und die Geburtenrate bei 1,49 % liegt – deutlich unter der Rate, die für die Stabilisierung der Bevölkerungszahl erforderlich wäre. Hatte Gerhard Schröder zu Beginn seiner ersten Kanzlerschaft 1998 von der Familienministerin Christine Bergmann noch als der „Fachfrau für Familie und das ganze andere Gedöns" gesprochen, so bezeichnete er im Frühjahr 2005 Familienpolitik als „eine der wichtigsten Querschnittsaufgaben, die jedes Ressort und jedes Politikfeld angeht".

In der Tat wird auf unterschiedlichen Ebenen und von unterschiedlichen Akteuren Familienpolitik getrieben. Bund, Länder und Gemeinden fördern Familien mit Transferleistungen und Vergünstigungen. In lokalen Bündnissen für Familien arbeiten Kirchen, Gewerkschaften, Wohlfahrtsverbände und Partner aus der Wirtschaft zusammen. Es gibt einen Unternehmenswettbewerb „Erfolgsfaktor Familie" und die „Allianz für die Familie", eine breit angelegte Initiative von Politik, Wirtschaft und Kultur. Nach Berechnungen des Kieler Instituts für Weltwirtschaft (IfW) gaben Bund, Länder, Gemeinden und Sozialversicherungen 2005 rund 240 Mrd. Euro zugunsten von Familien aus. Diese Summe wird von anderen Einrichtungen bezweifelt. Die Bundesregierung kommt auf 101 Milliarden Euro. Es kommt offenbar darauf an, welche Maßnahmen aus dem „Flickenteppich" der fast 100 Leistungen (IfW) in die Berechnung einbezogen werden. Welche Zahlen man auch immer zugrunde legt, an der Quantität der Aufwendungen kann es nicht liegen, wenn die Menschen sich nicht in dem gewünschten Maße auf Familien mit Kindern einlassen wollen.

Nach den Erfahrungen des Auslandes und nach Umfragen in Deutschland ist es vor allem die Vereinbarkeit von Familie bzw. Kindern und Beruf, die familienpolitische Erfolge verspricht, und es sind vor allem die Frauen, denen entsprechende Angebote gemacht werden müssten.

Laura Ernst

MATERIAL 1

Nein, sagt Laura Ernst, sie habe nicht immer in Göttingen gewohnt, geboren sei sie in Herdecke. [...] Die acht Jahre ihres bisherigen Lebens sind deutlich strukturiert. Die ersten fünf Jahre ihres Lebens wohnte sie mit ihren Eltern in einer Wohnung des Studentenheims. Nach der Trennung der Eltern war ihre Mutter ein halbes Jahr in Irland, es gab zwei längere Besuche. Als die Mutter, die von Laura oft Barbara genannt wird, zurückkam, wohnte sie nicht mehr bei Lauras Vater. Und bevor Laura in die Schule kam, gerade sechs Jahre alt, war sie mit Barbara in eine Wohngemeinschaft gezogen, in der zwei weitere Erwachsene wohnen. Der Vater ist vor nicht langer Zeit in eine benachbarte Stadt gewechselt. Noch bis vor einem Jahr hat sie mit der Renitenz eines Kindes ihre Sicht der Dinge unmissverständlich deklariert: „Für mich seid ihr Frau und Mann", hat sie zu Barbara gesagt, „denn ihr habt ja mich als Kind." So hat sie die Liebe der Eltern beschworen, der sie ihr Leben verdankt. Aber die Realitäten waren stärker. Die Mutter hat wieder einen Partner gefunden (er lebt derzeit in Rom), und der Vater lebt mit einer anderen Frau zusammen, die, um das Spiel noch zu verwirren, auch Barbara heißt. Etwa jedes zweite Wochenende ist Laura dort, wo sie in einem Zimmer einen Teil ihrer Habe deponiert hat; das Leben an zwei Orten will minutiös geplant sein. Dort hat sie keine Spielkameraden, aber volle Aufmerksamkeit der Erwachsenen. Manchmal fährt sie in der Woche auch zu Papa, aber der hat mich – wenn – dann erst um sechs abgeholt [...]

Laura war schon in Irland (zweimal), auf Kreta und Korfu, in Marokko, in Spanien, und überallhin mit dem Flugzeug. Bevor sie acht Jahre alt ist, wird sie in San Francisco gewesen sein. Hier zeigt sich die Konstruktion, zwei Haushalten anzugehören, von ihrer angenehmsten Seite. Sie ist gewissermaßen Einzelkind zweier imaginärer Familien, die erst dann (äußerlich) Familien sind, wenn sie auch da ist. Wenn ihre Freunde bei ihr zu Besuch sind und jeder der Erwachsenen in ihrer „WG" einen Besucher hat, finden sich auf den hundert Quadratmetern zehn Leute ein. [...]

Ein Leben zu führen ist eine Sache, es für andere nachvollziehbar zu machen, eine andere. So musste Laura die Frage, warum Barbara jetzt mit einem anderen Mann zusammen sei, im ersten Schuljahr beantworten können – eigentlich bevor sie es selbst akzeptiert hatte. [...] Nicht umsonst sind die Ähnlichkeiten der in den Siebzigerjahren aufgekommenen „neuen Lebensformen" mit der althergebrachten Großfamilie bemerkt worden. Barbara, die Mutter, entgeht dabei dem engen Entwurf der „alleinerziehenden Mutter". Sie ist verantwortlich (sie hat das Sorgerecht, das Kind trägt ihren Namen), aber sie muss sich nicht um jedes Detail selbst kümmern. Auch sie hat ein eigenes Leben.

Der stabilste Verband in Lauras Biografie – von der Koalition Mutter/Kind mal abgesehen, ist ihre Clique: Moritz, Stella, Kaya, Laura. In der (Klein-)Kindergruppe im Studentenheim haben sie sich kennengelernt, vor sechs Jahren. „Wir machen fast alles zusammen", sagt Laura [...] Zu den bevorzugten Spielen gehört ... nun, Familie zu spielen. [...]

Barbara ist, wie inzwischen nicht wenige Mediziner, für einige Zeit ohne Arbeit. Sie sucht eine Stelle, in der sie sich als Fachärztin qualifizieren kann. Der mögliche Ortswechsel, der damit verbunden wäre, ist angesichts der sorgfältig austarierten Lebensverhältnisse natürlich „ein ganz heißes Eisen. [...]"

Aus: Ulrich Beck, Ulf Ziegler, mit Fotos von Timm Rautert: Eigenes Leben, C. H. Beck, München 1995, S. 16 f., gekürzt

1 Stellen Sie fest, in welchen Verbänden Laura jeweils lebt und wie sie mit ihrer Situation umgeht (M 1).

2 Arbeiten Sie heraus, welche Rahmenbedingungen und Interessen für das Leben der Erwachsenen in Lauras Umgebung bestimmend sind.

VERWEIS

s. S. 18 f.
Individualisierung

MATERIAL 2

Der ganz normale familienpolitische Wahnsinn

[... Mit] der Geburt unseres Kindes, an einem Sonntagmorgen im März vor zwei Jahren, tat sich für uns, und insbesondere für mich, eine ganz neue Welt auf. Die wesentliche von den emotionalen, intellektuellen und existenziellen Erfahrungen ist vor allem die: Egal, was noch kommen mag an Höhen und Tiefen, auf jeden Fall ist das so manche Entbehrung und auch manches persönliche Opfer wert. [...]

Es war uns also schon vor Theresas Ankunft klar: Wir wollen trotz (oder auch gerade wegen) des Kindes unsere jeweiligen Karrieren als Historiker und freiberufliche Journalistin weiterführen. Doch wie? Wenn ein Wissenschaftler in einer eigentlich auf 50 bis 60 Wochenstunden angelegten Kombination aus Privatdozentur und zeitlich begrenzter Forschungsstelle auch noch ein engagierter Vater sein will, dann muss er Abstriche machen. Die von uns ursprünglich geplante geteilte Elternzeit wäre für ihn einem beruflichen Selbstmord gleichgekommen und wurde fallen gelassen. Doch auch so musste Jörg vom Tage der Geburt des Kindes an ein Risiko in Kauf nehmen: Dass ihm die Tatsache, dass es in seinem Leben noch etwas anderes gibt als die Karriere, zum Nachteil ausgelegt werden kann. Auch mir war klar, dass ich Theresas Ankunft mit einem partiellen Abschied vom Job „bezahlen“ musste. Bei den absehbar geringen Einkünften aus meiner zeitweisen freiberuflichen Betätigung erschien die Anmietung eines eigenen Büros nicht lohnend. Konsequenz: Schreibtisch zu Hause, Wiege daneben, Hilfskräfte engagieren und schreiben, wann immer es geht. [...]

Fehlten mir anfangs nur die Worte zur Beschreibung meines, unseres Glücks, so fehlt mir inzwischen vor allem die Zeit, um meinem Beruf nachzugehen. Unser gemeinsamer Kalender, vor dem wir uns, meist am Sonntagabend, zu einem zeitraubenden „Stundenplan-Slalom“ zu dritt versammeln, führt uns jedes Mal aufs Neue den ganz normalen familienpolitischen Wahnsinn vor Augen. Dem wir – wie Millionen andere Familien – ausgeliefert sind. In unserem Falle sieht das so aus: Beide Erwachsenen haben im Augenblick gemeinsam zwar „nur“ etwa 70 Berufsstunden abzudecken; ich kann mir meine etwa 20 Stunden Berufstätigkeit pro Woche sogar weitgehend frei einteilen. Und mich dadurch – glücklicherweise – weitgehend nach den zeitlichen Möglichkeiten der anderen Betreuungspersonen richten. Wir denken immer: „Wir schlagen uns noch ganz tapfer“, teilen Hausarbeit, Erziehung, Alltagskram (wenn auch – gerechterweise – nicht paritätisch) und haben unsere Ansprüche an individuellen Freiraum und den Pflegestatus unserer irdischen Besitztümer (Wohnung) heruntergefahren. Aufgewertet haben wir das Ritual gemeinsamer Mahlzeiten. Ohne zu klagen, kommen wir mit weniger Einkommen aus, obwohl wir mehr als früher arbeiten. [...]

Doch wehe uns, wenn irgendwo im System eine Störung auftritt. Und „Störungen“, zumal im Alltag mit einem kleinen Wesen, sind schließlich das Normalste von der Welt. Egal ob uns eine Kinderkrankheit zusätzliche Fürsorge abverlangt oder ob uns eine Vortragsreise, ein Archivaufenthalt oder ein abendlicher Termin des Vaters aus dem Zeitplan kickt (weil er dann als Betreuungsersatz für mich ausfällt). [...]

Neulich haben wir einmal aufgeschrieben, wie viel Zeit wir in einer ganz normalen Woche (ohne Arztbesuche etc.) allein mit der Koordination und Verwaltung der Kinderbetreuung verbringen: [...]

Das Resultat unserer Minutenzählerei in Sachen Organisation der Kinderbetreuung (für ein Kind, wohlgemerkt!) verschlug uns die Sprache: Insgesamt kamen wir in einer Woche auf zweieinhalb Stunden am Telefon, in Gesprächen, beim E-Mailen am Computer. Rechnet man diese Zeit in Geld um (pro Stunde 25 Euro), so verdoppeln sich die monatlichen Betreuungskosten von 250 Euro leicht auf 500 Euro (für wöchentlich etwa zehn Stunden bezahlte Kinderbetreuung, hinzu kommen bei uns noch einige kostenneutrale Stunden durch Kindertausch mit anderen Eltern). Theresa, verzeih! [...]

Aus: Ulrike Gropp, Das unbequeme Glück: Wie können Frauen heute noch Mütter sein?, in: Das Parlament Nr. 33–34, 9. 8. 2004

Wohlstandsfaktor Kinderlosigkeit?

MATERIAL 3

Mit jedem Kind, auf das ein Bundesbürger verzichtet, kann er an Erziehungs- und Ausbildungskosten bis zum 18. Lebensjahr etwa 200 000 bis 300 000 Euro sparen [...].
Früher war Kinderlosigkeit gleichbedeutend mit einer materiellen Bedrohung für das eigene Leben. Heute ist Kinderlosigkeit eher zu einem Wohlstandsfaktor geworden. Negativ gesehen erinnert die Forderung nach einer Halbierung der Rente mehr an eine Strafsteuer für Kinderlose. Positiv gesehen geht es eigentlich nur darum, Familien zu entlasten, weil sie nicht nur mit Geld Rentenbeiträge zahlen, sondern vor allem mit Zeit (durch Fürsorge, Betreuung und Pflege) in den Erhalt des Generationenvertrages investieren. Kinderlose müssen sozusagen doppelt zahlen – für die Eltern und für die Kinder. [...]
Nachweislich konkurriert die familiäre Entscheidung für Kinder mit anderen Optionen der Lebensgestaltung wie z. B. hohem Lebensstandard oder beruflicher Karriere. Beim individuellen Abwägungsprozess, also der Kosten-Nutzen-Kalkulation, fällt die Entscheidung immer öfter „gegen" Kinder aus. Das Pro-Kopf-Einkommen bei einer Familie mit zwei Kindern sinkt etwa auf die Hälfte eines vergleichbaren Ehepaares.
Im Allgemeinen kostet ein Kind durchschnittlich 500 Euro im Monat, 6 000 Euro im Jahr – und bis zum Ende der Ausbildung rund eine viertel Million Euro. Damit sind die tatsächlichen Kosten, die ein Kind verursacht, noch nicht annähernd gedeckt. [...] In westlichen Wohlstandsgesellschaften bedeutet dies konkret: Wer sich für Kinder entscheidet, entscheidet sich für Konsumverzicht und vielfach auch für Karriereverzicht. Deshalb ist Kinderlosigkeit besonders häufig bei hoch qualifizierten Frauen anzutreffen. [...]

- Einerseits wächst die am besten ausgebildete Frauengeneration, die es jemals gab, heran: 55 Prozent der Abiturienten und 52 Prozent der Studienanfänger an den Hochschulen sind weiblich.
- Andererseits sinken in Deutschland mit der höheren Berufsqualifizierung und Erwerbstätigkeit der Frauen die Geburtenraten. Von den Frauen des Jahrgangs 1935 waren zehn Prozent kinderlos, beim Jahrgang 1955 waren es zwanzig Prozent und beim Jahrgang 1965 bereits über dreißig Prozent. [...]. Aus der Sicht der Familienpolitik ist der Geburtenrückgang aber auch und gerade eine Folge der im Durchschnitt niedrigeren Anzahl der von einer Frau geborenen Kinder. Statt „keine Kinder" heißt es immer öfter „weniger Kinder": Familien werden tendenziell immer später gegründet. [...]

[Andererseits ist] nicht nur der Zusammenhalt der Familie größer, auch das Zusammenleben ist länger und dauerhafter geworden: Tendenziell gibt es bald mehr Nesthocker als Nestflüchter. Die Familie ist also kein Auslaufmodell, bekommt eher eine neue soziale Qualität. Weniger Kinder kann auch heißen: größere Bedeutung von Kindern. Mit Kindern verbinden sich nachweislich neue positiv besetzte Werte: „Ein unkündbares Füreinanderdasein, höchstmögliche emotionale Nähe, ursprüngliche und konkrete Freude" [...].

Aus: Ulrich Beck, Ulf Ziegler, mit Fotos von Timm Rautert: Eigenes Leben, C. H. Beck, München 1995, S. 16 f., gekürzt

1 Vergegenwärtigen Sie sich mithilfe einer grafischen Darstellung, welche Aufgaben Theresas Eltern bei der Organisation ihres Alltags zu bewältigen haben (M 2).

2 Kennzeichnen Sie die Emotionen und Reflexionen, die sich bei der Autorin „nach Theresas Ankunft" einstellen. – Zu welcher Bilanz kommt sie?

3 Zeichnen Sie nach, welche Entwicklung der Zukunftsforscher Opaschowski für die Familie sieht und welche Rolle er den Frauen darin zuschreibt (M 3).

4 Untersuchen Sie, inwieweit sich die beiden Fälle (M 1 und M 2) in die verallgemeinernden Aussagen Opaschewskis einordnen lassen.

VERWEIS

s. S. 60 f. (kommt)

MATERIAL 4 Die staatlichen Hilfen für Familien

Bundesfinanzminister Steinbrück (SPD) hat die familienpolitischen Leistungen des Staates auf 185 Milliarden Euro beziffert. [...] Allein die steuerliche Freistellung des Existenzminimums der Kinder kostet demnach den Staat knapp 35 Milliarden Euro. Das Ehegattensplitting führt zu Ausfällen von gut 19 Milliarden Euro. Nicht eingerechnet in die Gesamtsumme sind Mittel für die Schulen [...], da diese als Bildungsausgaben gewertet werden. Man wolle Familienleistungen umschichten und Geld effizienter ausgeben, meinte der Minister. Die Koalition stehe vor der Frage, ob sie die individuelle Familienförderung ausbauen oder mehr Geld in die Betreuungsinfrastruktur stecken solle. [...]

Aus: Schäfer, Manfred: in: FAZ 27. 2. 07, S. 2

MATERIAL 5 Elterngeld wichtige Säule der neuen Familienpolitik

Das Elterngeld erreicht alle Eltern, die sich Zeit für ihr Neugeborenes nehmen und auf Einkommen verzichten. Das Elterngeld wird an Vater und Mutter für maximal 14 Monate gezahlt, beide können den Zeitraum frei untereinander aufteilen. Ein Elternteil kann höchstens zwölf Monate allein nehmen, zwei weitere Monate sind als Option für den anderen Partner reserviert. Das heißt: Zwölf Monate Elterngeld gibt es immer, wenn sich Eltern Zeit für die Betreuung ihres Kindes nehmen. Ersetzt werden 67 Prozent des wegfallenden bereinigten Nettoeinkommens, maximal 1800 Euro im Monat. Das Mindestelterngeld, das Eltern erhalten, die vor der Geburt des Kindes nicht erwerbstätig waren, beträgt 300 Euro. [...]

www.bmfsfj.de/Elterngeldrechner (Zugriff: 9. 5. 2007)

MATERIAL 6 Wer profitiert?

Durch die Lohnersatzfunktion sollen mit dem Elterngeld vor allem Akademikerinnen und Frauen in Führungspositionen dazu ermutigt werden, eine Familie zu gründen. So möchte man – ähnlich dem schwedischen Beispiel, wo das Elterngeld erstmals erfolgreich eingeführt wurde – der niedrigen Geburtenrate in Deutschland entgegenwirken. [...] Insgesamt profitieren die Familien vom neuen Elterngeld. Es gibt aber auch Familien, die im Vergleich zum Erziehungsgeld schlechtergestellt werden. Durch die Verkürzung der Laufzeit der Transferzahlung auf zwölf Monate kann die Einführung des Elterngeldes für Familien ohne ein Einkommen aus Erwerbstätigkeit im schlimmsten Fall Einbußen von bis zu zwölf Monatsbeträgen à 300 Euro, d. h. bis zu 3 600 Euro, bedeuten. [...]

www.politik-im-netz.com (Zugriff: 18. 12. 2006)

1 Stellen Sie an M 4 fest, mit welcher Aussageabsicht der Finanzminister die Daten präsentiert. Versuchen Sie eine eigene Einschätzung dieser Daten, indem Sie Vergleichszahlen (z. B. einzelne Posten im Bundeshaushalt) ermitteln.

2 Recherchieren Sie, in welchen familienpolitischen Kontroversen die vom Finanzminister aufgeworfene Frage eine Rolle spielt.

Elterngeld und Opportunitätskostenprinzip

MATERIAL 7

Die Begründung für die Einführung eines Elterngelds basiert auf dem Opportunitätskostenprinzip. Opportunitätskosten, d. h. mögliche Nutzen und Erträge einer Alternativaktivität, die dem Individuum aufgrund einer Aktivität oder Mittelverwendung entgehen, sind eine wichtige Determinante des Geburten- bzw. Fertilitätsverhaltens. Dies bedeutet im Falle der Familiengründung: Wer Kinder bekommt und aufzieht, kann andere Tätigkeiten und den damit verbundenen Nutzen nicht wahrnehmen. [...] Allerdings bestätigen Umfragen, dass Argumente, die gegen eine Familiengründung sprechen, häufig ökonomisch motiviert sind, sodass eben auch rationale Gründe eine nicht unwesentliche Rolle spielen.

Opportunitätskosten von Kindern sind aufgrund einer Unterbrechung der Erwerbstätigkeit das individuelle Einkommen und die damit verbundenen Rentenansprüche. Zu den Opportunitätskosten zählen aber auch die Geldsummen, die man nicht anderweitig verwenden kann, da Aufwendungen für Kinder notwendig sind; das niedrigere Arbeitslosigkeitsrisiko von erwerbstätigen Nicht-Eltern im Vergleich zu erwerbstätigen Eltern, da Kinderlose mehr Flexibilität aufweisen, und der Nutzen einer stetigen Beschäftigung bezüglich des eigenen Humankapitals. Nichtmonetäre Opportunitätskosten schlagen sich in Formen der Diskriminierung von Müttern insbesondere junger Kinder am Arbeitsplatz („Rabenmutter“) oder darin nieder, dass Frauen mit Kindern bei wichtigen Projekten aufgrund der erwarteten kinderabhängigen Zeitpräferenzen weniger berücksichtigt werden, Letzteres vor allem in qualifizierten Berufen.

Je höher das aktuelle Einkommen ist, desto höher wird auch das zukünftige Einkommen und damit die spätere Rente sein und desto umfangreicher sind die gesamten Opportunitätskosten einer Unterbrechung der Erwerbstätigkeit. Dies bedeutet, dass die Opportunitätskosten besser qualifizierter und gut verdienender Frauen höher sind als die gering verdienender [...]

Aus: Sandra Gruescu, Bernd Rürup: Nachhaltige Familienpolitik, in: APuZ 23-24/2005, S. 3

1 Vergegenwärtigen Sie sich mithilfe von M 4 und M 5 die wichtigsten Regelungen des Elterngeldes und die damit angestrebten Wirkungen.

2 Verdeutlichen Sie mithilfe von M 6, wie im Konzept des Elterngeldes das Opportunitätskostenprinzip wirksam wird. Ziehen Sie zur Konkretisierung der Aussagen von M 7 auch die Ausführungen Opaschowskis heran (M 3).

3 Holen Sie zu den Grundsätzen der Familienpolitik Stellungnahmen der Parteien vor Ort ein und sondieren Sie dabei deren Bereitschaft zu einer Podiumsdiskussion.

MATERIAL **8**

Staat – aktiv für die Familie

SPIEGEL: Frau Ministerin, jahrzehntelang gehörte das Loblied auf die Familie als „Keimzelle der Gesellschaft" zum Standardrepertoire der Union. Wenn man sich die jüngsten familienpolitischen Beschlüsse der CDU ansieht, taucht sie dort vor allem als Problemfall auf. Woher das plötzliche Misstrauen?

Von der Leyen: Wir können nicht länger die Augen vor der Tatsache verschließen, dass es auch Väter und Mütter gibt, die mit der Erziehung ihrer Kinder völlig überfordert sind. Es gibt Eltern, die so schwere eigene Probleme haben, dass sie zu ihrem Kind keine Beziehung aufbauen, die alkohol- oder drogenabhängig sind. Sie geraten in einen Teufelskreis aus Isolation und Aggression, die sich dann gegen das Kind entlädt. [...]

SPIEGEL: Dass der Staat bei solchen Extremfällen eingreifen muss, ist unbestritten. Die Union will sich nun aber auch bei ganz normalen Familien stärker in die Erziehung einmischen.

Von der Leyen: Familienleben hat sich in den vergangenen 50 Jahren tiefgreifend verändert. Es gibt kaum noch Großfamilien, in denen viele Kinder mit Geschwistern durch Erwachsene aller Generationen erzogen werden. Dadurch sind wichtige soziale Netze verschwunden. Kinder brauchen aber andere Kinder. Wenn jedes dritte Kind unter fünf keine Geschwister hat, dann brauchen wir Angebote, in denen Kinder miteinander spielen, die Welt entdecken, zanken, versöhnen und kommunizieren lernen. Dies ist heute die Spielgruppe oder der Kindergarten. [...]

SPIEGEL: Gerade Konservative waren bislang immer der Meinung, dass Eltern besser als der Staat wissen, was gut für ihr Kind ist.

Von der Leyen: Und das bleibt auch so. [...]

SPIEGEL: Gerade in der Familienpolitik haben sich CDU und SPD immer deutlich unterschieden. Jetzt muss man den Eindruck haben, dass sich die Union auch hier den Positionen der Sozialdemokraten annähert.

Von der Leyen: Die einzige Frage, die interessiert, ist die, ob wir eine vernünftige Politik für Familien machen. [...]

Aus: „Der Spiegel" 49/2006, S. 26

MATERIAL **9**

Familienförderung

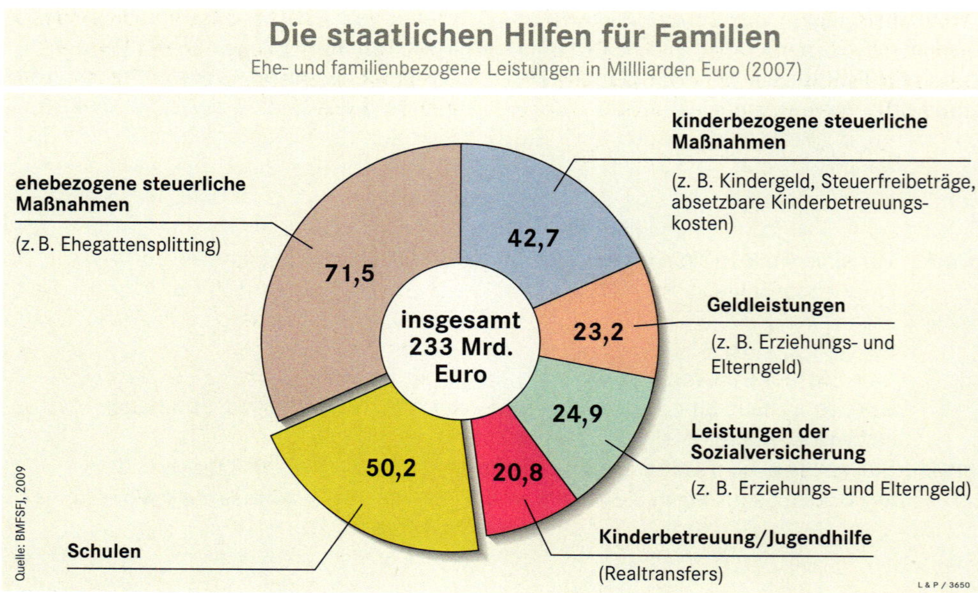

Frauenpolitik der Inosoft AG

MATERIAL 10

Managementinstrument zur Überprüfung und Weiterentwicklung familienfreundlicher Personalpolitik ist das Audit der Frankfurter „berufundfamilie gGmbH“. Zu den mittlerweile 280 zertifizierten Unternehmen, Hochschulen und Institutionen zählen die Inosoft AG, die BASF AG und die KfW Bankengruppe. Ihre Maßnahmen stehen beispielhaft für das, was Unternehmen jeder Größenordnung und Branche tun können.
Beispiel: Inosoft AG, Marburg

- interne Kinderbetreuung in zwei Gruppen für Kleinstkinder und Kindergartenkinder
- allgemeine Vermittlung von Kinderbetreuung oder Haushaltshilfen
- Notfallkinderbetreuung (auch über Nacht)
- Kinder können auch außerhalb der Betreuungszeiten mitgebracht werden
- Kindergarten- bzw. Kinderbetreuungszuschuss
- Hilfe bei der Wohnungssuche
- Schulungen für Führungskräfte, um das Familienbewusstsein innerhalb des Unternehmens zu fördern
- flexible tägliche, wöchentliche und jährliche Arbeitszeiten
- dezentrales Arbeiten durch Telearbeit (z. B. Homeoffice) möglich

Aus: FAZ 12.4.2006, S. B6

Lokale Bedürfnisse der Familie

MATERIAL 11

Um auf lokaler Ebene konkrete Verbesserungen für Familie anzustoßen, hat das Bundesfamilienministerium Anfang 2004 die Initiative Lokale Bündnisse für Familie gestartet. Mit ihrem neuartigen Ansatz, sich vor Ort durch gemeinsame Projekte für die Belange von Familien einzusetzen, in Partnerstrukturen aus Landes- und Kommunalpolitik, Unternehmen, Verbänden, Kirchen, freien Wohlfahrtsträgern und Elterninitiativen zusammenzuarbeiten, treffen die Lokalen Bündnisse für Familie den Nerv der Zeit. Sie sind innovative Ideenschmieden [...], in denen konkrete Vereinbarungen formuliert und gemeinsam in die Praxis umgesetzt werden.
Die Initiative hat sich mit bemerkenswerter Dynamik zu einem Erfolgsmodell entwickelt, das bundesweit Schule macht und einen nachhaltigen Mentalitätswandel vorantreibt. Mittlerweile haben sich in über 360 Städten, Gemeinden, Kreisen und Regionen in Deutschland starke Partner zu Lokalen Bündnissen für Familie zusammengeschlossen. Mehr als 38 Millionen Menschen leben in ihrem Einzugsbereich. Über 2200 Unternehmen sind beteiligt.

www.bmfsfj.de/Politikbereiche/familie,did=13662.html

1 Von welchen Grundsätzen geht von der Leyen bei ihrer Familienpolitik aus (M 8)? Welche familienpolitischen Konfliktlinien zeichnen sich diesbezüglich ab?

2 Entnehmen Sie M 10, welche Angebote für Familien die Unternehmen machen. Suchen Sie nach Erklärungen für die erkennbaren Schwerpunkte.

3 Betrachten Sie im Vergleich zu M 11 die Leistungen von Inosoft und erörtern Sie, weshalb es im Audit der Frankfurter „berufundfamilie gGmbH“ als vorbildlich ausgewiesen wird.

4 Stellen Sie an M 11 die Grundidee der Lokalen Bündnisse für Familie und deren Entwicklung dar. Zeigen Sie auf, in welche Bereiche die Bündnisse ausstrahlen.

VERWEIS
s. S. 72 f. Sozialleistungen

Gesellschaftlicher Wandel und Sozialreform

Die Bourgeoisie, wo sie zur Herrschaft gekommen, hat alle feudalen, patriarchalischen, idyllischen Verhältnisse zerstört. Sie hat die buntscheckigen Feudalbande, die den Menschen an seinen natürlichen Vorgesetzten knüpften, unbarmherzig zerrissen und kein anderes Band zwischen Mensch und Mensch übriggelassen als das nackte Interesse, als die gefühllose „bare Zahlung". Sie hat die heiligen Schauer der frommen Schwärmerei, der ritterlichen Begeisterung, der spießbürgerlichen Wehmut in dem eiskalten Wasser egoistischer Berechnung ertränkt. Sie hat die persönliche Würde in den Tauschwert aufgelöst und an die Stelle der zahllosen verbrieften und wohlerworbenen Freiheiten die eine gewissenlose Handelsfreiheit gesetzt. Sie hat, mit einem Wort, an die Stelle der mit religiösen und politischen Illusionen verhüllten Ausbeutung die offene, unverschämte, direkte, dürre Ausbeutung gesetzt.

Aus: Karl Marx; Friedrich Engels:
Manifest der Kommunistischen Partei. (1848)
Stuttgart 1979, S. 23 ff.

1 Arbeitswelt im Wandel

1.1 Auf dem Weg in die Informationsgesellschaft?

links: Vorstellung eines neuen Industrieroboters auf der Hannover-Messe 2004

rechts: Kasse ohne Kassiererin, 2008

MATERIAL 1

Überall zugleich

In Dearborn im US-Staat Michigan arbeiten im Schein zahlreicher Computerbildschirme die wertvollsten Ingenieure des Ford-Konzerns, des zweitgrößten Autobauers der Welt. Mühelos demonstrieren sie die Symbiose von Mensch und Maschine. Ein Karosseriedesigner fährt mit seinem verkabelten Stift über das elektromagnetische Zeichenfeld auf seinem Tisch. Ein schneller Druck hier, eine Linie dort, und auf seinem Monitor werden die Umrisse eines Fahrzeugs erkennbar, das vielleicht bald als das neueste Ford-Modell in Ausstellungsräumen in aller Welt die Blicke der Käufer auf sich ziehen wird. Plötzlich ertönt aus einem unscheinbaren Lautsprecher neben dem Monitor eine hohle Stimme: „Das

gefällt mir ganz gut", kommentiert der Anonymus das Gezeichnete, „aber wie wäre es, wenn wir es so machen?" Und wie von Geisterhand gesteuert verändert sich die Fahrzeugskizze auf dem Schirm.
Das Phantom sitzt in der Europazentrale von Ford. Mal gleichzeitig, mal nacheinander im Schichtbetrieb arbeiten die Entwickler in Deutschland mit ihren Kollegen in Dearborn an denselben Projekten. Sie führen europäische, amerikanische und auch japanische Ideen und Vorstellungen zusammen.
[...] Die Umstellung spart Kosten in Milliardenhöhe und voraussichtlich mehrere Tausend hoch qualifizierte, gut bezahlte Jobs von Managern, Ingenieuren und Verkäufern. Für das zuletzt weltweit vermarktete Modell, den Mondeo, benötigten die Ford-Konstrukteure noch zwei Monate und 20 internationale Arbeitskonferenzen, ehe das Projekt beschlussbereit war. Für das neueste Modell Taurus waren gerade mal 15 Arbeitstage und 3 Kontrollsitzungen nötig, bis der Vorstand grünes Licht für den Produktionsstart gab.
Die „Revolution bei Ford", so das Wirtschaftsblatt The Economist, folgt nicht etwa dem Druck einer finanziellen Krise. [...] Trottman und seine Führungsmannschaft verwirklichen lediglich, was ihnen die Anwendung modernster Technologie im globalen Netz ermöglicht – und alle anderen werden folgen, nicht nur im Automobilbau.

Aus: Hans-Peter Martin, Harald Schumann: Die Globalisierungsfalle, Reinbek 1996, S. 137 ff.

Die Antenne von Klasse 4

MATERIAL 2

In 10 bis 15 Jahren sollen winzige Computerchips nach der Vorstellung des Handelskonzerns Metro (Real, Media Markt) die Kassiererinnen im Supermarkt überflüssig machen. Diese sogenannten RFID-Chips [„Radio Frequency Identification"] kleben dann auf allen Milchtüten, Tomatendosen oder Schokoladentafeln. Die hauchdünnen Chips können über Funk Daten übertragen, etwa den Preis des Produktes. An der Kasse muss der Kunde den Einkaufswagen nur noch an einer Antenne vorbeischieben und ein Computer rechnet alle Einkäufe für den Kassenzettel zusammen.
Nach Angaben des zuständigen Metro-Managers Gerd Wolfram sollen die Kassiererinnen aber dadurch nicht arbeitslos werden. Sie sollen andere Aufgaben übernehmen [...]. Es gehe nicht in erster Linie um Personaleinsparungen. Stattdessen soll der immens teure Umgang mit Waren schneller, besser und billiger werden. Schon seit 2006 statten rund 40 Hersteller ihre Umkartons mit Funkchips aus, sagte Wolfram. Dadurch müssten zum Beispiel bei der Warenanlieferung nicht mehr die Kartons auf den Paletten nachgezählt werden.
Andere Vorteile: Der Marktleiter weiß jederzeit genau, wie viele Packungen noch im Regal sind. Diebstähle werden erschwert, abgelaufene Packungen rechtzeitig aussortiert.
[...]
Datenschützer befürchten, dass mit RFID die Vorstellung vom „gläsernen Menschen" Wirklichkeit wird, dessen Konsumverhalten und Bewegungsprofile von Staat oder Wirtschaft kontrolliert werden können. Noch sind RFID-Chips mit rund 14 Cent pro Stück zu teuer, um etwa einen 29 Cent teuren Joghurtbecher auszuzeichnen. Die Industrie rechnet aber mit einem kräftigen Preisverfall in den nächsten Jahren.

Aus: Stern 16. Februar 2007, Verf.: Claus-Peter Tiemann

1 Beschreiben Sie anhand der Fotos in einem Blitzlicht den Wandel, der sich Ihrer Einschätzung nach in unserer Wirtschaft vollzieht.
2 Geben Sie die in M 1 und M 2 dargestellten Veränderungen wieder.
3 Entwickeln Sie – ausgehend von den Trends – eine Zukunftsvision für unsere Gesellschaft und Wirtschaft. Skizzieren und diskutieren Sie dabei positive und negative Folgen.

MATERIAL 3 Dimensionen des Strukturwandels

Sektoraler Strukturwandel: Damit ist der in allen entwickelten Volkswirtschaften seit dem 19. Jahrhundert zu beobachtende Übergang von einer Agrar- in eine Industriegesellschaft und seit Mitte dieses Jahrhunderts in eine Dienstleistungsgesellschaft gemeint. Mittlerweile beschäftigt die Dienstleistungsbranche in Deutschland mehr als 60 Prozent aller Erwerbstätigen, in den USA liegt der Anteil sogar bei über 70 Prozent. Besonders expansiv zeigen sich gesundheits- und unternehmensnahe Dienste wie Werbung, Finanzierung, Kundenservice. Letztere zeigen, dass Industrie und Dienstleistungen häufig eng miteinander verzahnt sind. Angesichts der wachsenden Bedeutung der Informations- und Kommunikationstechnologien spricht man immer häufiger von einem Übergang zur Informationsgesellschaft.

Intrasektoraler Strukturwandel: Auch innerhalb der großen Wirtschaftssektoren [...] finden strukturelle Veränderungen statt. Der Arbeitseinsatz verändert sich, indem vor allem in den Industrieländern gut qualifizierte Arbeitskräfte immer mehr Beschäftigungsanteile hinzugewinnen.

Regionaler Strukturwandel: In einzelnen Regionen verändern sich die wirtschaftlichen Strukturen immer wieder, zum Teil mit einschneidenden Konsequenzen für den Arbeitsmarkt. Ein anschauliches Beispiel ist das Ruhrgebiet, das sich mit dem Niedergang des Bergbaus und der Montanindustrie von einer Schwerindustrieregion zunehmend in ein Zentrum für hochtechnologische Industrien (z. B. im Umweltschutzbereich) und moderne Dienstleistungen gewandelt hat. [...]

www.insm.de/Lexikon/S/Strukturwandel.html“

MATERIAL 4 PC und Internet prägen zunehmend Berufs- und Privatleben

In Deutschland prägen moderne Informations- und Kommunikationstechnologien, allen voran Computer und Internet, immer mehr das Berufs- und Privatleben vieler Menschen. [...] Der Anteil der Beschäftigten, die regelmäßig während ihrer Arbeitszeit einen Computer nutzen, ist seit Januar 2003 um 14 Prozentpunkte auf rund 60 % im Januar 2008 gestiegen. Im privaten Bereich ist der Anteil der Personen ab zehn Jahren, die einen Computer im ersten Quartal des Jahres nutzten, im Jahr 2008 auf 76 % gestiegen (2003: 64 %). [...] Im Arbeitsalltag waren 53 % der Beschäftigten im Januar 2008 über einen Computer an ihrem Arbeitsplatz mit dem Internet verbunden. 2003 war dieser Anteil mit 31 % noch erheblich geringer. Eine ähnliche Entwicklung gibt es in der Internetnutzung der privaten Haushalte. Im Jahr 2008 lag der Anteil der Personen ab zehn Jahren, die das Internet im ersten Quartal genutzt haben, bei 71 %. Im Jahr 2003 war der Anteil mit 52 % noch um 19 Prozentpunkte geringer. Auch der Anteil der Personen, die das Internet privat jeden Tag oder fast jeden Tag nutzten, ist von 46 % im Jahr 2003 auf 66 % im Jahr 2008 deutlich angestiegen. [...]

Gleichzeitig verändern moderne Informations- und Kommunikationstechnologien unter anderem die Informationsversorgung der Beschäftigten innerhalb des Unternehmens. So verfügten im Januar 2008 rund 21 % der Computer nutzenden Unternehmen über ein Intranet, eine Art organisationsinternes Rechennetzwerk. Bei 76 % dieser Unternehmen konnten über das Intranet Arbeitsunterlagen für das Tagesgeschäft (zum Beispiel Standardformulare) heruntergeladen werden, bei 61 % standen im Intranet Handbücher, Leitfäden und Schulungsunterlagen zur Verfügung und bei 57 % wurden auf der internen Homepage aktuelle Unternehmensnachrichten veröffentlicht.

Aus: Pressemitteilung des Statistischen Bundesamtes Nr. 452 vom 27. 11. 2008

Die Entwicklung ökonomischer Sektoren

MATERIAL 5

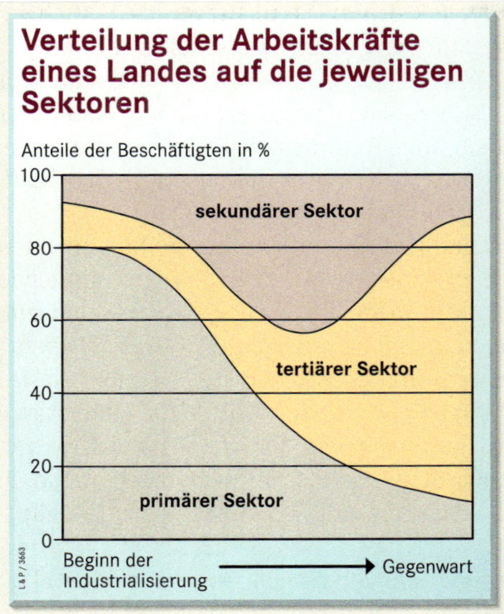

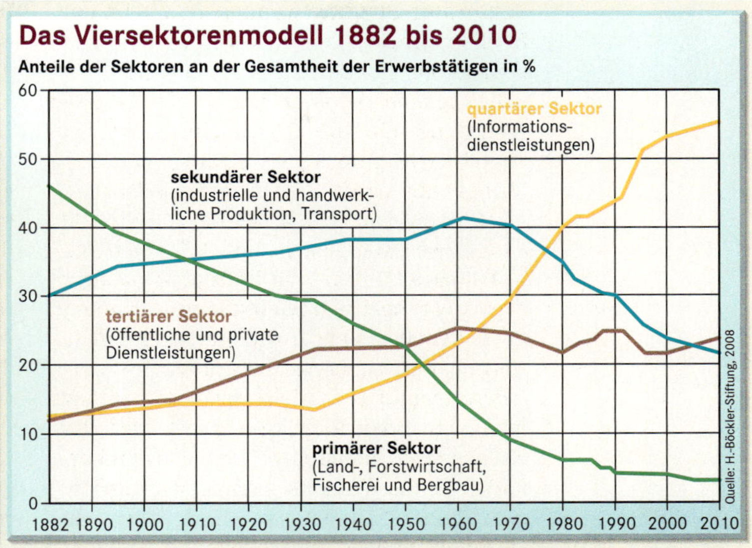

„Die Gesellschaft der Zukunft wird immer auch Industriegesellschaft sein“

MATERIAL 6

Oskar Negt ist Professor für Soziologie an der Universität Hannover.

Immer neue Definitionen für die - vermuteten - charakteristischen Züge der heutigen Gesellschaft geistern durch die Lande. [...] Jetzt steht die Wissensgesellschaft an der Spitze umlaufender Definitionen. [...] Wissen scheint zukunftsträchtig zu sein. Aber - begründen diese Merkmale hinreichend eine Definition der Gegenwartsgesellschaft? Nein! Der Überlebenskampf von Wirtschaftsstandorten verweist nachdrücklich auf den harten Tatbestand, dass wir nach wie vor in einer Industriegesellschaft leben. [...] Wenn es um Arbeitsplatzvernichtung geht, ist im Allgemeinen von harter Materie die Rede: von Kohle, Chemie, Automobil- und Maschinenbau, schließlich auch von Informationsindustrie als Produktionssektor. Der Soziologe Michael Schumann warnt deshalb zu Recht vor voreiligen Verabschiedungen: „Die Gesellschaft der Zukunft wird ... immer auch Industriegesellschaft sein. Gerade für Deutschland gilt: Industrie behält für lange Zeit noch als wichtige Ressource [...] zentrale Bedeutung und bildet einen entsprechenden Machtfaktor.“

Aus: Oskar Negt, Zukunft Industrie. In: FR vom 28. 11. 2003

1 Erläutern Sie anhand von M 3 – M 5 den Begriff und die Dimensionen des Strukturwandels.

2 Ermitteln Sie, ob Ihre Stadt bzw. Region von einer oder mehreren Dimensionen des Strukturwandels betroffen ist.

3 Diskutieren Sie die These Negts vom Fortbestand der Industriegesellschaft.

VERWEIS

s. S. 282 f.
Überwachungsstaat

METHODE

Strukturwandel-Recherche

Schichtwechsel in der Textilfabrik Nino, 1957

Die Analyse der Wirtschaftsstruktur vor Ort und des Strukturwandels im Nahbereich dient dem Versuch, die sich ständig wandelnden ökonomischen und gesellschaftlichen Rahmenbedingungen des eigenen Lebens zu verstehen und in übergreifende Zusammenhänge einzuordnen – eine Betriebsschließung vor Ort kann Folge einer Entscheidung oder Entwicklung in den USA oder Südostasien sein. Eine Unternehmensgründung vor Ort kann Ausdruck veränderter Rahmenbedingungen und Zukunftserwartungen im eigenen Land sein.

Informationsquellen
Wenn Sie sich hier zu eigenen Untersuchungen und Erkundungen anregen lassen, sollten Sie folgende Anlaufstellen nutzen:

- Stadtverwaltung, darin: Planungsamt, Amt für Wirtschaftsförderung, Kämmerei, Stadtarchiv
- Arbeitsamt, darin: Statistisches Büro
- Industrie- und Handelskammer (IHK)
- Geschäftsstellen der Gewerkschaften
- Einrichtungen, die sich mit Forschung und Entwicklung (F&E) und mit Innovationen beschäftigen
- Bibliotheken, darin: Bücher zur Stadt- und Regionalgeschichte.

Bewährt haben sich als Einstiegshilfen:

- Telefonbuch und Gelbe Seiten
- Internetauftritt der Kommune
- Lokalzeitung und lokale Werbezeitungen
- Wirtschaftsteil überregionaler Zeitungen, z. B. Frankfurter Allgemeine Zeitung, Süddeutsche Zeitung, Frankfurter Rundschau; besonders geeignet: Handelsblatt
- Adressenverzeichnisse
- Stadt- und Unternehmensprospekte.

Arbeitsschritte

Bei der Untersuchung des Strukturwandels in Ihrer Stadt bzw. Region können Sie sich an dieser Schrittfolge orientieren:

1. Materialsichtung: Sichten Sie Ihre Materialien. Halten Sie wiederkehrende Themen zur Wirtschaftsstruktur Ihrer Region in einer Wandzeitung fest. Gewichten Sie die Themen nach ihrer Dringlichkeit und Bedeutung für die Region und für Sie selbst. Formulieren Sie erst dann die genauen Fragestellungen, die Sie bei Ihrer Untersuchung leiten sollen.

2. Bestimmen Sie Gesamtziel und Teilziele Ihres Vorhabens, ordnen Sie die Methoden und Arbeitsweisen Ihren Zielen zu.

3. Arbeitsteilung: Teilen Sie (wenn Sie in einer Gruppe arbeiten) die Arbeiten nach Neigung und Talenten auf.

4. Beschließen Sie einen Zeitplan für die Vorlage der Arbeitsergebnisse einzelner Gruppen.

5. Vor allem: Verständigen Sie sich rechtzeitig über die Form der Sicherung und Dokumentation Ihrer Ergebnisse, z. B. als Publikation, als Podiumsdiskussion ... Verabreden Sie auch die Details der technischen Umsetzung eines solchen Projektes - vgl. Punkt 9 und Punkt 10.

6. Orientieren Sie sich bei der Durchführung des Vorhabens an Ihrer Zeitplanung. Sorgen Sie dafür, dass jeder Beteiligte Übersicht über das Ganze behält und die dokumentierten Ergebnisse individuell nutzen kann, z. B. mithilfe der Wandzeitung.

7. Sehen Sie Treffen der Gesamtgruppe vor, um alle über den Stand der Arbeit zu informieren und gegebenenfalls Änderungen des Konzepts zu beschließen.

8. Beachten Sie: Der Erfolg der Zusammenarbeit mit Personen und Institutionen außerhalb der Schule hängt oft davon ab, ob man den richtigen Ton findet. Bei der Kontaktaufnahme - schriftlich, per Telefon, persönlich - kommt es darauf an, sich als ernst zu nehmender Gesprächspartner zu präsentieren, d. h. sich selbst korrekt vorzustellen und das eigene Anliegen klar vorzutragen. Wer unvorbereitet wirkt, hat schon verloren.

9. Unter zahlreichen Formen der Auswertung des Projektes könnte z. B. auch die Simulation einer Strukturkonferenz für die Region versucht werden. Die daran zu beteiligenden Gruppen und Personen lassen sich aus Ihren Rechercheergebnissen gewinnen. Leitende Fragestellungen könnten sein:
   - Wie wird die Zukunft in unserer Stadt bzw. Region aussehen?
   - Wie soll sie aussehen? - Wie darf sie nicht sein?
   - Welche Auswirkungen hat diese Entscheidung für unser eigenes Leben?
   - Was ist zu tun? - Was ist zu unterlassen?

   Halten Sie die Ergebnisse der Konferenz in einem Protokoll fest. Unter Umständen sind nicht nur Ihre Gesprächspartner, sondern auch die Lokalpresse an den Ergebnissen Ihrer Recherchen interessiert.

10. Der Präsentation Ihrer Ergebnisse könnte eine Fotoausstellung oder ein Videofilm dienen. Dabei ist es wichtig, dass die Bilder für sich sprechen: Kontrastbilder machen Widersprüche und Gegensätze deutlich; bewusst gewählte Perspektiven enthalten eine - möglicherweise provozierende - Stellungnahme. Farb- und Motivauswahl ermöglichen den Ausdruck von Stimmungen; Bildreihen lassen Entwicklungen sichtbar werden; Collagen werfen Fragen auf und erlauben die Inszenierung von Visionen.

1.2 Strukturwandel und Arbeitsmarkt

MATERIAL 1 Zukunft der Arbeit: Heute hier, morgen dort

Arbeitsmarktforscher, Management-Experten, Organisationspsychologen – egal, wen man fragt: Alle sind sich einig dass die Arbeitswelt vor einem radikalen Wandel steht. Und ein Wort dominiert die Diskussionen: Flexibilität. [...] Dahinter verbirgt sich weit mehr als Anpassungsfähigkeit im Denken und Handeln. Der Arbeitnehmer von morgen wird mehr als nur einen Arbeitgeber haben, er wird häufiger zwischen Selbstständigkeit und Festanstellung wechseln und mehr Teilzeit- und Zeitarbeit leisten. Er wird in ständig wechselnden Projekten mit unterschiedlichen Teams aus unterschiedlichen Nationen zusammenarbeiten, viele seiner Kollegen nur auf dem Videobeamer oder per E-Mail, Chat oder Wiki kennen lernen [...]

„Wir sind die erste Generation, die sich vom Schreibtischzwang emanzipiert“, sagt der Politologe und Journalist Markus Albers. [...] Vor einem Jahr saß er noch jeden Tag im Schnitt elf Stunden am Schreibtisch: „Mein Büro war mein Zuhause“, sagt der ehemalige geschäftsführende Redakteur der deutschen Promi-Postille „Vanity Fair“. Als Festangestellter traf er sich nach Feierabend gelegentlich kurz mit Freunden oder ging direkt nach Hause, schaute fern und legte sich ins Bett, weil er am nächsten Tag wieder früh rausmusste. Heute bleibt er auch mal länger liegen, nutzt so viel besser seine produktiven Hochphasen am Tag oder arbeitet von irgendeinem inspirierenden Ort der Welt aus: am Strand irgendwo in Thailand etwa, in einer Finca auf Ibiza oder einer Holzhütte in Norwegen. [...]

Jobs werden zeitlich befristet sein und [...] größtenteils über das Internet vermittelt. [...] Angebote für einfache Tätigkeiten und für gering Qualifizierte werden immer seltener. Diese Jobs werden künftig in Deutschland von Maschinen oder Arbeitern im Ausland erledigt. [...] Was hier bleibt, sind dagegen die Jobs für Spezialisten. [...] Auf der sicheren Seite sind entsprechend Fach- und Führungskräfte aus dem Bereich der Hochtechnologien, wie Licht- und Lasertechnik, Bio- und Nanotechnologie oder auch der Werkzeugmaschinenbau sowie die Metallindustrie. [...] Vorteile besitzen aber auch all jene Berufe, in denen körperliche Präsenz erforderlich ist: Alten- und Krankenpfleger genauso wie Erzieher, Kindergärtner und Lehrer. Ein Sektor aber wird sich in den nächsten 20 Jahren zum größten Wachstumsmotor entwickeln: die „Creative Industries“. Dazu gehören etwa Architektur und Design, Buch- und Verlagswesen sowie Software. [...]

Auch das wird kommen: Arbeitnehmer werden künftig öfter zeitlich begrenzt und in Teilprojekten zusammenarbeiten. Ist eine Aufgabe beendet, werden die Teams neu aufgestellt. Der Grund: Durch die globale Konkurrenz stehen die Konzerne zunehmend unter Zeitdruck. Die Lebenszyklen von Produkten verkürzen sich, die Neuentwicklung von Nachfolgeprodukten muss schneller gehen. Also werden alle Entwicklungsschritte rund um den Erdball verteilt. [...]

Aus: Daniel Rettig, Zukunft der Arbeit: Heute hier, morgen dort in: Wirtschaftswoche vom 18.8.2008

1 Arbeiten Sie aus M 1 und M 2 die Trends bei den Beschäftigungsverhältnissen und in der Arbeitsorganisation heraus.

2 Halten Sie die Darstellung für realistisch, insbesondere in ihren (positiv) wertenden Teilen? Diskutieren Sie!

3 Überlegen Sie die Konsequenzen, die sich für Sie als zukünftige Beschäftigte im Hinblick auf Ihre schulische und Ihre weitere Qualifikation aus den Trends ergeben.

4 Untersuchen Sie, wie die Zukunft der „sozialen Stadt“ aussehen wird (M 2), und diskutieren Sie, wie sich diese Entwicklung auf die Lebensweise der Menschen und auf ihre Wertorientierung auswirken wird.

Die „soziale Stadt" der Zukunft

MATERIAL 2

[Die **„Modernisierungsmacher"**] sind die Hauptprofiteure der aktuellen gesellschaftlichen Entwicklungen. Sie wohnen in den obersten Etagen des Wolkenkratzers. Es sind vor allem die [...] sogenannten Wissensarbeiter: zum Teil abhängig beschäftigte Angestellte, zum Teil Selbstständige oder Scheinselbstständige. Es handelt sich um fachlich besonders anspruchsvolle Arbeitsplätze von Systemanalytikern, Servicespezialisten, Finanzfachleuten, Industriegestaltern, Forschern, Entwicklern, Experten. [...] Diese Gruppen werden immer rigoroser auf flexible, innovative Aufgaben konzentriert. Zudem wird eine Leistungsbereitschaft vorausgesetzt, die vor Selbstausbeutung nicht haltmacht. [...]

Die **Modernisierungsausgesparten:** In der unteren Hälfte des Wolkenkratzers wohnen jene Gruppen, die einen mehr oder weniger gesicherten Arbeitsplatz bei mehr oder weniger prekären Arbeitsbedingungen haben. Sie sind vor allem in Branchen und Betriebsbereichen mit hohen Anteilen an (noch) nicht technisierten, also arbeitsintensiven Prozessen, in denen noch manuelle Repetitivtätigkeiten im Vordergrund stehen. Die Beschäftigten sehen sich mit rigiden, hohen Leistungsanforderungen konfrontiert bei stark standardisierter, inhaltsentleerter, gering qualifizierter, unselbstständiger Arbeit. [...]

Die **Modernisierungsverlierer:** Den Gegenpol zu den Herrschenden und Machern der Gesellschaft stellen diejenigen dar, denen der Zutritt zum Wolkenkratzer ganz verweigert wird, die auf der Straße zu bleiben haben. [...] Es sind die aus diesem Bezugssystem unfreiwillig ausgegrenzten, das heißt die (Dauer-)Arbeitslosen. Hier sprechen wir immer noch schwerpunktmäßig von ehemaligen Arbeitern, doch längst sind auch ehemalige Angestellte, sogar Höherqualifizierte und auch kleinere Selbstständige von den Freisetzungen aus Wirtschaft und Verwaltung betroffen. [...] Man lebt im Bewusstsein, letztlich nicht mehr zur Gesellschaft zu gehören, weil dies eine Gesellschaft der und für die Erwerbstätigen ist.

Die **Modernisierungsbedrohten:** Im Wolkenkratzer leben die „Prekärbeschäftigten" im Keller und haben zumindest eine geringe Chance, in die ersten Etagen eingelassen zu werden; freilich bleibt gleichzeitig stets auch die Gefahr präsent, auf der Straße zu landen. In diese Gruppierung fallen die befristet Beschäftigten, die Leih- und die Zeitarbeiter [...]. Typischerweise, – wenn auch nicht ausschließlich – konzentrieren sich diese Beschäftigten im Sektor von Niedriglohn und Niedrigqualifikation. „Jobhopping" ist hier selten Ausdruck von neuer Freiheit und positiven Spielräumen der Individualisierung, sondern bleibt durch den Mangel an fester Beschäftigung erzwungenes Verhalten. Die Betroffenen sind den Zufälligkeiten der Arbeitsmarktsituation und der Nachfrage voll ausgesetzt und leicht austauschbar. [...]

Die **Modernisierungsmitgestalter:** Die letzte Gruppierung besetzt die mittleren bis höheren Etagen. Eine Gefahr, aus dem Haus ausgeschlossen zu werden oder abzusinken, besteht nur im Ausnahmefall. Diese Gruppierungen sind zwar nicht die kreativen Wissensarbeiter der Modernisierung, wohl aber aktive Mitspieler und Mitgestalter, die, wenn auch weniger substanziell, auch zu den „Gewinnern" zählen. Grundlage ihrer verbesserten Arbeits- und Beschäftigungssituation ist eine innovative, antitayloristische Arbeitspolitik der Unternehmen, die Bereiche der traditionellen Facharbeiter- und Fachangestellten stützt und zusätzliche Einsatzfelder neu aufbaut. [...] Höheren Leistungsanforderungen und verstärktem Leistungsdruck stehen selbstständige Arbeitsgestaltung, eigenverantwortliches Handeln [...] gegenüber.

Aus: Michael Schumann, Sozialstrukturelle Ausdifferenzierung und Pluralisierung der Solidarität, WSI Mitteilungen 9/2001, S. 532 ff.

T. Plaßmann, FR v. 19. 9. 2008

MATERIAL 3

Neue Beschäftigungsformen prägen Arbeitsmarktentwicklung

Wie das Statistische Bundesamt (Destatis) heute (9. 9. 2008) [...] mitteilte, hat die Zunahme neuer Beschäftigungsformen die Beschäftigungsentwicklung der vergangenen zehn Jahre in Deutschland maßgeblich geprägt. Zu diesen neuen oder häufig auch als atypisch bezeichneten Beschäftigungsformen gehören befristete oder geringfügige Beschäftigung, Teilzeitarbeit sowie Zeitarbeit. Während die Zahl der Erwerbstätigen in sogenannten Normalarbeitsverhältnissen von 1997 bis 2007 um 1,5 Millionen gesunken ist, stieg die Anzahl der Personen in neuen oder atypischen Beschäftigungsformen in diesem Zeitraum um 2,6 Millionen an. [...] 1997 betrug der Anteil der Personen in einem Normalarbeitsverhältnis an allen abhängig Beschäftigten noch 82,5 %. Der Anteil hat sich seither um acht Prozentpunkte verringert (2007: 74,5 %). Entsprechend stieg der Anteil der neuen Beschäftigungsformen von 17,5 % auf 25,5 %. Unter einem Normalarbeitsverhältnis wird hier ein Beschäftigungsverhältnis verstanden, das in Vollzeit und auf einer dauerhaften vertraglichen Grundlage ausgeübt wird. Ein Normalarbeitnehmer arbeitet direkt in dem Unternehmen, mit dem er einen Arbeitsvertrag hat. Bei Zeitarbeitnehmerinnen und -arbeitnehmern, die von ihrem Arbeitgeber – der Zeitarbeitsfirma – an andere Unternehmen verliehen werden, ist das nicht der Fall. Zudem sind Arbeitnehmerinnen und Arbeitnehmer über ein Normalarbeitsverhältnis in die sozialen Sicherungssysteme wie Arbeitslosenversicherung, Rentenversicherung und Krankenversicherung integriert. Das heißt, sie erwerben über die von ihrem Erwerbseinkommen abgeführten Beiträge Ansprüche auf Leistungen aus den Versicherungen. Von neuen oder atypischen Beschäftigungsformen wird gesprochen, wenn eines oder mehrere dieser Kriterien nicht erfüllt sind. Dazu zählen in der vorliegenden Betrachtung Teilzeitbeschäftigungen mit 20 oder weniger Stunden Arbeit pro Woche, geringfügige Beschäftigungen, befristete Beschäftigungen sowie Zeitarbeitsverhältnisse, die auch unter den Schlagworten Leiharbeit und Arbeitnehmerüberlassung bekannt sind. Im Gegensatz zur Normalarbeit, die in der Regel darauf ausgerichtet ist, den eigenen Lebensunterhalt und eventuell den von Angehörigen zu finanzieren, können die neuen oder atypischen Beschäftigungsformen diesen Anspruch nur bedingt erfüllen.

Pressemitteilung des Statistischen Bundesamtes vom 9. 9. 2008, www.destatis.de/jetspeed/portal/cms/Sites/destatis/Internet/DE/Presse/pm/2008/09/PD08__340__132,templateId=renderPrint.psml

Atypisch beschäftigt – schnell prekär

MATERIAL 4

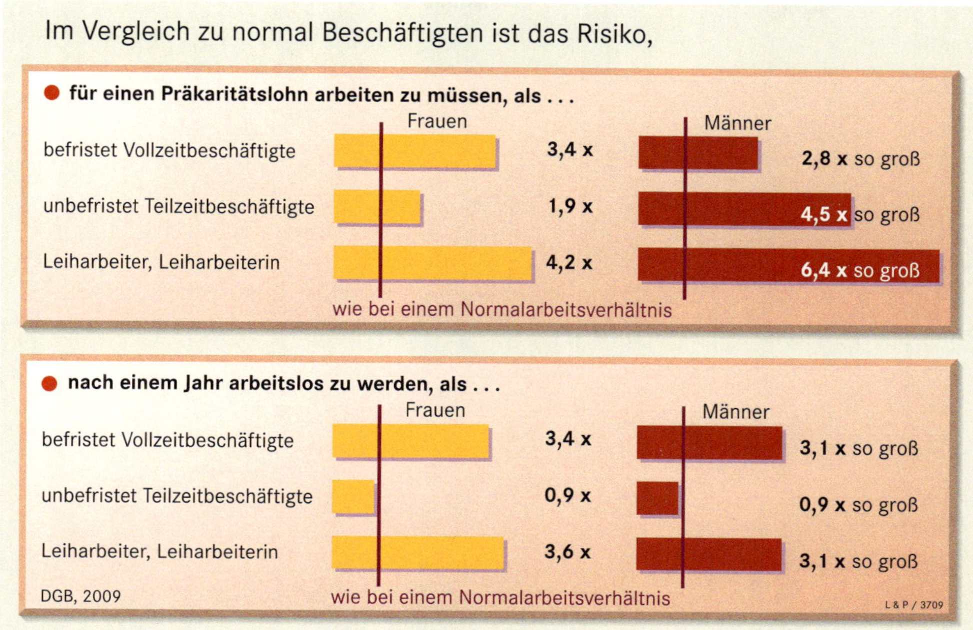

„Moderne Sklaverei“

MATERIAL 5

Abbestellt, ausrangiert, arbeitslos. Diese Abfolge lernen derzeit viele Leiharbeiter kennen. Bei ihnen, den Nomaden der modernen Arbeitswelt, ist der Wirtschaftsabschwung, der in diesen Wochen eine Branche nach der anderen erfasst, als Erstes angekommen. […] Betroffen sind zurzeit vor allem die Beschäftigten in der Autoindustrie. Unternehmen wie BMW, Ford oder Continental schicken in diesen Wochen wegen des Konjunktureinbruchs Tausende Leihkräfte früher als geplant aus den Fabriken zu den Zeitarbeitsfirmen zurück oder verlängern die Verträge nicht. Bei VW trifft es 750 Leiharbeiter, beim Autoscheinwerferhersteller Hella 200, bei BMW ist der Abbau von 5 000 Leiharbeitskräften in vollem Gange. […]

Bis zu diesem Punkt folgt das Modell der Zeitarbeit […] noch seiner Logik. Denn genau diese Flexibilität hatten Agenda-Kanzler Gerhard Schröder und der damalige Wirtschaftsminister Wolfgang Clement im Sinn, als sie mit Hartz I den Boom der Zeitarbeit beförderten. Die Reform sollte es Unternehmen ermöglichen, Beschäftigte nach Bedarf hinzuzukaufen und auch wieder abzubestellen. „Atmende Fabriken“ und Just-in-time-Produktion mit schlanken Stammbelegschaften und einem Heer von Leiharbeitern sollten deutsche Firmen im globalen Wettbewerb voranbringen, der Kündigungsschutz und andere unbequeme Regularien sollten kein Hindernis mehr sein. […]

In den guten Zeiten haben die Verleiher hohe Renditen mit ihrem Geschäftsmodell erwirtschaftet, das nach einem einfachen Prinzip funktioniert: Die Beschäftigten bekommen einen relativ niedrigen Lohn, beispielsweise 8 Euro in der Stunde, die Zeitarbeitsunternehmen schlagen in der Regel mindestens den gleichen Betrag drauf, für 16 Euro verleihen sie den Arbeitnehmer dann an Kunden. Für diese üppigen Gewinnspannen sollen die Unternehmen aber auch ein Risiko tragen. Sie sollen das verdiente Geld in einer Durststrecke auch dazu nutzen, Nichteinsatzzeiten zu überbrücken, ihre Mitarbeiter weiterzubilden und wenn möglich in andere Branchen zu vermitteln. Doch das Gegenteil passiert: Adecco etwa entledigte sich im Raum Köln auf einen Schlag neben den mehr als 200 Ford-Arbeitern knapp 300 weiterer Beschäftigter […].

Leiharbeiter haben keine Lobby. Die Zeitarbeitsfirmen gucken auf ihre Rendite; die fest angestellten Kollegen in den wechselnden Einsatzbetrieben empfinden die Leihkräfte oft als Bedrohung für den eigenen sicheren Arbeitsplatz; Betriebsräte und Gewerkschaften haben ein gespaltenes Verhältnis zur Zeitarbeit, weil sie diese Art der unsicheren Beschäftigung eigentlich ablehnen und sich zuvorderst für die „richtigen" Arbeitnehmer zuständig fühlen. „Wir sind Beschäftigte zweiter Klasse", sagt Ingrid Lobe. Ihr richtiger Name lautet anders, sie ist als Zeitarbeiterin bei BMW in Leipzig beschäftigt. Seit vier Jahren arbeitet sie in der Lackiererei der futuristischen sächsischen Autofabrik, jetzt sind die letzten Wochen angebrochen, Ende des Jahres muss sie gehen. […]

Aus: DER SPIEGEL 49/2008 v. 1. 12. 2008, Verf.: Nina Bovensiepen und Janko Tietz

MATERIAL 6 Leiharbeit

SPIEGEL special 5/2008, S. 133

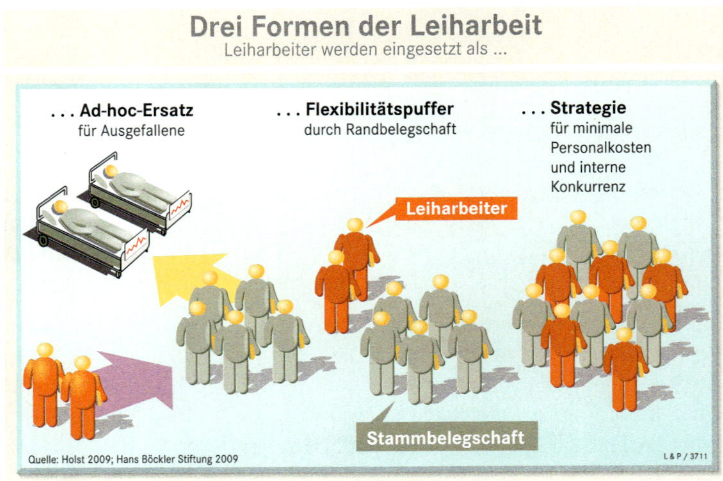

www.boeckler-boxen.de/2504.htm

VERWEIS
s. S. 74 f.
Agenda 2010

s. S. 187 f.
Arbeitskosten

1 Erläutern Sie, worin sich die neuen „atypischen" Beschäftigungsformen vom sogenannten „Normalarbeitsverhältnis" unterscheiden.
2 Setzen Sie die Karikatur (S. 48) in Beziehung zu M 5.
3 Diskutieren Sie am Beispiel des Leiharbeitsektors (M 5 und M 6) die Problematik der neuen „atypischen" Arbeitsformen.

1.3 Gleichstellung der Geschlechter?

aus: FR v. 7./8. 3. 2009

Aus dem Grundgesetz Artikel 3 (2)

MATERIAL 1

- in der Fassung vom 23. Mai 1949: Männer und Frauen sind gleichberechtigt.
- in der derzeit gültigen Fassung (geändert durch Gesetz vom 27. Oktober 1994): Männer und Frauen sind gleichberechtigt. Der Staat fördert die tatsächliche Durchsetzung der Gleichberechtigung von Frauen und Männern und wirkt auf die Beseitigung bestehender Nachteile hin.

„Besser, schneller, erfolgreicher"

MATERIAL 2

Besser, schneller, erfolgreicher als die Männer: Drei Jahrzehnte nach der Frauenbewegung der Siebzigerjahre marschieren sie ehrgeizig und selbstbewusst durch die Institutionen und lassen viele Jungen hinter sich zurück.

Es beginnt in der Grundschule, wo Mädchen konzentrierter bei der Sache sind. Es geht weiter auf dem Gymnasium, wo die Schülerinnen an den Schülern vorbeiziehen. Mehr als die Hälfte der deutschen Abiturienten sind Mädchen, und ihre Noten sind deutlich besser als die der Jungs. Die Jungs stellen dafür die Mehrheit bei den Hauptschülern und liegen bei den Sitzenbleibern und Schulabbrechern vorn.

Deutlich mehr Mädchen als Jungen begreifen Bildung als Chance für den Aufstieg, als soziale Befreiung. Auch und gerade bei den Töchtern von Migranten: Obwohl sie überdurchschnittlich oft aus der sozialen Unterschicht kommen, sind sie sehr bildungsorientiert, ergab eine Studie im Auftrag des Bundesfamilienministeriums. Und anders, als das Klischee es will, werden die meisten dabei von ihren Eltern unterstützt. Bildung, so heißt es in dieser Untersuchung, sei die bestmögliche Aussteuer, sei der „goldene Armreif" für diese jungen Frauen.

Fassungslos sehen viele Jungen und junge Männer, […] wie die Mädchen an ihnen vorbeiziehen. Weil viele Jungs noch immer in dem Glauben aufwachsen, ihre Rolle als Leitwolf sei ihnen genetisch vorbestimmt, geraten sie oft schon in der Schule ins Hintertreffen. Mädchen, die flinker und schlauer sind, passen nicht in ihr Weltbild. Es scheint so, als hätten die Mädchen eines besser begriffen als die Jungs: wie diese Gesellschaft funktioniert und wie man sie für sich nutzen kann.

Zielstrebige Mädchen, lasche Jungs – so ist es von Eltern inzwischen oft zu hören, und auch die Lage an den Universitäten gibt ihnen recht. Mehr als die Hälfte der Studenten sind Frauen, und quer durch alle Fachrichtungen brauchen Studentinnen – bei gleich guten Abschlussnoten – weniger Semester, absolvieren außerdem mehr Auslandsaufenthalte und Praktika. Mehr als die Hälfte aller Medizinstudenten sind Frauen. Mehr als die Hälfte der Jurastudenten sind Frauen. In der angesehenen Henri-Nannen-Journalistenschule sind zwei Drittel der erfolgreichen Bewerber Frauen.

Selbst in den Naturwissenschaften holen sie auf: Im Fach Biologie werden gut die Hälfte der Abschlussprüfungen von Studentinnen abgelegt, in Mathematik ebenso. Nur bei den Ingenieurwissenschaften, in Physik, Astronomie und Informatik dümpelt der Frauenanteil noch um die 20 Prozent. „Frauen mögen manche Ingenieurberufe weniger, wenn es nämlich darum geht, Dinge zu bauen, die Menschen garen, verbrennen, in die Luft sprengen oder die Flugzeuge optimal schnell vom Himmel holen“, sagt Wolfgang Mackens, 58, Professor für Mathematik an der TU Hamburg-Harburg. „Ich finde das ganz vernünftig. Sie mögen Ingenieurberufe dann, wenn dadurch Menschen oder der Umwelt geholfen wird, also zum Beispiel in der Medizintechnik und Stadtplanung.“

Das Institut für Arbeitsmarkt- und Berufsforschung jedenfalls prognostiziert: „Junge Frauen dürften künftig weiter aufholen“, sie haben „die Bildungsdefizite gegenüber den Männern in den letzten Jahrzehnten nicht nur verringert, sondern die Männer in weiten Bereichen der allgemeinen wie beruflichen Bildung bereits überholt“. Sie wollen nicht nur die Hälfte des Himmels, sondern die Hälfte der Welt, und sie machen sich auf den Weg.

Aus: SPIEGEL special 1/2008 v. 26. 2. 2008, S. 19, Verf.: Barbara Supp, Julia Bonstein, Anke Dürr, Dialika Krahe, Merlind Theile, Claudia Voigt, Kathrin Werner

MATERIAL **3**

Statistisch benachteiligt

Frauenanteil bei schulischen und akademischen Abschlüssen 2006 in Deutschland

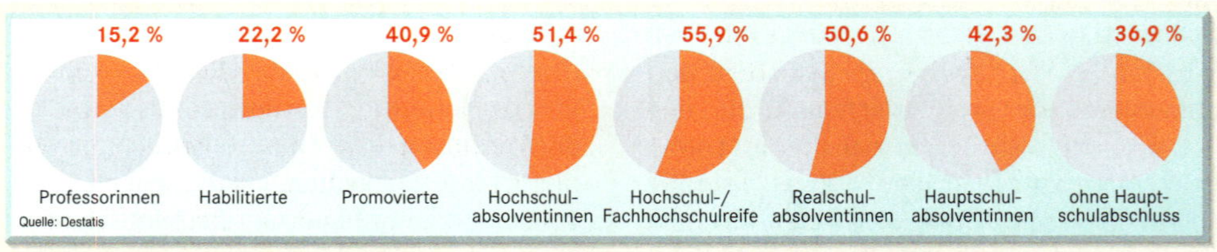

Topmanagerinnen Anteil der Frauen in den höchsten Entscheidungsgremien der jeweils 50 größten börsennotierten Unternehmen, in Prozent

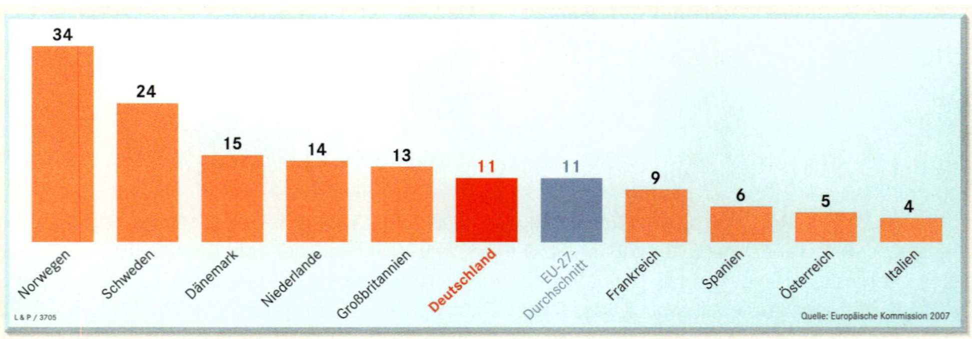

Verdienstunterschiede in der deutschen Wirtschaft

MATERIAL 4

Berufserfahrung	Durchschnittsverdienste in Euro	
	Frauen	Männer
1 Jahr	2 197	2 677
3 Jahre	2 274	2 859
5 Jahre	2 395	3 015
10 Jahre	2 627	3 357

Aus: Hans-Böckler-Stiftung nach FR, 20. 3. 2009

Was die Lohnlücke schließen soll

MATERIAL 5

Freiwilligkeit oder gesetzliche Regelungen: An dieser Linie scheiden sich die Antworten der im Bundestag vertretenen Parteien auf die Frage: Was kann gegen die Lohn- und Gehaltsdiskriminierung von Frauen unternommen werden? [...]

Die SPD-Bundestagsfraktion hat einen Beschluss zur Chancengleichheit gefasst. Fraktionsvize Christel Humme nennt [...] die vier wichtigsten Punkte: „Gesetzliche Quote von 40 Prozent für Frauen in Aufsichtsräten, Pflicht für Unternehmen zur Gleichstellung, Weiterentwicklung des allgemeinen Gleichbehandlungsgesetzes, faire Bewertung der Arbeitsleistung in Tarifverträgen". Die Idee von Familienministerin Ursula von der Leyen, der Wirtschaft einen freiwilligen Selbsttest per Computerprogramm zur Verfügung zu stellen, sei „ein hilfloser Versuch, die Lohnungleichheit zu bewältigen", sagte die frauenpolitische Sprecherin der Grünen im Bundestag, Irmingard Schewe-Gerigk [...]. „Von einem gesetzlichen Mindestlohn würde jede vierte Frau profitieren und die Lohnschere könnte sehr schnell geschlossen werden." Die Linkspartei hat im Bundestag einen Antrag eingebracht, der auf dem Weg zur Entgeltgleichheit einen Mindestlohn von zunächst 8,71 Euro vorsieht. Außerdem soll der Grundsatz gleicher Entlohnung ins Tarifvertragsgesetz aufgenommen und ein Verbandsklagerecht gegen Diskriminierung eingeführt werden. Die FDP will „mehr Öffentlichkeit für positive Vorbilder" in den Unter-nehmen, um ein schnelleres Umdenken anzuregen. Die Vorsitzende der Liberalen Frauen, Mieke Senftleben, fordert die Unternehmen auf, „die Maßnahmen zur Förderung von Chancengleichheit weiterzuentwickeln". Die CDU setze „auf freiwillige Lösungen", betonte Generalsekretär Ronald Pofalla. „Unternehmen und Gewerkschaften sind in der Verantwortung, das ungerechtfertigte Lohngefälle abzubauen." Nach Ansicht von Bayerns Sozialministerin Christine Haderthauer soll der Equal Pay Day genutzt werden, um zu „diskutieren, was anders gemacht werden kann".

Aus: FR vom 20. 3. 2009, Verf.: T. Kröter, M. Bergius

1 Vergleichen Sie Art. 3 GG in der Fassung von 1949 und 1994. Äußern Sie Vermutungen, warum der Gleichheitsgrundsatz 1994 erweitert wurde.

2 Stellen Sie der Entwicklung von Jungen und Mädchen in Schule und Universität die Stellung von Männern und Frauen in der Berufswirklichkeit gegenüber (M 2–M 4).

3 Diskutieren Sie mögliche Gründe und Ursachen für Ihre Befunde.

4 Beurteilen Sie die Vorschläge der Parteien zur Verwirklichung des Gleichheitsgrundsatzes in der Berufs- und Arbeitswelt (M 5).

2 Sozialstaat und soziale Ungleichheit

2.1 Soziale Ungleichheit und Chancengleichheit

Nahrungsmittelverteilung an Arme, Leipzig 2008

Millionärsmesse, 2008

Fragen der sozialen Gerechtigkeit sind zentrale Fragen in allen politischen Systemen, geht es dabei doch darum, wie der erschaffene gesellschaftliche Reichtum verteilt wird. Die jeweilige politische Antwort auf diese Fragen hat entscheidenden Einfluss auf die Stabilität des jeweiligen gesellschaftlichen und politischen Systems.

Soziologinnen und Soziologen sprechen nicht von „sozialer Gerechtigkeit", weil dieser Begriff wertbehaftet und ein politischer Kampfbegriff in der gesellschaftlichen Auseinandersetzung ist. Der Begriff der sozialen Ungleichheit bzw. sozialen Differenzierung, die an unterschiedlichen Indikatoren empirisch aufgewiesen werden kann, vermeidet diese Bewertung.

Die auch heute noch bestehende ungleiche Verteilung z. B. von Einkommen, Vermögen und Bildung verweist darauf, dass ein nicht geringer Teil dessen, was Menschen im Lebensverlauf an materiellen Gütern zur Verfügung steht, nicht auf individueller Begabung und Leistung beruht, sondern über die Geburt, die soziale Herkunft, den Status und das Vermögen der Eltern von Generation zu Generation weitergereicht wird.

„Soziale Ungleichheit" als Merkmal von Gesellschaften

MATERIAL 1

Wo und wann immer Menschen zusammen lebten und arbeiteten, waren bestimmte Menschen besser als andere gestellt. So lebten in der Antike Sklaven unter wesentlich schlechteren Umständen als freie Bürger. In Industriegesellschaften finden wir gleichzeitig entmutigende Armut und luxuriösen Reichtum; wir sehen integrierte „Normalbürger" und randständige Asylbewerber, wir erleben beruflichen Auf- und Abstieg, sichere Anstellungen neben Arbeitslosigkeit, bessere und schlechtere Entlohnung [...]. Auf alle eben angesprochenen Phänomene, die bestimmte Menschen besserstellen als andere, bezieht sich der Begriff soziale Ungleichheit. [...]
Wenn Menschen zusammen leben und arbeiten, tun sie das meist in recht beständigen sozialen Beziehungen (beispielsweise zwischen Eltern und Kindern, zwischen Einkäufer und Materialverwalter in einem Betrieb [...]. Es entstehen mehr oder minder umfangreiche Beziehungsgefüge [...] und darin enthaltene soziale Positionen (z. B. Mütter, Väter und Kinder, Berufspositionen, Lehrer und Schüler.) [...] Wenn eine Person eine dieser Positionen (z. B. einen Beruf) einnimmt, so sind damit, unabhängig von ihrer individuellen Persönlichkeit, bestimmte Lebens- und Handlungsbedingungen verbunden. Unterschiedliche Positionen bringen unterschiedliche Bedingungen mit sich [...] So sind die Lebens- und Arbeitsbedingungen eines Schlossers nicht einfach anders als die eines Ingenieurs. Sie enthalten unübersehbare Vorteile für den Ingenieur: Er verdient meist mehr, hat üblicherweise eine sauberere und eine interessantere Arbeit. Sein Beruf ist im Allgemeinen gesellschaftlich angesehener usw. Ähnlich ist es mit den gesellschaftlichen Positionen von Mann und Frau oder von In- und Ausländern. [...]
Als soziale Ungleichheit bezeichnet man bestimmte vorteilhafte und nachteilige Lebensbedingungen von Menschen, die ihnen aufgrund ihrer Positionen in gesellschaftlichen Beziehungsgefügen zukommen.
Wenn (un-)vorteilhafte Lebensbedingungen eines Positionsträgers als „soziale Ungleichheit" gelten sollen, müssen drei Voraussetzungen erfüllt sein:

- Erstens müssen die Bedingungen einen gesellschaftlichen „Wert" darstellen. Sie müssen in der jeweiligen Gesellschaft als knappes und begehrtes „Gut" gelten. Ein solches „Gut" stellt in modernen Industriegesellschaften z. B. das Erwerbseinkommen dar, das Berufstätigen zukommt, oder die (Aus-)Bildung, die die Besetzung einer Berufsposition erst ermöglicht. In Nomadengesellschaften dagegen ist Bildung und Geld vergleichsweise unwichtig. Der Besitz von Vieh gilt hier viel mehr.
- Zweitens müssen die knappen und begehrten „Güter" (so etwa die Einkommen in Deutschland) „ungleich" verteilt sein. In der Soziologie wird jede Verteilung

eines wertvollen „Gutes“, in der nicht jedem absolut gleich viel zukommt, als „ungleich“ bezeichnet. [...] Dass keine begriffliche Vorentscheidung über „Gerechtigkeit“ und „Ungerechtigkeit“ getroffen wird, unterscheidet den sozialwissenschaftlichen Begriff vom umgangssprachlichen.

- Drittens müssen Vorstellungen oder wenigstens Vermutungen über sozial strukturierte, das heißt in der Organisation einer Gesellschaft verankerte, regelmäßige und überpersönliche Verteilungsmechanismen bestehen, damit Vor- bzw. Nachteile als „soziale Ungleichheit“ gelten können. Folglich fallen vorteilhafte bzw. nachteilige Lebensbedingungen, die offenkundig zufällig (etwa ein Lotteriegewinn), individuell (z. B. aufgrund eines schwierigen Charakters) oder natürlich (eine ererbte Krankheit etc.) zukommen, nicht unter die Kategorie „soziale Ungleichheit“.

Als soziale Ungleichheit bezeichnet man (1) wertvolle, (2) nicht absolut gleiche und (3) systematisch aufgrund von Positionen in gesellschaftlichen Beziehungsgefügen verteilte, vorteilhafte bzw. nachteilige Lebensbedingungen von Menschen.

Aus: Stefan Hradil, Soziale Ungleichheit, soziale Schichtung und Mobilität. In: Hermann Korte/Bernhard Schäfers (Hrsg.), Einführung in Hauptbegriffe der Soziologie, Opladen, 5. Aufl. 2000, S. 194 f.

MATERIAL 2

Dimensionen sozialer Ungleichheit

In Anlehnung an Hradil können folgende Dimensionen sozialer Ungleichheit unterschieden werden, denen bei der empirischen Forschung jeweilige soziale Indikatoren zugewiesen werden:

Soziale Ungleichheit

durch

ungleiche Verteilung von Ressourcen und Lebensbedingungen

Dimensionen:	wirtschaftliche Lage Lebensstandard	Macht	Bildung	Sozialprestige
Indikatoren:	Einkommens- und Vermögensverteilung, Armut	Einfluss und soziale Herkunft von Machteliten	soziale Herkunft, Schulbesuch und Studium	berufliche Stellung und soziales Ansehen

VERWEIS

s. S. 174 f.
Gerechtigkeit

1 Nehmen Sie Stellung zu den beiden Fotos auf S. 54.

2 Informieren Sie sich über den Gleichheitsgrundsatz im Grundgesetz und setzen Sie ihn in Bezug zu den Fotos.

3 Verfassen Sie – ausgehend von M 1 und M 2 – einen Artikel zum Stichwort „soziale Ungleichheit“ für ein „Jugendlexikon Soziologie“.

Fotoanalyse

Gerade Fotografien ist man bereit zu glauben. Während Texte scheinbar beliebig die Unwahrheit sagen können - was sich in der Redewendung niedergeschlagen hat, „Papier ist geduldig" - scheinen Fotos die soziale Wirklichkeit unwiderlegbar abzubilden.

Dabei wird aber wenig beachtet, dass Fotografien in der Regel inszeniert werden und nur einen spezifischen Blickwinkel wiedergeben, einen bestimmten Ausschnitt der Realität. In der Regel wurde dieser Ausschnitt, wurde diese Perspektive bewusst gewählt, um eine bestimmte Wirkung zu erzielen.Unzweifelhaft ist, dass man mit Fotografien auf vielfältigste Weise „Politik gemacht" hat und damit auch große politische Effekte erzielen kann.

Dafür muss das Foto weder nachgestellt noch heimlich bearbeitet (retuschiert) worden sein. Bei den folgenden methodischen Überlegungen wird diese Möglichkeit, die z. B. bei Werbefotografien ein selbstverständlicher Standard ist, nicht weiter thematisiert.

Bei der Analyse von Fotografien kann man drei verschiedene Stufen unterscheiden: Beschreiben, Untersuchen, Deuten.

- Bei der *Beschreibung* geht es um erste spontane Eindrücke: Welche Situation oder welches Ereignis wird (augenscheinlich) dokumentiert, was scheint dem Fotografen wichtig, was vielleicht den Fotografierten, was steht im Vordergrund, was im Hintergrund, was wird besonders hervorgehoben u. ä.?

- Bei der systematischen *Untersuchung* wird bewusst die Bildkomposition ins Auge genommen: Vordergrund, Hintergrund, Rahmen, Perspektive. Interessant ist hier vor allem, welche direkte Bildwirkung erzielt wird. An dieser Stelle spätestens wird deutlich, dass es sich bei einem Foto nicht einfach um eine „Wiederholung" der Realität handelt.
  Weiterhin geht es um Fragestellungen, die nicht aus der Fotografie zu beantworten sind, sondern Hintergrundwissen oder Zusatzinformationen erfordern: Ort[1], Zeitpunkt und Anlass der Aufnahme, historisch-politischer Kontext, Auftraggeber der Fotografie. Wer ist der Fotograf, gibt es gegebenenfalls einen Adressaten für die Fotografie, wo soll das Bild publiziert werden, oder handelt es sich eher um einen zufälligen Schnappschuss? Bei vielen Fotografien werden nur einzelne dieser Fragen beantwortbar sein.

- Die *Deutung* schließlich fasst die einzelnen Untersuchungsergebnisse systematisch zusammen und fragt nach Intention der Aufnahme (Sozialkritik, Bloßstellung, Herrschaftslegitimation, Selbstinszenierung, Dokumentation u. ä.) und möglicher (politisch-ideologischer oder gar manipulativer) Wirkung.

Manche Fotografien sind gar zu sogenannten Ikonen geronnen, die gleichsam eine Epoche oder einen wichtigen Prozess oder ein großes Ereignis repräsentieren - man denke etwa an die sowjetischen Soldaten auf dem Reichstagsgebäude 1945. Und keine Fotografie hat die weltweite Beurteilung des Vietnamkriegs so nachhaltig geprägt wie die Fotografie von Huynh Cong Ut von schreienden Kindern, die aus einem von Napalmbomben getroffenen Ort flüchten.

---

[1] Die Aussageabsicht einer Fotografie hängt maßgeblich auch von dem Ort ab. Wenn Sie die Bilder auf S. 54 betrachten, ist es für die Deutung folgenreich, wenn man weiß, wo sie aufgenommen wurden. Es ist von Belang, ob das obere Bild aus Nowosibirsk oder Berlin, Leipzig oder London stammt. Bei der Analyse des unteren Bildes macht es einen großen Unterschied, ob das Bild aus Kalkutta, London oder New York stammt - die Millionärsmesse fand in Moskau statt. Was bedeutet diese Information für Ihre Beantwortung der Frage 1 auf S. 56?

2.2 Soziale Differenzierung und Ungleichheit in Deutschland

Versetzen Sie sich in die Rolle eines Sozialwissenschaftlers bzw. einer Sozialwissenschaftlerin und erstellen Sie anhand der folgenden Datenbasis eine Sozialstrukturanalyse der deutschen Gesellschaft. Gehen Sie dabei arbeitsteilig vor.

1. Analysieren Sie anhand der Materialien die wesentlichen Erscheinungsformen sozialer Differenzierung und Ungleichheit in der Bundesrepublik heute. Gehen Sie dabei auch – sofern möglich – auf die Entwicklung ein.

2. Interpretieren Sie die Daten im Hinblick auf eine Beurteilung des Ausmaßes sozialer Ungleichheit in Deutschland:
   - Erläutern Sie, welche Dimensionen für die Chancengleichheit Ihrer Ansicht nach besonders bedeutsam sind.
   - Begründen Sie, welche der in den Materialien aufgezeigten Erscheinungsformen sozialer Ungleichheit Sie hinsichtlich der Lebensgestaltung als ungerecht/illegitim halten.

3. Entwickeln Sie als Experten Arbeitspapiere für Politiker und Politikerinnen, die begründete staatliche Maßnahmen zur Verbesserung der Chancengleichheit aufzeigen.

MATERIAL **1**

Netto-Jahreseinkommen im Jahr 2005

Haushalte nach sozialer Stellung der Bezugspersonen	EUR je Haushalt	EUR je Verbrauchereinheit
Privathaushalte insgesamt	33 700	22 500
darunter Haushalte von ...		
Selbstständigen	106 900	62 900
Arbeitnehmern	35 900	22 100
Beamten	42 800	25 800
Angestellten	38 200	24 500
Nichterwerbstätigen	21 200	15 700
Nachrichtlich		
Nichterwerbstätige 2004	20 900	15 400
Arbeitslosengeld/ -hilfeempfänger	18 100	11 600
Rentner	20 900	15 900
Pensionäre	28 600	21 500
Sozialhilfeempfänger	13 800	10 600

Statist. Bundesamt, Datenreport 2008

Einkommen in Deutschland

MATERIAL 2

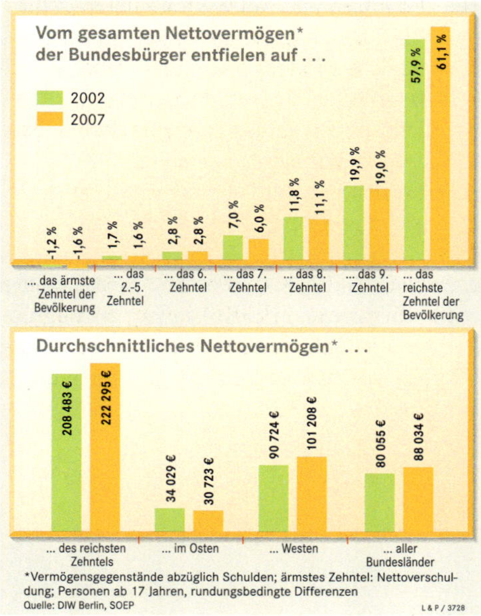

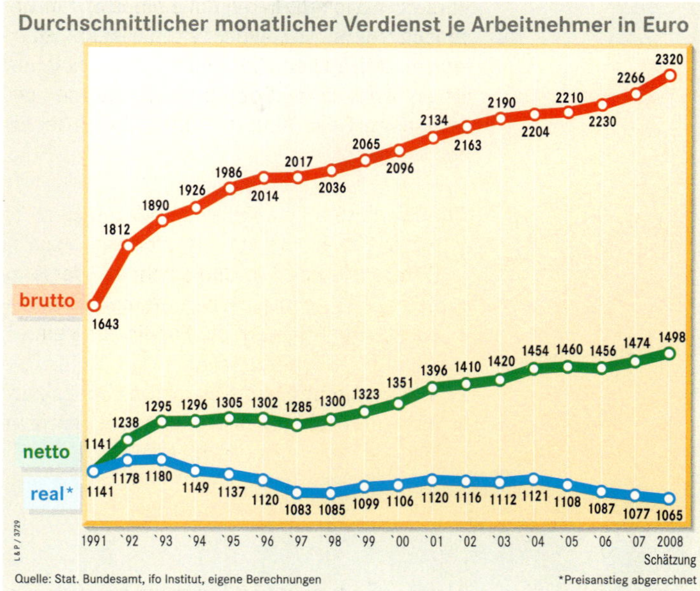

Verteilung des Volkseinkommens

MATERIAL 3

	Volkseinkommen		Arbeitnehmerentgelt			Unternehmens- und Vermögenseinkommen
Jahr	**Mrd. Euro**	**Euro je Einwohner**	**Mrd. Euro**	**% vom Volkseinkommen**	**Euro je Arbeitnehmer**	**Mrd. Euro**
1991	1 167,1	14 600	846,0	72,5	24 200	321,1
1995	1 358,6	16 600	996,2	73,3	29 700	362,4
2000	1 509,2	18 400	1 099,0	72,8	31 600	410,3
2005	1 691,1	20 508	1 129,9	66,8	32 853	561,2
2006	1 751,2	21 262	1 149,4	65,6	33 205	601,9
2007	1 824,2	22 176	1 181,0	64,7	33 540	643,2

Statist. Bundesamt, Datenreport 2002, 2008

MATERIAL 4

Armut – ein definitorisches Problem

Wer ist arm, wann setzt Armut ein? Gibt es in unserer Gesellschaft überhaupt noch Armut angesichts der Lebenssituation beispielsweise eines schlesischen Webers in den Vierzigerjahren des 19. Jahrhunderts, angesichts der heutigen Lebenswirklichkeit von Millionen von Menschen in der sogenannten „Dritten Welt"?

Eine objektive, empirisch messbare Armutsgrenze gibt es nicht. Armut ist vielmehr historisch und dabei jeweils relativ im Verhältnis von Arm und Reich bestimmt. Ein Begriff von Armut muss sich auf den insgesamt in einer Gesellschaft vorhandenen bzw. produzierbaren Reichtum beziehen und auf seine Verteilung.
Allgemein anerkannt ist inzwischen das von der Europäischen Union benutzte relative Armutskonzept: Als arm gelten in einer Gesellschaft diejenigen, deren Einkommen weniger als 50 Prozent des Durchschnittseinkommens beträgt. Bei einem Einkommen bis 75 Prozent wird von Niedrigeinkommen gesprochen, die Spanne von 50 bis 75 Prozent wird als „prekärer Wohlstand" bezeichnet, da hier die Gefahr eines Abrutschens unter die Armutsgrenze gegeben ist. In neueren Veröffentlichungen findet man auch häufiger eine 60-Prozent-Schwelle.

Autorentext

MATERIAL 5

Einkommensschichtung und relative Armut

Monatliche Haushaltsnettoeinkommen in % des Median	1985	1989	1993	1997	2001	2005	2006
höherer Wohlstand (über 200 %)	3,8	3,6	3,8	3,4	3,9	4,2	4,7
relativer Wohlstand (150 - 200 %)	7,2	7,3	8,5	7,6	8,5	8,3	8,1
gehobene Einkommenslage (125 - 150 %)	11,6	11,5	9,8	10,1	9,0	9,8	9,5
mittlere bis gehobene Einkommenslage (100 - 125 %)	18,5	18,5	18,5	18,3	18,4	16,6	16,1
untere bis mittlere Einkommenslage (75 - 100 %)	25,8	27,2	27,1	28,8	28,3	26,4	25,2
prekärer Wohlstand (50 - 75 %)	24,0	23,7	23,6	23,9	22,7	23,9	25,0
relative Armut (0 - 50 %)	9,1	8,3	8,8	7,9	9,1	10,8	11,4

Statist. Bundesamt 2008, 1985 und 1989 nur BRD
Relative Armut: weniger als 60 % des mittleren Einkommens

Betroffenheit von Armut nach Bevölkerungsgruppen

MATERIAL 6

	Bevölkerung insgesamt			
	Gesamtdeutschland		Ostdeutschland	
	2001	2006	2001	2006
	Armutsquote in % der Bevölkerungsgruppe			
Bevölkerung insgesamt	**11,4**	**13,9**	**15,3**	**22,7**
Geschlecht				
männlich	10,8	13,1	14,9	22,6
weiblich	12,0	14,7	15,7	22,8
Alter				
bis 10 Jahre	15,4	16,3	20,5	30,2
11 - 20 Jahre	16,4	18,7	22,2	33,6
21 - 30 Jahre	15,8	19,2	23,0	28,5
31 - 40 Jahre	9,5	11,4	15,1	23,3
41 - 50 Jahre	8,9	14,2	14,5	28,0
51 - 60 Jahre	9,1	13,0	14,9	25,7
61 - 70 Jahre	8,7	8,9	7,2	8,7
71 Jahre und älter	9,8	11,2	7,4	7,2
Familienstand				
verh./zusammenlebend	7,1	8,2	7,4	12,7
verh./getrennt lebend	21,3	23,9	30,5	24,2
ledig	13,9	18,5	21,9	33,3
geschieden	19,7	26,9	34,6	36,7
verwitwet	9,9	10,3	5,7	6,2
Bildungsabschluss				
Hauptschule ohne Abschluss	20,6	26,3	24,1	34,5
RS, FHS, Gymnasium ohne Abschluss	10,7	12,4	18,0	29,5
Hauptschule mit Abschluss	8,9	13,2	14,0	21,9
Realschule mit Abschluss	7,8	11,7	14,8	24,1
FHS, Gymnasium mit Abschluss	9,8	11,9	14,9	17,4
Sonstiges	20,9	19,9	35,5	38,7
FH, Uni	4,1	4,7	5,1	7,8
in Lehre, Schule, Studium	15,0	10,0	21,4	21,0
Erwerbsstatus				
erwerbstätig Vollzeit	4,0	4,6	6,2	8,2
erwerbstätig Teilzeit	11,4	13,3	18,9	21,5
arbeitslos	39,9	57,0	43,2	67,8
in Ausbildung	22,3	21,7	22,5	28,2
nicht erwerbstätig	11,0	11,2	9,7	12,6
Berufliche Stellung				
un-/angelernter Arbeiter	13,5	18,1	21,0	39,7
Facharbeiter/Meister	4,9	8,8	6,4	15,5
Selbstständige	10,9	10,6	21,5	16,8
Auszubildende, Volontäre	19,5	24,2	23,4	33,0
einfache Angestellte	5,6	10,9	8,7	19,2
qualifizierte Angestellte	1,8	4,0	2,8	6,2
leitende Angestellte	0,9	0,6	0,6	0,9
einfache/mittlere Beamte	1,1	0,2	6,4	0,0
gehobene/höhere Beamte	0,5	0,4	1,6	0,6

Statistisches Bundesamt, Datenreport 2008

MATERIAL 7 Berufsstatistik

Berufsstatistik des 16. Bundestages

Die Berufsgruppen	SPD	CDU/ CSU	FDP	Bündnis 90/ Die Grünen	Die Linke	Insgesamt
1. Beamte	89	69	13	9	12	194
a) sogenannte politische Beamte	1	3	–	–	–	4
b) andere Beamte des höheren Dienstes (Verwaltung)	15	15	3	–	–	34
c) Beamte des gehobenen und mittleren Dienstes (Verwaltung)	7	9	4	–	–	20
d) Richter und Staatsanwälte	5	2	4	–	2	13
e) Berufssoldaten	–	–	–	–	–	–
f) kommunale Wahlbeamte	12	14	–	–	2	28
g) Professoren an Universitäten und Hochschulen	4	2	–	–	3	9
h) andere Wissenschaftler an Universitäten und Hochschulen	7	9	–	4	5	25
i) Lehrer an Gymnasien (u. Ä.)	21	10	1	4	–	36
j) Lehrer an Grund-, Haupt- und Realschulen (u. Ä.)	17	5	1	2	–	25
						(= 31,6 %)
2. Angestellte des öffentlichen Dienstes	30	10	3	6	4	53
						(= 3,6 %)
2. a) Bedienstete der EG/EU	–	1	–	–	–	1
						(= 0,1 %)
3. (Ev.) Pfarrer und Diakone	3	2	–	1	–	6
						(= 1,0 %)
4. Angestellte von politischen und gesellschaftlichen Organisationen	34	19	4	12	17	86
a) Angestellte von Parteien, Fraktionen (u. Ä.)	12	14	–	8	6	40
b) Angestellte von Gewerkschaften und anderen Arbeitnehmerorganisationen	14	–	–	–	9	23
c) Angestellte sonstiger Organisationen und Institutionen mit politischen, gesellschaftlichen, kulturellen und karitativen Zielsetzungen	8	5	4	4	2	23
						(= 14,0 %)
5. Angestellte in der Wirtschaft	27	36	12	2	3	80
						(= 13,0 %)
6. Selbstständige	3	30	11	–	3	47
a) Selbstständige in Industrie, Handel, Handwerk und Gewerbe	3	22	10	–	3	38
b) Selbstständige in Land- und Forstwirtschaft	14	–	–	–	–	9
						(= 27,0 %)
7. Angehörige freier Berufe	21	41	15	10	4	9
a) Rechtsanwälte und Notare	14	28	9	4	2	57
b) Angehörige anderer freier Berufe (Ärzte, Apotheker, Ingenieure, Steuerberater, Schriftsteller, Journalisten u. Ä.)	7	13	6	6	2	34
						(= 14,8 %)
8. Hausfrauen	1	2	–	–	–	3
						(= 0,5 %)
9. Arbeiter	1	1	–	–	–	3
						(= 0,5 %)
10. Sonstige	4	7	1	4	8	26
						(= 4,2 %)
11. nicht verwendbare Angaben	9	8	2	3	2	24
						(= 3,9 %)
Insgesamt	222	226	61	51	54	614
						(= 100,0 %)

Nach Melanie Kintz, Daten zur Berufsstruktur des 16. Deutschen Bundestages, in: ZParl. 37. Jg. (2006), Heft 3, S. 461-470, S. 4467 f.

Bildungsexpansion

MATERIAL 8

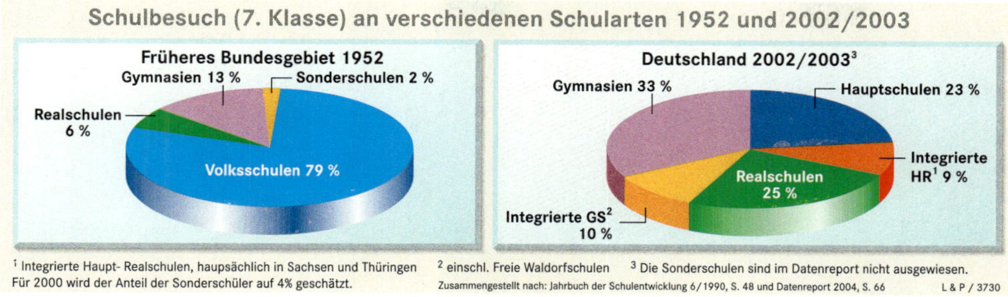

Gleiche Chancen?

MATERIAL 9

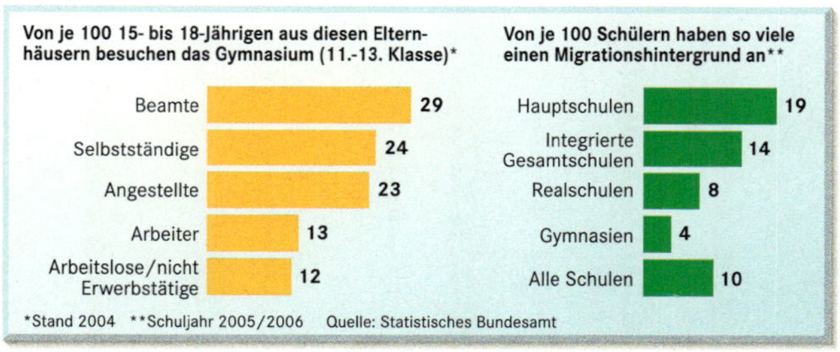

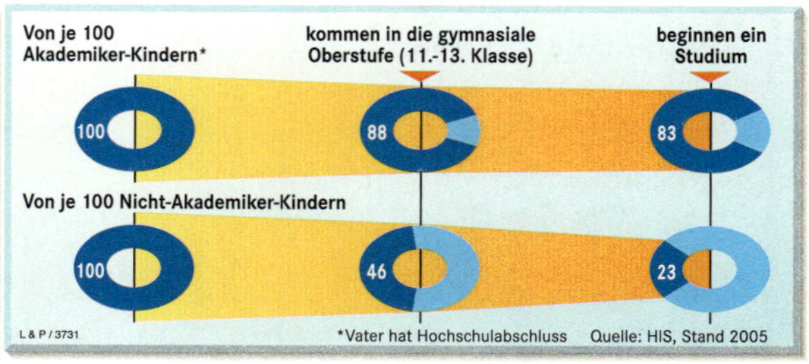

Das Prestige ausgewählter Berufe 1991–2005

MATERIAL 10

	Deutschland		Westdeutschland					Ostdeutschland		
	2001	2005	1975	1985	1991	2001	2005	1991	2001	2005
Arzt	74	71	79	76	79	73	70	89	78	77
Pfarrer, Geistlicher	38	34	48	46	42	41	36	25	26	–
Hochschulprofessor	33	36	38	39	41	33	37	31	33	33
Rechtsanwalt	31	25	37	30	35	29	–	51	36	–
Unternehmer	29	21	22	21	36	30	–	21	27	–
Grundschullehrer	28	31	26	17	17	26	29	34	34	37
Atomphysiker	26	21	34	30	27	16	–	26	28	–
Schriftsteller	26	15	–	–	–	28	–	–	18	–
Apotheker	24	22	28	23	30	22	–	32	31	–
Botschafter, Diplomat	23	23	33	32	33	22	24	39	27	19
Ingenieur	23	24	28	25	28	22	17	20	25	25
Direktor in großer Firma	21	14	20	22	22	21	14	18	23	12
Journalist	18	10	11	18	18	19	–	20	13	–
Studienrat	12	31	26	15	16	13	29	11	11	37
Offizier	12	10	16	9	9	14	11	7	8	9
Politiker	10	6	22	16	14	10	7	15	8	5
Gewerkschaftsführer	9	5	–	–	–	9	5	–	7	4
Buchhändler	7	7	7	8	9	6	–	7	7	–

IfD Allensbach

Die Angaben beziehen sich auf die Anteile (in %) der Personen, die den betreffenden Beruf zu den fünf meistgeschätzten der genannten Berufe zählen. Wegen dieser zusammenfassenden Berechnungsweise und der beschränkten Auswahl der Berufe sind die Angaben nur als grobe Hinweise zu verstehen.
Die gestellte Frage lautete: „Hier sind einige Berufe aufgeschrieben. Könnten Sie bitte vier oder fünf davon heraussuchen, die Sie am meisten schätzen, vor denen Sie am meisten Achtung haben?“

2.3 Auf dem Weg zu einer offenen Gesellschaft? – Soziale Mobilität

MATERIAL **1**

Intergenerationen – Mobilität

Beruf der Väter	Beruf der Söhne im Jahr 2000/01											
	1 grS	2 fB	3 hD	4 mD	5 aD	6 S	7 L	8 AE	9FA	10 U/A	alle alle	Grup.-größe
1. gr. Selbstständige ab 10 Mitarb.[2]	13	2	2	1	0	0	0	1	0	1	1	31
2. freie Berufe	13	9	3	1	0	1	0	0	0,4	2	2	67
3. höhere Dienstl.	0	25	17	11	5	9	3	3	5	6	10	372
4. mittlere Dienstl.	6	10	11	16	5	2	0	4	5	2	8	310
5. ausführende Dienstleister	25	18	21	11	21	23	7	17	9	12	15	534
6. Selbstständige bis 9 Mitarb.[2]	19	9	8	4	4	19	0	14	6	4	7	253
Landwirte	6	2	5	2	5	1	87	21	5	2	5	171
Arbeiterelite	6	3	3	11	2	1	0	3	3	2	5	171
Facharbeiter	13	19	15	29	36	32	0	24	41	50	31	1140
Un-, Angelernte	0	5	15	15	22	13	3	16	27	20	17	641
Summe	101	102	100	101	100	101	100	103	101	101	101	
alle Gruppen	0,4	3	22	26	3	8	1	3	19	16	101	
Gruppengröße	16	114	821	942	112	278	31	115	687	574		3690

[1] deutsche Erwerbstätige ohne Auszubildende und mithelfende Familienangehörige
[2] ohne Landwirte und freie Berufe

höhere Dienstleister: höhere Beamte, Angestellte mit umfassenden Führungsaufgaben/hochqualifizierten Tätigkeiten
mittlere Dienstleister: mittlere und gehobene Beamte, Angestellte mit qualifizierter Tätigkeit
Arbeiterelite: Meister, Industrie- und Werkmeister, Poliere

Datenbasis: SOEP 2000; Berechnungen durch das DIW, Berlin; aus: Rainer Geißler a. a. O., S. 320
Lesebeispiel: 10 Prozent der heutigen Freiberufler haben einen Vater, der mittlerer Dienstleister war.

MATERIAL **2**

Das Märchen vom Aufstieg

Der eine ist Sohn einer Putzfrau. Die Mutter hat Kasernen geschrubbt und auf Feldern geackert, und manchmal war ihr Sohn bei der Rübenernte sogar dabei. Er war intelligent und konnte gut reden, doch als ein Lehrer fand, er solle später studieren, lachte der Junge aus dem niedersächsischen Wülfer-Bexten nur: „Wir haben doch nicht mal für Bücher Geld." Der andere hat kein Abitur gemacht. Als 16-Jähriger verließ er das Gymnasium in Bad Cannstatt und versuchte es ein paar Monate mit einer Fotografenlehre. Später schlug er sich als Taxifahrer durch. Nach der fünften Gymnasialklasse hat er nie wieder in einer Schule oder Universität eine Prüfung abgelegt.

Gerhard Schröder und Joschka Fischer, der Bundeskanzler und sein Vize, hatten keinen leichten Start ins Erwachsenenleben. [...]

Den Deutschen gefällt die Vorstellung, dass vor allem die eigene Leistung über das Fortkommen entscheidet und der Tüchtige nach oben durchmarschieren kann. In der Nachkriegszeit mag das auch so gewesen sein, als viele bei null beginnen mussten [...] Und so war es vielleicht auch in den Siebzigern, als Aufschwung und Bildungsinvestitionen vielen Deutschen die Türen öffneten. [...]

Inzwischen haben sich die Fakten geändert, nicht aber das Selbstverständnis. Ist der Zugang zu einem Studium nicht etwa leichter als in fast allen anderen Ländern der westlichen Industriegesellschaften? [...] Der oberflächliche Eindruck ist: Ja. Unzählige Untersuchungen, Statistiken und Experten sagen: Nein. Zuletzt zeigte die Schulstudie Pisa, dass bei einem Vergleich von 32 Ländern der Abstand zwischen Leistung von Schülern aus privilegierten Familien und solchen aus unteren sozialen Schichten nirgends so groß war wie in Deutschland: Platz 32. Die Vereinigten Staaten landeten auf Platz 8.

Eine Überraschung? Schon Ende der Neunzigerjahre gelangte eine Untersuchung der Berliner Humboldt-Universität zur selben Schlussfolgerung. Mehr als 13 000 Hamburger Kinder waren dafür unmittelbar nach dem Übergang in die weiterführende Schule beobachtet worden. Ergebnis: Je höher die Ausbildung der Eltern, desto besser schnitten die Kinder ab – auch wenn sie selbst keine besonders guten Leistungen vorzuweisen hatten. Dazu trugen auch die Vorurteile der Lehrer bei, die Kinder aus weniger gebildeten Elternhäusern unabhängig von Testergebnissen einfach schlechter beurteilten. [...]

Viel spricht dafür, dass die Ungleichheit der Gesellschaft zunehmen wird:

- Erbschaften aus privaten Vermögen werden sich bis zum Jahr 2020 mehr als verdoppeln – und höchst unterschiedlich verteilt sein. Wer nichts erbt, wird den materiellen Vorsprung von Kindern aus begütertem Elternhaus künftig schwerer durch eigene Leistung aufholen können. [...]
- Die Startchancen von Kindern klaffen auseinander, eine steigende Zahl von ihnen wächst in relativer Armut auf. In Großstädten wie Berlin zahlen die Sozialämter bereits für jedes sechste Kind.
- Lehrer und Professoren vergeben immer mehr gute und sehr gute Noten. Prüfungsergebnisse verlieren dadurch ihre Aussagekraft, und das schadet in erster Linie den Kindern aus sozial benachteiligten Milieus. Sie können ihre schlechteren Startbedingungen schwerer durch zählbare Qualifikationen ausgleichen, stattdessen werden Umgangsformen und selbstbewusstes Auftreten immer wichtiger. „Der Trend zur Rekrutierung der Wirtschaftseliten aus der Schicht des gehobenen Bürgertums wird sich verstärken", warnt der Darmstädter Soziologieprofessor Klaus Hartmann. „Gutes Benehmen kann man zwar erlernen, aber nicht unbedingt die Selbstverständlichkeit dabei."

Hartmann hat anhand der Karrieren von 6 500 promovierten Ingenieuren, Juristen und Ökonomen der Promotionsjahrgänge 1955, 1965, 1975 und 1985 nachgewiesen, welch eine enorme Rolle die soziale Herkunft für Karrieremuster in der Privatwirtschaft spielt. Danach beherrscht das gehobene Bürgertum die Chefetagen. Kinder von leitenden Angestellten, höheren Beamten, studierten Freiberuflern und Unternehmern mit mehr als zehn Beschäftigten machten demnach etwa doppelt so häufig Karriere wie Kinder aus einfacheren Verhältnissen – trotz formal gleicher Qualifikationen. In einer weiteren Studie erhärtete sich das Ergebnis: Die Vorstandsvorsitzenden der 100 größten deutschen Unternehmen rekrutieren sich sogar zu knapp 90 Prozent aus dieser Schicht. Je größer ein Unternehmen, umso stärker schlägt sich die soziale Herkunft als Karrierefaktor nieder. [...]

Aus: Die Zeit vom 8.5. 2002, S. 21f., Elisabeth Niejahr

1 Werten Sie die Statistik M 1 im Hinblick auf Mobilitätsströme (Auf-/Abstiegsprozesse) aus und prüfen Sie die These, ob man Deutschland als eine „offene Gesellschaft" bezeichnen kann.

2 Stellen Sie die in M 2 vertretene Position zu den Aufstiegsmöglichkeiten in unserer Gesellschaft Ihren an der Statistik gewonnenen Ergebnissen gegenüber.

3 Diskutieren Sie – unter Einbeziehung der empirischen Befunde aus dem vorhergehenden Unterkapitel – die Frage, ob die deutsche Gesellschaft eher eine „geschlossene" ist oder eine „offenere" oder „offene" geworden ist.

2.4 Modelle der Sozialstruktur

MATERIAL 1 Grundtypen der Sozialstruktur

Ständegesellschaft: hierarchische Gliederung der Gesellschaft in deutlich voneinander unterscheidbare Stände (nach Lebensgewohnheiten, Kleidung, Privilegien), die in Mitteleuropa auf der Basis religiöser Wertvorstellungen legitimiert wurde. Zugehörigkeit durch Geburt.
Klassengesellschaft: über die Position eines Individuums [...] in der Sozialstruktur und vertikalen Gliederung einer Gesellschaft entscheiden Besitz und Verfügung über gesellschaftlich relevantes Produktionseigentum [...].
Schichtungsgesellschaft: Differenzierung und Hierarchisierung von Personen und Personengruppen nach mehreren sozialen Merkmalen: Beruf, Einkommen, Bildung, Vermögen etc. Diese Merkmale (Indikatoren) werden von den Gesellschaftsmitgliedern bewertet, mit sozialem Prestige (sozialer Wertschätzung) versehen und bilden die Grundlage der Einstufung in eine „gesellschaftliche Rangskala" [...]. In der Schichtungstheorie wird der Klassenantagonismus als überwunden angesehen; vorherrschend ist die Auffassung von der Leistungsgesellschaft.

Aus: Bernhard Schäfers, Gesellschaftlicher Wandel in Deutschland, Stuttgart 1995, 6. Auflage, S. 237

MATERIAL 2 Die Bundesrepublik – eine Klassengesellschaft?

Hier ist [...] zu fragen, durch welche konkrete Lage diese Schicht (oder Klasse?) bestimmt wird, die zunächst dadurch gemeinsam statistisch erfassbar (aber auch charakterisiert) wird, dass sie von abhängiger Erwerbstätigkeit lebt. Das bedeutet grundsätzlich, dass idealtypisch alle Angehörigen dieser sozialen Gruppen in ihrer Erwerbstätigkeit fremdbestimmt sind und auf diese rechtlich freiwillige Unterwerfung unter fremde Willensmacht sozial angewiesen sind, um existieren bzw. ihre Familie ernähren zu können. [...]
Die Existenz dieser (die übergroße Majorität der Erwerbstätigen umfassenden) sozialen Gruppen auf der einen und derjenigen Schichten auf der anderen Seite, die durch die Verfügungsgewalt über den Wirtschaftsapparat der Gesellschaft, die nach wie vor durch das Eigentum an den Majoritätspaketen der Kapitalgesellschaften legitimiert wird (die ihrerseits das Eigentum am Produktionsapparat besitzen), das Recht zur inhaltlichen Bestimmung des gesellschaftlichen Arbeitsprozesses gewinnen, macht deutlich, dass die bundesrepublikanische Gesellschaft immer noch Klassengesellschaft ist.

Aus: Wolfgang Abendroth: Wirtschaft, Gesellschaft und Demokratie in der Bundesrepublik, Frankfurt/M. 1965, S. 52 f.

MATERIAL 3 Das „modernisierte Hausmodell" von Geißler

Zum einen hat sich das vergleichsweise einfache Wohnhaus der 60er-Jahre inzwischen in eine ansehnliche Residenz mit Komfortappartements verwandelt; selbst im Kellergeschoss ist es – von einigen Ecken abgesehen – wohnlicher geworden. Zum anderen sind die Decken und Wände noch durchlässiger geworden. [...] Die historisch langfristige Tendenz zur „Entschichtung der Sozialstruktur" hat sich in der Bundesrepublik in den letzten Jahrzehnten fortgesetzt. Die Zusammenhänge von Soziallagen einerseits, Mentalitäten und Verhaltensweisen andererseits haben sich weiter gelockert. [...] Um im Bild des Hauses zu bleiben: Die Stockwerke und Zimmer der Residenz sind nicht durch durchgehende Decken und Wände gegeneinander abgeschottet, sondern Raumteiler und halb offene Etagen zeigen viele Durch- und Übergänge an. Die Binnenarchitektur des Hauses ermöglicht heute noch stärker als in den 60er-Jahren „offenes Wohnen" in nicht deutlich voneinander getrennten Etagen und Räumen. Dennoch sind die Menschen weiterhin genötigt oder gewollt, sich vornehmlich in bestimmten Wohnbereichen aufzuhalten.

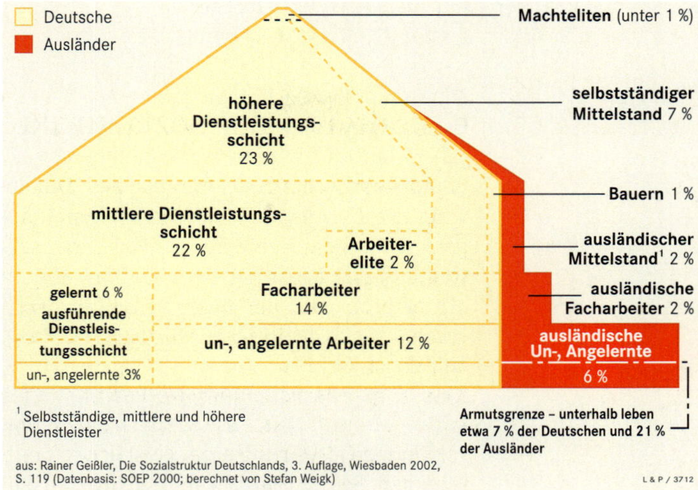

Text aus: Rainer Geißler, Die Sozialstruktur Deutschlands. 3. Aufl. Wiesbaden 2002, S. 19

1 Verdeutlichen Sie sich die unterschiedlichen Grundtypen der Sozialstruktur und bestimmen Sie das Verhältnis von Klassenbegriff und Schichtungsbegriff (M 1 bis M 2): Unterschiede, Übereinstimmungen, Vereinbarkeit.

2 Beschreiben Sie das „modernisierte Hausmodell" (M 3) hinsichtlich seiner Aussagekraft zur sozialen Ungleichheit. Vergegenwärtigen Sie sich, welche Suggestion von der benutzten Metapher ausgeht. Teilen Sie diese „Ideologie"?

3 Erklären Sie den Aufbau der Darstellung der Lebensstilgruppen (M 4) und den Aufbau der Darstellung der sozialen Milieus (M 5).

4 Erläutern Sie, worin sich die kultursoziologischen Modelle (M 4 und M 5) von dem Schichtungsmodell (M 3) unterscheiden.

5 Führen Sie ein Streitgespräch: Klassen, Schichten, Lebensstile oder soziale Milieus: Welche Modelle eignen sich zur Beschreibung der deutschen Gesellschaft?

VERWEIS

s. S. 18 ff. Individualisierung

Kultursoziologische Modelle: Lebensstile und soziale Milieus

Seit den 80er-Jahren rücken in der Sozialstrukturforschung zunehmend Lebensstil- und Milieuanalysen in den Vordergrund. Während die Klassen- und Schichtmodelle sich auf die im weiteren Sinne ökonomische Sphäre beziehen und „objektive Lebensbedingungen" zugrunde legen, gehen die Lebensstil- und Milieumodelle von subjektiven Einstellungen und Erfahrungen – u.a. Wertorientierungen, Verhaltensweisen und Interaktionen – aus und leiten daraus bestimmte kulturelle Muster der Gesellschaft ab, die die Gesellschaft beschreiben sollen. Erst dann wird – wenn überhaupt – untersucht, wie diese Muster mit den objektiven sozialstrukturellen Merkmalen zusammenhängen.

MATERIAL **4**

Lebensstilgruppen

Die Typologie beruht auf einer repräsentativen Stichprobe von ca. 2000 Westdeutschen (ab 14 Jahren, 1998) und erfasst folgende Lebensbereiche: Freizeit, Musik- und Leseinteressen, Wohnstil, Kleidungsstil, Körperinszenierung (u.a. Selbstdarstellung, Körperpflege, Fitness), Vorliebe für Essen und Trinken und Konsumgewohnheiten.

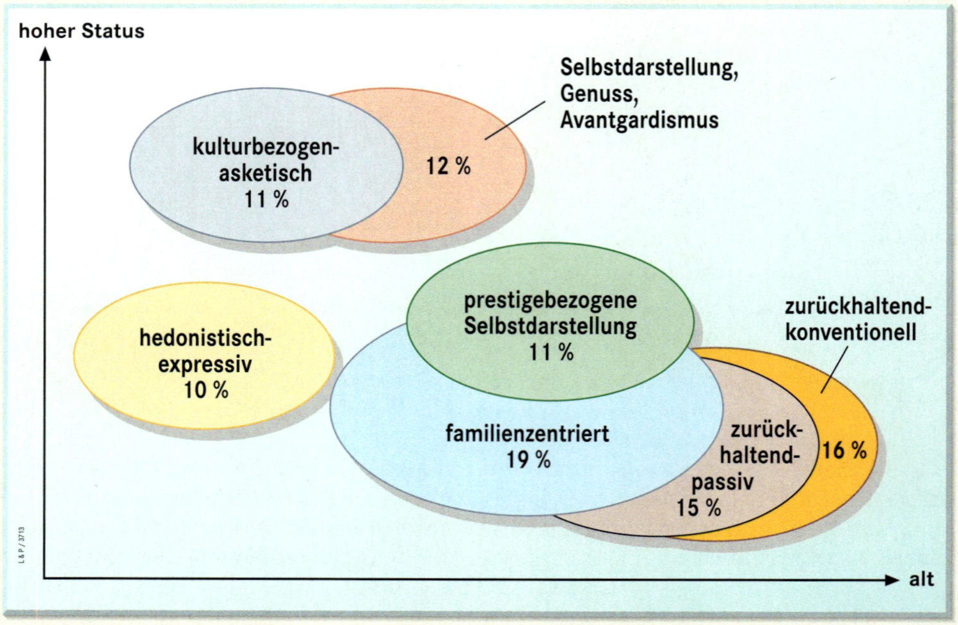

kulturbezogen-asketischer Lebensstil:
Interessen für gehobene Kultur, Wissenschaft und Politik; starke Arbeitsorientierung; asketische Grundhaltung; Verzicht auf „Überflüssiges", dezente Körperinszenierung; vorherrschend: relativ junge und gut qualifizierte Männer und Frauen

Lebensstil „Selbstdarstellung, Genuss und Avantgardismus":
Hang zum Genuss („Gourmetorientierung"); auf Unterhaltung und Sozialkontakte bezogene Freizeitorientierung; ausgeprägte Selbstinszenierung: avantgardistischer Wohnstil und extravagante (Freizeit-) Kleidung; vorherrschend: Frauen mit gutem Einkommen und überdurchschnittlicher Bildung

Lebensstil „prestigebezogene Selbstdarstellung":
prestigebezogene Außenorientierung; Outfit nach neuestem Modetrend; Bemühen um unkonventionellen Wohnstil; Stilunsicherheiten und negative Selbstbilder, vorherrschend: Typ 2 mit durchschnittlichem Einkommen und durchschnittlichen Qualifikationen

hedonistisch-expressiver Lebensstil:
expressive, auf Selbstdarstellung, Vergnügungen und Geselligkeit abzielende Freizeitaktivitäten; Vorliebe für Rock/Pop, Kino, Computer; Geld als Voraussetzung von Lebensqualität; individualistischer Geschmack; vorherrschend: junge Menschen mit mittlerer Bildung, Singles

familienzentrierter Lebensstil:
zurückhaltende Selbstdarstellung in allen Lebensbereichen; Konzentration auf das Alltägliche; auf die Familie orientierte Freizeitaktivitäten; triviale Unterhaltung (Volksmusik, Schlager, Operette); vorherrschend: Frauen im mittleren Alter und mit einfacher Bildung

zurückhaltend-passiver Lebensstil:
Zurückhaltung im zwischenmenschlichen Umgang; unauffälliges Verhalten („konventionelle Gemütlichkeit"); Technik, Autos, Sport, als Freizeitbeschäftigung; vorherrschend: Männer im fortgeschrittenen Alter, meist verheiratet, in manuellen Berufen mit unterdurchschnittlichem Einkommen

zurückhaltend-konventioneller Lebensstil:
Zurückhaltung und Distanz zu expressiver Lebensinszenierung; konservativ-konventionelle Orientierungen und Verhaltensmuster: klassisch-konservative Kleidung, sparsamer Konsumstil, einfaches Essen, konservative Freizeitvergnügen (Einkaufsbummel, Spazieren). Vorherrschend: ältere Frauen mit einfachen Bildungsabschlüssen

Sinus-Milieus 2007

MATERIAL 5

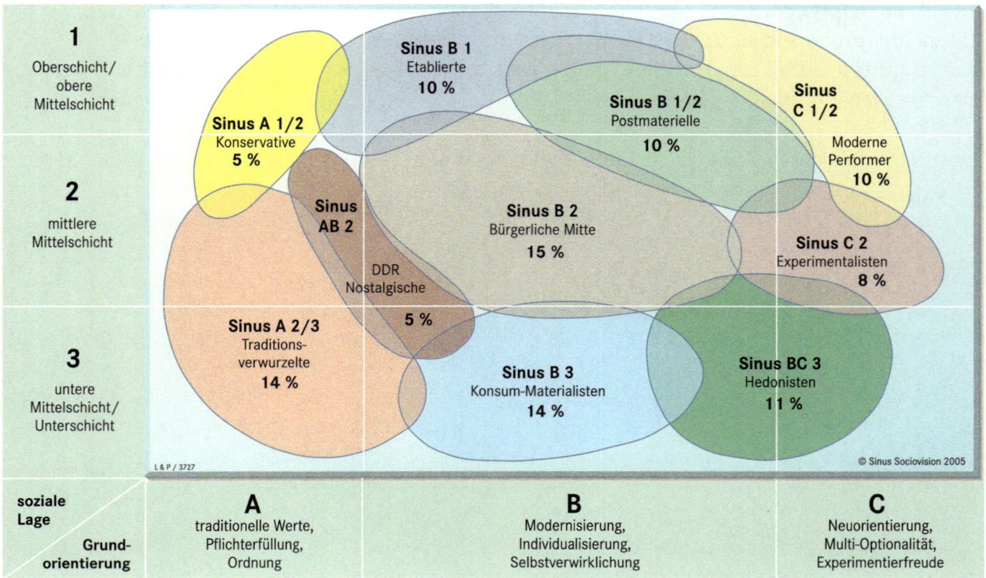

Sinus B1 (Etablierte) 10 %
das selbstbewusste Establishment: Erfolgs-Ethik, Machbarkeitsdenken und ausgeprägte Exklusivitätsansprüche

Sinus A12 (Konservative) 5 %
das alte deutsche Bildungsbürgertum: konservative Kulturkritik, humanistisch geprägte Pflichtauffassung und gepflegte Umgangsformen

Sinus C12 (moderne Performer) 10 %
die junge, unkonventionelle Leistungselite: intensives Leben – beruflich und privat, Multioptionalität, Flexibilität und Multimediabegeisterung

Sinus B12 (Postmaterielle) 10 %
das aufgeklärte Nach-68er-Milieu: liberale Grundhaltung, postmaterielle Werte und intellektuelle Interessen

Sinus B2 (bürgerliche Mitte) 15 %
der statusorientierte moderne Mainstream: Streben nach beruflicher und sozialer Etablierung, nach gesicherten und harmonischen Verhältnissen

Sinus AB2 (DDR-Nostalgische) 5 %
die resignierten Wende-Verlierer: Festhalten an preußischen Tugenden und altsozialistischen Vorstellungen von Gerechtigkeit und Solidarität

Sinus A23 (Traditionsverwurzelte) 14 %
die Sicherheit und Ordnung liebende Kriegsgeneration: verwurzelt in der kleinbürgerlichen Welt bzw. in der traditionellen Arbeiterkultur

Sinus C2 (Experimentalisten) 8 %
die individualistische neue Bohème: ungehinderte Spontaneität, Leben in Widersprüchen, Selbstverständnis als Lifestyle-Avantgarde

Sinus B3 (Konsum-Materialisten) 12 %
die stark materialistisch geprägte Unterschicht: Anschluss halten an die Konsumstandards der breiten Mitte als Kompensationsversuch sozialer Benachteiligungen

Sinus BC3 (Hedonisten) 11 %
die spaßorientierte moderne Unterschicht/ untere Mittelschicht: Verweigerung von Konventionen und Verhaltenserwartungen der Leistungsgesellschaft

www.sinus-sociovision.de/2007

3 Vom Modellfall zum Auslaufmodell? – Der Sozialstaat in der Krise

3.1 Der Sozialstaat in Deutschland

Der heute in Deutschland bestehende Sozialstaat ist das Ergebnis eines historischen Prozesses, in dem die Sozialpolitik kontinuierlich ausgebaut wurde. Ziel war es, die soziale Sicherheit aller Bürger zu garantieren und soziale Gerechtigkeit herzustellen. Sozialpolitik umfasst dabei die klassischen Sicherungssysteme gegen Lebensrisiken (Alter, Krankheit, Unfall, Pflegebedürftigkeit, Arbeitslosigkeit), Maßnahmen des sozialen Ausgleichs und Hilfen in Notlagen (Kindergeld, Kinderfreibeträge, Erziehungsgeld, Mutterschutz, Wohngeld und Sozialhilfe), der Bildungspolitik (BaFöG), der Arbeitsmarktpolitik (Arbeitsbeschaffungsmaßnahmen, Fortbildung und Umschulung von Arbeitslosen, Kurzarbeitergeld) und der Steuerpolitik (progressives Steuersystem), zusätzlich ergänzt durch Schutzbestimmunen für die Arbeitnehmer (Arbeitszeitregelungen, Schutz vor Gefahren, Kündigungsschutz) und um gesetzliche Regelungen über die Mitbestimmung.

Seit Mitte der 1990er Jahre ist der Sozialstaat in die Krise geraten: In einer durch Standortwettbewerb globalisierten Welt wurde er nicht mehr als „Problemlöser" angesehen, sondern als Hemmnis für die wirtschaftliche und gesellschaftliche Entwicklung. Mit der „Agenda 2010" vollzog 2003 die damalige rot-grüne Regierungskoalition einen gesellschaftspolitisch umstrittenen Paradigmenwechsel: den Um- und Rückbau des Sozialstaates, „Workfare" statt „Welfare".

MATERIAL 1 Verfassungsrechtliche Grundlagen des Sozialstaates

Verfassungsrechtliche Grundlagen des Sozialstaates im Grundgesetz

Sozialstaatsprinzip	soziale Grundwerte	Bestandsgarantie
Art. 20 Abs. 1: „Die Bundesrepublik Deutschland ist ein demokratischer und sozialer Bundesstaat." **Art. 28 Abs. 1:** „Die verfassungsmäßige Ordnung in den Ländern muss den Grundsätzen des republikanischen und sozialen Rechtsstaates im Sinne dieses Grundgesetzes entsprechen."	**Art. 1 Abs. 1:** „Die Würde des Menschen ist unantastbar." **Art. 1 Abs. 1 und Abs. 3:** Grundrechtsbindung der staatlichen Gewalt Grundrechte, insbesondere **Art. 3:** Gleichheit vor dem Gesetz **Art. 6:** Schutz von Ehe und Familie **Art. 9 Abs. 3:** Koalitionsfreiheit **Art. 14 Abs. 2:** Sozialbindung des Privateigentums	**Art. 79 Abs. 3:** „Eine Änderung dieses Grundgesetzes, durch welche ... die in den Art. 1 und 20 niedergelegten Grundsätze berührt werden, ist unzulässig." **Art. 19 Abs. 2 GG:** „In keinem Falle darf ein Grundrecht in seinem Wesensgehalt angetastet werden."

MATERIAL 2 Die drei Säulen der sozialen Sicherung

Das System der sozialen Sicherung in Deutschland beruht auf der Grundüberlegung, dass die Situation des einzelnen Menschen, seine individuellen Beiträge und sein Bedarf im Mittelpunkt stehen (Individualitätsprinzip).

Die soziale Sicherung baut dann auf drei Säulen auf:

- dem **Versicherungsprinzip**: Die gesetzliche Sozialversicherung wird aus Beiträgen finanziert und deckt allgemeine Lebensrisiken ab. In den einzelnen Versicherungszweigen gelten unterschiedliche Prinzipien: Die Renten- und die Arbeitslosenversicherung orientieren sich vor allem am Äquivalenzprinzip. Danach hängt im Versicherungsfall die Höhe der Leistungen von der Versicherungsdauer und der Höhe der Versicherungsbeiträge ab. In der Kranken- und der Pflegeversicherung sind die Beiträge einkommensabhängig, die Leistungen jedoch nicht (Ausnahme: privat Versicherte); diese Versicherungen sind (bisher) in erster Linie nach dem Solidaritätsprinzip konzipiert.
Die Mitgliedschaft in der Arbeitslosen-, Unfall- und Pflegeversicherung ist Pflicht für alle Arbeiter, Angestellten und Auszubildenden, bei der gesetzlichen Krankenversicherung ist eine Versicherungspflichtgrenze festgelegt. Die Beiträge werden je zur Hälfte vom Arbeitnehmer und vom Arbeitgeber gezahlt (Ausnahmen: Unfallversicherung und Pflegeversicherung).
- dem Versorgungsprinzip: Die Solidarität der staatlichen Gemeinschaft ist auch Grundlage der sozialen Versorgung aus Steuermitteln für diejenigen, die der Allgemeinheit besondere Dienste leisten oder leisteten und dadurch Nachteile erlitten. Zum Versorgungsprinzip gehören auch die Bereitstellung öffentlicher Verkehrsmittel, die Gesundheitsvorsorge, das Schulwesen und die Arbeitsvermittlung; für diese Leistungen kann der Staat Gegenleistungen (Gebühren) verlangen.
- dem Fürsorgeprinzip: Die Fürsorge des Staates – vorrangig in Form von Sozialhilfe – greift dann, wenn in persönlichen Notlagen die anderen Teile des Systems der sozialen Sicherung versagen. Hier gilt das Subsidiaritätsprinzip, d. h., Hilfe wird nur geleistet, wenn Selbsthilfe nicht (mehr) möglich ist. Die Sozialhilfe umfasst die Hilfe zum Lebensunterhalt, mit der die materiellen Grundbedürfnisse (wie Ernährung, Kleidung und Wohnung) abgedeckt werden sollen, und die Hilfe in besonderen Lebenslagen für Personen, deren Einkommen oder Vermögen nicht ausreicht, um außerordentliche Notsituationen zu bewältigen.

Leistungen nach dem …	**Versicherungsprinzip** (→ Sozialversicherung)	**Versorgungsprinzip** (→ Staat)	**Fürsorgeprinzip** (→ Staat)
erhalten	Mitglieder	Bevölkerungsgruppen mit best. Rechtsanspruch	alle Bürger bei indiv. Notlage
Bedürftigkeitsprüfung	nein	nein	ja
finanziert durch	Versicherungsbeiträge und Staatszuschüsse	Steuermittel	Steuermittel
Beispiele	- gesetzl. Rentenversicherung - gesetzl. Krankenversicherung - gesetzl. Unfallversicherung - Arbeitslosenversicherung	- Kriegsopferversorgung - Beamtenversorgung - Kindergeld (ohne Einkommensgrenze)	- Sozialhilfe - Jugendhilfe - Resozialisierung - Wohngeld

Autorentext

1 Bestimmen Sie den Wesensgehalt des Sozialstaatsgebots (M 1).
2 Informieren Sie sich in Ihrem Geschichtsbuch über Entwicklungsstufen der Sozialversicherung im Kaiserreich und in der Weimarer Republik.
3 Prüfen Sie, auf welche Weise die Gestaltungsprinzipien des Sozialstaates (Individualitäts-, Solidaritäts- und Subsidiaritätsprinzip) Eingang in die Prinzipien der sozialen Sicherung gefunden haben (M 2).

3.2 Der Sozialstaat in der Krise?

MATERIAL 1 Sozialleistungen nach Funktionen

Milliarden Euro	1960	1970	1980	1990	2000*	2008
Sozialbudget insgesamt	32,6	86,3	228,5	342,6	644,9	721,4
Ehe und Familie	5,5	16,3	36,8	46,3	97,3	98,6
Kinder / Jugendliche	3,5	8,1	20,4	29,1	65,6	69,7
Ehegatten	1,7	7,5	14,4	14,6	27,3	23,7
Mutterschaft	0,3	0,7	1,9	2,6	4,4	5,2
Gesundheit	9,0	25,1	75,2	118,6	220,9	251,3
Beschäftigung	0,8	2,8	11,9	24,8	61,9	40,7
Alter und Hinterbliebene	14,2	35,4	89,3	139,1	242,5	281,5
Folgen politischer Ereignisse	1,4	2,2	3,4	1,8	3,1	k. A.
Wohnen	0,3	0,9	2,5	4,4	7,2	18,6
Sparen / Vermögensbildung	0,6	2,8	8,0	5,8	10,1	k. A.
allgemeine Lebenshilfe	0,6	0,7	1,4	1,8	1,9	4,4

Differenzen in den Summen sind rundungsbedingt — * ab 2000: Gesamtdeutschland

MATERIAL 2 Beitragssätze in der Sozialversicherung

Beitragssätze in der Sozialversicherung in % des Bruttoverdienstes

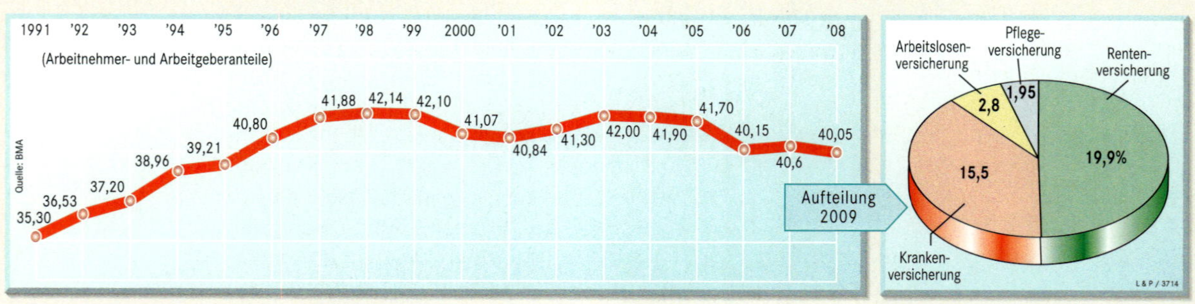

MATERIAL 3 Ursachen der „Krise des Sozialstaates“

Was sind die Ursachen dafür, dass die Sozialversicherungen so unter Druck geraten sind? Ihren Beitrag dazu leistet mit Sicherheit die Globalisierung – die Unternehmer argumentieren, sie bräuchten niedrige Sozialabgaben, um im Welthandel konkurrieren zu können. [...] Die demografische Entwicklung ist ein Faktor, der die Zukunft der sozialen Sicherungssysteme in düsterem Licht erscheinen lässt. [...] Hinzu kommt, dass sich das Erwerbsleben im letzten Jahrhundert stark gewandelt hat. Die Zahl der Selbstständigen hat genauso zugenommen wie das Heer der freien Mitarbeiter, die von „Outsourcing“ betroffen ihrer Arbeit nachgehen. Die Sozialversicherungen sind aber nun mal auf die kontinuierliche Beitragszahlung ihrer Versicherten angewiesen.

Aus: Das Parlament v. 22. 2. 2002, S. 1; Verf.: Rainer Büscher

Arbeitslosigkeit als Problem des Sozialstaates

MATERIAL 4

Im Jahr 2007 (beliefen sich) die gesamtfiskalischen Kosten der registrierten Arbeitslosigkeit in Deutschland auf knapp 68 Mrd. €. [...]
Den größten Teil davon bilden mit 35 Mrd. € oder 52 Prozent die Ausgaben. Sie umfassen das Arbeitslosengeld I (Alg I) und das Arbeitslosengeld II (Alg II), jeweils einschließlich der abgeführten Sozialversicherungsbeiträge. [...] Die Einnahmenausfälle des Staates wegen Arbeitslosigkeit betragen 33 Mrd. €. Diese Mindereinnahmen machen 48 Prozent der gesamtfiskalischen Kosten aus. Sie ergeben sich aus dem niedrigeren Steueraufkommen und aus den geringeren Sozialbeiträgen. So hat der Staat im Jahr 2007 wegen Arbeitslosigkeit 10 Mrd. € weniger Lohn- und Einkommensteuer eingenommen. Das Aufkommen der Verbrauchsteuern war um knapp 3 Mrd. Euro geringer, denn die Privathaushalte schränken in der Regel ihre Konsumausgaben ein, wenn sich das Budget durch Arbeitslosigkeit verringert. Auch die Träger der Sozialversicherung haben weniger eingenommen, denn die Beiträge für arbeitslose Leistungsempfänger sind geringer als jene, die aus einem Arbeitseinkommen gezahlt würden. Die höchsten Beitragsausfälle verzeichnete mit knapp 11 Mrd. € die Rentenversicherung. Den Krankenversicherungen und der BA sind durch die Arbeitslosigkeit Einnahmen in Höhe von 6 bzw. rd. 3 Mrd. € entgangen.

Aus: IAB-Kurzbericht 14/2008 vom 11.9.2008, S. 3, Verf.: Hans-Uwe Bach und Eugen Spitznagel

Spannungs- und Konfliktlinien im Sozialstaat

MATERIAL 5

Die Legitimationsbasis (des Sozialstaats) verlagert sich [...] von Gerechtigkeits- zu Marktüberlegungen. Nur was der Forderung der Weltmarkttauglichkeit dient, kann noch gerechtfertigt werden. Alle aus Sicht der Weltmarktfähigkeit nicht produktiven Ausgaben sind zu mindern. Die klassische Transfersozialpolitik steht damit aber unter Verdacht. [...]
Die auf dieser Sicht basierende neue Sozialpolitik der Aktivierung und der „Sozialinvestition" fördert damit eine Konfliktlinie, die die Sozialpolitik zwar immer begleitet hat, nun aber sehr deutlich hervortritt: die Gegenüberstellung von produktiven und unproduktiven Teilen der Bevölkerung. [...] Sozialpolitik wird gerichtet auf mehr und höherwertige Erwerbstätigkeit, auf Vermeidung von Sozialleistungsbezug, auf Verringerung des Aufwandes für Sozialpolitik im traditionellen Sinne. [...] Entsprechend entwickelt sich innerhalb der Sozialpolitik eine Spaltungslinie: investive Sozialpolitik für die Jungen und Arbeitsfähigen als Mischung aus Forderung, Qualifizierung und dem mehr oder minder verstärkten Zwang zur Arbeitssuche und -aufnahme; die sogenannte passive Sozialpolitik für all diejenigen, von denen absehbar kein produktiver Beitrag zu erwarten ist. [...]

Aus: Frank Nullmeier. Spannungs- und Konfliktlinien im Sozialstaat, in: Der Bürger im Staat, hrsg. von der Landeszentrale für politische Bildung Baden-Württemberg, Heft 4/2003, S. 184 f.

1 Beschreiben Sie die Entwicklung bei den Sozialausgaben und bei den Beitragssätzen der Sozialversicherung (M 1 und M 2) und erörtern Sie die Probleme, die sich daraus ergeben.

2 Erarbeiten Sie die Ursachen der „Krise des Sozialstaates" (M 3 und M 4). Beziehen Sie hierbei den demografischen Wandel (S. 22 ff.) und den Strukturwandel der Arbeitsgesellschaft (S. 40 ff.) ein.

3 Skizzieren und diskutieren Sie die neuen Spannungs- und Konfliktlinien im Sozialstaat (M 5).

3.3 Die Agenda 2010 – Umbau oder Abbau des Sozialstaates?

MATERIAL 1

Mut zur Veränderung

Der damalige Bundeskanzler Gerhard Schröder (SPD):

Wir müssen den Mut aufbringen, in unserem Land jetzt die Veränderungen vorzunehmen, die notwendig sind, um wieder an die Spitze der wirtschaftlichen und der sozialen Entwicklung in Europa zu kommen. [...]
Deutschland hat [...] mit einer Wachstumsschwäche zu kämpfen, die auch strukturelle Ursachen hat. Die Lohnnebenkosten haben eine Höhe erreicht, die für die Arbeitnehmer zu einer kaum mehr tragbaren Belastung geworden ist und die auf der Arbeitgeberseite als Hindernis wirkt, mehr Beschäftigung zu schaffen. [...] In dieser Situation muss die Politik handeln, um Vertrauen wieder herzustellen. [...] Wir werden Leistungen des Staates kürzen, Eigenverantwortung fördern und mehr Eigenleistung vom jedem Einzelnen abfordern müssen. [...]
Entweder wir modernisieren (Deutschland), und zwar als soziale Marktwirtschaft, oder wir werden modernisiert, und zwar von den ungebremsten Kräften des Marktes, die das Soziale beiseitedrängen würden.
Die Struktur unserer Sozialsysteme ist seit 50 Jahren praktisch unverändert. An manchen Stellen, etwa bei der Belastung der Arbeitskosten, führen Instrumente der sozialen Sicherheit heute sogar zu Ungerechtigkeiten. [...] Solidarität, der Schutz der Schwächeren und die Absicherung gegen Lebensrisiken sind nicht nur ein Verfassungsauftrag. Sie sind [...] das Fundament unserer Gesellschaftsordnung. [...]
Anders als in einem Sozialstaat lässt sich Zusammenarbeit in komplexen Ordnungen, in einer Gesellschaft, in der sich der Altersaufbau, die Art und Dauer der Arbeitsverhältnisse, aber auch die kulturellen Gegebenheiten verändern, gar nicht organisieren. Aber wir müssen aufhören – das ist der Kern dessen, was wir vorschlagen –, die Kosten von Sozialleistungen, die der Gesellschaft insgesamt zugute kommen, immer nur und immer wieder dem Faktor Arbeit aufzubürden. [...] Es wird unausweichlich nötig sein, Ansprüche und Leistungen zu streichen, Ansprüche und Leistungen, die schon heute die Jüngeren über Gebühr belasten und unserem Land Zukunftschancen verbauen.

Aus: Regierungserklärung von Bundeskanzler Schröder am 14. März 2003; zit. n.: www.bundesregierung.de

MATERIAL 2

Die arbeitsmarktpolitischen Reformen der Agenda 2010 (Hartz-Gesetze)

Der Name der „Hartz-Gesetze" geht auf den früheren VW-Vorstand Peter Hartz zurück. Hartz war Vorsitzender der Kommission „Moderne Dienstleistungen am Arbeitsmarkt" [...]. Auf Grundlage dieser und anderer Expertenempfehlungen verabschiedete der Deutsche Bundestag vier Gesetze „für moderne Dienstleistungen am Arbeitsmarkt" („Hartz I" bis „Hartz IV") [...]. Wichtige Inhalte dieser Reformgesetze waren unter anderem:
„Hartz I" (in Kraft getreten im Januar 2003): Einrichtung von Personalserviceagenturen zur Förderung der Zeitarbeit; Verschärfung der Zumutbarkeitsregeln bei Jobangeboten.
„Hartz II" (in Kraft getreten im Januar 2003): Einführung von Existenzgründungszuschüssen („Ich-AG", zwischenzeitlich ersetzt durch den „Gründungszuschuss"); Reform der geringfügigen Beschäftigung („Mini"- und „Midijobs").
„Hartz III" (in Kraft getreten im Januar 2004): Reform der Bundesanstalt für Arbeit (Umbau in eine serviceorientierte „Bundesagentur für Arbeit");
„Hartz IV" (in Kraft getreten im Januar 2005):

Zusammenlegung von Arbeitslosenhilfe und Sozialhilfe zum „Arbeitslosengeld II“ (ALG II). Die Zahlung von ALG II stellt eine steuerfinanzierte Sozialleistung dar und ist daher an eine Bedürftigkeitsprüfung geknüpft. Berechtigt sind somit nur erwerbsfähige Arbeitslose ohne anderes Einkommen oder Vermögen (oberhalb bestimmter Freibeträge). Verkürzung der Bezugsdauer des Arbeitslosengeldes I („ALG I“) auf maximal ein Jahr. Das ALG I ist eine unabhängig von sonstigem Einkommen oder Vermögen gezahlte Versicherungsleistung der Bundesagentur für Arbeit.

Aus: Friedrich Heinemann, Fit für die Zukunft? Deutschland im Wandel, Informationen zur politischen Bildung – aktuell 2007/1. Quartal, S. 10

Das Arbeitslosengeld II

MATERIAL **3**

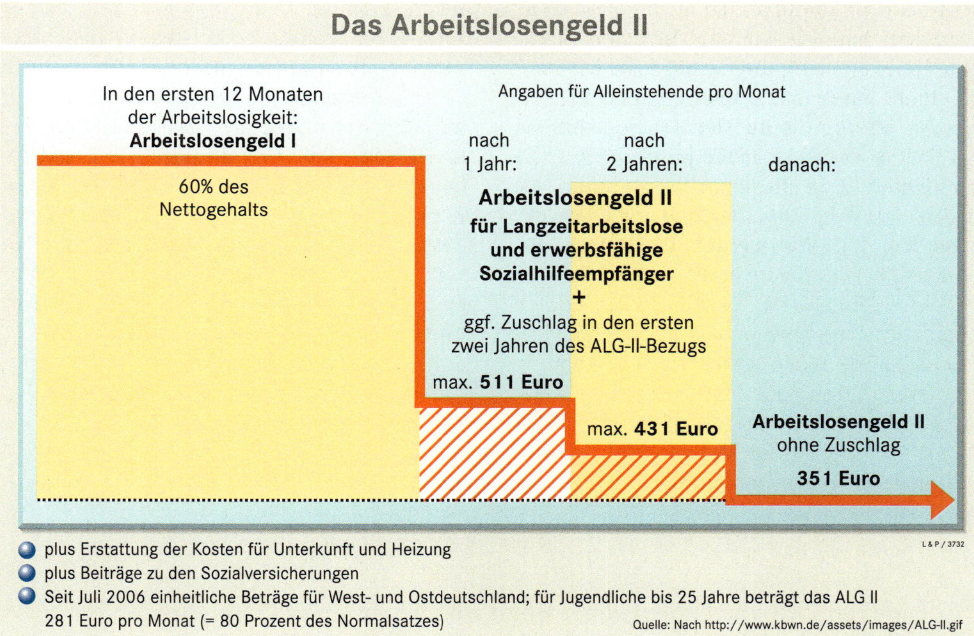

Hartz-IV-Regelsätze – Beispiele:

MATERIAL **4**

Der aktuelle Regelsatz sieht pro Monat etwa vor:

- für Bildung: 0,00 Euro für Erwachsene und Kinder
- Spielwaren und Hobbys: 1,29 Euro (Erwachsene), 0,78 Euro (Kinder bis 14 Jahre)
- für den Besuch von Sport- und Kulturveranstaltungen: 6,38 Euro (Erwachsene), 3,83 Euro (Kinder)
- für Bücher und Broschüren: 5,57 Euro (Erwachsene), 3,34 Euro (Kinder)
- für Schreibwaren und Zeichenmaterial: 2,77 Euro (Erwachsene), 1,66 Euro (Kinder)
- für Körperpflege: 3,09 Euro (Erwachsene), 1,86 Euro (Kinder)
- für Fahrkarten in Bus und Bahn: 1,32 Euro (Erwachsene), 6,74 Euro (Kinder)
- für Nahrung und Getränke: 129,52 Euro (Erwachsene), 77,71 Euro (Kinder).

Aus: FR vom 28. 1. 2009, Verf.: ber

MATERIAL 5

Hartz-Reformen: Jobsuchende sind zu mehr Kompromissen bereit

Joachim Möller, Direktor des Instituts für Arbeitsmarkt- und Berufsforschung (IAB) der Bundesagentur für Arbeit.

Die Fakten belegen eine Erfolgsgeschichte: Die Arbeitslosigkeit ging im Jahresmittel zwischen 2005 und 2008 um 1,6 Millionen zurück. Der Anstieg der Erwerbstätigkeit auf die Rekordmarke von 40,35 Millionen ist vorwiegend durch eine Zunahme der sozialversicherungspflichtigen Jobs zustande gekommen. Die Langzeitarbeitslosigkeit nahm 2008 gegenüber dem Vorjahr um 20 Prozent ab. Der harte Kern der Arbeitslosigkeit hat begonnen, an den Rändern abzuschmelzen. Die positive Arbeitsmarktentwicklung war maßgeblich von der guten Konjunktur bestimmt. Aber auch die Arbeitsmarktreformen haben zum Rückgang der Arbeitslosigkeit wesentlich beigetragen. Sie haben der Verhärtung der Langzeitarbeitslosigkeit entgegengewirkt; die strukturelle Arbeitslosigkeit ist gesunken. Die Betriebe berichteten, dass sie mehr Initiativbewerbungen erhalten haben und unattraktive Stellen leichter besetzen konnten. Die Bewerber waren zu mehr Kompromissen hinsichtlich Lohn und Arbeitsbedingungen bereit. [...]

Auch wenn niemand den Anteil der Reformen an der positiven Entwicklung genau beziffern kann: Stärke und Länge des Aufschwungs am Arbeitsmarkt wurden von den Reformen begünstigt. Entscheidend ist, dass der unselige Mechanismus durchbrochen wurde, der seit dem ersten Ölpreisschock Mitte der Siebzigerjahre nach jeder Rezession zu einer Erhöhung der Sockelarbeitslosigkeit geführt hat. [...]

Aus: Frankfurter Rundschau vom 8. 1. 2009

MATERIAL 6

Hartz-Reformen: Geringer Nutzen, großer Schaden

Gustav A. Horn, wissenschaftlicher Direktor des Instituts für Markoökonomie und Konjunkturforschung (IMK).

Schaut man sich diese Zahlen genauer an, zeigt sich, dass im jüngsten Aufschwung, der länger dauerte und ein höheres Wachstum brachte als sein Vorgänger, nur in etwa gleich viele Stellen wie in jenem geschaffen wurden. Allerdings stieg die Zahl der Arbeitsstunden im jüngsten Aufschwung spürbar stärker. Auf diesem Ergebnis beruhen die Behauptungen über den Beschäftigungserfolg der Agenda 2010. Dann stellt sich freilich die Frage, wieso die Zahl der neu geschaffenen Stellen nicht in etwa genausostark gestiegen ist. Die Antwort lautet: Weil Unternehmen als Folge interner Flexibilisierung etwa in Form von Arbeitszeitkonten die Arbeitsstunden im Aufschwung merklich ausgedehnt haben, während sie Neueinstellungen nur im üblichen Umfang durchgeführt haben.

[...]

Bei der Beurteilung der Arbeitmarkteffekte der Agenda 2010 sollte nicht vergessen werden, dass insbesondere durch Hartz IV der Lohndruck vor allem auf Beschäftigte mit geringen Qualifikationen merklich erhöht wurde. Dies hat neben dem Energiepreisanstieg und der Mehrwertsteuererhöhung wesentlich dazu beigetragen, dass die Realeinkommen trotz kräftigen Aufschwungs leicht gesunken sind. Ein Phänomen, das es in der Wirtschaftsgeschichte der Bundesrepublik noch nicht gab. Mit anderen Worten: Die Arbeitsmarktreformen haben den Arbeitslosen wenig gebracht und die Beschäftigten stark geschädigt.

Aus: Frankfurter Rundschau vom 8. 1. 2009

Der Sozialstaat im Stresstest

MATERIAL 7

Der Sozialstaat befindet sich im Stresstest. [...] Die Kosten der Arbeitslosigkeit, für Gesundheit und Renten werden die alten Debatten darüber wiederbeleben, wie eine jetzt auch aus Gründen der Demografie schrumpfende Zahl Erwerbstätiger den teuren Sozialstaat dauerhaft finanzieren kann. Die erbitterte Gerechtigkeitsdebatte, festgemacht an der Höhe von Sozialleistungen, könnte zurückkehren, einschließlich Demos gegen Hartz IV. [...]

Die Strukturreformen der Agenda 2010 können dem Land [...] nutzen: Die Zeitarbeit hat den Arbeitsmarkt flexibilisiert, teure Vorruhestandsregeln wurden gekappt, und die Anreize für ein dauerhaftes Sicheinrichten in der Arbeitslosigkeit sind weg. All das käme nur dann nicht zur Geltung, wenn die Agenda 2010 kurzsichtig rückabgewickelt würde. Angesichts von Forderungen, das Arbeitslosengeld I zu verlängern, die Kurzarbeit zum Vorruhestand durch die Hintertür auszubauen, und wegen Überlegungen, die Renten nicht nach unten anzupassen, ist dies eine reale Gefahr.

Anders aber als 2003 ist gerade durch diese Krise der Sozialstaat neu legitimiert. Abschaffen will ihn niemand. Vielleicht gelingt deshalb 2010 eine weniger schmerzliche Debatte als 2003.

Aus: Handelsblatt vom 27.4.2009, Verf.: Donata Riedel

Profiteure zur Kasse

MATERIAL 8

Forderungen der Gewerkschaft ver.di

Der Aufschwung ist bei den meisten Beschäftigten nie angekommen. Auch eine Folge der Agenda 2010! Immer mehr Menschen wurden in befristete Jobs, Minijobs und Leiharbeit gedrängt. Und durch den massiven Druck auf Langzeitarbeitslose, die Peitsche Hartz IV, muss jeder Job angenommen werden. [...]

Die Kosten der Krise dürfen nicht auf uns abgewälzt werden. Es darf keine Sozialkürzungen geben!

Bezahlen müssen Reiche und Vermögende – diejenigen, die seit Jahren Profiteure der Umverteilung sind! Wiedereinführung der Vermögensteuer, höhere Erbschaftsteuer, eine Finanztransaktionsteuer und ein besserer Steuervollzug. Jährlich 50 Milliarden Euro mehr bringt allein das. In Zeiten enormer Belastungen der öffentlichen Haushalte könnte auch ein zusätzlicher Lastenausgleich eingeführt werden. Wie nach dem Zweiten Weltkrieg. Zum Beispiel durch eine sechsprozentige Sonderabgabe für Millionäre. Bei einem Freibetrag von einer Million würde dies 100 Milliarden Euro für die Staatskasse bringen.

Aus: ver.di, Profiteure zur Kasse! Arbeitsplätze sichern. Sozialstaat stärken, Mobilisierungsbroschüre zum europäischen Aktionstag am 16. Mai 2009, S. 4 und 6

1 Arbeiten Sie anhand des Auszuges aus der Regierungserklärung vom 14. März 2003 (M 1) die Grundsätze der Agenda 2010 heraus und erläutern Sie im Kontext dieser Grundsätze die arbeitsmarktpolitischen Reformen (M 2).

2 Thematisieren und problematisieren Sie die Auswirkungen der arbeitsmarktpolitischen Reformen am Beispiel des Arbeitslosengeldes II (M 3 und M 4). Beziehen Sie hierbei die Spannungs- und Konfliktlinien im Sozialstaat (M 5, S. 73) ein.

3 Erarbeiten und diskutieren Sie die kontroversen Einschätzungen der Wirksamkeit der Hartz-Reformen (M 5 und M 6).

4 Setzen Sie sich mit den aktuellen Positionen in der Sozialstaatsdebatte (M 7 und M 8) auseinander und beziehen Sie Position zu den Forderungen der Gewerkschaft ver.di.

Ökologie und Marktwirtschaft

Ziel 7: Sicherung der ökologischen Nachhaltigkeit

Zielvorgabe 7.A: Die Grundsätze der nachhaltigen Entwicklung in einzelstaatliche Politiken und Programme einbauen und den Verlust von Umweltressourcen umkehren

Zielvorgabe 7.B: Den Verlust an biologischer Vielfalt reduzieren, mit einer signifikanten Reduzierung der Verlustrate bis 2010

Zielvorgabe 7.C: Bis 2015 den Anteil der Menschen um die Hälfte senken, die keinen nachhaltigen Zugang zu einwandfreiem Trinkwasser und grundlegenden sanitären Einrichtungen haben

Zielvorgabe 7.D: Bis 2020 eine erhebliche Verbesserung der Lebensbedingungen von mindestens 100 Millionen Slumbewohnern herbeiführen

Aus: Offizielle Liste der Indikatoren für die Millenniums-Entwicklungsziele der Vereinten Nationen.
Übersetzung: Deutscher Übersetzungsdienst der Vereinten Nationen, New York, August 2008

1 Ökologische Probleme der Gegenwart

1.1 Der Klimawandel – Zufall oder von Menschen verursacht?

Nach Auffassung vieler Meteorologen sind diese Naturkatastrophen keine Zufälle, sondern Folge anthropogener, also von Menschen verursachter Eingriffe in das komplexe Klimageschehen – mit ökonomischen Folgeschäden, die sich jeweils in Milliardenhöhe bewegen. Manche Meteorologen und Meteorologinnen sind der Auffassung, dass in den nächsten Jahrzehnten zahllose Küstenregionen überschwemmt sein werden, Hannover würde dann zu einer Küstenstadt an der Nordsee … Andere Millionenstädte in Südamerika, Afrika und Asien wären völlig überschwemmt. Über die ökonomischen, sozialen und politischen Folgen dieser Katastrophen, von denen kaum ein Staat dieser Welt ausgenommen wäre, wagt kein ernst zu nehmender Wissenschaftler nachzudenken.

In dem folgenden Kapitel werden globale ökologische Folgeprobleme vorgestellt, die sich vor allem aus der Bevölkerungsdynamik und der Entwicklung der Weltwirtschaft ergeben. Davon ausgehend wird das Spannungsverhältnis zwischen Ökologie und Ökonomie analysiert, um dann Ansätze einer Umweltpolitik zu untersuchen, die sich um einen Ausgleich von ökonomischen und ökologischen Zielsetzungen bemüht.

MATERIAL 1 Bilanz – was geschah seit der ersten UN-Umweltkonferenz in Stockholm 1972?

1972	1997	2009
Bevölkerung		
3,84 Milliarden Menschen lebten auf der Erde, 72 Prozent davon in Entwicklungsländern. Die Weltbevölkerung wuchs jährlich um zwei Prozent, also rund 76 Millionen.	Die Weltbevölkerung betrug 5,85 Milliarden Menschen, 80 Prozent davon in Entwicklungsländern. Seit Rio sind 380 Millionen hinzugekommen. Wachstumsrate: 1,5 Prozent, 81 Millionen pro Jahr.	mehr als 6 764 000 000 Menschen (2009), die Wachstumsrate beträgt gegenwärtig ca. 1,2 %
Militär und Flüchtlinge		
Die Staaten der Erde gaben 836 Milliarden Mark für Waffen und die Unterhaltung der Armeen aus. Die Zahl der Flüchtlinge betrug nach Schätzungen rund drei Millionen.	Die Militärausgaben betrugen 800 Milliarden Dollar – eine drastische Verminderung gegenüber 1992 (1173 Milliarden). Die Zahl der Flüchtlinge ist weiter angestiegen; 1992: 15 Millionen, 1997: 26 Millionen.	Militärausgaben stiegen weiter auf 1,34 Bio US $; im Jahr 2008 gab es nach Schätzungen des UNHCR ca. 42 Mio. Flüchtlinge, darunter 26 Mio. Binnenvertriebene
Atomkraft		
Gut 100 Atomkraftwerke produzierten Strom in 15 Ländern. Nuklearkatastrophen hatte es nur in militärischen Atomfabriken, nämlich in Windscale (Großbritannien) und Tscheljabinsk (UdSSR), gegeben.	Es gab 443 Atomreaktoren in 31 Ländern, 15 kamen seit Rio hinzu, 36 waren im Bau. Der Atomstromanteil betrug 17 Prozent. Katastrophen gab es in Harrisburg (USA, 1979) und Tschernobyl (Ukraine, 1986).	
Verkehr		
Es gab 250 Mio. motorisierte Fahrzeuge, darunter 200 Millionen Autos. Die durch sie ausgelöste Umweltverschmutzung konzentrierte sich auf die Industrieländer.	Es gab rund 500 Millionen Autos, überwiegend in den Industrieländern. Doch die Entwicklungs- und Schwellenländer holten auf. Folge: Luftverschmutzung in den Städten	

Treibhauseffekt		
Der Ausstoß des wichtigsten Treibhausgases CO_2 betrug 16 Milliarden Tonnen. Die CO_2-Konzentration in der Atmosphäre lag bei 327 ppm (Teile pro Million Teile Luft). Der vorindustrielle Wert war 280 ppm.	Die CO_2-Jahresfracht betrug 23 Milliarden Tonnen. In Industrie- und Entwicklungsländern wuchs der Verbrauch fossiler Brennstoffe, die CO_2-Konzentration stieg weiter: 1992: 356 ppm; 1997: 364 ppm.	Die CO_2-Jahresfracht hat sich weiter erhöht; die Konzentration von CO_2 ist bis zum Jahr 2006 auf 380 ppm angestiegen.
Ozonkiller		
Chlor zerstört die Ozonschicht, das UV-Schutzschild der Erde. 1972 wurde es noch nicht gemessen; 1975 betrug die Konzentration in der Atmosphäre 1,4 ppb.	Die Chlor-Konzentration hat sich gegenüber den 70er-Jahren mehr als verdoppelt: auf drei ppb. Der Spitzenwert wird um 2000 erreicht.	Wissenschaftler rechnen mit einer Regeneration der Ozonschicht – allerdings später als erwartet. In den nächsten fünf Jahren wird die Ozonschicht auf niedrigem Niveau bleiben. Ab 2010 wird mit einer sichtbaren Erholung gerechnet.
Megastädte		
38 Prozent der Weltbevölkerung lebten in Städten. Es gab drei Städte mit mehr als zehn Millionen Einwohnern. Probleme dort: Müll, Verkehr und die Versorgung mit Lebensmitteln und sauberem Wasser.	Der Anteil der Stadtbewohner war auf 47 Prozent gestiegen. 1997 gab es mindestens 18 Städte mit mehr als zehn Millionen Menschen, davon 13 in Entwicklungsländern.	Die UNO zählte im Jahr 2005 mehr als 20 Megastädte mit mehr als 10 Mio. Einwohnern; seit 2007 leben gleich viel Menschen in Städten wie auf dem Land.
tropischer Regenwald		
Knapp ein Drittel des tropischen Regenwaldes war bereits zerstört. Vom Rest gingen jedes Jahr rund 0,5 Prozent verloren – etwa 100 000 Quadratkilometer, eine Fläche so groß wie Island.	Zwischen 1990 und 1995 wurden nach Schätzungen pro Jahr 130000 Quadratkilometer Tropenwald zerstört. 1995, drei Jahre nach der Riokonferenz, wurde ein bisheriger Höchststand erreicht.	Gegenwärtig wird jährlich eine Fläche abgeholzt, die zweieinhalbmal so groß ist wie Österreich. Die Zerstörung ist gegenwärtig viermal so hoch wie im Jahr 2004.
Fischerei		
Rund 58 Millionen Jahrestonnen Fisch wurden aus den Ozeanen geholt, nachdem die Hochseeflotten vergrößert worden waren. Überfischung führte 1974 dazu, dass die Nordsee-Heringsbestände zusammenbrachen.	Nach Jahrzehnten stetigen Wachstums scheint seit den 80er-Jahren keine weitere Steigerung des Fischfangs mehr möglich. 1995 gingen 90,7 Millionen Tonnen ins Netz, sechs mehr als 1992, aber weniger als 1991.	Die Welternährungsorganisation (FAO) schätzt, dass mittlerweile 75 Prozent der kommerziell genutzten Fischarten überfischt sind oder am Rande der Überfischung stehen. Besonders kritisch ist dies in europäischen Gewässern.
Artenschwund		
Die Zahl afrikanischer Elefanten betrug noch zwei Millionen. Der Artenschwund war jedoch so hoch wie nie vorher seit dem Ende der Dinosaurier.	1997 gab es nach Schätzungen zwischen 286 000 und 580 000 Afrikanische Elefanten. Weltweit galten über 160 Säugetiere und ebenso viele Vögel als kritisch bedroht.	Forscher vermuten, dass die globale Klimaerwärmung bis 2050 zum Aussterben von über einer Million Tier- und Pflanzenarten an Land führen kann.
Wasser		
Weltweit wurden 2600 Kubikkilometer Frischwasser verbraucht, der größte Teil davon für die Bewässerung.	Der Frischwasserverbrauch war 1997 um fast zwei Drittel auf 4200 Kubikkilometer pro Jahr angestiegen. 1,4 Mrd. Menschen hatten keinen Zugang zu gutem Trinkwasser.	Nach Angaben der Deutschen Stiftung Weltbevölkerung werden nach heutigen Schätzungen 2025 2,8 bis 3,3 Milliarden Menschen unter chronischem Süßwassermangel leiden – die meisten von ihnen in Afrika und Asien

1 Aktualisieren Sie – soweit möglich – diese Aufstellung. Vergleichen Sie mit der Situation von 1972. Welche Veränderungen fallen besonders ins Auge?

2 Untersuchen Sie die aufgelisteten Umweltprobleme näher: Welche betreffen bestimmte Regionen der Erde, welche haben globale Auswirkungen?

3 Diskutieren Sie, in welchen Problembereichen Abhilfe möglich scheint.

1.2 Der Treibhauseffekt

MATERIAL 1 Wie es zum Treibhauseffekt kommt

Die Erde ist von einer Atmosphäre umgeben, die aus verschiedenen Gasen besteht. Die Erdanziehungskraft verhindert, dass die Gase in das Weltall entweichen. Diejenige Schicht, in der das Wettergeschehen und auch das Leben ablaufen, wird Troposphäre genannt. Sie ist an den Polen nur etwa 8 Kilometer dick, in den Tropen bis zu 15 km. Das ist im Vergleich zur Größe der Erde mit 12 000 km Durchmesser relativ wenig.

[...] Das Kohlenstoffdioxid (kurz: Kohlendioxid) ist wie auch das Wasser für das Leben auf der Erde von großer Bedeutung: Tiere und Menschen atmen Sauerstoff ein und verbrennen ihn zusammen mit Zucker in ihren Muskeln; als Abfallprodukt entsteht Kohlendioxid. Die Pflanzen benötigen es für ihre Stoffwechselvorgänge, sie produzieren daraus mithilfe von Lichtenergie wieder Sauerstoff und Stärke. Der Kreislauf beginnt von Neuem.

Auch für die Erhaltung des Weltklimas sind Kohlendioxid und Wasserdampf von großer Bedeutung: Sonnenstrahlung, die auf den Erdboden auftrifft, wird in Wärme umgewandelt. Kohlenstoffdioxid und Wasserdampf besitzen die Eigenschaft von Treibhausgasen: Sie bilden eine „Schutzglocke" und verhindern zu einem großen Teil, dass die Wärmestrahlung in das Weltall zurückstrahlt und der Erdatmosphäre verloren geht, ohne Kohlenstoffdioxid und Wasserdampf wäre die Atmosphäre bedeutend kälter. Dieser Treibhauseffekt innerhalb des natürlichen Rahmens ist für die meisten Lebewesen auf der Erde lebensnotwendig.

Problematisch wird der Treibhauseffekt dann, wenn er zu einer Veränderung des weltweiten Temperaturniveaus führt und damit zu einer Verschiebung der klimatischen Verhältnisse in nahezu allen Regionen der Erde. Alles deutet darauf hin, dass eine solche Veränderung zurzeit vor sich geht; und alles deutet darauf hin, dass diese Veränderung keine natürlichen Ursachen hat, sondern vom Menschen hervorgerufen wird, genauer: durch die Freisetzung von Treibhausgasen in die Atmosphäre. Insbesondere durch die Verfeuerung fossiler Brennstoffe, wie zum Beispiel von Benzin, Öl oder Kohle, werden die Kohlenstoffatome zu Kohlenstoffdioxid und die Wasserstoffatome zu Wasserdampf oxidiert.

Die Entstehung von Wasserdampf bei der Verbrennung ist für die Wasserdampfkonzentration in der Atmosphäre unter sonst konstanten Bedingungen nicht entscheidend, da die Luft nur bis zu einem bestimmten Grad Feuchtigkeit aufnehmen kann (Sättigung), bevor es zu Kondensation und Niederschlag kommt. Wird die Luft aber generell wärmer, so kann sie auch mehr Feuchtigkeit aufnehmen und der so gespeicherte Wasserdampf führt zu einer Verstärkung des Treibhauseffektes (Feedback). Dem entgegen steht allerdings, dass mit zunehmendem Wasserdampfgehalt der Luft auch die Bewölkung zunimmt. Wolken können zum einen wie Treibhausgase wirken. Zum anderen reflektieren sie aber auch die Sonnenstrahlung zurück ins Weltall, bevor sie die Erdoberfläche erreicht. Dieser Effekt wirkt kühlend und damit dem Treibhauseffekt entgegen. Die Rolle der Wolken bei der Erderwärmung ist derzeit das wichtigste noch nicht vollständig verstandene Gebiet in der Klimaforschung.

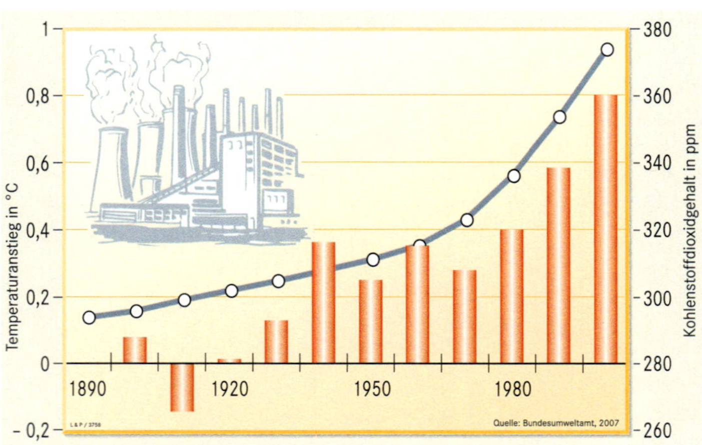

Anstieg des CO_2 und der Temperatur

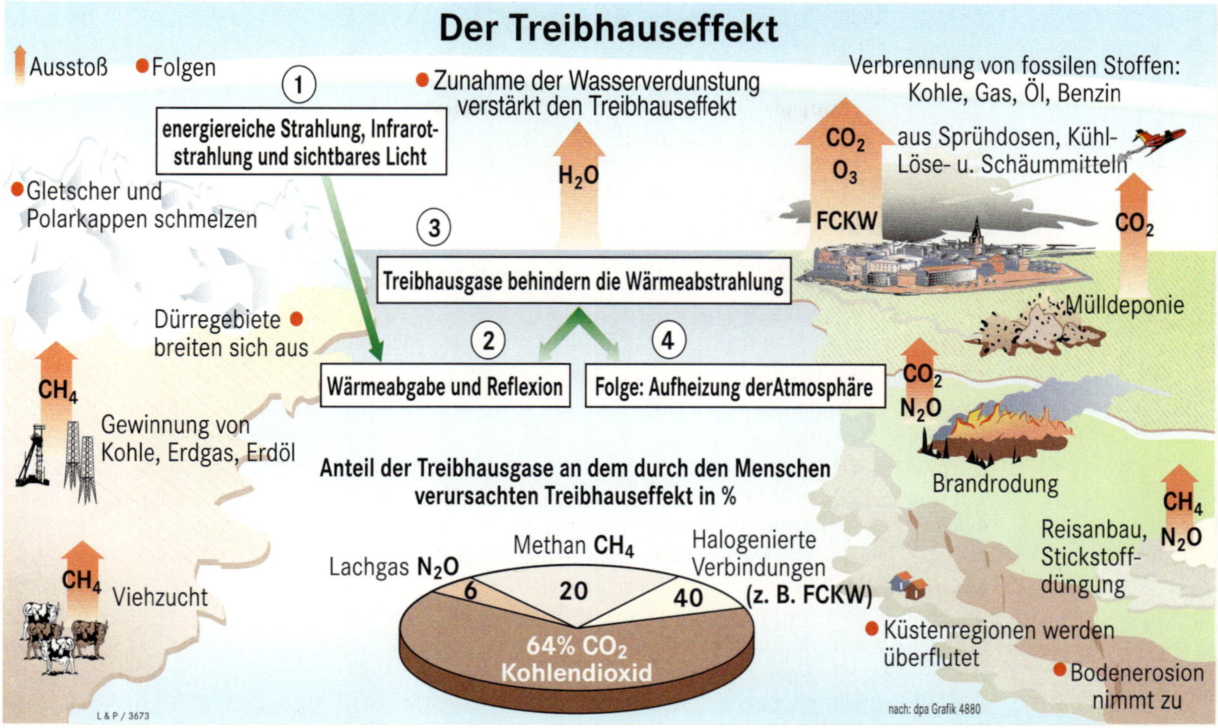

Der Treibhauseffekt

Eine weitere Ursache für die Zunahme der Treibhausgase in der Atmosphäre ist die rücksichtslose Brandrodung tropischer Regenwälder. Durch die Rodung wird auf schnellem Weg Acker- und Bauland geschaffen; dabei entstehen riesige Mengen an Kohlenstoffdioxid. Immense Mengen des lebensnotwendigen atmosphärischen Sauerstoffs werden dabei verbraucht. 12 Prozent aller Landflächen der Erde sind mit tropischem Regenwald bedeckt, doch jährlich werden bis zu 200 000 Quadratkilometer Urwald gerodet. Die Verfeuerung fossiler Brennstoffe und die Brandrodung hat in den letzten hundert Jahren zu einer messbaren Zunahme des Kohlenstoffdioxidanteils in der Atmosphäre geführt.

Nicht nur Kohlenstoffdioxid und Wasserdampf tragen zur Verstärkung des Treibhauseffekts bei, sondern auch andere von Menschen produzierte „Abfallgase", zum Beispiel die Fluor-Chlor-Kohlenwasserstoffe (FCKW), aber auch Methan, Ozon und Distickstoffoxid.

Die langfristigen Folgen des durch Menschen produzierten Treibhauseffektes können katastrophal ausfallen: Die Temperaturerhöhungen haben den Meeresspiegel der Weltmeere in den letzten hundert Jahren bereits um fast 25 cm ansteigen lassen, bis zum Jahr 2100 wird mit einem Anstieg um 40 cm bis zu einem Meter gerechnet. Die Ursache für den Meeresspiegelanstieg ist zum einen die Erwärmung der Meere selbst. Wasser dehnt sich bei Erwärmung aus. Hinzu kommt ein Abschmelzen der Inlandgletscher, wie dies z. B. in den Alpen sehr gut zu beobachten ist. Die Eisschmelze an den Polen hingegen erfolgt relativ langsam, und man geht davon aus, dass dieser Beitrag zum Meeresspiegelanstieg über die nächsten 100 Jahre nicht maßgeblich sein wird. Flutkatastrophen bedrohen insbesondere in den ärmeren Weltregionen, in denen die finanziellen Voraussetzungen für einen besseren Küstenschutz fehlen, schon jetzt Millionen von Menschen. Durch die Temperaturerhöhungen ändert sich zudem das Weltklima. Wüsten breiten sich in bestimmten Gegenden durch die Austrocknung der Böden aus und vernichten Ackerland. In anderen Gegenden, zum Beispiel in Deutschland, ist jedoch mit einer starken Zunahme der Niederschläge zu rechnen. Warme Luft kann wesentlich mehr

Hornkees und Waxeggkees um 1905

Die gleiche Stelle 2003

Feuchtigkeit aufnehmen, was zu mehr Regen führt. Die milden Winter in unseren Breitengraden werden mehr Regen als Schnee bringen. Problematisch werden die Regenfälle im Winter dadurch, dass die Wurzeln der Bäume und die Moose des gefrorenen Waldbodens im Vergleich zum Sommer nur wenig Wasser speichern können. Das Wasser fließt sehr schnell in die Flüsse ab, es kommt zu verheerenden Überschwemmungskatastrophen.

Autorentext nach: www.seilnacht.tuttlingen.com/Lexikon/Treibh.htm
www.seilnacht.tuttlingen.com/Lexikon/Treibh.htm; Zugriff 05/2009

Anstieg der globalen Mitteltemperatur

MATERIAL 2

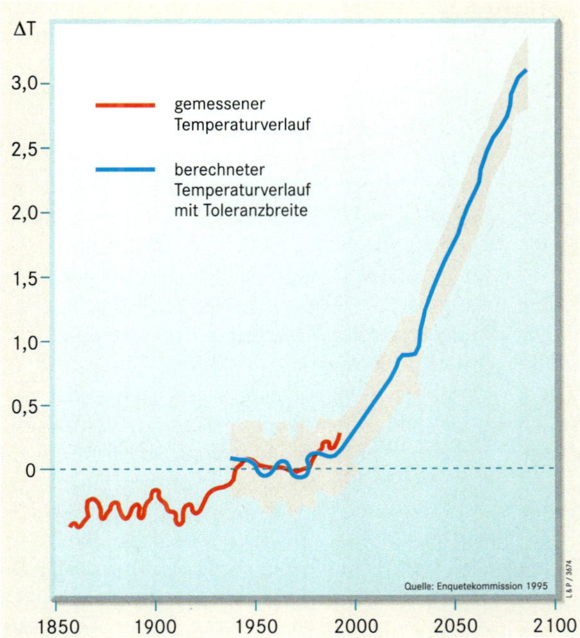

CO_2-Emission in Deutschland

MATERIAL 3

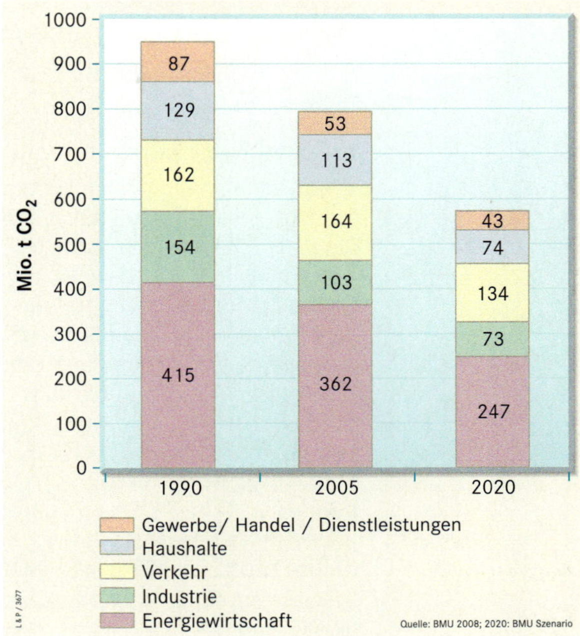

Energiebedingte Kohlendioxid-Emissionen

MATERIAL 4

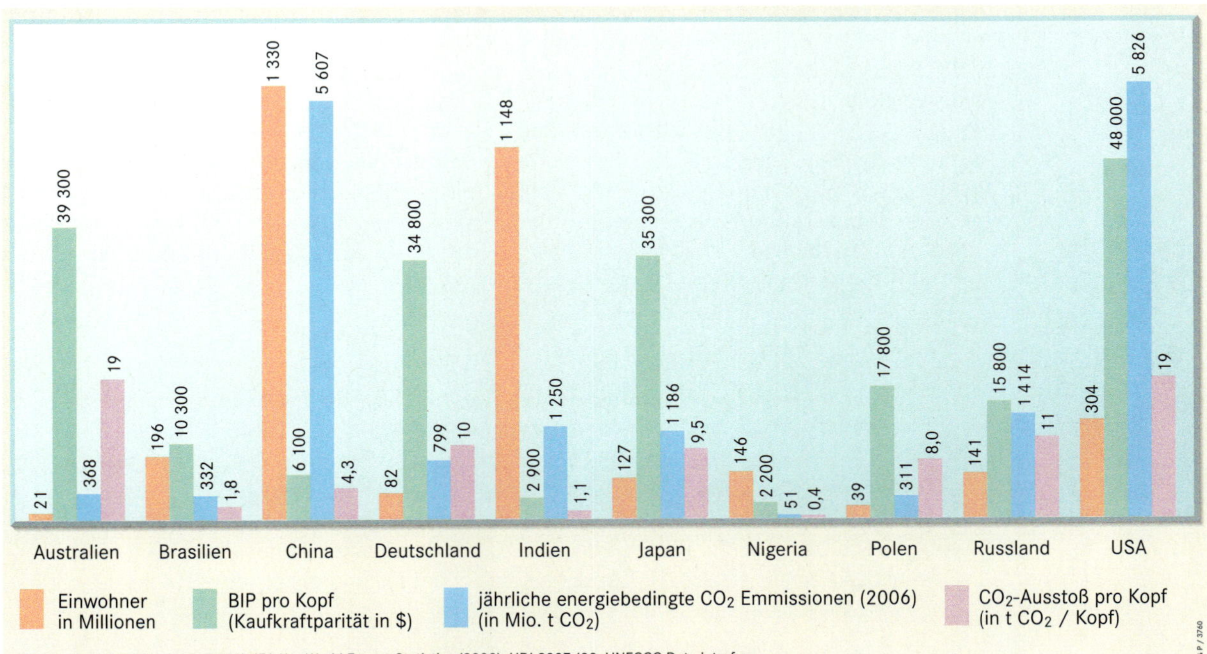

MATERIAL **5**

Überschwemmungskatastrophen – Zufall oder von Menschen verursacht?

Streitgespräch zwischen dem Ozeanografen Mojib Latif und dem Glaziologen Heinz Miller.

DER SPIEGEL: Herr Miller, Herr Latif, ganz Deutschland fragt sich, wie es zu den verheerenden Überschwemmungen (an der Elbe, die Verf.) kommen konnte. Ist die einsetzende globale Erwärmung schuld?

Heinz Miller: Mit dem Treibhauseffekt hat die Flutkatastrophe nichts zu tun. [...] Solche ungewöhnlichen Wetterlagen hat es immer schon gegeben, auch in kühleren Zeiten. Doch früher konnten wir ähnlich starken Sturzregen viel besser verdauen, weil die Flüsse noch nicht so kanalisiert waren. Insofern ist die Überschwemmungskatastrophe natürlich doch Menschenwerk.

Mojib Latif: [...] Wir beobachten, dass die Anzahl extremer Wetterereignisse in den letzten Jahrzehnten stark zugenommen hat. Ungewöhnlich starke Niederschläge kommen in Deutschland beispielsweise heute doppelt so häufig vor wie noch vor 100 Jahren. Das kann man mit Messreihen seit 1879 in den Alpen nachweisen. [...] Aus unseren Modellen ergibt sich, dass die Wahrscheinlichkeit extremer Niederschläge weiter zunehmen wird. Denn bei einem wärmeren Klima verdunstet einfach mehr Wasser in die Atmosphäre. [...] Nach allem, was wir wissen, sind die vergangenen zehn Jahre auf der Nordhalbkugel die wärmsten der letzten 1 000 Jahre. Und niemals ging es so schnell mit der Temperatur nach oben.

SPIEGEL: Warum sind Sie so sicher, dass es dafür keine natürliche Erklärung gibt?

Latif: Klimaschwankungen können verschiedenste Gründe haben: Vulkanausbrüche, zyklische Schwankungen der Sonnenaktivität oder eben die vom Menschen in die Luft geblasenen Treibhausgase. [...] Nie zuvor in der Menschheitsgeschichte ist ein Klimawandel so schnell vorangeschritten wie in den letzten 100 Jahren.

SPIEGEL: Herr Miller, ist Ihnen all das nicht Beweis genug?

Miller: Nein. Es mag ja stimmen, dass die Zu- und Abnahme der Sonneneinstrahlung nicht mehr ausreicht, um die Erwärmung zu erklären, die wir gegenwärtig beobachten. Aber wer sagt uns denn, dass nur der Mensch als Übeltäter infrage kommt? Auch in den letzten 10 000 Jahren gab es zyklisch wiederkehrende Klimaschwankungen, die wir bis heute nicht recht erklären können. Anhand von Bohrkernen aus dem Grönlandeis versuche ich mit meinem Team, die Klimageschichte zu rekonstruieren. Dabei fanden wir heraus, dass es einen 900-jährigen Zyklus mit kühleren und wärmeren Phasen gibt. So konnten die Wikinger um 1000 nach Christus ganz gemütlich auf Grönland leben – doch einen von Kraftwerken und Autos verursachten Treibhauseffekt gab es damals bekanntlich noch nicht. Genauso eine Warmzeit erleben wir jetzt wieder. Der derzeitige rasche Temperaturanstieg könnte deshalb – mindestens teilweise – auf noch unbekannte Ursachen zurückzuführen sein.

Aus: Der Spiegel Nr. 34 vom 19.8.2002, S. 48–50 (Auszüge)

1 Erläutern Sie in eigenen Worten, wie es zum Treibhauseffekt kommt.

2 Erarbeiten Sie anhand der Materialien der vorangehenden Seiten und zusätzlicher Quellen eine Präsentation zum Thema „Menschlich verursachter Klimawandel?“.

3 Legen Sie stichwortartig dar, warum insbesondere die USA und andere Industrieländer einen so hohen CO_2-Ausstoß produzieren.

4 Welche Ursachen für die Erwärmung der Erdatmosphäre betonen die beiden Klimaforscher? (M 5) Welche Konsequenzen könnten aus den jeweiligen Positionen gezogen werden?

Präsentieren

Nach einer Gruppenarbeit, nach der Lektüre von Texten und zu verschiedenen anderen Gelegenheiten müssen wir Ergebnisse präsentieren, also einem – mehr oder weniger interessierten – Publikum darbieten.

Jede Präsentation muss vorbereitet werden. Die Vorbereitung bezieht sich auf
- das Thema,
- das Ziel,
- die Zielgruppe,
- den Inhalt,
- den Ablauf und
- die Organisation der Präsentation.

Das Thema der Präsentation sollte man sich immer klarmachen. Das Ziel der Präsentation kann darin bestehen, die Zielgruppe zu informieren, aber auch darin, die Zielgruppe von erarbeiteten Positionen zu überzeugen usw. Die Inhalte der Präsentation werden danach ausgesucht, ob sie wirklich dem Ziel dienen: Was z. B. dem Ziel des Informierens nicht dient, nicht informativ ist, wird weggelassen. Was im zweiten Fall nicht dazu dient, die Zuhörerschaft zu überzeugen, sie nur verwirrt oder ein Argument für die Gegenseite ist, hat in einer Präsentation mit dieser Zielsetzung nichts zu suchen.

Die Zielgruppe der Präsentation ist in der Schule in der Regel der Kurs oder die Klasse. Diese Zielgruppe wird in der Regel erwarten, dass sie über einen neuen Aspekt des Themas informiert wird, aber auch ein wenig unterhalten wird. Darauf sollte man sich einstellen.

Die inhaltliche Vorbereitung der Präsentation besteht darin, den Stoff zu sammeln, ihn auf das Wesentliche zu reduzieren und sich Darstellungsformen für die Präsentation zu überlegen.
Dabei sollte man sich fragen:
- Was ist für die Klasse oder den Kurs wirklich aussagekräftig? (Was andere nicht verstehen können, das sagt ihnen auch nichts!)
- Was ist wirklich wichtig? (In Nebensächlichkeiten sollte man sich nicht verlieren, das kostet nur Zeit und verwirrt!)

Der Ablauf der Präsentation sollte immer in einem Dreischritt bestehen, so kurz die Präsentation auch sein mag: Eröffnung, Hauptteil und Schluss.
In der Eröffnung werden Thema und Ziel genannt sowie der „Fahrplan" der Präsentation. Die Eröffnung dient dazu, Aufmerksamkeit und Interesse für das Thema zu erzeugen. Deshalb halten viele die Eröffnung für das Wichtigste an der Präsentation. Dazu einige Tipps:
- Man sollte Fragen stellen, weil diese die Zuhörerschaft direkt ansprechen.
- Man sollte, wenn möglich, zeigen, was das Thema mit den Zuhörerinnen und Zuhörern zu tun hat bzw. welchen Nutzen es für sie haben kann, sich dem Thema zu widmen.
- Man kann (scheinbar) gewagte, paradoxe oder kuriose Thesen an den Anfang stellen, die sich dann im Weiteren auflösen.

Im Hauptteil werden die eigentlichen Informationen übergebracht. Man sollte den Hauptteil gliedern. In der Regel empfiehlt es sich, zu steigern und das Wichtigste für das Ende des Hauptteils aufzusparen, damit die Aufmerksamkeit erhalten bleibt. Zu demselben Ziel sollte man Mittel der Visualisierung einsetzen. Einige Tipps zum Hauptteil:
- Immer frei sprechen, nicht ablesen. Die Unterstützung durch einen „Spickzettel" ist erlaubt.
- Kurze und verständliche Sätze bilden.
- Auf die vorbereitete Visualisierung eingehen: zeigen usw.
- Immer die Aufmerksamkeit der Zuhörer/-innen zu erringen oder wiederzugewinnen suchen.

Der Schluss muss das Ziel der Präsentation noch einmal auf den Punkt bringen. Bei einer rein informativen Präsentation kann das eine Zusammenfassung der wichtigsten Ergebnisse sein. Ist das Ziel Überzeugung, so muss am Schluss ein deutlicher Appell stehen, was die Zuhörerschaft nun tun soll.

2 Wirtschaftswachstum und Ökologie

2.1 Freie und soziale Marktwirtschaft

Anthropogene Veränderungen der natürlichen Umwelt gibt es seit Menschengedenken. Allerdings haben diese Eingriffe in die natürliche Umwelt seit der Industrialisierung zugenommen und - wie im vorangegangenen Kapitel dargestellt - teilweise dramatische Ausmaße angenommen.

Umweltveränderungen sind nicht unbedingt Folge einer bestimmten Wirtschaftsordnung, allerdings gibt es spezifische Zusammenhänge zwischen marktwirtschaftlichen Systemen, dem Wirtschaftswachstum und Umweltveränderungen. Im Folgenden werden zunächst wichtige Grundfunktionen einer marktwirtschaftlichen Ordnung dargestellt. Traditionell wird wirtschaftliches Wachstum als notwendige, wenn nicht gar hinreichende Bedingung steigenden gesellschaftlichen Wohlstands gesehen. Es ist allerdings zu fragen, ob bei der Berechnung dieses Wachstums, in der Sozialproduktsrechnung bzw. der volkswirtschaftlichen Gesamtrechnung, weitreichende ökologische Problemstellungen angemessen berücksichtigt werden.

- Werden in der Messung wirtschaftlichen Wachstums ökologische Folgeschäden und damit gesellschaftlicher Schaden systematisch übersehen?

In den weiteren Unterkapiteln wird untersucht, welche Rolle der Staat, die Europäische Union sowie internationale Organisationen spielen können (oder sollten), um negativen Folgen ungesteuerter Umweltveränderungen entgegenzuwirken.

MATERIAL 1 Eigeninteresse und Marktgeschehen

Adam Smith (1723-1790) über den Wohlstand der Nationen

Der Einzelne ist stets darauf bedacht, herauszufinden, wo er sein Kapital, über das er verfügen kann, so vorteilhaft wie nur irgend möglich einsetzen kann. Und tatsächlich hat er dabei den eigenen Vorteil im Auge und nicht etwa den der Volkswirtschaft. Aber gerade das Streben nach seinem eigenen Vorteil ist es, das ihn ganz von selbst oder vielmehr notwendigerweise dazu führt, sein Kapital dort einzusetzen, wo es auch dem ganzen Land den größten Nutzen bringt. Erstens ist ein jeder bestrebt, viel von seinem Kapital möglichst in der nächsten Umgebung und folglich zur Unterstützung des einheimischen Gewerbes zu investieren, natürlich immer vorausgesetzt, er kann damit die übliche Kapitalverzinsung, zumindest nicht sehr viel weniger als diese, erzielen. [...]
Zweitens wird jeder, der sein Kapital zur Unterstützung der eigenen Volkswirtschaft investiert, notwendigerweise bestrebt sein, die wirtschaftliche Aktivität so zu lenken, dass ihr Ertrag den größtmöglichen Wert erzielen kann. [...]
Nun ist aber das Volkseinkommen eines Landes immer genauso groß wie der Tauschwert des gesamten Jahresertrags oder, besser, es ist genau dasselbe, nur anders ausgedrückt. Wenn daher jeder Einzelne so viel wie nur möglich danach trachtet, sein Kapital zur Unterstützung der einheimischen Erwerbstätigkeit einzusetzen und dadurch diese so lenkt, dass ihr Ertrag den höchsten Wertzuwachs erwarten lässt, dann bemüht sich auch jeder Einzelne ganz zwangsläufig, dass das Volkseinkommen im Jahr so groß wie möglich werden wird. Tatsächlich fördert er in der Regel nicht bewusst das Allgemeinwohl, noch weiß er, wie hoch der eigene Beitrag ist. Wenn er es vorzieht, die nationale Wirtschaft anstatt die ausländische zu unterstützen, denkt er eigentlich nur an die eigene Sicherheit, und wenn er dadurch die Erwerbstätigkeit so fördert, dass ihr Ertrag den höchsten Wert erzielen kann, strebt er ledig-

lich nach eigenem Gewinn. Und er wird in diesem wie auch in vielen anderen Fällen von einer unsichtbaren Hand geleitet, um einen Zweck zu fördern, den zu erfüllen er in keiner Weise beabsichtigt hat. Auch für das Land selbst ist es keineswegs immer das Schlechteste, dass der Einzelne ein solches Ziel nicht bewusst anstrebt, ja, gerade dadurch, dass er das eigene Interesse verfolgt, fördert er häufig das der Gesellschaft nachhaltiger, als wenn er wirklich beabsichtigt, es zu tun. Alle, die jemals vorgaben, ihre Geschäfte dienten dem Wohl der Allgemeinheit, haben meines Wissens niemals etwas Gutes getan. Und tatsächlich ist es lediglich eine Heuchelei, die unter Kaufleuten nicht weit verbreitet ist, und es genügen schon wenige Worte, um sie davon abzubringen. [...]

Gibt man daher alle Systeme der Begünstigung und Beschränkung auf, so stellt sich ganz von selbst das einsichtige und einfache System der natürlichen Freiheit her. Solange der Einzelne nicht die Gesetze verletzt, lässt man ihm völlige Freiheit, damit er das eigene Interesse auf seine Weise verfolgen kann und seinen Erwerbsfleiß und sein Kapital im Wettbewerb mit jedem anderen oder einem anderen Stand entwickeln oder einsetzen kann. Der Herrscher wird dadurch vollständig von einer Pflicht entbunden, bei deren Ausübung er stets unzähligen Täuschungen ausgesetzt sein muss, nämlich der Pflicht oder Aufgabe, den Erwerb privater Leute zu überwachen und ihn in Wirtschaftszweige zu lenken, die für das Land am nützlichsten sind. Im System der natürlichen Freiheit hat der Souverän lediglich drei Aufgaben zu erfüllen, die sicherlich von höchster Wichtigkeit sind, aber einfach und dem normalen Verstand zugänglich: Erstens die Pflicht, das Land gegen Gewalttätigkeit und Angriff anderer unabhängiger Staaten zu schützen, zweitens die Aufgabe, jedes Mitglied der Gesellschaft so weit wie möglich vor Ungerechtigkeit oder Unterdrückung durch einen Mitbürger in Schutz zu nehmen oder ein zuverlässiges Justizwesen einzurichten, und drittens die Pflicht, bestimmte öffentliche Anstalten und Einrichtungen zu gründen und zu unterhalten, die ein Einzelner oder eine kleine Gruppe aus eigenem Interesse nicht betreiben kann, weil der Gewinn ihre Kosten niemals decken könnte, obwohl er häufig höher sein mag als die Kosten für das ganze Gemeinwesen.

Adam Smith

Aus: Adam Smith, Der Wohlstand der Nationen. Eine Untersuchung seiner Natur und seiner Ursachen. Aus dem Engl. übertragen von H. C. Recktenwald, München 1978, S. 369–71, S. 582

1 Erläutern Sie die These von Adam Smith, dass eigennütziges ökonomisches Handeln auch der Allgemeinheit diene, und beurteilen Sie sie.

2 Erläutern Sie an konkreten Beispielen, warum die Freie Marktwirtschaft zur Sozialen Marktwirtschaft weiter entwickelt wurde (M 2, M 3). Gehen Sie dabei auch auf widersprüchliche Interessen ein.

VERWEIS

s. S. 155
neoklassische Arbeitsmarkttheorie

s. S. 420
klassische Außenhandelstheorie

MATERIAL 2

Was heißt Marktwirtschaft?

Als Marktwirtschaft wird die Wirtschaftsordnung verstanden, in die Steuerung von Art und Umfang der Produktion (Güter und Dienstleistungen) sowie die Verteilung der Produkte über den Markt erfolgt. Die Preisbildung für die Produkte wird, auf der Grundlage der Produktionskosten, durch das Angebot und die Nachfrage gesteuert. Knappe Güter erzielen demzufolge einen höheren Preis als Güter, die im Überfluss vorhanden sind. Auch Anbieter von Arbeitskraft, die über hohe Qualifikationen verfügen, können einen höheren Lohn verlangen als angelernte Hilfskräfte. Zwischen den Warenanbietern herrscht Konkurrenz; das Interesse, eingesetztes Kapital zu vermehren, führt über den Versuch, die Konkurrenten zu unterbieten, tendenziell zu Produktivitätssteigerung, höherer Effektivität und Ausweitung der Produktion. Konkurrenten, die nicht in der Lage sind, in diesem Prozess mitzuhalten, werden aus dem Markt gedrängt.

Marktwirtschaft – den Mangel überwunden?

Voraussetzung einer Marktwirtschaft sind Rechtsgarantie durch den Staat, das Privateigentum an Produktionsmitteln, Gewerbe- und Vertragsfreiheit, die freie Berufswahl und die freie Wahl des Arbeitsplatzes. Eine so verstandene Marktwirtschaft setzte sich endgültig im Übergang vom Feudalismus zum Kapitalismus durch, als die Leibeigenschaft und die Zünfte abgeschafft wurden. Die Theoretiker des marktwirtschaftlichen Modells waren der Überzeugung, dass das auf den persönlichen Vorteil gerichtete ökonomische Handeln des Einzelnen in einer vollständigen Wettbewerbssituation (freie Konkurrenz) zugleich zum Wohlstand für die gesamte Gesellschaft führt (Adam Smith u. a.).
Die freie Marktwirtschaft in diesem Sinne existiert indes nur als Modell, denn die Funktionsmechanismen der Marktwirtschaft drängten bereits in ihrer Entstehungsphase zu ihrer Regulierung. Z. B. versuchten bald mächtige Interessengruppen, die Wettbewerbsordnung zu beeinträchtigen (Monopole, Kartelle). Zugleich zeigte die historische Entwicklung, dass elementare Grundbedürfnisse benachteiligter sozialer Gruppen durch die freie Marktwirtschaft nicht befriedigt werden konnten. Bereits im 19. Jahrhundert erließ der Staat Verbote für Kinderarbeit und legte Rechte für soziale Gruppen fest, die ihre Interessen nicht auf dem Arbeitsmarkt durchsetzen konnten; am bekanntesten ist in diesem Zusammenhang die Sozialgesetzgebung im deutschen Kaiserreich (Renten-, Kranken, Unfall- und Arbeitsschutzgesetzgebung), die in der Weimarer Republik noch stärker ausgebaut wurden.
Das Modell der sozialen Marktwirtschaft lag dem Wiederaufbau der Bundesrepublik Deutschland als Ordnungsprinzip zugrunde. Der Staat sollte sozial unerwünschte Ergebnisse der Marktwirtschaft, insbesondere für Personengruppen, die nur eine geringe Marktmacht haben, korrigieren. Zugleich sollte der Staat den freien Wettbewerb gegen seine Gefährdung durch Kartelle und Monopole schützen, die Einkommens- und Vermögensverteilung beeinflussen, benachteiligte Gruppen durch Bildungs- und Sozialpolitik fördern sowie die Konjunkturentwicklung durch eine vorausschauende Konjunkturpolitik steuern.
In den letzten Jahrzehnten wurde dabei auch deutlich, dass das ungehemmte Wirtschaftswachstum prekäre Folgen für die Umwelt hat, zumal „öffentliche Güter" (wie z. B. Luft, Wasser, Lärm etc.) noch keinen Preis hatten. Daher interveniert zunehmend die Politik, um ökologischen Belangen Rechnung zu tragen.

Autorentext

MATERIAL 3

Freie Marktwirtschaft	Soziale Marktwirtschaft
Der Staat greift überhaupt nicht in das Wirtschaftsgeschehen ein. Er hat lediglich Überwachungsfunktionen (Nachtwächterstaat).	Der Staat greift in das Wirtschaftsgeschehen ein, um den Wohlstand und die soziale Sicherheit breiter Schichten zu gewährleisten (Sozialstaat).
Die Entscheidung darüber, was und wie viel produziert wird, liegt ausschließlich bei den Unternehmen (Produktionsfreiheit, Gewerbe-freiheit).	Grundsätzlich besteht Gewerbefreiheit, nicht jedoch für Gewerbezweige, die die Gesundheit oder die Sicherheit der Bevölkerung gefährden können.
Die Entscheidung darüber, was und wie viel gekauft wird, liegt ausschließlich bei den Konsumenten (Konsumfreiheit).	Grundsätzlich besteht Konsumfreiheit, nicht jedoch bei gesundheitsgefährdenden Konsumgütern (z. B. Rauschgiften).
Es bleibt den Unternehmen und Haushalten überlassen, ob und wie viel sie importieren und exportieren wollen (uneingeschränkter Freihandel).	Grundsätzlich besteht Freihandel und freie Austauschbarkeit der Währungen. Eingriffe in den Außenhandel sind aus konjunkturpolitischen oder anderen Gründen erlaubt und erwünscht (z. B. Freigabe der Wechselkurse, Verbot des Waffenhandels mit kriegsgefährdeten Gebieten usw.).
Die Ausgestaltung der Verträge (Kauf-, Miet-, Pacht-, Kartellverträge usw.) wird den Vertragsparteien überlassen (Vertragsfreiheit).	Eingeschränkte Vertragsfreiheit durch Verbot des Wuchers, der Ausnutzung der Notlage eines anderen, Kartellgesetzgebung, Missbrauchsaufsicht, Fusionskontrolle usw.
Das Privateigentum an den Produktionsmitteln ist gewährleistet.	Grundsätzlich steht das Eigentum unter dem Schutz des Staates. Staatseigentum an Produktionsmitteln ist möglich oder erwünscht (z. B. um Arbeitsplätze zu sichern).
Freie Berufswahl, Arbeitsplatzwahl und Freizügigkeit müssen garantiert sein.	Grundsätzlich bestehen freie Berufswahl, Arbeitsplatzwahl und Freizügigkeit. Um Fehlentwicklungen auf dem Arbeitsmarkt abzuschwächen, sind staatliche indirekte Lenkungsmaßnahmen erwünscht (Stellenvermittlung durch Arbeitsämter, Berufsberatung, Bildungspolitik).
Die Verteilung des Nationaleinkommens ist das Ergebnis der Marktprozesse.	Der Staat nimmt eine Einkommensumverteilung mit dem Ziel einer „gerechteren Einkommensverteilung“ vor, u. a. durch prozentual höhere Versteuerung der mittleren und höheren Einkommen, Wohngeld für niedrige Einkommensschichten, Arbeitslosenunterstützung und/oder -fürsorge.
Bildung ist Privatsache.	Bildung ist grundsätzlich die Aufgabe des Staates. Jeder soll gemäß seinen Fähigkeiten und Neigungen die gleichen Bildungschancen haben („Chancengleichheit“). Der Staat stellt die Mittel für die Bildungseinrichtungen zur Verfügung. Die sozial Schwachen erhalten Beihilfen.

Aus: Gernot B. Hartmann, Volks- und Weltwirtschaft, 16. Auflage, Rinteln 1994, S. 170 f.

2.2 Preisbildung und Wachstum in der Marktwirtschaft

Der ökonomische Wettbewerb gilt als Basis der marktwirtschaftlichen Ordnung. Er dient als zentraler Selbststeuerungsmechanismus der Wirtschaft, indem er dafür sorgen soll, dass das Streben der Wirtschaftsakteure nach ihrem eigenen Vorteil so zugleich der optimalen Güterversorgung aller Nachfrager dient, dass Eigeninteresse und Allgemeininteresse ohne staatlichen Zwang miteinander verbunden werden.

MATERIAL 1

Funktionen des Wettbewerbs

Wettbewerb soll eine optimale Marktversorgung sicherstellen. Dies geschieht dadurch, dass Unternehmen, die am Markt bestehen wollen, erstens ein Angebot bereitstellen, das den Konsumentenpräferenzen entspricht *(Steuerungsfunktion)*, zweitens solche Produktionsverfahren anwenden, die eine bestmögliche Ausnutzung der Produktionsfaktoren ermöglichen *(Allokationsfunktion)*, drittens technische Fortschritte fördern und realisieren und damit kostengünstigere Produktionsmethoden ermöglichen sowie neue oder verbesserte Produkte hervorbringen *(Innovationsfunktion)* und viertens mit laufenden flexiblen Anpassungen ihrer Produktionsprogramme, -verfahren und -kapazitäten auf sich in einer wachsenden Wirtschaft ständig ändernde Daten schnell reagieren *(Anpassungsfunktion)*. Auf den Faktormärkten (z.B. Arbeitsmarkt) soll Wettbewerb eine leistungsgerechte Einkommensverteilung gewährleisten *(Verteilungsfunktion)*.

Wettbewerbsfunktionen

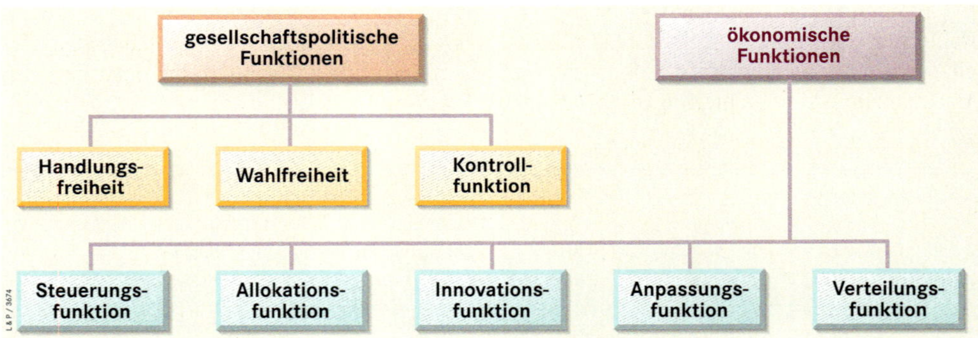

Aus: Wie funktioniert das?, Mannheim 1999, S. 74

MATERIAL 2

Preisbildung und Preismechanismus im Modell

Wer im Leistungswettbewerb mit anderen Unternehmen mit minimalen Kosten produktiv arbeitet, die Preissignale auf den Beschaffungs- und Absatzmärkten richtig beobachtet und seine Produkte zur rechten Zeit, am rechten Ort in der gewünschten Menge und Qualität preisgünstig anbietet, macht bei gutem Absatz hohe Leistungsgewinne. Sie sind als Prämie für gute Versorgung der Verbraucherschaft (Bedarfsdeckungsaufgabe) gesamtwirtschaftlich gerechtfertigt, aber nicht von Dauer, wenn ihre Voraussetzungen nicht durch fortgesetzte Leistungsbereitschaft erhalten bleiben.

Das Verlaufsschema des marktwirtschaftlichen Prozesses macht die modellmäßige Funktionsweise deutlich:

Untersucht wird der Markt für ein bestimmtes Gut, auf dem zu Beginn der Betrachtung ein Marktungleichgewicht besteht (N > A). Ohne staatliche Anordnung zur Ausweitung der Produktion erhöhen die Unternehmer ihr Angebot aus eigenem Antrieb, weil sie die Unterversorgung des Marktes und damit ihre Gewinnchance erkennen. Aufgrund des knappen Angebots können sie die Preise erhöhen. Damit entsteht für die Nachfrager eine ungünstigere Situation. Nur weiterhin kaufkräftige Nachfrager können sich das verteuerte Gut noch leisten, andere müssen verzichten (Auslesefunktion des Preises). Aber der veränderte Preis ist als Knappheitsmesser zugleich das Signal für eine lohnende Produktionsausweitung (Anreizfunktion des Preises). Im Leistungswettbewerb zwischen vielen kleinen Unternehmen (Marktform der vollständigen Konkurrenz) steigt das Marktangebot. Bei gleichzeitig sinkender Marktnachfrage entsteht eine Tendenz zum Ausgleich von Angebot und Nachfrage (Ausgleichsfunktion des Preises).
Wird das Gleichgewicht von Angebot und Nachfrage (N = QA) erreicht, (kommen die) [...] Pläne der Anbieter (Unternehmen) und Nachfrager (Verbraucher) damit zum Ausgleich (Gleichgewichtspreis). Die erzielten Marktgewinne können bei den Unternehmen die Tendenz zur fortgesetzten Ausweitung des Angebots verstärken. Die einzelnen Unternehmen kennen die Planungen ihrer Konkurrenten nicht. Sie können den Umfang der Mehrnachfrage (N > A) und die voraussichtliche Angebotssteigerung nur schätzen. Viele Unternehmer dehnen ihr Güterangebot in Überschätzung der Nachfragesteigerung zu stark aus und geraten dadurch in Absatzschwierigkeiten. Wer die Gewinnchance wahrnimmt, trägt auch das Risiko der Fehlanpassung.
Aber der Preismechanismus beweist seine Selbststeuerungskraft. Das Überangebot (N < A) drückt auf den Preis. Wer nicht auf der Ware sitzen bleiben will, muss versuchen, durch Preisnachlässe Käufer anzulocken. Dadurch steigt die Kaufkraft der Verbraucher und Verbraucherinnen; sie haben die Möglichkeit, ihre Nachfrage zu steigern. Unter den Unternehmen wird der Wettbewerb um Preis und Absatz schärfer. Sie sind zur Kostensenkung gezwungen. Nur wer kostensparende Rationalisierungsinvestitionen (leistungsfähigere Maschinen, die Arbeitskräfte und Material einsparen) durchführt, kann ohne Verluste noch anbieten (Rationalisierungsfunktion). Weniger leistungsfähige Anbieter scheiden auf kurz oder lang aus (Auslesefunktion).

Aus: Helmut Keim/Heiko Steffens, Wirtschaft in Deutschland, Köln 2000, S. 10 f.

1 Erläutern Sie die zentrale Bedeutung des Wettbewerbprinzips für die Marktwirtschaft und verdeutlichen Sie die einzelnen Funktionen des Wettbewerbs durch konkrete Beispiele (M 1).

2 Erklären Sie anhand von M 2 den Einfluss von Angebot und Nachfrage auf die Preisentwicklung und die Rolle des Preises für das Marktangebot. Verdeutlichen Sie Ihre Ergebnisse an einem für Sie wichtigen Produkt (z. B. Handy, Spielekonsolen, CD).

3 Die angeführten Materialien fassen das Marktgeschehen idealtypisch bzw. modellhaft. Überlegen Sie, welche Grundannahmen diesem Modell zugrunde liegen. Prüfen Sie, ob diese in der Marktwirklichkeit gegeben sind, und diskutieren Sie, ob das idealtypische Modell die wirtschaftliche Realität abbildet.

VERWEIS

s. S. 136 ff.
Wettbewerb und Konzentration

MATERIAL 3

Das Bruttosozialprodukt

Das Ziel eines angemessenen Wirtschaftswachstums bezieht sich auf die Zuwachsrate der Gesamtproduktion eines Landes während eines Jahres. Man spricht dabei von der Zuwachsrate des realen Bruttosozialprodukts.

Wir wollen das Stichwort reales Bruttosozialprodukt mithilfe einiger Beispiele verdeutlichen. In einem Land, wie z. B. der Bundesrepublik Deutschland, werden jährlich etliche Waren hergestellt und unzählige Dienstleistungen bereitgestellt. Das alles, was wir zusammen als Gesamtproduktion eines Jahres in einem Land bezeichnen könnten, entspricht sehr grob dem Sozialprodukt. Nur müssen wir einiges berücksichtigen, bevor wir vom Bruttosozialprodukt sprechen können. Nehmen wir z. B. an, dass im vergangenen Jahr in der Bundesrepublik insgesamt eine Million Schuhe hergestellt worden sind. Diese Zahl allein zu nennen ist höchst unbefriedigend: Man würde etwa nach der Qualität fragen wollen, danach, ob es sich um einfache oder Luxusschuhe gehandelt hat. Leider können wir das nicht mit einer einzigen Angabe erfassen, sodass uns nichts anderes übrig bleibt, als die Schuhproduktion mithilfe der jeweiligen Marktpreise zu bewerten. Wir sagen dann: Es wurden Schuhe im Werte von fünfzig Millionen Euro hergestellt. Dasselbe können wir mit dem Brot, mit der Margarine machen sowie mit den Reparaturen und Haarschnitten: Alles wird mit dem jeweiligen realisierbaren Preis multipliziert. So erhalten wir ein Bild über die Gesamtproduktion des Landes. Es handelt sich aber dabei noch nicht um das Bruttosozialprodukt; um es zu ermitteln, müssen wir noch einige Kleinigkeiten berücksichtigen. Um Schuhe herzustellen, brauchen wir beispielsweise Leder, Stoff, Garn, vielleicht Holzabsätze und Schnürsenkel. Das heißt aber, dass der Schuhproduktion die Produktion all dieser Vorprodukte vorangegangen ist. Wollen wir die Gesamtproduktion eines Landes in einem Jahr erfassen, d. h., wollen wir das Sozialprodukt ermitteln, so dürfen wir keine Doppelzählung vornehmen. Und genau das geschähe, wenn wir zunächst z. B. das Schuhleder zu einem bestimmten Preis bewerteten und erfassten, den Stoff und die Schnürsenkel; und wenn wir anschließend die fertigen Schuhe, in denen das Leder und die Schnürsenkel enthalten sind, ebenfalls zu ihrem Preis bewertet, mit erfassten. Deshalb muss man die Vorleistungen abziehen, bevor man die bewertete Produktion als Teil des Sozialproduktes zählt: Bei den Schuhen im Werte von 60 Euro z. B. das Leder für 8 Euro, die Absätze für 0,75 Euro usw. Übrig bleibt der Wert, der in der Schuhproduktion entstanden ist. Natürlich werden wir bei der Lederproduktion den Wert des Leders, bei der Stoffproduktion den Wert des Stoffes und so fort zuvor erfasst haben. Diese mit Preisen bewertete Produktion ohne Doppelzählungen (d. h. unter Abzug der jeweiligen Vorleistungen) nennen wir Bruttoinlandsprodukt zu Marktpreisen, genauer: zu laufenden oder jeweiligen Marktpreisen.

Bruttoinlandsprodukt ist also der in Preisen ausgedrückte Wert aller Güter und Dienstleistungen, die in einem bestimmten Land während eines Jahres hergestellt oder bereitgestellt worden sind. Zählt man die Erwerbs- und Vermögenseinkommen hinzu, die Inländer aus dem Ausland beziehen, und zieht man die entsprechenden Beträge der Ausländer ab, die im Inland erzielt wurden, so erhält man das Bruttoinländerprodukt, bekannter als Bruttosozialprodukt. Inländer und Ausländer meint hier: wohnhaft bzw. angesiedelt im Inland bzw. im Ausland.

Es ist nun zu beachten, dass die laufenden Preise die Bewertung erschweren, weil sie sich ständig verändern (Inflation) […]. Schaltet man bei der Berechnung nun die Preisänderung aus, so spricht man vom realen Bruttosozialprodukt, weil – scheinbare – Änderungen dabei ausgeschlossen bleiben, die nicht auf ein Mehr an Gütern und Dienstleistungen, sondern lediglich auf eine Aufblähung infolge von Preiserhöhungen zurückzuführen sind. Eine letzte Bemerkung: Vom Bruttosozialprodukt sprechen wir, weil die Abschreibungen, d. h. die Absetzung für die Abnutzung von Anlagen, Maschinen und Werkzeugen, noch darin enthalten sind. Werden sie abgezogen, so erhalten wir das Nettosozialprodukt.

Nach: Gilberto Granados, Erik Gurgsdies, Ökonomie. Lern- und Arbeitsbuch, Bonn 1999, S. 5 – 7

MATERIAL 4

„...Wer soll denn sonst jetzt vor der Tür stehen!?"

Die Bedeutung der Volkswirtschaftlichen Gesamtrechnung

MATERIAL 5

Volkswirtschaftliche Gesamtrechnungen (VGR) sind die Zusammenfassung mehrerer Strom- und Bestandsrechnungen, die das wirtschaftliche Geschehen in einer abgelaufenen Periode darstellen. Die VGR bestehen aus der Inlandsproduktsberechnung, der Input-Output-Rechnung, der Finanzierungs-, der Arbeitsvolumen- und der Vermögensrechnung. [...] In etwa fünf- bis zehnjährigen Abständen findet eine grundlegende Überarbeitung (Revision) der Ergebnisse und Methoden der VGR statt. Die nächste umfassende Revision der VGR ist die Revision 2005.

Die Inlandsproduktsberechnung ist eine zahlenmäßige Darstellung des wirtschaftlichen Geschehens in einem abgelaufenen Zeitraum. Die ermittelten Größen – allen voran das Bruttoinlandsprodukt – sind wichtige Daten für die Beurteilung und Gestaltung der Wirtschaftspolitik. Im Jahr 2003 lag das Bruttoinlandsprodukt in jeweiligen Preisen bei 2 129,20 Mrd. EUR, preisbereinigt hat es um 0,1% gegenüber 2002 abgenommen. Das Bruttonationaleinkommen (früher Bruttosozialprodukt) belief sich 2003 in jeweiligen Preisen auf 2 118,15 Mrd. EUR. Seit 1988 wird das Bruttosozialprodukt als Bemessungsgrundlage für die EU-Eigenmittel herangezogen. [...]

In der Input-Output-Rechnung werden ebenso wie in der Inlandsproduktsberechnung die Produktion von Waren und Dienstleistungen und ihre Verwendung sowie die im Produktionsprozess entstandenen Einkommen dargestellt. Während die Inlandsproduktsberechnung vor allem auf die Darstellung von Marktvorgängen ausgerichtet ist, zielt die Input-Output-Rechnung auf einen detaillierten Nachweis der güter- und produktionsmäßigen Verflechtungen zwischen den Bereichen der Volkswirtschaft und mit der übrigen Welt ab. Die Darstellungseinheiten in den Input-Output-Tabellen werden nach produktionsrelevanten Merkmalen abgegrenzt. Einen Übergang von den Ergebnissen der Inlandsproduktsberechnung zu Ergebnissen der Input-Output-Rechnung und umgekehrt ermöglichen die Aufkommens- und Verwendungstabellen. Wichtige Verwendungszwecke der Input-Output-Rechnung sind die Erforschung des Strukturwandels.

Das eigenständige deutsche System Volkswirtschaftlicher Gesamtrechnungen, dessen Grundlagen im Wesentlichen 1960 entwickelt wurden und das sich an den Empfehlungen der bisherigen Fassungen des Europäischen Systems Volkswirtschaftlicher Gesamtrechnungen (ESVG) orientierte, wurde im April 1999 mit dem Übergang auf das für alle Mitgliedstaaten der Europäischen Union verbindliche Europäische System Volkswirtschaftlicher Gesamtrechnungen (ESVG) 1995 aufgegeben. Dies spiegelt die allgemeine Tendenz zum Übergang auf europäische Regelungen wider, die auch die amtliche Statistik nicht ausspart.

www.destatis.de/basis/d/vgr/vgrtxt.htm (2004)

MATERIAL 6

Zur ökologischen Problematik der Volkswirtschaftlichen Gesamtrechnung

Unsere Volkswirtschaftliche Gesamtrechnung ist so entworfen, dass sie die Kosten des Wachstums nicht wiedergeben kann, außer sie würde absurderweise Folgeausgaben zum Schutz vor den Folgen des Wachstums als weiteres Wachstum zählen. Es ist inzwischen allgemein üblich, darauf hinzuweisen, dass das Bruttosozialprodukt nichts darüber aussagt, ob wir vom Einkommen oder vom Vermögensbestand leben, von den Zinsen oder vom Kapital. Der Abbau der fossilen Brennstoffe, der Minerale, Wälder und Böden stellt Verbrauch von Kapital dar, jedoch wird ein solcher, langfristig nicht aufrechtzuerhaltender Verbrauch im Bruttosozialprodukt nicht anders behandelt als nachhaltige Ertragsproduktion (wirkliches Einkommen). Wir bauen jedoch nicht nur positives Kapital ab (Reichtum), wir häufen auch negatives Kapital in Form von Giftmülldeponien und Atommüllendlagerstätten an. So unbekümmert von „Wirtschaftswachstum" zu sprechen, wann immer wir produzierte Güter anhäufen, während zugleich der Reichtum der Natur geschmälert wird und menschlich produzierte Übel anwachsen, lässt zumindest auf ein enormes Vorurteil bezüglich der relativen Größe dieser Veränderungen schließen. Ein solches Vorgehen ist nur sinnvoll, wenn man von der Annahme unbeschränkter Aufnahmekapazitäten und Rohstoffquellen in der Umwelt ausgeht.

Ein weiteres Problem der Volkswirtschaftlichen Gesamtrechnung liegt darin, dass sie die „informelle" Wirtschaft (Schattenwirtschaft, „Schwarzarbeit" etc.) nicht erfasst. Schätzungen über das Ausmaß der Schattenwirtschaft in den USA ergaben einen Anteil von 4 bis 30 Prozent des Bruttosozialprodukts, je nach Schätzmethode. [...]

Das Bruttosozialprodukt ist ein Indikator für Durchlaufmengen, nicht für Wohlfahrt. [...] Nationale politische Strategien zur Maximierung des Bruttosozialprodukts sind einfach nicht besonders schlau. In der Praxis können diese Bemühungen mit der Maximierung von Raubbau und Verschmutzung gleichgesetzt werden.

Nach: Gilberto Granados, Erik Gurgsdies, Ökonomie. Lern- und Arbeitsbuch, Bonn 1999, S. 5 – 7

MATERIAL 7

Wirtschaftswachstum – ein fataler Teufelskreis?

[Es ist festzustellen], dass ein exponentielles Wirtschaftswachstum praktisch nicht dauerhaft möglich ist, weil es im Prinzip unendlich wäre und notwendig irgendwann an die Grenzen unserer endlichen Welt stoßen würde. Die Endlichkeit des Erdballs und der uns umgebenden Natur würden spätestens dort spürbar werden, wo ihre Aufnahmekapazität für die Schadstoffe überschritten ist [...]. Ebenso kann die Regenerationskraft der Natur hinsichtlich der Bereitstellung erneuerbarer Ressourcen nicht als unendlich gedacht werden. Durch Steigerung der Effizienz dieser und der erschöpfbaren Ressourcen oder durch unerschöpfliche Substitute (wie die Sonnenenergie) könnte diese Grenze sicher hinausgeschoben werden, und das Potenzial umwelttechnischen Fortschritts ist in den letzten Jahrzehnten auch eher unterschätzt worden. Das ändert aber nichts daran, dass am Ende die Endlichkeit der Natur mit der Unendlichkeit exponentiellen Wirtschaftswachstums nicht zu vereinbaren ist. Der technische Fortschritt hat seit der industriellen Revolution zu einer enormen Steigerung der Arbeitsproduktivität geführt. Parallel dazu wird häufig angenommen, dass der umwelttechnische Fortschritt, verstanden im Sinne einer direkten oder indirekten Verminderung des Naturverbrauchs pro Produkteinheit, ebenso rasant gesteigert werden könne. Dabei wird aber übersehen, dass die Steigerung der Arbeitsproduktivität dadurch erreicht wurde, dass sich Arbeit durch Kapital und erhöhten Naturverbrauch immer stärker substituieren ließ. Man mag nun noch so große Hoffnungen

Ressourcenverbrauch im Dienste des Wachstums?

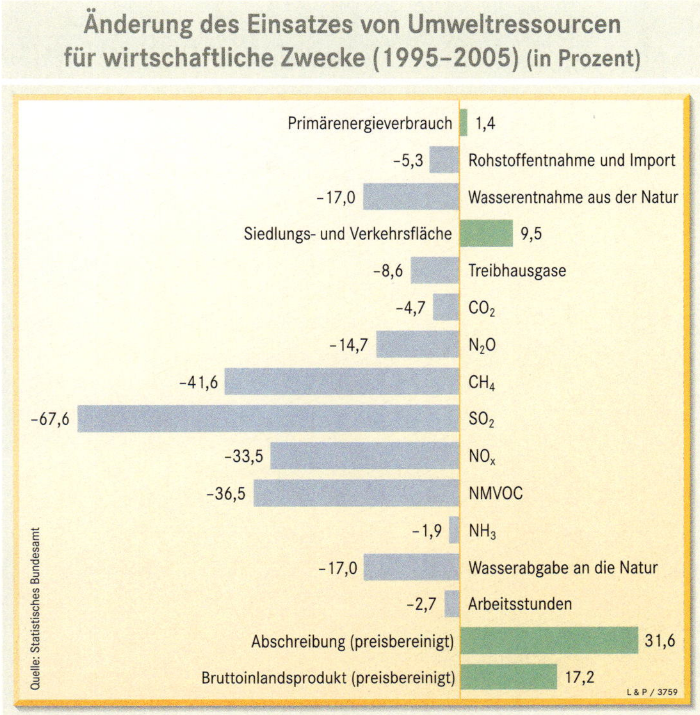

Verbrauch von Ressourcen für wirtschaftliche Zwecke

in die „Wissensrevolution“ und den Strukturwandel von der Industrie zum Dienstleistungssektor setzen: Die Vorstellung, dass andauerndes Wachstum des Sozialprodukts eines Tages mit einem Rückgang der materiellen Produktion Hand in Hand gehen könnte, ist nicht nachzuvollziehen und in schlechtem Sinne utopisch.

Eine jährliche Wachstumsrate von vier Prozent, wie sie in den 60er-Jahren in Europa noch allenthalben als dauerhaft möglich angesehen wurde, würde innerhalb von 60 Jahren zu einer Verzehnfachung der Produktion führen, eine Wachstumsrate von zwei Prozent immer noch zu mehr als einer Verdreifachung. Es ist auch bei großem Optimismus kaum vorstellbar, dass trotz allen umwelttechnischen Fortschritts Schadstoffbelastung und Ressourcenverbrauch bei einer solchen Steigerung der Produktion nicht an die von der Natur gesetzten Grenzen stoßen sollten. [...] Wachstum ist notwendig, weil nur Wachstum die Probleme lösen kann, die entstanden sind, weil Wachstum eingeplant worden ist. Wenn die Rechnung nicht aufgeht, ist die einzige Schlussfolgerung, dass das Bemühen um Wachstum noch mehr gesteigert werden muss, um das zwischenzeitlich verlorene Terrain zurückzugewinnen. [...]

Bei den in Westeuropa – im Weltmaßstab – hohen Löhnen (und Lohnnebenkosten) ist es nahezu unmöglich, Unternehmen zu finden, die auf angebotene, technisch mögliche Methoden und Investitionen zur Steigerung der Arbeitsproduktivität verzichtet hätten. So erscheint auch hier ein möglichst hohes Wirtschaftswachstum, dessen Rate der Steigerungsrate der Arbeitsproduktivität entspricht, als die scheinbar einzige Lösung für eine wirksame Bekämpfung der Arbeitslosigkeit.

Wenn das Bruttoinlandsprodukt eines Landes linear und nicht exponentiell ansteigt, führt das im Prinzip natürlich auch ins Unendliche und damit an die von der Natur gesetzten Grenzen, allerdings wesentlich langsamer und so, dass die Menschheit sich auf die Lösung der damit verbundenen Probleme wesentlich gründlicher vorbereiten kann. [...]

Aus: Urs Müller-Plantenberg: Wirtschaft im Teufelskreis. In: politische ökologie Nr. 66, 2000, S. 26–30.

MATERIAL 8 Die Preise müssen die Wahrheit sagen

Der Präsident des Instituts für Klima, Umwelt, Energie, Ernst Ulrich von Weizsäcker über die Externalisierung von Produktionskosten.

Der Markt wurde seit Adam Smith als Motor für mehr Wohlstand angesehen. Solange mehr Wohlstand unweigerlich mehr Umweltzerstörung bedeutete, konnte es für Umweltschützer so aussehen, als sei die Marktwirtschaft Hauptfeind der Umwelt und als könne nur der Staat die Umwelt vor dem Markt schützen. Diese früher häufig anzutreffende Auffassung verband sich oft mit Vorstellungen von scharfen und detaillierten Staatseingriffen zum Schutz der Umwelt.
Diese Vorstellungen sind obsolet. [...] Wir haben noch in keinem Land der Erde eine staatliche Detaillenkung erlebt, die wirklich zu einer umweltfreundlichen Wirtschaft geführt hätte. Außerdem ist zu erwarten, dass der optimale Mitteleinsatz für vorbeugenden und sanierenden Umweltschutz nicht durch Detailregelungen, sondern durch Rahmenregelungen erreicht wird.
In der Theorie wird dann das wirtschaftliche und ökologische Optimum erreicht, wenn die Preise die volle wirtschaftliche und ökologische Wahrheit sagen. Dann wird jeder Verbraucher und jeder Hersteller in Verfolgung seines eigenen Vorteils diejenigen Wahlentscheidungen treffen, die unter den gegebenen Umständen auch für die Umwelt das Erträglichste sind. [...] Die heutigen Preise sagen teilweise die ökonomische Wahrheit (von Verzerrungen durch Subventionen und wenige andere staatliche Eingriffe abgesehen). Von der ökologischen Wahrheit sind die Preise noch weit entfernt. Es gelingt den Verursachern von Umweltschäden weiterhin, einen erheblichen Teil der Last nach „draußen“ abzuschieben. Die Ökonomie nennt dieses Nach-draußen-Abschieben „externalisieren“, und das Ergebnis des Abschiebens nennt sie „externe Kosten“.

Aus: Ernst Ulrich von Weizsäcker, Erdpolitik. Ökologische Realpolitik an der Schwelle zum Jahrhundert der Umwelt, 4. Aufl., Darmstadt 1994, S. 143 ff.

MATERIAL 9 Nachhaltige Entwicklung

Auf der Konferenz über Umwelt und Entwicklung der UN (UNCED) 1992 wurde Nachhaltige Entwicklung (NE) in der Agenda 21 als Leitbild für das 21. Jahrhundert proklamiert. [...]
Eine Vorgeschichte hat der Begriff in der deutschen Forstwirtschaft. Er kam im frühen 18. Jahrhundert auf, als in einigen Bergregionen die Wälder abgeholzt wurden und als Geldeinnahmequelle zeitweise nicht mehr nutzbar waren. Daraus entstand die Forderung, dass künftig nur noch so viele Bäume abgeholzt werden sollten, wie neue nachwachsen. Besondere Impulse für die heutige Debatte über Nachhaltigkeit gingen vom Club of Rome (1972) und der Weltkommission für Umwelt und Entwicklung (1987) aus. Doch werden dem Begriff „Nachhaltigkeit“ höchst unterschiedliche Bedeutungen beigemessen. Wichtig ist die Unterscheidung von schwacher und starker Nachhaltigkeit: Schwache Nachhaltigkeit besagt, dass natürliches Kapital durch andere Kapitalarten (produziertes Kapital, Infrastruktur) substituiert werden kann; starke Nachhaltigkeit geht dagegen von einer komplementären Beziehung dieser Kapitalarten aus (Fischerboote ohne Fische sind nutzlos).
Dem Leitbild Nachhaltigkeit kommt die Funktion einer regulativen Idee zu, deren prinzipielle Handlungsanweisung lautet, unser Handeln so zu organisieren, dass wir nicht auf Kosten der Natur, anderer Menschen, anderer Regionen oder anderer Generationen leben. Dies gilt sowohl für den einzelnen Menschen als auch für jede Organisation und Institution (Staat, Unternehmen, Vereine, Schulen, Familien etc.). Dazu bedarf es der Fähigkeit zur Selbstreflexion, um die Folgen des eigenen Handelns und Nichthandelns einschätzen und berücksichtigen zu lernen [...]. Strategisch geht es darum, die ökolo-

gische, ökonomische, soziale und kulturelle Dimension von Entwicklung so miteinander zu verknüpfen, dass gerechte Lebenschancen innerhalb der heutigen und für die folgenden Generationen möglich sind. Umstritten ist, ob dabei der Ökologie Vorrang zukommt oder ob alle Dimensionen der Nachhaltigkeit gleichrangig zu beachten sind.
Zur Realisierung einer NE können vier Basisstrategien verfolgt werden: 1. Effizienz: Minimierung des Einsatzes von Ressourcen bei vergleichbarer Leistung; 2. Suffizienz: Änderung der Lebensstile und Konsummuster; 3. Konsistenz: Anpassung an natürliche Kreisläufe und Prozesse (z. B. Ersatz für nichtregenerative Ressourcen); 4. Partizipation: Demokratisierung von Entscheidungsprozessen (Klärung von Bedürfnissen, Zielen, Strategien).

Aus: Edgar Göll, Artikel „Nachhaltige Entwicklung", in: Udo E. Simonis (Hg.), Öko-Lexikon, München (Beck) 2003, S. 136 f.

Von der freien Marktwirtschaft zur ökosozialen Marktwirtschaft

MATERIAL **10**

Die Grundidee der „ökosozialen Marktwirtschaft besteht darin, den Produktionsfaktor Natur in das marktwirtschaftliche Preissystem zu integrieren - nach dem Motto „Umweltbewusstes Produzieren muss sich lohnen".
Der Handel mit Emissionslizenzen stellt ein Instrument dar, den Faktor Natur bei der Preisgestaltung zu berücksichtigen. Nach diesem Modell müssen in Zukunft Betriebe, die ohne Rücksicht auf die Umwelt produzieren und damit das zulässige Limit an Ausstoß überschreiten, Lizenzen kaufen, wodurch zusätzliche Kosten anfallen. Ein anderes Instrument, die Marktwirtschaft in Richtung mehr „ökologische Sensibilität" zu steuern, stellt das Instrument der Ökosteuer dar. Durch höhere Besteuerung von nicht erneuerbaren Rohstoffen soll ein Anreiz für die Nutzung erneuerbarer Energien geschaffen und gleichzeitig die Einnahmen aus der Ökosteuer für die Senkung der Sozialversicherungsbeiträge genutzt werden.
Insgesamt gibt es bereits ein reichhaltiges Instrumentarium zur Förderung der ökosozialen Marktwirtschaft. Da Klimawandel und Unwetter keine nationalen Grenzen kennen, muss langfristig das Konzept der ökosozialen Marktwirtschaft zum Ordnungsrahmen für den gesamten Welthandel werden. In einer globalisierten Welt nützen nationale Umweltstandards nur wenig, wenn große Unternehmen die Möglichkeit haben, zu Dumpinglöhnen und ohne ökologische Auflagen in anderen Teilen der Welt zu produzieren.

Aus: Josef Aff, Unterrichtsreihe VWL. Baustein 1: Marktwirtschaft verstehen - Einführung in unterschiedliche marktwirtschaftliche Konzepte. Nach: www.wu-wien.ac.at/wipaed/forsch/fachdid/eesi-paket www.wu-wien.ac.at/wipaed/forsch/fachdid/eesi-paket. (Zugriff 27. 11. 2008)

1 Legen Sie dar, worin die fundamentalen Unterschiede zwischen freier und sozialer Marktwirtschaft liegen. Worin liegen spezifische Mängel der freien Marktwirtschaft?

2 Die Volkswirtschaftliche Gesamtrechnung stellt wichtige ökonomische Entwicklungen dar. Recherchieren Sie auf www.destatis.de die Entwicklung der entsprechenden Kerndaten in den letzten Jahren.

3 Diskutieren Sie, inwieweit die Entwicklung des Bruttosozialprodukts etwas über den Wohlstand oder die Lebensverhältnisse in einem Land aussagt.

4 Der Wachstumsbegriff ist problematisch geworden. Fassen Sie die Einwände gegen den traditionellen Wachstumsbegriff zusammen und bewerten Sie sie hinsichtlich ihrer Stimmigkeit.

5 Erläutern Sie den Kerngedanken der Nachhaltigkeit und der „ökosozialen Marktwirtschaft" (M 9 und M 10).

VERWEIS

s. S. 148 f.
Konjunktur

s. S. 443
Wachstum und Entwicklung

3 Zwischen Standortsicherung, Wirtschaftsentwicklung und ökologischen Ansprüchen – Umweltpolitik

Kohlekraftwerk Groß-Krotzenburg 2008

Die Klimarahmenkonvention der UNO, 1992 in Rio de Janeiro verabschiedet, wurde inzwischen von den meisten Staaten der Welt ratifiziert. Sie ist seit 1994 in Kraft. Die Konvention identifiziert den Klimawandel als ernsthaftes Problem und verpflichtet die Staatengemeinschaft, ihm entgegenzuwirken. Das Sekretariat der Klimarahmenkonvention hat seinen Sitz in Bonn. Ihr wichtigstes Gremium sind die Vertragstaatenkonferenzen (Conference of the Parties, COP), die einmal jährlich tagen. Sie entscheiden darüber, durch welche Maßnahmen die Vertragsstaaten ihre Klimaschutzziele erreichen sollen.

Auf der dritten Vertragsstaatenkonferenz in Kyoto wurde ein Umsetzungsprotokoll verabschiedet. Es verfolgt die anspruchsvolle Zielsetzung, die Treibhauskonzentration so zu stabilisieren, dass eine gefährliche anthropogene Klimaänderung verhindert wird. Die Ökosysteme sollen sich auf natürliche Weise den Klimaänderungen anpassen können, sodass die Nahrungsmittelproduktion und die wirtschaftliche Entwicklung nicht gefährdet werden. Das Kyoto-Protokoll wurde jedoch unter anderem von der US-Administration nicht ratifiziert. Auch in vielen anderen Staaten stehen kapitalkräftige Interessengruppen einer Umsetzung entgegen. Gegenwärtig ist noch unklar, wie sich die neue US-Regierung unter Obama verhalten wird.

In diesem Kapitel wird entwickelt, welche konkreten, auf der nationalen oder lokalen Ebene durchgeführten Maßnahmen dem hochbrisanten Klimawandel entgegenwirken könnten. Dabei kann erörtert werden, welche Instrumente der Staat im Rahmen der marktwirtschaftlichen Ordnung einsetzen kann, um bei Unternehmen und Konsumenten Produktions- bzw. Verhaltensänderungen zu veranlassen.

Einen Beitrag zur Einsparung von Ressourcen und CO_2-Emissionen können aber auch einzelne Unternehmen leisten sowie das individuelle Konsumverhalten. Solche individuellen Initiativen oder lokalen Entscheidungen können wieder auf die nationale wie internationale Ebene zurückwirken.

3.1 Beispiel Klima

Chronologie

MATERIAL 1

Rio de Janeiro 1992	Rahmenkonvention: Ziel ist es, die Treibhauskonzentration auf einer Höhe zu stabilisieren, die gefährliche Einflüsse auf das Klima verhindert. Die Teilnahmestaaten gingen keine konkreten Verpflichtungen ein.
Berlin 1995	1. Vertragsstaatenkonferenz: Die Industrienationen können sich nicht auf konkrete Ziele und Fristen für die Verringerung von Treibhausemissionen einigen.
Genf 1996	2. Vertragsstaatenkonferenz: Wiederum keine verbindliche Festlegung von CO_2-Reduktionszielen
Kyoto 1997	3. Vertragsstaatenkonferenz: Verabschiedung des „Kyoto-Protokolls“. Das Protokoll wurde von allen großen Industriestaaten unterzeichnet, jedoch nicht ratifiziert (in Kraft gesetzt). Die einzelnen Länder müssen den Schadstoffausstoß in unterschiedlichem Ausmaß reduzieren.
Buenos Aires 1998	Es wurden keine weiteren Fortschritte erzielt.
Den Haag 2001	Es wurden keine weiteren Fortschritte erzielt.
13.3.2001	US-Präsident Bush erklärt, dass er den Klimavertrag von Kyoto ablehnt.
Johannesburg 2002	Die Delegierten des UN-Weltgipfels für Nachhaltigkeit verabschieden einen Aktionsplan. Kurz vor Ende des Gipfels erreichen die Vertreter von mehr als 190 Staaten einen Konsens; die in Rio de Janeiro beschlossenen Umwelt- und Entwicklungsziele werden angenommen. Während der Rede von US-Außenminister Powell protestierten Delegierte und Besucher gegen die Blockadepolitik der USA.
Bali 2007	Auf der Konferenz in Bali wurde beraten und festgelegt, wie der weitere Fahrplan des Kyoto-Verhandlungsprozesses aussehen könnte. So soll auf einer Folgekonferenz in Kopenhagen 2009 ein neues Abkommen ausgehandelt werden.
EU 2007	Der Rat der EU beschließt, die CO_2-Emissionen innerhalb der EU bis 2020 gegenüber 1990 um 30 % zu reduzieren. Auf diese Weise wollte die EU die Blockade bei internationalen Verhandlungen auflösen.
Kopenhagen 2009	Auf der Kopenhagener Konferenz einigten sich die Delegierten lediglich auf ein „zur Kenntnis genommenes“ und völkerrechtlich nicht bindendes politischen Papier, den Copenhagen Accord. Demnach ist das Ziel, die Erderwärmung auf weniger als 2 °C im Vergleich zum vorindustriellen Niveau zu begrenzen. Konkrete Ziele für die Verringerung der Treibhausgasemissionen wurden jedoch nicht beschlossen.

MATERIAL 2 Eine anspruchsvolle Zielsetzung

Das Bundesministerium für Umwelt, Naturschutz und Reaktorsicherheit zur Klimarahmenkonvention der UNO in Rio de Janeiro (1992).

Das Problem einer zukünftigen weltweiten Veränderung der klimatischen Verhältnisse war ab Ende der Siebzigerjahre hauptsächlich von Wissenschaftlern in die internationale Diskussion eingebracht worden. [...] Die Klimarahmenkonvention schafft völkerrechtlich verbindliche Grundlagen für die internationale Zusammenarbeit zur Bekämpfung globaler Klimaänderungen. Sie wurde im Mai 1992 verabschiedet und bei der UN-Konferenz für Umwelt und Entwicklung in Rio de Janeiro im Juni 1992 von mehr als 150 Staaten unterzeichnet. Die Konvention ist am 21. März 1994 in Kraft getreten. Von den 166 Unterzeichnern haben bereits 92 Staaten und die Europäische Union (Stand Ende August 1994) ratifiziert.

Die Konvention enthält in Artikel 2 die äußerst anspruchsvolle Zielsetzung, die Treibhausgaskonzentrationen in der Atmosphäre auf einem Niveau zu stabilisieren, das eine gefährliche, vom Menschen verursachte Störung des Klimasystems verhindert. Um das Ziel der Konvention zu erreichen, sind für alle Staaten erste allgemeine Pflichten festgelegt worden. Die Industrieländer haben wegen ihrer besonderen Verantwortung die Zielsetzung akzeptiert, die Emissionen von CO_2 [...] auf das Niveau von 1990 zurückzuführen. Dabei ist zu berücksichtigen, dass trotz einer Emissionsstabilisierung der Industrieländer die globalen Emissionen ansteigen werden, weil die Emissionen in den übrigen Ländern insgesamt noch zunehmen werden. Um eine Stabilisierung der Konzentrationen in der Atmosphäre zu gewährleisten, ist eine Stabilisierung der globalen Emissionen wegen der Langlebigkeit der Treibhausgase nicht hinreichend. Hierzu sind vielmehr signifikante Senkungen der Emissionen notwendig. Eine wirksame Klimaschutzpolitik erfordert es daher, dass die Industrieländer ihre Treibhausgasemissionen im Laufe der nächsten Jahrzehnte erheblich reduzieren und die anderen Länder insgesamt ihre Emissionszuwächse begrenzen. Die Industrieländer haben zudem finanzielle Verpflichtungen übernommen (Art. 4 Abs. 3 bis 5), um die Entwicklungsländer bei der Erfüllung ihrer ihnen nach der Konvention obliegenden Berichtspflichten sowie dem Ergreifen bestimmter Maßnahmen zur Umsetzung ihrer allgemeinen Verpflichtungen zu unterstützen. Entwicklungsländer, die durch die Auswirkungen der Klimaänderung besonders gefährdet sind (z. B. kleine Inselstaaten), sollen in ihren Maßnahmen zur Anpassung an diese Folgen finanziell unterstützt werden. Außerdem haben sich die Industrieländer zur Förderung der Weitergabe umweltverträglicher Technologien an Entwicklungsländer verpflichtet.

Gemäß Artikel 12 der Klimarahmenkonvention haben Industrie- und Entwicklungsländer Berichtspflichten in unterschiedlichem Umfang. Alle Vertragsparteien müssen über die anthropogen emittierten sowie die durch Senken abgebauten Mengen treibhauswirksamer Gase [...] berichten. Weiterhin sollen alle Länder über die Schritte berichten, die sie zur Durchführung der Konvention unternommen oder ins Auge gefasst haben. [...] Die Berichte der Industrieländer, die erstmals bis zum 21. September 1994 vorzulegen sind, müssen außerdem enthalten:

- eine detaillierte Beschreibung der politischen Entscheidungen und Maßnahmen zur Durchführung der Verpflichtungen,
- eine spezifizierte Einschätzung der Auswirkungen dieser Maßnahmen,
- die Darstellung der Maßnahmen, die sie zur Unterstützung der Entwicklungsländer unternommen haben.

Ernst Ulrich von Weizsäcker, Erdpolitik. Ökologische Realpolitik an der Schwelle zum Jahrhundert der Umwelt, 4. Aufl., Darmstadt 1994, S. 143 ff.

Das Kyoto-Protokoll

MATERIAL 3

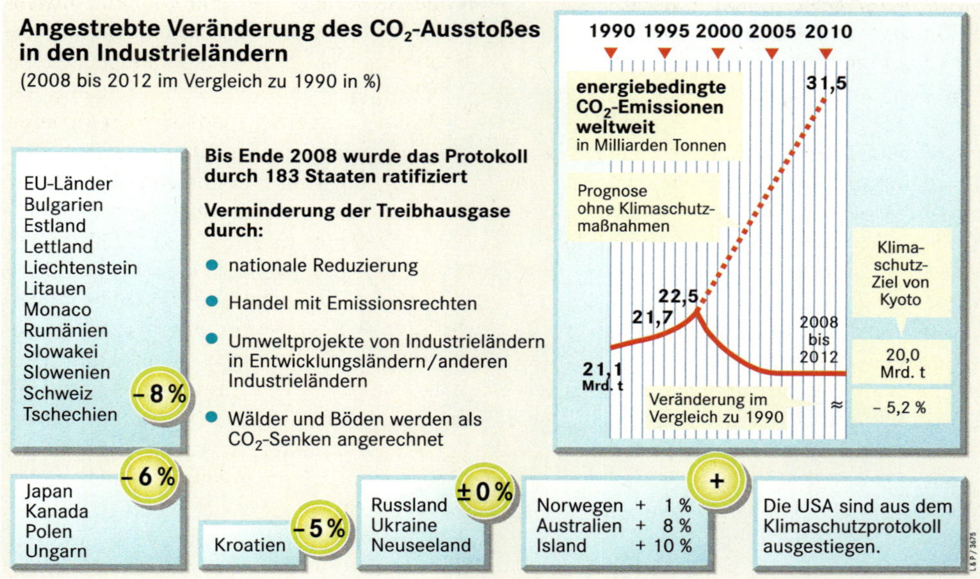

Daten zur US-Klimapolitik

MATERIAL 4

Treibhausgas-Entwicklung seit 1990	+ 14,4 Prozent (die Vorgaben nach Kyoto waren –7 Prozent)
Anteil am weltweiten Kohlendioxidausstoß	21 Prozent
Anteil am Weltölverbrauch	25 Prozent
Anteil am Weltgasverbrauch	24 Prozent
Windenergie Ende 2008 absolut	25,1 Gigawatt (zum Vergleich Deutschland: 23,9 Gigawatt)
Energieverbrauch pro Kopf	327 Gigajoule (Deutschland: 177)
Kohlendioxidausstoß 2008	1,59 Mrd. Tonnen (China: 1,8 Mrd. Tonnen)

Nach: taz vom 6. März 2009, S. 4.

1 Fassen Sie thesenartig die Umweltprobleme zusammen, die zur Formulierung des Kyoto-Protokolls geführt haben.

2 Erläutern Sie die Bestimmungen des Kyoto-Protokolls. Stellen Sie dafür die zentralen Zielsetzungen der Klimarahmenkonvention von Rio de Janeiro (M 2) dar und erläutern Sie die damit verbundenen konkreten Maßnahmen (M 3).

3 Interpretieren Sie die Karikatur unter Rückbezug auf die Chronologie M 1.

4 Entwickeln Sie Hypothesen, weshalb vor allem die USA sich einer Umsetzung des Klimaprotokolls widersetzten (M 4).

„WIE SIEHT'S AUS ?"

MATERIAL **5**

Wenig Hoffnung?

Der Ökologe Udo E. Simonis zu den Grenzen des Rio-Prozesses.

Der Weg zu dieser dritten großen UN-Konferenz (in Johannesburg 2003) erschien zunächst durchaus hoffnungsvoll. Endlich einmal ein integriertes Leitbild: sustainable development – nachhaltige Entwicklung! Noch 1972 ging es in Stockholm nur (sic!) um human environment – menschliche Umwelt. Damals ein gelungener Start für aktive nationale Umweltpolitik, aber auch nicht mehr. 1992 in Rio dann das gespaltene Leitbild: environment and development – Umwelt und Entwicklung, was alles andere als ein Zufall war. Dem Norden ging es um ein wenig mehr Umweltschutz – auch und besonders auf internationaler Ebene –, dem Süden um Entwicklung, vereinzelt um Armutsbekämpfung, jedenfalls nicht um eine Priorität für den Schutz der Umwelt. Was nachhaltige Entwicklung, was eine natur- und menschenfreundlichere Zivilisation sein könnte, blieb dabei merklich diffus oder verflüchtigte sich in ein um mehr Weitsicht bemühtes Management des Gewohnten.

Dabei war Rio 1992 in programmatischer Hinsicht nachgerade progressiv. Die Deklaration des Gipfels verzeichnete ein Recht auf Entwicklung – Fairnessprinzipien wurden fixiert: das Prinzip gemeinsamer, aber differenzierter Verantwortung der Staaten oder das Prinzip geteilter Lasten und geteilter Gewinne. Vor allem brachte Rio die Klimarahmenkonvention auf den Weg, dazu die Biodiversitätskonvention (Verpflichtung zum Schutz der Vielfalt vorhandener Ökosysteme, Arten und Gene), die Konvention zur Bekämpfung der Wüstenausbreitung, die Agenda 21 (den Aktionsplan für Nachhaltige Entwicklung) und schließlich die Kommission für Nachhaltige Entwicklung (CSD) [...].

Dennoch, zum Mythos hat es Rio '92 nie gebracht. In der Erinnerung erscheint die Konferenz wie das bekannte Vexierbild: Je nach Erwartung zeichnet sich eine junge Frau oder eine alte Dame ab. Verträge wurden unterzeichnet, aber nicht umgesetzt – Hoffnungen erweckt, doch mit den eigenen Anstrengungen nahm man es nicht allzu ernst. Von der Überlegung, beispielsweise 125 Milliarden Dollar für die Agenda 21 im Süden bereitzustellen, blieb nichts übrig. [...]

Sicher wurde seit Rio in der globalen Umweltpolitik einiges bewegt, man denke an die Klimarahmenkonvention und das darauf

ausgerichtete Kyoto-Protokoll (das noch vor Johannesburg in Kraft treten soll) oder auch die Biodiversitätskonvention. Dokumente, die nach einem gerechten Interessenausgleich suchen und dem Prinzip Fairness folgen. Pflichten werden dabei (vorerst) nur dem Norden auferlegt, die dem Süden entstehenden zusätzlichen Kosten für den Klima- und Biodiversitätsschutz müssen finanziell und technologisch kompensiert werden. [...]
So sind die globalen Kohlendioxidemissionen noch weit von jener Dimension entfernt, die bis 2050 zu einer Reduktion um die Hälfte führen würde. Das Kyoto-Protokoll zielt in die richtige Richtung, doch nicht weit genug. Mit dem Clean Development Mechanism (CDM) und dem Klimafolgenfonds lassen sich weder die dringend erforderliche Umstrukturierung von Energie- und Verkehrssystemen noch die Anpassungskosten an ein sich wandelndes Klima finanzieren. [...]
Mit einer geringfügigen Besteuerung des Luft- und Seetransports wären Summen denkbar, mit denen sich globale Umwelt- und Entwicklungspolitik besser finanzieren ließe – dies könnte ohne großen Widerstand über die Bühne gehen.
Trotz Biodiversitätskonvention hat sich die Geschwindigkeit, mit der Wälder abgeholzt, Meere überfischt und Böden degradiert werden, kaum geändert; allenthalben dünnen die Ökosysteme weiter aus. Dies liegt nicht am Vertragstext, der höchst innovativ ist, sehr wohl aber am mangelnden Willen zur Umsetzung und an ungelösten Finanzierungsfragen. Auch die Ressource Wasser wird immer knapper mit der Konsequenz, dass noch immer 1,1 Milliarden Menschen nicht genug Wasser zum Leben haben. Gegenmaßnahmen im UN-System bleiben aus. [...]

Aus: Udo Ernst Simonis, Schmalspur nach Johannesburg, in: Freitag vom 2. 5. 2003

Kampf ums Klima

MATERIAL 6

Sowohl das 787-Milliarden Dollar US-Konjunkturpaket als auch der 3,7-Billionen-Dollar Budgetentwurf liegen auf dem Tisch. Mit beiden, so plant die Regierung von US-Präsident Barack Obama, soll nun ein neues Kapitel in der US-Energiepolitik beginnen. Nachdem die USA der Bush-Ära ganz auf Atomstrom, Kohle und Öl setzten, will Obama nun massiv in erneuerbare Energien und effizientere Energietechnologien investieren. [...] In den kommenden zehn Jahren will die US-Regierung an die 100 Milliarden Dollar in die Energiewende und die Emissionsreduktion investieren. [...]
Eine kürzlich veröffentlichte Studie des unabhängigen Center for Public Integrity zeigt, dass 770 Unternehmen rund 2 340 Lobbyisten angeheuert haben, um Druck auf die Abgeordneten und Senatoren bei der klimarelevanten Umwelt- und Energiepolitik auszuüben. Die Zahl der Klimalobbyisten habe sich, so die Studie, damit in den letzten fünf Jahren um 300 Prozent erhöht. Damit kommen auf jeden Abgeordneten heute mehr als vier Lobbyisten – und ziemlich viel Druck. Insgesamt, so der Bericht, wurden in Washington im Jahr 2008 rund 90 Millionen Dollar für Klimalobbying ausgegeben. Während es vor fünf Jahren noch ausschließlich Stromversorger, Ölkonzerne und Kohleunternehmen waren, die in Washington ihre Muskeln spielen ließen, ist mittlerweile jede Branche mit Emissären im Kapitol vertreten.
Allen voran die klimapolitisch eher auf der Bush-Linie verharrende US-Handelskammer sowie der Verband der US-Hersteller. Darunter auch deutsche Firmen wie die Siemens Corporation (mit Lobbyausgaben in 2008 von insgesamt 4,8 Millionen Dollar), Daimler/Mercedes-Benz USA (mit insgesamt 300 000 Dollar), Lufthansa (60 000 Dollar) und Bayer (6,3 Millionen Dollar). Nicht alle Unternehmen sind gegen schärfere Gesetze. So haben sich zum Beispiel US-Giganten wie General Electric, Johnson & Johnson oder DuPont längst öffentlich für ein Emissionshandelsgesetz ausgesprochen – aus der Erkenntnis heraus, dass es ihnen Wettbewerbsvorteil und Imagegewinn bringen kann. Entschlossene Gegnerin einer klimafreundlichen Politik ist die erst im letzten Sommer gegründete American Coalition for Clean Coal Electricity (ACCCE), ein Zusammen-

schluss von 48 Kohlekraftwerken und Bergbaubetrieben. Allein 2008 war ihnen ihre selbst in TV-Spots sichtbare Einflussnahme 10,5 Millionen Dollar wert.

Solche dicken Geldbeutel machen nicht nur Liberale und Umweltgruppen nervös. Auch der renommierte Klimawissenschaftler der Nasa, James Hansen, teilte Obama in einem Brief vergangene Woche seine Besorgnis mit, dass „Interessengruppen die Regierungsvorschläge verwässern und so die entscheidenden Maßnahmen für das Leben auf unserem Planeten nicht im nötigen Umfang getroffen werden könnten".

Sorgen macht Beobachtern auch, dass die politische Kongresslandschaft selbst bei den Wahlen im November 2008 wenig Begrünung erhielt. [...] Die US-Bürger selbst räumen angesichts der Finanz- und Wirtschaftskrise der Klimapolitik nicht gerade Vorrang ein. Laut einer Umfrage des Pew Research Center for the People sahen die Befragten noch im Januar Klimapolitik als unwichtigste von 20 Aufgaben auf Obamas To-do-Liste. Die CO_2-Emissionen der USA, die knapp ein Viertel des globalen Ausstoßes ausmachen, werden sich im Zuge der Wirtschaftskrise und verminderter Produktion ohnehin verringern, argumentieren Klimamuffel - weshalb der politische Druck schwinden werde.

Doch die Obama-Administration gibt sich ungetrübt optimistisch, mit einem smarten Mix aus Steuern und Handelsoptionen ein Emissionshandelsgesetz auf den Weg bringen zu können. Europäischen Zweifeln, ob sich die USA nun wirklich an die Spitze der internationalen Bemühungen setzen werden, um die CO_2-Emissionen zu verringern, hält die Obama-Regierung ihre Willensstärke entgegen. Todd Stern, Obamas Klimarepräsentant, versicherte zuletzt, dass die USA im Dezember in Kopenhagen „in robuster Manier" dabei sein werden, um das Nachfolgeabkommen von Kioto auszuhandeln.[...]

Aus: taz, 6.3. 2009, nach: www.taz.de; Autorin: Adrienne Woltersdorf

MATERIAL 7 Perspektiven für den Weltklimagipfel 2009 in Kopenhagen

Interview mit der dänischen Klima- und Energieministerin Connie Hedegaard, die 2009 eine Nachfolgeregelung für das Ende 2012 auslaufende Kyoto-Protokoll aushandeln muss.

Sie sind die Gastgeberin des Weltklimagipfels 2009 in Kopenhagen, an dem eine Nachfolgeregelung für das Ende 2012 auslaufende Kyoto-Protokoll gefunden werden soll. Sind Sie zuversichtlich, dass Sie dieses Ziel erreichen?

Connie Hedegaard: Nicht nur Dänemark hat sich diese Frist gesetzt, sondern alle Länder. Wir haben die Verantwortung, eine Einigung zu erzielen. Wenn wir das nicht jetzt tun, dann werden wir dieses Ziel nie erreichen. Das war auch der Grund, warum der Kopenhagener Gipfel diesen Auftrag erhalten hat: Es braucht immer zwei bis drei Jahre, um die Einzelheiten einer Einigung auszuarbeiten. Wenn wir es jetzt nicht schaffen, gibt es immer gute Gründe, über andere Dinge zu reden. Dabei ist gerade die Finanzkrise ein Grund mehr, sich auf eine Nachfolgeregelung zu einigen: Das hilft, Arbeitsplätze zu schaffen.

Erleichtert Ihnen der Amtsantritt von Präsident Obama die Arbeit?

C. H.: Ich hoffe es. Es gibt heute aus Washington ermutigendere Signale als zuvor. Obama hat klar gesagt, dass er die Energieeffizienz und die erneuerbaren Energien in seinem Kampf gegen die Finanzkrise einbezieht. Es ist daher wahrscheinlicher als bisher, dass sich die USA an einer Einigung beteiligen. [...]

Werden aufstrebende Länder wie China und Indien sich diesmal an einer verpflichtenden Klimaregelung beteiligen?

C. H.: Das hoffe ich wirklich. Als das Kyoto-Protokoll 1997 unterzeichnet wurde, stießen die Industrieländer zwei Drittel aller Treibhausgase aus. Inzwischen haben die Entwicklungsländer bereits einen Anteil von 50 Prozent. Bis 2020 werden es zwei Drittel sein. Das zeigt, wie wichtig es ist, dass sie einbezogen werden. Die Industrieländer müssen den ersten Schritt machen, und sie müssen am meisten leisten. Aber es ist wichtig, dass China mitmacht.

Hat China auch den politischen Willen dazu?

C. H.: Mir scheint, dass China erst abwarten will, wie sich die USA verhalten. Aber die Führung in Peking sieht, dass das rasante Wachstum mit Umweltproblemen einhergeht und den Verbrauch von Energie steigert. Und trotz der Finanzkrise hat China noch immer Wachstum. Daher muss China ohnehin etwas tun zur Steigerung der Energieeffizienz und für die erneuerbaren Energien.

Dänemark hat im Rahmen des Kyoto-Protokolls eine der höchsten Verpflichtungen zur Verringerung des Ausstoßes von Kohlendioxid übernommen, ebenso viel wie Deutschland und fast so viel wie Spitzenreiter Luxemburg. Wird Dänemark dieses Ziel von 21 Prozent weniger Kohlendioxid erreichen?

C. H.: Ja, das hat auch die EU-Kommission bereits bestätigt. Seither haben wir in Dänemark neue Initiativen gestartet, auch, um die Folgen der Finanzkrise abzuschwächen. Wir investieren heute mehr in den öffentlichen Verkehr als je zuvor. Wir überlegen, wie wir das System des privaten Verkehrs ändern können. Wir arbeiten an einer Steuerreform, mit der wir die Arbeit weniger besteuern und stattdessen den Verbrauch von Energie und Ressourcen stärker belasten. […]

Wie wollen Sie den privaten Verkehr verändern?

C. H.: Heute ist es in Dänemark teuer, ein Auto zu kaufen. Aber es ist verhältnismässig billig, das Auto zu fahren. Viele Leute denken, dass wir das ändern sollten. Dazu können auch Mauten auf Autobahnen und in Innenstädten gehören. Die Regierung unterstützt auch die Entwicklung von Stromautos und das „Project Better Place“ von Shai Agassi. Außerdem wollen wir die Attraktivität des öffentlichen Verkehrs erhöhen.

Nützt die dänische Vorreiterrolle in den erneuerbaren Energien dem Export?

C. H.: Definitiv. Die Umweltindustrien haben bereits einen Anteil von neun Prozent an den Exporten, und ihre Exporte wachsen überdurchschnittlich. Aber diese grünen Industrien nützen auch Dänemark selbst. Windkraftanlagen gibt es gerade auch in abgelegenen Gegenden, wo es sonst schwierig wäre, Industrien anzusiedeln. Dabei wollen wir noch zulegen. Zwischen 2006 und 2010 sollen sich die staatlichen Mittel für Forschung und Entwicklung in den Umwelttechnologien verdoppeln. Denn der globale Wettbewerb wird härter.

http://emagazine.credit-suisse.com/app/article/index.cfm?fuseaction=OpenArticle&aoid=254614&lang=DE

1 1. Fassen Sie zusammen: Wie werden von U. Simonis (M 5) die Probleme bei der Realisierung des Kyoto-Protokolls erklärt?

2 2. Stellen Sie zusammen, mit welchen Widerständen aus unterschiedlichen gesellschaftlichen und ökonomischen Gruppen die neue US- Klimapolitik zu rechnen hat (M 6).

3 Stellen Sie die programmatischen Überlegungen von Connie Hedegaard thesenartig zusammen. Vergleichen Sie den Ertrag der Kopenhagener Konferenz (eigene Recherche) mit den ursprünglichen Zielvorstellungen (M 7).

VERWEIS

s. S. 195
Standortfaktoren

3.2 Umweltpolitik in der Europäischen Union

Könnte für die Inanspruchnahme der Umwelt ein Preis gefunden werden, könnte dieser dem Verursacher auferlegt werden. Doch diese „Internalisierung“ ist schwierig.
Als eine traditionelle Marktlösung gilt die Erhebung von speziellen Umweltsteuern oder Abgaben wie etwa die Ökosteuer auf Energieträger. Durch die Ökosteuer soll ein Anreiz geschaffen werden, einerseits mit (gezielt verteuerten) natürlichen Ressourcen wie z. B. Öl sparsamer umzugehen und andererseits energieeffizientere Techniken zu entwickeln. Kritiker dieses Modells verweisen darauf, dass so die heimische Industrie ein-seitig belastet würde, da andere Staaten, die solche Steuern nicht einführen, einen Wettbewerbsvorteil erlangten. In Deutschland ging daher die Einführung der Ökosteuer einher mit einer Senkung der Beiträge für die Rentenversicherung, die Arbeitgeber und Arbeitnehmer gleichermaßen entlastete.
Ein weiteres marktwirtschaftliches Instrument stellen staatliche Subventionen für energieeffiziente Produkte dar. Das Beispiel des subventionierten Ökokühlschranks zeigt indes, dass dieses auch von der EU geförderte marktwirtschaftliche Instrument noch nicht beim Verbraucher angekommen und verstanden worden ist.
Ein weiteres Mittel, um die CO_2-Emissionen zu reduzieren, sind staatliche Ge- und Verbote. Auch hier muss die nationalstaatliche und EU-Umweltpolitik mit beträchtlichem Gegenwind seitens der Produzenten wie mancher Konsumenten rechnen.
Der Emissionshandel, also die staatliche Verpflichtung von Unternehmen, das Recht zur Umweltbelastung käuflich zu erwerben, stellt das jüngste Instrument der europäischen Umweltpolitik dar. Kritiker dieses Modells sehen hier nur einen allerersten Schritt hin zu einer Politik, die dem Klimawandel erfolgreich begegnen kann. Starke wirtschaftliche Interessen stehen einer Weiterentwicklung dieses Instruments entgegen.

MATERIAL 1

Staatliche Subventionen für Energiespargeräte?

Obwohl sie zum Teil erheblich weniger Strom verbrauchen, sind Energiespargeräte meist Ladenhüter. Gerade drei Prozent Marktanteil halten Geräte der höchsten Stromsparklasse A++ in Deutschland [...]
Neue Energiespar-Geräte verbrauchen durchschnittlich 40 Prozent weniger Strom, kosten aber auch rund ein Drittel mehr. Laut Zentralverband Elektrotechnik- und Elektroindustrie (ZVEI) dauert es etwa bei einem A++-Kühlschrank sieben bis zehn Jahre, bis der höhere Kaufpreis durch eine niedrigere Stromrechnung ausgeglichen war. Das sei den meisten Menschen zu lang, erklärte ZVEI-Geschäftsführer Werner Scholz [...].
Vor diesem Hintergrund fordert der Verband eine staatliche Förderung für Spargeräte. Solche Modelle gibt es bereits. In Italien sorgen Steuererleichterungen, in Dänemark direkte Zuschüsse für einen größeren Kaufanreiz. In beiden Fällen habe sich der Absatz vervielfacht, sagen Experten wie der Energiefachmann der Verbraucherzentrale des Bundesverbandes, Holger Krawinkel. Nach seinen Angaben wären bundesweit 100 bis 150 Millionen Euro nötig, um ähnlich erfolgreich wie Dänemark die Spargeräte an die Verbraucher zu bringen.
Scholz betonte, die Erneuerung der privaten Geräteparks sei günstiger als neue Kraftwerke und besser für die Umwelt. Acht Milliarden Kilowattstunden Strom und fünf Millionen Tonnen Kohlendioxid könnten in deutschen Haushalten eingespart werden, sagt Scholz. Das entspreche etwa der Jahresproduktion zweier großer Kohlekraftwerke. Ein weiterer Vorteil: Mit steigenden Verkaufszahlen könnten auch die Produktionskosten und damit längerfristig die Kaufpreise der Energiesparer sinken.

www.stromtip.de/News/21058/Bald-Subventionen-fuer-Energiespargeraete.html
Meldung vom 14. 5. 2008

Die Geschichte vom grünen Kühlschrank

MATERIAL 2

30. August 2008. Am Dienstag trifft sich in Berlin [...] eine „hochkarätig besetzte Diskussionsrunde". Ein Kühlschrank-Manager ist dabei, ein Verbraucherschützer, Spitzenbeamte und ein Parlamentarischer Staatssekretär aus dem Wirtschaftsministerium. Zu streiten hat die Diskussionsrunde nichts. Ihr Thema heißt Nachhaltigkeit. [...]

Die [Kühlgeräte-] Branche kämpft mit dem Problem, dass die Kunden immer häufiger Kühlschränke und andere Küchengeräte von der Konkurrenz aus dem Ausland kaufen. Die Geräte aus Asien, Osteuropa oder der Türkei sind billig. Gott sei Dank verbrauchen sie viel Strom.

Da setzt der Verband an. Aus Deutschland kommen 75 Prozent der (teureren) Kühlschränke und -truhen der höchsten Energieeffizienz-Klasse A++. Sie konnten aber bisher nicht die gewünschten Marktanteile erreichen: Sie lagen 2006 zwischen einem Prozent bei Kühlschränken und 17 Prozent bei -truhen. Munitioniert mit einer Auftragsstudie des Freiburger Ökoinstituts [...] machte sich der Verband ans erfolgreiche Lobbying für Umwelt und Arbeitsplätze. Und fand das Gehör des Wirtschaftsministers Michael Glos.

Vom Kühlschrank-Programm geht ein Signal aus an alle Branchen: Es geht was. Der mit 1,5 Billionen verschuldete Staat macht Geld locker, vorausgesetzt, der Zweck ist grün darzustellen und als Mittel gegen ökologische Katastrophen zu vermarkten. [...]

Kein Zweifel: Die Sorge um die Umwelt erzwingt eine Reaktion der Politik. Doch die Frage ist, was gemacht wird und wie es gemacht wird und wie man sich vor mächtigen Lobbys hütet. In der Sprache der Wirtschaftswissenschaft heißt das: „Gute Klimapolitik muss kosteneffizient sein, also dafür sorgen, dass die Menge CO_2, die pro eingesetzten Euro eingespart wird, maximal ist." [...]

Dieses triviale Prinzip sieht der Wissenschaftler [Weimann] sträflich verletzt in der deutschen Klimapolitik. Das ist im Grunde nicht schwer zu verstehen: Die Energieversorger haben für das Recht, CO_2 in die Luft

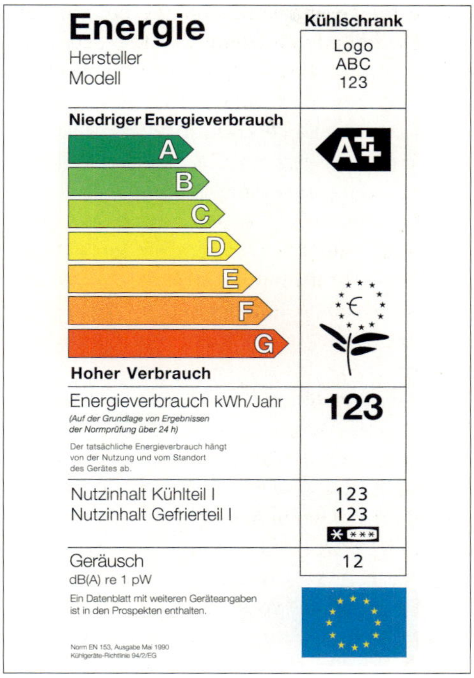

EU-Label für den Energieverbrauch von Kühlschränken

zu blasen, Zertifikate gekauft. Beflügelt das Kühlschränke-Programm die Menschen, die A++-Geräte anzuschaffen, dann wird viel Strom gespart. Es wird also auch CO_2 gespart. So weit, so gut.

Doch dann passiert das Schreckliche: Die Verschmutzungszertifikate für den gesparten Strom bleiben frei und können von anderen erworben und verbraucht werden, zum Beispiel von einer Zementfabrik. Das Ergebnis ist trübe: Die Luft wird kein bisschen sauberer. Die Ersparnis bietet Spielraum für Luftverschmutzung an anderer Stelle.

Die Bundesregierung könnte nach Kalkulationen des Ökoinstituts Freiburg 260 Millionen an Prämien für Kühlschrankkäufe ausgeben – ohne einen Fitz CO_2 einzusparen. „Reine Verschwendung", sagt Weimann. Dieses Urteil gilt für jedes Subventionsprogramm, das auf CO_2-Reduzierung aus ist, solange es gleichzeitig den Zertifikatehandel gibt. Es geht um Milliarden, und das schließt auch die Förderung von Sonnen- und Windenergie mit ein. [...]

Aus: Winand von Petersdorff in der FAZ, zit n. www.faz.net/s/Rub0E9EEF84AC1E4A389A8DC6C23161FE44/Doc~E2F4F89E7BAD54BC7888CBDE7553EC8A5~ATpl~Ecommon~Scontent.html

MATERIAL 3

Strengere Schadstoffgrenzwerte für europäische Autos?

Die Europäische Kommission will den Kohlendioxidausstoß von EU-weit verkauften Neuwagen verringern. Sie plant einen Rechtsrahmen, der die durchschnittlichen CO_2-Emissionen von Personenwagen bis zum Jahr 2012 auf 120g/km (bei Kleintransportern auf 175g/km) begrenzen soll. Dies entspricht einer Reduktion der derzeitigen Emissionen um etwa ein Viertel. Die Kommission hält die Automobilindustrie dazu an, mit der Kraftstoffeffizienz ihrer Fahrzeuge zu werben und nicht mehr mit Größe und Motorleistung.
Der Präsident der Europäischen Kommission José Manuel Barroso bezeichnete die Kommissionsstrategie als das „ehrgeizigste Maßnahmenpaket, das weltweit jemals zur Entwicklung einer kohlenstoffarmen Wirtschaft geschnürt wurde". Der Vorstoß sei notwendig, um den Klimawandel abzuwenden. EU-Umweltkommissar Stavros Dimas ergänzte, nur durch sparsame Autos könne die EU ihre Kyoto-Ziele erfüllen und Innovationen anstoßen.
Bisher vertraut die EU auf die Selbstverpflichtungen der Automobilindustrie, bei der europäische Automobilhersteller zugesagt hatten, den durchschnittlichen CO_2-Ausstoß ihrer Neuwagen bis 2008 auf 140g/km zu senken. Nachdem der durchschnittliche CO_2-Ausstoß 2004 noch immer bei 163g/km lag, kam die Kommission zu dem Schluss, dass die Selbstverpflichtungen nicht ausreichen. Bis spätestens Mitte 2008 will sie deshalb einen Rechtsrahmen vorschlagen, der die Emissionen von in der EU-27 verkauften Neuwagen bis 2012 auf 120g CO_2/km begrenzt.
Verbesserungen bei der Fahrzeugtechnologie sollen die durchschnittlichen Emissionen auf 130g/km senken.
Weiterhin unterstützt die Kommission Forschungsprojekte, die auf eine Senkung der Emissionen von 95g CO_2/km bis 2020 abzielen. Sie fordert die Mitgliedstaaten darüber hinaus auf, Kraftfahrzeuge auf der Grundlage ihrer CO_2-Emissionen zu besteuern. Schließlich appelliert sie an die Automobilhersteller, noch in diesem Jahr einen EU-Verhaltenskodex für Kraftfahrzeugwerbung zu unterzeichnen, der die Verbraucher zu Nachhaltigkeit auffordert.
Straßenverkehr verursacht etwa ein Fünftel der CO_2-Emissionen in der EU. Etwa 12 Prozent entfallen auf Pkws. Die in der Fahrzeugtechnologie erzielten Fortschritte reichen nicht aus, um die Folgen des zunehmenden Verkehrs und immer größerer Autos zu neutralisieren. Während die EU-25 die Gesamtemissionen von Treibhausgasen zwischen 1990 und 2004 um fast 5 Prozent gesenkt hat, stiegen die CO_2-Emissionen aus dem Straßenverkehr um 26 Prozent.

EU-Aktuell vom 7. 2. 2007, zit. nach: http://ec.europa.eu/deutschland/press/pr_releases/index_6882_de.htm

MATERIAL 4

Politiker sind unsere besten Kunden

Bericht über Äußerungen des VW-Chefs Martin Winterkorn zur europäischen Automobilpolitik.

VW-Chef Martin Winterkorn wehrt sich gegen Vorwürfe des Bundespräsidenten Horst Köhler gegen die deutsche Autoindustrie. „Politiker kritisieren gern andere. Für uns verbietet es sich aber meist, mit gleicher Schärfe zurückzuschießen", sagt Winterkorn in einem Gespräch mit dem SPIEGEL. „Denn Politiker zählen zu unseren besten Kunden. Und sie fahren in der Regel nicht die verbrauchsgünstigsten Modelle." Köhler hatte gesagt, die deutsche Autoindustrie habe „mit Blick auf die ökologische Entwicklung kein Ruhmesblatt" verdient. Scharfe Vorwürfe richtet Winterkorn auch an die EU-Kommission. „Die Europäische Kommission war drauf und dran, die Zukunft einer ganzen Industrie zu gefährden." Wenn sich deren ursprüngliche Pläne durchgesetzt hätten und der Durchschnittsausstoß von Kohlendioxid ab 2012 bei 120 Gramm liegen würde, „dann gäbe es bald keine großen Autos mehr, keinen Audi A8, keine S-Klasse von Mercedes-Benz und keinen 7er von BMW“, sagt Winterkorn. Profitieren würden die Produzenten aus Italien und Frankreich, die fast nur noch Kleinwagen anbieten. „Da betrieben einige knallharte Industriepolitik zu Lasten Deutschlands.“ Winterkorn nannte im SPIEGEL-Gespräch Details eines geplanten neuen kleinen Volkswagens. Der VW-Konzern will ihn [...] nun doch allein entwickeln. Der VW-Chef sagt: „Dieser Kleinwagen soll eine Grundsatzfrage beantworten: Wie wollen wir uns als Mobilitätskonzern der Zukunft aufstellen? Das machen wir, bitte schön, allein.“ Der kleine Volkswagen soll sparsam sein und bezahlbar. In Ländern wie Russland, Indien oder China gebe es eine starke Nachfrage nach einem solchen Auto für 5 000 oder 6 000 Euro. Das Fahrzeug solle auch mit kleineren Motoren auskommen. „Vorstellbar sind Zweizylindermotoren mit Aufladung“, sagt der VW-Chef. Winterkorn hat außerdem entschieden, dass die Tochter Seat entgegen den Forderungen einiger Manager nicht verkauft wird. Er lässt zwei zusätzliche Modelle für die spanische Marke entwickeln.

DER SPIEGEL 10/2007

Emissionspolitik: Klimaschutz und Kohlekraftwerke in Europa

MATERIAL **5**

Die Europäische Union hat klare Klimaschutzziele. Bis 2012 muss sie gemäß Kyoto-Protokoll, und bezogen auf das Jahr 1990, acht Prozent ihrer Treibhausgase reduzieren. Bis zum Jahr 2020 will sie mindestens 20 Prozent reduzieren. Eine Erhöhung dieses Ziels auf 30 Prozent wird angestrebt, sofern sich andere Länder ebenfalls zu weiter führenden Klimaschutzmaßnahmen nach 2012 verpflichten. Für Deutschland strebt Bundeskanzlerin Merkel sogar ein Minderungsziel von 40 Prozent an. Ziel der EU ist es, gefährlichen Klimawandel zu verhindern und die globale Erwärmung auf maximal zwei Grad Celsius gegenüber vorindustriellem Niveau zu begrenzen. [...] Die Ziele sind ehrenwert und wichtig, sie müssen aber auch umgesetzt werden. Doch selbst von der Umsetzung der Kyoto-Ziele bis 2012 sind viele europäische Staaten weit entfernt. Noch schlimmer: Viele Länder planen auch noch den Bau neuer, besonders klimaschädlicher Kohlekraftwerke. Deutschland ist dabei einsamer Spitzenreiter.

Betrachtet werden [in der folgenden Tabelle] ausschließlich Kraftwerke mit einer Größe von mindestens 500 Megawatt. Die Liste der Kraftwerke umfasst Kraftwerke in Ausschreibung, Planung, Bau.

Allein in Deutschland sind derzeit noch 25 Kohlekraftwerke in Planung, drei davon

Mitgliedstaat	Geplante Kohlekraftwerke	Menge in MW	Ausstoß in Mio t/a
Österreich	1	800	4,7
Bulgarien	1	750	4,4
Frankreich	1	700	4,1
Deutschland*	**33**	**33 435**	**140,0**
Griechenland	1	600	3,5
Ungarn	2	1 600	9,4
Italien	8	5 630	33,0
Niederlande	5	6 200	36,4
Polen	6	3 526	26,2
Slowakei	1	885	5,2
Spanien	1	1 200	7,0
UK	8	8 700	51,0
Summe	68	64 026	324,9

** Von den 33 in Deutschland geplanten Kohlekraftwerken sind 6 bereits im Bau, 2 Kraftwerke wurden verhindert, die restlichen 25 Kraftwerke werden nach Fertigstellung etwa 140 Mt CO_2/Jahr ausstoßen. Ausstoß CO_2 berechnet auf Basis Annahme Wirkungsgrad BAT („best available technology“) und Volllast 8 000 Stunden im Jahr Produktion von Strom.*

Daten Analyse Platts „Power in Europe“ Ausgaben 6/2006 bis 6/2007.

Braunkohlekraftwerke, die bis 2012 ans Netz gehen könnten. Diese Anlagen werden etwa 140 Millionen Tonnen Kohlendioxid pro Jahr ausstoßen, die an anderer Stelle eingespart werden müssten. Zwar werden auch einige alte Kohlekraftwerke abgeschaltet, doch kompensieren diese bei Weitem nicht den enormen Zubau.

Wie man es dreht und wendet – die Einsparungen müssen zusätzlich zu den 21,6 Millionen Tonnen CO_2 erfolgen, die bis 2012 noch reduziert werden müssen. Sie müssen aber auch zusätzlich zu den etwa 270 Millionen Tonnen eingespart werden, die zur Erreichung des deutschen 40-Prozent-Zieles bis 2020 notwendig sind. Denn die Kohlekraftwerke, die jetzt gebaut werden sollen, haben eine Laufzeit bis etwa Mitte des Jahrhunderts. [...]

Die Datenlage macht mehr als deutlich:
Wer heute noch den Bau neuer Kohlekraftwerke zulässt, verrät den Klimaschutz.

Setzt zum Beispiel Großbritannien seine Kohleprojekte ohne Stilllegungen in gleichem Umfang um, wird es sein Kyoto-Ziel, das es eigentlich bereits erreicht hat, erheblich verfehlen. Für Länder wie Spanien und Italien, die bereits jetzt meilenweit davon entfernt sind, ihre Ziele zu erreichen, wird die Kyoto-Zielerreichung nahezu unmöglich. Auch Deutschland kommt bei der Erfüllung seiner Ziele massiv unter Druck, müsste entweder dafür sorgen, dass alte Kraftwerke in gleicher Menge still gelegt werden, oder andere Sektoren müssten erhöhte Minderungsleistungen erbringen. Das 40-Prozent-Ziel bis 2020 wird in jedem Falle unerreichbar. Die CO_2-Speicherung, auf die Politik wie einige Kraftwerksbetreiber setzen, um heute neue Kohlekraftwerke zu bauen, wird frühestens dann nämlich erst für großtechnische Anlagen zur Verfügung stehen. Ob und wann die bis dahin gebauten Anlagen für eine Abscheidung und Speicherung von Kohlendioxid nachgerüstet werden, steht in den Sternen – während der Kimawandel unaufhörlich voranschreitet.

Maßnahmenkataloge, wie das integrierte Klima- und Energiepaket der Bundesregierung, klammern das mittelfristige Problem der Emissionen aus den geplanten Kohlekraftwerken schlichtweg aus, deuten sie gar zur Klimaschutzmaßnahme um. Mit neuen Kohlekraftwerken lässt sich aber kein Klimaschutz betreiben! [...]

Denn Klimaschutz geht anders: Die Erreichung des 40 Prozent-Zieles ist mit einer Energiewende ohne Atomkraft und ohne Braunkohle möglich. Statt auf Kohle müssen wir verstärkt auf Gas und hocheffiziente Kraft-Wärme-Kopplung setzen, erneuerbare Energien weiter ausbauen, Energieeffizienz steigern und den Energieverbrauch reduzieren. Die gilt nicht nur für Deutschland, sondern für alle anderen Europäischen Staaten ebenso. [...]

Greenpeace 10/2007 www.greenpeace.de/fileadmin/gpd/user_upload/themen/klima/EU_Kyoto_und_Kohle.pdf

Einrechnung der Emissionen der geplanten Kohlekraftwerke in die vereinbarten Emissionsminderungen. Datenquelle: Wochenbericht des DIW Berlin Nr. 35/2006

Mitgliedstaat	geplante Kohlekraftwerke [CO_2 in Mio t/a]	notwendige Emissionsänderung bis 2012 zu 2005 [Mt]	Emissionsänderung incl. Kohlekraftwerke bis 2012 [CO_2 in Mio t/a]
Österreich	4,7	- 25,4	- 30,1
Bulgarien	4,4		
Frankreich	4,1	+ 8,1	+ 4,0
Deutschland*	**140,0**	**- 21,6**	**- 161,6**
Griechenland	3,5	-0,5	- 4,0
Ungarn	9,4	+ 30,1	+ 20,7
Italien	33,0	- 97,9	- 130,9
Niederlande	36,4	- 19,6	- 56,0
Polen	26,2	+ 45,2	+ 19,0
Slowakei	5,2	+ 15,1	+ 9,9
Spanien	7,0	- 111,4	- 118,4
UK	51,0	+ 11,4	- 39,6

Arbeit mit statistischem Material

Heute ist Wirtschafts- und Sozialpolitik ohne statistische Erhebungen nicht mehr denkbar. Sie sind darüber hinaus zum festen Bestandteil der Kommunikation zwischen allen Teilnehmern des politischen Lebens geworden. Mitteilungen in messbaren Größen, quantifizierende Aussagen, dienen in Politik und Wissenschaft dazu, die Verallgemeinerbarkeit von Aussagen einsichtig zu machen und damit Forderungen oder Entscheidungen zu legitimieren.

Statistische Aussagen in jeder Form haben zunehmend Eingang in die Werbung gefunden. Dabei soll ihr Anspruch, Zählbares, Messbares, Wiegbares, d. h. Überprüfbares, mitzuteilen - Überzeugungskraft entwickeln. Die Auswertung grafischer Darstellungen zeigt, dass sie aber durchaus emotionale Botschaften enthalten: Die Dramatik im Geschehen an der Aktienbörse spiegelt sich im Verlauf der „Fieberkurve" eines Aktienkurses oder des Aktienindexes wider. Die emotionale Wirkung der statistischen Aussage lässt sich durch geschickte Wahl der Darstellungsform - z. B. kurze Abstände auf der x-Achse, lange Abstände auf der y-Achse - oder durch die Einbettung in Text- und Bildelemente steigern.

Statistische Aussagen in verschiedenen Formen sind damit zu wirksamen Elementen der politischen und gesellschaftlichen Rhetorik geworden und konkurrieren darin mit Texten und Bildern. Die Beherrschung des aktiven und passiven Umgangs mit statistischen Materialien wird damit zur Voraussetzung für die Teilnahme am politischen Leben, der Interessenwahrnehmung in politischen und ökonomischen Auseinandersetzungen.

Folgende Schritte sollten bei der Arbeit mit statistischen Materialien eingehalten werden:

1. **Beschreibung der Statistik:**
   - Was ist das Thema der Tabelle oder Grafik? Es steht oft erst in der zweiten Zeile nach einem eher journalistischen „Aufmacher".
   - Welche Darstellungsform ist gewählt, Tabelle oder Diagramm (Punktdiagramm, Kurvendiagramm, Säulendiagramm, Kreisdiagramm, Flächendiagramm, Figurendiagramm, Piktogramm)?
   - Welche Bezugsgrößen sind genannt, z. B. Beschäftigte pro Jahr?
   - Wie sind die Begriffe, zu denen Aussagen gemacht werden, definiert?
   - Welche Zahlenarten (absolute Zahlen, Prozentzahlen, Indexzahlen) werden verwendet?

2. **Inhaltliche Auswertung der Statistik:**
   - Was ist die Hauptaussage (Trend)? Welche Teilaussagen (Einzelaspekte) lassen sich ableiten?
   - Auf welche Fragen antwortet das Material, auf welche nicht?
   - Welche Entwicklungen sind erkennbar?

3. **Kritische Bewertung der Statistik:**
   - Wie aktuell ist das Datenmaterial?
   - Welche Bezugsgrößen sind ausgewählt und über welchen Zeitraum erstrecken sich die Daten? Ist diese Auswahl angemessen?
   - Welcher Maßstab/welche Proportionen sind verwendet (Einteilungen, Verhältnis der Maßstäbe der beiden Achsen)?
   - Wie wurden die Daten gewonnen bzw. von wem wurden sie bezogen? Welche mögliche Intention hatte der Verfasser?

MATERIAL 6

Emissionshandel

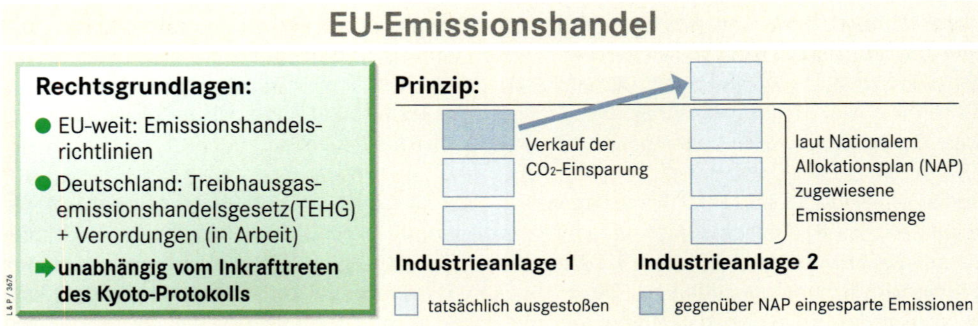

MATERIAL 7

Finanzkrise bedroht Klimaschutz in Europa

Das Klimaschutzprogramm der Europäischen Union droht zu platzen. Auf dem Gipfel der Regierungschefs [2008] stellten Italien und Polen ein Veto [...] in Aussicht. Dabei verwiesen sie auch vor dem Hintergrund der Finanzkrise auf die hohen Kosten für ihre Industrie und Energieversorger.

Dennoch halten die Staats- und Regierungschefs der 27 EU-Staaten an ihrem Ziel fest. auf dem nächsten Treffen im Dezember, das zeitgleich mit der Weltklimakonferenz in Posen stattfindet, die geplanten Regelungen unter Dach und Fach zu kriegen. [...]

Widerstand kommt nun vor allem aus Osteuropa. Polens Energieversorgung hängt nahezu ausschließlich an der Kohle, die Kraftwerke gelten als veraltet. Deshalb will die Regierung Ausnahmen von der Verpflichtung durchsetzen, dass alle Stromversorger die von ihnen benötigten CO_2-Zertifikate ersteigern müssen.

Italien hingegen verwies auf die negativen Folgen der Finanzkrise, wegen der der Industrie keine weiteren Belastungen zuzumuten seien. Anders sah das der spanische Premierminister José Luis Rodríguez Zapatero, der zwar die Kyoto-Ziele wohl nicht mehr erreicht, dies aber mit größerem Wirtschafts- und Bevölkerungswachstum als erwartet begründen kann. [...]

Auch Bundesumweltminister Sigmar Gabriel (SPD) [...] erklärte, dass es keinen Grund gebe, „nur ein Jota abzuweichen von den bisherigen Klimaschutz Strategien". Er habe den Eindruck, dass die Finanzkrise „missbraucht wird von denen, die schon immer gegen die Energie- und Klimapolitik waren", sagte Gabriel. Diese sei aber sogar „ein Teil der Lösung" auch der Finanzkrise.

Anders sieht das offenbar sein Kollege aus dem Wirtschaftsressort, Michael Glos (CSU). Der ließ der *Süddeutschen Zeitung* zufolge in seinem Ministerium berechnen, dass die Auflagen der EU zum Klimaschutz den Strompreis in Deutschland um bis zu 10 Prozent steigen lassen könnten. Dies würde eine Mehrbelastung für die Abnehmer von bis zu 10 Milliarden Euro bedeuten. Allerdings haben die Stromkonzerne den Wert der CO_2-Zertifikate bereits jetzt in ihre Tarife eingepreist, ohne dafür bezahlt zu haben.

Die Bundesregierung setzt sich innerhalb der EU für eine 100-prozentige Versteigerung der CO_2-Zertifikate im Stromsektor ein, will aber die Vorgaben aus dem Europaparlament für das produzierende Gewerbe und die Automobilindustrie aufweichen.

Und damit scheint sich die Bundesregierung durchsetzen zu können. Der französische EU- Vorsitz und die Kommission sagten nach Angaben von Bundeskanzlerin Angela Merkel zu, bei der Verteilung der Einsparungen bei Treibhausgasen „die spezifischen Gegebenheiten jedes Landes" zu berücksichtigen. „Das ist ganz im deutschen Interesse", sagte Merkel nach dem Gipfel.

Aus: Stephan Kosch, in: TAZ vom 17. 10. 2008, S. 8

Man kann Arbeitsplätze nicht konservieren

MATERIAL 8

Der ehemalige Bundesumweltminister Klaus Töpfer über die Klimapolitik der Bundesregierung im Zeichen der Wirtschaftskrise.

Herr Töpfer, die Kanzlerin hat festgestellt, Klimaschutz müsse in der Wirtschaftskrise zurückstehen. Sie will auf EU-Ebene hart verhandeln, damit er keine deutschen Jobs kostet. Gut so?

Klaus Töpfer: Klimaschutz kann angesichts der Gefahren, die er bringt, keine Verhandlungsmasse sein, um die Folgen einer geradezu mutwillig herbeigeführten Finanzkrise mit ihren dramatischen Konsequenzen für die Realwirtschaft zu lösen. Der Klimawandel ist nicht so freundlich innezuhalten, weil wir eine ökonomische Krise haben.

Aber in diese Richtung geht die Politik auch in anderen EU-Ländern [...]

Klaus Töpfer: Ich habe zu oft erlebt, dass Politiker, die Klimaschutz als absolut unverzichtbar bezeichnet haben, ihn plötzlich vergessen, wenn die Zeiten ökonomisch schwieriger werden. Das ist extrem kurzsichtig, weil man zwar möglicherweise jetzt den Abschwung dadurch geringfügig abmildert, längerfristig aber viel größere Einbrüche vorprogrammiert. Der Report des britischen Ökonomen Stern hat gezeigt: Ohne Klimaschutz sinkt das Bruttosozialprodukt dauerhaft um 20 Prozent.

Merkel fordert Ausnahmen für viele Industriezweige beim EU-Emissionshandel und neuerdings auch für Stromkonzerne, die Kohlekraftwerke bauen. Ist das nicht nachvollziehbar?

Klaus Töpfer: Wer mit Ausnahmen anfängt, darf sich nicht wundern, wenn es immer mehr werden – und die gerade durch den Emissionshandel erhoffte Lösung des Klimaproblems auf der Strecke bleibt. Es mag ein, zwei Branchen geben, bei denen Übergangsphasen gerechtfertigt sind, bis die Unternehmen die für die Produktion nötigen CO_2-Zertifikate voll bezahlen müssen – aber nicht mehr. Aktuell sprechen alle über Ausnahmen, nicht mehr über das Ziel. Das macht mir große Sorgen.

Die Industrie macht Druck.

Klaus Töpfer: Richtig. Aber es ist paradox: Der CO_2-Handel ist ein Instrument, das gerade von der Wirtschaft gefordert wurde, weil es Klimaschutz mit marktwirtschaftlichen Instrumenten effizient macht und dadurch die Kosten senken soll. Und jetzt stellt sie ihn infrage. Da darf die Politik nicht wackeln. Wir brauchen den Emissionshandel in Europa – und möglichst bald sogar weltweit.

Interview: Joachim Wille; in: Frankfurter Rundschau vom 8.12.2008, S. 4

1 Erläutern Sie die ökonomische und ökologische Logik von Interessenvertretern, die staatliche Subventionen für energiesparende Haushaltsgeräte fordern (M 1).

2 Stellen Sie die Argumente von Kritikern dieser Subventionspolitik zusammen und nehmen Sie Stellung (M 2).

3 Verfassen Sie einen schlagkräftigen Werbetext zum Einsatz des EU-Labels (S. 109) auch für andere Produkte.

4 Fassen Sie die in M 3 und M 4 genannten umweltpolitischen Ziele und Methoden zusammen. Recherchieren Sie, wie Vertreter der Automobilindustrie auf diese Ziele argumentativ reagieren

5 Untersuchen Sie die Statistiken zum geplanten Bau von Kohlekraftwerken (M 5) mithilfe der Methodenseite. Recherchieren Sie die Argumente von Befürwortern des Kraftwerkbaus.

6 Entwerfen Sie ein Flugblatt, das für bzw. gegen die in M 6 dargestellte Politik argumentiert.

7 Erläutern Sie das Prinzip des Emissionshandels (M 7).

8 Untersuchen Sie die Interessen und Argumente, die sich gegen die EU-Klimaschutzziele richten (M 7).

9 Erläutern Sie die Argumentation von Klaus Töpfer. Kommentieren Sie die verbreitete Parole: „Klimaschutz gefährdet Arbeitsplätze“ (M 8).

VERWEIS

s. S. 120 f.
Finanzkrise

4 Umweltschutz – Handlungsmöglichkeiten vor Ort

In diesem Kapitel werden konkrete Maßnahmen und Initiativen vorgestellt, die das Ziel der Erhaltung der Umwelt und speziell des Klimas verfolgen.

Umweltbewusstes Handeln ist in vielerlei Weise möglich: für Industrieunternehmen, Dienstleister und Privathaushalte. Allerdings ist dieses Handeln in einer Marktwirtschaft auf Rahmenbedingungen angewiesen, die mit dem Umweltschutz zugleich dem Interesse an wirtschaftlicher Effektivität, an der Profitabilität des eingesetzten Kapitals, Genüge tun.

- Wie kann der Staat solche Rahmenbedingungen herstellen?

Es ist dabei oft auf den ersten Blick nicht zu beurteilen, welche ökologischen Folgen eine bestimmte Maßnahme hat. Handelt z. B. vor allem derjenige ökologisch sinnvoll, der Lebensmittel aus seiner eigenen Region konsumiert? Tatsächlich lässt sich diese scheinbar einfache Frage nicht so eindeutig beantworten.

Die folgenden Materialien regen an, darüber nachzudenken, warum viele Möglichkeiten zur Einsparung von Ressourcen, insbesondere der Energieeinsparung, noch nicht genutzt werden.

- Handelt es sich um systematische Hinderungsgründe? Oder um ein Informationsdefizit der Beteiligten?

MATERIAL **1**

Ungenutzte Potenziale

Kaiers Sprüche sind das eine. Seine Taten das andere. Seit mehr als fünf Jahren beweist der promovierte Maschinenbauingenieur in Diensten der Heidelberger Firma SEC, dass die deutsche Industrie – Wirtschaftskrise hin oder her – Geld verschwendet. Und zwar ziemlich viel Geld. Zehn, zwanzig, nicht selten sogar mehr als dreißig Prozent zu viel gäben hiesige Betriebe für Strom und Wärme, für Kälte und für Druckluft aus, behauptet Kaier.
Wer ihn lässt, dem rationalisiert der Spezialist lästige Kosten weg. Das Eingesparte teilt sich die SEC mit dem Klienten. Energie-Contracting heißt das für die Betriebe risikolose Geschäft: In rund 150 Fällen hat Ulrich Kaier bereits bewiesen, dass es funktioniert.
Dennoch sind Kaiers Erfolge ein Mysterium. Wäre der Alltag so, wie ihn ökonomische Lehrbücher beschreiben, wäre der Mann längst arbeitslos. Dann gäben Haushaltsvorstände und Häuslebauer, vor allem aber Unternehmer und Manager, den scharf kalkulierenden Homo oeconomicus, der jedes Einsparpotenzial nutzt. Von wegen – nach Erkenntnissen der Deutschen Energie Agentur (Dena) vergeuden sämtliche Verbraucher, Privatleute wie Unternehmen, im großen Stil Strom, Öl und Gas. Ein Viertel des deutschen Energiebudgets ist überflüssig, schätzt Dena-Chef Stephan Kohler. […]
Mehr Licht, mehr Wärme, mehr Leistung aus einem Liter Öl oder einer Kilowattstunde Strom herauszuholen wäre nicht nur für den einzelnen Betrieb, sondern auch volkswirtschaftlich ein lohnendes Geschäft. Geld, das bisher für den Import von Öl und Gas ausgegeben wird, bliebe dann im Lande und brächte Handwerkern und Herstellern intelligenter Maschinen neue Aufträge. Obendrein würde die Umwelt entlastet. Nichts schont die Natur mehr als die rationelle Energienutzung. […]
Im vergangenen Jahrzehnt holten die Deutschen aus einem Fass Öl oder aus einer Tonne Kohle jährlich gerade einmal 1,8 Prozent mehr Leistung heraus als früher. Will die Bundesregierung ihr Ziel erreichen, die Energieproduktivität bis zum Jahr 2020 gegenüber 1990 zu verdoppeln, dann müsste nach Berechnung des Statistischen Bundesamtes der jährliche Fortschritt ab sofort 2,7 Prozent betragen. Doch selbst mit der Umsetzung einer harmlosen EU-Richtlinie zur Kennzeichnung von Autos nach Spritverbrauch und CO_2-Emissionen ist die Regierung Schröder seit mehr als einem Jahr in Verzug. Energieeffizienz, sagt Ulrich Wagner, wissenschaftlicher Leiter der Münchner Forschungsstelle

Elektromotoren - kein Markt für Innovationen?

für Energiewirtschaft, sei „nicht sexy". Bloß profitabel. [...]

Auch ohne Spezialisten nutzt die Industrie ihre Energiezufuhr immer effizienter. Mittlerweile brauchen die Betriebe, bezogen auf ihre Wertschöpfung, nur noch halb so viel wie 1970. Weshalb der Bundesverband der Deutschen Industrie (BDI) behauptet, die „Effizienzrevolution" finde längst statt. Tatsächlich verbirgt sich dahinter aber kaum mehr als der normale technische Fortschritt und der Strukturwandel. Selbst in den eigenen Reihen trifft deshalb die Erfolgsmeldung der Bundesverband der Deutschen Industrie-Funktionäre auf Skepsis. So hat der Zentralverband Elektrotechnik und Elektronikindustrie (ZVEI) riesige Sparchancen bei der Nutzung von Elektromotoren ausgemacht. Auf deren Konto gehen zwei Drittel des industriellen Stromverbrauchs. Wäre jeder dritte Motor - statt nur jeder zwanzigste - mit einer elektronischen Drehzahlregelung ausgerüstet, würden die Betriebe rund 16 Milliarden Kilowattstunden sparen. Dies entspreche der Stromproduktion von sieben Kohle- oder Gaskraftwerken, so der ZVEI. Nebenbei sänke die Stromrechnung der Betriebe um rund eine Milliarde Euro. [...] Die Manager rechnen falsch. 97 Prozent der Kosten, die Motoren während ihrer Lebensdauer verursachen, sind Ausgaben für Elektrizität. Trotzdem bevorzugen die Einkäufer in den Betrieben Motoren mit möglichst niedrigem Verkaufspreis. Dass die geringen Investitionskosten später durch höhere Stromrechnungen zunichte gemacht werden, stört sie nicht. [...]

Wer weiß schon, dass allein der Standbybetrieb sämtlicher Elektrogeräte eines durchschnittlich ausgestatteten Haushalts jährlich rund 70 Euro kostet? Was sich bundesweit auf mehr als 2 Milliarden Euro summiert - und zwei Kernkraftwerke beschäftigt. [...]

Aus: Fritz Vorholz, Die verbrannten Milliarden, in: DIE ZEIT 7/2003

MATERIAL **2**

Ökologischer Rucksack: Alles schluckt Wasser

Zähneputzen, Duschen, Kochen: Der Bundesbürger verbraucht pro Tag rund 120 Liter Wasser, Tendenz sinkend. So heißt es. Ist aber falsch. Tatsächlich konsumieren wir viel mehr Wasser. Nämlich „virtuelles Wasser". Das ist jenes H_2O, das in den Nahrungsmitteln steckt, die wir essen, und in den Produkten, die wir nutzen. Es sind wahre Fluten – je nach Herkunft der Dinge vielleicht sogar aus Entwicklungsländern, die unter Wasserknappheit leiden.

Ein Beispiel: Die Umweltstiftung WWF hat anlässlich der aktuellen Weltwasserkonferenz in Stockholm einmal zusammengerechnet, wie viel verstecktes Wasser in einem deutschen Frühstück steckt: satte 365 Liter. Tasse Kaffee – 140 Liter, eine Scheibe Brot – 40 Liter, eine Scheibe Käse – 50 Liter, ein Ei – 135 Liter. Damit könnte man schon fast drei Vollbäder nehmen.

Dem wachsenden Problem der Wasserknappheit kann die Welt nur beikommen, wenn auch das „virtuelle Wasser" effizienter eingesetzt wird. Der „ökologische Fußabdruck" muss auch in diesem Bereich kleiner werden. Wie das geht, haben Experten an vielen Beispielen gezeigt: Hauptansatzpunkt ist eine intelligente, sparsamere Bewässerung in der Landwirtschaft. In der modernen Industrie ist ein effizienterer Umgang mit Wasser vielfach schon Usus. Es wird „im Kreislauf" geführt. [...]

Eine Tasse Kaffee: 140 Liter

In einer gewöhnlichen Tasse schwarzen Kaffees befinden sich 125 Milliliter einer braunen, dampfenden, mehr oder minder wohlschmeckenden Brühe – mit Hauptbestandteil Wasser. Tatsächlich werden 140 Liter Wasser benötigt, um sie zu erzeugen. Man braucht rund 21 000 Liter, um ein Kilo Röstkaffee von Anbau mit Bewässerung bis zur Verarbeitung herzustellen. Das Aroma für eine Tasse steckt in sieben Gramm Kaffeepulver. Macht 140 Liter Wasser.

Global betrachtet: Alle Kaffeetrinker der Erde verursachen den gigantischen Wasserkonsum von 120 Milliarden Kubikmeter – 1,5-mal so viel, wie der Rhein im Jahr transportiert. Übrigens: Teetrinken ist sparsam. Eine Tasse = 15 statt 140 Liter.

Ein Hamburger: 2 400 Liter

Ein Pappbrötchen, ein flach geklopfter Fleischklops, Ketchup – plus 2400 Liter Wasser, um reinbeißen zu können. Wie das? Das meiste Wasser wird gebraucht, um die – im Standardfall – rund 150 Gramm Rindfleisch zwischen den beiden Weizenfladen zu produzieren.

Ein Kilo davon verursacht nämlich 15 000 Liter. Bis zum Schlachten konsumiert ein Rind, das 200 Kilo Fleisch liefert, rund 1 300 Kilo Getreide oder Soja plus 7 200 Kilo Raufutter plus 31 Kubikmeter Wasser.

Auch im Getreide „steckt" natürlich Wasser, das hinzugerechnet wird. Die Futtermittel verursachen pro Kilo einen Verbrauch von 15 300 Litern. Prost Hamburger! Oder: Vegetarier sparen viel Wasser.

Ein Auto: 400 000 Liter

Ein Mittelklasseauto wiegt 1 000 bis 2 000 Kilogramm. Steht im Prospekt. Tatsächlich wiegt es viel mehr. Industrieprodukte haben einen „ökologischen Rucksack", der rund 30-mal so schwer ist – wenn man etwa den Abraum bei der Erzgewinnung für Stahl und Blech hinzurechnet. Auch der Wasserverbrauch ist hoch. Eine Studie ermittelte in der gesamten Produktionskette 400 000 Liter, wobei der Konsum in den Autofabriken selbst in jüngster Zeit dank Kreislaufführung stark gesunken ist.

Die Industrie insgesamt ist aber bei Weitem nicht der größte Wasserverbraucher: Die Landwirtschaft verschlingt weltweit rund zehnmal so viel von dem kostbaren Nass.

Ein Kilo Zucker: 1 500 Liter

Zucker im Wasser: löst sich sofort darin auf. Zucker braucht aber auch viel – bis zu 1 500 Liter pro Kilo: Zucker ist aber nicht gleich Zucker. Wird meist aus Zuckerrüben oder Zuckerrohr gemacht.

Für Rohrzucker gibt es eine Ökobilanz: Man braucht etwa 175 Liter Wasser, um ein Kilo Zuckerrohr zu gewinnen – vom Anbau bis zur Ernte. Da nur elf Prozent der Pflanzenmasse Zucker sind, ergibt der Dreisatz: ein Kilo Raffinadezucker gleich 1 500 Liter Wasser.

Globaler gesehen: Zuckerrohr verbraucht etwa 220 Milliarden Kubikmeter Wasser pro Jahr, 3,4 Prozent der Mengen im gesamten Pflanzenanbau weltweit.

[...]

Ein Paar Schuhe: 8 400 Liter

Der „Wasser-Fußabdruck" von einem Paar Lederschuhen variiert stark. Entscheidend ist, welche Lederart verarbeitet worden ist. Für gegerbtes Rindsleder ist die Wasserbilanz berechnet worden: Pro Kilo fallen über den Lebens- und Produktionsweg rund 16 600 Liter an.

Wenn in einem Paar Schuhe 500 Gramm Leder verarbeitet sind, läuft man also, bildlich gesprochen, auf 8400 Litern Wasser. Die Berechnung ist kompliziert. Da das geschlachtete Tier nicht nur Leder liefert, sondern auch Milch, Fleisch und Knochen, werden die Wassermengen auf alle Produkte des Tieres umgelegt.

[...]

Kartoffelchips: 185 Liter

Paprika, salzig: Kartoffelchips machen Durst. Und der Wasserverbrauch ist groß. Eine 200-Gramm-Tüte Chips schlägt mit 185 Litern zu Buche. Die Kartoffel als Grundsubstanz und Geschmacksträger selbst trägt – in industriell verarbeiteter Form – kräftig dazu bei: Pro Kilo kommen durch Anbau, Waschen und Verarbeitung rund 900 Liter zusammen.

Das Internationale Kartoffel-Zentrum (CIP), Sitz in Peru, empfiehlt den Entwicklungsländern die vielfältige Knolle als günstige Alternative zu Getreide und Reis, weil deren Preise stark gestiegen sind.

Ein T-Shirt: 2 700 Liter

Ein T-Shirt besteht zumeist aus Baumwolle, und die hat es in sich: Ein Kilo Baumwollstoff braucht 11 000 Liter, ein 250-Gramm-Hemd also 2 700. Fast die Hälfte davon geht in die Bewässerung der Pflanzen, 14 Prozent werden benötigt,um das mit Dünger und Chemikalien belastete Abwasser zu verdünnen, das von den Feldern und aus der Textilindustrie stammt.

Die Baumwollproduktion verschluckt jedes Jahr 250 Milliarden Kubikmeter und verschmutzt 50 Milliarden: Das sind 3,5 Prozent des Wassers, das weltweit im Feldanbau eingesetzt wird. [...]

Ein Kilo Käse: 5 000 Liter

Käse schließt den Magen – und die Wasserschleusen auf. Die Rechnung: Um ein Kilo herzustellen, braucht man zehn Liter Milch. Faktor zehn. Um zehn Liter Milch zu erhalten, werden 10 000 Liter Wasser eingesetzt. Faktor 1000.

10 x 1 000 = 10 000. Trotzdem braucht man nicht 10 000 Liter, sondern „nur" 5 000 pro Kilo Käse. Der Grund: Die beim Käsemachen entstehende Molke ist kein Abfall, sondern wird ebenfalls verkauft, etwa für Getränke oder Kosmetik. Auf den Käse entfällt so nur die Hälfte.

Aus: Joachim Wille, Alles schluckt Wasser, in: Frankfurter Rundschau vom 19. August 2008, S. 20 f.

MATERIAL 3

Essen fürs Klima? Gütesiegel für den Umweltschutz

So deutlich werden nur wenige: „Müssen wir unbedingt Perrier oder San Pellegrino trinken, also Wasser, das weite Strecken durch Europa transportiert wird, oder jeden Tag Fleisch auf dem Teller haben?", fragt Klaus Wiegandt, der lange Zeit der Metro-Chef war und damit zu den mächtigsten Handelsmanagern Deutschlands zählte. Heute, im Ruhestand, arbeitet er nicht mehr für höhere Gewinne, sondern für eine Revolution: Er möchte die Menschen davon überzeugen, ihre „Lebens- und Konsumstile" drastisch zu ändern. Wiegandt plädiert für ein Wirtschaftsmodell, das langfristig Ressourcen schont. Und noch eines zeichnet den Exmanager aus. Er glaubt an die Macht der Aufklärung. [...]

Lange Zeit galten nur Sprit fressende Autos, betagte Heizungen oder undichte Fenster als die üblichen Verdächtigen, wenn es um die gefährliche Erderwärmung ging. Dass Menschen allein durchs Essen und Trinken den Globus aufheizen, und das nicht zu knapp, ging oft unter. Besonders schwer ist es für viele Verbraucher, die komplexen Zusammenhänge von Klimabilanzen zu durchschauen. Viele wissen beispielsweise nicht, dass sowohl Fleisch- wie auch Milchprodukte selbst aus heimischen Landen das Klima stärker verpesten als Äpfel aus Übersee.

Nach einer von der Verbraucherorganisation foodwatch jüngst vorgestellten Studie stößt allein die deutsche Landwirtschaft Treibhausgase in Höhe von 133 Millionen Tonnen CO_2 jährlich aus – annähernd so viel wie der Straßenverkehr. Die Produktion von Rindfleisch schlägt dabei besonders krass zu Buche.

[...] Trendsetter [...] sind die kleineren Händler wie etwa Tegut aus Fulda mit rund 300 Filialen oder die Firma Feneberg mit Sitz in Kempten, Allgäu, und rund 80 Filialen. Das Familienunternehmen schuf die Marke „Von Hier" – und vertreibt unter diesem Label ausschließlich ökologische Produkte aus der Region im Umkreis von 100 Kilometern. Und laut Thomas Gutberlet, Juniorchef von Tegut, werden von seinen Kunden nicht einmal Äpfel aus dem Alten Land in Norddeutschland akzeptiert. [...] Je stärker die Ökonachfrage wächst, umso mehr Agrarprodukte werden importiert, weil die deutsche Ökolandwirtschaft nicht schnell genug wächst. Experten schätzen, dass 30 bis 50 Prozent aller Biowaren aus dem Ausland kommen. Und daran knüpfen sich viele Fragen. Kann ein Apfel überhaupt bio sein, wenn er Tausende Kilometer hinter sich hat, bevor er in deutschen Einkaufstaschen landet?

[...]

Aus: Gunhild Lütge, in: DIE ZEIT, 11.09.2008 Nr. 38, S. 28

MATERIAL 4

Sommergemüse im Winter kostet Energie

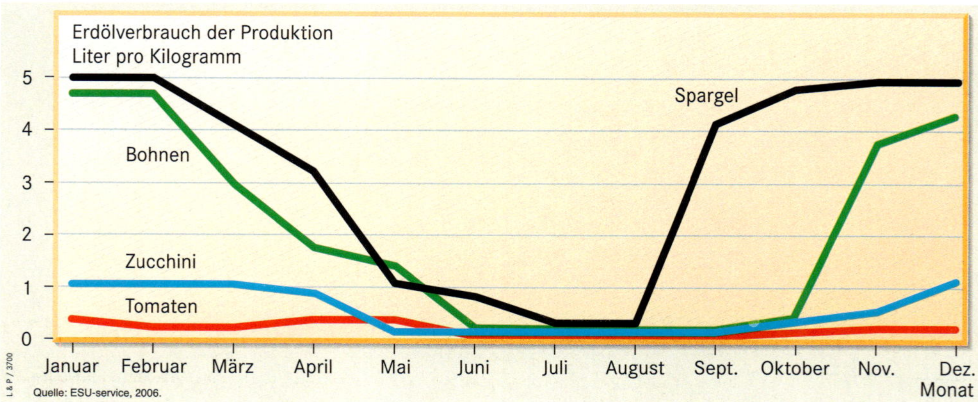

Was kann der Einzelne tun?

MATERIAL 5

CO_2 reduzieren in Deutschland: Individuelles Verhalten wirkt!

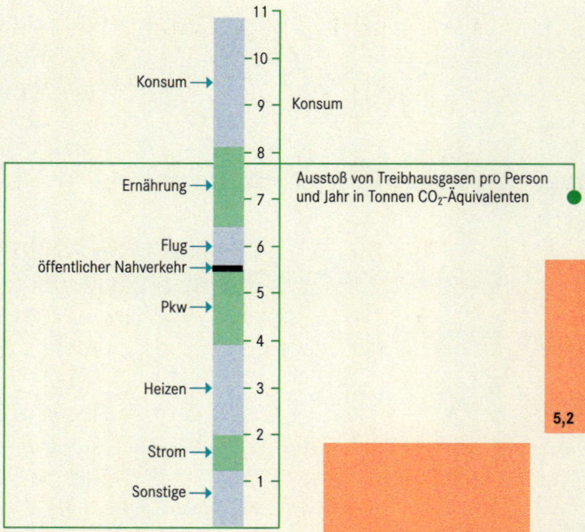

IM INLAND BAHN FAHREN STATT FLIEGEN (1,3)
Zuletzt haben Fluggäste 9,5 Mrd. Personenkilometer auf innerdeutschen Flügen zurückgelegt. Wenn sie die Bahn nehmen, sinkt der CO_2-Ausstoß von 193 auf 56 Gramm CO_2 pro Personenkilometer.

10 PROZENT WENIGER AUTO FAHREN (13,7)
Die rund 42 Mio. privaten Pkw legen im Schnitt ca. 14 500 km pro Jahr zurück, der Durchschnittsverbrauch liegt bei 8 Liter Benzin pro 100 km. 10 Prozent weniger Auto fahren spart 4,8 Mrd. Liter Benzin.

ENERGIESPARLAMPEN EINSETZEN (5,2)
Die Beleuchtung macht 8 Prozent des Stromverbrauchs der Haushalte aus. Davon lassen sich 75 Prozent sparen.

SPRITFRESSER ABMELDEN (2,3)
Der durchschnittliche CO_2-Ausstoß der jährlich mehr als 50 000 neu zugelassenen Pkw liegt bei 172,5 g/km. Sparsame Autos emittieren nur 120 Gramm CO_2 pro Kilometer.

HEIZUNG UM 1 GRAD RUNTERDREHEN (9,7)
Die Gebäudeheizung erzeugt 162 Mio. t CO_2. Ein Grad niedrigere Raumtemperatur senkt Energieverbrauch und CO_2-Emissionen um 6 Prozent.

STAND-BY-GERÄTEN DEN SAFT ABDREHEN (9,0)
Stand-by-Schaltungen verschwenden in jedem Haushalt 375 kWh pro Jahr. Das sind mindestens 60 Euro pro Jahr. Fernseh-, Video- und Audiogeräte sowie elektrische Boiler sind die Hauptquellen.

ALTE KÜHLSCHRÄNKE ERSETZEN (2,5)
18 Mio. Kühlschränke sind Baujahr 1995 und älter. Ihr Stromverbrauch (rund 350 kWh/Jahr) lässt sich mit Geräten der Energiesparklasse A+ um zwei Drittel reduzieren.

SPRIT SPAREN BEIM AUTOFAHREN (5,0)
Frühzeitig bremsen, vorausschauend fahren, nicht mit Vollgas starten: So lässt sich der Kraftstoffverbrauch um 30 Prozent drosseln.

MODERNE HEIZUNGSPUMPEN EINBAUEN (3,3)
Moderne Umwälzpumpen sparen bis zu 80 Prozent der Energie, die man braucht, um das warme Heizungswasser durchs Gebäude zu pumpen. In Deutschland müssten 22 Millionen Zentralheizungen erneuert werden.

ALLE GEBÄUDE ZU NIEDRIGENERGIEHÄUSERN MACHEN (9,4)
Drei Viertel aller deutschen Wohnhäuser sind älter als dreißig Jahre und haben einen Heizenergiebedarf von durchschnittlich 180 kWh/m^2. Wenn man nur 10 Prozent der Wohnfläche auf Niedrigenergiestandard bringt (50 kWh/m^2), lassen sich 31,2 Mrd. kWh einsparen.

WENIGER FLEISCH ESSEN (6,8)
Durch unsere Ernährung verursachen wir 1,65 t CO_2-Ausstoß pro Person und Jahr. Fleisch ist besonders klimaschädlich. Unser Verbrauch ließe sich leicht um 20 Prozent reduzieren. Hinweis: Die Einsparung würde nicht unbedingt im Land stattfinden, da viele Nahrungsmittel importiert werden.

ZU ÖKOSTROM WECHSELN (2,0)
Wenn eine Millionen Haushalte den Stromanbieter wechseln und Ökostrom kaufen, senken sie ihre CO_2-Emissionen von durchschnittlich 605 auf 40 Gramm CO_2/kWh.

SAISONALE UND REGIONALE NAHRUNGSMITTEL KAUFEN (9,5)
Mit dem Verzicht auf Gemüse, das in beheizten Treibhäusern wächst oder mit dem Flugzeug herangeschafft wird, lassen sich 7 Prozent der individuellen CO_2-Emissionen einsparen.

ALLE NEUBAUTEN WERDEN PASSIV (0,1)
Sämtliche Neubauten werden in Passivhausbauweise ausgeführt und verheizen nur noch 15 kWh/m^2 statt heute 60 kWh/m^2. 2007 wurden 156 000 neue Wohnungen mit durchschnittlich 83 m^2 Wohnfläche gebaut.

RECYCLINGPAPIER VERWENDEN (0,2)
Sämtliches Klopapier, das sind 800 000 t pro Jahr, wird von Frischfaser auf Altpapier umgestellt.

MIT DEM RAD ZUR ARBEIT FAHREN (2,3)
19 Mio. Pendler fahren täglich mit dem eigenen Pkw zur Arbeit. Da die Hälfte der Arbeitswege kürzer sind als 10 km, ließen sich leicht 10 Prozent der Strecken mit dem Rad zurücklegen. Das ist nicht nur gut für die CO_2-Bilanz, sondern auch gegen das Übergewicht.

Wohnen | Ernährung | Mobilität | Konsum

Die Angaben in Mio. t CO_2-Äquivalente enthalten neben CO_2 auch die bekannten Treibhausgase Methan und Lachgas. Die Einsparung bezieht sich auf ein Jahr.

L&P / 3708

Berechnungen von Katharina Schächtele, IFEU Heidelberg. Auf Basis von: DENA, DIW, Energieagentur NRW. HEA, IFEU Kraftfahrt-Bundesamt, Statistisches Bundesamt, VDEW, VCD, Zentralverband deutsches Baugewerbe und anderen.

Quelle: LE MONDE diplomatique, Atlas der Globalisierung, 2007.

MATERIAL 6 Flächenverbrauch für die Eiweißproduktion

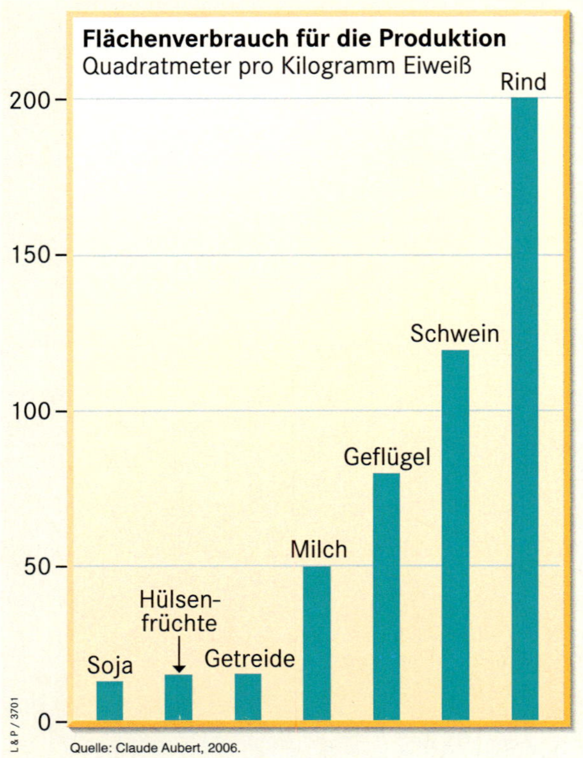

MATERIAL 7 Emissionsvergleich im Personenverkehr

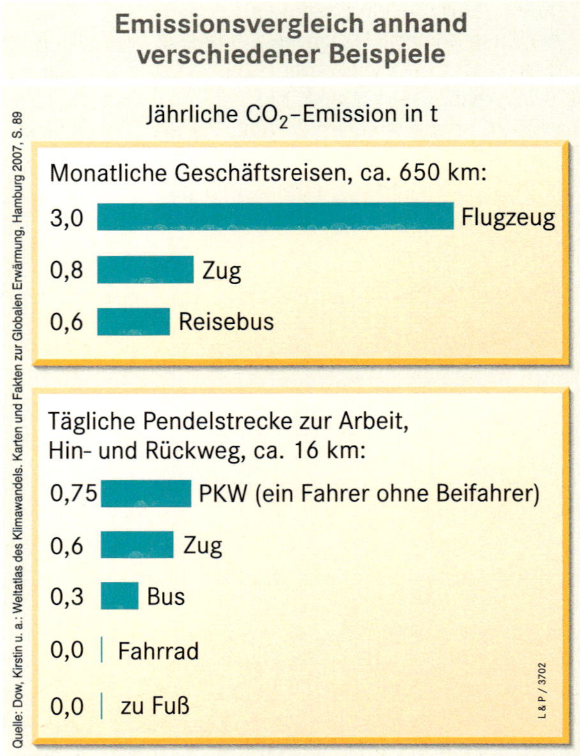

MATERIAL 8 Bildung für eine nachhaltige Entwicklung

Seit 1999 nimmt die Liebigschule (Frankfurt) teil am Programm der Bund-Länder-Kommission „Bildung für eine nachhaltige Entwicklung im 21. Jahrhundert“, kurz BLK 21. Ziel des Projekts ist es, Schülerinnen und Schüler verstärkt daran arbeiten zu lassen, wie sich unsere Umwelt und Gesellschaft entwickeln sollte, damit die Lebensmöglichkeiten für kommende Generationen erhalten bleiben. [...] Um dieses Ziel zu erreichen, arbeiten wir als erste Schule in Hessen an einem Öko-Audit. [...]

In der Umweltpolitik sind wesentliche Leitlinien für das Arbeiten an der Schule formuliert. In der 1. Umweltprüfung, die von Ende 1999 bis Anfang 2001 durchgeführt worden ist, haben verschiedene Arbeitsgruppen – zusammengesetzt aus Schülern, Lehrern und Eltern – zu unterschiedlichen Umweltbereichen den damaligen Istzustand erhoben und dokumentiert.

Wichtige Untersuchungsbereiche waren:

- Zustand der Klassenräume
- Energie- und Wasserverbrauch
- Ernährungsangebot
- Abfallentsorgung und Sauberkeit
- Hygiene in den Toilettenanlagen
- Materialverbrauch
- Zustand der Sportanlagen
- Umweltbildung im Unterricht
- Umgang mit Gefahrstoffen.

Entsprechend der gewonnenen Erkenntnisse wurde ein Umweltprogramm zur Verbesserung der Situation aufgestellt, das mindestens einmal jährlich erneuert wird.

Erste Erfolge:

- Die Thermostatventile in den Unterrichtsräumen werden im Sommer erneuert,
- der Stromverbrauch ist in den vergangenen Jahren leicht gesunken,
- der Zustand der Klassenräume hat sich durch Eigeninitiative verbessert,
- eine Arbeitsgruppe zur Schulhofsanierung ist ins Leben gerufen worden.

Um systematisch eine Verbesserung der Situation voranbringen zu können, wurde vom Umweltteam der Schule, in dem Lehrerinnen und Lehrer, Eltern, der Schulleiter und interessierte Schülerinnen und Schüler mitarbeiten, in einem Umweltmanagementhandbuch rechtliche Grundlagen und Verfahren zusammengestellt, die dazu beitragen sollen, schädliche Auswirkungen des Schulbetriebs auf die Umwelt zu vermindern. Ob dies gelungen und wie man die Verfahren weiter verbessern könnte, wird in einer Umweltbetriebsprüfung getestet [...]. Anschließend wird [...] ein Gutachter von außen überprüfen, ob das von uns erarbeitete Verfahren gemäß der gültigen Öko-Audit-Verordnung zertifiziert werden kann. [...]

www.schulserver.hessen.de/frankfurt/liebig/oeko/oea.htm, 2003

Das Umweltprogramm ÖKOPROFIT

MATERIAL 9

Presseerklärung der Stadt Wiesbaden vom 2. 12. 2008:

Bei einem Empfang wurden am 2. Dezember 2008 29 Unternehmen und Einrichtungen ausgezeichnet, die an der fünften Runde des Ökoprofit-Programms der Stadt Wiesbaden teilgenommen haben. Durch umweltgerechtes Wirtschaften haben sie einen Beitrag zum Klimaschutz geleistet und gleichzeitig Kosten eingespart. [...]
Pro Jahr verringert sich der Stromverbrauch der teilnehmenden Betriebe um über neun Millionen Kilowattstunden, der Wärmeverbrauch um fast 20 Millionen Kilowattstunden, der Treibstoffverbrauch um fast 30 000 Liter. Dadurch reduzieren sich die Kohlendioxidemissionen pro Jahr um gut 14 100 Tonnen. Zusätzlich werden jährlich fast 30 Millionen Liter Wasser, 46 Tonnen Restmüll, 12 Tonnen sonstiger Abfall und über 800 000 Blatt Papier eingespart. Der Großteil der Einsparungen wird im Energiebereich erzielt. Hier zeigt sich, wie wichtig die Themen Energieeffizienz und Nutzung regenerativer Energiequellen sind. Die Aktionen reichen in diesem Jahr von der Errichtung von Photovoltaikanlagen und Blockheizkraftwerken über die Reduzierung des Wärmeverbrauchs durch Baumaßnahmen bis hin zum Austausch von Leuchtmitteln, um den Strom- und Wärmeverbrauch zu reduzieren [...]

www.wiesbaden.de/aktuelles/rathausnachrichten/display.php?presse_id=14437 (4. 3. 2009)

1 Erläutern Sie thesenartig, warum sich die in M 1 genannten Maßnahmen zu einer effizienteren Energienutzung nur langsam durchsetzen.

2 Informieren Sie sich über das Konzept „ökologischer Rucksack“ bzw. „ökologischer Fußabdruck“. Diskutieren Sie praktische Folgen, die sich aus diesem Konzept ableiten lassen (M 2, M 3).

3 Erläutern Sie die Grafiken M 4 – M 6

4 Verfassen Sie ein Informationsblatt, das schlagwortartig alltagspraktische Folgen aus ökologischen Einsichten ableitet und knapp erklärt (M 4 – M 7).

5 Stellen Sie Maßnahmen zusammen, die die Ressourcen- und Energieverschwendung an Ihrer Schule reduzieren könnten (M 8).

6 Erläutern Sie einem Unternehmer, warum sich für ihn die Teilnahme an dem Projekt ÖKOPROFIT rasch rechnet (M 9).

MATERIAL **10**

Streit über Kilometerfresser

Die Professoren Schlich und Holzapfel diskutieren die ökologischen Folgen des Imports von Lebensmitteln aus fernen Ländern.

Frankfurter Rundschau: Herr Professor Schlich, der umweltbewusste Verbraucher, macht im Supermarkt einen Bogen um Schaffleisch aus Neuseeland oder Obst aus Südafrika. Aber Sie sagen: Diese Skrupel sind falsch. Die Ökoszene reagiert geschockt bis verärgert.

Elmar Schlich: Wir haben nicht beabsichtigt, irgendjemanden zu schocken. Wir machen Wissenschaft, in diesem Fall Energiebilanzen, die Produkte aus der Region und solche aus anderen Erdteilen miteinander vergleichen. Es kam heraus: Selbst die weiten Transporte aus Neuseeland spielen hier eine geringere Rolle als die Strukturen und die Art, in denen die Lebensmittel produziert und verarbeitet werden. Dass sich viele darüber aufregen, liegt daran, dass das Thema Lebensmittel emotional besetzt ist.

FR: Sie erteilen den Fans von Wein aus Kalifornien und Rindfleisch aus Argentinien Absolution? Die dürfen ein gutes Gewissen haben?

Schlich: Ich meine, es ist Unsinn, von vorneherein zu sagen: Lammfleisch ist unökologisch, nur weil es aus 14 000 Kilometer Entfernung kommt. Die Containerfrachter fahren, umgerechnet auf das jeweilige Produkt, mit sehr wenig Öl. Und: In Neuseeland brauchen die Tiere im Winter keine Zusatzfütterung, kein Schäfer fährt dort täglich mit dem Auto zur Herde und abends wieder nach Hause, und das Fleisch wird in großen, effizienten Schlachtereien verarbeitet.

FR: Herr Professor Holzapfel, stimmt es denn, dass die Entfernungen praktisch keinen Einfluss auf die Energiebilanzen haben?

Helmut Holzapfel: Nein, die Entfernung spielt natürlich eine ganz wesentliche Rolle, vor allem bei hochgradig arbeitsteilig hergestellten Produkten wie einem Joghurt oder einer Fertigpizza. Die von der Uni Gießen untersuchten Fälle widerlegen das auch gar nicht. Es kommt darauf an, was man vergleicht. Natürlich kann es sein, dass ein Apfelsaft, der zwar von der Streuobstwiese in der Region kommt, aber in einer völlig veralteten Sterilisierungsanlage verarbeitet wurde, in der Energiebilanz schlecht abschneidet. Sogar schlechter als ein Orangensaft, der von einem Früchtemulti in Brasilien stammt, als Konzentrat nach Deutschland geschippert und dann mit Trinkwasser wieder verlängert wird.

FR: Professor Schlich hat also recht?

Holzapfel: Es sieht ganz anders aus, wenn der 30 Kilometer entfernte Betrieb und der, der 14 000 Seemeilen weg ist, gleich effizient arbeiten. Da stellt sich sofort heraus, dass das regionale Produkt besser ist. Ein solcher Fall ist in der von Ihnen, Herr Schlich, betreuten Studie ja auch vorgekommen, dann aber leider nicht mit bewertet worden.

FR: Was ist die Lehre daraus?

Holzapfel: Nicht das neuseeländische Lamm hochjubeln, sondern die Produktion in der Region verbessern. Regionale Produkte unkritisch einzukaufen ist genauso schlecht, wie wahllos nach globalen Produkten zu greifen. Es gibt ja auch unter den Lebensmitteln mit Ferntransport solche, die mit extrem schlechter Energiebilanz hergestellt werden, und bei denen kommt der hohe Transportaufwand sogar noch hinzu.

FR: Also hat Ministerin Künast mit dem Slogan „Regional ist erste Wahl" doch recht?

Schlich: So simpel ist das falsch. Noch mal: Nicht alles, was aus der Region kommt, ist automatisch besser. Ich denke, jedes Land soll das produzieren, was es am besten kann. Warum soll ich denn nicht Lammfleisch aus Neuseeland importieren und das als gute Ware ansehen, wenn dort wegen der klimatischen Bedingungen und des verfügbaren Landes so viel günstiger produziert werden kann? [...]

Holzapfel: ... es fehlt die Energie, die in der Infrastruktur steckt, im Bau der Hafenanlagen, der Schiffe, der Straßen ...

FR: Der Straßenanteil bei Schiffen ist ziemlich klein ...

Holzapfel: So klein ist er nicht, denn das Saftkonzentrat muss von Rotterdam oder Hamburg per Lkw mehrere Hundert Kilometer ins Inland zum Verarbeiter und dann zum Kunden gefahren werden. Je mehr man auf solche Strukturen setzt, desto mehr Straßen und Autobahnspuren braucht man. Dass deren Bau Energie verschlingt, wird auch in Herrn

Schlichs Untersuchungen ausgeblendet. Genauso der Ressourcenverbrauch und die immensen Kosten. Reine Bilanzen der Endenergie greifen also in der Regel zu kurz. Langsam spüren selbst die Firmen, die voll auf die Just-in-time-Lieferungen gesetzt haben, dass auch das Nachteile bringt. Die Autoindustrie achtet wieder mehr darauf, dass die Zulieferer in der Region sitzen.

FR: Autofabriken funktionieren überall in der Welt ähnlich. Aber Landwirtschaft kann in wärmeren Zonen durchaus effizienter sein. Herr Schlich, soll der Süden die Nahrungsmittel herstellen, und bei uns im Norden bezahlen wir Landschaftspfleger statt Bauern?

Schlich: Das ist wieder zu schwarz-weiß gesehen. Wenn ich Mangofrüchte mit dem Flieger just in time reif nach Deutschland fliege, ist das ökologisch hochgradiger Unsinn. Rosen zu Weihnachten, die im Jumbo aus Kenia kommen, genauso. Aber nehmen wir noch mal das Lammfleisch. Jeder Deutsche isst pro Jahr zwölf Kilo davon. 60 Prozent kommen aus Neuseeland. Deutsches Lammfleisch aus der Region kann in der Energiebilanz allenfalls gleichziehen, dann, wenn die Herden groß genug sind und die Verarbeitung in relativ großen Betrieben geschieht. Aber neuseeländisches Lammfleisch kostet nur halb so viel wie das deutsche. [...]

Holzapfel: Aber es gibt immer mehr Verbraucher, die wissen wollen, wo ihre Nahrungsmittel herkommen und wie sie produziert werden. Es gibt Organisationen wie Greenpeace und Foodwatch, die das thematisieren. [...] Ich kann die Leute nur auffordern, zu ihrem regionalen Landwirt oder Nahrungsmittelverarbeiter zu fahren und nachzuschauen, wie effizient dort produziert wird. Das bringt viel in Gang. Auch kleinere Produzenten können dank immer besserer Technik effizient arbeiten. Die Potenziale sind riesig.

Schlich: Ein Einwand: Deutschland ist eben kein Agrarstaat, sondern ein dicht bevölkertes und hoch industrialisiertes Land. Wir sind auf Agrarimporte angewiesen. Wir schaffen es nicht, Ballungsräume wie Berlin, Hamburg oder Frankfurt mit hochwertigen Lebensmitteln nur regional zu versorgen.

Holzapfel: Eine 100-Prozent-Versorgung ist ja gar nicht das Ziel. Aber die Regionen ausbluten zu lassen zugunsten einer globalen Nahrungsmittelproduktion, das wäre fatal.

Schlich: Wer selbst Lebensmittel im eigenen Garten anbaut, ist natürlich am besten dran. Auch wer zum Biobauern fährt, um dort die Lebensmittel selbst abzuholen, hat dabei sicher ein gutes Gefühl. Die Nähe schafft viel Vertrauen. Aber wir müssen trotzdem berücksichtigen, dass die Autofahrten zum Hof die Energiebilanzen dieser so wunderbar ökologisch hergestellten Produkte extrem verschlechtern.

Holzapfel: Keiner will, dass jeder sein Kilo Möhren und seine 250 Gramm Käse mit dem Auto selbst abholt. Es geht nur darum, dass man sich einmal persönlich von der Produktionsweise überzeugen kann. Versuchen Sie das mal, wenn Ihr Wein aus Südafrika, das Lammkotelett aus Neuseeland und der Apfel aus Chile kommt. Das aktuelle Problem ist doch, dass Waren sinnlos etwa über die Alpen transportiert werden, das Schweinefleisch hin, der Speck zurück. [...]

Aus: FR, 20.12.2003, S. 10

Bio-Wein aus Südafrika – wirklich öko?

1 Stellen Sie die Argumente der Professoren Schlich und Holzapfel für und gegen den Import von Lebensmitteln aus fernen Ländern gegenüber. Wann erscheint der Konsum lokaler Produkte ökologisch sinnvoll?

Wirtschaftspolitik

Bund und Länder haben bei ihren wirtschafts- und finanzpolitischen Maßnahmen die Erfordernisse des gesamtwirtschaftlichen Gleichgewichts zu beachten. Die Maßnahmen sind so zu treffen, daß sie im Rahmen der marktwirtschaftlichen Ordnung gleichzeitig zur Stabilität des Preisniveaus, zu einem hohen Beschäftigungsstand und außenwirtschaftlichem Gleichgewicht bei stetigem und angemessenem Wirtschaftswachstum beitragen.

Aus: Stabilitäts- und Wachstumsgesetz § 1 (1967); Stand 10/2009

1 Wirtschaft und Staat

1.1 Grundgesetz und Wirtschaftsordnung

Ist die Versorgung mit elementaren Gütern eine Aufgabe des Staates oder des Marktes? In einer Zentralverwaltungswirtschaft übernimmt diese Aufgabe der Staat, in einer freien Marktwirtschaft überlässt der Staat wirtschaftliche und unternehmerische Aktivitäten dem Markt, auf dem über Investitionen, die Güterproduktion, die Dienstleistungen und auch deren Verteilung entschieden wird. Hier hat der Staat lediglich eine beschränkte Überwachungsfunktion im Sinne der Gefahrenabwehr.

Das Grundgesetz enthält keine Bestimmung über die Wirtschaftsverfassung. Zwar wird z. B. die Institution des Privateigentums garantiert; auf Grundlage welcher Regelungsweisen die Wirtschaftssubjekte miteinander in Kontakt treten, ist damit jedoch nicht festgeschrieben. Eröffnet damit das Grundgesetz der Politik einen freien Spielraum von der Zentralverwaltungswirtschaft bis zur freien Marktwirtschaft? Einen Spielraum, der von der Legislative und Exekutive zur grundsätzlichen Umgestaltung der Wirtschaftsordnung genutzt werden könnte? Die Antworten auf diese Frage sind umstritten.

Einigkeit besteht weitgehend darüber, dass der Staat dort Aufgaben wahrzunehmen hat, wo der Markt die Versorgung nicht sicherstellen kann oder darf, das betrifft u. a. Maßnahmen der Landesverteidigung, der Infrastruktur, von Bildungs-, Kultur- und Verkehrseinrichtungen. Zudem kann aus dem Sozialstaatspostulat des Grundgesetzes abgeleitet werden, dass der Staat seinen Bürgern eine Existenzsicherung garantieren muss, wenn andere soziale Einrichtungen versagen.

Angesichts der sich seit dem Jahr 2007 ausweitendenFinanz- und Wirtschaftskrise übernahm in vielen Ländern der Welt der Staat Aufgaben, die ihm jahrzehntelang von Repräsentanten des Neoliberalismus vehement abgesprochen wurden, die vielmehr die „Selbstheilungskräfte des Marktes" beschworen hatten. Statt Deregulierung steht nun erneut Regulierung und Kontrolle der Finanzmärkte auf der Tagesordnung, Staatsintervention in zahlreichen ökonomischen und sozialen Bereichen, Risikoabsicherung von privaten Geschäften etwa der Banken und Unternehmen durch staatliche Hilfemaßnahmen, also Maßnahmen, die früher rigoros abgelehnt worden waren, werden umgesetzt.

MATERIAL 1

Das Bundesverfassungsgericht zur wirtschaftspolitischen Neutralität der Regierung

Das Grundgesetz garantiert weder die wirtschaftspolitische Neutralität der Regierungs- und Gesetzgebungsgewalt noch eine nur mit marktkonformen Mitteln zu steuernde „soziale Marktwirtschaft".
Die „wirtschaftspolitische Neutralität" des Grundgesetzes besteht lediglich darin, dass sich der Verfassungsgeber nicht ausdrücklich für ein bestimmtes Wirtschaftssystem entschieden hat. Dies ermöglicht dem Gesetzgeber, die ihm jeweils sachgemäß erscheinende Wirtschaftspolitik zu verfolgen, sofern er dabei das Grundgesetz beachtet.
Die gegenwärtige Wirtschafts- und Sozialordnung ist zwar eine nach dem Grundgesetz mögliche Ordnung, keineswegs aber die allein mögliche. Sie beruht auf einer vom Willen des Gesetzgebers getragenen wirtschafts- und sozialpolitischen Entscheidung, die durch eine andere Entscheidung ersetzt oder durchbrochen werden kann.

Aus: Entscheidung vom 20.7.1954 (BVerfGE 4,7)

Das Bundesverfassungsgericht zur Wirtschaftspolitik

MATERIAL 2

Aus einem Urteil, in dem die seit 1976 geltenden erweiterten Mitbestimmungsrechte von Arbeitnehmern für verfassungsgemäß erklärt werden, 1979.

Das Grundgesetz, das sich in seinem ersten Abschnitt im Wesentlichen auf die klassischen Grundrechte beschränkt hat, enthält keine unmittelbare Festlegung und Gewährleistung einer bestimmten Wirtschaftsordnung. Es überlässt dessen Ordnung vielmehr dem Gesetzgeber, der hierüber innerhalb der ihm durch das Grundgesetz gezogenen Grenzen frei zu entscheiden hat, ohne dazu einer weiteren als seiner allgemeinen demokratischen Legitimation zu bedürfen. Da diese gesetzgeberische Gestaltungsaufgabe ebenso wie die Gewährleistung von Grundrechten zu den konstituierenden Elementen der demokratischen Verfassung gehört, kann sie nicht im Wege einer Grundrechtsinterpretation weiter eingeschränkt werden, als die Einzelgrundrechte es gebieten.

Dabei kommt den Einzelgrundrechten die gleiche Bedeutung zu wie in anderen Zusammenhängen: Nach ihrer Geschichte und ihrem heutigen Inhalt sind sie in erster Linie individuelle Rechte, Menschenrechte und Bürgerrechte, die den Schutz konkreter, besonders gefährdeter Bereiche menschlicher Freiheit zum Gegenstand haben. [...] Die Funktion der Grundrechte lässt sich deshalb nicht von dem eigentlichen Kern lösen und zu einem Gefüge objektiver Normen verselbständigen [...]. Der unaufhebbare Zusammenhang, der sich daraus ergibt, ist für die Frage der Verfassungsmäßigkeit wirtschaftsordnender Gesetze von wesentlicher Bedeutung: Diese ist unter dem Gesichtspunkt der Grundrechte primär eine solche der Wahrung der Freiheit des einzelnen Bürgers, die der Gesetzgeber auch bei der Ordnung der Wirtschaft zu respektieren hat. Nicht ist sie Frage eines „institutionellen Zusammenhangs der Wirtschaftsverfassung“ [...] oder eines mehr als seine grundgesetzlichen Elemente gewährleistenden „Ordnungszusammenhangs“ [...].

Dem entspricht es, wenn das Bundesverfassungsgericht ausgesprochen hat, dass das Grundgesetz wirtschaftspolitisch neutral sei; der Gesetzgeber darf jede ihm sachgemäß erscheinende Wirtschaftspolitik verfolgen, sofern er dabei das Grundgesetz, insbesondere die Grundrechte beachtet [...]. Ihm kommt also eine weitgehende Gestaltungsfreiheit zu [...]. Das darin zutage tretende Element relativer Offenheit der Verfassungsordnung ist notwendig, um einerseits dem geschichtlichen Wandel Rechnung zu tragen, der im besonderen Maße das wirtschaftliche Leben kennzeichnet, andererseits die normierende Kraft der Verfassung nicht aufs Spiel zu setzen. Allerdings darf die Berücksichtigung der Gestaltungsfreiheit des Gesetzgebers nicht zu einer Verkürzung dessen führen, was die Verfassung in allem Wandel unverändert gewährleisten will, namentlich nicht zu einer Verkürzung der in den Einzelgrundrechten garantierten individuellen Freiheiten, ohne die nach der Konzeption des Grundgesetzes ein Leben in menschlicher Würde nicht möglich ist. Die Aufgabe besteht infolgedessen darin, die grundsätzliche Freiheit wirtschafts- und sozialpolitischer Gestaltung, die dem Gesetzgeber gewahrt bleiben muss, mit dem Freiheitsschutz zu vereinen, auf den der einzelne Bürger gerade auch dem Gesetzgeber gegenüber einen verfassungsrechtlichen Anspruch hat. [...]

Aus: Entscheidung vom 1.3.1979 (BVerfGE 50, 290).

1 Geben Sie die zentralen Bestimmungen der Entscheidungen des Bundesverfassungsgerichts über die Wirtschaftsordnung in eigenen Worten wieder.

2 Diskutieren Sie, inwieweit aus diesen Urteilen des Bundesverfassungsgerichts Forderungen nach einem wirtschaftspolitisch eher aktiven oder passiven Staat abgeleitet werden können.

MATERIAL 3 Grundelemente von Wirtschaftsordnungen

Wirtschaftsordnungen sind strukturbestimmend für das Zusammenleben in einer arbeitsteiligen Volkswirtschaft. [...] Regeln und Institutionen der Wirtschaftsordnung sind auf das ökonomische Zusammenleben bezogen, aber nicht zwangsläufig wirtschaftlicher Natur. [...] So sind die meisten Regeln und Normen einer Volkswirtschaft Bestandteil der Rechtsordnung. Wirtschafts- und sozialpolitische Institutionen wie die zuständigen Parlamente und ihre Exekutivorgane auf Bundes-, Länder- und Gemeindeebene sowie die Behörden der Wirtschaftsverwaltung sind keine primär ökonomischen Institutionen, obwohl sie maßgebend die Wirtschafts- und Sozialordnung prägen. [...]

Die Wirtschaftsordnung prägt die Struktur des Zusammenlebens in einer arbeitsteiligen Volkswirtschaft, indem sie alle Regeln, Normen und Institutionen umfasst, die als Rahmenbedingungen die ökonomischen Entscheidungs- und Handlungsspielräume der am Wirtschaftsprozess Beteiligten fixieren. [...]

Als Kriterien zur Klassifizierung von Wirtschaftsordnungen dienen unter anderem Formen der Planung und Lenkung, des Eigentums, der Markt- und Preisbildung, der Unternehmensorganisation sowie der Geld- und Finanzwirtschaft. So können beispielsweise Planung und Lenkung dezentral oder zentral erfolgen. Das Eigentum an den Produktionsmitteln kann privat, staatlich oder gesellschaftlich sein, während bei der Markt- und Preisbildung die Palette vom Polypol bis zum Monopol denkbar ist.

Aus: Entscheidung vom 20.7.1954 (BVerfGE 4,7)

MATERIAL 4 Wirtschaftspolitik und gesellschaftspolitische Grundauffassungen

Einigkeit herrscht [...] dass die staatliche Gemeinschaft verpflichtet ist, die Menschen vor dem Verhungern zu bewahren und ihnen das Existenzminimum zu sichern. Kontrovers wird es jedoch in dem Moment, wo zu entscheiden ist, [...] wie hoch die Unterstützung sein soll und welches Ausmaß an Eigenleistung und Eigenvorsorge von dem Betreffenden erwartet werden kann.

Konservative und Liberale stellen hier das sog. Subsidiaritätsprinzip in den Mittelpunkt ihrer Überlegungen. Es besagt: Die übergeordnete Gemeinschaft, also der Staat, soll die nächstniedrige Einheit, also die Familie, nur insoweit unterstützen, wie die betreffende Einheit nicht aus eigener Kraft in der Lage ist, sich zu helfen. Hinter dem Subsidiaritätsprinzip steht die grundlegende Auffassung: Der Einzelne ist im Prinzip für sich selbst verantwortlich, die staatliche Gemeinschaft hilft nur insoweit, als er selbst zur Hilfe nicht in der Lage ist. [...] Politische Parteien und Gruppen in der linken Hälfte des politischen Spektrums gehen demgegenüber von einer kollektiven Verantwortlichkeit für die Lage des Einzelnen aus. Dies bedeutet: [... Die] staatliche Gemeinschaft [muss] für den Einzelnen einstehen, weil er seine Lage nicht individuell verschuldet hat. [...]

Wie das Sozialstaatsprinzip inhaltlich ausgefüllt wird, hängt also von der jeweiligen politischen Mehrheit ab. Die Wirtschaftspolitik einer Regierung befindet sich deshalb in einem ständigen Spannungsfeld gegensätzlicher auf sie einwirkender Kräfte mit jeweils unterschiedlichen gesellschaftspolitischen Grundauffassungen. Deshalb ist es [...] wichtig zu analysieren, welche gesellschaftspolitischen Grundauffassungen die jeweiligen Akteure vertreten und zu wessen Gunsten und zu wessen Lasten wirtschaftspolitische Maßnahmen wirken.

Aus: Hermann Adam: Wirtschaftspolitik und Regierungssystem der Bundesrepublik Deutschland, Opladen: 3. Auflage 1995, S. 58 f. und S. 62.

1.2 „Schlanker Staat?"

Wirtschaftspolitische Maßnahmen erhöhen die den Bestand an Gesetzen und Verordnungen. Vielfach wird die Kritik laut, dass es eine zu hohe Regelungsdichte in der Bundesrepublik gebe und dass ein Abbau von Gesetzen und Verordnungen nötig sei. So führten die Bauvorschriften in Deutschland dazu, dass ein Haus doppelt so teuer wie in den Niederlanden sei.

Die Bundesregierung unter Bundeskanzler Helmut Kohl setzte sich eine „Deregulierung" zum Ziel und etablierte 1995 einen Sachverständigenrat „Schlanker Staat", der 1997 mit Vorschlägen an die Öffentlichkeit trat. Diese Orientierung an einem Rückzug des Staats wurde auch unter Kanzler Gerhard Schröder nicht prinzipiell verändert.

Der Staat auf dem Rückzug?

MATERIAL 1

Das Wort von der **Privatisierung** meint den Rückzug des Staates aus eigener Wirtschaftstätigkeit. Die Übergänge zur Deregulierung sind fließend. Denn eine staatswirtschaftliche Betätigung lässt sich auch als eine vergleichsweise intensive Ausprägung von Regulierung begreifen. Bei einer materiellen Privatisierung zieht sich der Staat aus Bereitstellung wie Produktion eines Gutes zurück. Ein Beispiel ist die Veräußerung eines

Privater Postdienstleister 2008

Staatsunternehmens. Bei einer formellen Privatisierung bleibt die betreffende Tätigkeit als Staatsaufgabe definiert. Die öffentliche Hand bedient sich nur der Instrumente des privaten Rechts, meist um mehr Flexibilität zu erzielen. Eine dritte Privatisierungsform ist das „Contracting out": die Überantwortung einer öffentlichen Aufgabe an selbstständige Private. [...]

Die Zwecke einer Privatisierung bleiben verknüpft mit jenen Werturteilen, welche die Aufgabenverteilung zwischen privater Gesellschaft und hoheitlich handelndem Staat in seinen verschiedenen Ausprägungen in einer marktwirtschaftlichen Wirtschaftsordnung steuern. Eine marktwirtschaftliche Ordnung wird geschätzt, weil sie ein Höchstmaß an individuellen Handlungsfreiheiten ermöglicht. Bei einer Staatsausgabenquote von beinahe 50 Prozent und einer Staatsabgabenquote von etwa 46 Prozent wird die Metapher vom Staat als Leviathan1 realistisch. [...]

Staatliche Betriebe arbeiten unwirtschaftlicher als Privatbetriebe. Der wichtigste Grund liegt darin, dass es am Anreiz- und Sanktionssystem fehlt, das mit Privateigentum verbunden ist. Entschlossene Privatisierung würde überdies eine nachhaltige Reduzierung der öffentlichen Verschuldung erlauben. Dies könnte die Schuldenlastquote des Staates dauerhaft verringern. Effizienz hemmend sind ferner Wettbewerbsverzerrungen, wie sie mit staatswirtschaftlicher Tätigkeit häufig verbunden sind (z. B. Steuerbefreiungen für die Müllabfuhr als angeblich hoheitliche Aufgabe). [...] Verwaltungskunst findet immer Wege, wenn es Konkurrenten abzuschrecken gilt („verzögern, zu Tode prüfen"). Insgesamt ist Privatisierung neben Deregulierung und Entbürokratisierung ein zentrales Element, um die Investitions- und damit die Arbeitsbedingungen in Deutschland zu verbessern. Eine marktwirtschaftliche Ordnung wird geschätzt, weil die Überantwortung wirtschaftlicher Austauschprozesse in den Bereich der Gesellschaft einen wesentlichen Beitrag zu einer horizontalen Gewaltenteilung in einem Gemeinwesen leistet, damit nicht die eine Seite zum Knecht der jeweils anderen wird. Staatliche Wirtschaftstätigkeit führt dagegen zu einer Akkumulation von politischer und von wirtschaftlicher Macht. Ausdruck dieser Verbindung ist das verbreitete Phänomen des Filzes zwischen politischen Entscheidungsträgern und öffentlichen Unternehmen im weitesten Sinne. Man sollte die Langzeitrisiken dieses Phänomens nicht unterschätzen. „Mangelnder Gemeinsinn" und „Staatsverdrossenheit" könnten darin eine Wurzel haben. [...]

Man schätzt eine marktwirtschaftliche Ordnung auch deshalb, weil sie ein System abstraktgenereller Regeln und entsprechende dezentrale Konfliktlösungsmechanismen ermöglicht. **Privateigentum** und **individuelle Vertragsfreiheit** sind die wichtigsten Beispiele dafür. Nicht politisch-diskretionäre Entscheidungen, sondern Entscheidungen nach allgemeinen Rechtsregeln geben das Leitbild. Jene intransparente Gemengelage von Interessen, wie sie bei staatlicher Wirtschaftstätigkeit häufig auftritt, entfernt sich auch davon. Im schlimmsten Falle sitzen Spieler, Schiedsrichter und Regelaufsteller in einem Boot.

Auf die wichtigsten Argumente von Privatisierungsgegnern sei geantwortet: Zu den originären Staatsaufgaben gehört die Bereitstellung - nicht die Herstellung - von öffentlichen Gütern. Nach einer Formulierung der Deregulierungskommission sind dies solche, „für die entweder die doppelte Bedingung erfüllt ist, dass der Gebrauch durch den einen nicht mit dem Gebrauch durch einen anderen rivalisiert und - deshalb - niemand vom Gebrauch ausgeschlossen werden soll (was sich nicht von selbst versteht), oder die einfache Bedingung, dass aus tatsächlichen Gründen ein Ausschluss vom Gebrauch unmöglich oder jedenfalls unwirtschaftlich ist. Dies führt dazu, dass solche Güter auf Märkten nicht oder nur in unzureichendem Maße angeboten und nachgefragt werden." [...]

Bei den „meritorischen"2 Gütern (klassisches Beispiel ist die verbilligte Abgabe von Schulmilch, womit der Staat die Gesundheit der Schulkinder fördern will) genügt eine staatliche Unterstützung privater Bereitstellung. Eines unmittelbaren staatlichen Angebots bedarf es nicht. Besonders wenig wert ist eine Rechtfertigung staatlicher Wirtschaftstätigkeit mit der Begründung, öffentliche Unternehmen sollten eine Preispolitik nach sozialen Gesichtspunkten betreiben. Wie der Kronberger Kreis schreibt, „nimmt ihnen (dies) die Möglichkeit zu marktwirtschaftlicher Rationalität und die (meist) damit begründete Abschirmung gegen Wettbewerb dann auch noch den Zwang dazu. Keine Sozialpolitik ist teurer als die mit Ineffizienz bezahlte."

Auch das Ziel der Einkommenserzielung ist schwach fundiert. Aufgrund der regelmäßig höheren Effizienz von Privatunternehmen lässt sich für den Fiskus mit einer adäquaten Besteuerung mehr erreichen. Eine verfassungspolitische Erwägung tritt hinzu: Staatsfinanzierung über Steuern gewährleistet am ehesten eine parlamentarische und zugleich eine öffentliche Kontrolle über den Umfang der Staatstätigkeit. [...]

Reformdruck geht vom europäischen Gemeinschaftsrecht aus. Dies gilt nicht unmittelbar unter dem Aspekt der Privatisierung. Artikel 295 EG-Vertrag lässt die Eigentumsordnungen in den verschiedenen Mitgliedsländern unberührt. Es gilt aber mittelbar insoweit, als eine erzwungene Öffnung der Märkte zu Wettbewerb innerstaatliche Anpassungsmaßnahmen auslöst. So wäre es in Deutschland ohne den Druck des Gemeinschaftsrechts kaum zur durchgreifenden Liberalisierung des Fernmeldewesens gekommen.

Aus: Frankfurter Allgemeine Zeitung vom 30. 5. 1998, S. 15, Autor: Wernhard Möschel.

Renaissance des starken Staates in der Wirtschaftkrise?

MATERIAL 2

Der Politikwissenschaftler Prof. Karl-Rudolf Korte (Universität Duisburg-Essen) zur Renaissance eines früheren Politikmodells

Verkehrte Welt: Themen, bei denen früher Globalisierungsgegner wie Attac mit Kritik von links tonangebend waren, sind heute zur Mehrheitsmeinung geworden. Im Land der freien Marktwirtschaft, den USA, wurden bislang neun private Banken unter Staatsaufsicht gestellt. Die Finanzkrise legitimiert ganz offensichtlich den intervenierenden, starken Staat. Das Primat der Politik kehrt zurück. Nach der Bundestagswahl von 2005 kam es zuletzt zu einem derart deutlichen Wechsel im öffentlichen Diskurs. Damals bereits strafte das Wahlergebnis alle Deregulierer deutlich ab. Sozialstaatlichkeit kehrte im Bewusstsein als Staatsräson zurück. Die Wähler wollten weder Agenda 2010 noch den marktdominanten Kurs des Leipziger Parteitages der Union. Die Renaissance des Sozialen zwang die Volksparteien, die Mitte wieder zu besetzen und schaffte zeitgleich Platz für den Erfolg der Linken.

Nun erleben wir eine neue Variante dieses Diskurses. Noch immer spielen die Fragen von Gerechtigkeit und Ungleichheit eine dominante Rolle innerhalb der Bevölkerung. Doch neben Gerechtigkeit hat sich die Sehnsucht nach Sicherheit und Ordnung deutlich nach vorne geschoben. Aus der Risikohaftigkeit des Alltags ist die Rhetorik der Not geboren, in der ganz offensichtlich der Staat neue Autorität erhält, als Krisengewinner mit enormer Regelungsmacht.

Insofern können die Volksparteien gleichermaßen auch davon profitieren, nicht nur die Linke, die mehr zu Gerechtigkeit, weniger zu Sicherheit nachgefragt wird. Die SPD kann, abseits der Agenda 2010, darauf verweisen, wie sie frühzeitig bestimmte Finanzprodukte als „Heuschrecken" gegeißelt hatte. Sie steht in der Tradition eines verteilenden, starken und regulierenden Staates. Doch auch die Union kann im Fundus der Grundsatzprogrammatik Antworten auf den neuen Bedarf nach Sicherheit formulieren. Denn im Kern kristallisiert sich eine Sehnsucht nach Sicherheitskonservatismus heraus: Bindung, Verantwortung, Anlehnungs- und Geborgenheitsbedürfnisse auf der Basis von gemeinwohl orientierten christlichen Werten, könnten Antworten sein auf den Zusammenbruch von Geldmärkten in der Ära extremer Selbstverwirklichung.

Doch auch die augenblickliche Diskussion ist nicht frei von Selbsttäuschungen. Denn den starken Staat haben wir bereits. Der Anteil staatlicher Leistungen an der Wirtschaftskraft des Landes lag vor der Finanzkrise bereits bei deutlich über 40 Prozent.

www.derwesten.de/nachrichten/waz.html WAZ, 24. 10. 2008

Die Rolle des Staates in einer sich verändernden Welt

MATERIAL 3

[...] **Fünf fundamentale Aufgaben** bilden den Kernbereich jeder Regierungsaktivität, ohne die eine tragfähige, und die Armut reduzierende Entwicklung unmöglich ist:

- die Errichtung eines Rechtsfundaments;
- die Aufrechterhaltung eines verzerrungsfreien politischen Umfelds, einschließlich gesamtwirtschaftlicher Stabilität;
- Investieren in grundlegende soziale Leistungen und in die gesellschaftliche Infrastruktur;
- der Schutz der Schwachen;
- der Schutz der Umwelt.

Obwohl die Bedeutung dieser fundamentalen Aufgaben seit langer Zeit weitgehend anerkannt ist, haben sich doch neue Einsichten ergeben, und zwar bezüglich der angemessenen Mischung von marktwirtschaftlichen und staatlichen Aktivitäten, um diese Aufgaben zu erfüllen. Am wichtigsten ist, dass man jetzt die Märkte und die Regierungen als komplementär ansieht: Der Staat ist unentbehrlich, wenn es darum geht, die geeigneten institutionellen Grundlagen für die Märkte in Kraft zu setzen. Und die Glaubwürdigkeit der Regierung – die Vorhersehbarkeit ihrer Regelungen und politischen Maßnahmen sowie die Folgerichtigkeit, mit der sie angewendet werden – kann für die Attraktivität privater Investitionen ebenso wichtig sein wie der Inhalt dieser Regelungen und Maßnahmen.

Vielen Ländern fehlen die wichtigsten institutionellen Grundlagen für die Entwicklung der Märkte. [...] Schwache und willkürlich handelnde staatliche Institutionen vervielfältigen die Probleme oft durch ein unvorhersehbares, inkonsistentes Verhalten. Weit davon entfernt, das Wachstum der Märkte zu unterstützen, verschleudern solche Handlungen die Glaubwürdigkeit des Staates und schädigen die Marktentwicklung.

Um die Entwicklung stabil und nachhaltig zu gestalten, muss der Staat sein Augenmerk auf die sozialen Grundlagen richten. [...] Allzu oft nehmen die Maßnahmen und Programme denjenigen Menschen die Mittel und Leistungen weg, die sie am meisten benötigen. [...] In vielen Regionen sind Armut und Ungleichheit oft zu Lasten von ethnischen Minderheiten, von Frauen oder von benachteiligten geographischen Gebieten verzerrt. [...] Die staatlichen Maßnahmen und Programme müssen darauf abzielen, nicht nur Wachstum zu fördern, sondern auch sicherzustellen, dass die Vorteile eines marktgestützten Wachstums ausgeglichen verteilt werden, insbesondere durch Investitionen in die Grundausbildung und die Gesundheitsfürsorge. Sie müssen auch sicherstellen, dass die Menschen gegen materielle und persönliche Unsicherheit geschützt werden. [...]

Staatliche Regulierung ist auch nicht die einzige Antwort auf die Umweltverschmutzung. Es steht jetzt ein größeres Bündel an innovativen und flexiblen Anreizen zur Verfügung, um Umweltverschmutzer zu veranlassen, ihren angerichteten Schaden zu beseitigen. Obwohl es für sinnvolle regulative Rahmenbedingungen und Informationen über die Umwelt keinen Ersatz gibt, können diese neuen Methoden, die zur Verbesserung der Umwelterfolge auf Überzeugungskraft, sozialen Druck und die Marktkräfte setzen, oft dort Erfolge aufweisen, wo es die Regulierung nicht vermag. [...]

Aus: Weltbank (Hrsg.): Weltentwicklungsbericht 1997, Der Staat in einer sich ändernden Welt, Bonn: UNO-Verlag 1997, S. 4 ff.

MATERIAL 4

Dienstleistungen: Privatisierung kein Königsweg

Wie kann das Angebot an Dienstleistungen verbessert werden, von denen die Erreichung der Millenniumsziele in den Bereichen Bildung, Gesundheit, Trinkwasser- und Stromversorgung abhängt? Wie kann der Zugang der Armen zu diesen Dienstleistungen verbessert werden? Um diese Fragen geht es im diesjährigen Weltentwicklungsbericht der Weltbank, der Ende September veröffentlicht wurde (World Development Report 2004. Making Services Work for People). Der Bericht beruht auf einer Fülle von empirischen Studien zu verschiedenen Dienstleistungssektoren, einzelnen Dienstleistungsprojekten und -programmen und gibt viele Beispiele für funktionierende Dienstleistungsbeziehungen im Dreieck von Staat, Dienstleistungsanbietern und Nutzern.

Der Bericht ist nicht einseitig ideologisch ausgerichtet, sondern distanziert sich ausdrücklich von der „neoliberalen" Empfehlung, Schwierigkeiten und Engpässe bei der Bereitstellung von Dienstleistungen durch den Staat seien durch Privatisierung einfach zu umgehen. Dies sei in der Regel keine Lösung für die Armen, da diese sich private Dienstleistungen selten leisten können. Es müssten deshalb andere Wege beschritten werden, um die Versorgung der Armen mit sozialen Dienstleistungen zu verbessern. Vor allem müssten arme Nutzer in die Lage versetzt werden, ihre Ansprüche anzumelden. Durch die Veröffentlichung sektoraler Budgets bis hinunter zur Gemeindeebene beispielsweise könne jeder kontrollieren, ob zugesagte Mittel überhaupt in seinem Dorf angekommen sind. Ein noch wirksameres Instrument, die „Stimme der Armen" gegenüber staatlichen oder privaten Dienstleistern zu stärken, seien an die Nutzung von Dienst-

leistungen gebundene Einkommenstransfers – beispielsweise in Form von Bildungsgutscheinen (voucher) –, die es den Armen ermöglichen, ihren Bedarf an sozialen Dienstleistungen wie zahlungskräftige Nachfrager zur Geltung zu bringen.
Der Bericht räumt jedoch ein, dass die Stärkung der „Kundenmacht“ allein noch keine Verbesserung bringt. Vielmehr müssten gleichzeitig die Leistungsfähigkeit der öffentlichen Anbieter von Dienstleistungen sowie deren Aufsicht und Regulierung durch den Staat verbessert werden. Dabei müsse in kleinen, konsensfähigen Schritten vorgegangen werden, da Reformen im öffentlichen Sektor politisch heikel seien.
Nach den Erfahrungen mit bisherigen Programmen von Internationalem Währungsfonds und Weltbank, die häufig auf eine umfassende Umgestaltung des Dienstleistungssektors abzielten, erscheinen dieser im Weltentwicklungsbericht vorgeschlagene „strategische Inkrementalismus“ und die Absage an One-size-fits-all-Lösungen erstaunlich bescheiden.

Aus: E + Z 11/2003 (Jürgen Wiemann)

Funktionen eines Staates				
		Bekämpfung von Marktversagen		**Verbesserung der Gleichheit**
Minimal-funktionen		**Bereitstellung rein öffentlicher Güter:** Verteidigung Recht und Ordnung Eigentumsrechte		**Schutz der Armen** Programme gegen die Armut Katastrophenhilfe
Mittlere Funktionen	**Beschäftigung mit externen Faktoren:** Grundlegende Ausbildung, Umweltschutz	**Regulierung der Monopole:** Regulierung der Versorgungsunternehmen, Kartellpolitik	**Überwindung unvollkommener Informationen:** Finanzielle Regulierungen Verbraucherschutz	**Bereitstellung einer Sozialversicherung** Umverteilung durch Pensionen, Familienbeihilfen, Arbeitslosenversicherung

1 Formulieren Sie nach der Lektüre von M 1 Bedingungen, die erfüllt sein müssen, damit von einem „Schlanken Staat“ die Rede sein kann.
2 Zeigen Sie, welche Maßnahmen zu einer „Verschlankung“ des Staates grundsätzlich getroffen werden können.
3 Diskutieren Sie, inwieweit ein „schlanker“ bzw. „starker“ Staat im Interesse der Bürgerinnen und Bürger ist. Differenzieren Sie dabei auch nach Interessengruppen (M 2 bis M 4).

VERWEIS
s. S. 91
freie und soziale Marktwirtschaft

2 Sicherung des Wettbewerbs

2.1 Wettbewerb und Konzentration – das Beispiel Strommarkt

MATERIAL 1

Welche Marktformen gibt es?

In der Realität haben die Unternehmen auch in der Marktform des Polypols oft einen gewissen Preisfestsetzungsspielraum. Das liegt daran, dass die angebotenen Produkte oder Dienstleistungen fast nie völlig identisch sind bzw. es andere Argumente gibt, die für oder gegen bestimmte Anbieter sprechen. So wird ein Haushalt vermutlich auch einem etwas teureren Handwerker den Auftrag erteilen, wenn er mit ihm schon gute Erfahrungen gemacht hat, oder er wird bereit sein, im um die Ecke gelegenen Geschäft etwas mehr zu bezahlen, als er im Supermarkt außerhalb der Stadt zahlen müsste. [...]
Eine auf Konsumgütermärkten weit verbreitete Marktform ist die des Oligopols, bei der nur wenige große Anbieter am Markt agieren. Ein recht gutes Beispiel [...] ist der Benzinmarkt, auf dem sich die Hersteller mit Argusaugen beobachten. Kaum senkt etwa Esso die Preise, folgen Dea, Shell, Aral und die anderen. Allerdings munkelt man bisweilen, die Ölkonzerne würden sich untereinander abstimmen oder sogar absprechen, was in Deutschland prinzipiell verboten ist.

Nachfrager / Anbieter	einer	wenige	viele
einer	Bilaterales Monopol	beschränktes Monopol	Monopol
wenige	beschränktes Monopol	Bilaterales Oligopol	Oligopol
viele	Nachfrage-Monopol	Oligopol	(bilaterales) Polypol

Beim Monopol tritt nur ein marktbeherrschendes Unternehmen auf. Man denke etwa an den Besitzer der einzigen Wasserquelle weit und breit. Typischerweise kann der Monopolist seine Preise selbst bestimmen. Zudem ermöglicht die Monopolstellung am ehesten die Chance, das gleiche Produkt an verschiedene Konsumenten zu unterschiedlichen Preisen zu verkaufen. Eine solche Preisdifferenzierung dient dem Zweck, von jedem Kunden genau den Preis zu erhalten, den dieser maximal zu zahlen bereit ist. [...]

Nach: Herbert Sperber, Wirtschaft verstehen – nutzen – gestalten, Hannover: 2002, S. 57 f.

MATERIAL 2

Schock aus der Steckdose

Die Elektrizitätskonzerne haben bis April den Strompreis für einen Durchschnittshaushalt im Vergleich zum vorigen Jahr um 7 Prozent erhöht. Im April 2009 zahlte eine dreiköpfige Familie demnach im Schnitt 67,70 Euro oder 4,55 Euro mehr als 2008. Das geht aus bisher unveröffentlichten Unterlagen des Bundesverbandes der Energie- und Wasserwirtschaft (BDEW) hervor, die der Nachrichtenagentur AP vorliegen. Die allgemeine Teuerungsrate lag in dem Zeitraum nur bei 0,5 Prozent, die Preise für Öl und Gas gingen sogar zurück.
Der Strompreis ist damit 2009 auf den höchsten Stand seit der Freigabe Ende der 90er Jahre gestiegen: Im Jahr 2000 zahlte eine dreiköpfige Familie mit einem Jahresverbrauch von 3 500 Kilowattstunden noch 40,66 Euro pro Monat. Das bedeutet einen Preisanstieg bis heute um mehr als 55 Prozent.

Nach: www.derwesten.de/nachrichten/nachrichten/wirtschaft-und-finanzen/2009/4/21/news-117617912/detail.html“ Meldung vom 21. 4. 2009

Der Energiemarkt in Deutschland

MATERIAL 3

Die vier größten Energieversorger

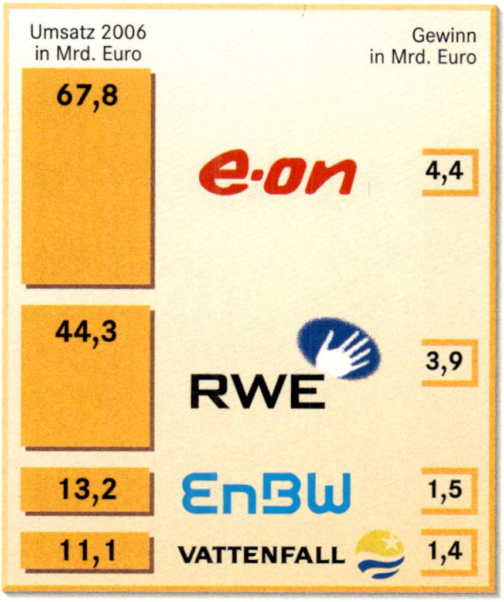

Der Energiemix

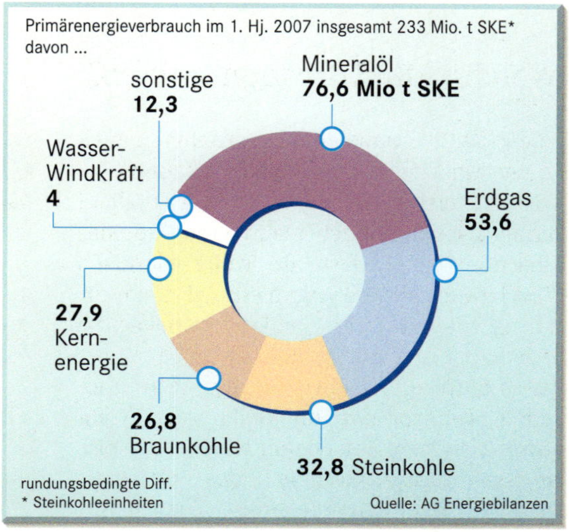

Missbrauchte Macht

MATERIAL 4

Eine neue „Energie-Ära“ hatten sie angekündigt, als 1998 der Strommarkt für den Wettbewerb geöffnet wurde und die Gebietsmonopole in Deutschland fielen. Eine saubere und effizientere Energieversorgung wollten sie aufbauen. Mit neuen Produkten und mehr Service sollten Kunden umworben werden. Versprochen wurden vor allem fallende Preise.

Geschehen ist eher das Gegenteil. Zwar rutschten die Preise im Jahr 2000 kurzfristig ab, nachdem erste kleinere Wettbewerber wie Yello oder Lichtblick auf dem bis dahin verkrusteten Energiemarkt aufgetaucht waren. Doch der Schock der Platzhirsche über die Angreifer währte nicht lange. Mit prall gefüllten Kassen machten sich RWE und und Co. kurze Zeit später auf eine gewaltige Einkaufstour. Übernommen wurde so ziemlich alles, was mit Energie zu tun hatte. Große und kleine Stadtwerke, Regionalversorger und selbst Handelsunternehmen oder Ablesefirmen fielen dem Beutezug zum Opfer.

Das fatale Ergebnis: In Deutschland bildete sich ein Oligopol aus vier großen Unternehmen, das Markt- und Preisentwicklung fast nach Belieben steuert. [...]

Unliebsame Wettbewerber wurden über hohe Netzgebühren und mit allerlei anderen Tricks vom Markt ferngehalten. Gleichzeitig schraubten die großen Vier Strom- und Gaspreise auf immer neue, schwindelerregende Höchststände.

Und während die Konzerne immer neue Rekordgewinne verbuchen, ächzen Deutschlands Strom- und Gaskunden über Energiekosten, die in Europa nur noch von wenigen Ländern übertroffen werden.

[...] Die Versorger blockierten nicht nur den Wettbewerb. Auch ein weiteres Versprechen lösten sie nicht ein. Statt wie angekündigt massiv in neue Kraftwerke zu investieren und die CO_2-Emissionen zu mindern, wird selbst heute noch ein Großteil des Stroms in alten, abgeschriebenen Kohlemeilern produziert. Die versprochenen Milliardeninvestitionen zur überfälligen Erneuerung des Kraftwerkparks schob die Branche Jahr für Jahr weiter auf.

Aus: DER SPIEGEL 26/2007 vom 25. 6. 2007, Verf.: Frank Dohmen

MATERIAL 5

Verkehrte Welt

Die Erhöhungen in den vergangenen Jahren begründeten die Energieanbieter immer mit den so drastisch gestiegenen Rohstoffkosten. Doch hier gab es zuletzt eine rasante Talfahrt. Im Juli kostete ein Barrel Rohöl rund 150 Dollar, aktuell nur noch 45 Dollar. Auch der Kohlepreis hat sich seither mehr als halbiert. Eigentlich müssten also auch die Strompreise sinken und nicht steigen.

Energiekonzerne argumentieren anders. Sie kaufen Teile des Stroms, der im kommenden Jahr benötigt wird, über die Leipziger Strombörse EEX ein. Über Terminkontrakte. Damit begannen sie schon im Sommer 2007. Damals kostete die Megawattstunde Strom, Lieferung im Jahr 2009, rund 60 Euro. Diese Kontrakte verteuerten sich bis zum Sommer dieses Jahres [2008] auf gut 90 Euro. [...]

Kritiker halten [...] dagegen. Speziell bei den vier großen Energiekonzernen E.on, RWE, Energie Baden-Württemberg (EnBW) und Vattenfall. Das Oligopol kontrolliert das Stromgeschehen in Deutschland nach wie vor: die Kraftwerke, die Netze und die Lieferung an die Endkunden durch viele Regionalversorger – alles fest im Griff. Im Übrigen: Auch an der Strombörse sind sie die bestimmenden Spieler. Da die großen vier ihren Strom zum überwiegenden Teil auch selbst herstellen, müssen sie eigentlich nicht so viel über die Börse hinzukaufen – von Spitzenlasten einmal abgesehen. Die Preise an der EEX werden aber natürlich trotzdem gern als Basis für die eigene Kalkulation herangezogen.

Aus: Focus-online vom 14. 12. 08, HYPERLINK www.focus.de/immobilien/energiesparen/tid-12849/strom-warum-die-preise-weiter-klettern_aid_355145.html

MATERIAL 6

Manipulieren die Konzerne die Preise?

Der über die Börse ermittelte Strompreis richtet sich stets danach, wie teuer die jeweils letzte Megawattstunde ist, die zur Deckung des aktuellen Bedarfs benötigt wird. Diese so genannte Spitzenlast liefern zumeist Gas- und Speicherkraftwerke, deren Kosten in der Regel ein Vielfaches über denen von Atom- oder Wasserkraftwerken liegen. Wenn die Betreiber ihre längst abgeschriebenen – und darum kostengünstigen – Kernkraftwerke nicht mit voller Last betreiben und so einen Teil der Kapazität gar nicht auf den Markt kommt, wird umso mehr Spitzenlaststrom benötigt. Dies erhöht wiederum den Preis für die gesamte verkaufte Strommenge und damit die Erlöse der ganzen Branche.

Aus: Tagesspiegel vom 6. 3. 2009, Verf.: Harald Schumann

Preistreiber Politik

MATERIAL 7

Auch die Politik treibt die Preise in die Höhe – was nebenbei gesagt nicht einmal schlecht sein muss. Denn jede Kilowattstunde Strom enthält den Preis für die Zertifikate des Emissionshandels. Der entscheidende Punkt jedoch ist: Die Konzerne bekommen die Zertifikate kostenlos vom Staat. Da sie deren Marktpreise aber dennoch auf den Strompreis umlegen, machen sie satte Gewinne. Würde die Politik die Papiere hingegen versteigern, würde das am Strompreis zwar nichts ändern, aber die Einnahmen aus dem Verkauf könnten anderweitig an die Bürger zurückfließen. So aber belastet die Politik letztendlich die Bürger zugunsten der Aktionäre von Eon, RWE, EnBW und Vattenfall.

Aus: TAZ vom 17. 10. 2007, Verf.: Bernward Janzing

Zerschlagt E.ON & Co

MATERIAL 8

Alois Rhiel, ehemaliger hessischer Wirtschaftsminister (CDU):

[...] Es gibt Märkte, wo Wettbewerb zwar potenziell möglich ist, aber in der Realität fehlt, weil er von den Anbietern beschränkt wird. Beispielsweise durch das enge Oligopol der Stromerzeuger. Dann reicht es nicht aus, wenn der Staat nur die Folgen der Wettbewerbsbeschränkung abzumildern versucht – was oft einer Sisyphos-Aufgabe gleicht.
Vielmehr muss der Staat auch prüfen, ob und wie sich Wettbewerb in Gang setzen lässt. Seine Stimulierung sollte zunächst mit milden Staatseingriffen versucht werden. Zum Beispiel, indem Marktzutrittsschranken abgebaut werden, damit neue Anbieter auf den Markt treten. Falls mildere Maßnahmen nicht wirken, sind drastischere Staatseingriffe wie die Veränderung der Marktstruktur nötig. Es geht darum, die Anzahl der Anbieter so weit zu erhöhen, dass die Voraussetzung für eine wettbewerbliche Selbststeuerung geschaffen wird. Bezogen auf die Stromerzeugung heißt das: Bevor der Staat in die Marktstruktur eingreift, ist zu prüfen, ob der Marktzugang für neue Kraftwerksbetreiber verbessert werden kann. Die Chancen dafür stehen schlecht. Hohe und stabile Zutrittsschranken halten Marktneulinge fern. Der Mangel an freien Kraftwerksstandorten sowie lange Planungszeiten und Widerstände in der Bevölkerung gegen neue Kraftwerke stellen enorme Hürden dar. Des Weiteren gibt es keine nennenswerte Importkonkurrenz durch billigeren Strom aus Osteuropa. Der Grund ist die geringe Kapazität der Übertragungsnetze und der Grenzkuppelstellen nach Osten. Dieses Defizit liegt voll im Interesse der deutschen Energiekonzerne. Zudem ist auch der Absatzmarkt nicht frei. Neue Kraftwerksbetreiber finden keine völlig freie Nachfrage unter den Stadtwerken, da diese teilweise den Konzernen gehören. [...]
Hoffnung, dass diese Marktzutrittsschranken kurz- oder mittelfristig gesenkt werden können oder dass Wettbewerb von alleine in Gang kommt, besteht nicht. [...] Notfalls muss der Staat das Oligopol der Stromerzeuger zerschlagen können und E.ON, RWE, Vattenfall und EnBW zwingen, Kraftwerke zu verkaufen. [...] Denn wenn die Anzahl der Stromerzeuger deutlich steigt, hat jeder einzelne Anbieter einen Anreiz, durch Preissenkung zusätzliche Nachfrager anzulocken und Marktanteile zu gewinnen.

Aus: Alois Rhiel, Zerschlagt E.ON & Co, in: Cicero. Magazin für politische Kultur, Januar 2007

1 Analysieren Sie anhand von M 1 – M 7 die Struktur des Strommarktes in Deutschland und die Auswirkungen und Folgen für die Verbraucher.

2 Diskutieren Sie die Forderungen Alois Rhiels (M 8).

VERWEIS

s. S. 92
Funktion des Wettbewerbs

2.2 Wettbewerbspolitische Instrumente

Im Konzept der Sozialen Marktwirtschaft kommt dem Staat die Aufgabe zu, einen funktionsfähigen Wettbewerb zu erhalten, indem er dafür sorgt, dass der Marktzutritt offen gehalten, die Bildung von Marktmacht verhindert und darauf basierender Machtmissbrauch ausgeschlossen bzw. eingeschränkt wird.

Zu diesem Zweck wurde 1957 das Bundeskartellamt geschaffen. Daneben wurde 1974 eine aus fünf Sachverständigen bestehende Monopolkommission eingerichtet, die in einem Gutachten alle zwei Jahre die Unternehmenskonzentration in Deutschland beurteilt und die Bundesregierung in wettbewerbspolitischen Fragen berät.

1990 wurde mit der EG-Fusionskontrollverordnung auch auf europäischer Ebene ein Instrument zur Überwachung von Unternehmenskonzentrationen geschaffen. Die EU-Wettbewerbshüter entscheiden über alle Fusionen mit mehr als fünf Milliarden Euro Umsatz, es sei denn, dass mindestens zwei Drittel der Erlöse auf einem nationalen Markt erzielt werden.

MATERIAL 1 Kartellrecht und Fusionskontrolle

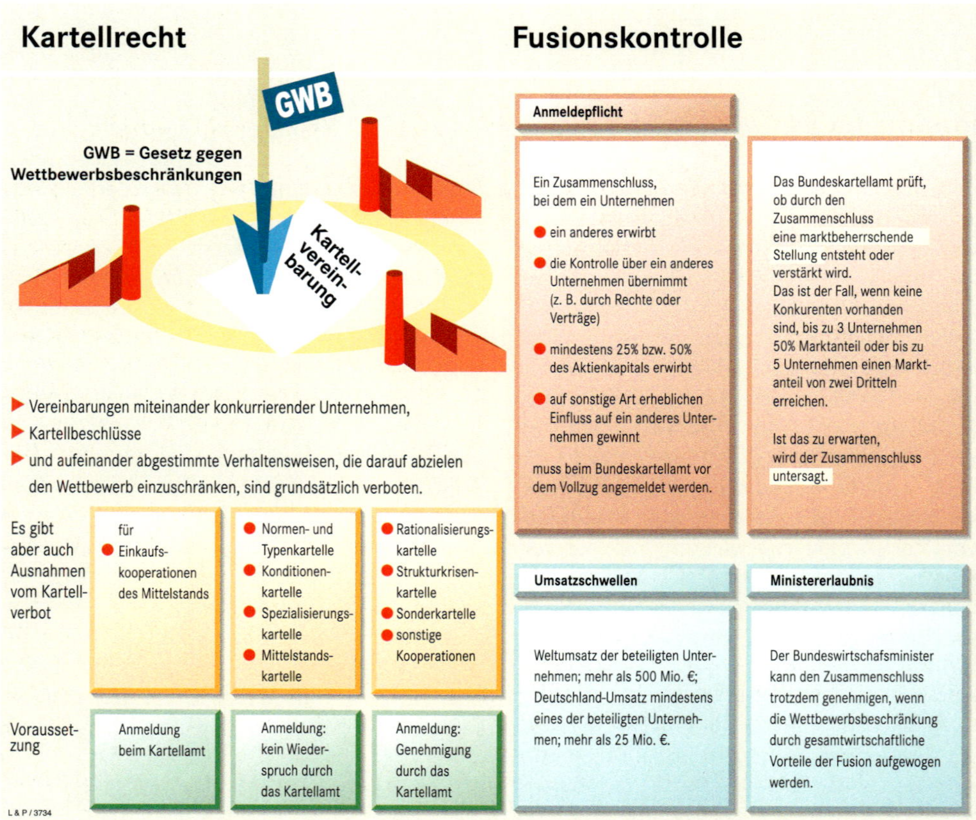

Strom-Oligopol: Der Blitz hat eingeschlagen

MATERIAL 2

Zehn Jahre nach dem Ende der staatlichen Strommonopole hat der Bundesgerichtshof (BGH) festgestellt: „Auf dem deutschen Strommarkt herrscht noch kein freier Wettbewerb.“ [...] Deshalb seien weitere Zusammenschlüsse zu untersagen.

Für das Bundeskartellamt stellt der höchstrichterliche Donnerschlag einen großen Sieg dar. Die Behörde kann nun viel leichter gegen Versuche der Stromriesen vorgehen, den Markt vor Konkurrenten abzuschotten. [...]

Eon wollte bei den Stadtwerken Eschwege mit einer Minderheitsbeteiligung einsteigen. Das Bundeskartellamt untersagte dies 2003. Dagegen ging Eon gerichtlich vor, scheiterte aber nun in letzter Instanz vor dem BGH.

Allerdings steckte hinter dem Vorhaben in Eschwege eine ganze Unternehmensstrategie, wie der Kartellsenat des BGH am Dienstag feststellte. Sie bestehe darin, „an zahlreichen Stadtwerken oder sonstigen Stromversorgern Minderheitsbeteiligungen zu erwerben, um auf diese Weise ihre Absatzgebiete zu sichern.“ [...] Die Logik: Wenn ein Stadtwerk zum Teil einem Stromkonzern gehört, wird es seinen Strom auch von dort beziehen. Eon und RWE kauften bei insgesamt 204 regionalen Stromverteilern Anteile. [...] Der Rechtsstreit um das Stadtwerk Eschwege hatte folglich Pilotcharakter. Die 204 Beteiligungen von Eon und RWE sind allerdings wirksam und können nicht mehr rückgängig gemacht werden. [...]

Aus: FR vom 12. 11. 2008, Verf.: Ursula Knapp, Joachim Wille

Fusion E.ON/Ruhrgas – „zum Wohle der Volkswirtschaft“?

MATERIAL 3

Die Energiekonzerne E.ON und Ruhrgas dürfen zum größten kombinierten Strom- und Gas-Unternehmen Europas fusionieren. Das hat das Bundeswirtschaftsministerium in Berlin entschieden [...] und setzte damit gegenteilige Beschlüsse des Bundeskartellamtes und der Monopolkommission außer Kraft. Die Übernahme von Ruhrgas durch E.ON (früher Veba und Viag) sei gerechtfertigt, weil sie dem „Gemeinwohl“ diene [...] Der neue Gigant werde „als deutscher Global Player“ international zum Wohle der Volkswirtschaft agieren“. [...]

Tacke (Staatssekretär im Bundeswirtschaftsministerium) betonte, dass die Ruhrgas AG nur mit der Finanzkraft von E.ON im Rücken in das internationale Gasgeschäft investieren könne. [...] Es geht um strategischen Einfluss nicht zuletzt bei den Öl- und Gasvorkommen am Kaspischen Meer, von wo [...] BP und Exxon konkurrierende Pipeline-Projekte in Richtung Mittelmeer favorisieren.

Um die überragende Marktmacht des zukünftigen Konzerns abzumildern, hat das Wirtschaftsministerium mehrere Auflagen verhängt. Dazu gehört, dass E.ON einige Firmenbeteiligungen abgeben muss. [...] Eine weitere Auflage betrifft den Zwischenhandel mit Gas. E.ON hat sich in der Vereinbarung mit dem Ministerium bereit erklärt, seinen Konkurrenten in den nächsten drei Jahren 75 Milliarden Kilowattstunden Gas zu einem festgelegten Basispreis anzubieten. [...] Diese „freien Gasmengen“ sollen den Wettbewerb in Schwung bringen und auch dazu beitragen, dass die Verbraucherpreise sinken. Außerdem hat E.ON zugestimmt, dass Gaskunden, die Verträge mit E.ON und Ruhrgas haben, die vereinbarten Mengen reduzieren und sich zusätzlich zu 20 Prozent bei anderen Lieferanten eindecken können. Auch das soll die E.ON-Preise unter Druck setzen.

Der Bundesverband der Verbraucherzentralen sieht das freilich ganz anders. „Die Auflagen sind nicht überzeugend“, erklärte Verbraucher-Chefin Edda Müller. Die Bedingungen könnten nichts daran ändern, dass künftig 60 Prozent des deutschen Gasmarktes von einem einzigen Unternehmen beherrscht werde.

Aus: taz v. 6. 7. 2002, Hannes Koch

MATERIAL 4 Das Erfolgskonzept von Microsoft

Die Methode [...] ist so simpel wie effektiv: Auf jede neue Version des dominanten Betriebssystems Windows, das ursprünglich nur das Zusammenspiel der verschiedenen Hard- und Software-Komponenten des Computers steuern sollte, sattelt Microsoft zusätzliche Funktionen drauf – zum Beispiel das E-Mail-Programm Outlook oder ein Programm zum Brennen von CD-Roms. Diese landen dann bei jedem Neukauf eines PCs ohne Zusatzkosten beim Konsumenten, und so gebiert ein Monopol fast automatisch das nächste.

Für die Kunden ist das praktisch: Sie sparen Geld, müssen sich nicht mit schlecht zueinander passenden Programmen herumärgern und können beim Datenaustausch darauf vertrauen, dass der Empfänger die gleiche Software benutzt. Kleineren Firmen jedoch, die solche Anwendungsprogramme zuvor entwickelt hatten, geht bei dieser Expansionspolitik des PC-Monopolisten die Luft aus.

Aus: DER SPIEGEL 14/2004 vom 29. 3. 2004, Verf.: Klaus-Peter Kerbusk

MATERIAL 5 Es geht nur um eins: den Nutzen für den Endkunden

Aus einem Interview mit Bill Gates, Gründer von Microsoft.

SPIEGEL: In den vergangenen 15 Jahren war Microsoft immer wieder Zielscheibe von Klagen und gerichtlichen Auseinandersetzungen. Ihr Unternehmen musste bereits Milliarden Dollar Strafe zahlen. Die Anschuldigungen und Prozesse gehen stets in dieselbe Richtung: Microsoft packe immer weitere Neuerungen kostenlos auf die Windows-Plattform, was Ihren Konkurrenten langfristig kaum eine Chance lässt. Warum halten Sie an dieser Strategie fest?

Gates: An welcher Strategie denn? Im Software-Raum, in dem wir uns bewegen, geht es nur um eines: den Nutzen für den Endkunden. Und da gab es mehr Verbesserungen als in jedem anderen Wirtschaftszweig. Sie müssen sich nur mal anschauen, was Microsoft Office oder Windows vor zehn Jahren konnten und was diese Programme damals kosteten und welche Möglichkeiten sie heute zu welchem Preis bieten. Die Kosten gingen runter, die Fähigkeiten stiegen rasant an. Wir sollten uns wirklich wünschen, dass alle anderen Bereiche – von der Autoindustrie bis zur Politik – ähnliche Verbesserungen brächten wie unsere Branche, was Innovationen und Revolutionen angeht. [...]

SPIEGEL: Das beantwortet nicht unsere Frage nach der Firmenstrategie, mit der Sie immer wieder bei Kartellwächtern anecken.

Gates: Wer einmal Windows gekauft hat, bringt mir zunächst keine Umsätze mehr. Ich verdiene erst wieder, wenn ich die Kunden davon überzeuge, dass mein Produkt viel besser und aufregender geworden ist und sich dessen Neuanschaffung lohnt. Deshalb sind wir gezwungen, unsere Produkte immer wieder zu verbessern. Das ist auch der Grund, weshalb wir wahrscheinlich das größte Forschungs- und Entwicklungs-Budget unter allen großen Konzernen auf dem Planeten haben. [...]

SPIEGEL: Immerhin wurden Sie von Brüssel [...] gezwungen, Windows abzuspecken. Im konkreten Fall muss Microsoft die Software ohne den umstrittenen Mediaplayer anbieten.

Gates: Das bedeutet nicht, dass wir unsere Strategie ändern müssen. [...] Die Ironie dahinter ist allenfalls, dass wir dazu aufgefordert werden, ein Produkt anzubieten, das weniger leistungsfähig ist.

Aus: DER SPIEGEL 14/2004 vom 29. 3. 2004, Verf.: Klaus-Peter Kerbusk

Die Welt als Geisel

MATERIAL 6

Man stelle sich vor, es gebe auf der Welt nur einen Autohersteller, der zugleich alle Tankstellen kontrolliert. Der den Motor zum Auto nur liefert, wenn der Kunde auch eine Garage mitbestellt, einen Wohnanhänger, Winterreifen und einen Dachgepäckträger, selbst wenn er solches Zubehör nicht braucht. Neue Modelle gäbe es nur unregelmäßig. Die Käufer könnten aber nie sicher sein, ob die neue Autogeneration auch zuverlässig funktioniert, und alle paar Jahre wird die Qualität des Monopol-Treibstoffs so geändert, dass ältere Modelle auf den Schrott müssen. Eine absurde Welt, natürlich unrealistisch.

Aber es gibt einen Markt, auf dem es so ähnlich zugeht. Das ist der Weltmarkt der Software für Büro- oder Laptop-Computer, den der amerikanische Konzern Microsoft zu über 90 Prozent beherrscht.

Der hat mit seinem Basis-Betriebssystem „Windows" eine solche Marktmacht, dass er Anwenderprogramme verkaufen kann, die Fachleute für mittelmäßig und viel zu teuer halten. Vor allem müssen seine Kunden auch Programme bezahlen, die sie gar nicht brauchen. [...]

Endlich hat [...] der Europäische Gerichtshof dem Unternehmen nach fast zehnjährigem Rechtsstreit einen Dämpfer verpasst. Es habe seine Marktstellung missbraucht, urteilte der Gerichtshof. [...] Europa kann stolz auf sich sein. Es ist einem Riesen entgegengetreten, der von den Kartellbehörden im eigenen Land bisher fast völlig verschont blieb. Bill Gates [...] gehört zu den meistbewunderten Persönlichkeiten der USA. Doch man müsste ihm entgegenhalten, dass er seinen persönlichen Wohlstand und den Aufstieg von Microsoft dadurch erreichte, dass er die ganze Welt quasi als Geisel nahm. Die Kunden mussten mit dem zufrieden sein, was Microsoft ihnen gnädigerweise anbot. [...]

Als die europäischen Richter Anfang dieser Woche festgestellt hatten, Microsoft habe die Regeln des internationalen Wettbewerbs verletzt, reagierte Amerika beleidigt. Der Spruch des Gerichts sei eine neue Form des europäischen Protektionismus, hieß es auf dem Kapitol. Das Justizministerium in Washington maulte, mit dem Urteil werde Innovation behindert. Das ist blanker Unsinn. Die Amerikaner hätten dem Gericht danken und die US-Behörden auffordern müssen, dem Treiben des Windows-Konzerns auch im eigenen Land ein Ende zu setzen. Man muss annehmen, dass Microsoft eine der größten Technologie- und Fortschrittsbremsen dieser Zeit ist. Das zu ändern liegt im Interesse aller.

Aus: SZ vom 22. 9. 2007, Verf.: K.-H. Büschemann

1 Erläutern Sie, warum das GWB häufig als „Grundgesetz der Sozialen Marktwirtschaft" bezeichnet wird (M 1).

2 Vergleichen und beurteilen Sie die Entscheidung des Bundesgerichtshofes von 2008 (M 2) mit der Entscheidung des Bundeswirtschaftsministeriums von 2002 (M 3) zur Unternehmensstrategie von Eon.

3 Analysieren Sie anhand von M 4 – M 6 den Fall Microsoft, recherchieren Sie die Entscheidung der EU-Kommission gegen Microsoft und diskutieren Sie sie.

3 Ziele und Zielkonflikte der Wirtschaftspolitik

Jahrzehnte lang galt das Konzept der Sozialen Marktwirtschaft als ein Wirtschaftsmodell, das die Garantie von Eigentum und Erbrecht, die freie Berufswahl und die Koalitionsfreiheit gewährt und gleichzeitig in der Lage ist, diese Garantie mit einem sozialen Ausgleich gesellschaftlicher Interessen zu verbinden. Garant dieses Erfolgsmodells war der Staat, der korrigierend in das „freie Spiel" der Marktkräfte eingriff.

Das „Wirtschaftswunder" ab Mitte der fünfziger Jahre brachte zweistellige Wachstumsraten, ohne dass die Geldwertstabilität litt; die hohe Nachkriegsarbeitslosigkeit wurde innerhalb weniger Jahre abgebaut. Die Arbeitnehmerschaft wurde am gesellschaftlichen Reichtum über Lohnerhöhungen beteiligt und in das kapitalistische System über gesetzliche Regelungen der Arbeitsbedingungen und Mitbestimmungsrechte in Unternehmen integriert. In den sechziger und siebziger Jahren erfolgte der Ausbau der Sozialen Marktwirtschaft zu einem wohlfahrtsstaatlichen System.

Die Krise von 1966/67, die erste große Wirtschaftskrise der Bundesrepublik, veranlasste den Gesetzgeber dazu, mit dem Gesetz zur „Förderung der wirtschaftlichen Stabilität" bis heute gültige wirtschaftspolitische Zielsetzungen für den Staat festzuschreiben. Konnte die Krise 1966/67 durch ein Konjunkturprogramm rasch überwunden werden, so sanken, ausgelöst durch die „Ölkrise" 1973 und die Weltwirtschaftskrise seit Mitte der 70er Jahre, die Wachstumsraten des Sozialprodukts. Die Arbeitslosigkeit nahm in fast allen kapitalistischen Industrieländern zu. Versuche der sozialliberalen Bundesregierung, mit kreditfinanzierten Ausgabenprogrammen die Wachstumsschwäche der Wirtschaft zu überwinden, verpufften. Die Regierung geriet in einen Dauerkonflikt mit der Deutschen Bundesbank, die gemäß ihrem gesetzlichen Auftrag eine Politik der Preisniveaustabilisierung (mit hohen Zinssätzen) betrieb.

Mit dem Regierungsantritt Helmut Kohls (ab 1982) setzte ein Politikwechsel ein: Die Liberalisierung aller marktwirtschaftlichen Prozesse, die „Deregulierung" der Wirtschaft, sollte zu neuem Wachstum und zum Abbau der Arbeitslosigkeit führen. Dieses Konzept wird häufig als Neoliberalismus bezeichnet. Verwirklicht wurde es aber nur im Ansatz, zumal durch die Wiedervereinigung 1990 dem Staat die Aufgabe zufiel, den Strukturwandel in den neuen Bundesländern zu lenken und durch hohe Transferleistungen abzufedern. Die Wachstumsraten der Wirtschaft sanken tendenziell weiter, Massenarbeitslosigkeit breitete sich aus.

Die rot-grüne Regierungskoalition unter Bundeskanzler Schröder (ab 1998), angetreten mit dem Wahlkampfversprechen, die Arbeitslosenzahl zu halbieren, setzte zunächst stärker auf eine aktive staatliche Wirtschaftspolitik, stieß aber schnell an die durch die Internationalisierung der Wirtschaft und die Staatsverschuldung vorgegebenen „Grenzen". Mit der 2003 verkündeten „Agenda 2010" erfolgte auch äußerlich sichtbar ein erneuter Paradigmenwechsel weg von klassisch sozialdemokratischen Vorstellungen von einem Wohlfahrtsstaat.

Nach einer wesentlich vom Export angetriebenen Aufschwungphase der Wirtschaft von 2005 – 2007 und einem Rückgang der Arbeitslosigkeit von 4,8 Mio 2005 auf 3,7 Mio 2007 steht die staatliche Wirtschaftspolitik mit der internationalen Finanz- und Weltwirtschaftskrise (seit 2008) vor völlig neuen Herausforderungen: Zur Rettung des Bankensystems und zur Stabilisierung der Wirtschaft müssen Milliarden Euro bereit gestellt werden, ohne dass der größte Wachstumsrückgang der Wirtschaft seit Gründung der Bundesrepublik und der neuerliche sprunghafte Anstieg der Massenarbeitslosigkeit verhindert werden könnten.

Inwieweit das Verhältnis angebots- und nachfrageorientierter Elemente in der Wirtschaftspolitik (vgl. S. 165 ff.) nun neu tariert werden soll, ist politisch umstritten.

3.1 Vom „Magischen Viereck“ zum „Magischen Vieleck“

Stabilitätsgesetz von 1967 — MATERIAL 1

§ 1 Bund und Länder haben bei ihren wirtschafts- und finanzpolitischen Maßnahmen die Erfordernisse des gesamtwirtschaftlichen Gleichgewichts zu beachten. Die Maßnahmen sind so zu treffen, dass sie [...] gleichzeitig zur Stabilität des Preisniveaus, zu einem hohen Beschäftigungsstand und außenwirtschaftlichem Gleichgewicht bei stetigem und angemessenen Wirtschaftswachstum beitragen.

StWG, 8. 3. 1967 (BGBl. I, S. 582)

Das „Magische“-Viereck — MATERIAL 2

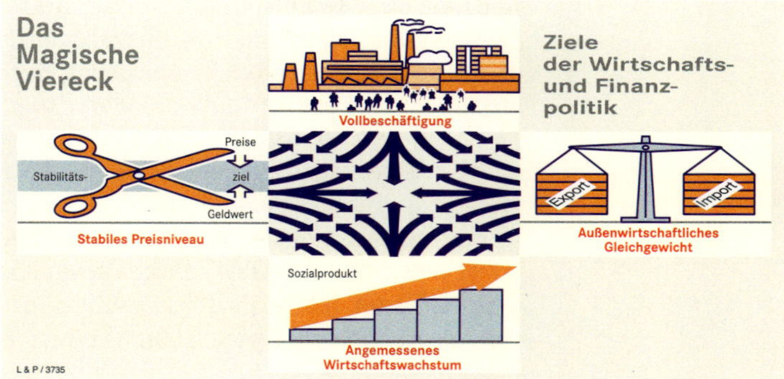

Zielformulierungen des Stabilitätsgesetzes … — MATERIAL 3

Aus dem Jahreswirtschaftsbericht der Bundesregierung 1968:

- Vollbeschäftigung entspricht einer Arbeitslosenquote (Anteil der Arbeitslosen an der Zahl der abhängigen Erwerbspersonen) von 0,8 Prozent bei normalem Winterwetter.
- Preisstabilität entspricht einer Differenz der Zunahme des nominalen Bruttosozialprodukts zum Wachstum des realen Bruttosozialprodukts von höchstens einem Prozent.
- Außenwirtschaftliches Gleichgewicht entspricht einem Anteil des Außenbeitrages am Sozialprodukt von einem Prozent.
- Angemessenes Wirtschaftswachstum entspricht einer Zuwachsrate des realen Bruttosozialproduktes von 4 Prozent.

Nach: Helmut Keim/Heiko Steffens (Hrsg.): Wirtschaft Deutschland. Daten – Fakten – Analysen, Köln 2000, S. 292

Zielgrößen – und Realität — MATERIAL 4

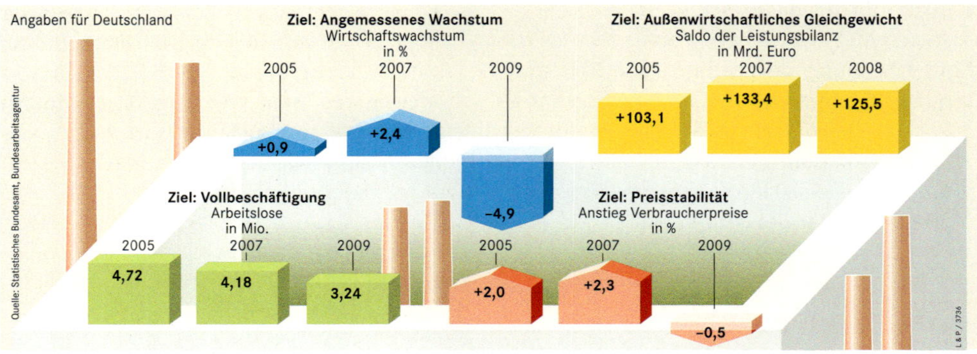

Statist. Bundesamt 2004, 2008

MATERIAL **5**

Was bedeuten die Zielvorgaben des Stabilitäts- und Wachstumsgesetzes?

Das Stabilitätsgesetz beschreibt die vier Ziele in einer Form, die grundsätzlich offen lässt, wann (bei welchem Grad der Realisierung) sie als erfüllt gelten können oder nicht. Nun wird zwar niemand darüber streiten wollen, dass Arbeitslosigkeit von Millionen von Menschen eine deutliche Abweichung von der Norm „hoher Beschäftigungsstand“ darstellt, dass man nicht mehr von „Stabilität“ sprechen kann, wenn der Geldwert jährlich um 10 % abnimmt, und dass ein „Minuswachstum“ nicht der Forderung des Stabilitätsgesetzes entspricht.
Dass es andererseits in einer Marktwirtschaft immer eine bestimmte Zahl von Arbeitslosen geben wird und dass der Geldwert nicht hundertprozentig stabil bleiben kann, ist ebenso unbestritten. Schwierig bleibt die Beurteilung von Entwicklungen, die zwischen den genannten Extremen liegen.
Es besteht daher die Notwendigkeit, die gesetzlichen Zielformulierungen zu konkretisieren, wenn man zu einem verallgemeinerungsfähigen Urteil über eine gegebene oder nicht gegebene Normabweichung (und damit über eine erfolglose oder erfolgreiche Wirtschaftspolitik) kommen will.

Aus: Jürgen Pätzold, Stabilisierungspolitik, Stuttgart 1998, S. 36

MATERIAL **6**

Zielkonflikte staatlicher Wirtschaftspolitik

Das Stabilitätsgesetz nennt keine Priorität für einzelne der vorgegebenen Zielsetzungen. In der Praxis sind in der Hochkonjunktur meist die steigenden Preise das Hauptsorgenkind, in der Flaute das Wirtschaftswachstum und vor allem die Arbeitslosigkeit.

- Als schwer vereinbar haben sich nach bisheriger Erfahrung insbesondere die Zielpaare Vollbeschäftigung und Preisstabilität bzw. angemessenes Wachstum und Preisstabilität erwiesen: Wächst die Wirtschaft, so steigen auch die Preise, und werden bei hoher Beschäftigung hohe Lohnerhöhungen ausgehandelt, so wirkt dies – als zusätzliche kaufkräftige Nachfrage und als höhere Produktionskosten – gleichfalls preistreibend.
- Auch kennen wir in jüngerer Zeit die (nach der klassischen volkswirtschaftlichen Gleichgewichtstheorie eigentlich nicht denkbare) Konstellation von Wachstums- und Beschäftigungsschwäche bei gleichzeitig steigenden Preisen (= Stagflation) und unzureichender Beschäftigung (= Jobless growth) [...].
- Lange Zeit glaubte man, durch „ein bisschen Inflation“ das Wachstum fördern zu können, musste dann aber feststellen, dass sich die Teuerung regelmäßig „verselbstständigte“ und jedes vielleicht erreichte Mehr an Wachstum und Beschäftigung wieder „auffraß“. [...]
- Ähnlich heftig prallten in den 60er-Jahren [...] die Zielsetzungen „außenwirtschaftliches Gleichgewicht“ und „Preisstabilität“ [...] aufeinander. [...] Besonders in einer weltwirtschaftlich so stark verflochtenen Volkswirtschaft wie der deutschen können von der Außenwirtschaft [...] massive Störungen auf die binnenwirtschaftlichen Abläufe ausgehen. So blähen etwa hohe Überschüsse der Leistungsbilanz (= Saldo aus Import- und Exporten von Waren und Dienstleistungen) das inländische Geldvolumen auf und treiben dadurch die Preise nach oben (= importierte Inflation). [...]

Bleibt festzuhalten, dass nur einige Zielsetzungen [...] ohne Schwierigkeiten gemeinsam erreicht werden können [...].

Aus: Schul/Bank, Bundesverband deutscher Banken, 2.6/6, 1994

Gleichgewichtsprobleme

MATERIAL 7

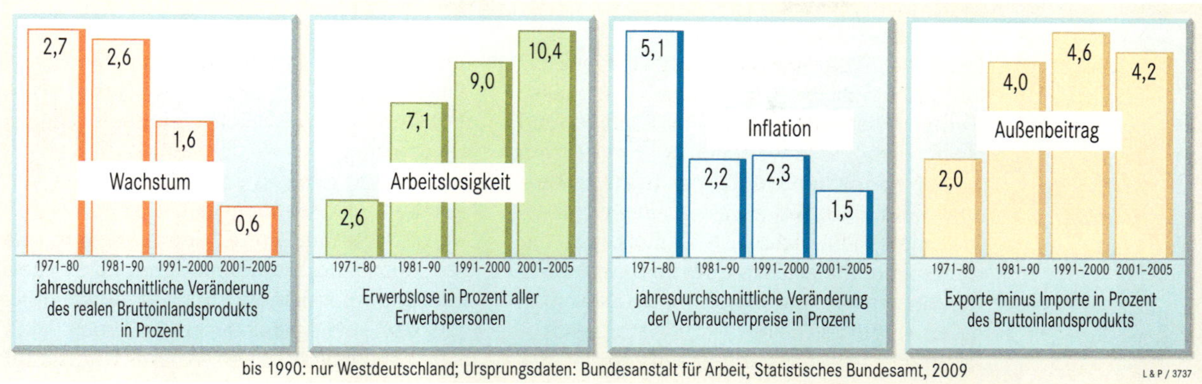

Vom magischen Viereck zum magischen Sechseck

MATERIAL 8

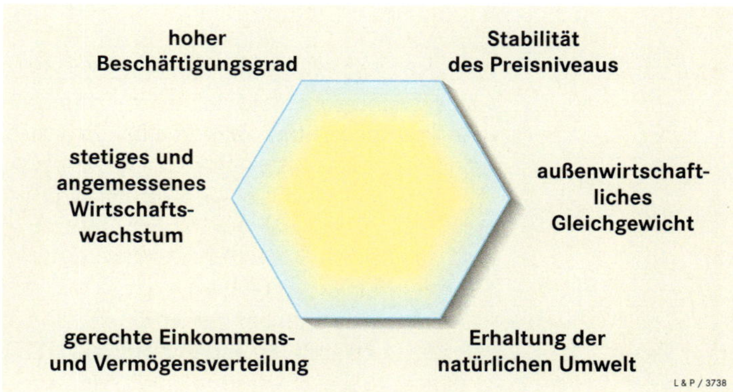

In den letzten Jahren hat sich die Diskussion um die wirtschaftspolitischen Ziele weiterentwickelt. Im Zentrum steht die Forderung nach einer umwelt- und sozialverträglichen gesamtwirtschaftlichen Entwicklung. [So] soll die Bewahrung der ökologischen Grundlagen menschlichen Lebens stärker Berücksichtigung finden. [...]

Sozialverträglichkeit meint die Vermeidung von einseitigen wirtschaftlichen und sozialen Nachteilen für einzelne Gruppen. Als Beispiel können die unterschiedlichen wirtschaftlichen Auswirkungen des technischen Fortschritts genannt werden: Während die Produktivitätssteigerungen durch technischen Fortschritt über Produktverbilligungen und Einkommenssteigerungen solche Gruppen berücksichtigt, die einen festen Arbeitsplatz haben („Rationalisierungsgewinner"), entstehen Nachteile insbesondere durch Arbeitslosigkeit für solche Arbeitnehmer, deren Arbeitsplätze „wegrationalisiert" werden bzw. deren Qualifikation nicht mehr gefragt ist („Rationalisierungsverlierer").

Aus: Helmut Keim/Heiko Steffens (Hrsg.): Wirtschaft Deutschland. Daten – Fakten – Analysen, Köln 2000, S. 293

1 Vergleichen Sie die Ziele des Stabilitätsgesetzes von 1967 (M 1, 2) und die Zielformulierungen im Jahreswirtschaftsbericht der Bundesregierung 1968 (M 3) mit der heutigen wirtschaftlichen Realität (M 4).

2 Erläutern Sie die Problematik der im Stabilitätsgesetz formulierten Ziele und weisen Sie Zielkonflikte auf (M 5–M 7). Klären Sie, warum im Zusammenhang mit den Zielformulierungen von einem „magischen Viereck" gesprochen wird.

3 Arbeiten Sie heraus, durch welche Ziele das magische Viereck in M 8 erweitert wurde. Formulieren und diskutieren Sie in Ihrem Kurs weitere wirtschaftspolitische Ziele, die Ihrer Ansicht nach aufgenommen werden sollten.

VERWEIS

s. S. 96 ff.
Nachhaltiges Wirtschaften

3.2 Die Ziele im Einzelnen

3.2.1 Angemessenes Wirtschaftswachstum

MATERIAL 1

Abschied vom Wirtschaftswunder?

In der Rangliste der stärksten Wirtschaftsnationen ist China an Deutschland vorbeigezogen. [...] An dritter Stelle auf der Liste der Giganten nach den USA und Japan steht das Reich der Mitte nun [...]. Den Deutschen bleibt der „undankbare" vierte Platz. 3,218 Billionen Dollar produzierten die Chinesen den jüngst veröffentlichen Zahlen zufolge an Gütern und Dienstleistungen, die Deutschen schafften 3,197 Billionen Dollar. [...]
Fragwürdig aber werden solche Ranglisten, wenn man die Wirtschaftsleistung ohne jeden Bezug zur Bevölkerungszahl betrachtet. Immerhin waren rund 1,3 Milliarden Chinesen nötig, um 2007 etwas mehr zu produzieren als 80 Millionen Deutsche. [...] Nicht eingerechnet ist auch, was sich hinter den Zahlen verbirgt. Das Wachstum ist in China teuer erkauft – mit niedrigen Löhnen, mit der Gesundheit der Arbeiter, mit schmutziger Luft, vergifteten Landstrichen und dreckigen Flüssen. Viele chinesische Fabriken sind Energieverschwender. Um das gleiche Produkt herzustellen, benötigen sie viel mehr Strom als Betriebe in Deutschland. [...]
Experten halten ein Wirtschaftswachstum, das vor allem auf billigen Löhnen und auf Investitionen in Infrastrukturprojekte beruht, für langfristig wenig solide: „Um eine höhere Nachhaltigkeit des Wachstums zu erreichen, wäre es erforderlich, den Anteil der Investitionen und des Exports relativ zu senken und den privaten Konsum zu stärken", befand im vorigen Jahr eine Länderanalyse der Volksbankgruppe. [...]

Aus: SPIEGEL-online vom 15. 1. 2009; Verf.: Andreas Lorenz, www.spiegel.de/wirtschaft/0,1518,601458,00.html

MATERIAL 2

Reale Veränderung des Bruttoinlandsprodukts prozentual

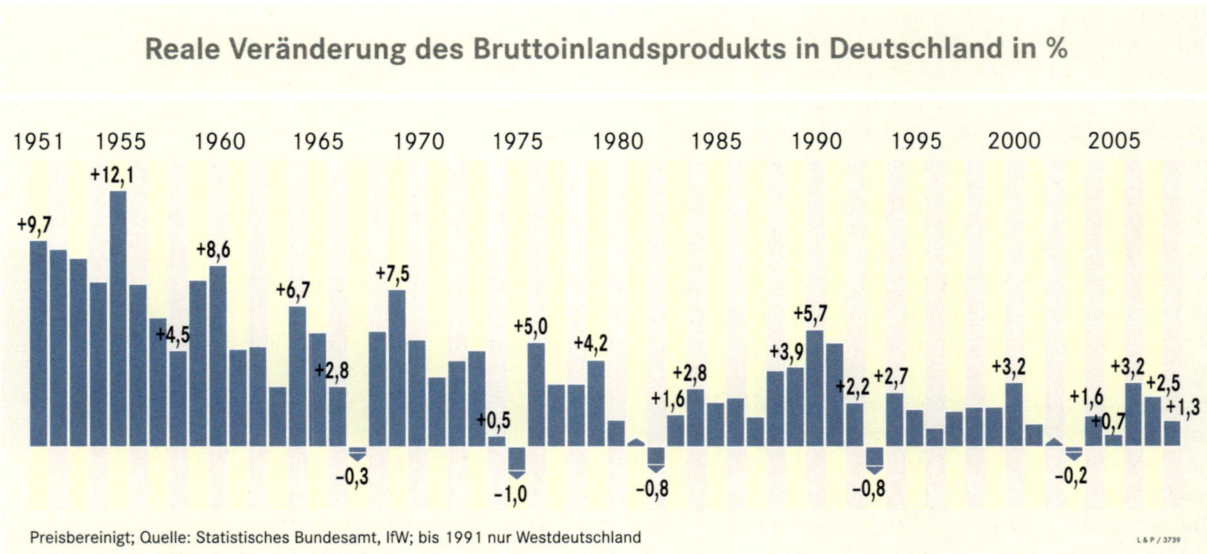

Reale Veränderung des Bruttoinlandsprodukts absolut

MATERIAL 3

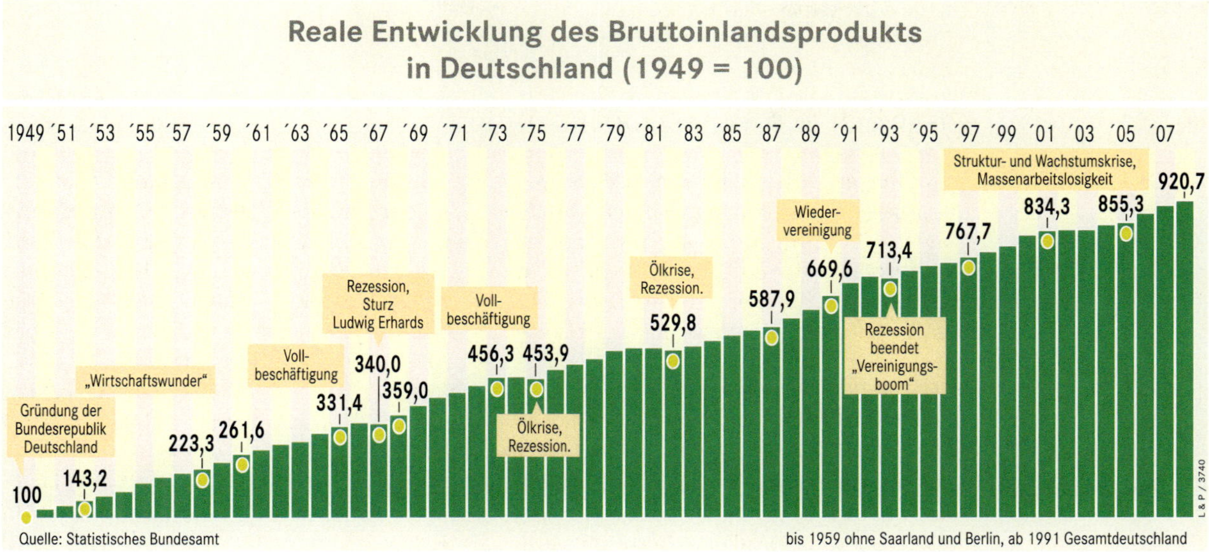

Dem Auf und Ab der Wirtschaft auf der Spur

MATERIAL 4

In einer Marktwirtschaft werden Angebot und Nachfrage von bzw. nach Gütern und Leistungen vom Wettbewerb bestimmt. Bevor sich jedoch jeweils ein Gleichgewicht einpendelt, kann die Nachfrage dem Angebot vorauseilen oder umgekehrt. Übersteigt die Nachfrage das Angebot, so wird die Produktion – bei sich erweiternden Preis- und Gewinnspielräumen – durch höhere Auslastung und später auch durch Erweiterung der Kapazitäten bzw. durch neue Anbieter erhöht: Die Wirtschaftstätigkeit belebt sich, die Wertschöpfung nimmt zu. Übertrifft das Angebot die Nachfrage, so treten die umgekehrten Prozesse ein.

Dieses „Auf“ und „Ab“, nämlich die Veränderungen im Grad der wirtschaftlichen Aktivität, gemessen an den Wachstumsraten des Sozialprodukts, ergeben den Konjunkturverlauf als wellenförmige Kurve zwischen den Zeiten des Geringst- und des Höchsteinsatzes aller Produktionsfaktoren.

Voll ausgelastete Kapazitäten bedeuten also eine Hochkonjunktur (Boom), [...] brachliegende bzw. vernichtete ein Konjunkturtief (Talsohle, Depression). Den Weg vom Tief zum Höhepunkt des Konjunkturverlaufs kennzeichnen zunehmend besser beanspruchte, die umgekehrte Bewegung zunehmend schlechter ausgenutzte Kapazitäten (Aufschwung/Prosperität und Abschwung/Rezession).

Es ergeben sich mithin vier verschiedene Phasen der Konjunktur:

- Im Konjunkturtief stagnieren Nachfrage, Produktion, Gewinne, Preise, Löhne und Zinsen auf niedrigem Niveau, es wird nicht investiert, Betriebe müssen schließen und es gibt viele Arbeitslose; die Ersparnis ist – aus Zukunftsangst – eher hoch.
- Im Aufschwung steigen Nachfrage und Produktion, die Unternehmer erwarten zunehmende Gewinne, investieren und stellen zusätzliche Arbeitskräfte ein. Mit der Nachfrage beginnen die Löhne, Preise und Zinsen zu steigen, die Sparneigung nimmt ab.
- In der Hochkonjunktur herrscht Vollbeschäftigung bzw. Arbeitskräftemangel, sodass die Löhne und damit die Einkommen und die kaufkräftige Nachfrage, aber auch die Preise und Zinsen (bei geringer Sparneigung) stark steigen, die Produktion durch Neuinvestitionen noch erheblich erhöht wird und es zur Überhitzung

kommt: Überproduktion und Marktsättigung lassen die Gewinne schrumpfen.

- Im Abschwung wird wegen der nun negativen Absatz- und Ertragserwartungen die Produktion verringert, es werden nur noch Ersatzinvestitionen getätigt und Arbeitskräfte entlassen, die Löhne sinken, die kaufkräftige Nachfrage (bei gleichzeitig höherem Sparen) ebenfalls, die Preise und Zinsen sinken, es kommt zu Firmenzusammenbrüchen.

Sowohl im Auf- als auch im Abschwung zeitigen die Unternehmer- und Verbrauchererwartungen ebenso wie die Marktkräfte selbst Multiplikatorwirkungen, die den Auf- bzw. Abwärtstrend noch verstärken.

Der gesamte Ablauf von Tief zu Tief – bzw. von Boom zu Boom – ist der Konjunkturzyklus, wobei Ausgangs- und Endpunkt je nach Ausprägung der Ab- bzw. Aufwärtsbewegung voneinander abweichen können.

Aus: Schul/Bank, Bundesverband deutscher Banken, 2.5/3-2.5-5, 1994

MATERIAL 5 Konjunkturverlauf (kurze Welle) im Modell

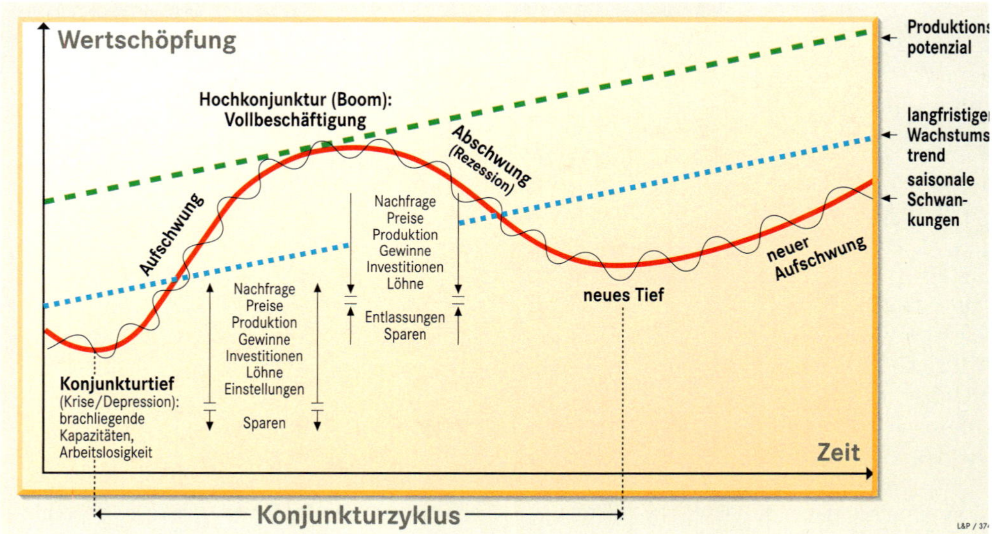

MATERIAL 6 Die langen Wellen der Weltkonjunktur

Im Jahre 1926 stellte der russische Volkswirtschaftler und Statistiker Nikolaj D. Kondratieff aufgrund empirischer Beobachtungen die Theorie auf, dass sich die kapitalistische Wirtschaft in Form „langer Wellen" mit einer Dauer von rund 50 bis 60 Jahren fortentwickle. Diese Wellen würden durch die Entdeckung und Anwendung neuer Basistechnologien ausgelöst. Durch die neuen Technologien entstünden neue Wachstumssektoren, die die alten Sektoren zurückdrängen und schließlich ersetzen würden. Da die Wachstumsraten in den neuen Sektoren den Wachstumsrückgang in den alten zu Beginn noch nicht kompensieren könnten, komme es zunächst zu einem Rückgang der gesamtwirtschaftlichen Wachstumsrate, die aber in dem Maße wieder steige, wie die neuen Technologien sich verbreiteten.

Die erste lange Welle von 1782 bis 1842 wurde nach Kondratieff durch die Erfindung der Dampfmaschine ausgelöst und war besonders durch die industrielle Revolution gekennzeichnet. Die Entwicklung der Eisenbahn und Dampfschifffahrt sowie der Ausbau des Bergbauwesens und die Erfindung der Telegrafie markierten die zweite lange Welle der Weltkonjunktur (1843 - 1894), die abgelöst wurde durch die Elektrifizierung, den Verbrennungsmotor und das beginnende Zeitalter des Automobils sowie Erfindungen im Bereich der Chemie (dritte Welle von 1895 bis etwa Ende der 1930er-Jahre). Die vierte lange Welle wurde besonders geprägt von der Entwicklung und dem Wachstum der Automobilindustrie, der Luft- und Raumfahrttechnik und der Kunststoffindustrie. Eine neue lange Welle der Weltkonjunktur hat zurzeit nach Ansicht der Anhänger dieser Theorie mit den revolutionären Veränderungen in der Mikroelektronik, der Telekommunikationstechnik und der Biotechnologie eingesetzt.

Autorentext

Das Modell der „langen Wellen"

MATERIAL 7

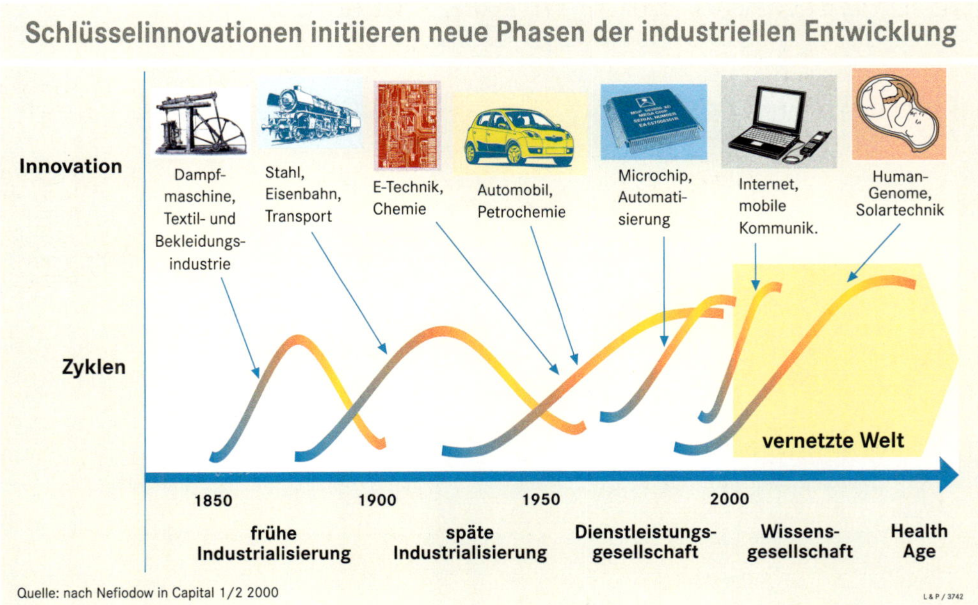

1 Beschreiben Sie anhand von M 1 - M 3 die Entwicklung des Wirtschaftswachstums in Deutschland. Nehmen Sie Stellung zur These vom „Abschied vom Wirtschaftswunder".

2 Vergleichen Sie die beiden grafischen Darstellungen zur Entwicklung des Bruttoinlandsproduktes (M 2 und M 3). Formulieren Sie die Wirkung, die von der jeweiligen „Aufbereitung" der Daten ausgeht.

3 Beurteilen Sie die in der Diskussion um den Sozialstaat vertretene These von der Notwendigkeit des Abbaus sozialer Leistungen.

4 Erarbeiten und erläutern Sie den in M 4 und M 5 dargestellten „klassischen Konjunkturzyklus". Entspricht die modellhafte Fassung der einzelnen Konjunkturphasen in M 5 Ihrer Ansicht nach der heutigen wirtschaftlichen Realität?

5 Beschreiben Sie den Erklärungsansatz der „langen Wellen" von Kondratieff. Beurteilen Sie aus heutiger Sicht den Ansatz im Hinblick auf seine Stichhaltigkeit.

VERWEIS

s. S. 94 ff.
BIB

s. S. 42 f.
Strukturwandel

3.2.2 Preisstabilität

In einer funktionierenden Marktwirtschaft schwanken Preise für Güter und Dienstleistungen entsprechend den wechselnden Bedingungen von Angebot und Nachfrage zwangsläufig. Das Preisniveau kann fallen (Deflation) oder steigen (Inflation). In beiden Fallen ist das Stabilitätsziel verletzt.

Das Ziel der Preisniveaustabilität bezieht sich nicht auf die Preise einzelner Güter, sondern auf das allgemeine Preisniveau, das anhand von Preisindizes für die private Lebenshaltung gemessen wird. Benutzt wird dazu der sogenannte Warenkorb, der insgesamt 750 Waren und Dienstleistungen enthält, die ein durchschnittlicher Haushalt normalerweise verbraucht. Der Gesamtpreis dieses Warenkorbes wird dann regelmäßig kontrolliert, um zu sehen, wie stark die Preise gestiegen oder gefallen sind. Alle fünf Jahre wird der Warenkorb dem geänderten Konsumverhalten angepasst. So wurden 2005 neben Bioprodukten auch Flatratetarife fürs Internet sowie DVD- und MP3-Player sowie Espressomaschinen aufgenommen. Außerdem wurden die Gewichte im Korb, der jeweilige prozentuale Anteil der Waren und Dienstleistungen, verändert.

MATERIAL **1**

Der Warenkorb von 2005

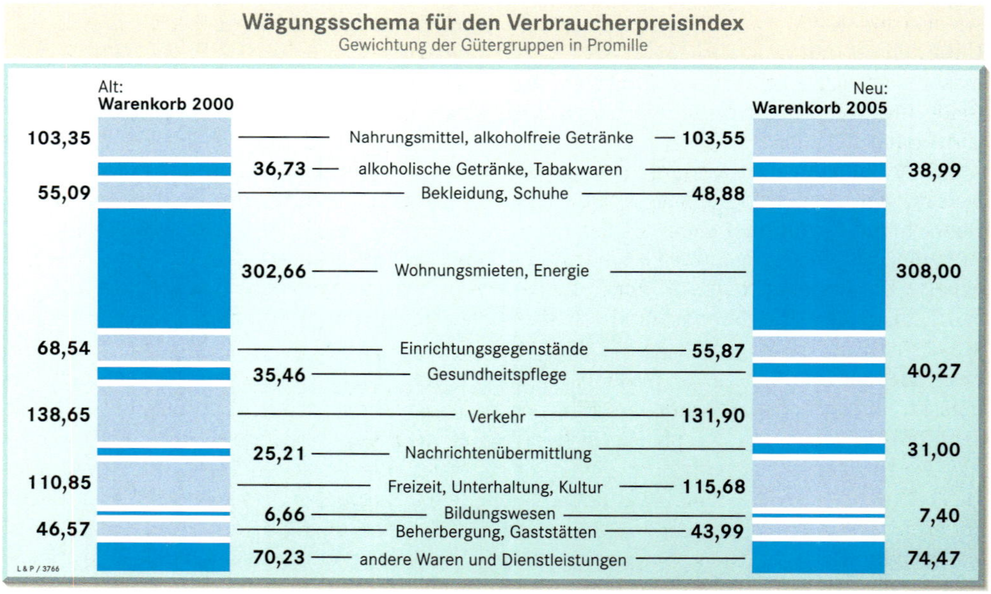

MATERIAL **2**

Inflation oder Deflation?

Mit milliardenschweren Liquiditätsspritzen und schuldenfinanzierten Konjunkturprogrammen stemmen sich die Notenbanken und Regierungen [...] gegen den globalen Abwärtstrend bei Konjunktur und Preisen. Doch die Medizin, die sie der Weltwirtschaft verabreichen, hat gefährliche Nebenwirkungen. In zu hoher Dosis und zu lange verabreicht, könnte sie ins Gegenteil umschlagen und einen globalen Inflationsschock auslösen. Für die Zentralbanken beginnt ein geldpolitischer Drahtseilakt. Setzen sie die Liquiditätszufuhr zu früh ab, droht ein wirtschaftlicher Rückschlag. Pumpen sie zu lange Geld

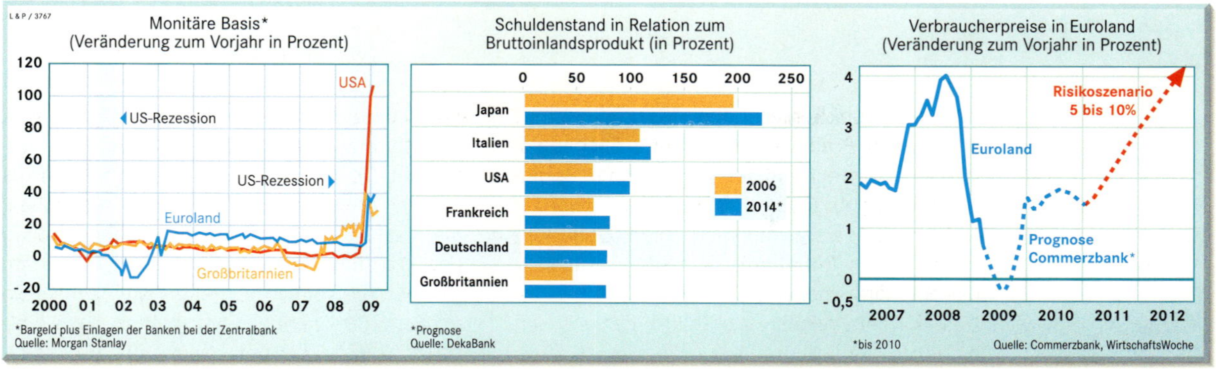

in das System, steht der Weltwirtschaft eine große Inflation bevor.

Deflation fürchten Notenbanker wie der Teufel das Weihwasser. Allzu leicht kann ein harmlos erscheinender Rückgang der Verbraucherpreise in eine sich selbst beschleunigende Deflationsspirale münden. „Wenn sich bei den Verbrauchern die Erwartung festsetzt, dass die Preise weiter sinken, halten sie sich mit Käufen zurück, das zwingt die Unternehmen zu weiteren Preiszugeständnissen", erklärt Wim Kösters, Professor für Geld- und Währungspolitik an der Ruhr-Universität Bochum.

[...] Peter Bofinger, einer der fünf Wirtschaftsweisen, hält das Risiko einer Deflation in Deutschland für fünfmal höher als das einer Inflation. [...] Dagegen erwartet Währungsexperte Kösters ebenso wie Thomas Straubhaar, Chef des Hamburgischen Weltwirtschaftsinstituts HWWI für die Zeit nach 2010 eine Rückkehr der globalen Inflation. „Wir müssen uns auf Inflationsraten von fünf bis zehn Prozent einstellen", prophezeit Kösters. [...] Die riesigen Konjunkturprogramme der großen Industrieländer und die Liquiditätsspritzen der Notenbanken werden ein Abrutschen in die Deflation verhindern, glaubt er: [...] Zwei Billionen Dollar haben die Regierungen bisher rund um den Globus in Programme zur Belebung der Konjunktur gesteckt. [...] Zugleich haben die großen Notenbanken ihre Zinsen drastisch gesenkt und dem Finanzsystem milliardenschwere Liquiditätsspritzen verpasst. [...] Die globale Liquiditätsschwemme könnte im nächsten Aufschwung, wenn die Kapazitätsauslastung wieder steigt, die Inflation kräftig in die Höhe treiben. [...] In den USA ist die Wachstumsrate der Geldmenge M1 - sie besteht aus Bargeld und den Sichteinlagen der Unternehmen und Bürger bei den Geschäftsbanken - auf zuletzt rund 13 Prozent in die Höhe geschnellt. In Euroland hat sich die Rate von M1 im gleichen Zeitraum von null auf 6,3 Prozent erhöht. [...]

Noch wiegeln die Ökonomen ab. [...] Aber die Zeiten niedriger Inflationsraten, wie sie in den vergangenen 25 Jahren vorherrschten, könnten bald vorbei sein. „Alles hängt von der Reaktion der Notenbanken ab", sagt Kater. Saugen sie die Überschussliquidität nicht rechtzeitig ab, etwa indem sie die erworbenen Wertpapiere wieder am Markt verkaufen oder den Mindestreservesatz anheben, sind höhere Inflationsraten die Folge.

Aus: Wirtschaftswoche, 15.4.2009, Malte Fischer

1 Erläutern Sie anhand von M 1, wie der Preisanstieg bzw. die Inflation gemessen wird.

2 Erarbeiten Sie anhand von M 2 Ursachen und Folgewirkungen von Inflation und Deflation.

3 Verdeutlichen Sie thesenhaft, warum Ökonomen die Deflation als wesentlich höhere Gefahr für die Wirtschaft als die Inflation einschätzen.

4 Beurteilen Sie anhand der aktuellen Preisentwicklung die in M 2 vertretenen kontroversen Krisenszenarios.

VERWEIS

s. S. 218 f.
Finanzkrise

3.2.3 Vollbeschäftigung

MATERIAL 1 Die Entwicklung der Arbeitslosigkeit in Deutschland

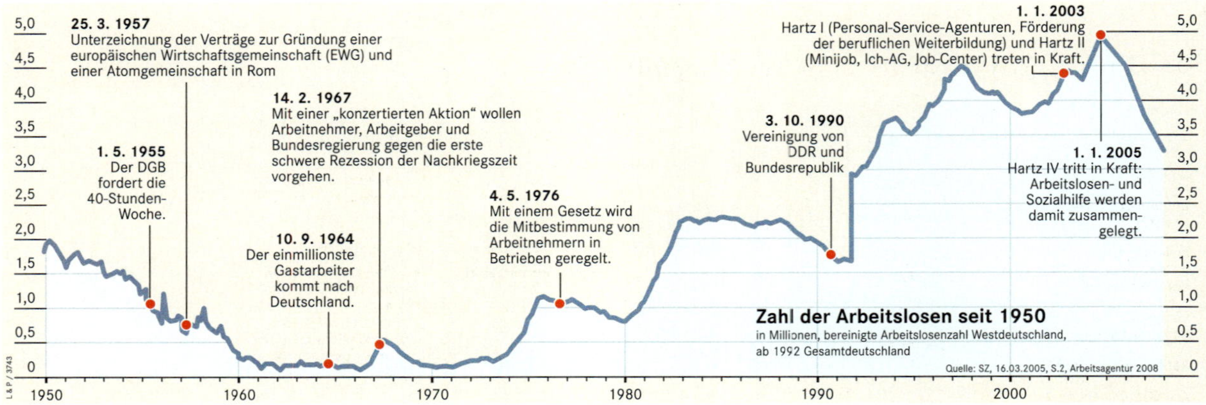

MATERIAL 2 Was die Statistik verschweigt

Frank-Jürgen Weise ist [...] alles andere als ein Schaumschläger. Doch als der Chef der Bundesagentur für Arbeit (BA) Anfang Januar [2008] die Arbeitsmarktzahlen für 2007 vortrug, sprach sogar er in historischen Dimensionen: Im Schnitt waren im vergangenen Jahr 3 776 000 Menschen ohne Arbeit, rund 711 000 weniger als 2006: „Der größte Rückgang seit Bestehen der Bundesrepublik", triumphierte Weise. [...]

Und doch will die Arbeitsmarkteuphorie der Statistiker nicht zur Stimmung der Menschen im Land passen [...] – und für diese Diskrepanz zwischen statistischer und gefühlter Wirklichkeit trägt die offizielle Statistik eine Teilschuld. Das wahre, volkswirtschaftlich relevante Ausmaß der Unterbeschäftigung in Deutschland ist nämlich deutlich höher als das, was die BA monatlich errechnet. So erscheinen zahlreiche Arbeitslose nicht in der Statistik, die gerade eine staatliche Weiterbildungsmaßnahme durchlaufen oder einen der rund 300 000 Eineurojobs ergattert haben. Rechnet man alle arbeitsmarktpolitischen Maßnahmen zusammen, die die Statistik entlasten, summiert sich dieser Effekt auf fast eine Million – so viele Menschen, die eigentlich arbeitslos sind, erscheinen nicht in der Statistik.

Hinzu kommt: Nach wie vor verschleiert die unselige Praxis, Ältere lange vor dem gesetzlichen Renteneintrittsalter von 65 Jahren aus dem Arbeitsmarkt hinauszukomplimentieren, das wahre Ausmaß der Unterbeschäftigung. Nach Schätzung der Stiftung Marktwirtschaft fallen so derzeit fast eine halbe Million Menschen aus der Statistik heraus. Und der Gesetzgeber tut alles dafür, dass es künftig nicht weniger werden: Zwar ist die sogenannte 58er-Regelung ausgelaufen, nach der Arbeitnehmer über 58 Jahren eine Erklärung abgeben konnten, dass sie dem Arbeitsmarkt nicht mehr zur Verfügung stehen – und dann nicht mehr als arbeitslos gezählt wurden. Dafür soll aber künftig jeder Arbeitslosengeld-II-Bezieher über 58, der ein Jahr lang keine Stelle angeboten bekommt, automatisch aus der Statistik herausfallen.

Schließlich müssen zum Heer der Arbeitslosen auch noch die vielen Entmutigten dazugerechnet werden, die sich zwar nicht arbeitslos melden, bei günstigerer Arbeitsmarktlage aber gerne arbeiten würden. [...] Das Institut für Arbeitsmarkt- und Berufsforschung taxiert die stille Reserve denn auch auf rund 700 000 Menschen.

Rechnet man das alles zusammen, liegt die wahre Arbeitslosigkeit (2008) nicht bei 3,4 Millionen, sondern eher bei 5,5 Millionen – und die wahre Arbeitslosenquote bei beängstigenden 12,5 statt bei 8,1 Prozent, wie von der offiziellen Statistik ausgewiesen.

Aus: Portal der WirtschaftsWoche vom 1. 2. 2008, Verf.: Rolf Ackermann, HYPERLINK www.wiwo.de/politik/die-arbeitslosigkeit-in-deutschland-ist-viel-hoeher-als-offiziell-ausgewiesen-263397/

Bestimmungsfaktoren des Arbeitsmarktes

MATERIAL 3

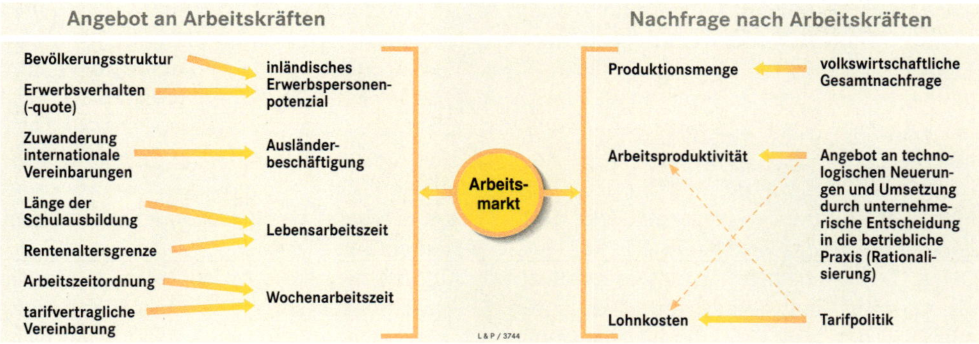

Der Arbeitsmarkt in der klassisch-neoklassischen Theorie

MATERIAL 4

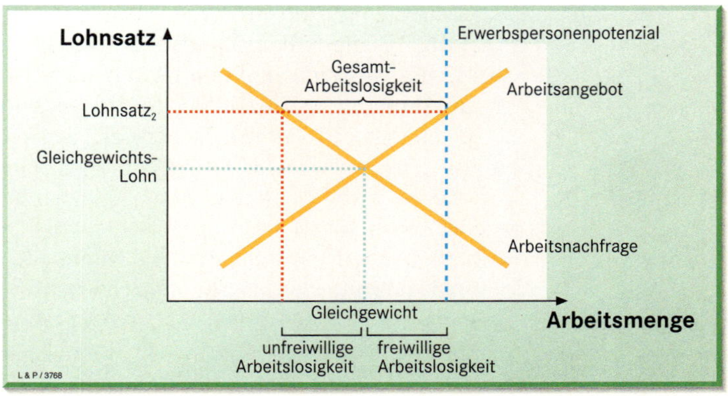

Folgt man der klassisch-neoklassischen Sichtweise, so ist der Arbeitsmarkt zunächst generell immer im Gleichgewicht, wenn Arbeitsangebot und Arbeitsnachfrage übereinstimmen. Grafisch ist dies im Schnittpunkt der Angebotskurve der Arbeitnehmer mit der Nachfragekurve der Arbeitgeber erfüllt. Zwar sind dann die Arbeitnehmer rechts vom Gleichgewicht nicht beschäftigt, aber dies nur, weil sie zum bestehenden Gleichgewichtslohn freiwillig nicht arbeiten wollen. In klassischer Perspektive wird also generell nur die unfreiwillige Arbeitslosigkeit als problematisch gesehen. [...] Existiert nun ein Lohnsatz 2, der über dem Gleichgewichtslohn liegt, kommt es auf dem Markt zu einem Angebotsüberschuss. Hierdurch entsteht zunächst unfreiwillige Arbeitslosigkeit in Höhe der Differenz zwischen der zu diesem Lohn angebotenen und der von den Unternehmen nachgefragten Arbeit. Dieses Ungleichgewicht ist jedoch im klassischen Modell mit flexiblen Löhnen nicht von Dauer, da in einer solchen Situation einige der Arbeitslosen bereit sind, den Lohnsatz 2 zu unterbieten und damit die Arbeitsnachfrage der Unternehmen zu steigern. Dieser Anpassungsprozess läuft schließlich so lange ab, bis das ursprüngliche Gleichgewicht erreicht ist und wieder Vollbeschäftigung herrscht.
Offenbar hängt das Erreichen des Gleichgewichts aber letztlich ganz entschieden von den Prämissen des Modells ab. Nur wenn die Lohnbildung keinen Einschränkungen unterliegt, schafft der Arbeitsmarkt ein optimales Ergebnis.

Aus: Bernd Nolte: Volkswirtschaft konkret. Weinheim 2003, S. 166 f.

MATERIAL 5 Arbeiter sind keine Artischocken

Die Gleichsetzung von Arbeitskraft mit jedem beliebigen anderen Produkt entspringt dem Wunsch der Wirtschaftswissenschaftler, so exakt zu arbeiten wie Naturwissenschaftler. [...] Also haben sie mithilfe mathematischer Gleichungen eine Modellwelt von beeindruckender Klarheit geschaffen. In ihr existiert nichts außer Mengen und Preisen. Es gilt: Wenn der Preis eines bestimmten Produkts höher liegt, als es den Marktkräften entspräche, wird es zwar von vielen Leuten angeboten, aber nur von wenigen nachgefragt. [...] Erst wenn der Preis des Produktes sinkt, nimmt die Zahl der Anbieter ab, die Zahl der Käufer steigt, der Markt gelangt wieder ins Gleichgewicht.

Diese Theorie entspricht durchaus der Realität. Allerdings nur, wenn es um Artischocken oder Brötchen geht. Denn Gemüse hat keinen Stolz. Es will sich nicht selbst verwirklichen. Es muss auch keine Familie ernähren. Auf dem Arbeitsmarkt aber spielen solche Dinge eine wichtige Rolle. Vor allem, wenn es um die Frage geht, wie viele Leute eine Arbeit suchen.

Noch 1970 strebten in Deutschland lediglich 48 von 100 Frauen im Alter zwischen 25 und 55 Jahren auf den Arbeitsmarkt. Heute sind es 80. Gemäß der ökonomischen Theorie kann dies nur einen Grund haben: Die Löhne sind so stark gestiegen, dass es sich nun auch für Frauen lohnt, eine Arbeit aufzunehmen. In Wahrheit stagnieren die Löhne inflationsbereinigt seit mehr als zehn Jahren. Trotzdem drängen mehr und mehr Frauen auf den Arbeitsmarkt. [...] Anders als früher haben sie keine Lust auf ein Leben als Hausfrau. Sie wollen, was ihre Männer auch wollen: einen Beruf. Die Folge: Das Arbeitsangebot nimmt nicht ab, sondern zu, die Konkurrenz um die offenen Stellen sinkt nicht, sondern steigt. Trotz Lohnzurückhaltung.

Oder auch gerade deswegen. Ein Facharbeiter, der plötzlich kein Weihnachtsgeld mehr bekommt, müsste gemäß der ökonomischen Theorie weniger arbeiten, nach dem Motto: „Es lohnt sich ja nicht mehr so wie früher." In der Realität aber hat dieser Arbeiter eine Frau und vielleicht zwei oder drei Kinder. Er wird deshalb nicht weniger, sondern sogar noch mehr arbeiten als früher, um den Verdienstausfall auszugleichen. [...] Lohnzurückhaltung kann also das Arbeitsangebot und damit die Arbeitslosigkeit noch erhöhen, statt sie zu senken.

Ähnlich verzwickt verhält es sich mit der Arbeitsnachfrage. [...] Die meisten Industrieunternehmen lassen im Zweifel lieber weniger und dafür motivierte Leute für sich arbeiten, denen sie einen einigermaßen fairen Lohn zahlen, als möglichst viele Mitarbeiter zu möglichst niedrigen Tarifen zu beschäftigen. Auch daran liegt es, dass die Unternehmen zwar gute Gewinne schreiben, dass aber trotzdem nicht alle Leute einen Job finden. Trotz Lohnzurückhaltung.

Arbeit ist eben anders als alle anderen Waren, und das simple Drehen an der Lohnschraube hilft nicht weiter, auch wenn viele hiesige Ökonomen das nicht wahrhaben wollen. Vielleicht sollten sie auf einen ihrer amerikanischen Kollegen hören: den Nobelpreisträger Robert Solow. Der forderte schon vor fünfzehn Jahren, die Wirtschaftswissenschaftler müssten endlich ihren Horizont erweitern.

Er drückte es so aus: „Arbeiter sind keine Artischocken."

Aus: DIE ZEIT vom 5. 1. 2006, Verf.: Wolfgang Uchatius

MATERIAL 6 Formen und Ursachen von Arbeitslosigkeit

Tagtäglich werden Menschen entlassen, kündigen Mitarbeiter und werden neue Personen eingestellt. Ein Wechsel des Arbeitsplatzes erfordert im Allgemeinen, dass Informationen darüber erworben werden, wo neue Beschäftigungsmöglichkeiten bestehen. Der Erwerb dieser Informationen verursacht Kosten und braucht Zeit. Aber auch räumliche Distanzen sind zu überwinden, wenn z. B. ein Arbeitnehmer von Bonn nach Berlin zieht. Die hierdurch entstehende kurzfristige Arbeitslosigkeit wird Sucharbeitslosigkeit *(friktionelle Arbeitslosigkeit)* genannt.

Ebenfalls kurzfristig arbeitslos sind Personen, die durch saisonale Faktoren, wie sie etwa in der Landwirtschaft und im Baugewerbe auftreten, für eine kurze Zeitspanne ihre Beschäftigung verlieren *(saisonale Arbeitslosigkeit)*.

Schließlich gilt auch die *konjunkturelle Arbeitslosigkeit* als kurzfristig. In einer Rezession entlassen die Unternehmen infolge einer schlechten Ertrags- und Auftragslage Beschäftigte, die dann in einer konjunkturellen Aufschwungphase wieder Arbeit finden. Allerdings handelt es sich hierbei meist um gering qualifizierte Arbeitnehmer, deren Neueinstellung einen relativ geringen Aufwand erfordert.

Von *struktureller Arbeitslosigkeit* spricht man, wenn infolge des Strukturwandels verschiedene Tätigkeiten nicht mehr nachgefragt werden. Die Branchenstruktur (Landwirtschaft, Bergbau, Industrie, Dienstleistungen) unterliegt einem dauerhaften strukturellen Wandel. Der damit verbundene Abbau von Arbeitsplätzen mündet sehr häufig in Langzeitarbeitslosigkeit, da die Anpassungsfähigkeit der Arbeitnehmer an veränderte Anforderungen begrenzt ist.

Aus: Bundeszentrale für politische Bildung (Hg.), Wirtschaft heute. Bonn 2006, S. 124

Konjuktur und Arbeitslosigkeit

MATERIAL 7

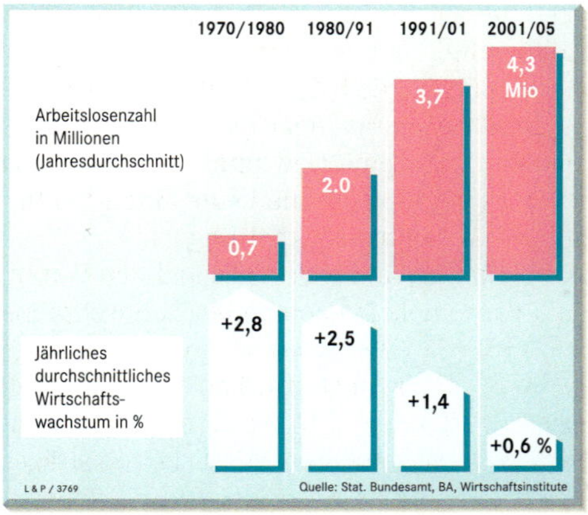

Umsatzentwicklung und Beschäftigung

MATERIAL 8

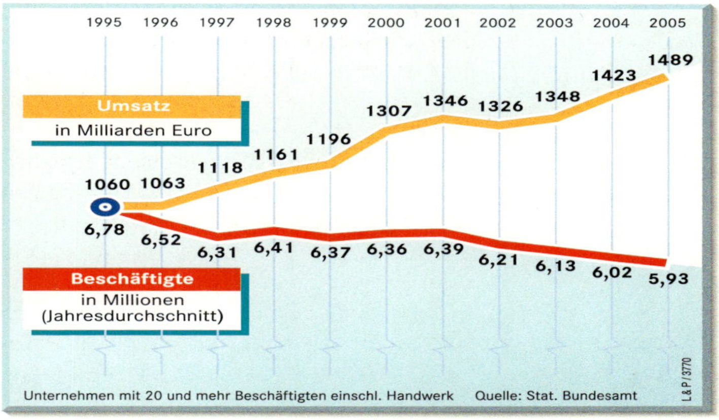

1 Beschreiben Sie anhand von M 1 die Entwicklung der Arbeitslosigkeit in Deutschland. Teilen Sie die Entwicklung in Phasen ein und erörtern Sie Gründe für die jeweilige Arbeitsmarktsituation.

2 Ermitteln Sie anhand von M 2 das tatsächliche Ausmaß der Arbeitslosigkeit in Deutschland und ergänzen Sie aktuelle Entwicklungen durch eigene Recherchen. Überlegen Sie, welchen Zwecken die „statistische Bereinigung" der Arbeitslosenstatistik dienen mag.

3 Verdeutlichen Sie in eigenen Worten die Einflussfaktoren auf den Arbeitsmarkt (M 3).

4 Erläutern und diskutieren Sie den Erklärungsansatz der (neo-)klassischen Wirtschaftstheorie zur Entstehung von Vollbeschäftigung bzw. Arbeitslosigkeit (M 4) unter Einbeziehung von M 5.

5 Weisen Sie in M 1, M 7 und M 8 die Auswirkungen der in M 6 genannten Formen von Arbeitslosigkeit nach.

6 Entwickeln Sie vor dem Hintergrund der Materialien-Szenario (vgl. S. 158/159) zur Entwicklung des Arbeitsmarktes. Beziehen Sie hierbei sowohl die Angebotsseite als auch die Nachfrageseite der Volkswirtschaft ein.

VERWEIS

s. S. 74 ff.
Agenda 2010

s. S. 197 ff.
Anteilskosten

METHODE

Anregung für ein Szenario „Die Entwicklung des deutschen Arbeitsmarktes“

Die Entwicklung des Arbeitsmarktes ist nicht im strengem Sinn „gesetzmäßig“ vorherzusagen. Die Einflussfaktoren, die diese Entwicklung bestimmen, sind jedoch bekannt - und so müssen Prognosen keine Wahrsagerei sein. Wichtig ist vor allem die Einflussfaktoren präzise und möglichst vollständig zu erfassen, ihre Wirkrichtung zu bestimmen - und dann zu untersuchen, welche dieser Faktoren politisch beeinflussbar sind. Mithilfe der Szenario-Methode können Sie sich selbst systematisch und konstruktiv mit zukunftsorientierten Themenstellungen auseinandersetzen und Wege darstellen, die aus der Gegenwart in die Zukunft führen. Die Methode hat den Vorzug, dass Zukunftsfragen und langfristige Entwicklungen behandelt werden können, ohne dass man dabei auf eindimensionale Lösungen fixiert ist. Das Szenario bezieht verschiedene Entwicklungsmöglichkeiten ein und versucht, eine wahrscheinliche Entwicklung zwischen alternativen bzw. zwischen extremen Wegen auszumachen.
Die Vielfalt möglicher Entwicklungswege führt zu einem Bündel alternativer „Zukünfte“, die sich im Zeitablauf auseinanderbewegen. Aus Gründen der Übersichtlichkeit empfehlen wir Ihnen, diese Entwicklungswege deshalb auf zwei einander gegenüberliegende Extremszenarien zu beschränken. Diese beinhalten jeweils - auf die angenommene Problemstellung bezogen - die beste bzw. die schlechteste Entwicklung, um damit die Bandbreite möglicher „Zukünfte“ erfassen zu können. Der dem Entwicklungstrend der Vergangenheit entsprechende Zukunftsentwurf wird als Trendszenario bezeichnet und liegt in der Mitte des Trichterquerschnitts.

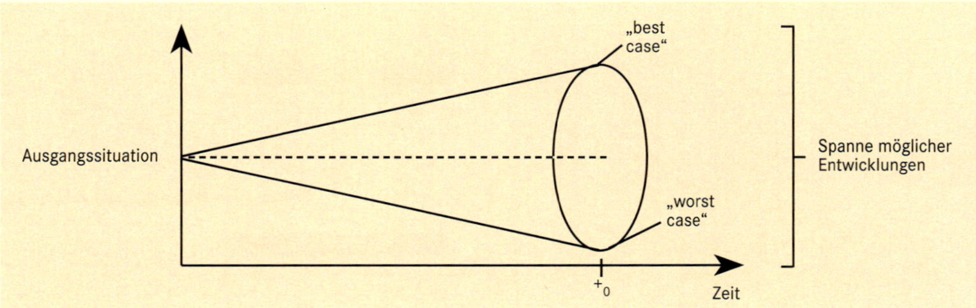

Die Entwicklung von Szenarien

- **1. Problemanalyse:** Die Ausgangssituation sollte möglichst exakt analysiert werden, d.h., es werden Informationen gesammelt, um die Istsituation zu beschreiben. Welche Erscheinungen sind zu beobachten? Wer ist betroffen? Welche Fakten und Zusammenhänge sind bekannt? Welche Konflikte sind erkennbar? Die gesammelten Informationen werden dann systematisiert und - möglichst auch bildlich - festgehalten. Es muss herausgestellt werden, warum das Problem als wichtig und relevant für die eigene Lebenswelt angesehen werden kann und welche aktuellen Sachverhalte und Ereignisse eine zukunftsorientierte Auseinandersetzung mit diesem Thema dringlich erscheinen lassen.
- **2. Einflussanalyse:** Die Einflussbereiche, die auf das Problem einwirken, werden festgelegt und die Einflussfaktoren innerhalb dieser Bereiche ermittelt. Dann wird die Lerngruppe in Expertenteams für je einen Bereich eingeteilt. Dabei sollten Sie Zeit für einen ausführlichen Informationsinput einplanen, damit Basiswissen durch intensives Textstudium erarbeitet werden kann. Dieses sollte sich auch auf die jeweils aktuellsten Informationen zu den Problembereichen erstrecken, die Sie z.B. im Internet (www.europa.eu.int, www.europa-digital.de) recherchieren können. Wichtig ist dabei, dass die Aufbereitung und die Art der Präsentation der Rechercheergebnisse bereits frühzeitig vereinbart worden sind.

- **3. Entwicklungsprojektion:** Die Expertenteams skizzieren die Einflussfaktoren nach der Beschreibung des Istzustandes in ihren möglichen zukünftigen Zuständen. Festzuhalten ist mit einigen Sätzen, was im Hinblick auf die einzelnen Faktoren besten- bzw. schlimmstenfalls passieren könnte.
- **4. Alternativenbündelung:** Diese Alternativen werden jetzt dem Plenum vorgestellt, bevor sie anschließend zu zwei stimmigen Szenario-Grundstrukturen gebündelt werden. Dabei sollte reflektiert werden, welche Entwicklungen zueinander passen, sich eventuell sogar gegenseitig verstärken oder Voraussetzung füreinander sind.
- **5. Ausgestaltung der Szenarien:** Die Grundstrukturen werden zu ausführlichen Szenarien ausgestaltet, indem zusätzlich bei der Beschreibung des Zieljahres auch die Wege in die Zukunftssituation auf der Basis der Einflussfaktoren aufgezeigt werden. Hier bietet sich die Zweiteilung des Kurses an, wobei sowohl in der „Best-case-" als auch in der „Worst-case-Gruppe" Experten jedes Einflussbereiches vertreten sein sollten. Die Arbeit am Szenario kann zu vielfältigen Produkten führen, der Konzeption eines szenischen Spiels, einer Radioreportage oder eines Drehbuchs für einen Beitrag in einem politischen Magazin. An Lebendigkeit gewinnen die Zukunftsbilder vor allem durch konkrete Orte, Beschlüsse und Personen sowie durch fiktive Zitate.

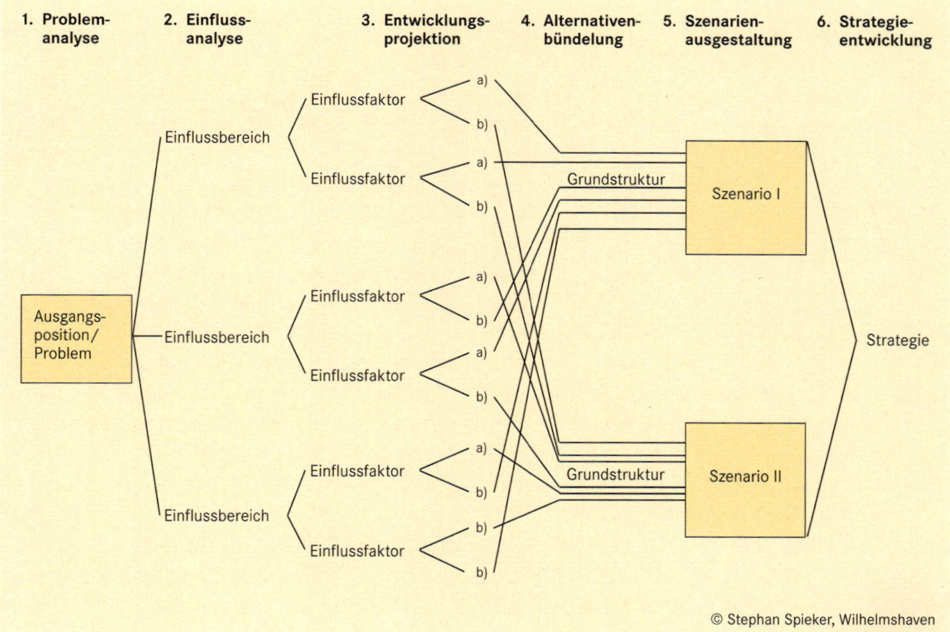

- **6. Strategieentwicklung:** In der sechsten Phase werden Strategien zur Problemlösung gesucht und diskutiert. Grundlagen sind die beiden Szenarien und die Bearbeitung der Fragestellung, wie die Entwicklung der Einflussfaktoren in die gewünschte Richtung beeinflusst werden kann und welche Hindernisse dem entgegenstehen. Die in der zweiten Phase benannten Einflussbereiche und -faktoren bilden das Gerüst für alle weiteren Schritte in der Szenario-Struktur.

4 Staatsverschuldung

MATERIAL 1

MATERIAL 2

Gute Schulden, schlechte Schulden

Zinsen fürs Ersparte gibt es nur, weil einer sein Geld auf die Bank trägt, diese es an jemand anderen ausleiht und der wiederum Zinsen dafür bezahlt. Denn wer sich Geld leiht, zahlt mehr zurück, als er bekommen hat: Zinsen kommen zur geliehenen Summe dazu, sie sind eine Gebühr für das Ausleihen. [...]

Heißt das, wer sich Geld leiht, ist dumm? „Nein", sagt Professor Wilfried Fuhrmann von der Universität Potsdam: „Ein Kredit lohnt sich immer, wenn man damit Wert schafft und so mehr Geld verdienen kann, als die Zinsen für den Kredit sind." Ein Beispiel: Jemand leiht sich Geld, um ein Mehrfamilienhaus zu bauen. Er vermietet die Wohnungen. Die Einnahmen durch die Miete sind höher als die Zinsen, die er für den Kredit zahlt. Der Hausbesitzer hat durch seine Schuldenaufnahme einen Wert geschaffen, der ihm auch über die Laufzeit des Kredits hinaus Einnahmen bringt. [...] Dasselbe gilt für Firmen. Wenn sie Kredite aufnehmen, um zu investieren – in eine Maschine oder Fabrik –, dann ist das oft sinnvoll. So kann das Unternehmen mehr herstellen und verkaufen, mehr Geld verdienen und vielleicht mehr Arbeitsplätze schaffen. [...]

Auch der Staat kann viel für seine Bürger tun, indem er sich Geld leiht. Ohne Kredite könnte die Regierung immer nur so viel Geld ausgeben, wie im Jahr zuvor Steuern bezahlt wurden. Das Geld müsste für das Arbeitslosengeld, für neue Schwimmbäder und Straßen bis hin zum Gehalt der Lehrer reichen. Die Steuern schwanken aber in jedem Jahr stark, abhängig davon, wie viel Geld die Menschen verdient haben. Das heißt: In einem Jahr, in dem wenig Steuern bezahlt werden, könnte der Staat weniger Lehrer bezahlen. Er müsste viele entlassen.

Aber: Nimmt der Staat zu viel Schulden auf, dann zahlen die Bürger immer mehr Steuern, um die Zinsen zu begleichen. Deshalb streiten sich kluge Köpfe, wofür der Staat Schulden aufnehmen sollte und wofür nicht. Die einen sagen, dass Schulden nur für solche Dinge gemacht werden dürfen, die auch künftigen Generationen dienen, wie eine Brücke oder ein neues Polizeipräsidium. So steht es im Grundgesetz *(GG Art. 115)*. Professor Fuhrmann sagt, dass Staatsschulden immer an einen Zweck gebunden sein sollten, zum Beispiel einen Kredit für eine neue Sporthalle. „Dann kann man genau ausrechnen, wie viel die Investition gebracht hat. Und zwar nicht nur an Einnahmen für Vermietungen. Sondern auch an Dingen, die man nicht mit Geld messen kann – zum Beispiel der Spaß, den Kinder haben, wenn sie in der Halle Fußball spielen." Andere sehen das anders. Sinnvoll sei, dass der Staat während einer Wirtschaftskrise Schulden mache, sagt Professor Wolfgang Scherf von der Universität Gießen. „Er sollte das geliehene Geld benutzen, um staatliche Investitionsprogramme zu starten." Die Regierung beauftragt dann Firmen mit dem Bau einer neuen Sporthalle, dabei werden Jobs geschaffen. Die Menschen haben Arbeit, der Staat erzielt mehr Steuereinnahmen.

Wer hat Recht? Es zeigt sich leider immer erst hinterher, ob die Vorteile einer staatlichen Investition größer sind als die Lasten für kommende Generationen. Schulden machen ist mit einem Risiko verbunden. [...]

Aus: DIE ZEIT vom 5. 1. 2006, Verf.: Wolfgang Uchatius

Kalte Enteignung

MATERIAL **3**

Normalerweise, bei guter Bonität und guter Konjunktur, ist das Schuldenmachen für den Staat eine Routineangelegenheit: Zu festgesetzten Terminen begibt beispielsweise der Bund über die Finanzagentur Anleihen, also verzinsliche Wertpapiere mit unterschiedlichen Laufzeiten. [...]

Die Entschuldung des Staates ist dagegen ein viel komplexerer Vorgang. Im einfachsten Fall bezahlt das jeweilige Land die Anleihe zurück. Die Schuld ist damit getilgt. Dieser Fall aber ist äußerst selten. In aller Regel tilgen die Staaten ihre Schulden nicht, sondern erneuern sie. Und packen jedes Jahr noch neue Schulden obendrauf. Schon heute zahlt der Bund 43 Milliarden Euro im Jahr an Zinsen. [...] Angenommen, die Zinsen stiegen nur wieder auf das Niveau von 1995 – dann kämen jedes Jahr knapp 20 Milliarden Euro dazu. Ohne neue Schulden. Doch die werden im Gefolge der Finanzkrise kräftig steigen. Niemand weiß, wie weit – und wie der Staat seine Schulden wieder loswird, bevor ihn die Zinszahlungen strangulieren.

Wie immer der Staat sich entschuldet – die Bürger bezahlen die Rechnung. Denn der reguläre Abbau des Schuldenbergs durch Tilgung ist außer in Boomphasen nur möglich, wenn der Staat die Steuern erhöht oder die Ausgaben senkt. Auch die Kosten für die Entschuldung über Inflation tragen die Bürger. Denn der sinkende Wert des Geldes wird durch steigende Preise ausgeglichen, weswegen Volkwirte oft von „kalter Enteignung" sprechen.

Aus: DER SPIEGEL 5/2009 vom 26. 1. 2009, Verf.: Beat Balzli, Alexander Jung, Armin Mahler, Christian Reiermann, Wolfgang Reuter, Hans-Jürgen Schlamp, Thomas Schulz und Alexander Smoltczyk

1 Karikatur zur Staatsverschuldung: Was meint der Vater mit seiner Antwort? Sammeln Sie Ideen dazu.

2 Recherchieren Sie die Entwicklung der Staatsverschuldung in Deutschland und suchen Sie unter Berücksichtigung vorhergehender Kapitel (soziale und ökonomische Entwicklung) nach möglichen Gründen für diese Entwicklung.

3 Analysieren Sie M 2 und M 3 im Hinblick auf Gefahren und Chancen bzw. Notwendigkeiten einer zunehmenden Staatsverschuldung.

4 Diskutieren und beurteilen Sie – unter Berücksichtigung der Gefahren und Chancen neuer Staatsschulden – die 2009 ins Grundgesetz aufgenommene „Schuldenbremse" (GG Art. 109).

VERWEIS

s. S. 208
Haushaltsdefizite in der EU

5 Konjunkturtheorien

Die konjunkturellen Schwankungen in der Marktwirtschaft werden von verschiedenen Ansatzpunkten her erklärt. Wie der Staat bzw. die Wirtschaftspolitik sich ihnen gegenüber verhalten soll, das ist ebenfalls Gegenstand von Kontroversen. Vor allem zwei grundlegend verschiedene Sichtweisen von Wirtschaftspolitik, der Keynesianismus und der Monetarismus, stehen sich in den Debatten in verschiedenen Ausprägungen immer wieder gegenüber.

MATERIAL 1 Grundpositionen

Die ersten Überlegungen zur Steuerung, bzw. besser: Beeinflussung von Marktprozessen, gehen wohl auf Adam Smith (1723–1790), David Ricardo (1772–1823) und John Stuart Mill (1806–1873) zurück. Sie sind aber vor dem Hintergrund der industriellen Revolution Englands in einem völlig anderen gesellschaftspolitischen Kontext zu sehen als heute. Grundprinzip dieser – als Klassik bezeichneten – Wirtschaftsphilosophie ist der freie marktwirtschaftliche Wettbewerb auf den Güter- und Faktormärkten mit dem Marktpreis als Regelmechanismus („unsichtbare Hand“). Nach klassischer Auffassung tendieren marktwirtschaftlich strukturierte Märkte bei Störung wieder zum Gleichgewicht. Nach dem klassischen Konzept kann es dauerhaft weder Unterbeschäftigung auf dem Arbeitsmarkt noch zu viel oder zu wenig Investitionen oder Konsum noch sonstige Wirtschaftskrisen geben. Tatsächlich auftretende Störungen seien auf Unvollkommenheiten des Marktes zurückzuführen. Wenn diese beseitigt werden, wird sich ein neuer (stabiler) Gleichgewichtszustand herausbilden. Die Aktivitäten des Staates können sich daher auf Schaffung und Erhaltung von Rahmenbedingungen beschränken, innerhalb derer die Wirtschaftssubjekte völlig autonom entscheiden und handeln können (Laissez-faire-Wirtschaft). Privates Eigentum, auch an Produktionsmitteln, wird garantiert. Dieses wirtschaftspolitische Konzept bezeichnet man als klassischen Liberalismus.

Aus: Jörn Altmann: Wirtschaftspolitik. Eine praxisorientierte Einführung, Stuttgart/Jena, 6. Auflage 1995, S. 234

MATERIAL 2 Die Theorie des John Maynard Keynes – Zusammenfassung

Keynes (1883–1946) entwickelte seine Theorie unter dem Eindruck der Weltwirtschaftskrise von 1929–32. Er analysierte die Bestimmungsgründe, die eine Volkswirtschaft beeinflussen, und entwarf ein Programm zur Erreichung der Vollbeschäftigung. Dabei kritisierte Keynes den Ansatz der klassischen Ökonomie, die eine derartig lang anhaltende Krise mit Arbeitslosigkeit und sozialem Elend nicht für möglich gehalten hatte. Im Sinne der traditionellen Wirtschaftstheorie würden nämlich bei kurzfristig auftretender Arbeitslosigkeit die Löhne sinken, die niedrigen Lohnkosten würden aufseiten der Produzenten mehr Produktion rentabel machen und damit auch wieder mehr Beschäftigung bewirken. Somit würden bei Arbeitslosigkeit die Arbeitswilligen um die verfügbaren Arbeitsplätze konkurrieren und dabei die Löhne auf ein Niveau senken, bei dem alle, die arbeiten wollen, auch wieder einen Arbeitsplatz finden könnten. Keynes machte klar, dass diese Modellvorstellung nur in *mikroökonomischer* Hinsicht stimmig war, also aus der Sicht *eines* Unternehmens und *eines* Arbeitnehmers. Betrachtet man aber *alle* Unternehmen und *alle* Arbeitnehmer, analysiert man also die *makroökonomische Wirkung,* stellt man fest, dass dann die Einkommen aller privaten Haushalte – und damit die **gesamtwirtschaftliche Konsumnachfrage** – sinken, wenn alle Unternehmen Lohnkürzungen vornehmen. Damit tritt eine Verschärfung der Krise ein, denn ein Unternehmer, so Keynes, wird auch bei sinkenden Löhnen keine Neueinstellungen vornehmen, wenn die Nachfrage nach seiner Produktion unzureichend oder rückläufig ist.

In dieser Situation kann nach Keynes nur der Staat eingreifen und für eine Ankurbelung der Nachfrage sorgen, notfalls durch Verschuldung bei der Notenbank, wenn es an Steuereinnahmen mangelt. Duch dieses **„deficit spending“** des Staates würden die gesamtwirtschaftliche Nachfrage und somit der Wirtschaftsprozess insgesamt in Schwung gebracht, die Steuereinnahmen wieder steigen und dadurch die aufgelaufenen Schulden getilgt werden können.

Autorentext

Ursachen eines Wachstums- und Beschäftigungsrückgangs aus keynesianischer Sicht

MATERIAL 3

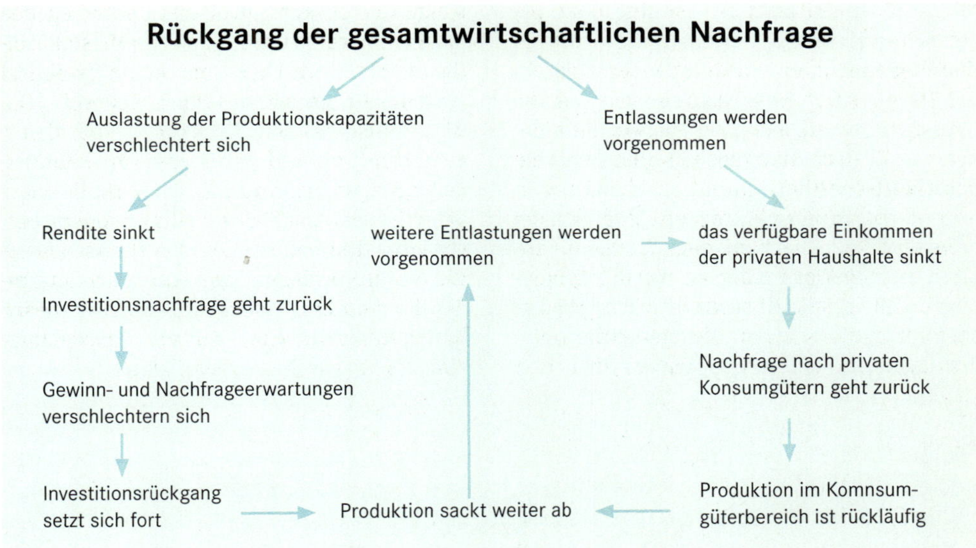

Aus: Christian Leipert: Alternative Wege der Wirtschaftspolitik, in: G.-J. Krol (Hrsg.): Grundwissen Wirtschaft – Gesamtwirtschaftliche Probleme und Zusammenhänge, Münster 1986, S. 61

John Maynard Keynes: Agenda des Staates

MATERIAL 4

Wir wollen nunmehr gründlich mit den metaphysischen und allgemeinen Prinzipien aufräumen, auf die man von Zeit zu Zeit das Laisser-faire immer wieder aufbaut. Es ist *nicht* wahr, dass jedes Individuum eine vorgeschriebene „natürliche Freiheit“ seiner wirtschaftlichen Tätigkeit besitzt. Es gibt keinen „Vertrag“, der denen, die schon besitzen oder die noch erwerben, ewige Rechte überträgt. Die Welt wird von oben her *nicht* so regiert, dass private und allgemeine Interessen immer zusammenfallen. Sie wird von unten her *nicht* so verwaltet, dass diese beiden Interessen in der Praxis zusammenfallen. Aus den Prinzipien der Nationalökonomie folgt *nicht*, dass der aufgeklärte Egoismus immer zum allgemeinen Besten wirkt. [...] Die Erfahrung lehrt nicht, dass Individuen, die sich zu einer gesellschaftlichen Gruppe zusammenschließen, immer weniger klarsichtig sind, als wenn sie einzeln handeln. [...]

Die wichtigsten Agenden des Staates betreffen nicht die Tätigkeiten, die bereits von Privatpersonen geleistet werden, sondern jene Funktionen, die über den Wirkungskreis des Individuums hinausgehen, jene Entscheidungen, die niemand trifft, wenn der Staat sie nicht trifft. Nicht das ist wichtig für den Staat, dass er die gleichen Dinge etwas besser oder etwas schlechter ausführt, sondern dass er die Dinge tut, die heute überhaupt nicht getan werden. [...]

Ich glaube, dass das Heilmittel zum Teil in der wohlüberlegten Kontrolle der Währungs- und Kreditfragen liegt, einschließlich der vollen Publizität aller wissenswerten geschäftlichen Tatsachen, die, wenn nötig, gesetzlich erzwungen werden müsste. Durch diese Maßnahmen wäre die Gesellschaft in der Lage, durch entsprechende Organe die geistige Führung bei inneren Komplikationen der Privatwirtschaft zu übernehmen, doch ohne dass private Initiative und privater Unternehmungsgeist durch sie angetastet würden. [...]

Mein zweiter Vorschlag betrifft die Ersparnisse und die Kapitalanlagen. Ich glaube, dass wir zu einer gemeinsamen vernünftigen Entscheidung kommen müssen über den Umfang, in dem das Sparen innerhalb einer Gemeinschaft gewünscht ist, und über den Umfang, in dem diese Ersparnisse im Ausland angelegt werden sollen; ferner darüber, ob die heutige Organisation des Anlagemarktes die Ersparnisse in der für die Nation produktivsten Art verteilt. Ich glaube, man sollte diese Dinge nicht ganz und gar dem Zufall der privaten Entscheidung und des privaten Gewinns überlassen, wie es heutzutage der Fall ist.

Mein dritter Vorschlag betrifft die Bevölkerung. [...] Während die Ausdehnung der Aufgaben der Regierung, welche die Ausgleichung des Hanges zum Verbrauch und der Veranlassung zur Investition mit sich bringt, einem Publizisten des 19. Jahrhunderts oder einem zeitgenössischen amerikanischen Finanzmann als ein schrecklicher Eingriff in seine persönliche Freiheit erscheinen würde, verteidige ich sie im Gegenteil, sowohl als das einzige durchführbare Mittel, die Zerstörung der bestehenden wirtschaftlichen Formen in ihrer Gesamtheit zu vermeiden, als auch als die Bedingung für die erfolgreiche Ausübung der Initiative des Einzelnen. Denn wenn die wirksame Nachfrage unzulänglich ist, ist nicht nur der öffentliche Skandal unbenutzter Hilfsquellen unerträglich, sondern auch der einzelne Unternehmer, der versucht, diese Hilfsquellen in Tätigkeit zu setzen, mit zu vielen Punkten gegen sich. Das Zufallsspiel, das er spielt, ist mit vielen Nullen versehen, sodass die Spieler in ihrer Gesamtheit verlieren werden, wenn sie die Energie und die Hoffnung haben, alle Karten zu geben. Bis jetzt ist der Zuwachs des Reichtums der Welt hinter der Gesamtheit der positiven einzelnen Ersparnisse zurückgeblieben; und die Differenz ist von den Verlusten jener wettgemacht worden, deren Mut und Initiative nicht durch ausnahmsweise Geschicklichkeit oder ungewöhnlich gutes Glück ergänzt worden ist. Wenn aber die wirksame Nachfrage angemessen ist, werden die durchschnittliche Geschicklichkeit und das durchschnittliche gute Glück ausreichen.

Zitiert nach: Harald Mattfeldt: Keynes. Kommentierte Werkauswahl, Hamburg: VSA, S. 110, S. 113 f. und John Maynard Keynes: Allgemeine Theorie der Beschäftigung, des Zinses und des Geldes, Berlin: August Raabe, 1955 (engl. Original 1936), S. 321

MATERIAL **5**

Milton Friedman: Die Kontrolle über das Geld

In den vergangenen Jahrzehnten sind die Begriffe „Vollbeschäftigung“ und „Wirtschaftswachstum“ für die Regierung zu erstklassigen Entschuldigungen geworden, sich immer mehr in wirtschaftliche Angelegenheiten einzumischen. [...]

Tatsache ist: [...] Zölle und andere Restriktionen im internationalen Handel, hohe Steuerlasten und eine komplexe und ungerechte Steuerstruktur, Überwachungskommissionen, von der Regierung festgelegte Löhne und Preise und eine Unmenge anderer Maßnah-

men bringen den Einzelnen dazu, seine Gelder falsch anzulegen und neu Erspartes falsch zu investieren.
Was wir dringend für eine stabile und wachsende Wirtschaft brauchen, ist eine reduzierte, nicht eine vermehrte Einmischung der Regierung. Eine solche Reduzierung würde der Regierung immer noch eine bedeutende Rolle auf diesem Gebiet überlassen. Es ist vor allem wünschenswert, dass die Regierung einen festen Geld- und Finanzrahmen für die freie Wirtschaft liefert – als einen Teil ihrer Funktion, einen **festen gesetzlichen Rahmen** zu schaffen. Wir sollten von der Regierung einen legalen und ökonomischen Rahmen verlangen, der die einzelnen Menschen befähigt, wirtschaftliches Wachstum zu produzieren. Die Hauptgebiete der Regierungspolitik in Bezug auf wirtschaftliche Stabilität sind Geldpolitik und Finanzpolitik. [...]
Ein Liberaler fürchtet grundsätzlich jede Machtkonzentration. Er möchte jedem einzelnen Menschen ein Höchstmaß an Freiheit sichern, solange es nicht die Freiheit anderer Menschen beeinträchtigt. Seiner Ansicht nach muss zu diesem Zweck die Macht aufgeteilt werden. Er wird argwöhnisch, wenn der Regierung Funktionen zugeteilt werden, die der Markt ausführen könnte. Denn das setzt Zwang an die Stelle von Kooperation und bedroht dadurch, dass die Regierung eine größere Rolle erhält, die Freiheit auch auf anderen Gebieten. Eine Machtverteilung wird auf dem Gebiet des Geldwesens zu einem besonders schwierigen Problem. Man ist sich weitgehend einig, dass die Regierung in monetären Angelegenheiten gewisse Verantwortung haben muss. Ebenso erkennt man weitgehend an, dass die Kontrolle über das Geldwesen ein mächtiges Werkzeug zur Kontrolle und Gestaltung der Wirtschaft sein kann. [...] Das Problem liegt darin, institutionelle Vorkehrungen zu treffen, die die Regierung befähigen, für das Geldwesen die Verantwortung zu tragen, die jedoch gleichzeitig die der Regierung damit zugewachsene Macht in Grenzen zu halten und die verhindern, dass sie genutzt wird, um die freie Gesellschaft zu schwächen, anstatt sie zu stärken. [...] Man muss Regeln für die Führung der Geldpolitik gesetzlich festlegen, die die Öffentlichkeit in die Lage versetzen, durch ihren politischen Sachverstand die Geldpolitik zu kontrollieren, und Regeln, die gleichzeitig verhindern, dass die Geldpolitik den täglichen Launen politischer Autoritäten unterworfen ist.

Aus: Milton Friedman: Kapitalismus und Freiheit, Frankfurt a. M./Berlin/Wien: 1984 (amerik. Original 1962), S. 62–64 und 78

Nachfrage- oder Angebotspolitik?

MATERIAL 6

Nachfrageorientierte Grundposition: Bei der Frage, wie unstetigen Entwicklungen von Wachstum, Beschäftigung oder Preisniveau zu begegnen ist, stehen sich Angebots- und Nachfragetheoretiker gegenüber. Nachfragetheoretiker („Keynesianer") gehen von einem gegebenen Produktionspotenzial aus, das durch geeignete Maßnahmen ausgelastet werden soll, während Angebotstheoretiker auch die Veränderung des Produktionspotenzials als zu beeinflussende Größe ansehen. Da die Keynesianer den Bestimmungsgrößen der **Nachfrage** die ursächliche Bedeutung für konjunkturelle Veränderungen beimessen, soll Konjunkturschwankungen folglich durch entgegengerichtete (antizyklische) Maßnahmen begegnet werden, um die konjunkturellen Bewegungen zu dämpfen und zu verstetigen.
Das Konzept globaler Nachfragebeeinflussung steht im Widerspruch zur Auffassung der klassischen Wirtschaftstheorie, nach der aufgrund der Selbstheilungskräfte der Märkte Marktstörungen „von selbst" behoben werden und keiner staatlichen Eingriffe bedürfen. Die keynesianische Globalsteuerung fand – im Gegensatz beispielsweise zu den USA – relativ spät Eingang in die deutsche Wirtschaftspolitik und konkretisierte sich im sog. Stabilitätsgesetz von 1967. Danach ist es Aufgabe des Staates, einer sich abschwächenden privaten Nachfrage durch Maßnahmen zu begegnen, die auf den Gütermärkten die Nachfrage nach Konsum- und Investit-

ionsgütern bzw. die Exportgüternachfrage des Auslands anregen sollen. Indirekt durch die **Güternachfrage,** aber auch direkt durch **staatliche Beschäftigungsprogramme** sollen so Beschäftigungseffekte auf dem Arbeitsmarkt ausgelöst werden: Steigende Nachfrage führt dazu, dass un(ter)ausgelastete Produktionskapazitäten stärker beansprucht werden, sodass bei anhaltender Nachfrageausweitung die Vollauslastung der Kapazitäten erreicht wird. Dies würde dann im Produktionsbereich Anreiz geben zu Neu- und Erweiterungsinvestitionen, Arbeitsplätz schaffen und über Multiplikator- und Akzeleratoreffekte die Nachfrage weiter anregen. Grundtenor einer solchen nachfrageorientierten Wirtschaftspolitik ist dabei, dass auf der *Mikro-Ebene* der privaten Haushalte und Unternehmen – den Prinzipien der freien Marktwirtschaft entsprechend – individuelle Entscheidungsfreiheit zur Selbststeuerung der Märkte führen soll, während auf der **Makro-Ebene** der Staat durch Globalsteuerung die Erfüllung der gesamtwirtschaftlichen Ziele unterstützen soll. Konjunktursteuerung könnte man danach mit dem Bemühen vergleichen, Fahrzeuge auf einer kurvenreichen Straße fahren zu lassen. Die Verkehrsregeln stellen dabei die ordnungspolitischen Rahmenbedingungen dar und als Globalsteuerung sind Maßnahmen zu verstehen, die den destabilisierenden Schwerkräften in Kurven entgegenwirken und alle Fahrzeuge gleichermaßen betreffen wie z. B. die Fahrbahnerhöhung in Kurven [...]. Daneben wird gezielt interveniert, d. h. den Fahrern bestimmter Fahrzeuge ins Lenkrad gegriffen.

Staatsverschuldung und Angebotsschocks: Bei den Ursachen für ein „Versagen" keynesianischer Nachfragepolitik, der es nicht gelungen war, die ständigen konjunkturellen Schwankungen mit den damit zusammenhängenden Wachstums-, Beschäftigungs- und Inflationsproblemen in den Griff zu bekommen, lassen sich zwei wesentliche Aspekte hervorheben. Einmal wurde in aller Regel eine asymmetrische Nachfragepolitik in dem Sinne betrieben, dass zwar in Abschwungphasen durch kreditfinanzierte Staatsausgaben gegengesteuert wurde, jedoch in Aufschwungphasen eine analoge, aber restriktive Finanzpolitik unterblieb. [...] Zum anderen wurden konjunkturelle Störungen auch durch sog. Angebotsschocks hervorgerufen, d. h. Einflüsse, die primär die Angebotsseite betrafen. Hierzu zählen die Kostenverzerrungen aufgrund der Ölpreisentwicklung ebenso wie die strukturell bedingte (technologische) Arbeitslosigkeit. [...]

Angebotsorientierte Grundposition: Als Reaktion auf die Probleme keynesianischer Wirtschaftspolitik erfolgte zunächst in den USA und später in der Bundesrepublik eine Rückbesinnung auf die klassischen Thesen von den Selbstheilungskräften des Marktes. Danach soll sich der Staat – im Gegensatz zur keynesianischen Nachfragebeeinflussung – auf die Verbesserung der Bedingungen für das Güterangebot konzentrieren. Diese sog. Angebotstheorie fußt auf dem zentralen Argument, dass das ständige antizyklische Wechseln zwischen anregenden und dämpfenden Maßnahmen im Konjunkturverlauf **(„Stop-and-Go-Politik")** nicht Folge, sondern Ursache konjunktureller Schwankungen sei. Der Staat trägt danach destabilisierende Impulse in die im Prinzip zum Gleichgewicht tendierenden privaten Sektoren hinein. Es müsse darauf verzichtet werden, durch wechselnde staatliche Einflüsse den Entscheidungshorizont der Anbieterseite, also der privaten Unternehmer, ständig zu verschieben. Der Staat solle auf destabilisierende wirtschaftspolitische Eingriffe verzichten und **ordnungspolitische Rahmendaten** setzen, die eine langfristige Orientierung erlauben und der Entfaltung marktwirtschaftlicher Kräfte mehr Raum geben. Hierzu zählt insbesondere eine kostenmäßige Entlastung der Unternehmertätigkeit, u. a. durch Senkung von Produktionssteuern und unternehmensbelastenden Abgaben sowie der Lohn- und Lohnnebenkosten (was ggf. durch erhöhte Verbrauchssteuern kompensiert werden könnte) oder Abschreibungserleichterungen bzw. Investitionshilfen.

Insgesamt soll die unternehmerische Initiative durch Abbau hemmender staatlicher Regelungen – **‚Deregulierung'** – gefördert werden, wobei die Palette einschlägiger Maßnahmen eine Lockerung des Mietrechts ebenso umfasst wie eine Durchforstung administrativer Dickichte. Weitere wichtige Aspekte sind die Eindämmung der „Schattenwirtschaft", sprich: Schwarzarbeit, die Privatisierung öffentlicher Unternehmen und die Senkung der Staatsausgaben. Die angebotstheoretische Botschaft lässt sich auf die kurze Formel bringen: Weniger Staat, dafür mehr individueller marktwirtschaftlicher Freiraum; keine kurzfristigen Ad-hoc-Maßnahmen, sondern eine langfristig orientierte Wirtschaftspolitik. Rigorose Vertreter dieser Konzeption plädieren sogar für einen völligen Verzicht auf aktive Beeinflussung des Wirtschaftsablaufs, analog zum Basismodell des Klassischen Liberalismus im Sinne einer „Laisser-faire-Wirtschaft". Danach wäre die beste Wirtschaftspolitik dann gar keine Wirtschaftspolitik („Tu-Nix-Theorie").

Aus: Jörn Altmann: Wirtschaftspolitik. Eine praxisorientierte Einführung, 6. Auflage 1995, Stuttgart/Jena, S. 243–247

Therapie eines Beschäftigungs- und Wachstumsrückgangs aus neoklassisch-liberaler Sicht

MATERIAL 7

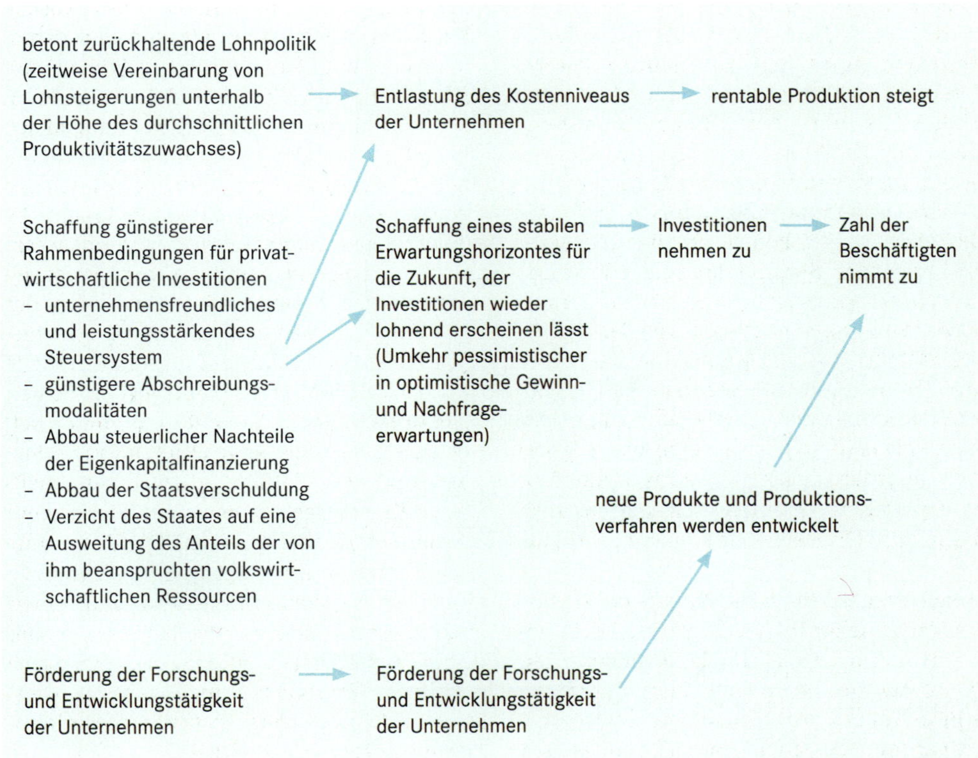

1 Stellen Sie aus M 1–M 6 eine tabellarische Aufstellung über grundlegende Unterschiede von Monetarismus und Keynesianismus zusammen. Berücksichtigen Sie dabei sowohl die Theorie als auch praktische Probleme. Nutzen Sie
a) aktuelle Meldungen und Berichte Ihrer Tageszeitung,
b) aktuelle Debattenbeiträge im Deutschen Bundestag (Zeitschrift „Das Parlament") zu wirtschaftspolitischen Themen und kommentieren Sie diese aus keynesianischer oder monetaristischer Perspektive.

VERWEIS
s. S. 88 f.
Unsichtbare Hand

6 Konjunktur-, Fiskal- und Geldpolitik

Staatliche Wirtschaftspolitik hat das zentrale Ziel, ein stabiles Preisniveau zu erreichen, Vollbeschäftigung, ein angemessenes Wirtschaftswachstum und ein außenwirtschaftliches Gleichgewicht (vgl. S. 144 ff.) Um diese Ziele zu erreichen, werden verschiedene politische Instrumente angewendet. Neben der Arbeitsmarktpolitik im engeren Sinne sind das vor allem die Konjunktur-, Geld- und die Fiskalpolitik, also die Steuerpolitik.

Neben den im engeren Sinne politischen Institutionen der Bundesrepublik Deutschland sind dabei weitere Akteure von Bedeutung. Bei der Geldpolitik sind das v.a. die von der Regierung unabhängige Deutsche Bundesbank und die Europäische Zentralbank, die in den letzten Jahren zahlreiche Kompetenzen der Staatsbanken der EU-Mitglieder übernommen hat.

MATERIAL 1

Maßnahmen der Fiskalpolitik

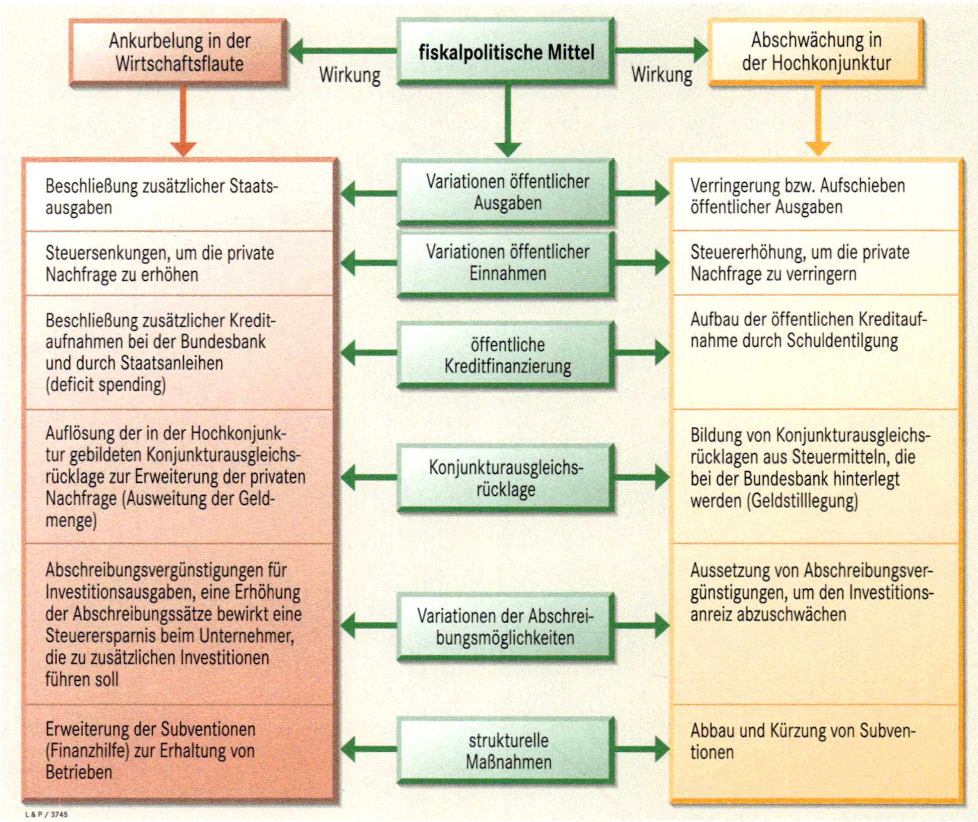

Haushaltskonsolidierung

MATERIAL 2

Aus der Regierungserklärung von Angela Merkel (2005):

[...] Wir brauchen eine langfristige Konsolidierungsstrategie. Dabei hat für uns das Reformieren und Investieren zeitlichen Vorrang. Wir haben die Abfolge der Schritte unseres politischen Handelns sehr gut vereinbart. Am Ende wird aus diesem politischen Konzept ein Dreiklang: sanieren, reformieren, investieren.

Wir werden durch einen Zukunftsfonds in Höhe von 25 Milliarden Euro Investitionen in Schwerpunktbereiche über die Legislaturperiode möglich machen. Ich habe den Bereich Mittelstand genannt. Ich nenne weiterhin die Verkehrsinfrastruktur, Forschung und Technologie, die Förderung des Haushalts als Arbeitgeber und die Förderung von Familien. Dies sind fünf Projektbereiche, bei denen die Menschen sehen: Wir können Schwerpunkte setzen; wir sind entschlossen, etwas zu investieren.

Aber ohne eine Sanierung der Haushalte kommen wir natürlich nicht zurande. Deshalb umfasst unsere Haushaltskonsolidierung, dass wir einerseits – ich habe darüber gesprochen – die Arbeitsmarktkosten reduzieren. Wir werden die Zuschüsse an die sozialen Sicherungssysteme begrenzen. Dies wird eine schwierige Aufgabe, die nur zu schaffen ist, wenn wir Strukturreformen durchführen.

Andererseits wird die öffentliche Verwaltung einen substanziellen Solidarbeitrag dazu leisten. Ich nenne die Größe von 1 Milliarde Euro, die der Bund im öffentlichen Bereich einsparen wird. Wir merken schon jetzt, dass wir über die Details sicherlich noch lange zu diskutieren haben werden. Aber es bleibt die Verpflichtung, 1 Milliarde Euro einzusparen. [...]

Wir werden Steuerförderungstatbestände reduzieren; wir haben damit gestern im Kabinett begonnen. Wir werden ab 2007 den Spitzensteuersatz für nicht gewerbliche – ich betone: nicht gewerbliche – sehr hohe Einkommen auf 45 Prozent erhöhen.

Ich will nicht verhehlen: Die für uns alle schwierigste Entscheidung war die Erhöhung des Mehrwertsteuersatzes um 3 Prozentpunkte ab 2007. Umso wichtiger ist es, dass zum einen 1 Prozentpunkt für die Senkung der Lohnzusatzkosten eingesetzt wird, um Arbeitsplätze wettbewerbsfähiger zu machen, und dass zum anderen der niedrige Mehrwertsteuersatz von 7 Prozent für Lebensmittel, den öffentlichen Personennahverkehr und Kulturgüter erhalten bleibt. Auch darüber haben wir uns viele Gedanken gemacht und dann diesen Entschluss gefasst.

[...] Ich und wir alle wissen, dass für viele Menschen die Entscheidung, die Mehrwertsteuer zu erhöhen, und die weiteren Konsolidierungspläne in Bezug auf unseren Haushalt tief greifende Einschnitte bedeuten. Wir wissen, dass wir den Menschen an dieser Stelle viel abverlangen. Wir wissen auch, dass die Bürgerinnen und Bürger deshalb eine Gegenleistung erwarten können.

Diese Gegenleistung liegt für mich auf der Hand: Wenn wir solide Staatsfinanzen schaffen, dann beenden wir das Leben von der Substanz. Zur Generationengerechtigkeit gehört auch, dass wir die Augen nicht davor verschließen dürfen, dass wir mit allen Schulden, die wir neu machen, zukünftigen Generationen Spielräume rauben. Wer ernsthaft von Nachhaltigkeit spricht, muss sich diesem Problem widmen. Das hat nichts damit zu tun, dass wir in Europa einen Stabilitäts- und Wachstumspakt haben, den wir natürlich auch erfüllen wollen. Das hat etwas mit dem moralischen Anspruch unserer Politik, generationengerecht zu sein, und der Ernsthaftigkeit zu tun. Deshalb werden wir das entschlossen umsetzen.

Aus: www.bundesregierung.de/nn_1502/Content/DE/Regierungserklaerung/2005/11/2005-11-30-regierungserklaerung-von-bundeskanzlerin-angela-merkel.html

1 Stellen Sie alle wirtschafts- und finanzpolitischen Maßnahmen, die Angela Merkel in ihrer Regierungserklärung nennt, tabellarisch zusammen.

2 Erläutern Sie, ob bzw. wo die Maßnahmen in der Grafik M 1 zu verorten sind.

MATERIAL **3**

Reichtum besteuern!

Barbara Höll, steuerpolitische Sprecherin der Fraktion DIE LINKE im Bundestag:

Die Koalitionsregierung aus CDU/CSU und SPD greift richtig zu und richtig tief in die Taschen der Steuerzahler und Steuerzahlerinnen. Die in der Geschichte der Bundesrepublik beispiellose Erhöhung der Mehrwertsteuer um 3 Prozentpunkte wird gerade die Menschen, die von kleinen Einkommen und Sozialleistungen leben müssen, zusätzlich belasten. Auf Binnennachfrage und Wachstum wirkt die beschlossene Mehrwertsteuererhöhung kontraproduktiv.
Die Haushaltskasse jedoch füllt sich jährlich um zusätzliche 22 Milliarden. Euro. [...] Zweifellos benötigt der Haushalt Einnahmen, diese Regierung kassiert leider kaum oder gar nicht bei den großen Unternehmen, den Vermögenden, den reichen Erben. Mit der geplanten Unternehmenssteuerreform beabsichtigt die Große Koalition, auf schätzungsweise 5–10 Milliarden Steuereinnahmen aus den großen Unternehmen zu verzichten. Positive Auswirkungen auf Investitionen, Wachstum und Arbeitsplätze sind so auch von dieser Reform nicht zu erwarten.
Steuergerechtigkeit ist ein Verfassungsgrundsatz, der sich im mangelnden Mut der Regierung zu gerechterer Verteilung verliert. Für mehr Arbeitsplätze, stabile Konjunktur, wachsende Binnennachfrage, für Mindestlöhne und soziale Standards muss umgesteuert werden. Die Fraktion DIE LINKE. streitet für einen Verzicht auf die Erhöhung der Mehrwertssteuer, für eine Anhebung des Spitzensteuersatzes, für eine sozial gerechte Reform der Erbschaftssteuer, für mehr Verteilungsgerechtigkeit.

www.dielinke-landtag-mv.de/Arbeitskreise/7727318503.pdf (2008)

MATERIAL **4**

Steuerentlastung notwendig!

Artikel einer Internetseite der FDP:

Es sieht schlecht aus für die deutsche Wirtschaft. Etwas mehr als drei Jahre nach Amtsantritt der Bundesregierung vermeldet der Jahreswirtschaftsbericht 2009 für das laufende Jahr den deutlichsten Rückgang der deutschen Wirtschaftsleistung seit dem Zweiten Weltkrieg. Der Parlamentarische Geschäftsführer der FDP-Bundestagsfraktion, Ernst Burgbacher, erklärte in der entsprechenden Debatte im Bundestag, dass er den „wirtschaftspolitischen Kompass" der Regierung vermisse. [...] Der aktuelle Jahreswirtschaftsbericht geht von einem Schrumpfen der Wirtschaft im kommenden Jahr von rund 2,25 Prozent aus. Das ist Rekord. [...]
Die Liberalen fordern in diesem Abwärtsstrudeln der Wirtschaft und angesichts sinkender Exportzahlen die Stützung der ebenfalls stagnierenden Binnenkonjunktur. Dafür müssen die Bürger bei den Steuern und den Sozialabgaben entlastet werden. Die Planung der Bundesregierung in dieser Angelegenheit erachten die Liberalen als vollkommen unzureichend.
[... Burgbacher] betonte angesichts einbrechender Exportzahlen, dass der private Konsum die Wirtschaft stützen müsse. Die Regierung habe aber seit Amtsantritt 20 Steuer- und Abgabenerhöhungen beschlossen und die Binnennachfrage erstickt, kritisierte Burgbacher: „Sie können nicht erwarten, dass die Binnennachfrage so in Schwung kommt." Konkrete Maßnahmen, um die heimische Kauflust anzuregen, wie Steuerentlastungen und Abgabensenkungen seien aber „weitestgehend Fehlanzeige". Er brachte damit die liberale Forderung nach einem einfachen, niedrigen und gerechten Steuersystem ein. „Das ist das Entscheidende für die Bürger", so Burgbacher.

www.liberale.de 22.01.2009

„Nicht zur Tagesordnung übergehen“

MATERIAL 5

Der Bremer Wirtschaftswissenschaftler Rudolf Hickel zur Wirtschaftspolitik der Bundesregierung in der Krise

[Die] Schwächung der binnenwirtschaftlichen Nachfrage wurde durch eine restriktive Finanzpolitik [im Zuge der nach Hickel neoliberalen Politik seit den 80er-Jahren, d. Red.] zusammen mit Steuersenkungen zugunsten der Unternehmensgewinne verstärkt. Diese Umverteilungspolitik ist das Ergebnis einer gezielten Strategie der Stärkung der einzelwirtschaftlichen Unternehmen ohne Berücksichtigung gesamtwirtschaftlicher Zusammenhänge. Dieses Konzept wird aus ökonomischer Sicht als Neoklassik bezeichnet und in der Politik mit dem Kampfbegriff „Neoliberalismus“ belegt. Die aktuelle Krise rückt zwangsläufig die Kritik an dieser Politik des Abbaus sozialer und ökologischer Regulierungen der Märkte – also das Modell der Deregulierung – in den Mittelpunkt. [...]
Die materielle Gewalt der Wirtschaftskrise zeigt, dass die Politik der Entfesselung der Finanz-, Waren- und Arbeitsmärkte gescheitert ist. Eine ordnungspolitische Rückbesinnung auf die Nutzung der Marktkräfte innerhalb politisch klarer Spielregeln ist dringend erforderlich. Erste Ansätze in diese Richtung sind erkennbar. Einen Vorteil, so scherzte unlängst Robert Solow, Nobelpreisträger der Ökonomie, habe die Krise: Ökonomen beschäftigten sich wieder mehr mit der Konjunktur, ja überhaupt mit der Makroökonomik. Noch tut sich die beratende Wirtschaftswissenschaft schwer, sich diesen notwendigen Abschied vom neoklassisch-neoliberalen Paradigma einzugestehen. Dabei ist unstrittig: Die „Mainstream-Economics“ hat sich in den vergangenen Jahren blamiert. [...]
Die Bundesregierung hat zwei Konjunkturprogramme vorgelegt. Hinzuzurechnen sind die Entlastungen durch die Wiedereinführung der Pendlerpauschale mit 7 Milliarden Euro 2009 und 2010, die allerdings das Bundesverfassungsgericht erzwungen hat. Von den 50 Milliarden Euro des „Konjunkturprogramms II“ sind in den Jahren 2009 und 2010 17,3 Milliarden für öffentliche Investitionen vor allem in den Kommunen vorgesehen. Diese Entscheidung geht in die richtige Richtung. Durch die Kleinteiligkeit der Projekte etwa im Bereich der Schulsanierung kann am Ende auch die lokale Wirtschaft profitieren. Allerdings ist der Schritt zu halbherzig. Die drohende Deflation sollte durch ein Zukunftsinvestitionsprogramm von jährlich mindestens zwei Prozent des BIP – also 50 Milliarden Euro pro Jahr – gebannt werden. Ad-hoc-Maßnahmen zur Rettung stark vernetzter Unternehmen – wie etwa den Autobauer Opel samt der Zulieferindustrie – lassen sich gegenüber den Kosten einer Insolvenz durchaus rechtfertigen. Die Unterstützung der Unternehmen durch die Verlängerung des Kurzarbeitergelds ist richtig. Unternehmen und Politik haben begriffen, dass die Beschäftigten für die künftige wirtschaftliche Entwicklung gehalten werden müssen. Dabei ist die Verbindung mit Qualifizierungsmaßnahmen besonders positiv hervorzuheben. Die gewonnene Zeit muss jedoch dazu genutzt werden, den Brückenschlag auch an das Ufer zu schaffen. Schließlich müssen auch die Maßnahmen der Deregulierung der Arbeitsmärkte, die zu einer Zunahme der Zeitarbeit sowie prekärer Arbeitsverhältnisse geführt haben, dringend auf den Bedarf an Reregulierung hin überprüft werden. [...]
Nach dieser Krise darf nicht zur Tagesordnung übergegangen werden. Die Spieltische im Kasinokapitalismus müssen geschlossen und das Wirtschaftssystem sozial und ökologisch gestaltet werden. Wer jetzt darauf spekuliert, nach der Überwindung der Krise wieder in das alte Wirtschaftssystem zurückzukehren, der setzt auf die Wiederholung der nächsten, dann noch tieferen Krise. Ein capitalism reloaded würde die alten Probleme potenzieren und neue Herausforderungen nicht bewältigen. In der Tat bietet jede Krise Chancen. Diese jedoch auch konstruktiv zu nutzen, verlangt die Revitalisierung einer gestaltenden Politik des Wirtschaftens unter gesamtwirtschaftlichen, sozialen und ökologischen Aspekten. Dazu gehört auch der Abbau von Marktmacht-Konzentrationen zugunsten eines funktionsfähigen Wettbewerbs.
Bei der Suche nach dem Ordnungskonzept hilft die Botschaft, die John Maynard Keynes

in der Weltwirtschaftskrise der 1930er Jahre formuliert hat: Bei den Regulierungen sowie der öffentlichen Investitionspolitik gehe es nicht um die Etablierung eines „autoritären Staatssystems“. Vielmehr richteten sich die Spielregeln gegen die selbstzerstörerischen Kräfte entfesselter Märkte. Es gehe nicht um die Abschaffung des „freien Spiels der wirtschaftlichen Kräfte“, sondern darum, die „Krankheit zu heilen und gleichzeitig Leistungsfähigkeit und Freiheit zu bewahren“. [...] Der Staat darf nicht als Reparaturbetrieb im Dauereinsatz missbraucht werden. Vielmehr ist ein Leitbild eines regulierten Kapitalismus in einer globalisierten Weltwirtschaft zu erarbeiten. Die vorherrschende Wirtschaftswissenschaft, die sich mit ihrer Theorie dominanter Marktliberalisierung unter Verzicht auf eine gesamtwirtschaftliche Steuerung blamiert hat, sollte jetzt die Chance nutzen und an dem Ordnungsmodell eines modernen Kapitalismus durch verstärkte Forschungsaktivität mitarbeiten.

Aus: Rudolf Hickel, Plädoyer für einen regulierten Kapitalismus, aus: Aus Politik und Zeitgeschichte, Nr. 20 (2009)

MATERIAL 6 Steuereinnahmen und öffentliche Ausgaben

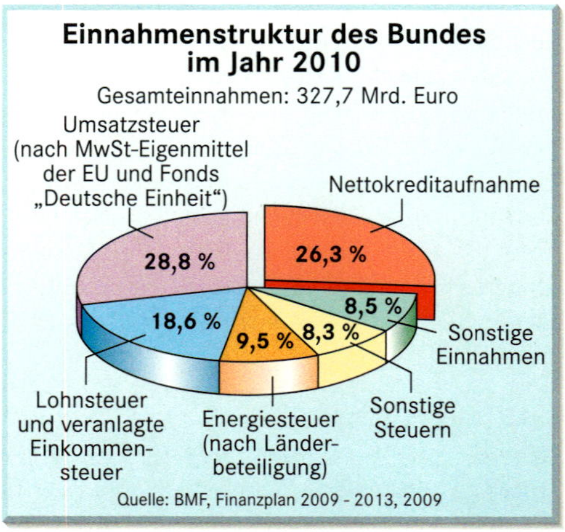

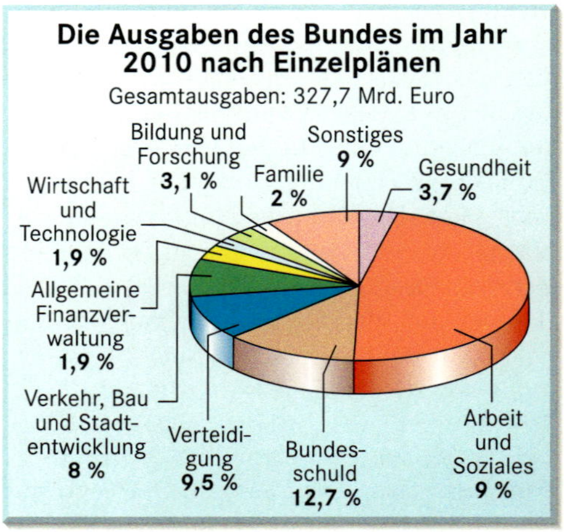

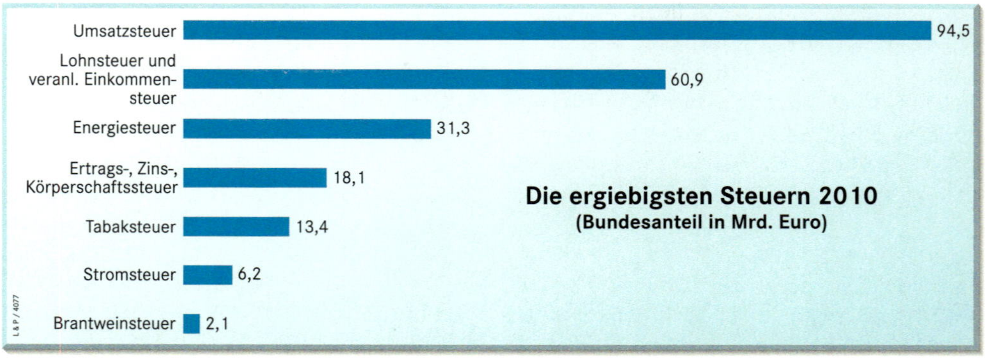

Geldpolitik

MATERIAL 7

Die wichtigste geldpolitische Aufgabe der im Eurosystem zusammengefassten Europäischen Zentralbank (EZB) und der nationalen Zentralbanken ist die Preisstabilität, ferner die Unterstützung der Wirtschaftspolitik. Das wichtigste Instrument der EZB ist dabei die Festlegung der Zinssätze.

Die EZB bestimmt durch die Leitzinsen, zu welchem Zinssatz sich Geschäftsbanken bei ihr Geld leihen können, das diese wiederum als Kredite zur Verfügung stellen. Der Kreditzins für die Unternehmen hängt von der Höhe der Leitzinsen ab, denn die Banken würden Verluste machen, wenn die von ihnen an die Zentralbank zu zahlenden Leitzinsen höher wären als die Zinsen, die den Unternehmen gewährt werden.

Unternehmen benötigen in der Regel für ihre Investitionen Kredite. So kann es dazu kommen, dass geplante Investitionen, die zunächst einen Gewinn versprachen, nach einer Zinserhöhung unrentabel werden. Eine Zurückhaltung bei Investitionen hat indes Konsequenzen für das Wirtschaftswachstum, für die Produktivität und für die Arbeitsplatzsicherheit, da Verkaufs- oder Exportchancen beeinflusst werden können.

Leitzinsen werden in der Regel dann gesenkt, wenn die EZB die Wirtschaft „ankurbeln" will. Bei einer solchen Entscheidung muss die EZB abwägen, ob die Maßnahme negative Wirkungen hat, etwa inflationäre Tendenzen fördert, die von der Geldmenge abhängen. Die Zentralbank kann nicht die Inflationsrate festlegen. Sie steuert vielmehr das Preisniveau darüber, dass günstigere Kredite tendenziell das Kreditvolumen und damit die Geldmenge erhöhen.

Ein weiteres geldpolitisches Instrument der EZB ist das Mindestreservesystem: Die EZB kann von den Kreditinstituten verlangen, dass sie Mindestreserven bei den nationalen Zentralbanken unterhalten bzw. hinterlegen. Auf diese Weise kann sie die Liquidität [also die Zahlungsfähigkeit] der Banken und somit deren Kreditvergabemöglichkeiten beeinflussen. Die Geldpolitik der EZB kann also zu einer erhöhten Liquidität der Banken beitragen, aber auch zu einer Liquiditätsverknappung.

Durch sogenannte Offenmarktgeschäfte kann die EZB den Geldumlauf erhöhen oder senken. Wenn die Zentralbank nicht bei den Geschäftsbanken, sondern auf dem offenen Markt (etwa von den Sozialversicherungen) Wertpapiere kauft, erhöht sie direkt den Geldumlauf in der Wirtschaft. Verkauft sie hingegen Wertpapiere, sinkt der Geldumlauf. Eine ähnliche Wirkung haben Wertpapierpensionsgeschäfte. Hier nimmt die Zentralbank von den Geschäftsbanken Wertpapiere zu bestimmten Laufzeiten und Zinsen „in Pension". Im Gegenzug hierzu erhält die Geschäftsbank Kredite von der Zentralbank. Nach der vereinbarten (meist sehr kurzen) Frist werden die zur Sicherheit hinterlegten Wertpapiere zurückgegeben sowie der vereinbarte Kredit zurückbezahlt.

Ihren Kreditspielraum können Banken durch die sogenannten ständigen Fazilitäten verändern und erweitern. Hier werden Wertpapiere (kurzfristig) an die Zentralbank verpfändet, um eine rasche Liquidität zu gewinnen. In der Finanzkrise seit dem Jahr 2007/2008 wurde deutlich, dass viele Wertpapiere kaum einen Wert besitzen. Das engte den Handlungsspielraum der Geschäftsbanken ganz erheblich ein.

Autorentext

1 Arbeiten Sie Gemeinsamkeiten und Unterschiede in den Kritiken M 3 bis M 5 heraus.

2 Ordnen Sie die genannten Positionen und M 2 in den Gegensatz von Angebots- und Nachfragepolitik (S. 162 ff.) ein und recherchieren Sie auf den Internetseiten der Bundestagsparteien aktuelle Beispiele für entsprechende Positionen.

3 Steuersenkungen sind populär. Erläutern Sie unter Rückgriff auf M 6, welche wirtschaftspolitischen Ziele und Interessen damit verfolgt werden und welche Chancen und Probleme damit verbunden sind.

4 Erläutern Sie die Bedeutung der EZB bei der Liquiditätsversorgung der europäischen Banken (M 7).

VERWEIS

s. S. 152 f.
Inflation

7 Ist unsere Wirtschaftsordnung gerecht?

Meint „Gerechtigkeit“ schlicht die gleiche Verteilung des Vermögens an alle Gesellschaftsmitglieder? Dann würden unterschiedliche Leistungen höchst ungerecht belohnt werden. Oder geht es allein um „Chancengleichheit“? Dann wäre in einer auf Konkurrenzmechanismen gründenden Wirtschaftsweise vorausgesetzt, dass selbst im Falle weitgehend gleicher Ausgangschancen einige Menschen unter schlechteren Bedingungen leben müssten als andere.

Dabei ist auch strittig, welche Rolle dem Staat bei diesem Problem zufällt. Hat er für eine weitreichende Verteilungsgerechtigkeit bei der Vermögensverteilung zu sorgen oder sollte er sich nur – neben der sozialen Unterstützung von schuldlos in Not geratenen Menschen – um rechtliche Rahmenbedingungen von Gerechtigkeit kümmern? Und inwieweit ist es eine staatliche Aufgabe, schlechte Ausgangsbedingungen etwa in armen Familien, bildungs- oder sozialpolitisch auszugleichen?

MATERIAL 1 Der Gerechtigkeitsbegriff der sozialen Marktwirtschaft

Gisela Meister-Scheufelen ist Präsidentin des Statistischen Landesamts von Baden-Württemberg.

Verteilungsgerechtigkeit

Die Verteilungsgerechtigkeit macht die Gerechtigkeit an gesamtwirtschaftlichen Verteilungsergebnissen fest. Maßstab ist dabei praktisch immer die Gleichverteilung. Die Verteilungsgerechtigkeit ist das Grundprinzip des Wohlfahrtsstaats. Er räumt der staatlichen Verantwortung für die Gewährleistung der Daseinsvorsorge seiner Einwohner Vorrang gegenüber der Eigenverantwortung und der individuellen Eigenvorsorge ein. [...] Inzwischen hat sich bei vielen die Erkenntnis durchgesetzt, dass das Gleichheitsprinzip ein Irrweg ist, weil es auf Leistungsanreize verzichtet, wenn es keine Möglichkeiten von Einkommensgestaltung und Vermögensbildung einräumt. [...]

Verfahrensgerechtigkeit

Überwiegend wird soziale Gerechtigkeit als Verfahrens- und Leistungsgerechtigkeit verstanden. Das heißt, ob ein Zustand oder eine Maßnahme als sozial gerecht einzustufen sind, bemisst sich danach, ob es die zugrunde liegenden Regeln sind. Die am Maßstab der sozialen Gerechtigkeit ausgerichteten Regeln formulieren die „berechtigten Erwartungen“ der Akteure. [...] Ein Regelsystem ist sozial gerecht, wenn es gelungen ist, es so auszugestalten, dass die „berechtigten Erwartungen“ der Mitglieder einer Gesellschaft im Einvernehmen mit diesen festgelegt wurden. [...] Schwachpunkt dieses Gerechtigkeitsverständnisses ist, dass sich die Bewertung, ob das Regelsystem als gerecht einzustufen ist, auch danach richtet, was für den Einzelnen letztlich dabei herauskommt. Es kann also nicht unabhängig von seiner konkreten Lebenssituation beurteilt werden. Damit kommt der Maßstab der Ergebnisgerechtigkeit wieder zum Tragen. [...]

Beteiligungsgerechtigkeit

Der entscheidende Gegensatz unterschiedlichen Gerechtigkeitsverständnisses ist weniger die Frage, ob stärker der Aspekt der Ergebnisgleichheit oder der Leistungsgerechtigkeit betont wird. Entscheidend ist, ob soziale Gerechtigkeit ausschließlich nach ökonomischen oder eher nach Teilhabeaspekten definiert wird. [...]

Beteiligungsgerechtigkeit als modernes Verständnis von sozialer Gerechtigkeit setzt die Freiheit und die Eigenverantwortung des Einzelnen, also insbesondere den Rechtsstaat und die Demokratie, voraus. Das Prinzip der sozialen Marktwirtschaft, so wie Erhard sie einführte, beruht auf der Überzeugung, dass das Individuum und gerade nicht das Kollektiv, d. h. die anonyme Gesellschaft, im Mittelpunkt des Systems stehen darf. Nicht der Staat sorgt für den sozialen, gesellschaftlichen und kulturellen Fortschritt, sondern der Einzelne. Der Staat schafft die Rahmenbedingungen, damit dem Einzelnen dies möglich ist. [...] Wesentliches Moment des Gerechtigkeitsbegriffs einer Bürgergesellschaft ist die Chancengleichheit. Sie besteht darin, dem Zwerg die Leiter zu reichen, damit er sich den Apfel pflücken kann. Wohlbemerkt: Sie besteht nicht darin, dass ein Staatsdiener dafür bezahlt wird, ihm den Apfel zu reichen. Jeder ist verpflichtet, das nach seinen Kräften und Fähigkeiten Mögliche zu leisten, um die eigene Existenz zu sichern und am Fortschritt der Gesellschaft mitzuwirken. [...]

www.trend-zeitschrift.de/trend90/9057.html, 10. 5. 2004

Armut und Lebensbedingungen

MATERIAL 2

Der wichtigste mit LEBEN IN EUROPA ermittelte Indikator ist die Armutsgefährdungsquote. Das ist nach EU-Definition der Anteil der Personen, die mit weniger als 60 % des mittleren Einkommens auskommen müssen. Die Armutsgefährdungsquote in Deutschland betrug im Jahr 2004 rund 13 %. Damit waren 10,6 Millionen Menschen in Deutschland armutsgefährdet, darunter 1,7 Millionen Kinder unter 16 Jahren.

- Bei der Armutsgefährdung gibt es deutliche Unterschiede zwischen Ost und West. Während 17 % der Bevölkerung in den neuen Ländern (einschließlich Berlin) armutsgefährdet sind, sind es im früheren Bundesgebiet (ohne Berlin) 12 %. Besonders ausgeprägt ist der Ost-West-Unterschied bei den jüngeren Bevölkerungsgruppen. 20 % der bis 24-Jährigen sind im Osten von Armut bedroht (West: 12 %). Dagegen sind die über 65-Jährigen im Osten mit 11 % deutlich unterdurchschnittlich armutsgefährdet (West: 16 %). [...]
- Armutsrisiken sind vor allem Arbeitslosigkeit, fehlende Bildungsabschlüsse sowie das Leben in einem Haushalt ohne weitere Erwachsene [...].
- Menschen mit Armutsgefährdung müssen im Alltag auf viele grundlegende Dinge verzichten. Sie leben häufiger in Wohnungen mit baulichen Mängeln und Lärmbelästigung. Über die Hälfte der Armutsgefährdeten kann es sich nicht leisten, eine Woche Urlaub woanders als zu Hause zu verbringen oder unerwartete Ausgaben zu bewältigen (zum Beispiel eine defekte Waschmaschine zu ersetzen).
- Armut behindert auch den Zugang zur Gesundheitsversorgung: Zuzahlungen und Selbstbeteiligungen halten mehr als ein Fünftel der Armutsgefährdeten [...] davon ab, sich einer notwendigen ärztlichen oder zahnärztlichen Behandlung zu unterziehen. [...]
- Ohne soziale Transferleistungen wäre ein Viertel (24 %) der Bevölkerung armutsgefährdet.

Aus: Statistisches Bundesamt, Armut und Lebensbedingungen – Ergebnisse aus LEBEN IN EUROPA für Deutschland 2005; Wiesbaden 2006, S. 5

1 Erläutern Sie die Begriffe Verteilungsgerechtigkeit, Verfahrensgerechtigkeit und Beteiligungsgerechtigkeit (M 1).

2 Nehmen Sie zu den Gerechtigkeitsvorstellungen in M 1 Stellung und vergleichen Sie die dort genannten Positionen mit den in M 2 bis M 3 beschriebenen.

3 Führen Sie ausgehend von diesen Positionsbeschreibungen eine erste Debatte über Gerechtigkeit in der Wirtschaftsordnung der Bundesrepublik.

VERWEIS

s. S. 54 ff.
Armut

s. S. 432 f.
Unterentwicklung

MATERIAL 3

„Wird ja sowieso nichts …“

Der Journalist Uwe Jean Heuser über soziale Gerechtigkeit

Ökonomen haben sich in den vergangenen Jahren genau angeschaut, was Menschen in der Wirtschaft für fair halten und was nicht. Als überragendes Prinzip nennen sie die Reziprozität: Leistung gegen Leistung. […] Diese Haltung spielt eine große Rolle bei der Bewertung des Sozialstaats und seiner Leistungen. Bürger unterstützen vor allem Hilfe für jene, die ihre Notlage nicht selbst verschuldet haben und auch nicht selbst verändern können. Entsprechend der Reziprozität steigert es die Hilfsbereitschaft, wenn die Empfänger im Rahmen ihrer Möglichkeiten etwas zurückgeben, egal, ob die Gegenleistung nun in Gemeinschaftsarbeit besteht oder schlicht darin, dass sie sich nachweislich anstrengen und neue Fähigkeiten erwerben. Das spricht für eine Sozialpolitik, die in die Leistungskraft der Menschen investiert und sie nicht nur konsumieren lässt.

Klingt nach der Idee hinter den Hartz-Reformen? Genau. Dass diese trotzdem von vielen als unfair empfunden oder jedenfalls mit Erfolg so dargestellt werden, liegt an verschiedenen Widersprüchlichkeiten. So sollen Langzeitarbeitslose erst einmal nahezu ihr gesamtes Vermögen aufbrauchen, bevor sie vom Staat unterstützt werden, während wir doch heute angeblich alle privat fürs Alter vorsorgen sollen. […] Und schließlich machte schon die rot-grüne Regierung keinen Hehl daraus, dass sie mit Hartz nicht nur die Arbeitslosen aktivieren, sondern auch schlicht ganz schnell etwas für die Haushaltskasse sparen wollte.

[…] Und als dann 2007 eine große Zahl von Bürgern den deutschen Aufschwung endlich einmal hätten spüren sollen, als sie hätten merken sollen, dass die Anstrengungen und die neuen Jobs sich auszahlen, da schob Schwarz-Rot einen Riegel vor und erhöhte die Mehrwertsteuer um drei Prozentpunkte, ohne den Bürgern das Geld an anderer Stelle zurückzugeben.

[…] Nun droht schon wieder der Abschwung, und zum Gefühl, bisher zu kurz gekommen zu sein, gesellt sich bei vielen Bürgern die bittere Ahnung, dass sie vom neuen, hart erkämpften Wohlstand der Nation gar nichts mehr abbekommen werden, bevor die Weltwirtschaft wieder auf Sinkflug geht. […]

Pisa-Studien beweisen, dass Kinder armer Leute in Deutschland mit besonderem Gegenwind zu kämpfen haben. Andere Untersuchungen zeigen, dass viele Chefs von heute oft die Söhne der Chefs von gestern sind. Die Idee von der Chancengleichheit stellt sich als Lebenslüge der Bundesrepublik heraus.

Hier setzt die nachvollziehbare und nachhaltige Irritation ein. Dass der globale Wettbewerb härter wird, dass ohne Leistungswillen wenig zu haben ist, dass die Achterbahnwirtschaft immer neue Anforderungen stellt – so weit nicken viele Bürger noch! Aber dann bitte für alle, sagen sie. […]

Während im Jahr 1980 noch 61 Prozent in Westdeutschland überzeugt waren, dass sich Leistung lohnt und mit wirtschaftlichem und sozialem Aufstieg honoriert wird, sind es heute nur noch 47 Prozent. In Ostdeutschland unterschreiben das sogar nur noch 38 Prozent der Menschen. »Durch den zunehmenden Statusfatalismus gehen von der sozialen Spreizung immer weniger motivierende Impulse aus«, schreibt die Demoskopin [Renate Köcher]. Anders gesagt: Die Ungleichheit spornt viele Menschen nicht mehr dazu an, aufsteigen zu wollen und sich dafür ins Zeug zu legen. Wird ja sowieso nichts! […]

Aus: Uwe Jean Heuser, Ungleichheit ist nicht immer schlecht … In: DIE ZEIT, 24. 1. 2008 Nr. 05

1 Erarbeiten Sie den impliziten Gerechtigkeitsbegriff in M 3. Nutzen Sie dafür auch M 2.

2 Untersuchen Sie die Verwendung des Begriffs Gerechtigkeit in einem Wahl- oder Parteiprogramm mithilfe der Methodenseite.

Zum (ideologie-)kritischen Umgang mit Fachbegriffen

METHODE

Im Unterschied zum alltäglichen Sprachgebrauch sind für das wissenschaftliche Arbeiten eindeutig definierte und in einem fachwissenschaftlich ausgewiesenen Zusammenhang stehende Fachbegriffe notwendig. Gerade oft vermeintliche „Selbstverständlichkeiten“ bedürfen dabei der kritischen Prüfung, denn Begriffe transportieren vielfach vorgefasste Wertungen oder sind in anderer Weise ideologiebehaftet. Für die Arbeit mit Fachbegriffen bedeutet dies zweierlei: Bei der Analyse sozialwissenschaftlicher Texte gilt es, die ideologische Textur von Begriffen offenzulegen; bei der Verwendung fachspezifischer Termini ist deren jeweiliger Ideologiegehalt stets transparent zu machen - und damit auch der eigene Interessenstandpunkt zu verdeutlichen.

Die Aufdeckung von Ideologien - eine Anleitung

Wie kommt man ideologischen Urteilen auf die Spur? Wie schafft man sich Gewissheit über ihre Natur? Wie bringt man sie hinter sich?

Zwei Schritte sind hier allemal zu tun, die strikt zu scheiden sind: Zunächst ist stets die Wahrheitsprobe durchzuführen. Den Fehler einer Aussage zu erschließen ist Aufgabe der „immanenten Kritik“. Sie hat stets voranzugehen; und kein vorgefasster Ideologieverdacht darf der strengen Pflicht zu sorgsamster Prüfung des Wahrheitsgehalts einer Meinung entheben - einer Prüfung, die immer ein gewisses Maß an hypothetischer Aneignung des Gemeinten erfordert. [...]

Die immanente Kritik aber vermittelt auch den Ansatz zum zweiten Schritt; sie weist zur soziologischen Kritik hinüber. [...] Die soziologische Deutung setzt die untersuchte Aussage in weitere Beziehungen:

1. Beziehung zwischen der Aussage und der Interessenposition derer, die sich ihrer bedienen: Eine solche Verbindung drängt sich oft recht handgreiflich auf, wenn etwa [...] das Protektionsverlangen von Agrarverbänden sich darauf beruft, es müsse für kritische Zeiten die Versorgung der Nation aus der heimischen Scholle gesichert bleiben. Aber auch subtilere Beziehungen sind herzustellen. Etwa: Wer bedient sich einer irrigen Lehre - und zwar auch dann noch, wenn der Irrtum für jeden Unbefangenen als nachgewiesen gelten kann? Das unkritische Verhältnis zu einer kontroversen Frage weist allemal auf eine latente Interessebeziehung hin.
   Nicht immer wird ein gesellschaftlicher Bezug der hier erörterten Art leicht nachzuweisen sein. Aller Ideologie wohnt ein überindividuelles, ein gesellschaftliches Kollektivinteresse inne. Stets denkt hierbei [...] ein Stück Gesellschaft im Individuum. Die Interessebindung aber kann eine enge oder umfassende sein. Je allgemeiner das hinter bestimmten Auffassungen stehende Interesse ist, desto schwerer ist eine Ideologie gesellschaftlich lokalisierbar. Berücksichtigt man ferner Erscheinungen von [...] subjektiver (individueller oder auch kollektiver) Interesseillusion, so wird deutlich, dass es bisweilen analytischer Arbeit bedarf, um die gesellschaftliche Kernbeziehung von Ideologie bloßzulegen. [...]

2. Beziehung zwischen der Aussage und dem Verhalten ihrer Träger. [...]

3. Beziehung der Aussagen aufeinander: Wie Behauptung und Verhalten des Meinungsträgers, so pflegen regelmäßig auch die Behauptungen selbst miteinander in Widerspruch zu stehen. Ideologie ist aus Notdurft wahllos.

4. Beziehung einer Aussage zu ihren verborgenen Konsequenzen: Ideologie ist meist final gerichtet. Sie will etwas (theoretisch oder praktisch), das sie nicht nennt. Die latente Konsequenz der Aussage kann wichtiger sein als die offenliegende. [...]
   Die soziologische Kritik arbeitet auf der Grundlage und mit den Mitteln der immanenten, die sich in ihr vollendet. Und sie selbst erschließt erst den vollen Wirklichkeitsgehalt auch der unzutreffenden Aussage, ihre verborgene gesellschaftliche Wahrheit.

Aus: Werner Hofmann, Universität, Ideologie, Gesellschaft. Beiträge zur Wissenschaftssoziologie, Frankfurt a.M. 1968, S. 63-66

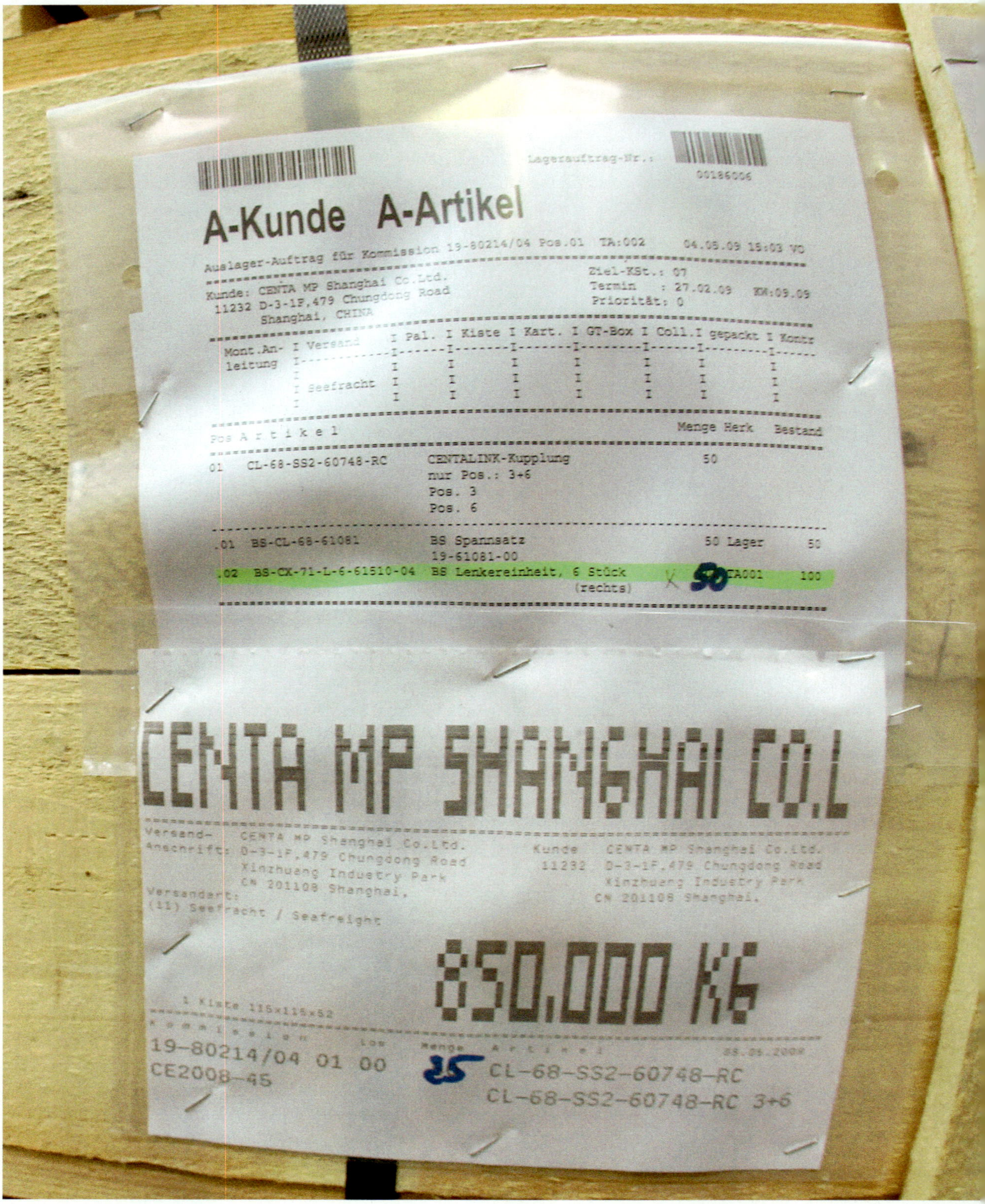
Lagerauftrag-Nr.:
00186006
A-Kunde A-Artikel
Auslager-Auftrag für Kommission 19-80214/04 Pos.01 TA:002 04.05.09 15:03 VO
Kunde: CENTA MP Shanghai Co.Ltd.
11232 D-3-1F,479 Chungdong Road
Shanghai, CHINA
Ziel-KSt.: 07
Termin : 27.02.09 KW:09.09
Priorität: 0
Mont.An- I Versand I Pal. I Kiste I Kart. I GT-Box I Coll.I gepackt I Kontr
leitung
Seefracht
Pos A r t i k e l
Menge Herk Bestand
01 CL-68-SS2-60748-RC CENTALINK-Kupplung 50
nur Pos.: 3+6
Pos. 3
Pos. 6
.01 BS-CL-68-61081 BS Spannsatz 50 Lager 50
19-61081-00
.02 BS-CX-71-L-6-61510-04 BS Lenkereinheit, 6 Stück 50 TA001 100
(rechts)
CENTA MP SHANGHAI CO.L
Versand- CENTA MP Shanghai Co.Ltd.
Anschrift: D-3-1F,479 Chungdong Road
Xinzhuang Industry Park
CN 201108 Shanghai,
Kunde CENTA MP Shanghai Co.Ltd.
11232 D-3-1F,479 Chungdong Road
Xinzhuang Industry Park
CN 201108 Shanghai,
Versandart:
(11) Seefracht / Seafreight
850,000 KG
1 Kiste 115x115x52
Kommission Los Menge Artikel
19-80214/04 01 00
CE2008-45
25
CL-68-SS2-60748-RC
CL-68-SS2-60748-RC 3+6

Globalisierung und die deutsche Wirtschaft

Bei einem System des vollkommen freien Handels wendet natürlich jedes Land sein Kapital und seine Arbeit solchen Zweigen zu, die jedem am vorteilhaftesten sind. [...] Durch [...] die bestmögliche Ausnutzung der von der Natur verliehenen besonderen Fähigkeiten wird die Arbeit äußerst wirksam und sparsam verteilt, während allgemeiner Nutzen durch die Vermehrung der allgemeinen Produktenmasse verbreitet und durch ein gemeinsames Band des Interesses und des Verkehrs die weltweite Gesellschaft der Nationen [...] verbunden wird. Dieses Prinzip führt dazu, dass Wein in Frankreich und Portugal gewonnen, dass Getreide in Amerika und Polen angebaut wird und dass Metall- und andere Waren in England fabriziert werden. [...]

Aus: David Ricardo, Über die Grundsätze der politischen Ökonomie und der Besteuerung (1817). Berlin 1959

Globalisierung und deutsche Wirtschaft

Zeichnung: Hanel

Was Globalisierung ist, zeigt sich zunächst im Alltag: Wir kaufen exotische Früchte im Supermarkt und billige Textilien aus Fernost, wir kommunizieren weltweit und sekundenschnell über das Internet, verbringen Urlaub in fernen Ländern und lernen andere Sprachen und Kulturen kennen. Die Globalisierung erfasst nahezu alle Lebensbereiche und „vernetzt" das Erleben der eigenen Welt mit den Geschehnissen der vielfältigen anderen Welt da draußen. Klimawandel, weltweite Hungerkatastrophen, die Energiekrise, die Verlagerung von Arbeitsplätzen ins Ausland, international agierender Terrorismus, spekulativer Börsenhandel und das Zusammenbrechen von Finanzmarktplätzen – all das erreicht uns aber nicht nur medienwirksam über Internet und Fernsehen, sondern ist in unser „reales" Leben eingedrungen.

Angesichts der Vielschichtigkeit der Phänomene kann es keine allgemeingültige Definition des Begriffs „Globalisierung" geben, erst recht keine einheitliche Bewertung. Als zentrales Merkmal der Globalisierung kann, auch wenn Staaten und Staatenräume unterschiedlich integriert sind, dennoch die transnationale und weltweite Vernetzung von Wirtschaft, Politik, Ökologie, Medien und Kultur bezeichnet werden, wobei diese Vernetzung nicht nur die politischen Makrosysteme (z. B. Konzerne, Parteien und Medien), sondern auch die individuelle Lebenswelt (z. B. durch Internet, Reisen) betrifft. Globalisierung ist dabei kein neuzeitliches Phänomen; transnationale Wirtschaftsbeziehungen und Systeme der Arbeitsteilung zwischen Volkswirtschaften lassen sich bis in die Antike beobachten. Neu ist aber die Qualität und Dynamik der weltweiten Vernetzungsprozesse, die durch neue Produktions- und Kommunikationstechnologien möglich wurden, wobei Motor der Entwicklung die Ökonomie ist.

Kennzeichnend für die wirtschaftliche Globalisierung sind der rasante weltweite technologische Fortschritt, die internationale Vernetzung von Produktions- und Fertigungsprozessen, die weitgehende Liberalisierung von Handel, Dienstleistungen und Verkehr, die Deregulierung von Märkten durch die grenzüberschreitende Vernetzung der Anbieter und Nachfrager, die Verlagerung arbeitsintensiver Produktionen aus hoch industrialisierten Ländern in Länder mit niedrigeren Löhnen und Umweltstandards und der schnelle weltweite Kapitaltransfer. Die einzige Logik, die diesem System zugrund zu liegen scheint, ist die ungezügelte Mehrwertproduktion, die Maximierung von wirtschaftlichem Gewinn. Negative Folgen dieser kapitalistischen Globalisierung: die Unterordnung nahezu aller Lebensbereiche unter die Gesetze des freien Marktes, die Marginalisierung von immer mehr Menschen, die überflüssig gemacht werden, die Auswirkungen auf Natur und Umwelt als Lebensgrundlagen der Menschheit.

Mit der in den USA entstandenen Immobilien- und Bankenkrise, die sich zu einer globalen Finanz- und Wirtschaftskrise ausgeweitet hat, ist die „Entfesselung" der Ökonomie zu einem zumindest vorläufigen Haltepunkt gekommen. Nach Jahren der unter der Hegemonie des wirtschaftlichen Neoliberalismus betriebenen Deregulierung treten selbst ehemals marktradikale Ökonomen und Politiker für eine notwendige Reregulierung der weltwirtschaftlichen Beziehungen ein.

1 Leben in einer „vernetzten Welt“

Globalisierung als alltägliche Vernetzung

MATERIAL 1

Der Prozess der Globalisierung ist auch ein Prozess der täglichen Vernetzung. Geschäftsreisende, Touristen, Migranten oder im Ausland beschäftigte Personen verbinden gewollt oder ungewollt Staaten und Kontinente. Das Ergebnis sind grenzüberschreitende soziale Erfahrungen. Moderne Informations- und Kommunikationstechniken ermöglichen den globalen Austausch. Besonders die Verbreitung der englischen Sprache intensiviert diesen Austausch. Im Bereich der Ökonomie existieren nicht nur Handels- bzw. Transportnetze, sondern auch Produktionsabläufe, bei denen Produkte viele Produktionsstandorte durchlaufen oder sich aus Vorprodukten zusammensetzen, die aus verschiedensten Teilen der Welt stammen. Und bei Schienen, Straßen und Pipelines haben die globalen Netze sogar eine dauerhafte Struktur. Allerdings werden nicht alle Menschen, Staaten, Unternehmen, Organisationen gleichermaßen von den globalen Netzen erfasst. Ein besonderes Problem ist, dass sich die verschiedenen Netze häufig an den gleichen Stellen verdichten: Dort, wo ein intensiver Handel stattfindet, werden beispielsweise auch überdurchschnittlich stark moderne Kommunikationsmittel genutzt oder auffallend viele Menschen sprechen die gleiche (Fremd-)Sprache. Andere globale Netze, die sich auf den ersten Blick ausgewogener über die Welt erstrecken, sind ebenfalls unausgeglichen: Beim weltweiten Netz des Tourismus besteht das Ungleichgewicht darin, dass nahezu alle Staaten bereist werden, aber nur ein kleiner Teil der Weltbevölkerung die dafür notwendigen finanziellen Mittel hat.

www.bpb.de/veranstaltungen/L77S18,0,0,Kultur_und_Identit%E4t.html

Die „McDonaldisierung“ der Welt

MATERIAL 2

Im niederbayerischen Dorf werden die gleichen „Seifenopern“ gesehen wie in New York, Tokio, Bombay oder in den Favelas von Rio de Janeiro. 800 Millionen Barbiepuppen weltweit propagieren das Schönheits- und Lebensideal der weißen US-amerikanischen Mittelschicht, [...] wie auch überall Blue Jeans getragen werden, Coca Cola getrunken und Marlboro geraucht wird. Diese universellen Bilder-, Kultur- und Konsumwelten verbinden unterschiedliche kulturelle Lebenswelten. [...] Globalisierung tritt hier vor allem als globale Kulturindustrie auf und bringt eine Angleichung kultureller Symbole und Lebensformen hervor. [...] Diese kulturelle Nivellierung betrifft vor allem die Bereiche der Unterhaltungskultur, die über Film, Fernsehen und Rundfunk, Kassetten, CDs und Videos zu den Menschen kommen, sowie zahlreiche Konsumgüter. Viele dieser Angebote für das alltägliche Leben wie Kleidung, Essen und Trinken sind gleichermaßen Gebrauchsgegenstände und - wenn es sich um bestimmte Markenerzeugnisse handelt - ästhetisch-kulturelle Kennzeichen. Nike-Schuhe oder eine Adidas-Hose zu tragen, Coca Cola zu trinken und bei McDonalds zu essen symbolisiert einen Lebensstil und ist mindestens ebenso sehr kultureller Ausdruck wie die Befriedigung eines körperlichen Bedürfnisses. [...] Da viele Markenkonzerne ihren Ursprung und Hauptsitz in den USA haben, wird für diese Ausbreitung westlicher Konsum- und Kulturmuster oft synonym von „Amerikanisierung“ oder „McDonaldisierung“ gesprochen.

Aus: Bernd Wagner: Kulturelle Globalisierung. Von Goethes „Weltliteratur“ zu den weltweiten Teletubbies, in: Aus Politik und Zeitgeschichte (B 12/2002), S. 15

Lastwagen vor dem zerstörten WTC, 2001

MATERIAL **3**

„Enjoy Coca Cola" und der 11. September

Es gibt ein Bild aus New York vom 11. September 2001, das in seiner Symbolik wie in einem Brennglas vieles von dem festhält, wofür dieses Datum steht: Auf dem Trümmerfeld vor dem zerstörten World Trade Center steht ein staubüberdeckter, leicht beschädigter roter Lieferwagen mit der Aufschrift „Enjoy Coca Cola", dahinter ragen wie mahnende Grabstelen die abgebrochenen Betonsäulen der Eingangsetage des ehemals höchsten Wolkenkratzers in den Himmel. [...] Dieses Bild vermischt sich damit, was wir über den Terroranschlag und die Attentäter wissen: Die „Waffen" waren entführte Passagierflugzeuge, gesteuert von jungen Leuten, die in deutschen und englischen Universitätsstädten studiert und dort jahrelang unauffällig gelebt hatten. Ihre Flugkenntnisse lernten sie an nordamerikanischen Flugschulen, und am Abend vor ihrem Todesflug haben sie sich sichtlich gut gelaunt Geld an einem Bankautomaten abgehoben, bei Pizza Hut Fast Food gegessen und bei der weltgrößten Supermarktkette Wal-Mart noch etwas eingekauft. Die etwa 20 Attentäter kamen aus Saudi-Arabien und anderen Nahoststaaten, viele stammten aus der Oberklasse und der gehobenen Mittelschicht und lebten im westlichen Ausland, wo sie studiert, gearbeitet und teilweise sehr vergnügt die dortige Lebensweise genossen haben. Sie waren islamischen Glaubens und sind zu unterschiedlichen Zeiten vor ihrem mörderischen Anschlag zu militanten Fundamentalisten geworden, die Anschläge, Mord und Terror als Teil des Dschihad, des Heiligen Krieges, von islamistischen Gläubigen gegen die Ungläubigen und ihre gottlose Kultur propagieren.

Deutlicher als McDonalds in Singapur, Pizza Hut in Lagos oder IKEA in Peking, als MTV, Coca Cola und der Marlboro-Mann steht der 11. September für die auch kulturell globalisierte Welt.

Aus: Bernd Wagner, Aus Politik und Zeitgeschichte (B 12/2002), S. 10

Die Weltbürste

MATERIAL 4

4 500 Mitarbeiter, zehn Länder, drei Kontinente, fünf Zeitzonen: Die Produktion der elektrischen Zahnbürste „Sonicare Elite 7 000“ ist ein Beispiel für die Präzision und die Wucht des weltweit agierenden Kapitalismus. [...] Die Firma Philips produziert, inklusive Zulieferfirmen, die elektrische Zahnbürste „Sonicare Elite 7 000“ und ihre Schwestermodelle an zwölf Standorten und in fünf Zeitzonen. [...] Die Zahnbürste besteht im Wesentlichen aus 38 Komponenten. Die Einzelteile für die Energiezelle, ein Nickel-Cadmium-Akku, stammen aus Japan, Frankreich, China. Die Platine, das elektronische Herzstück, kommt vorgeätzt aus Zhuhai, am Perlflussdelta, im Südosten Chinas. Nicht weit von Zhuhai, aus der chinesischen Industriestadt Shenzhen, stammen auch die Kupferspulen, gedreht von Heerscharen von Frauen mit verpflasterten Fingerspitzen - die Globalisierung ist weiblich. Die 49 Komponenten auf der Platine, streichholzkopfgroße Transistoren und Widerstände, wiederum stammen aus Malaysia. In Manila werden sie aufgelötet und getestet [...]. Dann ausgeflogen nach Snoqualmie, an die amerikanische Westküste, wo das Mutterwerk ist. Gleichzeitig kommen aus Klagenfurt per Lkw die komplizierteren Kunststoffgussteile nach Bremerhaven, außerdem in Klagenfurt vorgeschnittene Stahlblätter, der Spezialstahl stammt aus Sandviken, Schweden. Von Bremerhaven aus fährt ein Frachtschiff die halbe Bürste über den Atlantik nach Port Elizabeth, New Jersey. Von dort geht es per Bahn weiter, quer durch die USA. Und in Snoqualmie, 40 Autominuten von Seattle entfernt, wird alles zusammengeschraubt, verpackt. Zu dem Zeitpunkt haben die Komponenten 27 880 Kilometer zurückgelegt, zwei Drittel des Erdumfangs.

Philips ist ein niederländischer Konzern. Aber unter etwa 120 Leuten, die man auf einer Reise durch das Karussell der Kulturen und Kontinente trifft, sind gerade mal zwei Niederländer. Der Vorarbeiter im amerikanischen Snoqualmie stammt aus Gambia. Bernard Lim Nam Onn, der Chef in Zhuhai, ist Chinese, aber in Malaysia geboren und in Singapur aufgewachsen. Es gibt Iren, Ukrainer, Inder, Kambodschaner, Vietnamesen, Thailänder. Globalisierung schafft überall auf der Welt neue Biografien und verzahnt sie.

Aus: Ralf Hoppe, Die Weltbürste, Spiegel Special 7/2005

1 Erläutern Sie das Verständnis der Globalisierung als eines „Prozesses der täglichen Vernetzung“ (M 1).

2 Entwickeln Sie eine Mindmap, in der Sie Ihre „Vernetzungen“ in einer globalisierten Welt darstellen.

3 Analysieren Sie die Materialien im Hinblick auf die jeweils zum Ausdruck kommenden „Vernetzungen“. Berücksichtigen Sie dabei auch die Frage, in wessen Interesse die jeweiligen „Netze“ funktionieren.

4 Problematisieren Sie vor dem Hintergrund der Materialien das Verständnis der globalisierten Welt als einer „Welt von Netzen“.

VERWEIS

s. S. 316 f.
Terrorismus

2 Auf dem Weg zur globalen Ökonomie

2.1 Von der Volks- zur Weltwirtschaft

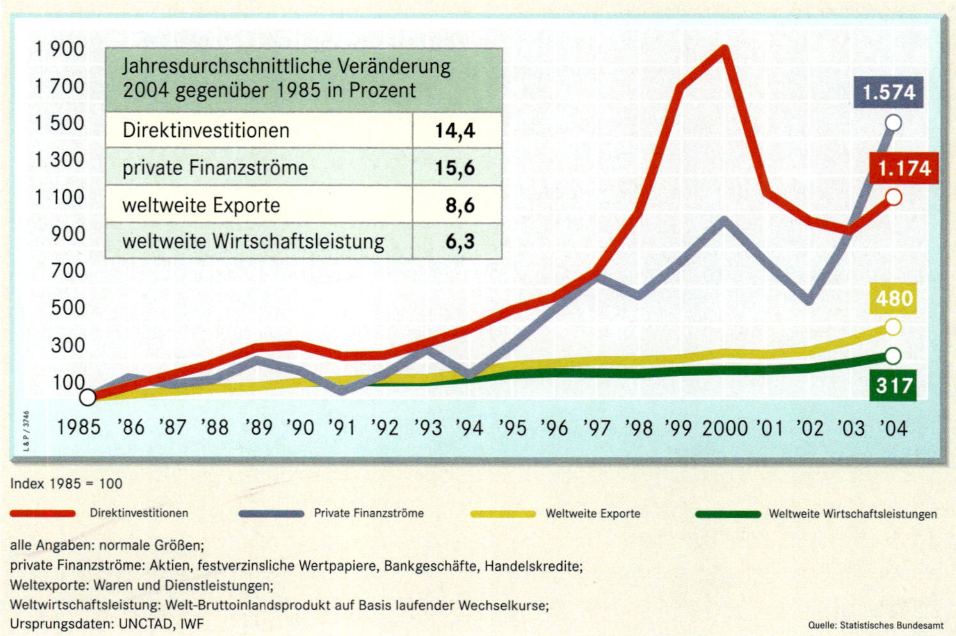

Die Internationalisierung beschleunigt sich

Die nationalen Ökonomien werden immer mehr durch internationale Wirtschaftsprozesse beeinflusst. Dabei ist weltweites Wirtschaften nichts Neues. Das wirklich Neue ist, dass Welthandel, Direktinvestitionen und internationale Finanzmärkte seit Ende der Siebzigerjahre erheblich kräftiger expandieren als die Weltproduktion. Den technologischen Hintergrund dieser Entwicklungen bilden explosionsartige Fortschritte in der Informations- und Kommunikationstechnologie. Die enorm gestiegene Leistungsfähigkeit des Transportwesens begünstigt ebenfalls die Globalisierung der Wirtschaft.

Die Weichen für diese Entwicklungen wurden bereits gegen Ende des Zweiten Weltkriegs gestellt. Auf Betreiben der USA und Großbritanniens wurden damals die Regeln für einen möglichst reibungslosen internationalen Güter- und Kapitalverkehr festgelegt. Mit dem Internationalen Währungsfonds (IWF), der Weltbank (IBRD&IDA) und dem General Agreement on Tariffs and Trade (GATT, seit 1995 Welthandelsorganisation WTO) wurden zugleich Institutionen geschaffen, die die Einhaltung dieser Regeln überwachen und Steuerungsfunktionen wahrnehmen sollten.

Der Sieg des Kapitalismus über den „real existierenden" Sozialismus war die Voraussetzung für die marktwirtschaftliche Ausrichtung fast aller Industrie- und Entwicklungsländer. Marktwirtschaftliche Reformen sollen – neben Steuererleichterungen – ein gutes Investitionsklima schaffen. Die meisten Entwicklungsländer sind, wie auch die ehemaligen sozialistischen Länder, heute Mitglied des IWF, der Weltbank und der WTO.

Damit haben sich diese aus der Aufbruchzeit am Ende des Zweiten Weltkrieges stammenden Organisationen zu „Agenturen der Globalisierung" entwickelt. Angesichts mehrerer weltweiter Finanzkrisen nach 1990, vor allem seit Ende des ersten Jahrzehnts in diesem Jahrhundert, werden jedoch Zweifel laut, ob diese Agenturen der Globalisierung und die sie tragenden Nationalstaaten noch in der Lage sind, ihre eigene Entwicklung zu steuern. Weltwirtschaft, Welthandel, Weltfinanzen fordern die Politik heraus: Wer steuert wen?

Prof. Francesco Kneschaurek, Volkswirtschafter an der Universität St. Gallen, hat die Problemlage so beschrieben:
„So kann man sagen, dass die wirtschaftlichen, sozialen und ökologischen Probleme, die mit dem derzeitigen Internationalisierungs- und Globalisierungsprozess zusammenhängen, daraus zu erklären sind, dass, während dieser Prozess weltweit auf wirtschaftlicher und technologischer Ebene rasant fortschreitet, die Weltpolitik eine Staatenwelt geblieben ist. [...]
Vielfach erfolgt ein Rückzug der Politik aus bereits eingegangenen multilateralen Engagements. Dadurch nimmt die Fähigkeit ab, die existenziellen Probleme unserer Zeit zu lösen. Es öffnet sich eine Schere zwischen wirtschaftlicher und technologischer Globalisierung und politischer Handlungsfähigkeit. [...]
Mit dem klassischen Ansatz, internationale Probleme vorwiegend bilateral zwischen souveränen Staaten zu lösen, sind viele Zukunftsrisiken nicht mehr zu bewältigen; grundlegende Probleme bleiben ungelöst, die internationalen Beziehungen unstabil und unberechenbar. [...]
Der Internationalisierungsprozess wird zu einem überwiegenden Teil von ökonomischen Interessen vorangetrieben. Es fehlt ihm die politische Flankierung, die für die Einbindung der wirtschaftlichen Leistung in humanitäre, kulturelle, soziale und ökologische Ziele sorgt. [...]"

Aus: Francesco Kneschanek, Weltwirtschaft im Umbruch, Zürich 1999, S. 231 - 236

Interregionaler Warenhandel

MATERIAL 1

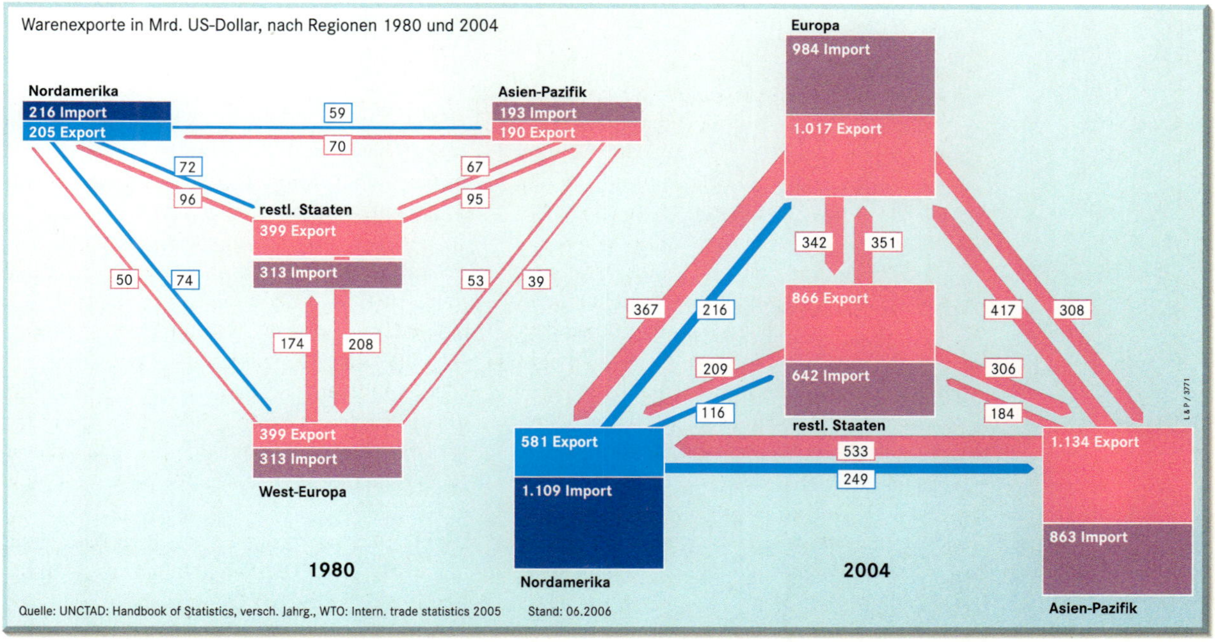

1 Stellen Sie dar, welche Trends der Globalisierung der Wirtschaft sich seit den letzten Jahr(zehnt)en abzeichnen. Erläutern Sie die Rahmenbedingungen, die diese Entwicklung begünstigen.

2 Erläutern Sie die These, Wirtschaft sei global, Politik national.

2.2 Die Entwicklung des Welthandels

MATERIAL 1

Die Entwicklung des Welthandels

Im Jahr 2004 wurden weltweit Waren im Wert von etwa 9 000 Milliarden US-Dollar im- bzw. exportiert. Ex- und Import konzentrieren sich zunehmend auf bestehende Wirtschaftsblöcke, sind also regional geprägt. Der intraregionale Warenaustausch - hier innerhalb einer der Regionen Nordamerika, Europa oder Asien-Pazifik - lag in den 1950er-Jahren bei 30 Prozent, 1980 bei etwa 40 Prozent und 2004 bei deutlich über 50 Prozent des gesamten Welthandels (Intraregionalisierung). Allein die EU wickelt mehr als zwei Drittel ihres Warenhandels innerhalb der eigenen Grenzen ab. Und in den Regionen Asien-Pazifik bzw. Nordamerika entfallen 50 bzw. über 55 Prozent des Exports auf die eigene Region.
Parallel zu der Ausweitung des Handels innerhalb der Regionen hat auch der Handel zwischen den Regionen zugenommen. Zwischen den Triade-Regionen Europa, Nordamerika und Asien-Pazifik wurden im Jahr 1980 17,4 Prozent des gesamten Warenexports abgewickelt, im Jahr 2004 waren es bereits 23,5 Prozent (Triadisierung bzw. Interregionalisierung).
Dementsprechend fiel der Anteil des Warenexports zwischen der Triade und den verbleibenden Staaten am weltweiten Export von 35,7 Prozent im Jahr 1980, über 22,9 Prozent 1998 auf 16,9 Prozent im Jahr 2004.
Allerdings ist weder die Triadisierung - als Sonderfall der Interregionalisierung - noch die Intraregionalisierung mit einer abnehmenden Bedeutung der globalen Ebene gleichzusetzen. Erstens hat der grenzüberschreitende Handel, der nicht zwischen den Triade-Regionen oder innerhalb der einzelnen Triade-Regionen abgewickelt wird, absolut zugenommen: Parallel zu der Abnahme des Exportanteils von etwa 60 Prozent (1950) auf knapp 17 Prozent im Jahr 2004 ist der Weltwarenexport real um 2 650 Prozent gewachsen. Der Warenexport zwischen der Triade und den verbleibenden Staaten hat

Entwicklung des grenzüberschreitenden Warenhandels
Index (1950 = 1), in konstanten Preisen, Zuwächse in Prozent, weltweit

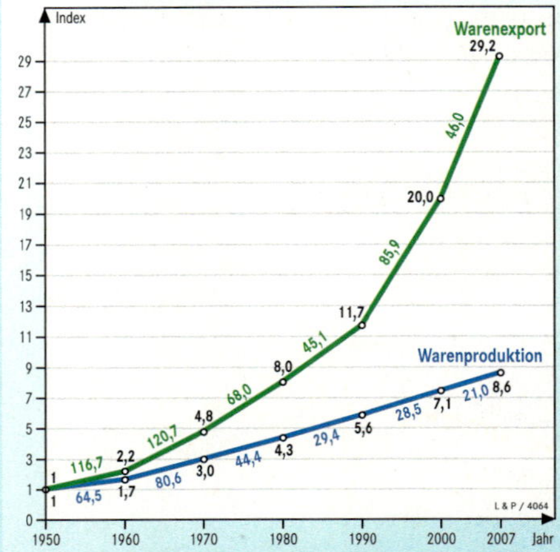

Quelle: World Trade Organization (WTO): International Trade Statistics 2005, 2008; BpB 2009

sich damit immer noch mehr als versiebeneinhalbfacht.
Noch wichtiger ist zweitens, dass sowohl der Handel zwischen den Triade-Regionen als auch der Handel innerhalb der Regionen als Teil einer globalen Unternehmensstrategie verstanden werden kann und muss. Da bei den Produktions- und Absatzstrategien eines Unternehmens sehr viele Faktoren berücksichtigt werden, kann auch aus einer globalen Unternehmensstrategie folgen, dass sich das unternehmerische Handeln auf den inter- und intraregionalen Handel konzentriert. So ist beispielsweise die Entscheidung von BMW, eine Produktionsstätte in Leipzig zu errichten, kein Ausdruck einer nationalen Unternehmensstrategie. Bei der Standortwahl wurde lediglich eine Vielzahl von ökonomischen Einflussfaktoren und nicht einseitig das Lohnniveau berücksichtigt. Anders formuliert waren in diesem Fall die sogenannten Billiglohnländer - nach der Zusammenführung verschiedenster Standortkriterien - die teureren Standorte.

www.bpb.de/wissen/Y6I2DP,0,0,Globalisierung.html (Zugriff 05/2009)

Containerhandel

MATERIAL 2

Vor allem die Entwicklung des Seefrachtverkehrs spiegelt die Zunahme des Welthandels wider. Die drastische Verringerung der Transportkosten beschleunigte die wachsende Verflechtung der Güterproduktion. Der Transport in Containern ermöglicht die schnelle Lieferung von Waren zu reduzierten Kosten rund um den Globus. Entsprechend hat in den letzten Jahren die Größe der Containerschiffe zugenommen und die Ladekapazität eines Schiffes sich seit 1970 mehr als verfünffacht. Das Ergebnis: Der Transport einer Flasche Rotwein von Australien nach Deutschland per Schiff kostet heute weniger als zehn Cent; der Transport einer Flasche innerhalb Deutschlands ist dagegen etwa viermal so teuer.

Containerrouten

MATERIAL 3

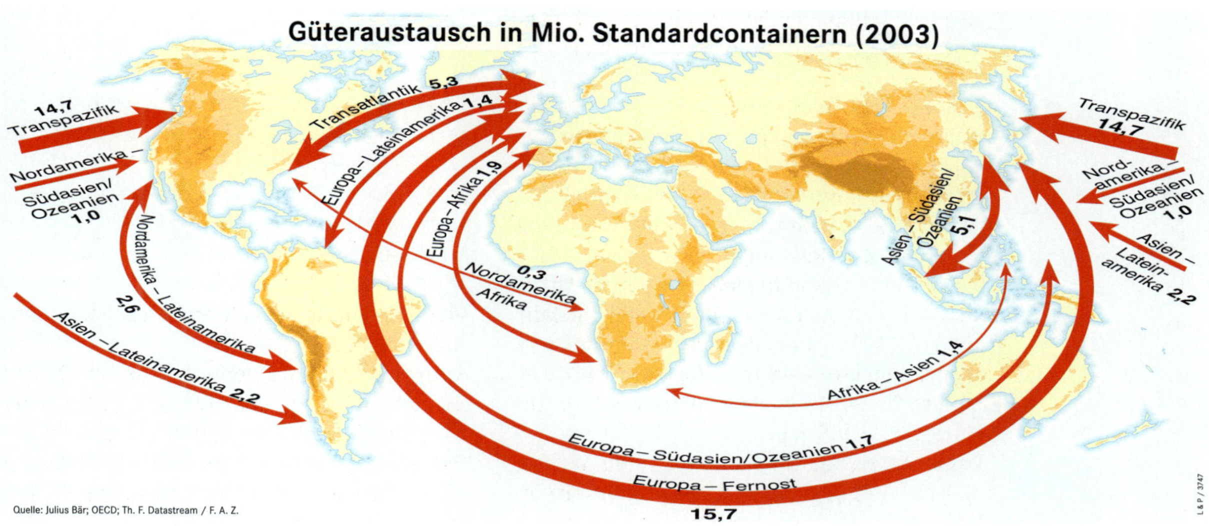

Güterschifffahrt und Containerhäfen

MATERIAL 4

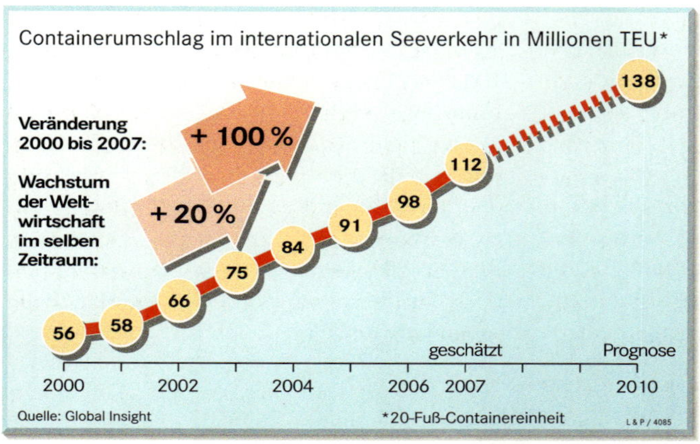

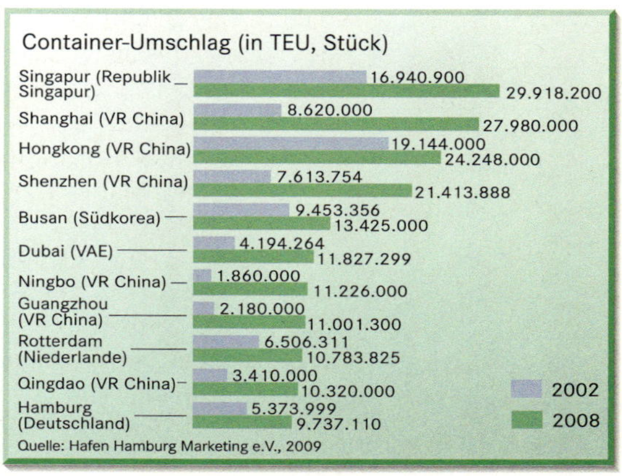

MATERIAL 5 Auf der Seidenstraße der Globalisierung

Dann kommt der Morgen, und wir erreichen den Highway. Wir sind unterwegs auf der Seidenstraße der Moderne. Es gibt hier keine Wegweiser und keine Meilensteine, es gibt nur eine Richtung: Auf dem Kompass ist das Osten. Jedes Schiff, das von Europa nach Ostasien fährt, nimmt diesen Weg. 1600 Kilometer durch den Indischen Ozean, immer geradeaus.

In der Nacht hat die Flaminia sich von Norden, aus Indien kommend, eingereiht, diesen vibrierenden schwarzen Riesen mit Platz für 6700 Container, gebaut von der Daewoo-Werft in Korea. Keine Schönheit, eher eine Zweckmäßigkeit. Dreihundert Meter lang und vierzig Meter breit – zu breit für den Panamakanal. „Die Karibik ist was für Touristen." Geschäfte werden in der anderen Himmelsrichtung gemacht. Seit fünf Jahren fährt Kapitän Sörnsen die östliche Welthälfte ab, Hamburg, Bremerhaven, Port Said, Suez, Dschidda, Mumbai, Singapur, Chiwan, Xiamen, Xingang, Ningbo, Xiamen, Chiwan, Hongkong, Singapur, Dschidda, Suez, Beirut, Antwerpen, Hamburg, immer wieder. Liniendienst nach Fahrplan, eine Endlosschleife durch chinesische Häfen, die in Deutschland niemand kennt und die in Deutschland doch alles verändert haben. Die Flaminia folgt der Spur der billigen Waren.

Jetzt, an diesem Morgen, an diesem Tag im Februar, sind sechs Millionen Container auf den Weltmeeren unterwegs. Auf dem Radar ist eine Reihe gelber Punkte zu erkennen, wie Maden kriechen sie nach Osten. Das sind die anderen. Kollegen, Konkurrenten auf dem Highway.

22 Mann sind an Bord. Sechs Deutsche, sechzehn Filipinos. Die Deutschen bleiben mindestens drei Monate auf dem Schiff, die Filipinos ein halbes Jahr oder länger. Zwei Welten, zwei Kulturen, eine Crew-Liste mit schönen Namen. Kein Arzt, keine Frau.

In Indien hat er gebrauchte Hobelmaschinen, Tomatensamen und Aluminiumschrott aus Hamburg ausgeladen. An Bord kamen Basmatireis für Großbritannien, Plastikmehl für China, gemahlen aus PET-Flaschen, dazu Viskosegarn und Baumwolle für Indonesien. „Das fahren wir nächstes Mal als T-Shirts zurück."

Das Schiffsbüro ist eine kleine Welthandelsorganisation. 98 Prozent aller Waren, die zwischen den Kontinenten transportiert werden, werden auf Schiffen wie der Flaminia gefahren: die neue Turnschuhkollektion von Nike, Hemden für H&M, Schrauben für Ikea. In seinem Computer kann Erster Offizier Appelstiel die Handelsbilanzen der Länder ablesen. Indien zum Beispiel ist Müllhalde Europas und Rohstofflieferant für China. China ist ... „Tja, China", sagt er, zieht die Augenbrauen hoch und zeigt auf den Bildschirm. „Das ist China." Auf dem Monitor baut sich die Flaminia auf, wie vom Computertomografen in Scheiben geschnitten: der Stauplan, Container für Container. Grüne Würfel sind Ladung für Singapur, rote für China, graue sind leer. Im Moment sind die meisten Würfel grau. „Wie immer auf'm Weg nach Osten", sagt Appelstiel. „Auf dem Rückweg sind wir voll." Flachbildschirme, Spielzeugautos, ein Container linke Schuhe, ein Container rechte Schuhe.

Der Container, dieser schlichte Kasten, hat den Welthandel revolutioniert. 20 Fuß lang, 8 Fuß breit, 8,5 Fuß hoch – das ist das Maß der Globalisierung und doch ein Produkt des Zufalls. 1956 kam der amerikanische Spediteur Malcolm McLean auf die Idee, die stählernen Anhänger seiner Lastwagen in den Häfen nicht mehr mühsam umzuladen, sondern direkt aufs Schiff heben zu lassen. Der Gedanke soll ihm gekommen sein, als er eine Schachtel Zigaretten aus dem Automaten zog. Fortan war der Warenumschlag nur noch eine Sache von Stunden. Tausende Hafenarbeiter wurden arbeitslos, Hunderte Reeder wurden reich. Und die Warenlogistiker hatten ihre Weltformel. Noch immer entspricht die Höhe der meisten Container jener der Anhänger, mit denen McLean vor fünfzig Jahren die Hafentunnel von New York durchqueren konnte. Wird heute in Sibirien ein Baum gefällt, wird er gleich aufs globale Maß zurechtgesägt.

Der Seeweg ist billig. Es braucht nicht viele Männer für ein Schiff, es gibt keine Mautstationen auf dem Meer, der Sprit ist steuerfrei. Die Verschiffung eines Containers aus Fernost nach Hamburg kostet 1000 Euro, mehr nicht. Ein Handy verteuert sich um zwei

Containerhafen Hamburg, 2008

Cent, eine Flasche Bier um fünf. Schiffe wie die Flaminia haben die Welt sehr klein gemacht. Jeder Metallbetrieb in Wuppertal konkurriert mit jedem Provinzhafen in Vietnam, als lägen bloß ein paar Kilometer dazwischen. „Einmal hab ich 'ne ganze Ladung Hühnereier von New York nach Bremerhaven gefahren. Dabei haben wir doch selber welche." Mittlerweile werden Nordseekrabben zum Pulen nicht mehr nur mit Lastern nach Marokko gefahren, sondern mit Schiffen bis nach China. „Ich will das gar nicht alles wissen, ich fahr einfach hin und her."

Manchmal ist der Transport sogar günstiger als jede Lagerung. So werden in Kühlcontainern, die Fleisch von Australien nach Holland brachten, Tulpenzwiebeln zum Austreiben nach Neuseeland gebracht und später wieder abgeholt. Das ist billiger, als ein Gewächshaus zu betreiben. „Besser is', man denkt nich' drüber nach."

Sörnsens Dienst an der Welt ist Pünktlichkeit. Er steuert ja nicht bloß ein Schiff, er fährt ein Renditeobjekt. Die Flaminia gehört der Münchner Conti GmbH, einem Emissionshaus für Schiffsbeteiligungen. 692 Gesellschafter aus ganz Deutschland haben sich mit mindestens 25 000 Euro an ihr beteiligt. Ein Drittel aller Containerschiffe weltweit gehört deutschen Eignern. Die deutsche Flotte ist die größte der Welt, der Einsatz manches Investors hat sich in vier Jahren verdoppelt. Es gibt nicht nur Globalisierungsverlierer in Deutschland.

Aus: DIE ZEIT, 09/2006, 23.02.2006, S. 62 f.; Autor: Henning Sussebach

1 Nutzen Sie die Reportage M 5 und die übrigen Materialien dazu, Merkmale und Kennzeichen der weltweiten Containerschifffahrt sowie des Welthandels herauszustellen. Sammeln Sie die Aussagen, die diesen Containerhandel einerseits als effizient und andererseits als ökonomisch oder ökologisch problematisch erscheinen lassen. Untersuchen Sie mit kritischem Blick das Flaminia-Personal und seine Arbeitsbedingungen. – Resümieren Sie: Wie ist es um die Globalisierung bestellt?

2 Recherchieren Sie unter www.hafen-hamburg.de/ die Entwicklung des Hamburger Hafens, unter www.keyports.de/ der Bremer Häfen und unter www.ems-jade-online.de/Behoerde/Jadeport.html des Jade-Weser-Ports in Wilhelmshaven. Versuchen Sie einen Vergleich mit der Entwicklung in den Häfen Rotterdam unter www.port.rotterdam.nl/ und Antwerpen unter www.portofantwerp.be/.

3 Aktualisieren Sie die Daten in M 2 und M 3. Welche Schlussfolgerungen ergeben sich nach der Aktualisierung?

2.3 Ausländische Direktinvestitionen und transnationale Konzerne

MATERIAL 1

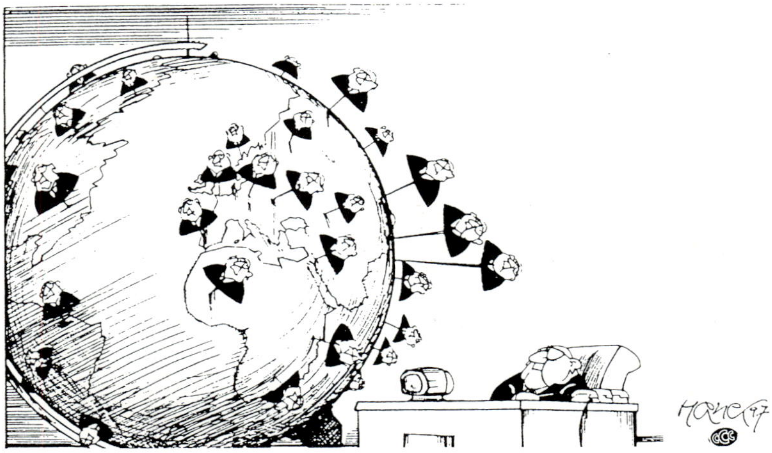

Zeichnung: Hanel
Groß, größer, global

MATERIAL 2

Direktinvestitionen und transnationale Konzerne

Die laufend getätigten ausländischen Direktinvestitionen (ADI) haben sich von 13 Milliarden US-Dollar im Jahr 1970 über 208 Milliarden US-Dollar 1990 auf 648 Milliarden US-Dollar im Jahr 2004 erhöht. Ihre bisherigen Höchstwerte von 1 092 und 1 397 Milliarden US-Dollar erreichten die laufenden ausländischen Direktinvestitionen allerdings in den Jahren 1999 und 2000. Gegenüber dem Jahr 1970 hat sich der Umfang der laufenden ADI – bezogen auf den Durchschnitt der Jahre 2000 bis 2004 – verdreiundsechzigfacht, gegenüber 1980 mehr als verfünfzehnfacht.

Der Anteil der ökonomisch entwickelten Staaten an den ADI ist nach wie vor groß. In den Jahren von 2000 bis 2004 tätigten bzw. erhielten die ökonomisch entwickelten Staaten durchschnittlich 90 bzw. knapp 72 Prozent der weltweiten ADI. Allein die EU, die USA und Japan waren für über 80 Prozent der getätigten ADI verantwortlich.

Auf die ökonomisch sich entwickelnden Staaten entfielen in den Jahren von 2000 bis 2004 durchschnittlich 26 Prozent der ADI, die sich allerdings sehr unterschiedlich verteilen. Von den ADI in ökonomisch sich entwickelnden Staaten entfielen im Jahr 2004 63 Prozent auf nur acht Staaten; allein China erhielt zwischen 2000 und 2004 durchschnittlich 26 Prozent der ADI in ökonomisch sich entwickelnden Staaten.

Die Bedeutung der ADI für die externe Finanzierung der ökonomisch sich entwickelnden Staaten hat beständig zugenommen. Während Anfang der Neunzigerjahre private und öffentliche Hilfeleistungen den größten Anteil an ausländischen Geldern ausmachten, ist der Anteil der ADI seit Mitte der 1990er-Jahre mindestens doppelt, teilweise dreimal so hoch wie der der finanziellen Hilfeleistungen. [...]

Vor allem Multinationale Unternehmen (MNU) haben die technischen, finanziellen und politischen Ressourcen, um eine Strategie des „global-sourcing“ umzusetzen. Die ADI in Form von meist bracheninternen Fusionen, Unternehmenskäufen und -beteiligungen dienen der Markterschließung, Marktsicherung und Kostenersparnis. Grenzüberschreitende Unternehmensfusionen und -übernahmen – „mergers and acquisitions“ (M&As) – sind für durchschnittlich 65 Prozent der im Ausland getätigten Investitionen verantwortlich. Knapp 55 Prozent der M&As entfallen Fusionen mit einem Wert von über einer Milliarde US-Dollar.

www.bpb.de/wissen/Y6I2DP,0,0,Globalisierung.html (Zugriff 05/2009)

Ausländische Direktinvestitionen

MATERIAL 3

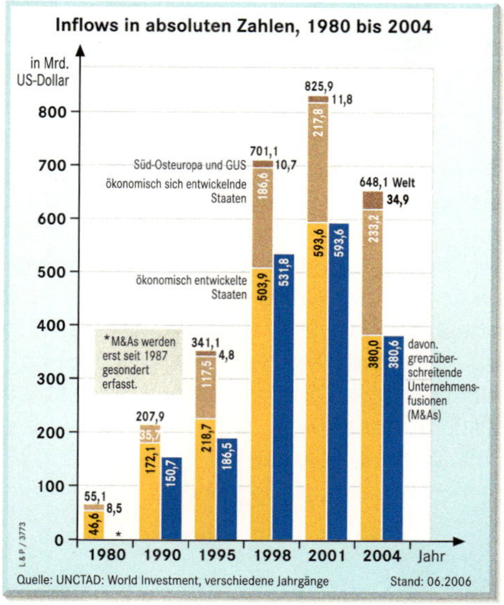

Anzahl multinationaler Unternehmen

MATERIAL 4

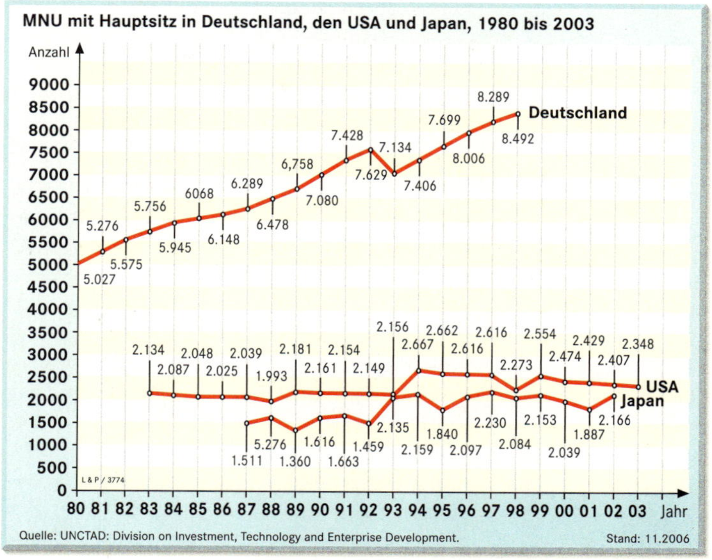

Entmachtung der Politik?

MATERIAL 5

Nicht die Politik setzt die Wirtschaft unter Druck, sondern umgekehrt. Industriekapitäne haben bei Politikern schon so manche Subvention, Steuererleichterung oder Lockerung des Einwanderungsgesetzes durchgesetzt, indem sie andernfalls mit Abwanderung drohen. Bei immer kosmopolitischer ausgerichteten Konzernen werden solche Drohungen immer glaubhafter.

Die sorgenvollen Kartellwächter und bedrängten Wirtschaftspolitiker haben ein Handicap: Sie arbeiten immer noch zumeist national oder (in der EU) höchstens regional. Nach wie vor ist die Politik offenbar viel schwerer zu globalisieren als die Wirtschaft. Dabei wissen Politiker und Verwaltungen genau, dass viele Probleme – von Kartellentscheidungen bis zum Schutz der Atmosphäre – nur noch durch weltweit geltende Regeln in den Griff zu bekommen sind. Doch abseits von militärischen Fragen sind staatliche Zusammenarbeit, verpflichtende Abkommen und funktionierende internationale Institutionen Mangelware. [...]

Die Mehrheit der Politiker kooperiert ohnehin schon aus Überzeugung mit den Multis – nach dem Motto: Was für die Unternehmen gut ist, ist auch gut für die Arbeitsplätze und das Land. Kritiker aus Gewerkschaften, Umweltgruppen und Dritte-Welt-Aktivisten monieren freilich, dass solche Arrangements wohl kaum helfen, im internationalen Raum politische Visionen von Gerechtigkeit oder Weltentwicklung durchzusetzen.

Aus: Thomas Fischermann, Giganten ohne Heimat, in: Die Zeit v. 15. 6. 2000, S. 25–26

1 Interpretieren Sie die Karikatur.

2 Beschreiben Sie die Entwicklung von Direktinvestitionen und transnationalen Konzernen anhand der Materialien M 2 – M 4.

3 Diskutieren Sie Probleme, die mit der Zunahme internationaler Großfusionen einhergehen (M 4 / M 5).

VERWEIS

s. S. 191
Schwacher Staat

3 Ursachen der Globalisierung

Die nationalen Ökonomien werden immer mehr durch internationale Wirtschaftsprozesse beeinflusst. Dabei ist weltweites Wirtschaften nichts Neues. Neu an den Entwicklungen der letzten Jahrzehnte ist, dass Welthandel, Direktinvestitionen und internationale Finanzmärkte seit Ende der Siebzigerjahre erheblich kräftiger wachsen als die Weltproduktion. Den technologischen Hintergrund dieser Entwicklungen bilden neben den beschriebenen Veränderungen im Transportwesen (vgl. S. 184 ff.) explosionsartige Fortschritte in der Informations- und Kommunikationstechnologie. Via Internet erreichen auch kleine Unternehmen heute problemlos weit entfernte Märkte.
Die Weichen für diese Entwicklungen wurden bereits gegen Ende des Zweiten Weltkriegs gestellt. Auf Betreiben der USA und Großbritanniens wurden damals die Regeln für einen möglichst reibungslosen internationalen Güter- und Kapitalverkehr festgelegt. Mit dem Internationalen Währungsfonds IWF, der Weltbank und dem General Agreement on Tarifs and Trade (GATT, seit 1995 Welthandelsorganisation WTO) wurden zugleich Institutionen geschaffen, die die Einhaltung dieser Regeln überwachen und Steuerungsfunktionen wahrnehmen sollten (vgl. S. 390 ff.) Regionale Freihandelszonen, Zoll-, Wirtschafts- und Währungsunionen kamen später hinzu. Den Anfang machten die Beneluxländer, Frankreich, Italien und Deutschland mit der 1957 gegründeten Europäischen Wirtschaftsgemeinschaft (EWG). Aus ihr entwickelte sich später die Europäische Union (EU).
Streng genommen konnte man bis in die Neunzigerjahre hinein nicht von einer Weltwirtschaft sprechen, da die Sowjetunion und mit ihr die sozialistischen Staaten Mittel- und Osteuropas eigene Wege gingen und sich in wichtigen Bereichen vom Welthandel abkoppelten. Erst der Zusammenbruch der sozialistischen Staatenwelt schuf die Voraussetzungen für die vollständige Integration dieser Länder (Transformationsländer) in die Weltwirtschaft.

Der Sieg des Kapitalismus über den „real existierenden“ Sozialismus begünstigte auch die marktwirtschaftliche Ausrichtung vieler Entwicklungsländer. Marktwirtschaftliche Reformen sollen neben Steuererleichterungen ein gutes Investitionsklima schaffen. Die meisten Entwicklungsländer sind, wie auch die ehemaligen sozialistischen Länder, inzwischen Mitglied des IWF, der Weltbank und der WTO.

Zeichnung: Thomas Plaßmann

Ursachen der Globalisierung

MATERIAL **1**

Über die Ursachen für die zunehmende Globalisierung herrschen unterschiedliche Auffassungen. Im Dickicht der vielschichtigen und multikausalen Ursachenforschung lassen sich vereinfachend zwei Extrempositionen ausmachen.

Die eine sieht in der Globalisierung einen exogenen Prozess mit einer eigenständigen Logik. Triebfedern sind dabei vor allem der technologische Fortschritt, der Fortschritt der Produktivkräfte und die tiefgreifende Veränderung der Produktionsverhältnisse einschließlich der Entstehung transnationaler Konzerne, die Ausdifferenzierung der internationalen Arbeitsteilung sowie der grundlegende soziale und kulturelle Wandel. So verstanden ist Globalisierung Bestandteil eines „Modernisierungs"- bzw. „Verwestlichungsprozesses", bei dem sich ein tendenziell globaler Übergang von „traditionalen" zu „modernen" Gesellschaften vollzieht, der zudem relativ unabhängig von politischen Entscheidungen verläuft.

Eine zweite Extremposition betont, dass Staaten die Rahmenbedingungen geschaffen haben, unter denen sich Globalisierung vollzieht. Sie ist demnach kein „Naturgesetz", sondern folgt einer politischen Logik in Tradition der „idealistischen" Theorie der internationalen Beziehungen, die als Handlungsmilieu auf einen universalen Weltstaat mit horizontaler Schichtung zielt. Die Vernetzung der Märkte etwa wäre selbst bei den gegebenen technischen Voraussetzungen nicht ohne die politisch gewollte Deregulierung möglich gewesen.

Wie auch immer die einzelnen Ursachen zu bewerten sind, es dürfte unumstritten sein, dass – wenn einmal in Gang gesetzt – der Globalisierungsprozess eine Eigendynamik besitzt.

Johannes Varwick, Professor für Politikwissenschaft an der Universität Kiel, über die Ursachen der Globalisierung

1 Welche Trends der Globalisierung der Wirtschaft zeichnen sich ab? Welche Rahmenbedingungen begünstigen diese Entwicklung?

2 Erläutern Sie die Unterschiede der beiden in M 1 genannten „Extrempositionen".

3 Interpretieren Sie die Karikatur. Vergleichen Sie Ihre Aussage mit den Positionen in M 1.

4 Der Standort Deutschland in einer globalisierten Ökonomie

4.1 Der „Standort Deutschland" in der Diskussion

Zeichnung: Wolfgang Horsch

Seit Jahren wird geklagt, in Deutschland seien die Arbeitskosten zu hoch, die Steuerlast zu schwer, das Arbeitsrecht zu einengend für die unternehmerische Initiative. Anderswo werde kostengünstiger produziert, Arbeitsplätze würden aus Deutschland verlagert.

Ist die deutsche Wirtschaft dem schärfer werdenden internationalen Wettbewerb noch gewachsen? Das ist die Kernfrage der seit einigen Jahren geführten Debatte um die Zukunft des Standorts Deutschland. Sie mündet in die Grundsatzfrage, ob das deutsche Wirtschaftssystem nicht stärker dereguliert und von so mancher sozialpolitischer „Fessel" befreit werden müsse.

„Deregulierung" meint hier vor allem den Abbau staatlicher Einflussnahme auf die Wirtschaft. Gesetzliche Regelungen, die sich direkt auf die Unternehmenstätigkeit beziehen (z. B. bei der Beschäftigung), sollen zurückgenommen und weitgehend der Selbstregulation des Markes überlassen werden. Zur Deregulierung zählen u. a. Maßnahmen der Privatisierung von Staatseigentum (Post, Telekom) sowie der Abbau von Wettbewerbsbeschränkungen und „bürokratischer Hemmnisse", bspw. im Sozial-, Arbeits- und Umweltrecht.

In der von starken Interessengegensätzen bestimmten Diskussion ist es nützlich zu fragen, welche Faktoren überhaupt von Einfluss auf die internationale Wettbewerbsfähigkeit einer Volkswirtschaft sind. Einigkeit besteht darüber, dass Aussagen nur unter Heranziehung mehrerer Indikatoren möglich sind, denn die einzelnen Messziffern liefern oft kein einheitliches Bild.

- Welche Folgen hat „Standortpolitik" auf die Lebensverhältnisse?
- Wer profitiert vom Standortwettbewerb? Wer hat Nachteile?

Standortfaktoren im Überblick

MATERIAL 1

1. Politische Rahmenbedingungen
- Stabilität des politischen Systems
- sozialer Friede
- Rechtssicherheit
- institutionelle Markteintrittsbarrieren
- staatliche Wirtschaftsförderung
- Steuergesetzgebung
- staatliche Auflagen u. bürokratische Regelungen

2. Kulturelle Nähe zwischen Unternehmen und Gastland
- Sprachunterschiede
- Mentalitätsunterschiede
- soziale Akzeptanz ausländischer Unternehmen

3. Wirtschaftliche Rahmenbedingungen
- wirtschaftliche Entwicklung
- Währungsrisiko
- Grad der Marktliberalisierung (Regulierung/ Deregulierung)
- Verfügbarkeit natürlicher Ressourcen

4. Absatzmarkt
- Marktgröße/Marktwachstum
- Absatzpotenzial
- geostrategische Bedeutung des Standorts („Sprungbrett“ für weitere Absatzmärkte)
- Anzahl und Verfügbarkeit von Lieferanten

5. Arbeitsmarkt
- Verfügbarkeit qualifizierter Arbeitskräfte
- Arbeitskosten (Lohn- und Lohnnebenkosten)
- Arbeitsproduktivität
- arbeitsrechtliche Vorschriften

6. Infrastruktur und technologische Rahmenbedingungen
- Forschungseinrichtungen, technologischer und wissenschaftlicher Standard
- Akzeptanz von Technik und Technologie in der Bevölkerung
- Verkehrssystem
- Kommunikationssystem
- Verfügbarkeit und Kosten von Energie

Zeichnung: Peter Bensch

1 Erläutern Sie, welchen Zusammenhang die beiden Karikaturen zwischen Globalisierung und dem „Standort Deutschland“ herstellen.

2 Formulieren Sie Arbeitshypothesen für die weitere Beschäftigung mit diesem Thema. Formulieren Sie schriftlich, welche Materialien (Zahlen, Fakten etc.) Sie hierfür benötigen.

3 Diskutieren Sie im Kurs die Bedeutung des jeweiligen Standortfaktors (M 1) und dessen Gewichtung.

MATERIAL 3 Der „Arbeitskostenweltmeister" – die Unternehmersicht

Das deutsche Sozialsystem [...] ist mittlerweile zu einem wahren Klotz am Bein mutiert. Wenn das aktuelle Niveau der staatlichen Daseinsvorsorge gehalten werden soll, obwohl die Ausgaben in die Höhe klettern und die Einnahmen sinken, dann müssen [...] die Beiträge steigen. Das bekommen nicht nur Otto Normalverbraucher und Lieschen Müller auf ihrem Lohnzettel zu spüren, sondern es belastet auch die deutsche Wirtschaft. [...]
Da ist zunächst der Stundenlohn einschließlich der Zuschläge für Überstunden und Schichtzulagen. Bei diesem „Direktentgelt für tatsächlich geleistete Arbeit" schnitt die westdeutsche Industrie im vergangenen Jahr gar nicht so schlecht ab: im internationalen Vergleich „nur" Platz sechs – immerhin fünf andere Staaten waren also noch teurer. Unschlagbar teuer ist der Standort Westdeutschland dagegen bei der zweiten Komponente der Arbeitskosten, den Personalzusatzkosten. Sie setzen sich vor allem zusammen aus Sonderzahlungen wie dem 13. Monatsgehalt, dem Urlaubsgeld, dem Lohn für bezahlte Freizeit sowie den Arbeitgeberbeiträgen zur Sozialversicherung, der Lohnfortzahlung im Krankheitsfall und anderen sozialen Aufwendungen wie die betriebliche Altersversorgung. [...] Diese hohen Zusatzkosten sind dafür verantwortlich, dass Westdeutschland den unrühmlichen Titel des Arbeitskostenweltmeisters trägt. Diesen Kostennachteil anzugleichen fällt im harten internationalen Wettbewerb immer schwerer.

Aus: Initiative Neue Soziale Marktwirtschaft: Chancen für alle. Der schlanke Staat, Köln 2001, S. 22 f.

MATERIAL 4 Das Wettbewerbsproblem aus gewerkschaftlicher Sicht

Entscheidend für die Wettbewerbssituation der Wirtschaft ist die Relation der deutschen Entwicklung zu der der Konkurrenzstaaten. Der größte Teil der wirtschaftlichen Außenverflechtung Deutschlands spielt sich in der europäischen Union ab; somit ist der Belastungsvergleich in Sachen Sozialausgaben im europäischen Maßstab von besonderer Bedeutung. Da das Verhältnis von Beitrags- und Steuerfinanzierung zum Sozialbudget in Europa unterschiedlich ausfällt, sollte die Gesamtabgabenquote zum Vergleich herangezogen werden, die Steuern und andere Abgaben enthält. Diese lag (1996, d. V.) in Deutschland mit 42,9 % deutlich unter dem EU-Durchschnitt (44,0 %) [...]. Bei praktisch allen Indikatoren belegt Deutschland einen unauffälligen Platz im europäischen Mittelfeld. [...] Eine noch günstigere Entwicklung ergab sich bei den deutschen Lohnstückkosten [...]. Sie sind in Deutschland seit drei Dekaden deutlich schwächer gestiegen als im Ausland. Setzt man das Niveau von 1970 gleich 100, so lag der Steigerungsindex der 18 größten Industriestaaten im Durchschnitt bei einem Wert von deutlich über 500, während er für Westdeutschland den Wert von 250 erreichte. Die Ursache dafür lag vor allem in den hohen Steigerungsraten der Arbeitsproduktivität und einem relativ verhaltenen Anstieg der Arbeitskosten. [...] Aus den Fakten lassen sich keine seriösen Indikatoren für eine zukünftige Verschlechterung der Wettbewerbsposition der deutschen Wirtschaft ausmachen.

Aus: Hans-Jürgen Urban, Reformoptionen im Sozialstaat, in: Ders., Sozialstaat als Reformprojekt, Hamburg 1999, S. 23–24

1 Arbeiten Sie den Standpunkt der „Initiative" heraus (M 3).
2 Erläutern Sie, wie aus gewerkschaftlicher Sicht das Kostenproblem gesehen wird (M 4).
3 Stellen Sie thesenförmig dar, welche Aussagen jeweils zur Wettbewerbsfähigkeit der deutschen Wirtschaft getroffen werden.

4.2 Zahlen und Fakten zum Standort Deutschland

Arbeitskosten in der Privatwirtschaft

MATERIAL 1

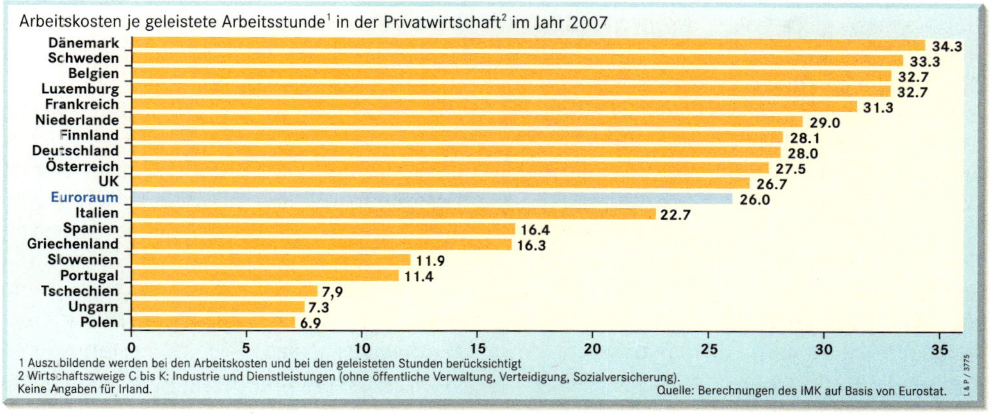

Entwicklung der Lohnstückkosten im europäischen Vergleich

MATERIAL 2

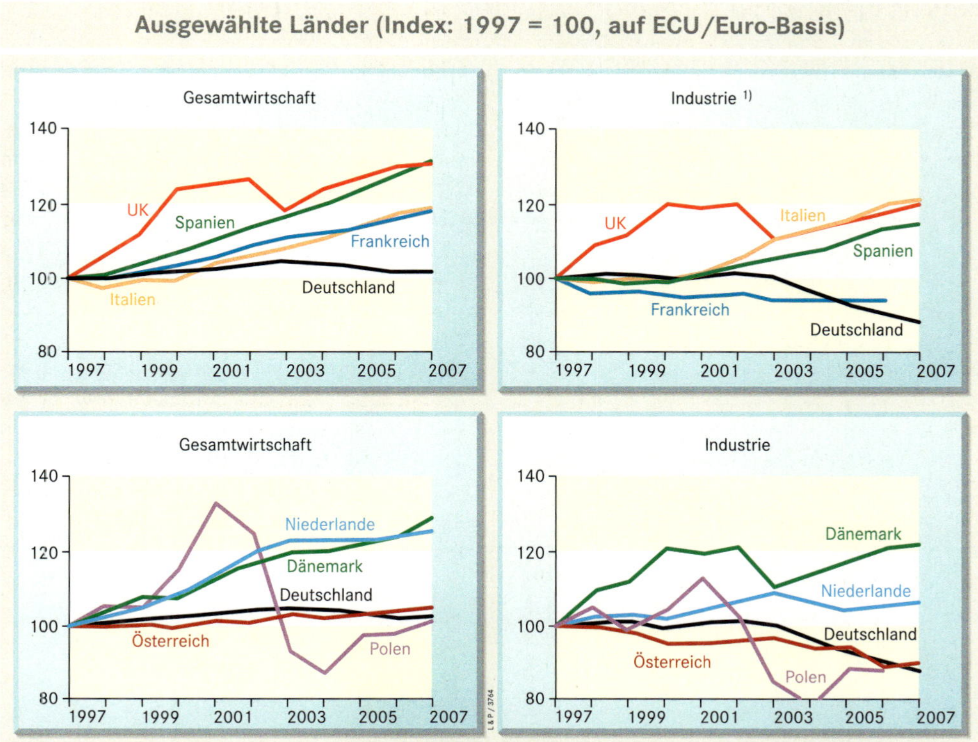

Zentrales Kennzeichen für die Wettbewerbsfähigkeit ist die Arbeitsproduktivität, d.h. die produzierte Menge pro Zeiteinheit. Unter Lohnstückkosten versteht man die Einkommen aus unselbstständiger Arbeit je Beschäftigten, dividiert durch die reale Bruttowertschöpfung je Erwerbstätigen (= Arbeitsproduktivität). Je niedriger die Lohnstückkosten, desto besser für das Unternehmen.

Quelle: Reuters EcoWin (Eurostat-VGR), Berechnungen des IMK. [1] verarbeitendes Gewerbe einschließlich Bergbau, Energie und Wasserversorgung (Wirtschaftszweige C.D.E).

MATERIAL 3

Entwicklung der Reallöhne von 2000 bis 2008 in Prozent[1]

Rumänien	331,7	Finnland	18,9
Lettland	188,5	Schweden	17,9
Estland	132,5	Zypern	12,8
Litauen	104,4	Niederlande	12,4
Ungarn	66,7	Frankreich	9,6
Bulgarien	51,9	Luxemburg	8,1
Tschechien	49,1	Malta	7,9
Slowakei	48,1	Italien	7,5
Slowenien	40,3	Belgien	7,2
Griechenland	39,6	Spanien	4,6
Irland	30,3	Portugal	3,3
Großbritannien	26,1	Österreich	2,9
Dänemark	19,0	Deutschland	-0,8
Polen	19,0		

[1] Realeinkommen pro Kopf aus unselbstständiger Arbeit einschließlich Arbeitgeberbeiträge zur Sozialversicherung; Werte für 2008 aus der Frühjahrsprognose der EU-Kommission Quelle: Europäische Kommission, WSI

MATERIAL 4

Entwicklung des deutschen Außenhandels

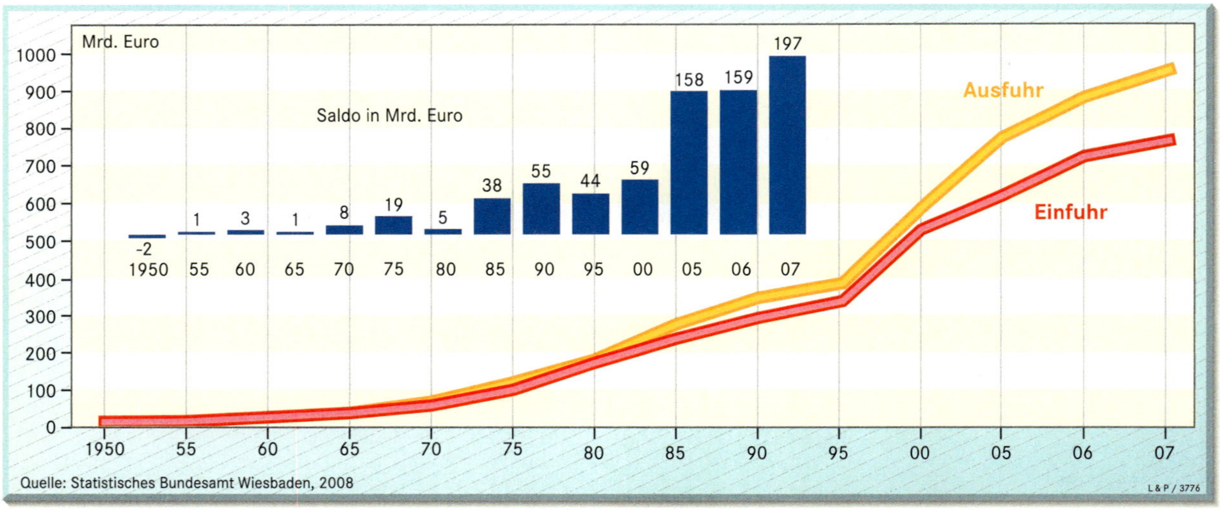

Quelle: Statistisches Bundesamt Wiesbaden, 2008

Lohnentwicklung in der EU

MATERIAL 5

Lohnentwicklung und Verteilungsbilanz in der Europäischen Union 2004–2007

	Nominallöhne[1]				Reallöhne[2]				Verteilungsbilanz[3]			
	2004	2005	2006	2007	2004	2005	2006	2007	2004	2005	2006	2007
alte EU-Staaten												
Belgien	2,0	2,4	2,7	2,5	0,1	-0,1	0,4	0,7	-2,2	-0,2	-1,6	-0,5
Dänemark	2,7	3,3	3,8	4,5	1,8	1,6	1,9	2,6	-0,3	-0,7	0,6	0,7
Deutschland	**1,5**	**0,5**	**1,1**	**1,6**	-0,3	-1,4	-0,7	-0,3	-2,0	2,9	-3,0	-2,0
Finnland	3,6	3,8	3,4	2,6	3,4	3,0	2,1	1,1	0,1	1,5	-1,9	-1,0
Frankreich	3,3	2,8	3,2	3,2	1,0	0,9	1,3	1,7	-1,3	-0,0	0,2	0,1
Griechenland	5,8	6,5	5,9	5,3	2,8	3,0	2,6	2,1	1,1	0,7	-0,2	-0,1
Großbritannien	4,3	4,6	4,2	4,4	3,0	2,6	1,9	2,1	0,7	1,6	-0,1	0,1
Irland	6,6	5,0	4,9	4,6	4,3	2,8	2,2	2,0	3,2	1,9	0,5	0,5
Italien	3,3	3,1	2,5	2,5	1,0	0,9	0,3	0,6	0,2	0,6	0,1	-0,3
Luxemburg	4,2	3,7	2,3	3,0	1,0	-0,1	-0,7	0,6	-0,3	-1,1	-3,1	-0,8
Niederlande	3,8	1,5	1,0	3,4	2,4	0,0	-0,7	1,9	-1,0	-1,8	-2,5	0,2
Österreich	1,7	1,6	2,3	2,4	-0,2	-0,5	0,7	0,6	-2,3	-1,2	-1,3	-1,1
Portugal	2,6	2,9	2,4	2,7	0,1	0,8	-0,7	0,4	-1,1	0,3	-1,2	-0,7
Schweden	3,7	3,2	2,0	4,1	2,7	2,3	0,5	2,9	-2,0	-0,1	-2,1	1,3
Spanien	3,1	2,6	3,4	3,2	0,0	-0,8	-0,1	0,8	-0,6	-1,1	-0,9	-0,0
EU 15	**2,9**	**2,5**	**2,6**	**3,0**	**0,9**	**0,4**	**0,4**	**1,0**	**-0,8**	**-0,6**	**-1,1**	**-0,5**
neue EU-Staaten												
Bulgarien	4,9	5,9	8,2	9,0	-1,2	-0,1	0,8	4,8	-5,1	-3,6	-2,8	0,2
Estland	12,6	11,5	11,8	14,3	9,5	7,4	7,4	9,2	1,5	-1,2	1,9	1,7
Lettland	14,3	25,5	21,7	18,0	8,2	18,6	15,2	10,8	0,7	9,9	8,2	2,7
Litauen	10,9	8,5	13,4	15,1	9,8	5,8	9,6	10,4	2,4	0,9	3,9	3,8
Malta	2,5	1,1	1,2	1,6	-0,2	-1,4	-1,4	0,2	-1,5	-2,6	-3,3	-1,9
Polen	1,8	2,1	3,9	5,1	-1,8	-0,1	2,6	3,1	-5,8	1,3	0,2	-0,6
Rumänien	17,8	19,3	17,8	16,7	5,9	10,2	11,2	12,1	-2,2	6,2	6,5	6,7
Slowakei	9,2	5,1	7,7	7,4	1,7	2,4	3,4	5,7	-4,1	-2,2	-2,4	-1,0
Slowenien	7,6	5,4	4,8	5,2	4,0	2,9	2,3	2,6	0,1	-0,8	-1,7	-1,0
Tschechien	5,8	4,3	4,8	2,4	3,3	2,7	2,7	0,0	-0,9	-1,9	-2,0	-3,8
Ungarn	11,4	6,2	6,7	7,1	4,6	2,8	2,7	-0,4	-0,8	-1,1	-0,3	-3,1
Zypern	2,0	1,6	4,2	3,5	0,1	-0,4	2,0	2,2	-0,3	-0,7	-0,3	-0,1
gesamte EU 27	**2,9**	**2,5**	**2,6**	**3,1**	**0,6**	**0,2**	**0,3**	**0,9**	**-1,3**	**-0,7**	**-1,2**	**-0,7**

1) Nominallöhne = Nominaleinkommen aus unselbstständiger Arbeit (einschl. Arbeitgeberfreibeträge zur Sozialversicherung) pro Kopf, Veränderung in % gegenüber dem Vorjahr.
2) Reallöhne = Nominaleinkommen aus unselbstständiger Arbeit (einschl. Arbeitgeberfreibeträge zur Sozialversicherung) pro Kopf abzüglich Preisentwicklung (harmonisierter Verbraucherpreisindex), Veränderung in % gegenüber dem Vorjahr.
3) Verteilungsbilanz = Saldo des jährlichen Nominalzuwachses und des lohnpolitischen Verteilungsspielraums (Tabelle 2) in Prozentpunkten.
Ausgaben für 2007 = Frühjahrsprognose 2007 der Europäischen Kommission.

Quelle: Europäische Kommission

1 Analysieren Sie arbeitsteilig (in Gruppen) jeweils eine Tabelle bzw. ein Schaubild wie auf S. 113 beschrieben.
2 Rekapitulieren Sie die Auffassungen zum Standort Deutschland (S. 194 ff.).
3 Halten Sie im Hinblick auf die dort festgehaltenen Thesen zur Wettbewerbsfähigkeit schriftlich zentrale Aussagen der Schaubilder und Tabellen fest.
4 Erläutern Sie den Zusammenhang von Globalisierung und Standortdebatte.
5 Beurteilen Sie abschließend die Perspektiven des „Standorts Deutschland“. Verfassen Sie hierzu eine schriftliche Erörterung.

4.3 Ab- und Rückwanderungen

MATERIAL **1**

Metallindustrie droht mit Abwanderung

Der Arbeitgeberverband Gesamtmetall weiß, wie man auf die IG Metall Druck ausübt. Für den 29. Januar 2004, mitten in der Metalltarifrunde, hat er zu einem Forum nach Düsseldorf unter der provozierenden Headline eingeladen: „Wie viel Deutschland verträgt die Metall- und Elektroindustrie?"

In seinem Pressedienst wirbt Gesamtmetall dafür, den Verlagerungszug ins Ausland aufzuhalten. Der Produktionsstandort Deutschland sei an vielen Stellen nicht mehr wettbewerbsfähig, argumentiert der Verband. Die westdeutsche Metall- und Elektroindustrie habe mit einer Jahres-Sollarbeitszeit von 1542 Stunden weltweit die kürzeste tarifliche Arbeitszeit und mit 28,60 Euro (2002) die höchsten Arbeitskosten pro Stunde. [...] Die Betriebe sollen durch freiwillige Vereinbarungen die Wochenarbeitszeit selbst festlegen und auch entscheiden können, ob und wie zusätzliche Arbeitszeit entlohnt wird. Im deutschen Maschinen- und Anlagenbau gibt es nach einer Befragung in jedem dritten Betrieb ein Beschäftigungsbündnis. Dabei haben sich in jedem vierten dieser Bündnisbetriebe Geschäftsführung und Belegschaft für eine Arbeitszeitverlängerung ohne Lohnausgleich entschieden. In Ostdeutschland werden tariflich 38 Stunden und effektiv 39,2 Stunden gearbeitet.

Die Metallarbeitgeber im Südwesten werden heute ein erstes konkretes Angebot vorlegen: Gesamtmetall verweist darauf, die deutschen Metallbetriebe müssten einfache Arbeiten, zunehmend aber auch Facharbeiter- und Ingenieurarbeiten ins kostengünstigere Ausland verlagern. Nur mit solchen Mischkalkulationen könnten sich viele Firmen behaupten. Die Illusion, Verlagerungen gänzlich stoppen zu können, hegt Gesamtmetall nicht. Aber man müsse aus beschäftigungspolitischen Gründen ihr Tempo verlangsamen, fordert der Verband.

Die IG Metall hält unter Bezug auf eine Studie des Fraunhofer-Instituts dagegen: Die Verlagerungen hätten sich in den letzten Jahren bereits verlangsamt. Zwischen 1999 und 2001 hätten 21 % der Betriebe der Metall- und Elektroindustrie Teile der Produktion ins Ausland verlagert, 7 % jedoch die Produktion wieder rückverlagert. Dabei bestreitet die IG Metall nicht, dass sich Standortentscheidungen über das Tarifniveau beeinflussen lassen. Dass beispielsweise die Mercedes-A-Klasse ohne einen Beschäftigungspakt der Daimler-Beschäftigten heute wohl nicht im badischen Rastatt produziert würde, hat sie gerade bei einem Presseseminar deutlich gemacht. Entscheidend ist für sie aber, dass solche Zugeständnisse fallbezogene Einzelentscheidungen unter der Kontrolle der Tarifparteien bleiben. „Wir können uns nicht auf ein System einlassen, das den Standortwettbewerb nur noch weiter verschärft", sagt ihr Zweiter Vorsitzender Berthold Huber. Genau das aber wäre nach IG-Metall-Lesart das Ergebnis eines Zeitkorridors, wie ihn die Arbeitgeber fordern. Zugleich, betont Huber, habe er keine prinzipiellen Einwände gegen einen Tarifrahmen, in dem die Arbeitszeit nach Bedarf zwischen 30 und 40 Stunden „oszillieren" könne – dies aber nur so lange, wie es um Arbeitszeitflexibilität auf Basis der 35-Stunden-Woche und nicht um Kostensenkung gehe. Die wichtigsten Motive für den Aufbau ausländischer Produktionsstätten sind niedrigere Produktionskosten und die Erschließung neuer Märkte.

Die hohen Kosten einer Verlagerung lassen manche Unternehmen von einer Verlagerungsabsicht wieder Abstand nehmen. Gesamtmetall argumentiert indes, jeder zweite Maschinenbauer plane im Zeitraum von 2003 bis 2005 den Auf- und Ausbau ausländischer Standorte. Der DIHT geht auf der Basis einer Umfrage davon aus, dass deutsche Unternehmen aufgrund deutscher Standortnachteile 2004 und 2005 durchschnittlich 50 000 Arbeitsplätze im Ausland und nicht in Deutschland schaffen werden.

Aus: Handelsblatt, 23./24. 1. 2004, S. 5 (S. Nahendorf, D. Creuzburg)

Rolle rückwärts

MATERIAL 2

Der Journalist Janko Tietz über gescheiterte Standortverlagerungen:

Die Bleche kamen aus Rumänien zurück, „als wären sie von Ratten angeknabbert worden“. Das war der Punkt, an dem Rutger Dautel die Notbremse zog. Und es war der Punkt, an dem ein Abenteuer zu Ende ging. Dautel ist ein klassischer Mittelständler im Württembergischen, der Ladebordwände und Kipperaufbauten für Lastwagen herstellt. Die Mitarbeiter im Werk Leingarten bei Heilbronn trennen das Metall dafür mit hochmodernen Brennschneidemaschinen. In Rumänien hatten sie für die gleiche Arbeit schlichte Blechscheren benutzt.„Das konnte man keinem Kunden anbieten“, sagt ein Dautel-Schweißer. „Es gab große qualitative Mängel in der Verarbeitung. Wir mussten in Deutschland andauernd nachbessern. Das Rumäniengeschäft war ein Schuss in den Ofen“ – auch wenn die Firmenleitung noch vor vier Jahren etwas ganz anderes erhofft hatte. Damals lief es nicht so gut in dem schwäbischen Unternehmen, das etwa 250 Leute beschäftigt. Betriebsbedingte Kündigungen waren die Folge, der Kostendruck war groß, die Wirtschaftlichkeit der Firma gefährdet. 2004 hieß es dann für einen Teil der Fertigung: Ab nach Rumänien!

Die Ernüchterung kam schleichend. Damit in der Stadt Sibiu überhaupt mit der Arbeit begonnen werden konnte, musste Dautel erst mal das Material rüberbringen. Der rumänische Partner hielt dann so gut wie nie Terminabsprachen ein, die Qualität war oft miserabel. Selbst der Transport zurück nach Leingarten kam häufig ins Stocken. Manche Lieferungen hingen tagelang beim Zoll fest, Verzögerungen zu Hause waren die Folge.

Unternehmenschef Dautel hatte wie viele andere Manager von gewaltigen Einsparungen geträumt. Unterm Strich wurde es ein Nullsummenspiel, das aber eine Menge Nerven kostete. Mit seiner Rolle rückwärts befindet sich Dautel in bester Gesellschaft. Nachdem sich in den vergangenen 15 Jahren Zigtausende deutsche Unternehmen in den Treck nach Osteuropa und China einreihten, um dort billiger produzieren zu lassen, kehren neuerdings viele desillusioniert zurück. Vor allem kleinere Betriebe haben die vermeintlichen Vorteile niedriger Personalkosten oder günstiger Steuern überschätzt. [...]

Das Thema Standortverlagerung ins Ausland ist für all diese Firmen weitgehend abgehakt. Stattdessen werden wieder massiv Kapazitäten in die Bundesrepublik zurückverlagert, wie das Fraunhofer-Institut für System- und Innovationsforschung (ISI) aus Karlsruhe feststellt.

Die Forscher untersuchen das Phänomen regelmäßig: Demnach verlagerten in einem Zweijahreszeitraum mehr als 6 500 Unternehmen der Metall-und Elektroindustrie sowie des Chemie- und Kunststoffgewerbes Teile ihrer Produktion oder gleich den gesamten Herstellungsprozess ins Ausland. Zwei Jahre später geben rund 1200 von ihnen die Auslandsproduktion wieder auf. [...]

Aus: Janko Tietz, Rolle rückwärts, in: Spiegel Special Nr. 5 (2009), S. 112–115

1 Stellen Sie tabellarisch Gründe für bzw. gegen eine Standortverlagerung dar.

2 2008 geriet der finnische Konzern Nokia in die Schlagzeilen, als er seine Bochumer Produktionsstätte nach Rumänien verlagerte. Recherchieren Sie Beweggründe des Konzerns und kritische Einwände gegen diese Standortverlagerung. Prüfen Sie dabei die relevanten Standortfaktoren.

3 Verfassen Sie aus gewerkschaftlicher Sicht bzw. aus Unternehmersicht ein „Strategiepapier“ mit politischen Forderungen zum Standort Deutschland.

4 Vergleichen Sie mithilfe einer Internetrecherche Ihre Forderungen mit denen von Gewerkschaften und Unternehmerverbänden.

5 Europa im Globalisierungskontext

5.1 Der europäische Integrationsprozess

Der Welthandel und Direktinvestitionen im Ausland haben in den letzten 20 Jahren in hohem Ausmaß zugenommen (vgl. das Kapitel „Der Strukturwandel der Weltwirtschaft"). Aber nicht alle Gesellschaften, Staaten und Unternehmen sind gleichermaßen von den wirtschaftlichen Internationalisierungstendenzen erfasst. Ein Kennzeichen der globalen Wirtschaftsentwicklung sind die Unterschiede im räumlichen Verflechtungsgrad und regionale Differenzierungen. Außenhandel wie Auslandsproduktion konzentrieren sich dabei auf die sogenannte Triade (EU, Nordamerika und Japan).

Beim europäischen Integrationsprozess spielten von Beginn an neben politischen (Westbindung Deutschlands) auch auf die Weltwirtschaft bezogene Erwägungen eine wichtige Rolle. Mit dem Abschluss des Montanvertrages (1952) einigten sich die europäischen Regierungen von Frankreich, Belgien, Italien, Luxemburg, den Niederlanden und der Bundesrepublik Deutschland auf die Bildung eines gemeinsamen Marktes für den Bergbau und die Schwerindustrie. Die Römischen Verträge (1957) zur Gründung der Euratom (sie sollte die Entwicklung der Nuklearindustrie fördern) und der Europäischen Wirtschaftsgemeinschaft (EWG) strebten das Ziel einer Zollunion an, die Handelshemmnisse abbauen und einen gemeinsamen Außenzoll ermöglichen sollte. Auch wurde damals bereits das Ziel formuliert, einen gemeinsamen Markt mit freiem Personen-, Dienstleistungs- und Kapitalverkehr zu schaffen.

Nach Jahren des Stillstandes berief 1985 der Europäische Rat eine Regierungskonferenz ein, die die Einheitliche Europäische Akte (EEA) erarbeitete, welche 1987 in Kraft trat und unter anderem die Vollendung des europäischen Binnenmarktes bis Ende 1992 vorsah. Vor allem Stimmen von gewerkschaftlicher Seite hielten zur Vermeidung von Nachteilen des freien Marktes (Arbeitslosigkeit, Sozialdumping) eine gemeinschaftliche Ordnungspolitik für notwendig, die flankierende Maßnahmen vor allem bei der Sozial-, der Struktur- und der Industriepolitik beinhalten sollte. Ziel der Gewerkschaften war (und ist) die Schaffung eines europäischen Sozialraums mit einer europäischen Sozialpolitik. Bis heute bestehen in diesem Bereich jedoch gravierende nationale Unterschiede.

Mit der Europäischen Währungsunion und der Einführung des Euro wurde der Integrationsprozess weiter vorangetrieben. Angesichts zahlreicher Einzelprobleme und der noch nicht verarbeiteten Folgen der Osterweiterung ist das Ziel einer vollständigen Wirtschafts- und Währungsunion noch nicht erreicht. Die Ablehnung der „Europäischen Verfassung" durch Volksabstimmungen in den Niederlanden und Frankreich gründete vor allem auf Kritik an einer einseitigen Ökonomisierung Europas.

Globalisierung und Europäische Integration

MATERIAL 1

Der Berliner Sozialwissenschaftler Klaus Müller:

Tatsächlich wurden entscheidende Durchbrüche, etwa zur Herstellung des Binnenmarkts oder der Gemeinschaftswährung, durch geoökonomische oder geopolitische Herausforderungen angestoßen, insbesondere solche, die man heute der Globalisierung zuschreibt. Die Neubelebung der Integration Mitte der 80er-Jahre wurde eingeleitet, um den technologischen Vorsprung der USA und Japans durch Vertiefung des gemeinsamen Markts, Abschaffung von Kapitalverkehrskontrollen und eine Technologiepolitik, die ein ziviles Gegengewicht zur amerikanischen Weltraumrüstung abgeben sollte, aufzuholen. [...] Voraussetzung dafür, dass diese Dynamik greifen konnte und die EU nicht schlicht in konkurrierende Einzelstaaten desintegrierte, war ihre eigentümliche institutionelle Struktur. Als einziges Integrationsprojekt der Welt hat die EU ein mehrdimensionales Ensemble politischer Institutionen hervorgebracht, das oberhalb der Mitgliedsstaaten eigene Aktivitäten entfaltet und sich an demokratischen Prinzipien zumindest messen lässt.

Aus: Klaus Müller, Globalisierung, Frankfurt a. M./New York 2002, S. 154

Die großen Handelsräume der Welt

MATERIAL 2

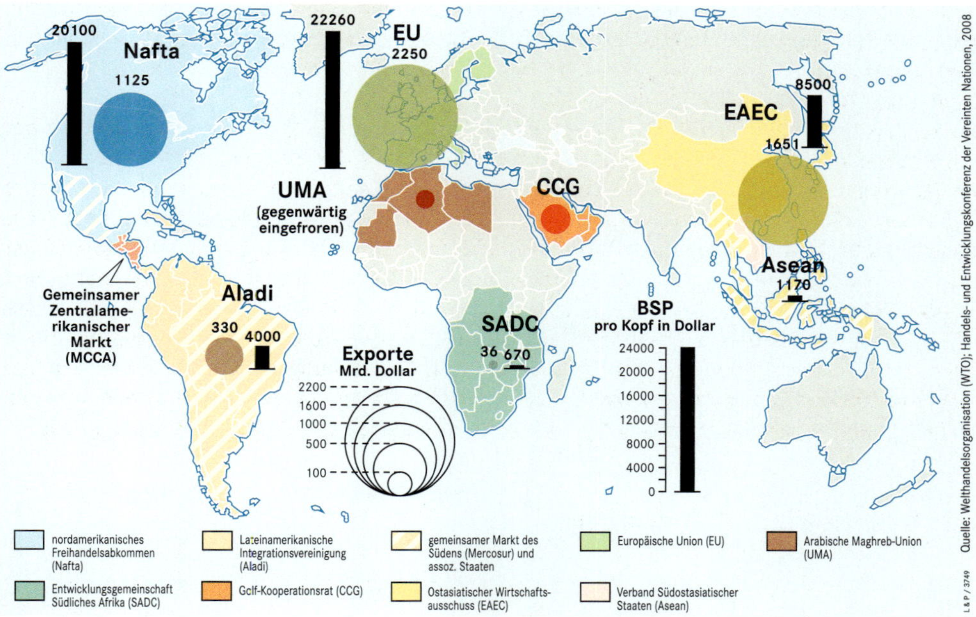

1 Informieren Sie sich über die einzelnen Schritte des westeuropäischen Integrationsprozesses. Stellen Sie Ihre Ergebnisse auf Plakaten vor. (vgl. auch S. 266 ff. zum politischen Integrationsprozess)

2 Erläutern Sie die These vom Zusammenhang von Globalisierung und Europäischem Integrationsprozess. (M 1)

3 Informieren Sie sich über die großen Handelsräume der Welt und vergleichen Sie sie mit der EU bezüglich ihres BIP und ihres Exports. (M 2)

5.2 Der Europäische Binnenmarkt

MATERIAL 1

1988: Vorteile eines Europäischen Binnenmarktes erwartet

Auszug aus dem Cecchini-Bericht, der im Auftrag der Europäischen Gemeinschaft erstellt wurde:

Bei aller Vielschichtigkeit lässt sich der voraussichtliche Mechanismus der EG-Marktintegration in seinen Grundzügen recht anschaulich darstellen. Ausgangspunkt ist der Abbau der vielfältigen nichttarifären Handelsbarrieren (hierunter fallen staatliche Regelungen, die einem vollständig freien Wettbewerb entgegenstehen wie etwa das deutsche Reinheitsgebot bei der Herstellung von Bier, d. V.). Dies hat unmittelbar Kostensenkungen für die Wirtschaft zur Folge. Unter dem Druck des im Zuge der Marktöffnung zunehmenden Wettbewerbs fallen auch die Preise. Dieser „Angebotsschock" löst einen eigendynamischen Prozess aus: Preisdruck belebt die Nachfrage, gibt den Unternehmen die Chance zu Umsatzsteigerungen und die Möglichkeit, sich durch Anpassungen an die veränderten Marktbedingungen für den europäischen und weltweiten Wettbewerb zu rüsten. Eine entscheidende Rolle spielen dabei die „Größenvorteile" (economies of scale). Sie ermöglichen es den Unternehmen, in einem erweiterten Markt durch steigende Umsätze und wachsenden Erfahrungsschatz die Stückkosten zu senken bzw. den Aufwand für eine bestimmte Dienstleistung zu verringern. [...]

Unter dem Einfluss des zu erwartenden Wirtschaftsaufschwungs werden die öffentlichen Schuldenberge schrumpfen. Der in der Regel mit Wachstum einhergehende Preisauftrieb wird durch die Folgen des offenen Wettbewerbs gedämpft. [...] Der vielleicht wichtigste Aspekt der Marktintegration ist die mittelfristige voraussehbare Entspannung auf dem Arbeitsmarkt.

Aus: Paolo Cecchini, Europa 92 – Der Vorteil des Binnenmarkts, Baden-Baden 1988, S. 17 f.

MATERIAL 2

Liberalisierung durch den Maastrichter Vertrag

Forderungen nach einem europäischen Sozialraum

MATERIAL 3

Der 13. Ordentliche DGB-Bundeskongress begrüßt die Absicht einer schnellen Verwirklichung eines gemeinsamen Binnenmarktes, verbunden mit der Modernisierung und Umwandlung des Produktionsapparates zur Schaffung und Erhaltung von Arbeitsplätzen. Er fordert, den Binnenmarkt bei einem gleichzeitigen Ausbau des sozialen Bereichs zu verwirklichen. Die Entwicklung darf nicht dahin führen, dass einige Länder Wettbewerbsvorteile anderen Ländern gegenüber dadurch erwirken, dass sie Sozialabbau betreiben, den arbeitsrechtlichen und den Gesundheitsschutz der Arbeitnehmer verringern.

Der DGB-Bundeskongress fordert die Bundesregierung auf, sich in der Gemeinschaft dafür starkzumachen, dass gleichzeitig mit der Schaffung eines Binnenmarktes die Verwirklichung eines europäischen Sozialraumes vonstattengeht. Bei der Schaffung dieses Sozialraumes muss verhindert werden, dass das europäische Unternehmensrecht und die rechtlich abgesicherten Vertretungsmöglichkeiten der Arbeitnehmer und ihrer Organisationen in Betrieb und Unternehmen sich weiterhin mit zwei Geschwindigkeiten entwickeln. Der Harmonisierung im Bereich des Rechts für die Gesellschaften steht keine gleichwertige Entwicklung der Arbeitnehmerrechte gegenüber. Der DGB-Bundeskongress appelliert deswegen an die Gemeinschaft, Richtlinienentwürfe zur Sicherung der Rechte der Arbeitnehmer zügig zu erarbeiten und zu verwirklichen.

Zeichnung: Wössner

Aus: Beschluss des 13. Ordentlichen DGB-Bundeskongresses, Hamburg 1986

Begrenzte Handlungsspielräume

MATERIAL 4

In allen Verträgen, zuletzt 1997 im Vertrag von Amsterdam, ist festgeschrieben: Die europäischen Institutionen haben sich aus allem herauszuhalten, was die sozialen Sicherungssysteme der Nationen betrifft. Die Kommission hat keine Kompetenz für sozialpolitische Aktivitäten, es sei denn, sie wird dazu ausdrücklich ermächtigt. Gleichzeitig aber verpflichtet die in den Sechzigerjahren entstandene und mehrfach nachgebesserte Sozialcharta die Mitgliedsländer zu sozialem Zusammenhalt, zur Förderung von Beschäftigung, Verbesserung der Lebens- und Arbeitsbedingungen, zu einem angemessenen sozialen Schutz von Gesundheit und Sicherheit der Arbeitnehmer.

Die Handlungsspielräume zur Ausweitung dieser „sozialen Dimension" sind in Europa jedoch begrenzt. Die Kommission darf die sozialen Unterschiede in den einzelnen Län-

dern nicht harmonisieren. „Subsidiarität", also das Prinzip, nach dem möglichst viel vor Ort geregelt wird, lautet die Formel, die Brüssel zu beachten hat. Sozialpolitisch bleibt damit jedes Land bei seinen Leisten. „Subsidiarität dient als Mauer. Sozialpolitik ist weiter nationale Spielwiese", sagt Karl Hermann Haack, SPD-Bundestagsabgeordneter und Verfasser eines Berichts zum europäischen Sozialstaatsmodell. Resigniert stellt er fest, dass sich „bei uns keine Sau für europäische Sozialpolitik interessiert". [...]
Die Sicherungssysteme sind zu verschieden, als dass sie einfach miteinander verknüpft werden könnten. Reiche Länder der Gemeinschaft wie die Bundesrepublik geben nahezu ein Drittel ihres Volkseinkommens für das soziale Netz aus, arme Länder wie Griechenland oder Portugal können sich nicht mal ein Fünftel leisten. Manche Länder wie etwa Dänemark finanzieren ihr Sozialsystem überwiegend aus Steuern, andere erheben Beiträge von Arbeitnehmern und Arbeitgebern; Deutschland beispielsweise zu 70 Prozent. Anpassung an das höchste Niveau wäre für die armen Länder nicht finanzierbar, Anpassung nach unten für die Regierungen der Reichen politischer Selbstmord.
Allerdings wäre die Europäische Wirtschaftsgemeinschaft (EWG) mit der Vielzahl ihrer inneren Widersprüche nicht die Union geworden, die sie ist. Sosehr die 15 EU-Staaten bei der Sozialpolitik das Subsidiaritätsprinzip hochhalten mögen, die nationale Alleinzuständigkeit ist längst angetastet. [...] Unzählige Richtlinien und Verordnungen über Arbeitsplatzbedingungen, Gesundheitsschutz am Arbeitsplatz, gleiches Entgelt am gleichen Arbeitsplatz, Schutzbestimmungen für Schwangere sowie eine ganze Reihe von Diskriminierungsverboten sind Mosaiksteine eines gemeinschaftlichen Sozialrechts, an dessen Ende ein europäischer Wohlfahrtsstaat stehen könnte.

Aus: Wolfgang Hoffmann, Die soziale Trutzburg, in: Die Zeit, Nr. 51/1998, S. 11-12

MATERIAL 5

Ausgewählte Wirtschaftsdaten europäischer Staaten (mit USA und Japan)

	Wachstum BIP (%)			Inflationsrate			Arbeitslosenquote		
Jahr	**1999**	**2003**	**2007**	**1999**	**2003**	**2007**	**1999**	**2003**	**2007**
EU 15	3,0	1,2	2,7	1,2	2,0	2,3	8,5	7,9	7,0
D	2,0	-0,2	2,5	0,6	1,0	2,3	8,2	9,3	8,4
GB	3,5	1,8	3,0	1,3	1,4	2,3	5,9	5,0	5,3
F	3,3	1,1	2,2	0,6	2,2	1,6	10,4	9,0	8,3
It	1,5	0,0	1,5	1,7	2,8	2,0	11,0	8,5	6,1
Sp	4,7	3,1	3,7	2,2	3,1	2,8	12,5	11,1	8,3
USA	4,4	2,5	2,0	2,2	2,3	2,8	4,2	6,0	4,6
Japan	-0,1	1,4	2,4	-0,3	-0,3	0,0	4,7	5,3	3,9

Angaben nach Eurostat, Statistisches Jahrbuch 2008

MATERIAL 6

Kompetenzverluste in der Sozialpolitik

Wolfgang Däubler, Professor für deutsches und europäisches Arbeitsrecht an der Universität Bremen:

Zusammenfassend lässt sich sagen: Die Mitgliedstaaten der Europäischen Union sind zwar weitestgehend Herren ihres Arbeits- und Sozialrechtes geblieben, doch haben sie angesichts der Stabilitätsvorgaben der Währungsunion nur noch geringere Möglichkeiten, neue Arbeitsplätze zu schaffen oder die Sozialversicherungssysteme besser zu dotieren.

Die Vorstellung, Brüssel brächte zusätzlichen politischen Rückenwind, erweist sich daher als falsch und höchst gefährlich: Die Frage muss lauten, ob in Zukunft eine veränderte soziale Dimension Europas eine effektive Kompensation für nationalstaatliche Verluste bringen kann. Zumindest muss die Gemeinschaft die Mitgliedstaaten in die Lage versetzen, wieder die ihnen angemessen erscheinende Sozialpolitik betreiben zu können.

Aus: Werner Weidenfeld (Hrsg.), Europa-Handbuch, Bonn 2002, S. 485

„In Osteuropa sind sie hungriger …“ MATERIAL 7

Aus einem Interview mit einem mittelständischen Unternehmer:

Aus meiner Sicht ist der Aufbau neuer Fertigungen in neuen Märkten Standortsicherung in Deutschland. Wir haben Arbeitsplätze im Inland gehalten, weil wir im Ausland investiert haben. Wir betreiben Mischkalkulation. […] Jeder meiner Mitarbeiter war schon im Osten und weiß, worauf es hier ankommt: maßvolle Lohnsteigerungen, mehr arbeiten. Wir arbeiten auch in deutschen Werken am Samstag oder Sonntag, wenn nötig. Und auch in den Ländern der Erweiterung gibt es Arbeitszeitregeln, die die Wochenarbeitszeit auf 42 Stunden begrenzen und Sonntagsarbeit untersagen. […] Aber richtig ist auch: Die Menschen in Westdeutschland haben eine Sättigungsgrenze erreicht. In Osteuropa sind sie „hungriger“.

Interview mit Arndt Kirchhoff, aus: FAZ, Sonderteil „Europa“ vom 28.4.2004, S. 12

Die größten Handelspartner Deutschlands 2008 MATERIAL 8

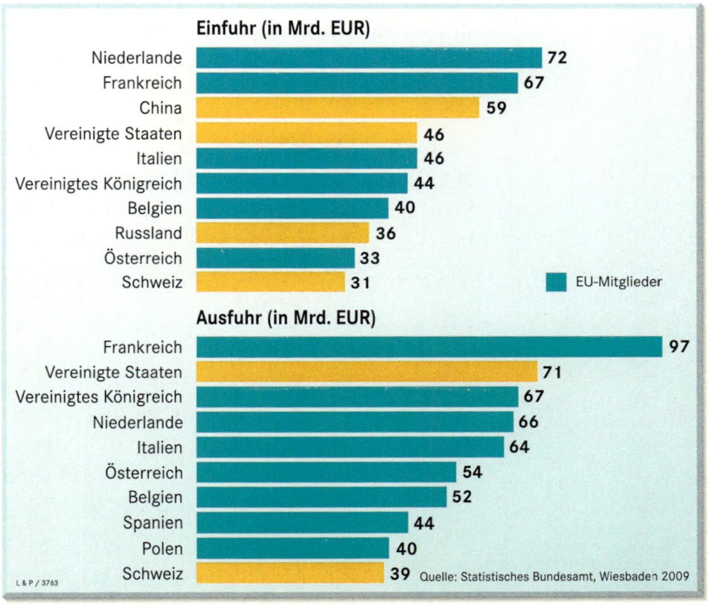

1 Stellen Sie die Prognosen des Cecchini-Berichts (M 1) tabellarisch zusammen. Verdeutlichen Sie die Argumentationsstruktur Cecchinis durch ein Schaubild.

2 Vergleichen Sie die Prognosen Cecchinis mit denen der Gewerkschaften (M 3).

3 Erläutern Sie an M 4, M 5 und M 6: Worin bestehen die Grenzen einer europäischen Sozialpolitik? Welche Schwierigkeiten und Probleme resultieren hieraus?

4 Überlegen Sie, wie die Europäische Gemeinschaft ihre Mitgliedsstaaten in die Lage versetzen kann, effektiv Sozialpolitik zu betreibenm, und diskutieren Sie über mögliche Konturen eines „europäischen Wohlfahrtsstaates“.

5 Überprüfen Sie die mit dem Binnenmarkt verbundenen Erwartungen mithilfe von M 5 und aktueller Daten. Bilden Sie entsprechende „Länder-Gruppen“.

6 Recherchieren Sie die Entwicklung des EU-Handels mit den deutschen Ländern. Unterscheiden Sie dabei alte (Frankreich, Italien) und neue EU-Länder (Polen, Tschechische Republik, Ungarn, Litauen; in der EU seit Mai 2004).

7 Diskutieren Sie die sich durch den Beitritt ergebenen Chancen und Risiken. Beschaffen Sie sich hierfür entsprechende Länderportraits mit wirtschafts- und sozialstatistischen Daten.

5.3 Probleme der Europäischen Wirtschafts- und Währungsunion

Damit die Wirtschafts- und Währungsunion ökonomisch erfolgreich bleibt, haben sich die Mitgliedsländer verpflichtet, eine bestimmte Art stabilitätsfördernder Wirtschafts- und Haushaltspolitik zu betreiben. Zu diesem Zweck haben sie im Maastricht-Vertrag Konvergenzkritierien festgelegt, die auch nach dem Inkrafttreten der Union ihre Bedeutung behalten. Folgende Kriterien wurden vereinbart:

1. Die Inflationsrate in den einzelnen Staaten soll höchstens 1,5 % über dem durchschnittlichen Preisanstieg der drei stabilsten EU-Länder liegen;
2. Die jeweilige Staatsverschuldung darf nicht mehr als 60 % des BIP und die jährliche Nettoneuverschuldung nicht mehr als 3 % des Haushalts betragen;
3. Der langfristige Zinssatz soll höchstens 2 % über dem durchschnittlichen Zinssatz der drei preisstabilsten Länder liegen.

1997 wurde ein Sanktionsmechanismus beschlossen, um die Einhaltung dieser Kriterien dauerhaft sicherzustellen: Überschreitet ein Mitgliedsland die Obergrenze der Neuverschuldung, so wird es verpflichtet, zwischen 0,2 % und 0,5 % des BIP als zinslose Einlage bei der Europäischen Zentralbank zu hinterlegen. Verfehlt das Land auch im Folgejahr das Budgetlimit, wird die Einlage in eine Geldbuße umgewandelt. Der Ministerrat kann diese Sanktionen aussetzen, wenn sich das Land in einer akuten Wirtschaftskrise befindet.

MATERIAL 1 Auswirkungen auf die Wirtschafts- und Sozialpolitik

Aufgrund der Konvergenzkriterien (verbieten sich) keynesianische, kreditfinanzierte Beschäftigungsprogramme, die die Staatsverschuldung in die Höhe treiben, ebenso wie jede vom Staat gelenkte, künstliche Erhöhung der Nachfrage zur Verringerung der Arbeitslosigkeit. Lediglich über den Strukturhilfefonds mit seinen relativ bescheidenen Mitteln könnte sozialer Fortschritt initiiert werden, aber auch dies naturgemäß nur dort, wo es bisher wenig zu verteilen gab.

Aus: Johannes Greving, Europäische Union, Berlin 2002, S. 67 f.

MATERIAL 2 Haushaltsdefizite in der Europäischen Union

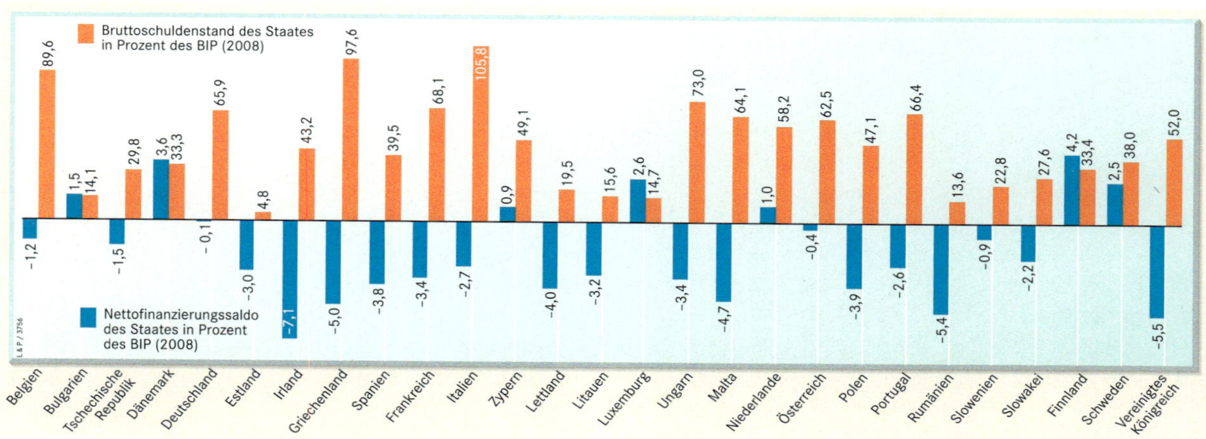

Die europäische Chance

MATERIAL 3

[...] Die Stärkung binnenwirtschaftlicher Kreisläufe erfordert ebenso wie die Neuordnung der Weltwirtschaft eine europäische Einbettung. In beiden Fragen kommt der Entwicklung der Europäischen Union zentrale Bedeutung zu. Eine Standortpolitik der schlichten Anpassung würde dagegen in die Erosion der Gesellschaft und eine permanente Rezession führen [...]. Die einzige Chance ist, endlich die dritte Karte zu spielen: die Option Europa, um das Primat der Politik über die Ökonomie wiederherzustellen. [...] Ein politisch integriertes Europa ist die Chance, um zur Gestaltung der Ökonomie zurückzukehren, die Wirksamkeit des Marktes sicherzustellen und Regeln für eine soziale und ökologisch orientierte Weltwirtschaft zu entwickeln und durchsetzen zu können. Dadurch wird es sowohl möglich, die im nationalen Raum vorhandenen Spielräume besser zu nutzen und wieder auszubauen, als auch die Institutionalisierung einer Weltinnenpolitik schrittweise voranzutreiben. Und dies ist nicht zuletzt damit begründet, dass die Länder Europas ein gemeinsames kulturelles und geschichtliches Erbe teilen, dessen gemeinsame Ziele von Freiheit, Gerechtigkeit und Demokratie von Neuem gefährdet sind.

Aus: Michael Müller: Die Ökonomie frisst die Demokratie, in: Frankfurter Rundschau vom 18. 9. 1996

Der Integrationsprozess als neoliberales Deregulierungsprojekt

MATERIAL 4

Das Binnenmarktprogramm intensivierte den transnationalen ökonomischen Wettbewerb [...]. Zugleich förderte es die Deregulierung im Bereich der Sozialpolitik und der industriellen Beziehungen [...] und auch die Privatisierung von öffentlichen Unternehmen. Gleichsam komplementär hierzu wurde es durch das EWS und den Übergang zur Währungsunion schwieriger, über Wechselkursanpassungen Verluste der ökonomischen Wettbewerbsfähigkeit auszugleichen. Mit der Währungsunion (und dem Stabilitätspakt) erhöht sich also der Druck auf den Lohnkostenwettbewerb; eine Tendenz, die durch bedeutende Veränderungen im Arbeits- und Produktionsprozess, vor allem durch die Dezentralisierung der industriellen Beziehungen, noch verstärkt wird. [...] Obwohl es immer noch Spielräume für nationale Entwicklungspfade gibt, setzen diese neuen Bedingungen eine Regimekonkurrenz in Gang, in der die wirtschaftlich erfolgreichen Modelle für die übrigen nationalen Regime zum Vorbild avancieren.

Aus: Hans-Jürgen Bieling / Frank Deppe, Europäische Integration und industrielle Beziehungen, in: Horst Schmitthenner/Hans-Jürgen Urban (Hrsg.), Sozialstaat als Reformprojekt. Optionen für eine andere Politik, Hamburg 1999, S. 280

1 Erläutern Sie Funktion und Wirkungsweise der Stabilitätskriterien.

2 Führen Sie aus, wie Michael Müller (M 3) die „europäische Chance“ begründet. Vergleichen Sie seine Auffassungen mit der in M 4 geäußerten Ansicht. Diskutieren Sie das in beiden Texten angesprochene Verhältnis von Ökonomie und Politik.

3 Informieren Sie sich bei Gewerkschaften, Sozialverbänden, den Kirchen etc. über deren Vorstellungen einer europäischen Wirtschafts-, Währungs- und Sozialpolitik.

4 Diskutieren Sie abschließend, inwieweit heute von einer „sozialen Dimension“ bzw. gar einem „europäischen Sozialstaat“ gesprochen werden kann.

6 Globalisierung im Griff der Finanzmärkte

6.1 Die Entwicklung der Finanzmärkte

MATERIAL 1

Die Anatomie der internationalen Finanzmärkte

Finanzmarkt ist der Oberbegriff für drei Teilmärkte: die Kreditmärkte, die Wertpapiermarkte und die Devisenmärkte, wobei die einzelnen Sektoren selbstverständlich untereinander interagieren. Auf diesen Teilmärkten haben die rasanten Entwicklungen der letzten beiden Jahrzehnte neue Finanzinstrumente hervorgebracht, die nicht mehr eindeutig einem Segment zugeordnet werden können. [...]

Die Struktur des Finanzmarktes

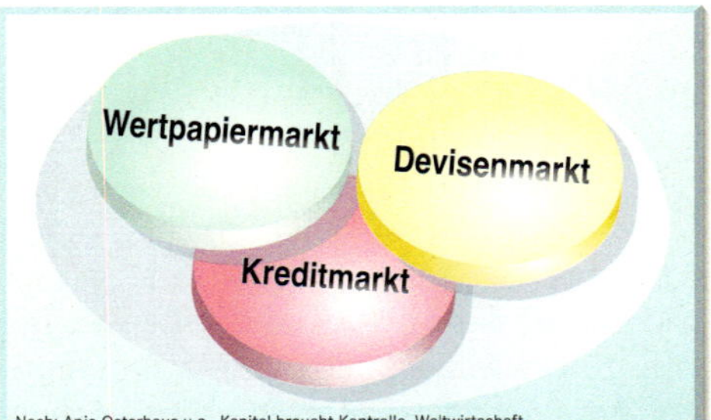

Nach: Anja Osterhaus u.a., Kapital braucht Kontrolle, Weltwirtschaft, Ökologie & Entwicklung, Bonn 2001, S. 17

L&P / 3777

An erster Stelle sollen Finanzmärkte die Möglichkeit bieten, liquide Mittel für Investitionen bereitzustellen. Investitionen sind die Grundlage wirtschaftlichen Wachstums. Zu ihrer Verwirklichung müssen Investoren, Staaten, Unternehmen und Privathaushalte die benötigte Finanzierung, die sie nicht aus ihren eigenen finanziellen Mitteln decken können, durch Fremdfinanzierung sichern. Das internationale Finanzsystem dient weiterhin der Finanzierung von grenzüberschreitendem Handel. Wenn ein deutscher Maschinenbauer eine Turbine nach Kanada oder ein Farmer aus Ghana seinen Kakao in die Bundesrepublik verkaufen möchte, dann muss der Kaufpreis von der einen Währung in die andere transferiert werden. Das Gleiche gilt für den Handel mit Dienstleistungen. Ein deutscher Tourist, der Ferien an der Copa Cabana macht, muss seine Euro in brasilianische Real tauschen, um seine Urlaubsausgaben zu decken. Solche internationalen Finanztransaktionen finden täglich millionenfach statt.

Der Kreditmarkt

Der Kredit ist das älteste Instrument der Fremdfinanzierung. Voraussetzung für ein reibungsloses Funktionieren des Kreditmarktes ist das Vertrauen in das Geldsystem und in die Finanzinstitute. Haben die Einleger Angst, ihre Gelder richt mehr zurückzubekommen, ziehen sie die Mittel von der Bank und aus dem Kreislauf ab. Es gäbe weniger (teurere) Kredite und damit weniger Investitionen. Um die Funktionsfähigkeit und das Vertrauen in das Kreditsystem zu garantieren, hat sich die Etablierung nationaler Bankensysteme mit einer staatlichen Zentralbank an der Spitze weltweit durchgesetzt. Letztere bestimmt die Geldmenge und den Leitzins und unterhält Reserven.

Die internationalen Wertpapiermärkte

Die Bedeutung der Wertpapiermärkte für das internationale Finanzsystem ist im Vergleich zum Kredit- und Devisenmarkt unverhältnismäßig stark angestiegen. Ein Großteil der Kapitalflüsse ist auf den Handel mit und die Herausgabe von Wertpapieren zurückzuführen. Die wichtigsten Wertpapierformen sind: Anleihen (Staatsanleihen, Schuldverschreibungen u. Ä.), Aktien und die verschiedensten Formen von Derivaten. [...].

Aktienmärkte

Die Ausgabe von Aktien ist die klassische Finanzierungsform für große Unternehmen, die sich auf diese Art unmittelbar beim Sparer und nicht über Bankkredite finanzieren können. Beim Kauf von Aktien werden aus Sparern Miteigentümer von Unternehmen, die durch die Ausschüttung von Dividenden an den Gewinnen der Firma beteiligt werden. Sind die Aktien einmal ausgegeben, können sie weiter gehandelt, d.h. verkauft und gekauft werden. Der Ort für die Emission (Ausgabe von Aktien) wie den Sekundärhandel mit Aktien ist die Börse, die ihrerseits der staatlichen Börsenaufsicht unterliegt. Der Marktwert einer Aktie richtet sich in der Regel nach der realwirtschaftlichen Leistungsfähigkeit des Unternehmens, d. h., der Aktienwert steigt oder sinkt in Abhängigkeit vom Umsatz der Firma, ihren Gewinnen, der Produktivität etc. Dies zeigt sich besonders in sogenannten Baisse-Phasen, also rapide sinkenden Aktienkursen, in denen nach der Substanz der Unternehmenswerte gesucht wird. In Boom-Phasen [...] gelten jedoch andere Gesetze: Die realwirtschaftliche Leistungsfähigkeit eines börsennotierten Unternehmens tritt für den Kurs der Aktien in den Hintergrund. Das Interesse des Aktionärs ist nicht mehr primär eine langfristige Anlage mit jährlichen Dividenden aus realwirtschaftlichen Gewinnen, sondern eine kurzfristige, hohe Rendite durch den günstigen Kauf und Verkauf der Aktien. Die Dividende wird sekundär.

Die Welt der Derivate

Die modernste Gruppe von Wertpapieren sind Derivate. Durch deren Ausbreitung sind die Wertpapiermärkte komplexer geworden. Der Begriff Derivat kommt aus dem Lateinischen und bedeutet „abgeleitet". Damit ist bereits ein wesentliches Merkmal des Derivats bezeichnet: Es ist ein Wertpapier, dessen Wert wiederum von einem anderen Wert abgeleitet wird und abhängig ist. Die Grundidee der Derivate ist nicht neu. [...] Sie entstanden aus dem Motiv, Handelsgeschäfte mit landwirtschaftlichen Produkten gegen (zukünftige) Preisrisiken abzusichern. Derivate beziehen sich also immer auf ein zukünftiges Geschäft, ein sogenanntes Termingeschäft. So können Derivate sich auf zukünftige Güterpreise, Zinsen, Aktien- und andere Wertpapierkurse oder gar auf Indizes wie den Dax oder Dow Jones oder auf beliebige Kombinationen daraus beziehen.

Devisenmärkte

Auf Devisenmärkten, die per se international sind, wird mit Währungen gehandelt. Früher galten sie als „Spiegelbild der weltwirtschaftlichen Entwicklung" – auch heute noch werden Wechselkursveränderungen häufig als Barometer für die wirtschaftliche Leistungsfähigkeit einer Volkswirtschaft angesehen. Der Währungskurs ist im Grunde genommen ein „Preis" wie jeder andere, zwar nicht der Preis einer Ware, sondern eben der Preis für ein ausländisches Zahlungsmittel. Ab- oder Aufwertungen – also sinkende oder steigende Preise der Währung – haben aber erhebliche Auswirkungen auf die Entwicklung der jeweiligen Volkswirtschaft. Eine Abwertung hat z. B. zur Folge, dass Importe teurer und Exporte billiger werden. Sie verteuert auch in Fremdwährung aufgenommene Kredite, so etwa den Schuldendienst eines Entwicklungslandes in US-Dollar an seine ausländischen Gläubiger.

Unser heutiges Weltwährungssystem zeichnet sich dadurch aus, dass die Wechselkurse zwischen den Leitwährungen (US-Dollar, Euro und Yen) frei schwanken. Dagegen waren während des Bretton-Woods-Systems die Wechselkurse festgelegt. In einem Fixkurssystem setzt die Politik anhand ökonomischer Kriterien einen Kurs fest, und die Notenbanken steuern den Preis der Währung, indem sie zur Stützung eines Kurses intervenieren. Ein solches System bietet Planungssicherheit für internationalen Handel und Investitionen. Händler, Investoren und Finanziers können mit einem gegebenen Preis für eine Währung rechnen. In einem flexiblen Wechselkurssystem hingegen bilden sich Preise für die einzelnen Währungen allein nach dem Gesetz von Angebot und Nachfrage an den Devisenmärkten. Durch die nationale Geld- und Zinspolitik wird nur noch indirekt Einfluss auf den Wechselkurs genommen [...]. Mittlerweile sind Währungen zu Handelsobjekten wie Waren, Aktien oder Anleihen geworden. Begünstigt durch den Abbau von Kapitalverkehrs- und Devisenkontrollen und die Entwicklung elektronischer Datenübertragung werden Wechselkurse heute in erheblichem Maße von kurzfristigen Finanzströmen bestimmt und immer weniger von der Entwicklung der „wirtschaftlichen Fundamentaldaten".

Peter Waldow, in: Anja Osterhaus u. a. (Hrsg.), Kapital braucht Kontrolle, Weltwirtschaft, Ökologie & Entwicklung, Bonn 2001, S. 17 ff.

MATERIAL **2**

Entfesselte Finanzmärkte

Aus einer Veröffentlichung der gewerkschaftsnahen Hans-Böckler-Stiftung:

Die Umsätze im Handel mit Devisen, Aktien, Anleihen, Wetten auf zukünftige Kurse und anderen Finanzprodukten summierten sich 2006 auf etwa 13 000 Milliarden Dollar - pro Tag. Der überwältigende Teil dieser Transaktionen entfällt auf die Finanzmärkte in den Industrieländern, ihr Volumen war 2006 nahezu 100-mal höher als das nominelle Bruttoinlandsprodukt (BIP) dieser Länder.
Das größte Gewicht haben kurzfristig-spekulative Geschäfte mit sogenannten Derivaten wie Futures oder Optionen. [...] Zwischen 1986 und 2006 nahm der globale Derivatehandel mit einer jährlichen Wachstumsrate von gut 20 Prozent zu.
Besonders stark expandierte der Börsenhandel mit Finanzderivaten - an dem sich zunehmend auch Amateure beteiligen. In Europa wuchs der Börsenhandel mit solchen Papieren zwischen 2000 und 2006 um 28,6 Prozent pro Jahr und erreichte 2006 annähernd das 40-Fache des BIP. Fast 99 Prozent dieser Umsätze entfallen auf Großbritannien und Deutschland.
Neben dem weiterhin führenden Finanzplatz London etablierte sich die Eurex in Frankfurt als zweitwichtigste Derivatebörse in Europa. Ihre Umsätze expandierten zwischen 2000 und 2006 um 25,7 Prozent pro Jahr und erreichten beinahe die Hälfte des deutschen Börsenumsatzes.

Böcklerimpuls 2/2008, www.boeckler-boxen.de/images/impuls_2008_02_4-5.pdf

MATERIAL **3**

Gewinne und Investitionen

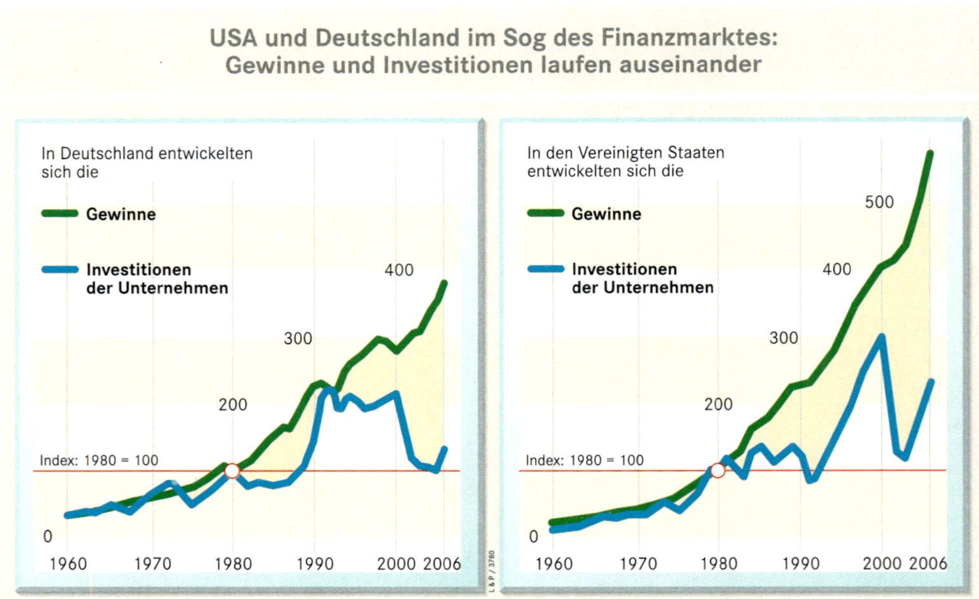

Börsenwert und Produktionsgüter

MATERIAL 4

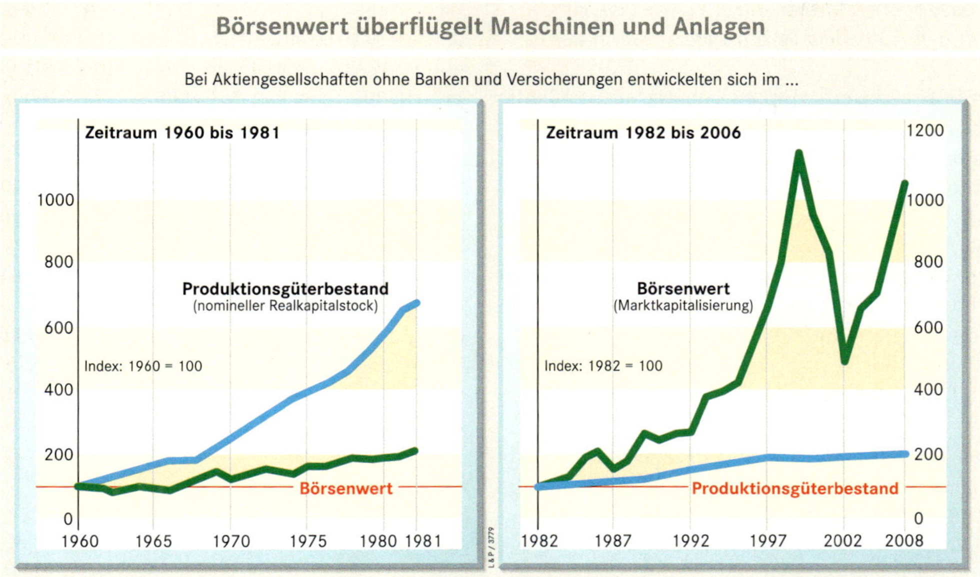

Handel und Bruttoinlandsprodukt

MATERIAL 5

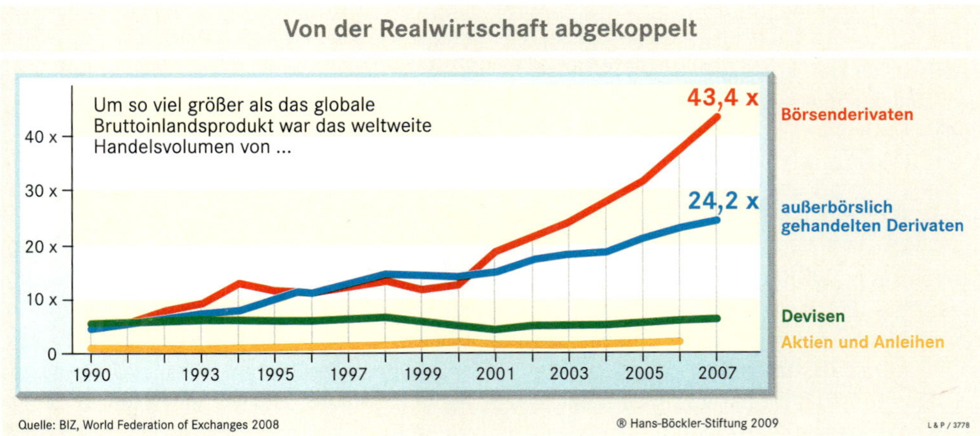

www.boeckler-boxen.de/2886.htm

1 Erarbeiten Sie anhand von M 1 die „klassischen" Aufgaben der Finanzmärkte und skizzieren Sie die Veränderungen, die sich zwischen und in den einzelnen Teilmärkten vollzogen haben.

2 Werten Sie M 2 – M 5 aus und bestimmen Sie das sich neu herausgebildete Verhältnis von Realwirtschaft und Finanzwirtschaft.

3 Diskutieren Sie, inwiefern sich der „Warenkapitalismus" durch die Entwicklung der Finanzmärkte zu einem „Casinokapitalismus" entwickelt hat.

MATERIAL 6 Nur ein Diener?

Aus einem Interview mit Hubertus von Grünberg, Chef des Reifenherstellers Continental:

Manchmal fragen die Investoren, ob es nicht besser für den Profit sei, noch mehr Arbeitsplätze abzubauen. Dann antworte ich ihnen, dass ich als „Jobkiller" im Unternehmen nicht akzeptiert würde und meine Ziele nicht verwirklichen könnte. Das sei mein Problem, meinen dann die Investoren, ihr Auftrag sei, nach der Ertragskraft und dem Potenzial der Kurssteigerung eines Unternehmens zu fragen. Dazu mag man stehen, wie man will: Ich brauche die Investoren, weil ich auf einen hohen Aktienkurs angewiesen bin. Je höher der ist, desto größer ist mein unternehmerischer Manövrierraum. Die Investoren sind die Könige, ich bin der Diener. Schließlich stellen sie mich ein und bezahlen mich als ihren Angestellten.

Aus: Der Spiegel Nr. 10 (1999)

MATERIAL 7 Im Teufelskreis der Finanzmärkte

Die Verwalter der Investmentfonds [aus dem Geld von Kapitalanlegern bestehendes Kapital, das von Investmentgesellschaften mit dem Ziel eines Wertzuwachses auf dem Kapitalmarkt angelegt wird] werden auch in Kontinentaleuropa immer aktiver. Sie fordern auf Hauptversammlungen Shareholder-Value ein und machen sich zum Fürsprecher von Millionen Kleinanlegern. [...] Mit ihren großen Aktienpaketen verbünden sie sich von Fall zu Fall mit aggressiven Anlegern wie Hedge-Fonds und sogenannten Shareholder-Aktivisten. Wenn die aggressiven Anleger, oft mit kleinen Minderheitsbeteiligungen, öffentlich Vorstände attackieren, deren Ablösung oder eine ganz neue Strategie fordern, dann stimmen viele traditionelle Großanleger auf Hauptversammlungen mit ihnen. [...] Solche Kämpfe enden meistens damit, dass viel Geld aus dem Unternehmen an die Aktionäre fließt. Den Fonds hilft das, die Renditen zu steigern und im Kampf um die Milliarden der Anleger zu punkten.

Pensionsfonds (Fonds zur betrieblichen Altersversorgung) sind hingegen die stillen Größen in den Kulissen der Kapitalmärkte. Sie haben ungeheure Summen anzulegen. Allein die 300 größten Pensionsfonds der Welt haben an die zehn Billionen Dollar in ihren Kassen. Schon mit geringfügigen Verschiebungen in ihren Anlageentscheidungen erschüttern sie die Börse und verhelfen neuen Anlageformen zum Durchbruch. Wenn zum Beispiel [...] die größte britische Pensionskasse Hermes [...] den Anteil alternativer Anlageformen [also andere Anlagen als z. B. langfristige Staatsanleihen] in ihrem Portefeuille von 7 auf 15 Prozent erhöht, dann horchen die Märkte auf. Von diesem weltweit sichtbaren Trend zu alternativen Anlageformen profitieren vor allem die relativ jungen Anlageklassen Hedge-Fonds und Private Equity. [...] Hedge-Fonds und Private-Equity-Fonds sind dank dieser Zuflüsse innerhalb weniger Jahre zu mächtigen neuen Spielern an den internationalen Kapitalmärkten geworden.

Mit geschätzten 1,5 Billionen Dollar können die Hedge-Fonds spekulieren; Private-Equity-Fonds haben seit Anfang 2003 [...] mehr als 700 Milliarden Dollar eingesammelt. Doch das zeigt nur einen Bruchteil ihrer Macht: Sie hebeln ihr Kapital, indem sie bei Übernahmen oder Aktienkäufen ein Vielfaches des eigenen Einsatzes an Fremdkapital aufnehmen. Die Kredite dafür drängen ihnen Banken derzeit geradezu auf. Das können sie tun, weil sie selber eine enorme Nachfrage nach Anleihen und Kreditderivaten zu befriedigen haben – unter anderem wiederum von Hedge-Fonds. Der Aufstieg von Hedge-Fonds und Private-Equity-Firmen ist also kein Zufall, er beruht unmittelbar auf Anlageentscheidungen an sich erzkonservativer Organisationen wie Pensionskassen und Versicherungsfirmen. Sie wollen höhere Renditen als an der Börse und zugleich einen Ausgleich zu deren Schwankungen. Das hat bisher oft funktioniert, wird es aber nicht ewig. Denn je mehr Kapital in diese alternativen Anlagen fließt, desto schwerer werden es die Fonds haben, ihre Renditeversprechen einzuhalten. Dieses Risiko nehmen die Investoren in Kauf. Es bleibt ihnen keine Wahl: Die herkömmlichen Renditen reichen nicht, um die wachsenden Ansprüche an die Altersvorsorge zu befriedigen. [...]

Was bedeutet all das für die Unternehmen? Die Kapitalmärkte setzen ihnen immer ehrgeizigere Renditeziele. Nur selten sind sie Gegenstand öffentlicher Diskussion wie bei der Deutschen Bank, die sich bei der Vorgabe von 25 Prozent Eigenkapitalrendite vor Steuern auf internationale Rentabilitätsvergleiche beruft. Die Renditeziele sind nicht mehr länger nur interne Zielmarken. Geschäftsbereiche, die sie regelmäßig verfehlen, stehen immer schneller zur Disposition. So trennte sich Siemens von der Handy-Tochter, und RWE stellte die Wassersparte zum Verkauf. Doch wo ist die Rendite-Obergrenze erreicht, wann kann ein Unternehmen mit der erreichten Marge zufrieden sein, wann darf es aufhören, die Kosten zu drücken? Es gibt keine Naturgesetze, die bestimmen, ob eine Rendite von 15, 20 oder 25 Prozent die richtige ist. Es ist der Wettbewerb um die Gunst der Investoren, der diese Aufwärtsspirale treibt.

Wer dauerhaft weniger Rendite als die Konkurrenten einfährt, wird an der Börse niedriger bewertet und läuft Gefahr, zum Übernahmeziel zu werden. Wer Top-Renditen einfährt, wird sich eher als Käufer betätigen können. Also geht der Wettlauf um immer höhere Renditen weiter. Unternehmen, die in die Hand von Private-Equity-Fonds geraten, müssen ihre Renditen schon deshalb hochtreiben, um die höheren Zinslasten [für die Kredite, die die Investoren aufgenommen haben] zu finanzieren. Gleichzeitig drängen Investoren die Unternehmen, erwirtschaftetes Geld nicht zu investieren, sondern lieber so viel wie irgend möglich direkt an sie auszuschütten. Sie kritisieren sogar Unternehmen, die sie für zu gering verschuldet halten, und fordern sie auf, Fremdkapital aufzunehmen, um mehr an die Aktionäre abführen zu können. [...]

Die volkswirtschaftliche Folge dieses Wettlaufs ist, dass viele Aktiengesellschaften heute Investitionen regelrecht gegen ihre Aktionäre durchsetzen müssen. Ein gutes Beispiel dafür ist die Rohstoffbranche, der die rasche Industrialisierung Asiens einen riesigen Boom beschert hat. Die Konzerne fahren Rekordgewinne ein und investieren auch Rekordsummen. Doch vielen institutionellen Anlegern sind die Investitionen zu hoch. Sie fordern die Vorstände auf, das verdiente Geld lieber auszuschütten. Der Druck auf hohe Renditen bremst so nicht nur volkswirtschaftlich notwendige Investitionen und lähmt unternehmerisches Denken, er zwingt Unternehmen auch, alle Geschäftsfelder permanent infrage zu stellen. [...] Aus dieser Logik heraus wird der Vorstand einer Aktiengesellschaft zum Portfolio-Manager, er schlüpft in die Rolle eines Finanzinvestors mit einem Kranz jederzeit veräußerbarer Beteiligungen, den er für die Geldgeber verwaltet. Er wird auch eher Wachstum durch Übernahmen anstreben als durch unternehmerische Investitionen in neue Geschäftsfelder. Ein Unternehmen, das regelmäßig an seiner Effizienz arbeitet, wird auch regelmäßig Menschen [...] wie unnötigen Ballast abwerfen.

Aus: Dirk Heilmann, Im Teufelskreis der Finanzmärkte, Handelsblatt v. 7. 11. 2006

1 Skizzieren Sie die Interessenlage von Managern, wie sie in M 6 dargestellt ist, und bewerten Sie von Grünbergs Darstellung.

2 Stellen Sie die in M 7 genannten neuen Akteure an den Finanzmärkten vor und erläutern Sie das „Shareholder-Value“-Konzept, das diese in und mit ihrer Anlagestrategie verfolgen.

3 Bestimmen Sie die Auswirkungen auf die Unternehmensentscheidungen und die Folgen für die „Stakeholder“, die in den Unternehmen Beschäftigten.

4 Skizzieren Sie den „Teufelskreis der Finanzmärkte“ und überlegen Sie, an welchen Stellen durch wen und mit welchen Entscheidungen bzw. Maßnahmen dieser „Teufelskreis“ durchbrochen werden könnte.

6.2 Währungen in Kreuzfeuer der Spekulation – die Asienkrise

MATERIAL 1 Angriff auf den Baht

Spekulanten verstärken – bei den großen Währungen – die Ausschläge der Wechselkurse, kleine Währungen können sie auch [...] gezielt in den Abgrund treiben. Sie entscheiden [in diesem Fall] darüber, ob sich Investitionen rechnen oder Unternehmen pleitegehen, ob Volkswirtschaften mehr oder weniger wettbewerbsfähig und ihre Einwohner mehr oder weniger wohlhabend sind.

Geld regiert die Welt, und wer den Wert des Geldes bestimmt, hat die Macht. Wie etwa spekulative Hedgefonds, die oft gezielt gegen einzelne Währungen wetten [...]. Denn in Zeiten der Globalisierung ist die Weltwirtschaft krisenanfällig wie nie zuvor. Volkswirtschaften können in Sekundenschnelle per Mausklick Milliarden entzogen werden. Ein kleiner Anlass genügt, möglicherweise auch nur ein Gerücht. Computerprogramme, die auf solche Signale reagieren, lösen weitere Absetzbewegungen aus. Am Ende bricht der Wechselkurs ein, die Börse crasht, und ganze Volkswirtschaften liegen danieder.

So war es in den Neunzigerjahren in Asien, als die moderne Globalisierung ihre erste Krise erlebte.

Sie begann am 13. Mai 1997: Rerngchai Marakanond, der damalige Gouverneur der thailändischen Notenbank, freute sich schon auf den Feierabend, als ihn ein Anruf seines Chefdevisenhändlers aufschreckte. Amerikanische und britische Banken würden Hunderte Millionen Baht wie Heu auf den Markt werfen, japste der Mann, und dafür US-Dollar fordern.

Westliche Hedgefonds und Großbanken hatten begonnen, die thailändische Währung zu attackieren. „Heute quetschen wir die Thailänder", riefen sich die Händler an Computerterminals in New York und London zu. Wie ein Rudel Wölfe kreisten sie die Tresore von Rerngchais Notenbank ein, dort lagerten rund 38 Milliarden Dollar, und in einem verzweifelten Abwehrkampf verpulverte die Bank letztlich fast alle ihre Reserven.

Das kleine, hilflose Thailand konnte die Massenflucht aus dem Baht nicht stoppen. Anfang Juli mussten die Notenbanker den Baht abwerten, der seit 14 Jahren an den Dollar gekoppelt war. Das löste in der Region, deren Volkswirtschaften bis dahin jahrelang mit Traumraten von bis zu neun Prozent gewachsen waren, eine dramatische Kettenreaktion aus, die sich schließlich zur Asienkrise auswuchs: Bald schon krachte es in Indonesien; und Ende 1997 konnte Südkorea nur knapp durch einen 58-Milliarden-Dollar-Kredit des Internationalen Währungsfonds (IWF) vor dem Staatsbankrott gerettet werden. Auch in Japan beschleunigte das Beben den Kollaps maroder Firmen und Banken.

Viele geschockte Asiaten, etwa Malaysias Premier Mahathir Mohamad, geißelten ihren abrupten Abstieg als „internationale Manipulation". [...]

Doch die Spekulanten aus der Wall Street und der Londoner City konnten nur zuschlagen, weil das hochgelobte „asiatische Wunder" (Weltbank) auf tönernen Füßen stand: Die Bürotürme, die in Bangkok in den Himmel wuchsen, waren auf Pump finanziert. Die Aufwertung des Dollar machte es den Thailändern zunehmend schwer, ihre ausländischen Kredite zurückzuzahlen. Und in Südkorea hatten sich Mischkonzerne wie Hyundai und Daewoo wie riesige Kraken über das ganze Land gelegt. Gedrängt von korrupten Politikern und Bürokraten liehen ihnen heimische Banken ständig neue Kredite für ihren größenwahnsinnigen Expansionskurs.

So bereitwillig, wie die internationalen Finanzmärkte in den Jahren zuvor Geld in die Wachstumsregion gedrückt und damit die Blase immer weiter aufgepumpt hatten, so schockartig entzogen sie ihr jetzt das Kapital. Die Asienkrise stürzte ganze Volkswirtschaften in den Abgrund und Millionen Menschen in Armut.

Aus: Das Währungskarussell. Gleichgewicht des Schreckens, in: Die Neue Welt, SPIEGEL special 7/2005, S. 111–113, Verf.: Sven Afhüppe, Beat Balzli, Frank Hornig, Armin Mahler, Wieland Wagner

Der Ablauf der Baht-Spekulation

MATERIAL 2

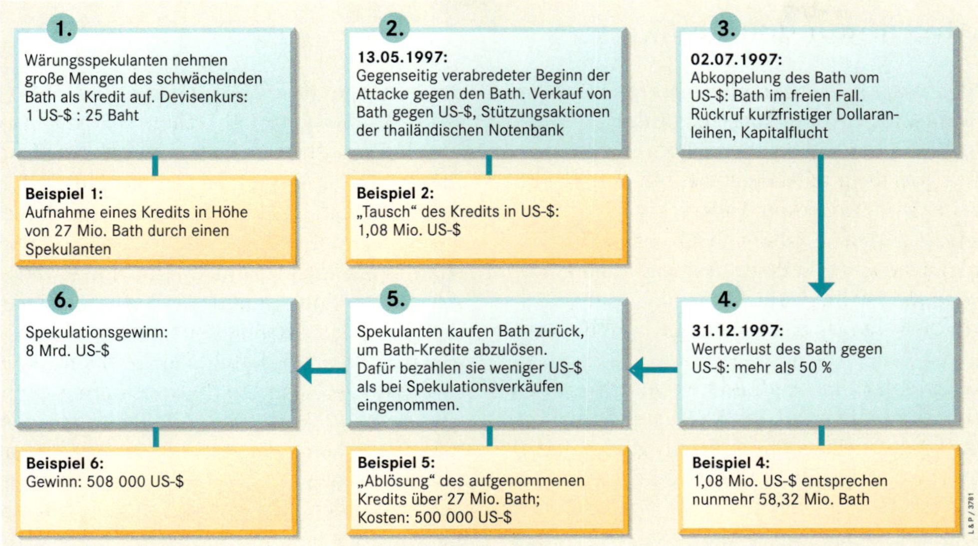

Die Asienkrise – eine Kettenreaktion

MATERIAL 3

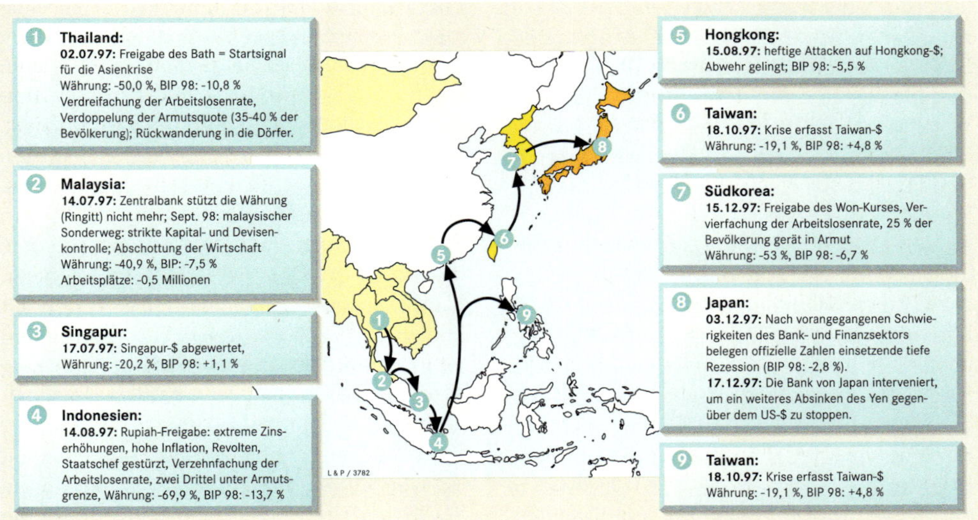

1 Überlegen Sie, warum Thailand seine Währung vor der Asienkrise an den Dollar gekoppelt hatte (M 1, Zz 35 ff.) und warum diese Bindung zu Beginn der Krise aus thailändischer Sicht unbedingt aufrechterhalten werden sollte.

2 Verdeutlichen Sie anhand von M 2 den Ablauf einer Währungsspekulation.

3 Informieren Sie sich über das Stichwort „Tobin-Tax“ und diskutieren Sie im Zusammenhang mit der Asienkrise die Forderung, Devisentransaktionen zu besteuern und die Geschwindigkeit der Finanzmärkte zu verlangsamen.

6.3 Von der US-amerikanischen Bank- zur internationalen Finanzkrise

MATERIAL 1

Ein Drama in fünf Akten

Erster Akt: Die Finanzalchimisten
Früher [...] verliehen Hypothekenbanken Hauskredite an Leute, die sich ein Eigenheim zulegen wollten. Sie mussten die Kredite lange in ihren Büchern behalten, daher prüften sie genau, ob die Hauskäufer auch in der Lage waren, ihre Kredite zurückzuzahlen. In den achtziger Jahren ließ der wachsende Konkurrenzdruck [...] schon einmal alle Sicherheitsbedenken verfliegen, die Häuserpreise fielen und rund 500 der insgesamt 3000 US-Sparkassen mussten in einer der bis dahin teuersten Rettungsaktionen der Finanzgeschichte vor der Pleite gerettet werden. [...]
Der Ausweg schien in der besseren Verteilung des Risikos zu liegen: Also ließen die Hypothekenbanken von den Investmentbankern der Wall Street die Immobilienkredite zu Paketen schnüren und verkauften die aus den Krediten resultierenden Zahlungsansprüche als vergleichsweise gut verzinste Anleihen. [...] Vor allem [...] Versicherungen, Pensionsfonds oder andere Banken kauften diese sogenannten forderungsbesicherten Wertpapiere (auf Englisch „Asset Backed Securities“ oder kurz „ABS“), um ihre Rendite in Zeiten niedriger Zinsen zu verbessern. Daraus entwickelte sich schnell ein florierender Markt. Alle waren zufrieden, denn die Streuung von Risiko war schließlich eine der Kernfunktionen der Finanzmärkte.
Einige an der Wall Street erkannten die Möglichkeiten und entwickelten neue Formen, indem sie die Forderungen in unterschiedlich riskante Tranchen zerlegten, um ihren Kunden – je nach Risikoneigung – passende Wertpapiere anbieten zu können. Andere gingen noch einen Schritt weiter: Immobiliendarlehen wurden mit anderen Forderungen wie Auto- und Konsumentenkrediten oder Kreditkartenforderungen vermischt und erneut nach Risikoklassen aufgeteilt. [...] Die Produkte wurden im Laufe der Jahre immer komplexer und damit auch für viele Wertpapierhändler nicht mehr wirklich durchschaubar. Gleichzeitig wuchs dieser Markt auf weltweit über eine Billion Dollar. [...]

Zweiter Akt: Greenspan sorgt für billiges Geld
Auch die Notenbank der Vereinigten Staaten, die Federal Rerserve , trug ihren Teil zur Krise bei: Vor allem nach den Anschlägen vom 11. September 2001 senkte Notenbankchef Alan Greenspan die Leitzinsen dramatisch, um die Konjunktur im Gang zu halten: Zeitweise konnten sich die Banken mit einem Zinssatz von 1 Prozent refinanzieren. [Aufgrund der günstigen Kredite] wurde der Traum vom eigenen Haus auch für die real, die bisher bei den Banken keine Chance hatten. Vor allem Billiganbieter [...] drängten auch Immobilienkäufern mit schlechter Bonität aggressiv Darlehen auf, die zumindest am Anfang extrem günstig waren. [...] Das ging so lange gut, wie die Häuserpreise anstiegen. Und das taten sie: Zwischen Ende der Neunzigerjahre und Anfang 2006 haben sich die Immobilienpreise in den USA im Schnitt mehr als verdoppelt. Zur Not konnten die Eigenheimbesitzer immer neue Kredite aufnehmen. Die teuren Häuser dienten als Sicherheit. Ein Großteil des amerikanischen Konsums wurde mit solchen Krediten finanziert.

Dritter Akt: Landesbanken und ihre Conduits
Dass in Deutschland vor allem öffentlich-rechtliche Banken von der Subprime-Krise betroffen sind, hat seine Ursache auch in der Aufhebung der Staatshaftung Mitte 2005 [durch den Staat gewährleisteter Insolvenzschutz der Anleger, der allerdings mit Einschränkungen der Geschäftsfelder verbunden war]. Bis dahin bekamen die Landesbanken, aber auch Spezialinstitute wie die IKB Industriebank aufgrund ebendieser Haftung immer höchste Bonitätsnoten und damit besonders günstig Kredite. Das sorgte für ein sicheres, aber nicht gerade hochprofitables Auskommen. Um die Rendite zu erhöhen, begannen die Institute [nun], ins internationale Wertpapiergeschäft einzusteigen; sie liehen sich billig und kurzfristig Geld und kauften damit eben auch in großem Umfang Subprime-Anleihen. [...]

Vierter Akt: Die Häuserpreise fallen

Ende 2005 platzte die Blase am US-Häusermarkt: Die Zinsen stiegen und viele Immobilienbesitzer konnten ihren Schuldendienst nicht mehr ordnungsgemäß erfüllen. Sie mussten der Zwangsversteigerung [...] ihrer Eigenheime zusehen. Da immer mehr Häuser auf den Markt kamen, fielen die Preise weiter. [...] Nach den Häuslebauern traf es die Subprime-Industrie. Bereits im April 2007 musste mit Century Financial einer der größten Anbieter Insolvenz anmelden. Mitte Juli 2007 mussten zwei Hedgefonds aufgrund ihres Subprime-Engagements geschlossen werden, kurze Zeit später geriet die Industriebank IKB an den Rand der Pleite. [...] Doch nicht nur Landesbanken waren betroffen. Auch die privaten Banken hatten am Subprime-Markt stark investiert. Der weltweite Abschreibungsbedarf der Banken, also die Summe, um die die Institute ihre Vermögenswerte in ihren Bilanzen reduzieren müssen, dürfte nach vorsichtigen Schätzungen mindestens eine halbe Billion Dollar betragen, wahrscheinlich dürfte am Ende eher das Doppelte zusammenkommen.

Fünfter Akt: Staatliche Rettungsaktionen und das Ende der Wall Street

Als erste der fünf großen Investmentbanken erwischte es im März Bear Stearns. Sie wurde von JP Morgan Chase übernommen, [...] nachdem die US-Regierung Garantien in Höhe von 29 Milliarden Dollar gegeben hatte. Anfang September übernahm der Staat für 200 Milliarden Dollar die beiden Hypothekenfinanzierer Fannie Mae und Freddie Mac. [...] Auch für die Mitte September ebenfalls zahlungsunfähige Lehman Brothers wurde eine staatliche Rettungsaktion erwogen. [...] Die Finanzmärkte standen – nicht nur in den USA [...] – am Rand des Zusammenbruchs. Keine Bank traute mehr der anderen, der Strom der extrem kurzfristigen Kredite, mit denen die Banken untereinander die Liquidität ausgleichen, versiegte.

Wieder musste der Staat über die Notenbanken eingreifen. In einer abgestimmten Aktion pumpten die wichtigsten Zentralbanken der Welt täglich Milliarden in die Märkte. Doch bereits einen Tag nach der Lehman-Pleite drohte der nächste Finanzkoloss abzustürzen. Diesmal traf es den einst weltgrößten Versicherer AIG, der sich im Markt für Kreditabsicherungen übernommen hatte. Die American International Group hatte offene Positionen von 440 Milliarden Dollar dieser Derivate – im Fachjargon „Credit Default Swaps". Der Markt für die riskanten Papiere, mit denen man das Risiko einer Kreditvergabe an andere weitergeben kann, drohte zusammenzubrechen. Kurzerhand übernahm der Staat für 85 Milliarden Dollar die AIG. [...] Mitte September 2008 war allen Beteiligten klar, dass auch dieser „Bail-out" nicht der letzte sein konnte. [...] Längst handelte es sich um eine der dramatischsten Finanzkrisen der Geschichte.

http://wissen.spiegel.de/wissen/dokument/dokument-druck.html?id=60607394&top=Lexikon

1 Stellen Sie die Entwicklung von der US-amerikanischen Bankenkrise zur internationalen Finanzkrise in einem Schaubild dar und ermitteln Sie Ursachen und Gründe dieser Entwicklung.

2 Bestimmen Sie das Verhältnis von Politik (Staat) und Wirtschaft und problematisieren Sie die Rolle des Staates bei der Entstehung und „Lösung" der Krise.

3 Im Zusammenhang mit der amerikanischen Immobilienkrise wurde der Begriff der „Bubble-Ökonomie" (Eric Janszen) geprägt. Diskutieren Sie, inwiefern diese Kennzeichnung zutreffend ist.

VERWEIS

s. S. 173
Geldpolitik

6.4 Von der Banken- und Finanzkrise zur Weltwirtschaftskrise

Die Weltwirtschaft, nicht nur der Finanzsektor, steckt 2009 in der tiefsten Krise seit dem Zweiten Weltkrieg. Vermutlich wird die globale Wirtschaft, also das Welt-Bruttoinlandsprodukt, erstmals schrumpfen. Die Weltbank geht davon aus, dass der Welthandel 2009 so stark zurückgehen wird wie seit 80 Jahren nicht mehr.

MATERIAL 1

Ausdruck der Krise

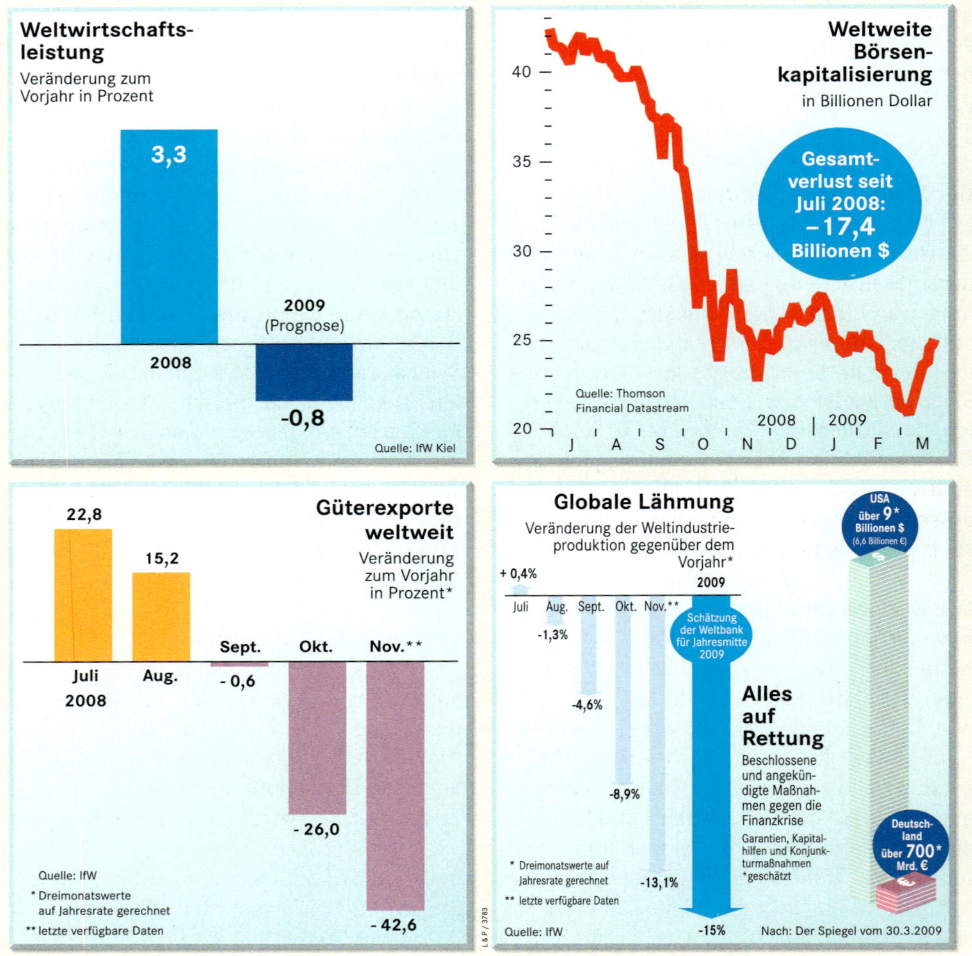

1 Werten Sie die statistischen Materialien aus und verdeutlichen Sie die Zusammenhänge zwischen der internationalen Finanzkrise 2008 und der Situation der Weltwirtschaft ab 2009.

2 Bestimmen Sie die Auswirkungen der Krise auf die Gesellschaften und die zukünftige Handlungsfähigkeit der Politik.

3 Erläutern und beurteilen Sie die Forderung des globalisierungskritischen Netzwerkes Attac „Wir zahlen nicht für eure Krise“.

Vom Ruin des kapitalistischen Heilsversprechens

MATERIAL 2

ZEIT-Autoren über die praktische Widerlegung einer Wirtschaftsdoktrin:

Der Markt heilt sich selbst.
Bei dem Debakel an der Wall Street sind mehr als nur Bankenimperien zusammengebrochen. Es ist ein ganzes Weltbild eingestürzt, dessen Haupt- und Kernthese lautete: Der Markt heilt sich selbst. [...] Selbst hartgesottene Wirtschaftsliberale, sogar die Banker, die mit fallenden Kursen ihre Rendite machen, [...] riefen nach dem Staat, dessen Eingriffe sie noch vor Kurzem verteufelten. [...]

Der Staat ist das Problem.
[...] Plötzlich steht er wieder hoch im Kurs. Bis vor wenigen Tagen genoss der Staat kaum noch gesellschaftlichen Kredit. Staatsverachtung war Pflicht unter Wirtschaftsliberalen und Mode unter Politikern. [...] Herablassung ist immer noch spürbar an der Art, wie die Staatsverächter dem Staat nun ihre geplatzten Milliardenschecks rüberschieben. [...] Das Unmögliche überlassen clevere Hedgefondsmanager gern dem Gemeinwesen, auf dessen Verantwortung für das Gemeinwohl sie ja auch spekuliert haben. [...]

Der Kapitalismus ist virtuell geworden.
Das war der Glaubenssatz der Achtziger- und Neunzigerjahre. [...] In endlosen Transaktionen vermehrt sich das Geld ohne den Umweg über die Ware, ohne direkte Investition. [...] Der süße Traum vom schwerelosen Kapitalismus ist geplatzt – der Traum vom somnambulen Treiben der digitalen Geldströme, die sich körperlos immer wieder selbst und ganz nebenbei noch den Reichtum der Nation vermehren. Tatsächlich existiert das Virtuelle nicht ohne das Reale. Der Finanzkapitalismus ist kein geschlossenes Universum, er schafft in der Wirklichkeit Armut im Überfluss und Elend im Reichtum. Nach dem jüngsten Zusammenbruch der virtuellen Welt sind die Menschen real arbeitslos oder müssen real ihre Häuser verkaufen. [...]

Freier Markt macht freie Bürger.
Das ist die große Lüge, die sich nach dem Ende des Staatssozialismus durchgesetzt hat. [...] Mit diesem armseligen Freiheitsbegriff, der auf bloßen kaufmännischen Maximen beruht [...], sollten wir uns begnügen? [...] Die Freiheit des Bürgers ist keine ökonomische Kategorie, sondern ein aufklärerisches Ideal. [...] Sie verhieß dem Einzelnen Selbstbestimmung, aber verpflichtete ihn auch auf das Wohlergehen aller. [...] Bürgerliche Freiheit meinte niemals nur den Bourgeois oder den Hedgefondsmanager, sondern immer den Citoyen. Marktfreiheit dagegen meinte stets die selbstzweckhafte Vergrößerung des Kapitals. Versagen oder Systemzwang? Es gibt eine dilemmatische Frage, der die Beteiligten der Krise mit Hartnäckigkeit ausweichen [...]. Hat das Individuum versagt oder das System? Wirtschaftsführer, wenn sie Massenentlassungen zu verantworten hatten, Hegdefondsmanager, wenn sie Firmen zerlegten, Spekulanten, wenn sie auf sinkende Kurse wetteten, haben sich stets damit gerechtfertigt, das System zwinge sie dazu. Sie haben damit nolens volens die marxistische These übernommen, wonach der Kapitalismus alle, auch seine Profiteure, zu ohnmächtigen Sklaven seiner Logik mache. [...] Die Sachwalter des Finanzkapitalismus stehen [...] vor einer ungemütlichen Entscheidung: Sie müssen entweder sich selbst belasten oder das System.

Schöpferische Zerstörung.
Unter all den Verheißungen, die die Mythenspirale des Kapitalismus in die Welt gesetzt hat, klang diese am verlockendsten. Sie besagt, dass der Ökonomie eine geheime Zauberkraft innewohnt, denn was der Markt heute zerstöre, werde er morgen umso prächtiger neu erbauen. Nokia geht, doch ein anderes Unternehmen kommt, und so wäre die Zerstörung des Alten die Vollzugsform der besseren Zukunft. [...] Doch wer es nicht wusste, der weiß es nun: Es gibt eine Zerstörung, die nicht schöpferisch ist, sondern nur Zerstörung.

Am Ende wird alles gut.
[...] Die Hoffnung war ja, [...] dass ein starker Kapitalismus alle Menschheitsprobleme löst, am Ende sogar unsere Umwelt rettet. Nun erweist er sich als destruktiv: Ökonomie und Ökologie könnten gleichzeitig kollabieren.

[…] Die „Erschöpfung utopischer Energien", wie Jürgen Habermas das nannte, lässt uns ratlos zurück. Der Philosoph warnte schon 1985, dass der Horizont der Zukunft sich zusammenziehe und Zukunft negativ besetzt werde, wo der Wohlfahrtsstaat in die Krise gerate, aber keine Alternative erkennbar sei. In der Formel von der Bändigung des Kapitalismus stecke schon Resignation, letztlich die Erkenntnis, dass dafür etwas völlig Neues nötig wäre: die „sozialintegrative Macht der Solidarität" müsste sich gegen die Gewalt des Geldes und die Gewalt des administrativen Staates gleichzeitig behaupten. Aber wie? Dass wir die ökonomische Misere, die eine gesellschaftliche ist, nicht kleinreden. Dass wir die Forderung nach persönlicher Freiheit wieder an die Forderung nach sozialer Gerechtigkeit knüpfen. Wenn wir mit der Marktideologie aufräumen, finden wir vielleicht sogar eine Alternative.

Aus: Pleite der letzten Utopie, in: DIE ZEIT 40/2008 vom 25. 9. 2008, Verf.: Jens Jessen, Evelyn Finger, Thomas Assheuer

MATERIAL **3**

Verfehlte Geldpolitik

Hauke Ritz (Kulturwissenschaftler und Publizist):

Während die deutsche Wirtschaft in den letzten Jahren hauptsächlich durch eine Zunahme des Exports gewachsen ist, kann in den USA umgekehrt ein sehr hoher Anteil des Wirtschaftswachstums auf eine Zunahme des Konsums zurückgeführt werden. […] Indem es zum zentralen wirtschaftspolitischen Lenkungsmechanismus wurde, durch niedrige Zinsen die Finanzmärkte ausreichend mit Geld zu versorgen [und so billige Konsumkredite zu ermöglichen], begünstigte die FED […] die Entstehung von Haussen an den Aktienmärkten. An dem Boom und späteren Kollaps der New Economy hatte die Politik der FED daher ebenso Anteil wie an der jüngsten Immobilienblase. Doch auch einem Abkühlen der Wirtschaft versuchten sowohl einst Greenspan als auch Bernanke mit der Methode der Geldvermehrung zu begegnen. Über zwei Jahrzehnte hinweg schien der Erfolg dieser Politik Recht zu geben. In der Tat wuchs die Wirtschaft in den USA über den größten Teil von Greenspans Amtszeit hinweg deutlich schneller als in Europa oder Japan.

Doch dabei wird oft vergessen, dass Wirtschaftswachstum lediglich die Zunahme finanzieller Transaktionen misst. […] Es sagt nichts darüber aus, ob diese durch Produktion, Handel, Dienstleistungen oder Spekulation zustande gekommen sind und entspricht nicht zwingend dem Zuwachs realer Werte. Im Falle einer Spekulationsblase handelt es sich um einen erwiesenermaßen fiktiven Wert, der dennoch Wirtschaftswachstum generiert. Das führt zu dem Paradox, dass eine Wirtschaft formal wachsen kann, während ihre Produktionsleistung gleichzeitig abnimmt. Dies ist in den USA […] passiert. […] Dies drückt sich in einem stetig anwachsenden Handelsbilanzdefizit aus. Das Defizit im Güterhandel betrug 2007 815 Mrd. US-$. […] So ist die Schwächung der Realwirtschaft die Schattenseite der Geldvermehrungspolitik der FED.

Doch noch weitere Faktoren zeigen die Problematik dieser Wirtschaftspolitik. Geld wird durch die Vergabe von Krediten der Notenbank an andere Banken erzeugt und in Umlauf gebracht. Stockt die Nachfrage nach Krediten, so wächst auch die Geldmenge langsamer. Die US-amerikanische Wirtschaft wurde jedoch in den zurückliegenden Jahrzehnten zunehmend abhängig von der Notwendigkeit, die Geldmenge kontinuierlich zu vermehren. Stockte die Kreditaufnahme, war man deshalb schnell bereit, die Konditionen attraktiver zu gestalten und höhere Risiken einzugehen. Dies ist der Grund, warum in den USA in den zurückliegenden Jahren regelrecht eine Kultur der Verschuldung entstanden ist. […]

Aus: Hauke Ritz, Finanzpolitische Hintergründe der aktuellen Geldpolitik, in: Hintergrund vom 5. 5. 2008 http://hintergrund.de/index.php?option=com_content&task=view&id=195&Itemid=64)

Zeichnung: Plaßmann

Resultat einer Umverteilung nach oben

MATERIAL 4

Rudolf Hickel (Direktor des Instituts Arbeit und Wirtschaft der Uni Bremen):

In den letzten Jahren hat ein gigantischer Mittelzufluss in die Kapitalsammelstellen von Investmentbanken, Hedge- und Private-Equity-Fonds mit dem Ziel stattgefunden, schnell hohe Profitraten zu erzielen. Dies ist die bittere Folge einer Umverteilung der Einkommen zugunsten der Kapitalgewinne und zulasten der Masseneinkommen. [...]

In der Bundesrepublik hat auch die rot-grüne Regierungspolitik mit ihrer neoliberalen Agenda 2010 diese Umverteilung forciert. So ist der Anteil der Arbeitseinkommen am Bruttoinlandsprodukt seit 2000 von 72,2 auf 64,6 Prozent (2007) zurückgegangen. [...] Im Widerspruch zur offiziellen Rechtfertigung ist der Gewinnvorsprung von der Unternehmenswirtschaft nicht nur in die Finanzierung von Sachinvestitionen gelenkt worden, sondern zusammen mit dem Großteil der Dividenden vor allem auf den Finanzmärkten gelandet. [...]

Derzeit beschränken sich die Analysen über die Finanzmarktkrise vor allem auf die Banken. Die Realwirtschaft wird dagegen eher als Opfer von deren Missmanagement beschrieben. Dabei sind die großen Unternehmen allemal Mitverursacher der Krise. Auch sie hatten in den letzten Jahren gigantische Gewinnzuwächse zu verzeichnen. Anstatt jedoch die Beschäftigten an den Ergebnissen ihrer Wertschöpfung angemessen zu beteiligen, speisten die Produktionsunternehmen die aus dem Ruder laufenden Finanzmärkte mit ihren Liquiditätsüberschüssen. Diese Umverteilungspolitik ist, wie sich heute zeigt [...], nicht „nur" ungerecht, sondern auch gesamtwirtschaftlich dumm. Denn die Binnenwirtschaft wurde durch einen seit Jahren nahezu stagnierenden Konsum der Privathaushalte geschwächt – mit verheerenden Folgen für die Konjunktur. [...].

Aus: Rudolf Hickel, Durch Nichtstun in die Krise, in: Blätter für deutsche und internationale Politik, Heft 12/2008, S. 8–10

1 Diskutieren Sie die in M 2 vertretene These vom „Ruin des kapitalistischen Heils-versprechens". Beziehen Sie hierbei die theoretische Grundlegung des marktwirtschaftlichen Systems (S. 88 f.) ein.

2 Arbeiten Sie die in M 3 und M 4 vertretenen Positionen zu den Ursachen der internationalen Finanzkrise heraus. Differenzieren Sie dabei nach politischen und ökonomischen Aspekten.

3 Diskutieren Sie Folgerungen, die sich aus den Analysen für die Politik ergeben.

4 Ermitteln Sie, welche politischen Konsequenzen die G20-Staaten zur Stabilisierung des internationalen Finanzsystems gezogen haben, und beurteilen Sie diese im Hinblick auf ihre Wirksamkeit.

VERWEIS

s. S. 114 f.
Folgen der Finanzkrise

WIDER DAS VERGESSEN
AKTIONSWOCHEN GEGEN
ANTISEMITISMUS
VERANSTALTUNGSREIHE VOM
23.10.-09.11.2008
NEUBRANDENBURG
Donnerstag 23.10.08 19.00 Uhr (Einlass 18.30 Uhr)
Hochschule Neubrandenburg / Kleiner Hörsaal
> Lesung "Auf einmal waren wir Judenkinder"
Mittwoch 29.10.08 19.00 Uhr
Alternatives Jugendzentrum Neubrandenburg e.V.
> Vortrag "Zur Geschichte des Antisemitismus"
Samstag 01.11.08 15.00 Uhr (Einlass 14.30 Uhr)
Gesellschaft der Liebhaber des Theaters / Oststadt
> jüdische Theatergruppe Mechaje
"Mit Liedern und Tanz für mehr Toleranz"
Mittwoch 05.11.08 19.00 Uhr
Alternatives Jugendzentrum Neubrandenburg e.V.
> Themenbezogener Filmeabend
Samstag 08.11.08 18.00 Uhr
Alternatives Jugendzentrum Neubrandenburg e.V.
> Vortrag "Antisemitismus in der DDR & heute"
Sonntag 09.11.08 11 Uhr
Alternatives Jugendzentrum Neubrandenburg e.V.
> antifaschistischer Spaziergang
(vorher Frühstück)
Eine Veranstaltungsreihe von:
- Antifaschistische Offensive Neubrandenburg
http://aonb.blogsport.de / aonb@systemausfall.org
- Infoladen ...Stunk!
http://www.ajz-nb.de / info_stunk@web.de
- Antifaschistisches Jugendbündnis Neubrandenburg

Ist die Bundesrepublik eine „Parteiendemokratie"?

(1) Die Parteien wirken bei der politischen Willensbildung des Volkes mit. Ihre Gründung ist frei. Ihre innere Ordnung muß demokratischen Grundsätzen entsprechen. Sie müssen über die Herkunft und Verwendung ihrer Mittel sowie über ihr Vermögen öffentlich Rechenschaft geben.

(2) Parteien, die nach ihren Zielen oder nach dem Verhalten ihrer Anhänger darauf ausgehen, die freiheitliche demokratische Grundordnung zu beeinträchtigen oder zu beseitigen oder den Bestand der Bundesrepublik Deutschland zu gefährden, sind verfassungswidrig. Über die Frage der Verfassungswidrigkeit entscheidet das Bundesverfassungsgericht.

(3) Das Nähere regeln Bundesgesetze.

Aus: Grundgesetz für die Bundesrepublik Deutschland, Artikel 21

1 Politik – Verdrossenheit oder Beteiligung?

Der frühere Bundespräsident Johannes Rau hat in seiner letzten „Berliner Rede" (12. Mai 2004) vor einem Vertrauensverlust in die Politik gewarnt: „Leichtfertige Prognosen, die irgendeinen Niedergang vorhersagen, wenn nicht sofort dies oder jenes geschieht, zerstören Vertrauen genauso wie Versprechen, von denen man wissen kann, dass sie nicht einzuhalten sind. Das geschieht trotz besseren Wissens immer wieder, und darum haben viele Menschen sich mittlerweile darauf eingestellt, vorsichtshalber erst einmal gar nichts mehr zu glauben."

Ein solcher Vertrauensverlust entsteht insbesondere dann, wenn man nur oberflächliche Kenntnisse vom „politischen Prozess" besitzt. Dieses Kapitel dient vor allem dazu, einen differenzierten Einblick in diesen Prozess zu vermitteln. Hierzu wird ein breites Spektrum der politischen Institutionen, ihrer Aufgaben und Probleme vorgestellt; darüber hinaus werden an konkreten Beispielen zentrale Aspekte politischer Entscheidungsprozesse untersucht.

MATERIAL 1

Politiker-Verdrossenheit

... Trifft ... / Stimmt ...	... überhaupt nicht zu	... eher nicht zu	... eher zu	... voll und ganz zu
in % Politiker umgehen die bestehenden Grenzen, wenn es um ihre eigenen Vorteile geht.	1,2	9,1	35.6	54,1
Politiker nehmen sich mehr Rechte heraus als normale Bürger.	1,6	7,9	29,7	60,7
Die demokratischen Parteien zerreden alles und lösen die Probleme nicht.	1,9	8,7	31,4	58,0
Die Demokratie in Deutschland führt eher zu faulen Kompromissen als zu sachgerechten Entscheidungen.	2,7	13,1	35,0	49,2
Letztendlich entscheidet die Wirtschaft in unserem Land und nicht die Politik.	3,5	15,0	35,5	46,0
Politiker sollten auch schon bei kleinen Verstößen gegen demokratische Prinzipien zur Verantwortung gezogen werden.	0,4	5,9	23,7	70,0

Quelle: FR, 3.2.2004

L&P / 3751

Politikverdrossenheit oder Politikerverdrossenheit?

MATERIAL **2**

Interview mit dem Historiker Christoph Stölzl, Mitglied im CDU-Bundesvorstand (2004)

Frankfurter Rundschau: *Das Problem Politikverdrossenheit ist nicht neu. Hat es nicht dennoch derzeit eine neue Dimension?*

Christoph Stölzl: Nein. Wenn man die Geschichte der Bundesrepublik anschaut, dann hat es überwältigendes Einverständnis mit den handelnden Personen immer nur in dramatischen Krisenzeiten des Landes gegeben. Da gab es in Adenauers Zeiten die Rückkehr der Deutschen in die westliche Staatengemeinschaft. Das war eine sehr große Frage mit einer klaren, einfachen Antwort. Dass auch in der Zeit der Wiedervereinigung 1989/90 die Zustimmung groß war, ist auch kein Wunder. Aber das ist nicht der Normalfall in der Demokratie. Golo Mann hat etwas Schönes dazu gesagt: „Die Deutschen wollen eine Regierung, die sie nachts gut schlafen lässt.“ Jetzt sind wir in der schwierigen Ebene des Umbaus eines Sozialstaates, der lange Zeit sehr gut funktioniert hat. Da geht es um sehr viel Kleingedrucktes und sehr viel Versicherungsmathematik, die eigentlich das Gebiet von Spezialisten sind.

Aber was macht Politik falsch, dass sie einen solch dramatischen Ansehens- und Vertrauensverlust verzeichnet?

Regierungen, die so inkonsequent handeln wie die jetzige Bundesregierung, stimulieren natürlich grundsätzliche Zweifel an der Handlungsfähigkeit von Politik. Aber dass Bürger unzufrieden sind mit einer Regierung, ist das Spiel das Demokratie.

Aber auch der Opposition trauen die Bürger nicht die Lösung der Probleme zu. Gibt es nicht einen allgemeinen Verlust an Ansehen?

Ich denke, dass das ganze Bündel von Veränderungszwängen, das zurzeit auf dem Tisch aller Politiker liegt, so kompliziert ist, dass die politisch Verantwortlichen, sowohl in Regierung als auch in Opposition, noch sehr viel mehr zur Verständigung über die Probleme beitragen müssen.

Also auch ein Vermittlungsproblem?

Natürlich. In diesem hektischen Karussell von Vorschlägen, Beschlüssen, halb gemachten Gesetzen, zurückgenommenen Beschlüssen werden die Bürger ganz konfus. Die öffentliche Meinung ändert sich immer sehr viel langsamer als das Expertenwissen der Multiplikatoren und der Medien. Aber der Bürger wird kein politischer Redakteur. Zurzeit gibt es enorme Verständnisbarrieren zwischen den Experten und den ganz normalen Leuten.

Welche Rolle spielen die Medien dabei?

Zurzeit werden auch durch die ungeheure Medienkonkurrenz ganz normale politische Entscheidungs- oder Meinungsfindungsprozesse, in denen sehr viele Leute mitreden müssen, manchmal zur Kakophonie hochgeschrieben. Das verstärkt sicher den Verdruss.

Aus: Frankfurter Rundschau vom 3. 2. 2004, S. 2.

Karikatur von Gerhard Mester

1 Führen Sie in Ihrem Kurs oder Ihrer Jahrgangsstufe eine M 1 entsprechende Umfrage zur Politikverdrossenheit durch und vergleichen Sie Ihre Ergebnisse mit den in der Grafik dargestellten.

2 Wie erklärt und bewertet der CDU-Kulturpolitiker Stölzl die Politikverdrossenheit? Fertigen Sie hierzu ein Schaubild an, in dem einzelne Faktoren von Politikverdrossenheit gewichtet werden.

3 Diskutieren Sie: Welche weiteren Gründe könnten Politikverdrosssenheit auslösen?

MATERIAL 3

Gesellschaftliche und politische Beteiligung

Im Jugendsurvey [des deutschen Jugendinstituts, d. Red.] werden drei Formen von politisch-gesellschaftlicher Beteiligung unterschieden:

- Mitgliedschaft und Aktivität in traditionellen Verbänden, Vereinen und Organisationen
- Einstellungen gegenüber und Partizipation bei informellen Gruppierungen
- Bereitschaft und Handeln bei punktuellen Aktionen politischer Artikulation

Mehr als die Hälfte der Befragten ist in mindestens einem Verein oder Verband als Mitglied aktiv

Einen Gesamteindruck zur Mitgliedschaftsentwicklung vermittelt der Anteil derjenigen, die in mindestens einer der angegebenen Organisationen Mitglied sind: Nach dem Rückgang vom Jahre 1992 (58 %) auf fünf Jahre später (49 %) sind nunmehr 57 % bei den 16- bis 29-Jährigen zu verzeichnen. Ähnlich die Entwicklung bei der aktiven Mitgliedschaft (mit aktiver Mitgliedschaft ist hier entweder die Übernahme eines Amtes/einer Funktion oder die regelmäßige bzw. gelegentliche Teilnahme an den Verbands- und Vereinsaktivitäten gemeint): von 51 % auf 44 % zu wieder 51 %. Die Mitgliedschafts- und Aktivitätsquote in den neuen Bundesländern ist weiterhin um rund 20 % niedriger als in den alten.

Die Entwicklung der gesellschaftlichen und politischen Beteiligung von Jugendlichen und jungen Erwachsenen ist vielfältig und differenziert. Die aktive Betätigung in traditionellen gesellschaftlichen Organisationen nimmt zwar teilweise ab (Gewerkschaften, Parteien), ist teilweise aber auch steigend (Lokales). Teilweise erreicht sie nach einem zwischenzeitlichen Absinken wieder das Ausgangsniveau. Von einer zunehmenden Tendenz zur Beteiligungsverweigerung junger Menschen kann also keine Rede sein.

Informelle Gruppierungen werden positiv bewertet und mobilisieren ein Fünftel der jungen Menschen

Den sogenannten „Neuen Sozialen Bewegungen" wird von jungen Menschen – in den alten wie neuen Bundesländern gleichermaßen – sehr viel Sympathie entgegengebracht. Dabei liegen die Umweltschutzgruppen, Friedensinitiativen und Menschenrechtsgruppen mit jeweils über vier Fünftel, Dritte-Welt-Initiativen und Selbsthilfegruppen mit jeweils über zwei Drittel positiver Bewertungen auf den ersten Rangplätzen. Aktiv in mindestens einer der angeführten Gruppierungen sind etwa ein Fünftel der 16- bis 29-Jährigen. [...]

Die Beteiligung an Wahlen steht mit Abstand zu allen drei Erhebungszeitpunkten an erster Stelle der in Betracht gezogenen Partizipationsformen. Im Bereich konventioneller Politik wird von nahezu allen jungen Menschen das Wählen als die wichtigste und selbstverständlichste Form politischer Einflussnahme angesehen. Briefe oder Mails an Politiker oder Medien gehören nur für etwa ein Drittel zum denkbaren politischen Verhaltensrepertoire. Die Bereitschaft zu politisch motivierten Geldspenden ist rückläufig, was vielleicht weniger mit politischen Einstellungen als mit finanziellen Erwägungen zu tun hat.

www.dji.de/ (Zugriff 10/2009)

MATERIAL 4

Jugendliche stehen auf Politik – nicht auf Parteien

Generation null Bock – das stimmt so nicht. Die Anzahl der Bewerber für ein Freiwilliges Soziales Jahr in der Politik übertrifft deutlich die der Plätze. Vor allem im Internet debattieren Jugendliche, organisieren Proteste und Aktionen. Doch auf Engagement in den Volksparteien haben nur wenige Lust.

Auf einem Schreibtisch müssen Fotos stehen, das hat Conrad sofort begriffen. Drei Bilderrahmen hat der 17-Jährige in seinem Büro im Landtag von Sachsen-Anhalt aufgestellt. Ganz rechts steht ein Rahmen, aus dem verträumt eine hinreißende Dame blickt. „Ich finde sie einfach toll und wollte sie bei mir haben", sagt Conrad verschämt. Es ist die Popsängerin Nelly Furtado.

Landtagsabgeordnete müssten den Spott der Kollegen fürchten, würden sie Ehefrauen und Kinder der Konkurrenz eines Popidols aussetzen. Conrad aber darf das. Eigentlich wird von ihm sogar erwartet, dass er im Landtag in Magdeburg für Überraschungen sorgt. Ein Jahr lang absolviert er dort ein Freiwilliges Soziales Jahr (FSJ) in der Politik. Das Parlament ist seit September an fünf Tagen die Woche für 40 Stunden sein Arbeitsplatz, die Fraktion der Linken sein Arbeitsumfeld.

Conrad Hacker ist einer von 25 Jugendlichen im FSJ, die sich in Sachsen-Anhalt in Stiftungen, Gedenkstätten, in Stadt- und Landkreisverwaltungen, Kommunalverbänden, bei Jugendeinrichtungen oder bei den Fraktionen des Landtags engagieren. Der Andrang auf die wenigen Plätze war groß, weit über hundert junge Leute hatten sich beworben.

Der Erfolg der Initiative ist ein Gradmesser dafür, wie wichtig politisch soziales Engagement Jugendlichen ist. Ihr Einsatz widerspricht denen, die von der Jugend als einem desinteressierten, hedonistischen Haufen reden. Wer so spricht, sollte genauer hinsehen. Traditionell wird politisches Engagement Jugendlicher gemessen, indem man ihre Zahl in Parteien, Verbänden, in Gewerkschaften und anderen althergebrachten Organisationen bewertet. Mit diesen Institutionen haben viele Jugendliche freilich Probleme. In den Volksparteien sind nur sechs Prozent der Mitglieder unter 30 Jahre.

Gleichzeitig verzeichneten aber Heimat- und Bürgervereine einen enormen Zuwachs an engagierten jungen Mitgliedern. „Die heutigen Jugendlichen sind politisch wach und setzen sich ein, sobald sie eine Gelegenheit sehen, sich einzumischen und etwas zu bewegen", sagt der Jugendforscher Wolfgang Gaiser vom Deutschen Jugendinstitut in München. NGOs, Umweltorganisationen, Bürgerinitiativen und ähnliche Bewegungen einer „Demokratie von unten" genießen bei den Jugendlichen steigendes Ansehen. Das dokumentiert auch die jüngste Shell-Jugendstudie. 33 Prozent der Jugendlichen gaben darin an, „oft", und weitere 42 Prozent, „gelegentlich" für soziale oder gesellschaftliche Zwecke in ihrer Freizeit aktiv zu sein.

[...]

Das Internet hat eine ausgeprägte Debattenkultur hervorgebracht, an der auch Leute teilnehmen, die nie eine Podiumsdiskussion besuchen würden. Für sie ist auch das gemeinsame Versenden einer Protestmail konzertierte Aktion und politische Handlung. „Um die Politisierung richtig einschätzen zu können, müssen wir einen erweiterten Politikbegriff anwenden", sagt deshalb Wolfgang Gaiser.

[...] Viele drücken auch durch ihr Konsumverhalten bewusst eine politische Haltung aus. Der Begriff dafür lautet: Boykott. Bestimmte Waren aus bestimmten Ländern oder von bestimmten Firmen werden bewusst nicht gekauft. „Ihren Konsum verstehen junge Menschen als politische Handlung", so Gaiser.

[...] Die Berührungsängste, die Conrad am Anfang gegenüber „denen da oben" spürte, sind inzwischen verschwunden. Leise, aber mit gestrecktem Rücken geht er durch das Hohe Haus am Magdeburger Domplatz. Viele Abgeordnete duzen ihn – er duzt zurück. An der Wand hinter seinem Schreibtisch hat Conrad vor ein paar Tagen ein Wappen aufgehängt. „Köln 2009" steht darüber. Im Sommer wird er ins Rheinland ziehen, um eine Lehre als Bürokaufmann zu beginnen – beim Müllsammler „Grüner Punkt". Conrad ist zufrieden, denn: „Es ist doch immerhin etwas halbwegs Politisches."

Aus: Die Welt, 9. 2. 2009, Thomas Vitzthum

1 Erarbeiten Sie die Materialien 3 und 4 und interpretieren Sie auf deren Grundlage die Karikatur auf S. 227.

2 Führen Sie eine kleine Umfrage zu politischem/gesellschaftlichem Engagement in Ihrem Kurs bzw. Ihrer Jahrgangsstufe durch und vergleichen Sie die Ergebnisse mit den Materialien dieser Seite.

MATERIAL 6 Gespräch mit Jugendlichen

Journalist: *Ihr beide könnt dieses Jahr zum ersten Mal wählen. Ist das für euch etwas Besonderes?*

Jana-Sophie (18): Eigentlich schon, ich kann jetzt mitbestimmen, meine Meinung äußern und mitentscheiden. Z.B. welche Partei ans Ruder kommt, wie es mit der Bundeswehr weitergeht oder ob Stammzellenforschung betrieben werden darf.

Tom (18): Mitbestimmen und mitentscheiden, wer ans Ruder kommt, hört sich ganz gut an. Glaube mir, es läuft aber anders. Bilde dir ja nicht ein, dass die Politiker das tun, was sie dir im Wahlkampf versprechen. Das Mauscheln beginnt gleich nach der Wahl.

Susanne (20): Habe ich auch schon gemerkt. Ich bin gegen manches, was die in Berlin entscheiden, und hätte oft anders entschieden.

Jens (20): Es ist eigentlich seltsam. So viele denken wie du. Dabei heißt es immer „Herrschaft des Volkes“ oder „Volkssouveränität“. In Wirklichkeit entscheiden die da oben, wie es ihnen gerade einfällt.

Susanne: Von den Politikern meinen es nur wenige ernst und sind echte Volksvertreter. Den meisten sind die Bürger ziemlich schnuppe. Ihnen geht es ums Geld und vor allem um Macht.

Journalist: *Wie sollte denn ein echter Volksvertreter sein?*

Jana-Sophie: Vor allem ehrlich und das tun, was seine Wähler wollen.

Jens: Okay, einverstanden, er sollte aber auch Stehvermögen und Prinzipien haben. Kein so ein Fraktions- oder Parteiheini, der immer nach der Pfeife der Oberen tanzt.

Susanne: Das ist alles recht und gut, genügt mir aber nicht. Ich will, dass man selber etwas bewegen kann.

Jens: Wählen bringt nicht viel, Demos stärken nur dein Ego, sind aber Eintagsfliegen. Bleibt nur, selbst Politiker werden.

Journalist: *Hast du daran gedacht, in eine Partei zu gehen oder vielleicht erst einmal zu den Jusos oder zur Jungen Union?*

Jana-Sophie: Ja, dann bist du aber gebunden und nicht mehr richtig frei. Ich denke dabei immer gleich an das Gerede von Geschlossenheit und Parteidisziplin. Ich glaube, ich bin nicht der Typ.

Jens: Ich sehe das nicht so negativ, wenn du dich wirklich engagierst und aktiv mitarbeitest, kannst du mitmischen und schon nach oben kommen. Zugegeben, du brauchst Geduld und Sitzfleisch. Ich glaube, einer hat mal gesagt, Politik ist wie das Bohren dicker Bretter.

Susanne: Also ehrlich, du kannst ja nicht von jedem so eine Ochsentour verlangen. Dazu haben viele keinen Bock. Du bekommst dabei ja graue Haare. Ich finde, bei wichtigen Entscheidungen, die das ganze Volk betreffen, soll man eh das Volk fragen. Wir haben doch auch neulich über den Bau des Parkhauses in der Innenstadt abgestimmt.

Tom: Richtig, die Schweizer können es doch auch. Wir sollten nicht nur Schweizer Schokolade essen, sondern auch deren Volksbegehren und Volksentscheid übernehmen. Die haben doch eine richtige Demokratie und sind ganz gut damit gefahren.

Autorentext, zusammengestellt nach Gesprächen mit Schülerinnen und Schülern der 12. und 13. Klasse

1 Fassen Sie die einzelnen Aussagen in M 6 zu thematischen Gruppen zusammen. Diskutieren Sie, inwiefern diese Aussagen repräsentativ sind für Ihre Altersgruppe.

2 Klären Sie die fett gedruckten Begriffe in M 7. Recherchieren Sie aktuelle Beispiele für die in M 7 genannten Beteiligungsrechte.

3 Entwerfen Sie nach M 7 ein Schaubild zu einem Volksbegehren bzw. Volksentscheid, das eine Veränderung der Verfassung zum Ziel hat.

4 Welche Themen können Gegenstand einer Abstimmung sein, welche nicht?

5 Erkundigen Sie sich nach dem Stand der Debatte.

MATERIAL 7

SPD fordert Ausbau der Beteiligungsrechte der Bürgerinnen und Bürger auf Bundesebene

Wir halten an der bewährten Grundentscheidung unserer Verfassung für die parlamentarisch-repräsentative Demokratie fest, [...] in der die gewählten Abgeordneten des Bundestages – ggf. zusammen mit dem Bundesrat als Länderkammer – die Verantwortung für die Entscheidung über Gesetze oder andere politische Fragen tragen. [...]

Die vorgeschlagenen neuen Beteiligungsrechte ergänzen das parlamentarisch-repräsentative System, [...] können und sollen es jedoch nicht ersetzen. Deshalb gilt: Initiativen und Entscheidungen aufgrund dieser verstärkten unmittelbaren Beteiligungsrechte müssen sich ebenso wie parlamentarische Initiativen und Entscheidungen an den Grundrechten, den unveränderlichen Grundentscheidungen unserer Verfassung [...] ausrichten und unterliegen der Kontrolle durch das Bundesverfassungsgericht. [...]

Wir lehnen die Einführung von bloßen Volksbefragungen ebenso ab wie die Volkswahl von Personen, etwa die des Bundespräsidenten oder des Bundeskanzlers. Die neuen Beteiligungsrechte sollen den Bürgerinnen und Bürgern neue Möglichkeiten zur Mitentscheidung von Sachfragen einräumen; die Initiative dazu soll aus der Mitte der Bevölkerung kommen, wenn dafür ein Bedürfnis oder Interesse besteht. [...]

Die SPD schlägt vor, den Bürgerinnen und Bürgern mit dem neuen Beteiligungsrecht der **Volksinitiative** das Recht zu geben [...] selbst unmittelbar Gesetzesanträge und Anträge zu politischen Fragen in den Bundestag einzubringen. Nach unserem geltenden Verfassungsrecht behandelt und entscheidet der Deutsche Bundestag heute Anträge und Gesetzentwürfe nur dann, wenn sie durch Bundesregierung, Bundesrat oder aus der Mitte des Deutschen Bundestages vorgelegt werden. [...]

Der Inhalt des Antrags bzw. des Gesetzesantrags muss mit dem Grundgesetz vereinbar sein. Die Volksinitiative darf nicht auf die Wahl/Abwahl von Personen, Wahlen oder Wahltermine oder auf die Veränderung von Finanz-, Steuer- oder Besoldungsregelungen gerichtet sein. Haushaltsrelevante Begehren müssen mit Deckungsvorschlägen versehen werden [...]

Die Zulässigkeit der Volksinitiative ist an ein Quorum von 1 % der wahlberechtigten Bürgerinnen und Bürger [...] gebunden, die aus mindestens der Hälfte der Bundesländer stammen müssen. [...] Die SPD schlägt die Einführung von Volksbegehren und **Volksentscheid** als Instrumente vor, die von der Einführung der Volksinitiative unabhängig initiiert werden können, um den Bürgerinnen und Bürgern unmittelbar mehr verantwortliche Mitentscheidungsrechte in wichtigen Sach- und Grundsatzfragen einzuräumen [...]

Gegenstand des Volksbegehrens ist ein Gesetzesantrag. Er muss mit dem Grundgesetz vereinbar sein.

Das Volksbegehren darf nicht auf die Wahl/Abwahl von Personen, Wahlen oder Wahltermine oder auf die Veränderung von Finanz-, Steuer- oder Besoldungsregelungen gerichtet sein, haushaltsrelevante Begehren müssen mit Deckungsvorschlägen versehen sein. [...]

Quorum: 5 % der Wahlberechtigten, das sind circa 3,04 Millionen Wahlberechtigte, wobei mindestens 2/3 der Bundesländer entsprechend ihrem Anteil an der wahlberechtigten Bevölkerung vertreten sein müssen. [...] Die Unterschriften müssen innerhalb eines Zeitraums von einem Jahr zusammengetragen [...] werden [...]

Gegenstand des **Volksentscheids** ist der durch Volksbegehren initiierte Gesetzentwurf. [...] Die SPD schlägt vor, die Verhandlungen auf der Grundlage eines Beteiligungsquorums von mindestens 20 % der Wahlberechtigten (Volksentscheid bei Gesetzesänderungen) bzw. 40 % der Wahlberechtigten (Volksentscheid über zulässige Verfassungsänderungen) aus mindestens 2/3 der Länder zu beginnen. [...] Die Verkündung des per erfolgreichem Volksentscheid beschlossenen Gesetzes geschieht entsprechend den Vorschriften über die Verkündung parlamentarisch beschlossener Bundesgesetze.

Aus: SPD-Pressemitteilung 108/01 vom 22. 3. 2001: Beschluss des SPD-Parteivorstands vom 19.3. 2001

MATERIAL 8 Mehr Demokratie: Volksentscheide mindern Demokratiefrust

Die Bundesbürger sind unzufrieden mit der Ausgestaltung der Demokratie im eigenen Land. Das ergab der Datenreport 2008, in den über längere Zeiträume erhobene Ergebnisse des Statistischen Bundesamtes und sozialwissenschaftlicher Forschungseinrichtungen einfließen. Zwar sehen 89 Prozent der Westdeutschen und 63 Prozent der Ostdeutschen die Demokratie als die beste Staatsform an. Das tatsächliche Funktionieren der Demokratie in Deutschland sehen die Bundesbürger allerdings kritisch. Die 2005 gemessenen Werte von 5,2 in West- und 3,9 in Ostdeutschland bezeichnen die Herausgeber des Reports als besorgniserregend niedrig. Auch der nach Bundestagswahlen übliche Anstieg der Zufriedenheit sei nach 2005 ausgeblieben.

„Der Report bestätigt, was wir schon lange vermutet haben“, sagt Gerald Häfner, Vorstandssprecher des Vereins Mehr Demokratie. „Ein beträchtlicher Teil der Bürger fühlt sich angesichts der in Deutschland herrschenden Zuschauerdemokratie frustriert.“

Der Ärger über die demokratische Praxis ist laut Datenreport sogar noch größer als der über das seit Jahren nicht gestiegene Haushaltseinkommen und die wachsende Kluft zwischen Armen und Reichen.

Besonders unzufrieden sind Arbeitslose sowie Personen mit geringem Einkommen und Bildungsgrad. Diese Tatsache sei vor allem auch auf ein Gefühl der Machtlosigkeit zurückzuführen, sagt Häfner. „Gerade Menschen in prekären Lebensumständen haben die Wahrnehmung, dass die Politik gegen die Dominanz der Wirtschaft nichts ausrichtet und insofern auch ihre Interessen nicht vertritt. Die Finanzkrise dürfte dieses Ohnmachtsgefühl noch verstärken.“

Die Demokratieverdrossenheit werde erst dann abnehmen, wenn politische Entscheidungen wieder näher bei den Menschen getroffen werden, so Häfner. „Die Bürger fühlen sich von den Politikern nicht ausreichend gut vertreten. Deshalb macht es Sinn, ihnen durch die direkte Demokratie Instrumente in die Hand zu geben, mit denen sie in politischen Sachfragen selbst aktiv werden können.“

In Gemeinden und Ländern ist die direkte Mitbestimmung über Bürger- und Volksbegehren bereits möglich. „Und dort, wo die Verfahren fair ausgestaltet sind, etwa in Berlin, boomt die direkte Demokratie“, sagt Häfner. Die Bürger auf Kommunal- und Landesebene einzubeziehen ist zwar wichtig, genügt aber nach Ansicht des Vereins nicht. „Gerade bei großen Themen wie sozialer Gerechtigkeit, ökologischen Fragen oder einem gerechten Steuersystem sollten die Bürger etwas mitzureden haben.“ Mehr Demokratie fordert deshalb die Einführung von Volksbegehren und Volksentscheiden auch auf Bundesebene und wird 2009 eine bundesweite Kampagne zu diesem Thema starten.

Anne Dänner, in: www.mehr-demokratie.de/752.html?&tx_ttnews[tt_news]=4637&tx_ttnews[backPid]=275&cHash=cc78d36c31 (Zugriff 23. 11. 2008)

Argumente: Pro und kontra Volksbegehren

MATERIAL 9

Von direkter Demokratie profitiert nur der politisch Informierte, der sich mobilisieren lässt.

Bestimmte Bevölkerungsgruppen könnten mithilfe direktdemokratischer Instrumente politische Probleme auf andere Bevölkerungsgruppen abwälzen.

Unsere parlamentarische Demokratie ist durch das Mandat auf Zeit gekennzeichnet. Politiker werden gewählt in Verantwortung vor dem Volk und für das Volk. Sie sind Teil unserer Eliten und können über Gesetze und Verordnungen effektiv und kompetent entscheiden. Sie ergreifen unter Umständen auch unpopuläre Maßnahmen, die sie im Interesse der Allgemeinheit für notwendig halten.

Die Bürger sollen auch außerhalb von Wahlen beteiligt werden, damit sie Verantwortung für das Gemeinwesen übernehmen. Dadurch wird Politikverdrossenheit bekämpft.

Direkte Demokratie ist nur sinnvoll durchführbar, wenn sich die Entscheidungsfragen auf ein Ja oder Nein vereinfachen lassen. Dies ist aber bei den meisten politischen Problemen nicht möglich. Politische Probleme sind vielschichtig und erfordern abgewogene Entscheidungen.

Möglichst viele Bürger sollten an der Bildung des Staatswillens teilhaben können, denn dies verleiht politischem Handeln eine höhere Legitimation.

Meinungsumfragen offenbaren den geringen Kenntnisstand der Bevölkerung in politischen Fragen. Nur 50 Prozent bezeichnen sich selbst als politikinteressiert.

In einer direkten Demokratie haben Demagogen leichtes Spiel, zumal dann, wenn sie die „Klaviatur der Medien“ beherrschen.

Unangenehme, aber wirklich notwendige Gesetze sind in einer direkten Demokratie schwer durchsetzbar.

Direkte Demokratie schwächt das Ansehen und die Funktionsfähigkeit der Parlamente. Sie befördert die „Stimmungsdemokratie“.

Direkte Demokratie stärkt die Staatsorgane, denn diese werden auf mehr Volksnähe bedacht sein. Parteien und Interessengruppen werden nicht übermächtig, weil das Volk mit dem Instrumentarium der direkten Demokratie ein „Sicherheitsventil“ hat.

Direktdemokratische Beteiligungsrechte sind transparent. Sie führen zu hoher Akzeptanz und lösen Konflikte dauerhaft.

Direktdemokratischen Beteiligungsrechten fehlt die parlamentarische Auseinandersetzung und Kompromissfindung. Das führt zu Entscheidungen ohne Verantwortung und Fachwissen, zu schlechten Gesetzen. Die Stimmbürger sind keiner öffentlichen Kontrolle und Kritik ausgesetzt.

1 Stellen Sie die Pro- und Kontra-Argumente in einer Tabelle einander gegenüber (Stichworte). Finden Sie weitere Argumente.

2 Diskutieren Sie, wie durch die Einführung direktdemokratischer Beteiligungsrechte die Demokratie in Deutschland verändert werden könnte.

3 Führen Sie eine Pro- und Kontra-Diskussion „Direkte Demokratie ins Grundgesetz?“ durch.

2 Freiheit? Gleichheit? Soziale Gerechtigkeit? – Positionen der Demokratietheorie

„... that the government of the people, by the people, for the people shall not perish form the earth."

Abraham Lincoln: Gettysburg Address (1863)

Mit dieser knappen Formulierung hat der amerikanische Präsident Lincoln eine der berühmtesten Definitionen von Demokratie gegeben. Der Begriff Demokratie leitet sich von *demos* (griech.; Volk) und *kratein* (griech.; herrschen) ab und wird üblicherweise mit Volksherrschaft übersetzt. In Lincolns Demokratie-Formel fällt zunächst der dreimalige Gebrauch des Wortes people auf. Das englische Wort the people ist ein Plural und deutet auf eine Vielzahl von Einzel- oder Gruppenwillen hin, die zu einem politischen Willen geformt werden. Mit den Präpositionen *of, by, for* werden jeweils bestimmte Wesensmerkmale einer demokratischen Willensbildung angesprochen. Das *of* macht deutlich, dass der politische Wille sich durch den Willen aller Staatsangehörigen legitimieren muss (Volkssouveränität). Das *by* rückt die Frage nach der politischen Beteiligung der Bürgerinnen und Bürger ins Blickfeld (Partizipation). Und das *for* besagt, dass politische Entscheidungen stets im Interesse der Bürger erfolgen sollen.

Die Demokratie-Formel Lincolns ist nicht unumstritten, weil sie unterschiedliche Deutungen zulässt: Wie weit soll die politische Partizipation der Bürger gehen? Was sind die Interessen der Bürger und wie werden sie definiert? Solche Streitfragen beherrschten schon die Philosophie der Aufklärung, mit der die Diskussion um die moderne Demokratie begann. Die Gegenpole in dieser Diskussion bilden der Engländer John Locke (1634–1704) und der Franzose Jean-Jacques Rousseau (1712–1787). Die auf ihre Lehren zurückgehenden Demokratietheorien wurden von Wissenschaftlern später als Konkurrenz- bzw. als Identitätstheorie bezeichnet.

Rousseau entwirft in seiner Schrift *Contrat Social* (Gesellschaftsvertrag) das Modell einer herrschaftsfreien Gesellschaft, in der die Bürger an der Gesetzgebung beteiligt sind. Er will die Identität von Regierenden und Regierten und lehnt deshalb die Übertragung von Herrschaftsbefugnissen und die Gewaltenteilung als zeitweise bzw. teilweise Aufgabe der Souveränitätsrechte des Volkes ab. Nur der den Gesetzen unterworfene Bürger, der zugleich sein eigener Gesetzgeber ist, sei, weil er sich selbst gehorche, frei und nicht fremdbestimmt.
Aber gibt es nicht auch bei Volksabstimmungen eine siegreiche Mehrheit und eine unterlegene Minderheit? Muss der Mehrheitsbeschluss nicht auch die Minderheit binden? Für Rousseau sind solche Fragen falsch gestellt, denn er geht von einem allgemeinen, d.h. einheitlichen Volkswillen aus, den er *volonté générale* nennt. Dieser kristallisiere sich in der Diskussion aus den in einem intakten Gemeinwesen insgesamt nur wenig voneinander abweichenden Einzelwillen **(volontés particulières)** heraus und stimme mit den von egoistischen Bestrebungen geläuterten Einzelwillen überein. Die *volonté générale* sei Ausdruck eines für alle Bürgerinnen und Bürger vorgegebenen und von diesen durch Vernunft erkennbaren Gemeinwohls.

Rousseau grenzt den allgemeinen Willen gegenüber dem Gesamtwillen, der *volonté de tous*, ab. Dieser drücke die von Parteien oder Interessenverbänden zu einem Mehrheitswillen geformten egoistischen Einzelinteressen aus. Als Wille einzelner Bevölkerungsgruppen führe er zu einer Tyrannei der Mehrheit, bedrohe die Freiheit eines Teiles der Bürger und gefährde damit die Einheit des Staates sowie dessen Existenz. Deshalb seien Parteien und Interessenverbände abzulehnen. Rousseaus Modell liegt die Vorstellung einer homogenen, sozial weithin egalisierten und ideologisch konformen Gesellschaft zugrunde.
Für John Locke besteht der Zweck des Staates darin, die unveräußerlichen und unantastbaren natürlichen Rechte der Menschen auf Leben,

Freiheit und Eigentum zu sichern. Die Bürger seien durch gewählte Repräsentanten an der Gesetzgebung zu beteiligen, die sich damit als Ausdruck des Volkswillens legitimiere. Mehrheitsbeschlüsse seien auch für die unterlegene Minderheit verbindlich, jedoch nur dann, wenn sie mit dem Naturrecht im Einklang sind. Zur Vermeidung von Machtmissbrauch solle die Staatsgewalt aufgeteilt werden (Gewaltenteilung). Gegen tyrannische, die natürlichen Rechte der Menschen missachtende Regierungen gebe es ein Recht auf Widerstand.

Die oft nur umrisshaft angedeutete Lehre Lockes wurde später von anderen Staatstheoretikern weiterentwickelt, zuletzt maßgeblich durch Ernst Fraenkel (1898–1975) in seiner Theorie der pluralistischen Demokratie. Wie ihr Name schon andeutet, geht sie davon aus, dass die hoch differenzierten modernen Gesellschaften durch eine Vielzahl unterschiedlicher, teilweise miteinander konkurrierender sozialer Interessen und Meinungen gekennzeichnet sind. Gewählte, weisungsunabhängige Repräsentanten des Volkes müssten sich im Interesse des sozialen Friedens und der politischen Stabilität, also des Gemeinwohls, um deren Ausgleich bemühen.

Fraenkel bezeichnet dieses durch Verhandlungen und Kompromiss gewissermaßen im Nachhinein zustande gekommene Gemeinwohl als Gemeinwohl a posteriori. Er grenzt sich damit von Rousseaus Vorstellung eines für alle Bürger vorgegebenen Gemeinwohls (Gemeinwohl a priori) ab. Dessen Gemeinwohlvorstellung könne zusammen mit seiner Ablehnung des gesellschaftlichen Pluralismus und des Mehrheitsprinzips zur Rechtfertigung einer Erziehungsdiktatur missbraucht werden. Denn Einzelne („Führer befiehl, wir folgen dir!") oder eine Partei („die Partei hat immer Recht!") könnten für sich eine höhere Einsicht beanspruchen und dem Volk den wahren Weg zu einem vorgegebenen Endziel weisen wollen. Von Locke, der dem Staat nur Schutzfunktionen zubilligte (Trennung von Staat und Gesellschaft), unterscheidet sich Fraenkel durch sein Verständnis eines gestaltenden Staates, der von einem breiten politischen Engagement seiner Bürger getragen sein müsse. Demokratisch verfasste Parteien und Interessenverbände gelten ihm als wichtigste Stätten der Partizipation, da nur organisierte Interessen Chancen auf politisches Gehör hätten. Direktdemokratische Formen der politischen Beteiligung schließt Fraenkel aber nicht grundsätzlich aus. Nach Fraenkel ist die Kernfrage der Demokratietheorie: Wie muss ein politisches System gestaltet sein, um ein Optimum an Freiheit und sozialer Gerechtigkeit zu ermöglichen?
Kritiker bemängeln an dieser Position, dass die unterschiedlichen Voraussetzungen und das unterschiedliche Gewicht der pluralistischen Kräfte in diesem Modell nicht ausreichend berücksichtig würden. Bestimmte Gruppen, etwa Behinderte oder Kranke, seien unzureichend informiert und viel schwerer zu organisieren als andere, z. B. die Pharmaindustrie. Es gebe deshalb keinen Grund davon auszugehen, dass das Ergebnis des politischen Prozesses als Gemeinwohl bezeichnet werden könne.

METHODE

Gedankenspiel – Was verbinden Sie mit dem Begriff „Demokratie“?

1. Jedes Kursmitglied schreibt spontan für sich zehn Stichworte auf, die es mit dem Begriff „Demokratie“ inhaltlich verbindet.

2. Der Kurs bildet je nach Größe bis zu vier Teilgruppen. Jede Gruppe einigt sich aus den vorliegenden Stichworten auf die für sie zehn wichtigsten und bringt sie je nach Bedeutsamkeit (am besten auf einer Overheadfolie) in eine Rangfolge beginnend mit dem wichtigsten Stichwort.

3. Die Ergebnisse werden dem Kurs vorgestellt, Auswahl und Rangfolge begründet. Ggf. nimmt der Kurs bei Abweichungen der Gruppenergebnisse aus diesen eine eigene Auswahl vor und ordnet diese nach Bedeutung.

4. Daran kann sich die Erörterung einzelner Stichworte anschließen (Wunsch oder Realität in Deutschland; positiv oder negativ?). Interessant wäre auch eine Diskussion der Frage, ob unter anderen historisch-politischen Bedingungen (Drittes Reich, DDR) oder in anderen Ländern (z. B. USA, Schweiz) andere Ergebnisse herausgekommen wären.

MATERIAL 1

Demokratietheorie – grafisch vereinfacht

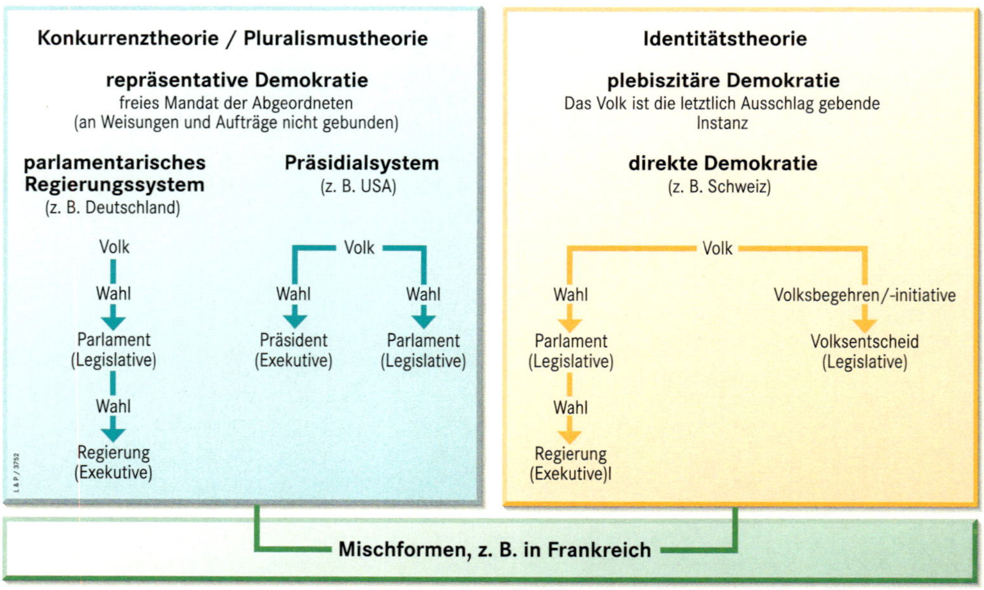

1 Beschreiben Sie die Merkmale der einzelnen politischen Systeme.

2 Informieren Sie Ihre Mitschüler und Mitschülerinnen in einem Referat über das politische System Frankreichs. Erläutern Sie, warum es nach M 1 als Mischform zu bezeichnen ist.

Zwei Entwürfe für einen Gesellschaftsvertrag

MATERIAL 2

Gemeinsam ist den Staatstheoretikern der Aufklärung die Vorstellung eines Naturzustandes mit freien und gleichberechtigten Menschen. Allerdings sei der Naturzustand unvollkommen, da es in ihm keine Macht gebe, die die Menschen vor gegenseitigen Übergriffen schütze. Ihre Vernunft gebiete ihnen deshalb, den Naturzustand zugunsten eines geordneten Zusammenlebens in einem Staat aufzugeben und zum Zwecke seiner Gründung einen gegenseitigen Vertrag (Gesellschaftsvertrag) abzuschließen. Namentlich die Vertragsmodelle von John Locke (1632–1695) und Jean-Jacques Rousseau (1712–1787), nach denen die beiden folgenden Entwürfe ausgerichtet sind, wurden für die demokratietheoretische Diskussion sehr bedeutsam.

GESELLSCHAFTSVERTRAG I

§ 1 Ich gründe zusammen mit anderen durch diesen Gesellschaftsvertrag einen Staat, indem wir gemeinsam beschließen, eine Legislative, eine Exekutive und eine rechtsprechende Gewalt zu errichten.

§ 2 Der Zweck des Staates ist der Schutz der natürlichen Rechte jedes einzelnen Gesellschaftsmitglieds, namentlich seines Rechts auf Leben, Freiheit und Eigentum.

§ 3 Die Legislative besteht aus Repräsentanten, die von den Staatsangehörigen gewählt und ermächtigt werden, durch Mehrheitsentscheid Gesetze zu erlassen, die für alle verbindlich sind. Die ausführende und die rechtsprechende Gewalt sind an diese Gesetze gebunden.

§ 4 Die Gesetze dürfen nicht den unveräußerlichen natürlichen Rechte der Gesellschaftsmitglieder zuwiderlaufen.

§ 5 Jedes Gesellschaftsmitglied hat das Recht auf Widerstand, wenn Legislative und Exekutive gegen die natürlichen Rechte verstoßen und damit den Staatszweck missachten.

GESELLSCHAFTSVERTRAG II

§ 1 Ich gründe gemeinsam mit anderen durch diesen Gesellschaftsvertrag einen Staat, indem jeder von uns sich dem allgemeinen Willen unterstellt.

§ 2 Zweck des Staates ist es, die Freiheit seiner Mitglieder und damit ihre Menschenwürde zu sichern.

§ 3 An der Formulierung des allgemeinen Willens wirken alle Gesellschaftsmitglieder gleichberechtigt mit. Die Beschlüsse werden einvernehmlich gefasst. Dadurch wird gewährleistet, dass kein Gesellschaftsmitglied der Fremdbestimmung unterliegt.

§ 4 Das Recht, an der Bildung des allgemeinen Willens mitzuwirken, kann weder veräußert noch übertragen noch aufgeteilt werden, da dann der Staatswille nicht mehr allgemein wäre.

§ 5 Das Gemeinwesen kann Vorkehrungen treffen, um dem allgemeinen Willen Geltung zu verschaffen, z. B. durch das Verbot von Parteien oder Interessenorganisationen.

Autorentext

1 Sie stehen vor der Alternative, sich für einen Gesellschaftsvertrag entscheiden zu müssen. Welchen Vertrag würden Sie unterschreiben? Begründen Sie Ihr Votum.

2 Welche weiteren Regelungen halten Sie für erforderlich, um das Zusammenleben in der Gesellschaft, für die Sie sich entschieden haben, zu erleichtern?

3 Parteien – Sprachrohre des Volkes?

Kein politischer Gedanke kann ohne Organisation den Sieg erringen.

Friedrich Naumann

Friedrich Naumann (1860–1919), ein einflussreicher liberaler Politiker im Kaiserreich, spricht eine Selbstverständlichkeit aus, die zu seiner Zeit noch durchaus keine war. „Das Vaterland über den Parteien“ oder „Ich kenne keine Parteien mehr, ich kenne nur noch Deutsche“ – in solchen Worten spiegelt sich die Lebenslüge des damaligen Obrigkeitsstaates wider: Die überparteiliche Regierung sei dazu aufgerufen, durch ihre Politik das objektiv erkennbare Gemeinwohl zu verwirklichen. Parteien galten als überflüssig, als etwas, was nicht sein sollte. Parteipolitische Auseinandersetzungen sah man als sachlicher Arbeit abträgliches „Parteiengezänk“. Das alles war Propaganda, um die tatsächliche Parteilichkeit der damaligen Machthaber zu verschleiern. Doch aus dieser Propaganda nährt sich bis heute die auch in Deutschland einst weit verbreitete Abneigung gegen die Parteien.

Wahlplakate zur Bundestagswahl 1949

„Die Vernunft ist niemals das Monopol einer Partei“, hat der frühere SPD-Vorsitzende und Bundeskanzler Willy Brandt (1913–1992) einmal gesagt. Mit gleicher Berechtigung könnte man auch formulieren: Die Vernunft ist niemals das Monopol einer Regierung. Das Gemeinwohl geht vielmehr aus dem Wettbewerb konkurrierender politischer Ideen, Ziele und Interessen hervor. In der parlamentarischen Demokratie Deutschlands kommt in diesem Prozess der politischen Willensbildung den Parteien eine Schlüsselrolle zu. Sie bündeln die gesellschaftlichen Teilinteressen zu einer politisch wirksamen Kraft, konkretisieren deren Ziele und Forderungen in Programmen und versuchen, diese zur Geltung zu bringen (Integrations- und Artikulationsfunktion). Sie nominieren Kandidaten für die Übernahme öffentlicher Ämter (Personalrekrutierungsfunktion). Die Mütter und Väter des Grundgesetzes haben die Bedeutung der Parteien erstmals in der deutschen Verfassungsgeschichte anerkannt und in Artikel 21 GG ihre Tätigkeit legitimiert.

Der Politikwissenschaftler und langjährige Bundesverfassungsrichter Gerhard Leibholz hat aus der verfassungsrechtlichen Anerkennung der Parteien seine Parteienstaatstheorie entwickelt. Sie beschreibt die Parteien als „Sprachrohre des mit vielen Stimmen sprechenden Volkes“ und den Parteienstaat als eine Form der plebiszitären Demokratie. Sie ist die Messlatte für die moderne Parteienkritik, in der folgende Fragen aufgeworfen und diskutiert werden:

- Sind die Parteien fähig, die vordringlichen Probleme unserer Zeit aufzugreifen?
- Sind sie nur ein Vehikel für politische Karrieristen?
- Können die Mitglieder auf die Personal- und Sachentscheidungen ihrer Partei auch wirklich Einfluss nehmen?
- Hat die Parteiendemokratie noch Zukunft?

Rechtsbestimmungen über Parteien – Grundgesetz, EG-Vertrag, Parteiengesetz

MATERIAL 1

Grundgesetz, Art. 21 (1) Die Parteien wirken bei der politischen Willensbildung des Volkes mit. Ihre Gründung ist frei. Ihre innere Ordnung muss demokratischen Grundsätzen entsprechen. Sie müssen über die Herkunft und Verwendung ihrer Mittel sowie über ihr Vermögen öffentlich Rechenschaft geben.

(2) Parteien, die nach ihren Zielen oder nach dem Verhalten ihrer Anhänger darauf ausgehen, die freiheitliche demokratische Grundordnung zu beeinträchtigen oder zu beseitigen oder den Bestand der Bundesrepublik Deutschland zu gefährden, sind verfassungswidrig.

(3) Das Nähere regeln Bundesgesetze.

EG-Vertrag, Art. 138 a

Politische Parteien auf europäischer Ebene sind wichtig als Faktor der Integration in der Union. Sie tragen dazu bei, ein europäisches Bewusstsein herauszubilden und den politischen Willen der Bürger der Union zum Ausdruck zu bringen.

Parteiengesetz, § 1 Verfassungsrechtliche Stellung und Aufgaben der Parteien

(1) Die Parteien sind ein verfassungsrechtlich notwendiger Bestandteil der freiheitlichen demokratischen Grundordnung. Sie erfüllen mit ihrer freien, dauernden Mitwirkung an der politischen Willensbildung des Volkes eine ihnen nach dem Grundgesetz obliegende und von ihm verbürgte öffentliche Aufgabe.

(2) Die Parteien wirken an der Bildung des politischen Willens des Volkes auf allen Gebieten des öffentlichen Lebens mit, indem sie insbesondere

- auf die Gestaltung der öffentlichen Meinung Einfluss nehmen,
- die politische Bildung anregen und vertiefen, die aktive Teilnahme der Bürger am politischen Leben fördern,
- zur Übernahme öffentlicher Verantwortung befähigte Bürger heranbilden,
- sich durch Aufstellung von Bewerbern an den Wahlen in Bund, Ländern und Gemeinden beteiligen,
- auf die politische Entwicklung in Parlament und Regierung Einfluss nehmen,
- die von ihnen erarbeiteten politischen Ziele in den Prozess der staatlichen Willensbildung einführen und
- für eine ständige lebendige Verbindung zwischen dem Volk und den Staatsorganen sorgen.

(3) Die Parteien legen ihre Ziele in politischen Programmen nieder.

§ 2 Begriff der Partei

(1) Parteien sind Vereinigungen von Bürgern, die dauernd oder für längere Zeit für den Bereich des Bundes oder eines Landes auf die politische Willensbildung Einfluss nehmen und an der Vertretung des Volkes im Deutschen Bundestag oder einem Landtag mitwirken wollen, wenn sie nach dem Gesamtbild der tatsächlichen Verhältnisse, insbesondere nach Umfang und Festigkeit ihrer Organisation, nach der Zahl ihrer Mitglieder und nach ihrem Hervortreten in der Öffentlichkeit eine ausreichende Gewähr für die Ernsthaftigkeit dieser Zielsetzung bieten. Mitglieder einer Partei können nur natürliche Personen sein.

(2) Eine Vereinigung verliert ihre Rechtsstellung als Partei, wenn sie sechs Jahre lang weder an einer Bundestagswahl noch an einer Landtagswahl teilgenommen hat.

1 Illustrieren Sie die Aufgaben der Parteien nach M 1 mithilfe einer Text-/Bildcollage zu den im Bundestag/im Landtag vertretenen Parteien. Nutzen Sie dabei das Internet (z. B. die Suchmaschine www.google.de), die Lokalzeitung, eine überregionale Zeitung und den Internetauftritt der jeweiligen Partei.

2 Ordnen Sie die Aufgaben nach ihrer Wichtigkeit. Begründen Sie Ihre Auffassung.

3 Erläutern Sie, wann eine Vereinigung im Rechtssinne als „Partei“ gilt.

3.1 Die Entwicklung der deutschen Parteienlandschaft

Wahlplakate zur Bundestagswahl 1961

Wahlplakat zur Europawahl 2009

Kein Zweifel, mit den Parteien steht es nicht zum Besten: Viele Mitglieder treten aus, neue kommen oft nur aus Karrieregründen und vor allem nicht zahlreich genug, um den Mitgliederschwund wettzumachen. Beobachter diagnostizieren eine Vergreisung der Mitgliedschaft. Worin ist diese Entwicklung begründet? Was bedeutet sie für die Parteien und die Parteiendemokratie?

Zunächst ein Blick zurück: Die Ursprünge der Parteien in Deutschland liegen im 19. Jahrhundert. Damals entstanden liberale Parteien für das aufstrebende Bürgertum, konservative Parteien als politische Organisationen der traditionellen Führungsschicht aus Adel und Großgrundbesitz, sozialistische Parteien als Vertretung für die wachsende Arbeiterschaft und eine Partei des politischen Katholizismus. Die konservativen und liberalen Parteien organisierten sich als elitäre Honoratiorenparteien mit relativ wenigen Mitgliedern; sie waren eher locker formierte Wahlvereine, die ihren Mittelpunkt in den Parlamentsfraktionen hatten. Die Sozialdemokratische Partei hingegen wurde von vornherein als Massenpartei mit einer großen Mitgliederzahl und einer straffen Parteiorganisation gegründet. Mit Ausnahme des Zentrums repräsentierte jede der Parteien bestimmte soziale Interessen; sie waren also Klassenparteien. Allein das Zentrum als Partei der Katholiken vermochte sozial sehr heterogene Bevölkerungsgruppen an sich zu binden.

Bismarck bekämpfte die Sozialdemokratie – durch das Sozialistengesetz – und das Zentrum – im sogenannten Kulturkampf – als „Reichsfeinde“. Die politische Ausgrenzung festigte jedoch die Bindung von Arbeitern und Katholiken an ihre jeweilige Partei und bewirkte die Ausbildung sehr stabiler, bis weit in die Mitte des 20. Jahrhunderts hinein fortbestehender sozialer Milieus. Man war als (nichtkatholischer) Arbeiter „Sozialdemokrat von der Wiege bis zur Bahre“: Angefangen vom Kindergarten der Arbeiterwohlfahrt begleiteten sozialdemokratische Organisationen die „Genossen“ in allen Phasen des Lebens. Ähnlich war es bei den Katholiken. Aus diesen Milieus rekrutierten beide Parteien ihre Mitglieder und Stammwähler. Schon in der Weimarer Republik suchten SPD und Zentrum sich auch für andere Wählergruppen zu öffnen – mit geringem Erfolg. Zu tief waren die Klassengegensätze, zu unüberwindbar die konfessionellen Barrieren.

Erst nach 1945 gelang mit der CDU die Gründung einer großen überkonfessionellen Partei. Sie konnte während der Fünfziger- und Anfang der Sechzigerjahre die Anhänger zahlreicher kleiner bürgerlichen Parteien an sich binden. Die SPD wurde erst 1959 mit dem Godesberger Programm, das die Abkehr der Partei vom Marxismus brachte, für diejenigen wählbar, die bislang bürgerlichen Parteien zuneigten.

Im Hinblick auf CDU/CSU und SPD wird von Volksparteien gesprochen – ein Begriff, der zunächst widersinnig anmutet, denn der Begriff Partei leitet sich vom lateinischen „pars“, Teil, ab. Begrifflich vertreten Parteien immer nur einen Teil des Volkes. Dennoch hat sich der Begriff „Volkspartei“ eingebürgert. Er bezeichnet Parteien, die mindestens 30 Prozent der Wähler auf sich vereinigen, unterschiedlichste soziale Gruppen an sich binden, weltanschaulich weitgehend offen und deshalb auch kompromiss- und koalitionsfähig sind.

Die Ergebnisse der Bundestagswahl 2009 stellten den Anspruch der Volksparteien zur Disposition: Die SPD blieb mit 23 Prozent der Wählerstimmen weit unter der 30%-Marke; legt man die geringe Wahlbeteiligung zugrunde, nehmen sich auch die 33,8% der Union (CDU = 27,3%) bescheiden aus. Nur etwas über ¼ der Wahlberechtigten gab ihr ihre Stimme. Wissenschaftler wie der Parteienforscher Peter Lösche sprechen deshalb auch vom „Ende der Volkspartei“. Durch die neue Vielfalt seien Wahlen zum Lotteriespiel geworden. Lösche: “Früher wusste man, wenn man SPD oder CDU wählt, welche Koalition man bekommt.“ Das Problem sei zudem, “dass sich Union und SPD nicht mehr auf das Fundament eines festen Milieus verlassen können, das früher einen Wählerstamm von 20 bis 25 Prozent garantierte.

Die Erfolge der Volksparteien, ja die Volksparteibildung selbst, wurde durch das politische, soziale, wirtschaftliche und kulturelle Umfeld begünstigt. Im parlamentarischen System der Bundesrepublik ist die Regierungsbildung Sache des Parlamentes. Das zwingt die Parteien dazu, alles zu tun, um mehrheitsfähig zu werden. Im Kaiserreich hingegen hatte das Parlament keinen Einfluss auf Bildung bzw. Bestand der Regierung. Hier war es wichtig, dass die Parteien ihren jeweiligen Standpunkt, ihre Grundüberzeugungen und Interessen möglichst klar artikulierten und sich scharf von den Gegnern, die oft genug als Feinde betrachtet wurden, abgrenzten. Diese Tradition wirkte bis in die Weimarer Republik nach, da die Weimarer Reichsverfassung die Parteien nicht erwähnte und eine Regierungsbildung auch ohne die Parteien ermöglichte. Außerdem begünstigten die schweren sozialen Konflikte jener Zeit die gegenseitige Abgrenzung der Parteien. In der Bundesrepublik förderten der rasche wirtschaftliche Wiederaufstieg und der zunehmende Wohlstand für breite Bevölkerungsschichten die soziale Befriedung. Die Bildungsrevolution der Siebzigerjahre und der tiefgreifende Strukturwandel der sich rasch modernisierenden Wirtschaft hatten eine erhebliche soziale Mobilität zur Folge. Zugleich lockerten sich in der säkularer werdenden Gesellschaft die Kirchenbindungen. Die einst so stabilen sozialen Milieus lösten sich auf – und damit auch die festen Bindungen an bestimmte Parteien. Das waren auch Voraussetzungen für die Entstehung neuer Parteien wie der Grünen und der „Linken“.

Die Veränderungen in der Parteienlandschaft bewirken auch ein Überdenken bisheriger Bündnisstrategien. Koalitionskonstellationen, die lange Zeit umstritten oder gar undenkbar waren (z. B. schwarz-grün), werden auf kommunaler oder Landesebene erprobt bzw. auch auf Bundesebene vereinbart.

Soziologen beobachten seit den Siebzigerjahren einen tiefgreifenden Wandel der Denk- und Verhaltensweisen, der Lebensziele und Lebensstile, der mit Begriffen wie Individualisierung und Fragmentierung umschrieben wird. Er bleibt nicht ohne Auswirkungen auf Parteien und Parteiensystem. Es stellen sich vor allem folgende Fragen:

- Zerfasert das Parteiensystem, das in der Vergangenheit wesentlich zur politischen Stabilität in der Bundesrepublik Deutschland beigetragen hat?
- Entsteht, wie Politikwissenschaftler annehmen, ein neuer Parteitypus, eine Medien-, Dienstleistungs- oder professionalisierte „Wählerpartei“?
- Welche Folgen hat das „Ende der Volksparteien?“

MATERIAL 1

Die Mitgliederentwicklung der Parteien (in 1000)

Jahr	CDU	CSU	FDP	SPD	Grüne	PDS
1952	400	52	83	627	-	-
1970	329	77	57	820	-	-
1990	778	186	168	950	40	200
2004	580	173	64	606	44	-66
2007	537	166	64	540	44	60

MATERIAL 2

Frauenanteil an den Parteimitgliedern

Stand jeweils 31.12. (Angaben in Prozent)

	CDU	SPD	CSU	FDP[1]	GRÜNE[2]	Linke[3]
1991	25,6	27,4	15,4	-	-	43,9
1994	24,9	28,0	15,8	-	-	45,4
2000	25,2	29,4	17,4	24,4	-	45,6
2005	25,3	30,4	18,2	23,2	37,1	44,9
2007	25,4	30,9	18,8	22,8	37,3	39,2

1) Daten erst ab 1996 verfügbar.

2) Daten erst ab 1998 verfügbar; 2007: vorläufige Zahlen!

3) 2007: vorläufige Zahlen! Quelle: Niedermayer, Oskar: Parteimitglieder in Deutschland: Version 2008. Arbeitshefte a. d. Otto-Stammer-Zentrum, Nr. 13, FU Berlin 2008.

MATERIAL 3

Parteimitglieder nach Alter

Stand jeweils 31.12. (Angaben in Prozent)

	CDU[1]			SPD[2]			CSU[3]			FDP			Grüne			Linke		
	-29	30-59	60-	-29	30-59	60-	-30	31-60	61-	-29	30-59	60-	-29	30-59	60-	-30	31-60	61-
1991	6,8	63,1	29,6	9,9	65,0	25,2	6,5	66,7	26,8	-	-	-	-	-	-	-	-	-
1994	5,4	61,2	33,0	8,1	65,6	26,4	5,3	64,5	30,1	-	-	-	-	-	-	-	-	-
2000	5,5	51,8	42,4	4,4	57,6	38,1	5,7	56,3	38,0	9,2	58,4	31,8	-	-	-	1,8	31,2	67,0
2005	5,6	47,9	46,2	5,6	50,8	43,6	5,7	52,7	41,5	11,8	54,2	34,0	-	-	-	3,3	26,3	70,4
2007	5,1	46,5	48,0	5,8	47,5	46,7	5,5	51,8	42,7	10,7	54,4	34,9	12,6	75,9	11,5			

Parteieintritt möglich ab einem Alter von 16 Jahren (CDU, CSU, FDP) bzw.14 Jahren (SPD seit 1998, LINKE ab 1.1.2008, vorher 16 J.). Die Grünen legen kein Mindestalter fest. An 100 Prozent fehlende Werte: ohne Angaben.

Quelle: Niedermayer, Oskar: Parteimitglieder in Deutschland: Version 2008. Arbeitshefte a. d. Otto-Stammer-Zentrum, Nr. 13, FU Berlin 2008.

1 Analysieren Sie die Daten in M 1 bis M 3.

2 Die in M 4 dargestellten Personen stehen für folgende politische Strömungen: Konservative, Bürgerliche, Sozialdemokraten, Kommunisten, Katholiken. Ordnen Sie die Personen der jeweiligen politischen Richtung zu.

3 Vergleichen Sie die beiden Karikaturen: Welche Unterschiede im Selbstverständnis der Parteien werden deutlich? Worauf sind diese zurückzuführen (vgl. S. 242 – 244)?

MATERIAL 4

„Ich würde Ihnen gerne helfen, aber ich kann doch meinen Standpunkt nicht verlassen." – Wer will regieren? Karrikatur aus dem Simplicissimus

MATERIAL 5

„Was heißt hier ein bisschen viel Flügel? – Ich geh als Partei!" Horst Haitzinger (1981)

MATERIAL 6

Volksparteien – innerparteiliche Strukturen und Willensbildungsprozesse

SPD und CDU/CSU ähneln einem großen bunten Flickenteppich. Innerhalb der Parteien sind Interessengruppen organisiert und ausdrücklich auch in den Parteistatuten erwähnt. In der SPD heißen sie Arbeitsgemeinschaften, in der CDU und CSU Vereinigungen. Natürlich gibt es in den Parteien dann die verschiedenen traditionellen Flügel, die Linken, die Rechte und die Mitte. [...]

Die Tatsache, dass es heute innerhalb der beiden großen Parteien viele Strömungen gibt, weist darauf hin, dass einige Konflikte, die in der Weimarer Republik zwischen mehreren Parteien ausgetragen worden waren, jetzt innerhalb der beiden großen Parteien stattfinden. Weil aber die beiden großen Parteien jeweils versuchen, alle Schichten und Gruppen in der Bevölkerung anzusprechen und für sich zu gewinnen, sind die Grenzen zwischen ihnen auch fließend geworden.

Wenn es richtig ist, dass die zentrifugalen Kräfte in den großen Parteien stark sind, was hält sie dann überhaupt noch zusammen? Nun, zusammenführende Kräfte sind auch vorhanden, und sie sind wirksamer, als es nach unserem bisherigen Schilderungen zunächst scheinen mag. Vor allem wollen die Parteien eins: Wahlen gewinnen. Um Wahlen zu gewinnen, halten Parteien zusammen. Das heißt aber nicht notwendigerweise, dass sie nach außen geschlossen auftreten. Ein gewisses Maß an innerer Vielfalt, ja Zerstrittenheit kann sogar von Vorteil sein. Die innerparteilichen Interessengruppen und Parteiflügel sprechen im Wahlkampf nämlich je verschiedene Wählerschichten an ...

Aus: Peter Lösche: Kampforganisationen oder Wahlvereine?, in: Christian Graf von Krockow/Peter Lösche: Parteien in der Krise, München 1986, S. 40 ff. (gekürzt)

MATERIAL 7

Ist Frankfurt eine CDU-Hochburg?

Frankfurt ist nicht nur das wirtschaftliche Herz Hessens. In dieser Metropole zeichneten sich immer schon frühzeitig Trends und Konflikte ab, die später für die ganze Republik bedeutsam wurden. Nach 1945 hat die Frankfurter Stadtgesellschaft tief greifende Veränderungen erfahren: Expansion des Dienstleistungssektors, Zerfall der Arbeitermilieus, starke Zuwanderung von Ausländern und Veränderungen der religiösen Orientierungen sind Stichworte für diesen Prozess.

Politisch war Frankfurt bis in die Siebzigerjahre eine Hochburg der SPD [...]. Seit 2006 wird Frankfurt von einer schwarz-grünen Koalition regiert, an deren Spitze eine CDU-Oberbürgermeisterin steht, die mit breiter Mehrheit direkt gewählt wurde. Ist Frankfurt also jetzt eine konservative CDU-Stadt geworden? Und wenn nicht, wie lässt sich dann die politische Kultur in dieser Stadt heute charakterisieren? [...]

Der Niedergang der Frankfurter SPD bei Kommunalwahlen läuft parallel zum Rückgang ihrer Mitgliederzahlen. Waren am 31.12.1990 noch 7902 Mitglieder in der SPD, sind es am 1.1.2007 nur noch 4120. Dieser dramatische Schrumpfungsprozess (der sich ähnlich auch für die Bundespartei zeigt) macht deutlich, wie gering die Attraktivität dieser ehemals bedeutenden Parteiorganisation geworden ist. [...]

Die Grünen sind, gerade wenn es um politische Grundwerte geht, der eigentliche Gegenpol zur CDU. Aus dieser Spannungslinie bezogen sie ihre besondere Mobilisierungskraft, die die Volkspartei SPD wegen ihrer Koalitions- und Integrationszwänge schon länger verloren hat. Wenn die Grünen eine Regierungskoalition mit ihrem dezidierten Gegner machen, wird die Abbildung von „Lagermehrheiten“ (wie bei der Großen Koalition in Berlin) blockiert und die Wählervoten werden neutralisiert. Die Folgen für den demokratischen Prozess sind absehbar. Die Wähler bleiben bei Wahlen mehr und mehr zu Hause, weil sie ihre Erwartungen und Wertpositionen nicht mehr in den politischen Entscheidungen ihrer Eliten wiederfinden [...]

Der englische Sozialwissenschaftier Colin Crouch hat für den Niedergang und den Zerfall demokratischer Politik den Begriff der „Post-Demokratie“ geprägt. Die Dominanz privater ökonomischer Macht über alle anderen Interessen im politischen Prozess höhlt die Demokratie aus. Mit dem Bedeutungsverlust der Arbeiterbewegung und ihrer Parteien ist ein entscheidender egalitärer demokratischer Faktor geschwächt worden, für den beispielsweise Bürgerinitiativen kein Ersatz sein können. Die Delegitimierung des Staates durch die Privatisierung öffentlicher Aufgaben verstärkt den Prozess der Abwendung der Bürger von der Politik, die auf die Alltagsprobleme der Bürger immer weniger Einfluss hat. Nur durch die Mobilisierung neuer Identitäten in den Wahlen und für linke Parteien hat egalitäre demokratische Politik wieder eine Chance [...]

Die SPD ist durch die Tertiarisierung ihrer klassischen Basis beraubt und hat es nicht geschafft, die für sie ansprechbaren Gruppen der Dienstleistungsgesellschaft für sich zu organisieren und zu politisieren. Jahrelang hat sie in einer Allparteienkoalition die Politik der Stadt mitbestimmt und dabei jedes Profil verloren.

Frankfurt ist deshalb jedoch keine Hochburg der CDU geworden. Die CDU bekam bei der Bundestagswahl 2005 bei einer Wahlbeteiligung von 75,8 Prozent gerade einmal 29,3 Prozent der Stimmen, bei der Kommunalwahl 2006 bei einer Wahlbeteiligung von 40,4 Prozent nur 36 Prozent. Dass die CDU in Frankfurt mit ihrer Oberbürgermeisterin aber so agieren kann, als wäre die Stadt eine CDU-Hochburg, ist nur möglich, weil sich die politischen Eliten eine weitgehende Abkopplung von der apathisierten Wahlbevölkerung der Stadt erlauben können.

Aus: Konrad Schacht, Ist Frankfurt eine CDU-Hochburg?, in: Wolfgang Schroeder (Hrsg.), Parteien und Parteiensystem in Hessen. Vom Vier- zum Fünfparteiensystem, Wiesbaden (VS Verlag für Sozialwissenschaften) 2008, S. 361, 364, 366, 368

Wahlergebnis im Detail

MATERIAL **8**

Wahlanalyse Wer hat wie gewählt?

Befragung von Infratest dimap für die ARD am Wahltag, rund 100 000 Befragte, Angaben in Prozent, Analysedaten Stand Sonntag 18 Uhr

Veränderung zur Bundestagswahl 2005 in Prozentpunkten

	CDU/CSU		SPD		FDP		Linke		Grüne	
Gesamtergebnis	**33,8**		**23,0**		**14,6**		**11,9**		**10,7**	
Männer	**31**	-4	**23**	-10	**17**	+6	**13**	+3	**10**	+2
Frauen	**35**	+1	**23**	-13	**13**	+4	**11**	+3	**13**	+4
ALTER										
18 bis 24 Jahre	**25**	-1	**17**	-21	**12**	+3	**16**	+5	**16**	+5
25 bis 34 Jahre	**28**	-1	**17**	-16	**12**	+3	**14**	+4	**14**	+4
35 bis 44 Jahre	**30**	-2	**21**	-13	**12**	+3	**15**	+4	**15**	+4
45 bis 59 Jahre	**30**	-4	**24**	-10	**15**	+4	**12**	+4	**12**	+4
ab 60 Jahre	**42**	-1	**27**	-7	**10**	+3	**5**	+1	**5**	+1
TÄTIGKEIT										
Arbeiter	**28**	-2	**24**	-13	**18**	+6	**7**	+2	**16**	+5
Angestellte	**32**	0	**20**	-16	**11**	+3	**14**	+3	**14**	+4
Beamte	**32**	-6	**25**	-5	**7**	0	**19**	+5	**15**	+4
Selbständige	**33**	-9	**14**	-7	**6**	0	**14**	+2	**12**	+4
Rentner	**39**	-3	**29**	-7	**12**	+4	**5**	+1	**5**	+1
Arbeitslose	**21**	-2	**22**	-8	**25**	+2	**10**	+3	**5**	+1
WAHLENTSCHEIDENDE THEMEN										
Wirtschaft	**54**	+1	**30**	+4	**23**	0	**18**	-2	**16**	+5
Arbeitsmarkt	**25**	-18	**32**	+5	**34**	-9	**17**	+1	**14**	+4
Innere Sicherheit	**14**	+3	**8**	-1	**8**	+1	**5**	-1	**15**	+4
Umwelt/Klima	**7**	+4	**19**	+6	**9**	+3	**67**	+15	**12**	+4
Steuern	**15**	-10	**11**	-4	**14**	-3	**5**	-4	**5**	+1
Gerechtigkeit	**20**	+3	**45**	0	**61**	+1	**38**	-2	**5**	+1
Bildung	**17**	+7	**22**	+9	**24**	+8	**30**	+15	**5**	+1
Außenpolitik	**13**	+7	**9**	-14	**9**	+2	**7**	-22	**5**	+1

Aus: DER SPIEGEL, Wahlsonderheft '09 vom 28.9.2009, S. 44

1 Erläutern Sie, was die CDU nach 1945 zu einem Erfolgsmodell werden ließ (M 4 bis M 8).

2 Stellen Sie Gründe zusammen, warum die SPD in ihrer ehemaligen Hochburg Frankfurt massiv Einfluss verloren hat. Diskutieren Sie, ob Frankfurt nun eine CDU-Hochburg ist.

3 Nach ihrer Wahlniederlage von 1998 kreierte die CDU das Leitmotiv „Mitten im Leben". Erörtern Sie, welche Botschaft die Partei damit den Wählern vermitteln will. Worin unterscheidet sich dieses Motto von den vorhergehenden (M 8)?

4 Recherchieren Sie, inwieweit sich das neue Leitmotiv der Union in politischen Initiativen und Kampagnen vor Ort, auf Landes- und auf Bundesebene niedergeschlagen hat bzw. ob es zwischenzeitlich durch ein anderes ersetzt wurde (www.cdu.de).

5 Welche Bedeutung misst der Autor von M 7 diesem Leitmotiv für die Wiederbelebung des Erfolgsmodells „Union" bei? Setzen sie sich mit seiner Auffassung auseinander.

MATERIAL 9 Mitgliederentwicklung der Bundestagsparteien

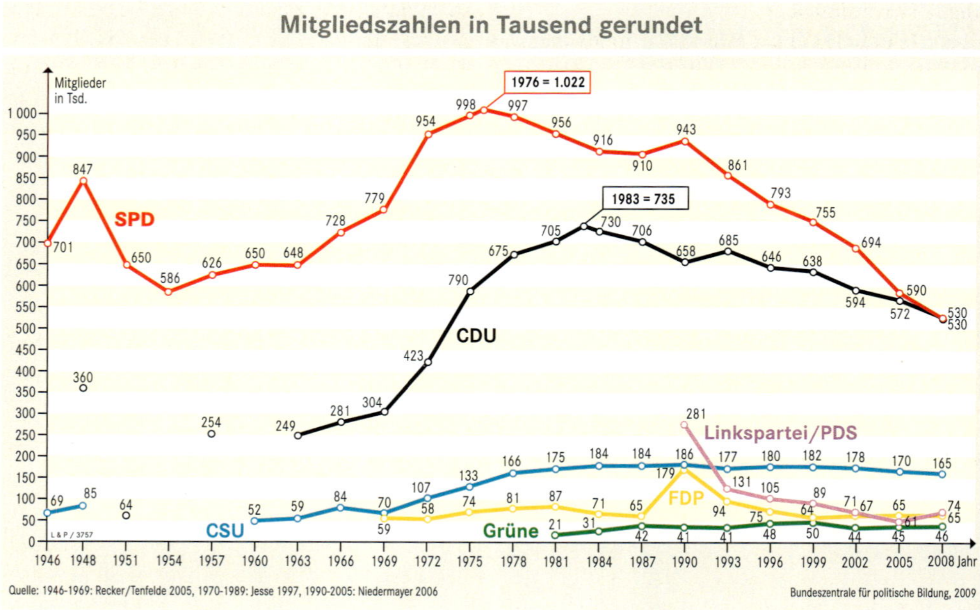

MATERIAL 10 Die gesellschaftliche Entwurzelung der Parteien

Haupttriebfeder dieses Prozesses [der gesellschaftlichen Entwurzelung der Parteien] ist die Lockerung der gesellschaftlichen Bindungen der Parteien, die sich in rückläufigen Mitgliederzahlen und einer Erosion der Kernwählerschaft ausdrückt. Diese Entwicklung, die bereits vor der Wende in der alten Bundesrepublik angebahnt wurde, beschleunigte sich rasant in den Neunzigerjahren. So ging im Zeitraum 1990 bis 2002 die Gesamtmitgliederzahl der politischen Parteien von 2,3 auf rund 1,6 Millionen zurück, was einem Minus von 30 Prozent entspricht. Ende 2006 betrug sie nur noch rund 1,4 Millionen, nachdem allein die SPD seit Verkündung der Agenda 2010 den Austritt von weiteren 130 000 Mitgliedern zu verkraften hatte.

Nicht minder eindrucksvoll ist die Verschiebung des Verhältnisses von Stamm- und Wechselwählern. Nach einer Untersuchung der Konrad-Adenauer-Stiftung waren im Jahre 1990 19 Prozent der Wähler sichere Stammwähler der CDU/CSU und 13 Prozent sichere Stammwähler der SPD. Bei den damaligen Kräfteverhältnissen entsprach dies einem Stammwähleranteil von rund 40 Prozent bei der Union und 30 Prozent bei den Sozialdemokraten. Bis zum Jahr 2001 gingen die Werte auf 10 bzw. 8 Prozent aller Wähler zurück. Umgerechnet auf die jeweiligen Stimmenanteile heißt das, dass von den Unionswählern heute nur noch 25 Prozent, von den SPD-Wählern sogar nur noch 20 Prozent zur sicheren Stammwählerschaft gerechnet werden können. Die restlichen 75 bzw. 80 Prozent sind lediglich mobilisierbare Wechselwähler, die von den Parteien gezielt umworben werden müssen. [...]

Der Rückgang der Parteibindungen kann auf gesellschaftliche (sozialstrukturelle) und politische Gründe zurückgeführt werden. [...] Mit dem Bedeutungsverlust der einstmals parteibildenden Konfliktlinien (cleavages) und Milieus sind die politischen Faktoren stärker ins Blickfeld geraten. [...] Die Stichworte lauten Tertiarisierung, Ausbau des Wohlfahrtsstaates, Individualisierung, Säkularisierung und Wertewandel. Zusammengefasst werden können sie im Begriff der „Pluralisierung“. Diese finden ihren Niederschlag

darin, dass die großen Effekte der politisierten Sozialstruktur allmählich durch kleinere Effekte bestimmter sozialstruktureller Lagen abgelöst werden. [...]
Dies bedeutet selbstverständlich nicht, dass sozialstrukturelle Merkmale für das Wahlverhalten irrelevant wären – wie der bleibende Stammwähleranteil zeigt, sind sie es keineswegs. Nach wie vor wählen kirchentreue Katholiken überproportional häufig CDU/CSU und Gewerkschaftsmitglieder SPD. Die Merkmale verlieren aber in qualitativer und quantitativer Hinsicht an Bedeutung. Die Bindungen schwächen sich auch bei den Traditionswählern ab, und durch das Cleavage wird ein immer kleinerer Teil der Gesellschaft erfasst. Beide Effekte können sich unterschiedlich verteilen. So ist z. B. die Quote der regelmäßigen Kirchgänger unter den Katholiken in den letzten fünfzig Jahren von 60 auf 12 Prozent (!) gesunken, sodass der Union die vergleichsweise große Treue dieser Wählergruppe nur wenig nützt. Umgekehrt stellt sich das Problem bei der SPD dar: Hier hält sich der Schrumpfungsprozess ihrer Kernklientel in der Industriearbeiterschaft noch in Grenzen, doch kann die Partei diese schon lange nicht mehr als sicheres Rekrutierungsreservoir betrachten. Beide Volksparteien stehen mithin vor der Situation, ihre Mehrheitsfähigkeit nur durch eine programmatische Öffnung für neue Wählerschichten retten zu können. Gerade damit laufen sie aber Gefahr, die getreuen Stammwähler weiter zu verprellen. Der Hamburger Politologe Elmar Wiesendahl spricht treffend von einer „Modernisierungsfalle".

Aus: Frank Decker, Parteiendemokratie im Wandel, in: Frank Decker/Viola Neu (Hrsg.), Handbuch der deutschen Parteien, Wiesbaden VS Verlag für Sozialwissenschaften 2007, S. 29–33

Entwicklung der Wahlbeteiligung

MATERIAL 11

In Prozent der Wahlberechtigten, Deutschland

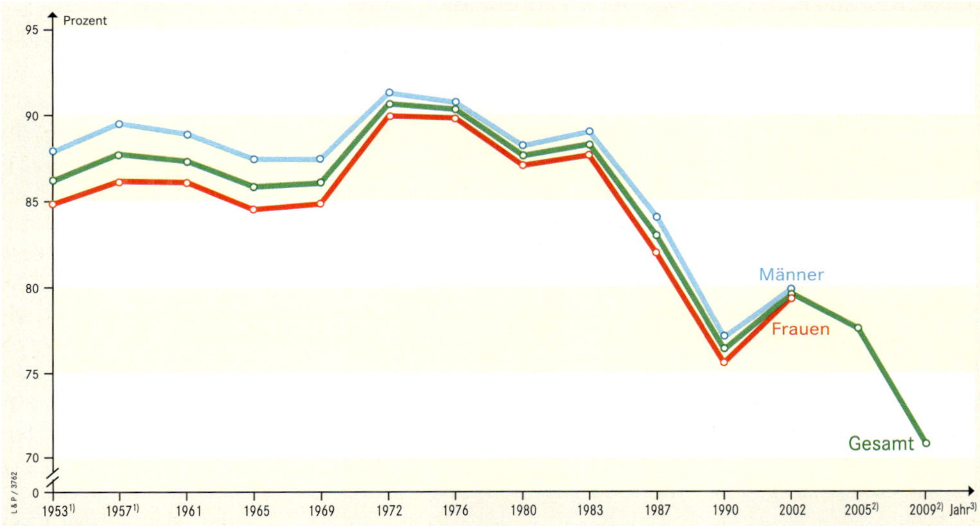

Quelle: Bundeswahlleiter
1) 1957: ohne Saarland; 1953: ohne Rheinland-Pfalz, Bayern, Saarland 3) 1994 und 1998: keine Angaben wegen Aussetzung der Wahlstatistik 2) 2005 / 2009 es liegen keine geschlechtsspezifischen Daten vor

1 Stellen Sie die in M 9 bis M 11 enthaltenen Fakten zusammen.

2 Erläutern Sie die These einer sozialen Entwurzelung der Parteien. Welche weiteren Indizien können hierzu (stützend oder einschränkend) aufgeführt werden?

4 Innerparteiliche Demokratie – eine Illusion?

Das „eherne Gesetz der Oligarchie":
Das soziologische Grundgesetz, dem die politischen Parteien ... bedingungslos unterworfen sind, mag, auf seine kürzeste Formel gebracht, etwa so lauten: Die Organisation ist die Mutter der Herrschaft der Gewählten über die Wähler, der Beauftragten über die Auftraggeber, der Delegierten über die Delegierenden.

Robert Michels (1911)

Das Grundgesetz schreibt in Artikel 21 vor, die innere Ordnung der Parteien müsse demokratischen Grundsätzen entsprechen. Danach sollen alle Mitglieder einer Partei die gleichen Chancen haben, die Personalentscheidungen (Vorstandswahlen, Kandidatenaufstellung) und den politischen Kurs mitzubestimmen. Einzelheiten dazu sind im Parteiengesetz und in den Satzungen bzw. Statuten der jeweiligen Partei formal geregelt. Ungeachtet dessen stellt sich die Frage, wieweit die Parteibasis die innerparteilichen Willensbildungsprozesse tatsächlich beeinflussen kann.

Herkömmlicherweise gilt die Oligarchiebildung – also die Gefahr, dass kleine Führungszirkel tonangebend sind – als Hauptproblem der innerparteilichen Demokratie. Auf sie hat erstmals Robert Michels in seiner bereits 1910 erschienenen Untersuchung „Die Soziologie der Parteien" hingewiesen. Er ignorierte in seinen Studien die konservativ-bürgerlichen Parteien – die wollten keine Demokratie, also konnten sie auch innerparteilich keine haben. Er konzentrierte sich auf die Sozialdemokraten, denn die forderten eine uneingeschränkte Demokratisierung. Aber, so das Ergebnis seiner Untersuchung, auch sie hatten innerparteilich keine Demokratie. Er führte dieses verblüffende Ergebnis auf ein „ehernes Gesetz der Oligarchie" zurück. Danach entwickeln sich in jeder Partei, mag sie auch noch so demokratisch gestimmt sein, zwangsläufig undemokratische Machtstrukturen.

Michels nannte für das eherne Gesetz der Oligarchie im Wesentlichen drei Ursachenkomplexe:
Technisch-administrative Ursachen: In großen Organisationen sei eine Mitentscheidung aller über alles nicht möglich. Daher tendierten Großorganisationen immer zur Oligarchie,

verstärkt aber Parteien, da sie als Kampforganisationen häufig sehr kurzfristig und schnell wichtige Entscheidungen zu treffen hätten.
Intellektuelle Ursachen: Neben Bildungsunterschieden zwischen Führung und Basis sei vor allem der Informationsvorsprung der Führung aufgrund ihrer besonderen Kenntnisse der Parteiorganisation und der politischen Probleme zu nennen.
Psychologische Ursachen: Parteimitglieder neigten dazu, Politik zu personalisieren und sich mit ihren Führern zu identifizieren. Michels führte diese Neigung auf ein Führungsbedürfnis, auf Dankbarkeit und Verehrungsbereitschaft der Massen zurück.
Robert Michels hat seine Studien im obrigkeitsgläubigen wilhelminischen Deutschland durchgeführt und zudem an einer Partei, die lange Zeit polizeilich verfolgt wurde. Ungeachtet ihrer historischen Bedingtheit sind die Erkenntnisse Robert Michels noch heute aktuell, auch wenn Untersuchungen innerparteilicher Willensbildungsprozesse, insbesondere der Rolle der Parteitage, den höchsten beschlussfassenden Organen, zu einem differenzierterem Bild gelangen.

In der Frage der Kanzlerkandidatur hatten Parteitage nie eine wirklich freie Wahl, weder bei der SPD noch bei der CDU. Ein besonders eindrucksvolles Beispiel ist der Nominierungsprozess des SPD-Kanzlerkandidaten für die Wahl 1998: Nachdem der niedersächsische Ministerpräsident Schröder durch Konflikte mit der SPD-Parteiführung und durch wenig konkrete Äußerungen hervorgetreten war, die nur bezwecken sollten, den „Stallgeruch" der eigenen Partei loszuwerden („Ich stehe nicht für eine linke oder eine rechte, sondern für eine moderne Politik"), erwählten ihn die Medien fast einhellig zum Favoriten. Schröder machte darauf seine Kandidatur vom Ergebnis der niedersächsischen Landtagswahl abhängig, in der er die absolute Mehrheit errang. Damit war seine Kandidatur quasi plebiszitär entschieden. Dem SPD-Nominierungsparteitag blieb nur noch die Absegnung; er wurde dann auch regelrecht als „Krönungsmesse" inszeniert.

Allerdings gibt es auch Beispiele regelrechter Parteitagsrebellionen, so der Karlsruher CDU-Parteitag von 1996, der die vom Parteivorsitzenden Kohl unterstützte Einführung einer Frauenquote ablehnte. Daneben kam es auch immer wieder zu richtungsweisenden Diskussionen, wenn sich grundlegend neue Fragen stellten. Die Parteitage der letzten Jahre erinnern Beobachter jedoch eher an **Single-speech**-Veranstaltungen, an Verlautbarungsgremien für die Parteiführungen.

In jüngster Zeit wächst in den Parteien die Bereitschaft, die Mitglieder insgesamt unmittelbar über Personalien und Sachfragen entscheiden zu lassen. So wurde der SPD-Vorsitzende Scharping 1993 per Briefwahl ermittelt, an der sich über 60 % der Parteimitglieder beteiligten. Dem ging ein parteiinterner Wahlkampf von drei Bewerbern voraus, der in Sondersendungen des Fernsehens übertragen wurde. Für die Wahl von Angela Merkel zur CDU-Vorsitzenden 2000 wurde über die Mobilisierung der Basis auf Regionalkonferenzen ein plebiszitärer Druck erzeugt, der mögliche Gegenkandidaten resignieren ließ. Der FDP-Vorstand rief 1994 bzw. 1997 zu Mitgliederentscheiden über den „großen Lauschangriff" (verbesserte Abhörmöglichkeiten der Polizei bei der Kriminalitätsbekämpfung) und die Abschaffung der Wehrpflicht auf. Anders als die Delegierten zuvor auf Bundesparteitagen befürworteten die FDP-Mitglieder die Einführung des „Lauschangriffs" bzw. die Abschaffung der Wehrpflicht. An den Befragungen beteiligten sich 43 % (Lauschangriff) bzw. 19 % (Wehrpflicht) der Mitglieder. Bündnis 90/Die Grünen und CDU veranstalteten 2000 die ersten „virtuellen Parteitage", also Meinungsbildungsprozesse, die vollständig über das Internet abgewickelt wurden, die FDP beteiligt interessierte Bürger über eine Website an der Entwicklung des Wahlprogramms für die Bundestagswahl 2002.

- Sind unmittelbare Abstimmungen der Mitglieder (oder sogar der politisch Interessierten) ein demokratisches Korrektiv gegen die Zweckentfremdung der Parteitage und für mehr Mitbestimmung der „einfachen" Mitglieder/Bürger?
- Können Sie langfristig die herkömmliche politische Meinungsbildung innerhalb der Parteien ersetzen?

MATERIAL **1**

Fakten schaffen

Vereinbarung: Zur Vorbereitung der Wahlen zum Parteivorstand am 7. 3. 88 treffen die Unterzeichnenden nach ausführlichen Beratungen in ihren jeweiligen Gremien folgende Vereinbarung:

1. Es werden gewählt:
a) zum Parteivorsitzenden: Dr. Ottmar Pohl
b) zum stellvertretenden Vorsitzenden: Dr. Rolf Bietmann, Josef Fink, Marie-Th. Ley
(es folgen die übrigen Vorstandsmitglieder, die Verf.)

Beide Seiten verpflichten sich, über die Zahl der vorgenannten Kandidaten hinaus keine Nominierungen vorzunehmen und darauf hinzuwirken, dass auch von dritter Seite weitere Nominierungen nicht erfolgen.
(9 Unterschriften)

Abschrift eines handschriftlichen Konzeptes, zitiert nach: Erwin K. und Ute Scheuch: Cliquen, Klüngel und Karrieren. Über den Verfall der politischen Parteien – ein Studie, Reinbek bei Hamburg: Rowohlt, 1992, S. 82 f.

MATERIAL **2**

Aus der Satzung der FDP (1995)

§ 21 (1) Über wichtige politische Fragen kann ein Mitgliederentscheid stattfinden. [...]
(3) Haben sich mindestens ein Drittel der Mitglieder an dem Mitgliederentscheid beteiligt, so ist dessen Ergebnis die politische Beschlusslage der FDP und steht einer Entscheidung des Bundesparteitages gleich.

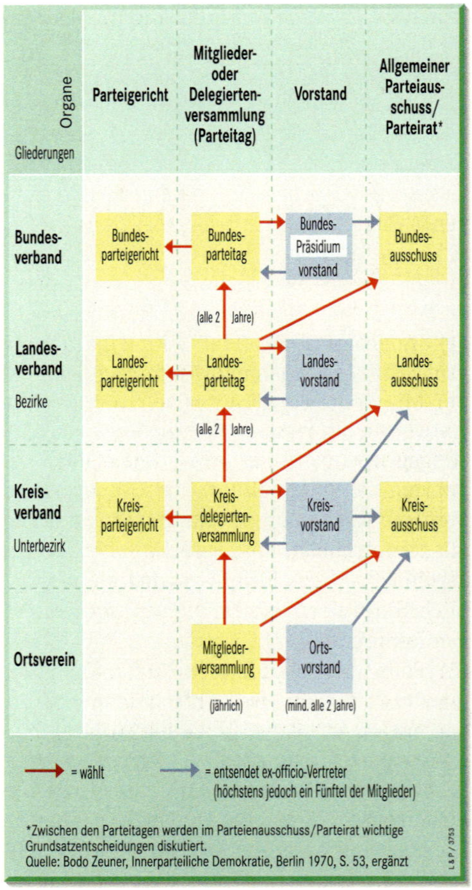

1 Erörtern Sie mögliche Gründe für die Geheimvereinbarungen in der Kölner CDU (M 1). Überprüfen Sie diese mithilfe von Art. 21 GG.

2 Erörtern Sie, ob in dieser Vereinbarung sich das „eherne Gesetz der Oligarchie“ widerspiegelt (S. 248 oben).

Guido Westerwelle: „Mitgliederentscheide sind sinnvoll"

MATERIAL 3

„Mitgliederentscheide bringen Parteiführung und Basis zu eng zusammen und sind deshalb Unfug", schrieb eine große Tageszeitung in der vergangenen Woche, nachdem sich beim Mitgliederentscheid der FDP nahezu zwei Drittel für die erweiterte Abhörmöglichkeit zur Verbrechensbekämpfung ausgesprochen hatten. ... Die Mitglieder könnten so komplizierte Fragen nicht beurteilen, wird gesagt. Als ob die Entscheidung über die Frage, wer in Deutschland regieren soll, so viel einfacher zu beantworten wäre. Die Mitglieder hätten nicht die Zeit, ausführlich die Argumente zu diskutieren, wird geschrieben. Ist es denn nicht gerade ein Problem der innerparteilichen Demokratie, dass bislang nur Zugang hat, wer sich auf Parteitagen die Nächte um die Ohren schlagen kann? ...

Wenn Mitglieder nur noch nachbeten dürfen, was Parteiführungen beschlossen haben, ist das das Ende der innerparteilichen Demokratie. Mir hat die Entscheidung der Mehrheit der FDP-Mitglieder für die Zulassung des sogenannten Großen Lauschangriffs auch nicht gelegen. ...

Wenn sich zwei Drittel so entscheiden, obgleich auch die Gegner alles in die Waagschale geworfen haben, ist das Anlass zum Nachdenken. Mitgliederentscheide bringen Parteiführung und Basis enger zusammen und sind deshalb sinnvoll.

Aus: Frankfurter Allgemeine Zeitung vom 20. 12. 1995, S. 12. Der Verfasser ist seit 2001 Vorsitzender der FDP.

Joachim Raschke: Mitgliederentscheide als „Illusion von Demokratie"

MATERIAL 4

(1) Innerparteiliche Plebiszite sind ... ein großes Täuschungsmanöver. Tatsächlich können Mitglieder dabei nur extrem vereinfachte Antworten auf reduzierte Fragen geben. Führungsgruppen definieren die Entscheidungsalternative, und auch unmittelbar nach dem Votum sprechen wieder die Parteiführer. Mitgliederentscheide unterbrechen die Eliten-Medienspiele nur für einen winzigen Augenblick. Sie fördern statt Demokratie die Illusion von Demokratie.

(2) Politik erfordert Entscheidung, also muss man entscheiden, wer entscheiden soll: In Sachfragen sollte es auf die Fraktion, in Personalfragen auf Fraktion und Parteitag hinauslaufen. Die Fraktion taugt zum Entscheidungsträger besser als der Parteitag. Sie ist spezialisiert auf die Verbindung von Entscheidungskompetenz und Wählerlegitimität. Ihre Kompetenz erwächst aus ihrem hohen Informationsstand, ihren kontinuierlichen Wechselbeziehungen zu Regierung, Verwaltung, Verbänden, Wissenschaft und aus den für sie eigentümlichen Formen arbeitsteiliger Kooperation.

Und entgegen landläufiger Meinung reagieren Abgeordnete sensibel auf Wählermeinungen. [...] Sie folgen auch Irrtümern des Volkes, einige – wie die Einführung der Todesstrafe – wehren sie ab, aber sie sind selten originelle Erfinder von Torheiten. Da die meisten von ihnen wiedergewählt werden wollen, sind für sie Veränderungen der öffentlichen Meinung von größter Bedeutung.

Was bleibt für Parteitage? Allgemeine Richtungsbestimmung, große Debatte, Auswahl von Parteirepräsentanten. ...

Aus: (1) DER SPIEGEL Nr. 4/96, S. 52 und (2) Nr. 48/1997, S. 48 f., Autor: Joachim Raschke

1 Führen Sie eine Pro- und Kontra-Diskussion durch: Sind Mitgliederentscheide eine Bereicherung für die Parteiendemokratie? Beachten Sie dabei M 2 bis M 5.

5 Beuten die Parteien den Staat aus?

„Kennen Sie mich noch von Ihrem Seminar über Parteienfinanzierung vor zwanzig Jahren?", fragte der Mainzer Ministerpräsident Helmut Kohl den Tübinger Politikwissenschaftler Theodor Eschenburg bei einem Sommerfest des Bundeskanzlers Brandt Anfang der Siebzigerjahre. „Und ob", antwortete Eschenburg, „Sie haben leider, wie sich gezeigt hat, nichts daraus gelernt." Der erste Teil seiner Antwort habe nicht gestimmt, schrieb Eschenburg später, der zweite sei eine Laune des Augenblicks gewesen. Eschenburg hatte auf eine Parteispendenaffäre angespielt, nicht die einzige, in die der spätere Kanzler in seinem politischen Leben verwickelt war.

In Anlehnung an Theodor Eschenburg: Letzten Endes meine ich doch, Berlin: Siedler, 2001

Die Parteien und das Geld – die Auseinandersetzung darüber zieht sich wie ein roter Faden durch fünf Jahrzehnte deutscher Demokratiegeschichte. Gegenspieler in dieser Auseinandersetzung waren Bundestag und Bundesverfassungsgericht. Sobald das Gericht eine Geldquelle versperrte, nahm das Parlament eine andere Möglichkeit wahr, worauf Karlsruhe erneut versuchte, Grenzen zu ziehen und Missbrauch zu verhindern. Aber auch das Bundesverfassungsgericht gab wegen seiner wiederholten Kehrtwendungen in Sachen staatlicher Parteienfinanzierung kein überzeugendes Bild ab.

Parteien brauchen zur Unterhaltung ihrer Organisation, zur Finanzierung ihrer Wahlkämpfe und für ihre politische Bildungsarbeit Geld, viel Geld. Ihre Eigenmittel, Mitgliedsbeiträge und Erträge aus Parteivermögen, reichen dafür bei Weitem nicht aus. Weitere Geldquellen sind private Spenden und öffentliche Finanzmittel. Und um diese beiden Geldquellen ging und geht es in den Auseinandersetzungen.

Das Grundgesetz bestimmt in Artikel 21, dass die Parteien über Herkunft und Verwendung ihrer Mittel öffentlich Rechenschaft geben müssen. Sinn dieses Publizitätsgebotes ist, die Käuflichkeit von Politik zu unterbinden. Es ist ja nicht auszuschließen, dass der, der Geld spendet, vor allem wenn es viel Geld ist, damit auch Einfluss gewinnen, manchmal sogar unmittelbar profitieren will. Das Publizitätsgebot soll auch der innerparteilichen Demokratie dienen, denn wer in einer Partei unkontrolliert über finanzielle Mittel verfügen kann, kann auch Abhängigkeiten erzeugen und damit auf undemokratische Weise seine Macht absichern. Nach dem derzeitig gültigen Recht sind Großspenden über 10 000 Euro publizitätspflichtig. Die Namen der Spender und die Höhe der Spenden müssen offengelegt werden.
In der Auseinandersetzung um die Parteienfinanzierung ging es zunächst um die Parteispenden. Nicht deren Zulässigkeit war strittig, sondern deren steuerliche Behandlung. Sollen Parteispenden in unbegrenzter Höhe vom zu versteuernden Einkommen abgezogen werden können oder nicht? Je höher die Spende, desto höher ist der Abzugsbetrag, desto größer ist die Steuerersparnis. Das Bundesverfassungsgericht sah darin einen Verstoß gegen den Gleichheitsgrundsatz und forderte Obergrenzen für die steuerliche Begünstigung von Parteispenden. Diese liegen heute bei 3 000 Euro pro Person und Jahr. Unternehmensspenden sind wegen des grundgesetzlichen Gleichheitsgebotes überhaupt nicht steuerlich begünstigt; eine steuerliche Förderung würde unternehmerfreundliche Parteien bevorzugen, da diese mit höheren Zuwendungen rechnen können als arbeitnehmerfreundliche Parteien.

In seinem ersten Parteispendenurteil hatte das Bundesverfassungsgericht den Gesetzgeber auf die Möglichkeit einer direkten staatlichen Parteienfinanzierung hingewiesen. In seinem bislang letzten Urteil in dieser Sache stellt das Gericht den Grundsatz auf, die Verwurzelung der Parteien im Volke dürfe nicht durch eine übermäßige staatliche Finanzierung untergraben werden. Deshalb wurde 1994 eine absolute Obergrenze in Höhe von 230 Millionen Mark (etwa 114 Millionen Euro) jährlich für staatliche Zuwendungen an Parteien eingeführt, die allerdings der Preisentwicklung angepasst werden kann. Berücksichtigt man auch die zusätzlich an die Parlamentsfraktionen und die Parteistiftungen fließenden Mittel, so kommt man auf einen weitaus höheren Betrag.

Das deutsche System der Parteienfinanzierung kombiniert zwei unterschiedliche Modelle: Das angelsächsische Modell kennt ausschließlich die private Finanzierung der Parteien. Spenden werden großzügig steuerlich begünstigt. Vorschriften über Höchstgrenzen und Offenlegung sollen Missbrauch und ungerechtfertigte politische Einflussnahme verhindern. Das kontinentaleuropäische Modell hingegen setzt auf direkte staatliche Zuwendungen an die Parteien.
Politikwissenschaftler räumen zwar ein, die Kombination beider Modelle im deutschen System der Parteienfinanzierung sei in der guten Absicht erfolgt, deren jeweilige Nachteile zu minimieren, tatsächlich aber habe sie jedoch zur doppelten Selbstbedienung der Parteien aus der Staatskasse geführt.

Die großen Skandale um die Parteifinanzen waren ganz überwiegend Spendenskandale. So sollte die Publizitätspflicht von Großspenden durch Stückelung in Beträge unter 10 000 Euro umgangen werden. Bundeskanzler Helmut Kohl weigerte sich unter Berufung auf ein von ihm gegebenes Ehrenwort, die Herkunft von Spenden in Höhe von insgesamt einer Millionen Euro zu offenbaren; er verstieß damit bewusst gegen Verfassung, Gesetze und Amtseid. In Köln wurden in den 90er-Jahren im Zusammenhang mit dem Bau einer Müllverbrennungsanlage von Unternehmen Parteispenden in sechsstelliger Höhe an die SPD gezahlt, nicht ordnungsgemäß verbucht, sondern aufgeteilt und als Spenden von Parteimitgliedern ausgewiesen, um die Herkunft der Gelder nicht zu offenbaren. Spendenquittungen wurden an angebliche „Parteispender“ verteilt, die diese steuermindernd gegenüber dem Finanzamt geltend machten.
Die eng gesetzten Grenzen der steuerlichen Abzugsfähigkeit von Spenden verführten Parteien wiederholt dazu, sich sogenannter „Spendenwaschanlagen“ zu bedienen, in der Regel parteinahe „gemeinnützige Vereinigungen“, an die steuerbegünstigt gespendet werden kann. Spenden wurden auf deren Konten eingezahlt und von dort der betreffenden Partei überwiesen. Die Parteispendenaffären haben sehr viel zum Entstehen der Politik- und Parteienverdrossenheit beigetragen. Im Interesse unserer politischen Kultur ist daher zu fragen:

- Was soll geschehen, um Parteispendenskandale in Zukunft möglichst auszuschließen? Ist der politische Wille für entsprechende Reformen vorhanden?

MATERIAL **1**

Parteispenden von Banken und Versicherern

	SPD	Grüne	CDU	CSU	FDP	Linke
2005	Allianz 60 001	Allianz 60 001	Allianz 60 001 AMB Generali 16 500 Commerzbank 150 000 Deutsche Bank 425 400 DVAG 226.150 Hanse Merkur 25 000 Ideal 20 000 Wüstenrot 10 500	Allianz 60 001	Allianz 50 001 Commerzbank 50 650 Deutsche Bank 200 250 DVAG 45 000 Hanse Merkur 25 000 Wüstenrot 15 000	–
2006	Allianz 60 001 Commerzbank 75.000	Allianz 60 001 Commerzbank 25 000 Deutsche Bank 25 000	Allianz 60 001 Commerzbank 100 000 Deutsche Bank 305 000 DVAG 120 000	Allianz 60 001 Commerzbank 50 000	Allianz 50 001 Commerzbank 60 000 Deutsche Bank 220 000 DVAG 45 000	–
2007	Allianz 60 001	Allianz 60 001	Allianz 60 001 Deutsche Bank 200 000	Allianz 60 001	Allianz 50 001 Deutsche Bank 200 000 DVAG 54 000	–
2008	Allianz 60 001 Commerzbank 100 001	Allianz 60 001	Allianz 60 001 Commerzbank 100 000	Allianz 60 001	Allianz 50 001	–

DVAG = Deutsche Vermögensberatung AG Quelle: http://projekt-turm.de/joomla/ (Zugriff am 25.2.2009)

MATERIAL **2**

Gesamteinnahmen der Bundestagsparteien

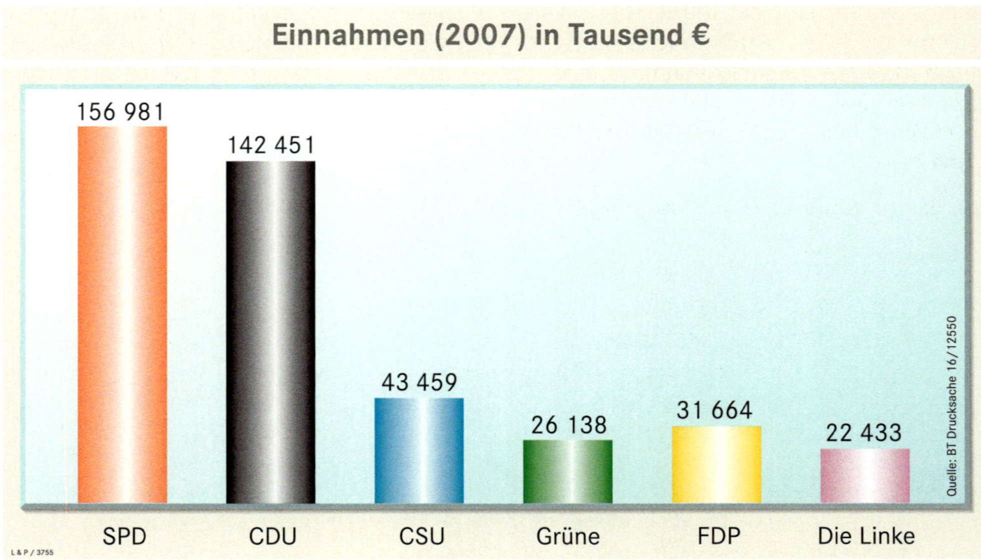

MATERIAL 3

Reform der Parteienfinanzierung – die Vorschläge von Transparency International (TI), einer Organisation zur Überwachung von Korruption weltweit

Die Parteien sind ebenso wie der Staat selbst nur die Vertreter des Souveräns: der Bürger und Bürgerinnen. Es muss daher sichergestellt werden, dass das demokratische Prinzip – eine Person, eine Stimme – nicht durch den höheren Einfluss der größeren Spendensumme außer Kraft gesetzt wird.
Zu diesem Zweck schlägt Transparency International Deutschland (TI-D) Änderungen im deutschen Parteiengesetz vor, die in den folgenden vier Punkten kurz zusammengefasst sind:

Höhe der Spenden: Begrenzung der Spenden von juristischen und natürlichen Personen an eine Partei auf maximal 50 000 €/ Jahr (bisher: keine Höchstgrenze);

Begrenzung der Spenden natürlicher Personen an einzelne Mandatsträger/Mandatsträgerinnen oder Kandidaten/Kandidatinnen auf 25 000 €/ Jahr (bisher keine Höchstgrenze);

Verbot von Spenden juristischer Personen an einzelne Mandatsträger oder Kandidaten (bisher kein Verbot);

Zulässigkeit von Barspenden nur bis zu einer Obergrenze von 100 € (bisher keine Obergrenze); bei vom Parteiengesetz unter begrenzten Umständen erlaubten Spenden aus dem Ausland müssen dieselben Höchstgrenzen gelten wie für Spenden aus dem Inland;

Veröffentlichungspflicht:

- Pflicht zur Veröffentlichung von Spenden an eine Partei: auf Bundesebene ab 5 000 €/Jahr, auf Landesebene ab 2 500 €, und auf kommunaler Ebene ab 500 € (bisherige Regelung: Veröffentlichung aller Spenden erst ab 10 000 €/Jahr);
- Pflicht zur Veröffentlichung der Spenden an Mandatsträger oder Kandidaten ab 2 500 €/ Jahr bzw. ab 1 000 € in kleineren Gemeinden (bis 100 000 Einwohner); Veröffentlichung der Rechenschaftsberichte auch im Internet.

Sanktionen: Neben der bestehenden Androhung von Strafzahlungen gegenüber den Parteien (für die die Bedingungen klarer formuliert werden müssen) müssen auch strafrechtliche Sanktionen gegenüber Einzelpersonen greifen, und zwar sowohl in Form von Geld- oder Freiheitsstrafen als auch durch Mandatsverlust und Aberkennung des passiven Wahlrechts bei schweren Verfehlungen;

Kontrolle: TI-D schlägt vor, die Kontrolle einem weisungsunabhängigen Kontrollgremium zu übertragen, das dem Büro des Bundestagspräsidenten zugeordnet sein könnte. Dieses Gremium sollte ungehinderten Zugang zu allen Finanzunterlagen der Parteien haben. Sein Leiter sollte über die Befähigung zum Richteramt verfügen.

Nach: www.transparency.de/Vorschlaege_für_Reform_der_Pa.91.0.html

1 Beschreiben Sie das System der Parteienfinanzierung in Deutschland.

2 Erarbeiten Sie Gründe für die staatliche Parteienfinanzierung.
Erörtern Sie, inwiefern Art. 21 GG zur Begründung herangezogen werden kann.

3 Das Bundesverfassungsgericht hat mit dem Hinweis, die „Verwurzelung der Parteien im Volk“ dürfe nicht untergraben werden, Obergrenzen für die Finanzierung aus öffentlichen Mitteln festgesetzt. Setzen Sie sich mit diesem Argument auseinander.

4 Erarbeiten Sie aus M 4 die Vorschläge zur Reform der Parteienfinanzierung.
Recherchieren Sie, welche dieser Vorschläge inzwischen aufgegriffen worden sind (www.bundestag.de und www.das-parlament.de).

6 Die Parteien und der Staat: „L‘état, c‘est nous“?

Der Karikaturist Horst Haitzinger zeichnete 1992 die damaligen Parteivorsitzenden Kohl (CDU), Waigel (CSU); Engholm (SPD) und Lambsdorff (FDP), dazu Bundespräsident Richard von Weizsäcker.

„L'état, c'est nous“: Mit diesen Worten beschreibt der Politikwissenschaftler Graf Kielmannsegg in Abwandlung des berühmten Ausspruchs Ludwigs XIV. „L'état, c'est moi“, wie die Parteien den Staat betrachten. Seit Beginn der 90er-Jahre hat sich in der Bundesrepublik eine Diskussion über den übermächtigen Einfluss der Parteien entwickelt. Der damalige Bundespräsident Richard von Weizsäcker hat ihr entscheidende Impulse gegeben. Er wisse nicht, äußerte er, welche Vorstellungen die Mütter und Väter unserer Verfassung vom Einfluss der Parteien gehabt hätten. Was sie darüber im Artikel 21 des Grundgesetzes formuliert hätten („Die Parteien wirken bei der politischen Willensbildung mit“), sei jedenfalls ein geradezu gigantisch eindrucksvolles Beispiel von Understatement. In vornehmer Zurückhaltung habe man sich im Parlamentarischen Rat darauf beschränkt, mit der verfassungsrechtlichen Institutionalisierung der Parteien „ein Tor zu öffnen, ohne zu sagen, wohin man kommt, wenn man da durchgeht“. Nach seiner Überzeugung seien die Parteien zu weit gekommen. Als Monopolisten über Parlamentssitze und Regierungsämter seien sie dabei, sich den Staat zur Beute zu machen.

- Ist aus der in Artikel 21 GG vorgesehenen Mitwirkung der Parteien nicht längst eine Dominanz des politischen Prozesses geworden?
- Haben die Parteien ihren Machtanspruch überzogen, wenn sie ihn bis weit in die Gesellschaft hinein geltend machen?
- Wie soll die lebendige Parteiendemokratie der Zukunft aussehen?

Die Parteien – machtversessen und machtvergessen

MATERIAL 1

Der Einfluss der Parteien geht ... weit über den öffentlichen, staatlichen Bereich hinaus. Er reicht direkt oder indirekt in die Medien und bei der Richterwahl in die Justiz, aber auch in die Kultur und den Sport, in kirchliche Gremien und Universitäten. Es geht darum, sich an der Bildung der Meinungen im Kleinen und im Großen zu beteiligen und den Zuspruch umfassend vorzubereiten und auszubauen, den man bei der nächsten Wahl gerne finden möchte. ...

Die Parteien haben sich zu einem ungeschriebenen sechsten Verfassungsorgan entwickelt, das auf die anderen fünf einen immer weitergehenden, zum Teil völlig beherrschenden Einfluss entwickelt hat. ... Die fünf Organe, von denen unser Grundgesetz spricht, müssen sich nach klaren Verfassungsrichtlinien orientieren. Damit werden Ausmaß und Kontrolle ihrer Machtbefugnisse bestimmt. Vergleichbare Vorschriften gibt es aber für die mächtigste Institution in unserem staatlich-gesellschaftlichen Leben, nämlich die Parteien, nicht.

... Nach meiner Überzeugung ist unser Parteienstaat ... machtversessen auf den Wahlsieg und machtvergessen bei der Wahrnehmung der inhaltlichen und konzeptionellen politischen Führungsaufgabe ... Mandate aufgrund von Wahlergebnissen sollen doch nur die Voraussetzung für die eigentliche Aufgabe der Politik sein, nämlich die Herausforderungen der Zeit zu erkennen und mit ihren Risiken und Chancen fertig zu werden. Doch diese werden allzu rasch im Lichte der nächsten Wahlkämpfe gesehen. Demgegenüber gerät die Ausübung der Macht im Sinne der notwendigen konzeptionellen politischen Arbeit ins Hintertreffen ...

Wir leben in einer Demoskopiedemokratie. Sie verführt die Parteien dazu, in die Gesellschaft hineinzuhorchen, dort die erkennbaren Wünsche zu ermitteln, daraus ein Programm zu machen, dieses dann in die Gesellschaft zurückzufunken und sich dafür durch ein Mandat für die nächste Legislaturperiode belohnen zu lassen. [... Es] handelt sich um einen Kreislauf, bei dem die politische Aufgabe der Führung und Konzeption zu kurz kommt.

Aus: Richard von Weizsäcker im Gespräch mit Gunter Hofmann und Werner A. Perger, Frankfurt am Main 1992 (Eichborn Verlag), zitiert nach „Die Zeit" Nr. 26 vom 19. Juni 1992, S. 3 f., Der Text folgt – dem Wunsch des Autors entsprechend – der alten Rechtschreibung

Idealismus?

MATERIAL 2

Norbert Blüm (1982–98 Bundesminister für Arbeit und Sozialordnung) antwortet Richard von Weizsäcker

Unsere Bundesrepublik wäre ohne Parteien nicht zu dem geworden, was sie ist. Sie ist die beste Republik, die wir in unserer nicht immer glücklichen Geschichte auf die Beine gebracht haben. Und diese Bundesrepublik haben die viel gescholtenen etablierten Parteien mit geschaffen. Und nun lese ich vom Herrn Bundespräsidenten, wie „machtversessen" und „machtvergessen" die Parteien sind. Ja was denn? Verehrter Herr Bundespräsident, lesen Sie einmal dieses saloppe präsidiale Urteil durch die Brille eines Kommunalpolitikers in Kleinkrotzenburg, Großwallstatt, München, Berlin oder Dresden. Während andere schon zu Hause auf dem Sofa sitzen, von Bierflaschen umrahmt im Fernsehen Krimi, Fußball ... konsumieren, rackern sich diese „machtvergessenen" und „machtversessenen" Parteipolitiker in Ausschüssen, Kommissionen und Parlamentssitzungen ab. Über Geld und Korruption zerreißen sich viele das Maul – ich auch [...] Vom Idealismus vieler Parteipolitiker reden jedoch wenige ... Die Verachtung der Politik hat in Deutschland eine angesehene Tradition. Sie hat nicht die demokratischen Tugenden gestärkt, sondern das spießbürgerliche „Meine Ruhe will ich haben" abgeschirmt.

Aus: DER SPIEGEL Nr. 26/1992, S. 20 f.

MATERIAL 3

Kungelei? Partei- und Parlamentskritik

Die Ungeduld mit unseren komplizierten politischen Prozessen wächst. Manchmal ist sie ungerecht, gehört es doch glücklicherweise zum Wesen der Demokratie, dass niemand auf einen Knopf drücken kann und alles pariert. Die Ungeduld ist aber auch Folge steigender Nöte. Die Globalisierung, die EU-Osterweiterung, die hohe Arbeitslosigkeit, die sinkende Kinderzahl, die marode Finanzlage unseres Sozialstaats, die verheerenden Pisa-Ergebnisse, der Forschungsrückstand – all diese Herausforderungen lassen sich nicht im Schneckentempo bewältigen. Warten auf die Wende des deutschen Tankers – diese alte Maxime ist längst nicht mehr zeitgemäß.

Wenig andere Verfassungssysteme sind so kompliziert wie das deutsche. Das haben kanadische Forscher herausgefunden. Nirgendwo sonst auf der Welt sind die unterschiedlichen Interessen derart miteinander verflochten und die Spielräume der Beteiligten darum so begrenzt. Von Ludwig Erhards „formierter Gesellschaft" bis zu den „konzertierten Aktionen" und „Runden Tischen" aller Nachfolger versuchten linke wie rechte Regierungen die Besitzstandskartelle mit dem Hoffnungssatz aufzubrechen: Es gibt ein Gemeinwohl, dem alle dienen müssen. Die Vernünftigen in der Gesellschaft setzen sich deshalb zusammen und helfen mit – zum Nutzen jedes Einzelnen.

Solange es noch Geld zu verteilen gab, konnte man die Interessen gut austarieren, ohne jemandem wehzutun. Durchregiert wurde nicht, man verwaltete die Staatsdinge eher bequem und wenig weitsichtig. Heute tragen wir schwer daran, dass notwendige Reformen zu einer Zeit unterlassen wurden, als sie noch viel leichter zu bewältigen gewesen wären als heute. Jetzt aber, da (fast) alle Bürger schmerzhafte Veränderungen erfahren müssen, versagt auch die Konsenspolitik. [...] Es erweist sich nun als großer Nachteil, dass im Bundestag nie wirklich kontrovers über die sozialen Zukunftsfragen gestritten – und dann entschieden wurde. Die wichtigen Beschlüsse fielen in den Konsensrunden, Vermittlungsausschüssen, Koalitionszirkeln oder – wie bei Schröder – in außerparlamentarischen Expertenkommissionen. Am Ende entstand der Eindruck, die Macht des Parlaments sei diffundiert, der Bundestag dürfe also nur noch abnicken, was andernorts längst entschieden wurde.

Und noch ein weiterer Zwang zur Kungelei behindert effektives Regieren: der Föderalismus. Darf ich, der Bund, die Gesetze machen, dürft ihr, die Länder, jedes Mal zustimmen – nach dieser Devise haben die Landesparlamente zwar heute kaum noch etwas zu tun, dafür können die Ministerpräsidenten Entscheidungen im Bund endlos blockieren. Die Chefs der Bundesländer agieren auf der Berliner Bühne als kleine Nebenkanzler, die bei wichtigen, kniffeligen Beschlüssen vom großen Kanzler umsorgt und umworben werden wollen, sonst stimmen sie mit Nein.

[...] Den Landesfürsten ist das eigene Hemd näher, und gerade die Länderkammer ist das Forum, wo die Stoibers, Wulffs und Kochs nach kurzer Schamfrist mit Wonne ihre Machtkämpfe untereinander und gegen eine Kanzlerin Merkel austragen werden.

Natürlich würden auch eine längere, fünfjährige Legislaturperiode und die Bündelung von Landtagswahlen das Dirigieren in Berlin erleichtern. Der Schlüssel zum Erfolg aber liegt in der Entflechtung unserer Konsens- und Verhandlungsdemokratie. Durchregieren könnte selbst dann kein Kanzler und keine Kanzlerin, zum Glück – aber entschlossener führen und rascher entscheiden

Aus: Martin Klingst, Der Zwang zur Kungelei, in: DIE ZEIT 7. 7. 2005 Nr. 28

1 Was kritisiert Richard von Weizsäcker (M 1) an den Parteien?

2 Mit welchen Argumenten versucht Norbert Blüm die Parteienkritik von Weizsäckers zu entkräften (M 2)?

3 Erläutern Sie, was der Autor (M 3) unter „Konsensdemokratie" versteht. Welche Probleme attestiert er diesem Konzept und welche Schlussfolgerungen zieht er daraus?

1 Bereiten Sie zu einem der in M 3 unterbreiteten Vorschläge ein Referat vor. Nutzen Sie bei der Vorbereitung des Referats das Internet, indem Sie einen oder mehrere der im jeweiligen Vorschlag enthaltenen Begriffe in mehrere Suchmaschinen eingeben.

2 Diskutieren Sie mehrere der in M 3 unterbreiteten Vorschläge im Plenum bzw. mit einem oder mehreren Parteienvertretern.

3 Interpretieren Sie die Karikatur.

4 Inwieweit sind Frauen (z. B. als Entscheidungsträgerinnen in der Politik) in diesem Schulbuch unterrepräsentiert? Woran könnte das liegen?

VERWEIS

s. S. 51 f.
Gleichberechtigung der Geschlechter

7 Organisierte Interessen

Die Einschätzung organisierter Interessenvertretung ist vielfach sehr konträr. Nicht selten werden ihr vorwiegend negative Wirkungen zugeschrieben, weil Verbände beispielsweise notwendige Veränderungen blockierten oder ihre Partikularinteressen durchsetzten. Zudem erzeuge die Organisationsmacht von Verbänden und Interessengruppen Ungleichheiten insbesondere im Hinblick auf nicht organisierbare Interessen.

Im Gegensatz dazu steht die Auffassung, dass Interessenorganisationen politischen und sozialen Wandel anstoßen können und somit eine wichtige Integrations-, Vermittlungs- und Steuerungsfunktion im politischen System übernehmen. Verbände machen einerseits auf Probleme aufmerksam, fordern politische Lösungen und bündeln unterschiedlichste gesellschaftliche Interessen zu Handlungsalternativen. Damit sorgen sie dafür, dass aus der Vielfalt von Interessen in einer pluralistischen Gesellschaft zumindest wenige wichtige im Gesetzgebungsprozess präsent sind. Dies ist ein wichtiger Beitrag zur Legitimation politischer Entscheidungen. Verbände können andererseits zur Akzeptanz und Durchsetzung solcher Entscheidungen beitragen und leisten damit einen Beitrag zum Bestand und zur Funktionsfähigkeit von demokratischen Systemen.

Geht man von Theodor Eschenburgs in den 50er-Jahren formulierten Frage nach der „Herrschaft der Verbände" aus, so stellen sich eine Reihe von Einzelfragen, mit denen man das Verhältnis von organisierten Interessen und Staat erschließen kann:

- Welches sind die primären Adressaten von Verbänden für politische Einflussnahme?
- In welchen Phasen des politischen Willensbildungsprozesses sind die Chancen für Verbände am größten, wenn sie ihre Forderungen wirkungsvoll vertreten wollen?
- Wie sieht die „Verbandsfärbung" des Deutschen Bundestages aus?
- Welche Bedeutung haben „Politiknetzwerke" für Kommunikationsbeziehungen zwischen relevanten Akteuren?
- Wie ist der Einfluss von Interessengruppen zu bewerten?

Die erfolgreichsten Verbände in Deutschland

2004 erstellten das Marktforschungsinstitut forum! und die Deutsche Gesellschaft für Qualität (DGQ) auf Basis einer Befragung von 501 repräsentativ ausgewählten Spitzenvertretern der deutschen Verbandslandschaft ein Gesamtranking der erfolgreichsten Verbände (Kriterien waren dabei Einfluss, Image, Mitgliederzufriedenheit)

Platz	Verband
1	Allg. Dt. Automobilclub (ADAC)
2	Verband d. Automobilindustrie (VDA)
3	Bundesverband d. dt. Industrie (BDI)
4	Greenpeace Deutschland
5	Verband Deutscher Ingenieure (VDI)
6	Bundesärztekammer (BÄK)
7	Verband d. Chem. Industrie (VCI)
8	World Wildlife Fund Dtl. (WWF)
9	Bundesvereinigung d. Deutschen Arbeitgeberverbände (BDA)
10	Bund f. Umwelt u. Naturschutz (BUND)
11	Verband dt. Maschinen- und Anlagenbau (VDMA)
12	Bundesverband dt. Banken (BDB)
13	Dt. Spark.- und Giroverband (DSGV)
14	Deutscher Bauernverband (DBV)
15	Hartmannbund (Krankenhausärzte)
16	Bundesverb. d. Deutschen Groß- und Außenhandels (BGA)
17	Deutscher Industrie- und Handelskammertag (DIHK)
20	Bund der Steuerzahler (BdSt)
22	Zentralverb. d. Dt. Handwerks (ZDH)
23	Hauptverb. d. Dt. Einzelhandels (HDE)
26	Bundesrechtsanwaltskammer
28	Deutscher Fußballbund (DFB)
33	IG Metall
36	Dt. Gewerkschaftsbund (DGB)

Tabelle nach: Capital Nr. 22 v. 14. 10. 2004

Im Netzwerk

MATERIAL 1

Es ist schon spät am Abend, als zwei ältere Herren entspannt auf ein rotes Sofa niedersinken. Ihre Reden haben sie für diesen Tag gehalten, und gut gegessen haben sie auch. Nun breiten sie die Arme aus, lachen und plaudern miteinander. Ein Pianist spielt Jazzballaden und langsam füllt sich der Saal des Berliner Hotels Adlon mit Gästen in Abendkleid und Smoking. Einer der beiden Herren – es ist der Verleger Hubert Burda – winkt aus der Menge eine Dame heran. Es ist eine Ex-Prominentenehefrau, Ex-Moderatorin, clevere Selbstdarstellerin und Unternehmerin, kurz: Verona Pooth, geborene Feldbusch. So lassen Burda und seine Gesprächspartner am 8. Februar 2005 die letzten Minuten verstreichen, bis um zwölf Uhr nachts der 65. Geburtstag des Verlegers beginnt und Marius Müller-Westernhagen und der Scorpions-Sänger Klaus Meine für ein „Happy Birthday“ ans Klavier treten. Und Hubert Burda auf seine Weise „Danke“ sagt. Statt noch eine Rede zu halten, stimmt er das Seemannslied „On the Banks of Sacramento“ an. Er ahnt wohl, dass sich niemand verweigern wird. Maria Furtwängler, Schauspielerin und seine Ehefrau, Marius Müller-Westenhagen, Verona Pooth und die übrigen Gäste geben ihm denn auch mit den nächsten Zeilen die Ehre. „For there's plenty of gold, so I've been told …“, und am Ende singt auch jener Herr mit, der zuvor so nett mit Hubert Burda auf dem Sofa geplauscht hatte: Bundeskanzler Gerhard Schröder.

So, wie Hubert Burda den Bundeskanzler zu sich eingeladen, mit ihm gefeiert und etwas von ihm erhofft haben mag, so erleben es Minister und Beamte, Journalisten und Abgeordnete jeden Tag. Unternehmer, Manager und ihre Lobbyisten suchen Nähe, äußern Wünsche, sie geben Ratschläge oder beschaffen Informationen. Sie werben, bitten und drohen – wie es gerade passt. Sie wollen Gesetze verbessern oder verhindern, am besten selbst formulieren, Lästiges verzögern oder wenigstens verwässern. Sie wollen ihre Gewinne strategisch-politisch absichern. Es geht um „plenty of gold“, um Millionen, wenn nicht um Milliarden Euro. Und wer ihnen hilft, der wird nicht vergessen, wenn er später einen neuen Posten braucht. Der bekommt seinen Platz im Netzwerk. […]

Aus: Cerstin Gammelin / Götz Hamann, Die Strippenzieher. Manager, Minister, Medien – Wie Deutschland regiert wird. Verlag Econ, Berlin 2005, S. 11 f.

Formen der Einflussnahme

MATERIAL 2

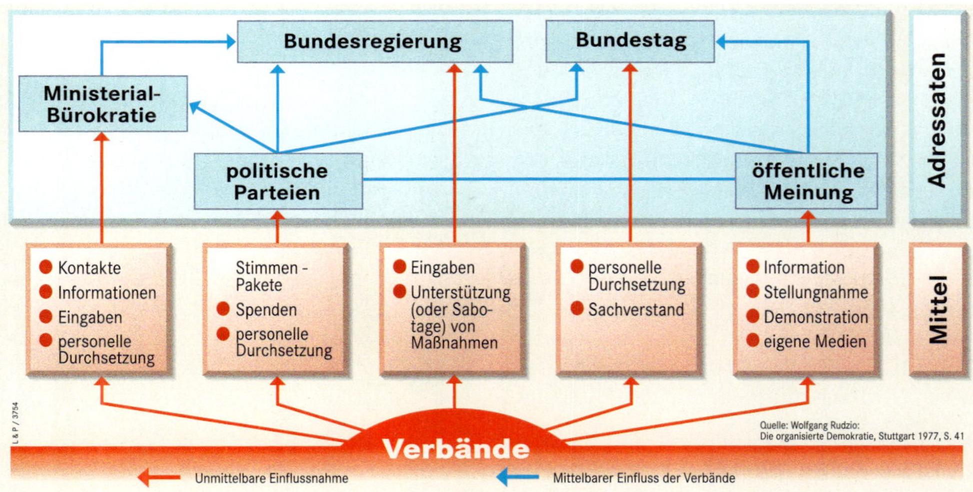

MATERIAL **3**

Die Suppenindustrie und viele andere

Die Suppenindustrie tut es, der Verband für das deutsche Hundewesen tut es, und auch die Bundesinteressenvertretung der Altenheimbewohner oder der Fachverband Drogen- und Rauschmittel: Insgesamt 1900 Verbände haben sich beim Deutschen Bundestag als Lobbyisten registrieren lassen. Sie alle haben damit das Recht erworben, sich mit mehr oder weniger relevanten Interessen bei Abgeordneten, Beamten und Ministern Gehör zu verschaffen. So wie es die etablierten Industrie- und Gewerkschaftsverbände, 120 Unternehmensrepräsentanzen und zahllose Politikberater und Kommunikationsagenten auch versuchen.

„Es sind ein paar Tausend Menschen, die in Berlin als politische Lobbyisten arbeiten", sagt Marco Althaus, Direktor des Deutschen Instituts für Public Affairs in Potsdam. Ihr Ziel: möglichst frühzeitig Einfluss nehmen, wenn Gesetze geplant sind, die die eigene Klientel betreffen. Ihr gemeinsames Problem: das schlechte Image der Branche, die sich – so der öffentlich diskutierte Verdacht – Abgeordnete einkauft, um mithilfe der „eingebauten Lobbyisten" Politik zu machen.

Doch wie mächtig sind die Interessenvertreter wirklich? [...] Auch SPD-Fraktionsvize Ludwig Stiegler erhält „jeden Tag ganze Berge von Einladungen". Aber: „Ich schmeiß das meiste weg." Wer wolle, könne sich den ganzen Tag mit solchen Terminen füllen. Der Einfluss der Lobbyisten werde „völlig überschätzt", sagt Stiegler. Denn wo es wichtig wird – Beispiel Energie –, seien ohnehin alle dabei: die Alternativen, die Steinkohle-Leute, die Kommunen. [...]

Um sich von der Masse abzuheben, kehren viele Lobbyisten zu alten Tugenden der politischen Kommunikation zurück. „Einige wenige, aber gezielte Drähte zu Politikern sind wichtiger als Großveranstaltungen", sagt Axel Wallrabenstein, Partner bei der Agentur Publicis, die 80 deutsche Firmen nach ihren politischen Aktivitäten befragt hat. Ergebnis: Drei Viertel der Befragten verlassen sich auf eigene Spezialisten, die das persönliche Gespräch mit den Entscheidungsträgern suchen. Zentrale Themen sind dabei die Wirtschafts-, Steuer-, Verbraucher- und Umweltpolitik. Auch informelle, politische Gesprächsrunden werden genutzt – statt Mailings oder Newsletter.

Doch Ausnahmen bestätigen die Regel: Als Regierung und Opposition im Sommer 2003 die Gesundheitsreform aushandelten, bekam die Grünen-Gesundheitsexpertin Biggi Bender noch die volle Lobby-Ladung: „Ich bin mit Mails und Briefen zugeschüttet worden", erinnert sich Bender, die für die Regierungskoalition am Verhandlungstisch saß. Dass Lobbyisten sich auch an Politiker wenden, findet die Bundestagsabgeordnete prinzipiell nicht schlimm. „Das ist Teil des Spiels." Schließlich sei es Aufgabe der Politik zu entscheiden, welche Interessen „berechtigt" seien [...].

Problematisch wird es dann, wenn die Interessengruppen schon vorher auf der Arbeitsebene der Ministerien tätig werden. Unaufgefordert bieten Verbände und Unternehmen hier häufig ihre Hilfe bei der Formulierung von Gesetzestexten an. „Die Abgeordneten sind für die Lobby gar nicht so interessant, das Augenmerk richtet sich auf die Regierung und ihre Beamten", sagt Public-Affairs-Experte Marco Althaus. Die Parlamentarier bekommen deshalb häufig gar nicht mit, was die Lobbyisten schon untergebracht haben, wenn der Gesetzentwurf aus dem Ministerium in den Bundestag kommt.

[...] Die „Wertschöpfungskette" der Lobbyisten ist lang. Und sie endet dort, wo sie enden soll: bei der Regierung. Thomas Kropp, Cheflobbyist der Lufthansa in Berlin, glaubt, dass rot-grüne Politiker sehr viel empfänglicher für die Interessen der Industrie geworden sind. „Die wollen Bescheid wissen über die Sorgen und Nöte eines Unternehmens", sagt Kropp. Als Erfolg wertet er deshalb auch, dass die Regierungsmehrheit nach mehrjähriger Lobbyarbeit davon überzeugt ist, dass etwa die Einführung der Mehrwertsteuer bei grenzüberschreitenden Flügen nicht „im nationalen Alleingang" gemacht werden könne, da dies der Lufthansa Wettbewerbsnachteile verschaffe. [...]

Aus: T. Bruns / C. Eubel / H. Mortsiefer / F. Wisdorff, Hauptstadt der Strippenzieher. In: Der Tagesspiegel, 23. 1. 2005, S. 3

Interessen ohne Lobby

MATERIAL 4

[Der Einfluss von Interessenverbänden] birgt das Risiko, dass in den politischen Auseinandersetzungen bestimmte, leichter organisierbare, verbandlich definierte Partikularinteressen weit nachhaltiger zur Geltung kommen als weniger gut organisierbare Interessen. Dabei müssten diese in die Definition des „Gemeinwohls" mindestens genauso eingehen: Man denke an die Interessen von Kindern und Familien, an die Interessen von Arbeitslosen oder Obdachlosen, an die Interessen zukünftiger Generationen. Die Dominanz von partikularen Interessen ergibt sich vor allem daraus, dass das soziale Zuteilen ein äußerst wirksames Mittel im Wettbewerb um den Wähler ist. Dabei werden die Interessen von unorganisierten Gruppen vernachlässigt und diejenigen Interessen bevorzugt, deren Wahrnehmung eine berechenbare Wählerreaktion erwarten lassen. [...]

Aus: Sekretariat der Deutschen Bischofskonferenz (Hrsg.): Das Soziale neu denken. Für eine langfristig angelegte Reformpolitik. Bonn 2003, S. 12/13

Handeln aus Interesse an Menschen

MATERIAL 5

Stellen Sie sich vor, Sie leben ihren ganz normalen Alltag in Deutschland. Sie arbeiten, Sie schicken ihre Kinder zur Schule, Sie kümmern sich um deren Zukunft. Und Sie schmieden Pläne, wie es für ihre Familie in Zukunft weitergehen soll. Und dann kommen bei Nacht und Nebel Behördenvertreter, setzen Sie und ihre Familie in ein Flugzeug und schicken Sie zurück in die ehemalige Heimat, die keine mehr ist.

Flüchtlingsschicksale wie diese sind es, die Sabine Dsirne (58) aus Norderstedt keine Ruhe lassen. „Viele geduldete Flüchtlinge in Deutschland leben menschenunwürdig", sagt sie. Und seit vier Jahren versucht sie, etwas gegen diese Zustände zu tun: Im Norderstedter Förderverein Flüchtlingshilfe. Dsirne: „Flüchtlinge haben in diesem Land keine Lobby. Besonders die, die hier nur mit einer Duldung leben und tagtäglich mit ihrer Abschiebung rechnen müssen." Die Asylverfahren würden sich ewig hinziehen. Die Menschen lebten jahrelang in Deutschland, ohne Perspektive, ohne Fundament.

[...] Hier setzt der Förderverein an, der immer dann einspringt, wenn wichtige Hilfen an der Finanzierung scheitern. [...]

Aus: Andreas Burgmayer, Sie hilft den Menschen ohne Lobby. Nach: www.abendblatt.de/daten/2006/10/25/630006.html; Zugriff 12. 11. 2006

1 Recherchieren Sie im Internet zu drei der auf S. 260 aufgeführten Verbände, zu welchen aktuellen Themen und mit welchem Ziel sich diese Verbände in jüngerer Vergangenheit öffentlich geäußert haben.

2 Informieren Sie sich über die Mitgliederstärke der in Aufgabe 1 angesprochenen Verbände und überlegen Sie, ob sich daraus Aussagen über die Durchsetzungsstärke ableiten lassen.

3 Versetzen Sie sich in die Situation leitender Funktionäre der in Aufgabe 1 genannten Organisationen und prüfen Sie, welche der in M 2 abgebildeten Mittel der politischen Einflussnahme jeweils in Betracht kommen können.

4 Entwickeln Sie mithilfe von M 1 und M 3 Regeln und Verhaltensweisen für den erfolgreichen Lobbyisten.

5 Diskutieren Sie anhand von M 4 und M 5 die Chancen der politischen Teilhabe für nichtorganisierbare Interessen.

MATERIAL 6 Interessenvertretung ist notwendig

Eberhard Schütt-Wetschky ist Politikwissenschaftler.

Die BSE-Affäre hat eine Krise der Landwirtschaft offenbart. Wie bewertet die Politikwissenschaft die Rolle der Agrarlobby?

Eberhard Schütt-Wetschky: Es gibt keinen anderen Wirtschaftsbereich, der es jahrzehntelang so gut verstanden hat, die Politik für seine Zwecke einzuspannen. Das beste Indiz dafür ist, dass sowohl CDU/CSU als auch SPD stets bemüht waren, den Interessen der Landwirte zu entsprechen. Bei typischen Arbeitnehmerinteressen setzt sich in der Regel die SPD ein, bei Wirtschaftsinteressen ist es die Union. Keine Branche war so geschickt wie die Landwirtschaft, sich beider Parteien gewissermaßen als große Koalition zu bedienen.

Halten Sie eine derartige Interessenvertretung für legitim?

Schütt-Wetschky: Interessenvertretung ist grundsätzlich legitim. Sie ist nicht nur legitim, sie ist unverzichtbar, weil es in den Ministerien oder in den Parlamenten nie genug sachkundige Mitarbeiter geben kann, die alle Bereiche der Praxis so gut kennen, dass die jeweiligen Gesetze und Verordnungen praxisgerecht sind. Das geht nur, wenn die Betroffenen mitwirken.

Muss Interessenvertretung nicht auch am Gemeinwohl orientiert sein?

Schütt-Wetschky: Selbstverständlich. Man muss aber unterscheiden: Kein Mensch wird objektiv und verbindlich erkennen können, was das Gemeinwohl ist. Gerade deshalb ist entscheidend, dass Interessen so vertreten werden, dass andere nicht geschädigt werden.

Kann man das von den Interessenvertretern einfordern?

Schütt-Wetschky: Nein. Deshalb braucht man auch immer ein starkes Gegengewicht. Im Parlament braucht man eine unabhängige Opposition. In der Landwirtschaftspolitik haben wir mit Sicherheit keine starke Opposition. Schließlich gehören zu ihrer Wählerklientel eine Million Bauern. Und wie wir wissen, können weit weniger Stimmen wahlentscheidend sein. Deswegen brauchen wir, quasi als weiteres Gegengewicht, starke Bürgerorganisationen wie Greenpeace oder den Naturschutzbund. Diskutieren die Landwirtschaftsexperten nur untereinander, bleiben Gegenstimmen ungehört. Fachleute mahnen doch schon seit 20 Jahren, dass die Überdüngung der Böden schädlich sei. Aber solange das nicht in der breiten Öffentlichkeit diskutiert wird, schmunzeln die Landwirte doch nur darüber.

Muss die Arbeit der Interessenvertretungen nicht auch transparenter werden?

Schütt-Wetschky: Transparenz von Daten und Fakten muss gewährleistet sein. Die Motive der Akteure müssen durchschaubar sein. Wenn aber auch Öffentlichkeit von Verhandlungen gefordert wird, ist das Illusion. Man sollte nicht meinen, dass es keine einseitige Interessenvertretung mehr gibt, wenn die Arbeit der Lobbyisten durchschaubarer gemacht wird.

Aus: DIE ZEIT 11. 2. 2001

1 Untersuchen Sie, welche Mittel und Wege dem Bauernverband zur Verfügung stehen, die angekündigte Agrarwende zu verhindern oder zu verwässern (M 3, M 4).

2 Erarbeiten Sie aus M 6, wie der Politikwissenschaftler Schütt-Wetschky Rolle und Durchsetzungschancen der Agrarlobby einschätzt. Womit begründet er die Legitimation von Interessenpolitik?

3 Informieren Sie sich über die Auswirkungen der Welthandelsgespräche auf die Agrarpolitik der EU. Nutzen Sie z. B. www.europa-digital.de.

Auswertung von Wahl- und Parteiprogrammen

Wenn Sie Parteiprogramme bzw. Wahlprogramme analysieren, so können Sie auf folgende Weise vorgehen:

1. Wählen Sie einen politischen Teilbereich bzw. ein kontroverses Thema aus, auf das Sie sich bei Ihrer Analyse konzentrieren. Ein gesamtes Programm einer Partei zu analysieren wird in der Regel zu aufwendig sein. Dabei ist es anregend, sich auf Parteien einzulassen, die man nicht schon ohnehin bevorzugt.
2. Beachten Sie: Jeder Bürger kann sich nach § 6 des Parteiengesetzes kostenlos alle oder einzelne Programme und Statuten der Parteien vom Bundeswahlleiter in Wiesbaden schicken lassen (vgl. http://www.bundeswahlleiter.de/unter.htm).
3. Berücksichtigen Sie bei der Textarbeit folgende Hinweise:
   - Wie ausführlich wird das betreffende Thema behandelt?
   - Welche Ziele werden genannt? An welchen übergeordneten Werten orientiert man sich?
   - Welchen Gruppen fühlt sich die Partei besonders verpflichtet?
   - Beachten Sie dabei, dass es sich bei Programmen nicht um Texte der Selbstverständigung handelt, sondern um solche, die eine Wirkung nach außen haben sollen.
4. Vertiefend können Sie recherchieren, wie sich die Position der Parteien zu einem bestimmten Politikbereich seit 1945 verändert hat.
5. Untersuchen Sie, inwieweit sich die Programmpositionen mit aktuellen Äußerungen der untersuchten Partei (Zeitungen, Internet) in Zusammenhang bringen lassen.

Parteien - eine Erkundung vor Ort

Erkunden Sie die aktuellen parteipolitischen Aktivitäten in Ihrer Gemeinde. Entwickeln Sie Fragebögen für Interviews mit Vorstandsmitgliedern des Ortsverbandes, Ratsmitgliedern und „einfachen" Mitgliedern. Recherchieren Sie dann in einem arbeitsteiligen Verfahren (bei mindestens zwei Parteien) z. B. zu folgenden Fragestellungen und Aufgaben:

- Wie ist die Partei vor Ort organisiert (Jugend-, andere Vorfeldorganisationen der Partei?)
- Wie organisiert die Partei ihre Arbeit? (Besuchen Sie z. B. eine Parteiveranstaltung, sammeln Sie aktuelle Pressemeldungen und beachten Sie die Präsentation der Ortspartei im Internet.)
- Wie wird die Parteiarbeit finanziert (Höhe der Mitgliederbeiträge, Spenden)?
- Wie hoch ist die Zahl der Mitglieder, wie ist die Berufs- und Altersstruktur, der Frauenanteil der Partei? Liegen dazu Vergleichszahlen - z. B. aus dem letzten Jahrzehnt - vor?
- Wie ist es mit dem Engagement von Frauen und Jugendlichen in der Partei vor Ort bestellt?
- Entspricht der Frauenanteil der Zielsetzung der Parteisatzung?
- Welche Motivation bewegt die Parteimitglieder zu ihrem Engagement?
- Worin liegen die praktischen Probleme der „Alltagsarbeit" der Ortspartei?
- Inwiefern unterscheiden sich die programmatischen Aussagen der Partei zu einem aktuellen Politikfeld in Ihrer Gemeinde von den Vorstellungen der anderen Parteien?
- Welche Institutionen in der Gemeinde werden mit Personen aus den Parteien besetzt?

Überlegen Sie, wie Sie Ihre Ergebnisse zusammenfassen und auf Schautafeln oder in einer kleinen „Parteienzeitung" präsentieren können. Sie sollten die vollständigen Rechercheunterlagen auch in einem Projektordner, auf Diskette oder CD-ROM sammeln, der für nachfolgende Lerngruppen eine Grundlage für weitere Untersuchungen darstellen kann.

Grundrechte und demokratisches System in Deutschland

2. Zur Unantastbarkeit der Menschenwürde gemäß Art. 1 Abs. 1 GG gehört die Anerkennung eines absolut geschützten Kernbereichs privater Lebensgestaltung. In diesen Bereich darf die akustische Überwachung von Wohnraum zu Zwecken der Strafverfolgung (Art. 13 Abs. 3 GG) nicht eingreifen. Eine Abwägung nach Maßgabe des Verhältnismäßigkeitsgrundsatzes zwischen der Unverletzlichkeit der Wohnung (Art. 13 Abs. 1 i. V. m. Art. 1 Abs. 1 GG) und dem Strafverfolgungsinteresse findet insoweit nicht statt.

Aus: Urteil des BVG zum „großen Lauschangriff", Leitsätze zum Urteil des Ersten Senats vom 3. März 2004

1 Warum ist das deutsche Wahlrecht so kompliziert?

**Ich bin sehr für ein Mehrheitswahlrecht.
Da werden die Stimmen der Wähler in keiner Weise manipuliert.
Das Verhältniswahlrecht ist ein Schutzrecht der kleinen Parteien und zwingt in der Regel zu Koalitionen, die nur beschränkt handlungsfähig sind und in denen der Kanzler nicht wirklich die Richtlinien der Politik bestimmt.**

Theodor Eschenburg

Das Verhältnissystem belässt den Bürgern mehr Wahlmöglichkeiten und verleiht der Stimme jedes einzelnen Wählers mehr Gewicht. Außerdem ist dadurch eine Vertretung mehrerer politischer Richtungen, also auch eine bessere Kontrolle der Regierung durch die Opposition, garantiert.

Presseinformation der Südtiroler Volkspartei

Nach Auffassung des spanischen Kulturphilosophen José Ortega y Gasset (1883–1955) hängt „das Heil der Demokratie ... von einer geringfügigen technischen Einzelheit ab: vom Wahlrecht". Alles andere sei sekundär. Die Aussage ist zwar überspitzt formuliert, aber im Hinblick auf die wichtigen Funktionen, die Wahlen in einem Gemeinwesen erfüllen, nicht unzutreffend. In Wahlen werden vielfältige Meinungen und Interessen der Wählerschaft gebündelt und sichtbar gemacht. Die Bürgerinnen und Bürger entscheiden sich in Wahlen für Personen, gesellschaftliche Werte, politische Ziele und Programme. Gesellschaftliche Konflikte werden mittels Wahlen kanalisiert und friedlich beigelegt. Wahlen sind ein geregelter Konkurrenzkampf auf der Grundlage von Programmen und Kandidaten um politische Macht. Vertreter/-innen bestimmter Meinungen und Interessen – die politischen Eliten – stehen zur Wahl und werden bei Erfolg entweder dazu legitimiert, Herrschaft auf Zeit auszuüben oder Herrschaft als Opposition zu kontrollieren. Wahlen sollen eine funktionsfähige Regierung und Opposition herbeiführen, deshalb dürfen Wahlen nicht nur das Ziel haben, die verschiedenen politischen Richtungen in einer Wählerschaft wie ein Spiegel abzubilden. Andererseits müssen die Wählerinnen und Wähler auch die Möglichkeit haben, zwischen verschiedenen Führungsgruppen und Sachprogrammen auswählen zu können. Wahlen ermöglichen zudem einen geordneten Machtwechsel. Die beiden Grundmodelle des Wahlrechts im Parlamentarismus – Verhältniswahl oder Mehrheitswahl –, auf die alle bestehenden Wahlsysteme zurückgeführt werden können, erfüllen diese Funktionen auf unterschiedliche Weise. Deshalb werden Diskussionen über Wahlsysteme immer wieder geführt.

Als sich Deutschland in der 13. Legislaturperiode des Deutschen Bundestages von 1994 bis 1998 mit 672 Bundestagsabgeordneten das mitgliederstärkste Parlament der Welt leistete, begannen die Parteien über eine Verkleinerung des Bundestages nachzudenken. Es standen verschiedene Mittel und Wege zur Diskussion. Als weitestgehendes und einfachstes Mittel wurde wieder einmal die Einführung des Mehrheitswahlsystems nach britischem Vorbild ins Auge gefasst, mit dem das Bundeswahlgebiet in so viele Wahlkreise eingeteilt werden könnte, wie Abgeordnete zu wählen sind.

2001 haben sich die Parteien jedoch darauf geeinigt, das in Grundzügen seit 1956 geltende Bundeswahlgesetz beizubehalten und nur die Wahlkreise zu vergrößern. Die Zahl der Wahlkreise wird von 328 auf 299 verringert. Mit Beginn der 15. Legislaturperiode 2002 besteht der Bundestag – soweit keine Abweichungen durch Überhangmandate eintreten – nur noch aus 598 Abgeordneten. Warum hatte die Einführung des Mehrheitswahlsystems bei den Parteien so wenig Befürworter?

Die Entscheidung für ein bestimmtes Wahlsystem ist von zentraler Bedeutung für die politische Kultur und Struktur eines Landes. Das Wahlsystem hat Einfluss auf das Parteienspektrum, auf die innere Struktur der Parteien, auf die Zusammensetzung des Parlamentes, auf das politische Verhalten der Parteien zueinander und, was sehr wichtig ist, auf die Stabilität eines Staates.

Bei der Mehrheitswahl ist das gesamte Wahlgebiet in so viele Wahlkreise eingeteilt, wie Mandate zu vergeben sind. In den verschiedenen Wahlkreisen stellen sich mehrere Kandidaten zur Wahl. Gewählt ist, wer die Stimmenmehrheit auf sich vereinigt. Die Stärke einer Partei im Parlament ergibt sich aus der Zahl der von ihren Kandidatinnen und Kandidaten gewonnenen Wahlkreise. Zu unterscheiden ist zwischen relativer und absoluter Mehrheitswahl. Bei relativer Mehrheitswahl, wie sie in Großbritannien besteht, ist derjenige Kandidat gewählt, der die höchste Stimmzahl auf sich vereinigt. Bei der absoluten Mehrheitswahl, es wird in Frankreich bei der Wahl der Nationalversammlung angewendet, ist derjenige Kandidat gewählt, der mehr als die Hälfte der in seinem Wahlkreis abgegebenen Stimmen auf sich vereinigt. Erreicht im ersten Wahlgang keiner der Kandidaten bzw. Kandidatinnen die absolute Mehrheit, so findet zwischen den beiden erfolgreichsten Kandidaten des ersten Wahlgangs eine Stichwahl statt.

Bei der Verhältniswahl werden die Abgeordnetensitze den Parteien entsprechend ihrem Anteil am Wahlergebnis (proportional) zugeteilt. Weil der Wähler oder die Wählerin die Stimme einer von den Parteien aufgestellten Kandidatenliste gibt, und nicht einzelnen Kanditatinnen oder Kandidaten, wird die Verhältniswahl auch Listenwahl genannt. Die Zahl der gewonnenen Sitze werden den Kanditatinnen oder Kandidaten entsprechend der Reihenfolge auf der Parteienliste zugeteilt.

In der Bundesrepublik Deutschland hat man sich weder für das relative Mehrheitswahl- noch für das reine Verhältniswahlsystem entschieden. Deutschland wählt den Bundestag nach dem personalisierten Verhältniswahlrecht. Jede/r Wahlpflichtige hat zwei Stimmen, eine „Erststimme“ und eine „Zweitstimme“. Mit der Erststimme, die auf der linken Seite des Stimmzettels abgegeben wird, wählt er den bzw. die Wahlkreisabgeordnete/n. Die relative Mehrheit der Erststimmen entscheidet darüber, welcher Kandidat den Wahlkreis in Berlin vertritt. Mit der auf der rechten Seite des Stimmzettels abgegebenen Zweitstimme entscheiden sich die Wähler für die Landesliste einer Partei. Die Zweitstimme ist für die Stärke einer Partei im Bundestag maßgebend und entscheidet über die Größe der Fraktion im Parlament. Der Wähler kann seine beiden Stimmen auch aufspalten (splitten), d. h. einen Kandidaten einer bestimmten Partei wählen und die Zweitstimme aber einer anderen Partei geben. Scheidet ein Abgeordneter während der Legislaturperiode aus, so rückt ein Kandidat bzw. eine Kandidatin der jeweiligen Landesliste nach. Verhältniswahl mit einer Prise Mehrheitswahl, so könnte man das deutsche Wahlsystem auf eine Kurzform bringen: Ist das Wahlrecht zum Deutschen Bundestag nicht zu kompliziert?

MATERIAL 1 Als Wahlbeobachter in Wahlisien

Am 16. Oktober, einem Donnerstag, fanden in Wahlisien die Wahlen zum Parlament statt. Es ging um die Besetzung der 160 Abgeordnetensitze. Wahlisien ist in 160 Wahlkreise eingeteilt. Gewählt ist, wer im Wahlkreis die höchste Stimmzahl erreicht. Der Wahlkampf hatte sich auf die Hauptstadt, in der 75 Prozent der Wähler wohnen, konzentriert. Die regierende NP (National Party) gewann alle 15 Wahlkreise der Hauptstadt.
In Wahlisien besteht Wahlpflicht. Nichtwähler werden mit einer Ordnungsstrafe belegt. Im Wahllokal wurden die Wähler mittels ihrer Wahlkarte registriert und bekamen den Stimmzettel ausgehändigt. An einem Tisch in der Ecke kreuzten sie den Kandidaten an. Wahlberechtigt waren alle männlichen Staatsbürger, die das 18. Lebensjahr vollendet hatten, der katholischen Kirche angehörten und mindestens 2 ha Land besaßen. Absolventen der Universität haben in Wahlisien zwei Stimmen.
Gegen 18 Uhr wurden Bürger, die noch nicht gewählt hatten, von Wahlhelfern mit einer Wahlurne zu Hause aufgesucht und zur Stimmabgabe aufgefordert. Insgesamt hatten zehn Parteien Kandidaten aufgestellt. Der Wahlkampf war intensiv geführt worden. Das staatliche Fernsehen konzentrierte sich bei seiner Berichterstattung auf die Auftritte des Staatspräsidenten und seiner Partei.

MATERIAL 2 Das Wahlrecht zum Deutschen Bundestag

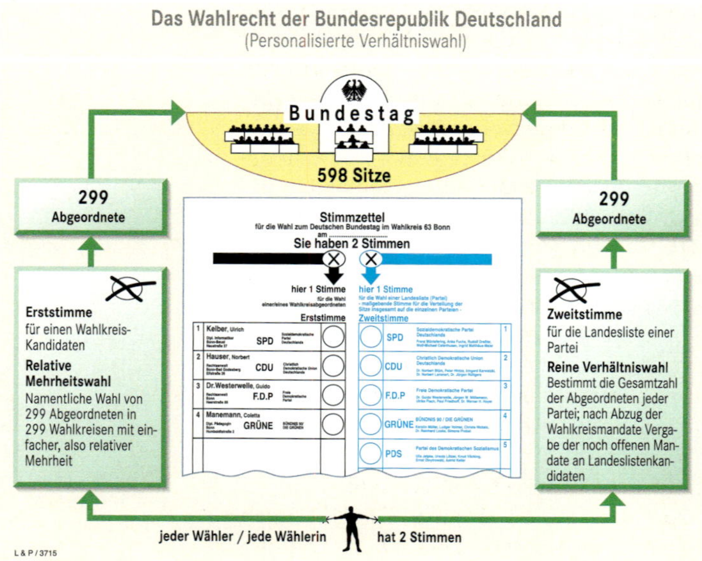

Besonderheiten des Wahlsystems sind die 5-%-Klausel und Überhangmandate. Bei der Sitzzuteilung (S. 254) werden nur Parteien berücksichtigt, die mindestens 5% der gültigen Zweitstimmen erhalten oder in mindestens drei Wahlkreisen ein Direktmandat erringen konnten. Zu Überhangmandaten kommt es, wenn auf eine Partei in einem Bundesland mehr Direktmandate entfallen, als ihr nach dem Zweitstimmenanteil in diesem Bundesland zustehen. In diesem Fall erhöht sich die Gesamtzahl der Abgeordnetensitze.

1 Sie sind als Wahlbeobachter bzw. -beobachterin der UNO und der OSZE nach Wahlisien entsandt worden. Stellen Sie fest, um was für ein Wahlsystem es sich handelt.
Prüfen Sie dann anhand von M 1 und M 3, ob demokratische Wahlgrundsätze z. B. nach Artikel 38 unserer Verfassung eingehalten wurden.

2 Zeigen Sie an M 2, was „personalisierte Verhältniswahl" bedeutet.

Wahlrechtsgrundsätze

MATERIAL **3**

Art. 38 Abs. 1 GG schreibt vor: „Die Abgeordneten werden in allgemeiner, unmittelbarer, freier, gleicher und geheimer Wahl gewählt."

Allgemeine Wahl: Das Wahlrecht muss allen Staatsbürgern gleichermaßen zustehen. Ein Ausschluss bestimmter Bevölkerungsgruppen von der Ausübung des Wahlrechts aus politischen, wirtschaftlichen oder sozialen Gründen ist unzulässig. Die Teilnahme an der Wahl darf nicht von besonderen, nicht von jedermann erfüllbaren Voraussetzungen (z.B. Vermögen, Einkommen, Steuerentrichtung, Bildung, Lebensstellung) abhängig gemacht werden. ...

Die Allgemeinheit der Wahl darf nur aus zwingenden Gründen eingeschränkt werden. Zulässig sind die Forderung eines bestimmten Wahlalters, die Beschränkung des Wahlrechts auf Personen, die im Wahlgebiet ansässig sind, der Ausschluss von Geisteskranken ... sowie die Aberkennung des Wahlrechts oder der Wählbarkeit durch straf- oder verfassungsgerichtliches Urteil. Das Gebot der allgemeinen Wahl gilt auch für das passive Wahlrecht, d.h. Wählbarkeit und Wahlwerbungsrecht. ...

Unmittelbare Wahl: Die Wähler müssen die Abgeordneten selbst auswählen. Zwischen sie und die Bestimmung der Abgeordneten darf kein fremder Wille (z.B. Wahlmänner) treten. Vom Beginn der Stimmabgabe darf das Wahlergebnis nur noch von der Entscheidung der Wähler selbst abhängen. ...

Freie Wahl: Der Wähler muss in einem freien, offenen Prozess der Meinungsbildung zu seiner Wahlentscheidung finden und diese unverfälscht zum Ausdruck bringen können. Er muss gegen Zwang, Druck und sämtliche seine freie Willensentscheidung ernstlich beeinträchtigenden Beeinflussungen von staatlicher und nichtstaatlicher Seite geschützt sein. ... Die Wahlfreiheit umfasst ein freies Wahlvorschlagsrecht für alle Wahlberechtigten. Ein Parteienmonopol für Wahlvorschläge ist verfassungswidrig. ...

Gegen das Gebot der freien Wahl verstößt nicht nur die „Einheitsliste" einer, mehrerer oder aller Parteien, sondern jede über rein formelle Zulassungsbedingungen hinausgehende materielle Beschränkung des Wahlvorschlagsrechts auf bestimmte Parteien. Die Wahlfreiheit verlangt die Beteiligung der Mitglieder von Parteien und Wählergruppen bei der Kandidatenaufstellung. Die Auswahl der Kandidaten darf weder rechtlich noch tatsächlich allein den Führungsgremien überlassen werden. ... Das Gebot der freien Wahl fordert freie Wählbarkeit, ungehinderte Wahlwerbung und Wahlannahme sowie einen Wahlkampf, in dem neben anderen Freiheitsrechten vor allem die ungehinderte öffentliche Meinungsäußerung gesichert ist. ...

Gleiche Wahl: Alle Staatsbürger müssen das Wahlrecht in formal möglichst gleicher Weise ausüben können. Jede gültig abgegebene Wählerstimme muss im Rahmen des Wahlsystems den gleichen Einfluss auf das Wahlergebnis, insbesondere ... nicht nur den gleichen Zählwert, sondern auch den gleichen Erfolgswert haben. ... Eine Rechtfertigung für Differenzierungen ist vor allem die Sicherung der Funktionsfähigkeit des zu wählenden Parlaments. Zur Abwehr parlamentarischer Parteienzersplitterung sind die Stimmenverwertung einschränkende Sperrklauseln statthaft. ...

Größte praktische Bedeutung hat die Wahlgleichheit der Parteien. Diesen steht als wichtigster Bestandteil ihres allgemeinen Rechts auf Chancengleichheit ein grundrechtlicher Anspruch auf Gleichbehandlung – und zwar formale Gleichbehandlung – im Sachbereich der Wahlen zu. ... Das Gebot der Wahlgleichheit ist auch bei der Wahlkreiseinteilung zu beachten. ... Das Gebot der Wahlgleichheit erstreckt sich ferner auf das Vorfeld der Wahlen. Bei der steuerlichen Begünstigung von Zuwendungen an politische Parteien darf der Gesetzgeber nicht finanziell besonders leistungsfähige Bürger privilegieren. ...

Geheime Wahl: Jeder muss sein Wahlrecht so ausüben können, dass andere Personen keine Kenntnis von seiner Wahlentscheidung erhalten.

Aus: Karl-Heinz Seifert und Dieter Hömig: Grundgesetz für die Bundesrepublik Deutschland, Taschenkommentar, Baden-Baden: Nomos, 5. Auflage 1995, S. 301 ff.

MATERIAL 4 Mehrheitswahl oder Verhältniswahl?

Ordnen Sie folgende Feststellungen der Mehrheitswahl (MW) bzw. der Verhältniswahl (VW) zu. Geben Sie jeweils eine Begründung.

1. Sie fördert die Bildung stabiler Regierungen.
2. Sie ist gerecht und spiegelt die Meinungen und Interessen innerhalb der Wählerschaft im Parlament wider.
3. Sie verhindert ein starres Parteiensystem (Kartell), da sie neue politische Strömungen in der Wählerschaft berücksichtigt.
4. Sie verhütet Parteienzersplitterung.
5. Sie fördert die Parteienkonzentration in Richtung eines Zweiparteiensystems.
6. Sie macht eine verfassungsändernde Mehrheit im Parlament als Folge des Verzerrungseffektes des Wahlsystems unwahrscheinlicher.
7. Sie trägt zur politischen Mäßigung bei, da die größeren Parteien um die Wählerschaft in der Mitte kämpfen und ihre Aussagen am Machbaren ausrichten müssen.
8. Sie erleichtert radikalen Parteien, Mandate zu erringen.
9. Sie führt die Entscheidung über die Regierungsverantwortung durch den Wähler herbei und nicht durch die Parteien in Koalitionsverhandlungen.
10. Sie verbessert die Chance von Frauen und Experten, im Parlament vertreten zu sein.
11. Sie schwächt den Einfluss der Parteiführung bei der Kandidatennominierung und stärkt den Einfluss der Wählerschaft.
12. Sie fördert den Machtwechsel, da geringe Veränderungen in der Wählerschaft große Veränderungen in der Mandatszahl auslösen können.
13. Sie trägt zu einem stärkeren Kontakt zwischen den Abgeordneten und ihren Wahlkreisen bei.
14. Konflikte über den räumlichen Zuschnitt von Wahlkreisen nach Bevölkerungsveränderungen sind ausgeschlossen.
15. Sie ist wahltechnisch aufwendiger und komplizierter.

MATERIAL 5 Auszählverfahren

nach d'Hondt

Es sind 11 Sitze zu vergeben

	Partei A		Partei B		Partei C	
Stimmenzahl	**6 000**		**3 100**		**2 950**	
geteilt durch 1	6 000	1	3 100	2	2 950	4
2	3 000	3	1 550	6	1 475	8
3	2 000	5	1 033	10	983	
4	1 500	7	775		738	
5	1 200	9	620		590	
6	1 000	11	517		492	

Die zu vergebenden Sitze 1 bis 11 werden in der Reihenfolge der Höchstzahlen auf die Parteien verteilt.

Vereinfachte Modellrechnung			
Sitze	6	3	2

L&P / 4086

nach Sainte-Laguë / Schepers

Es sind 11 Sitze zu vergeben

	Partei A		Partei B		Partei C	
Stimmenzahl	**6 000**		**3 100**		**2 950**	
geteilt durch 0,5	12 000	1	6 200	2	5 900	3
1,5	4 000	4	2 066,66	6	1 966,66	7
2,5	2 400	5	1 240	10	1 180	11
3,5	1 714,28	8	885,71		842,85	
4,5	1 333,33	9	688,88		655,55	

Die zu vergebenden Sitze 1 bis 11 werden in der Reihenfolge der Höchstzahlen auf die Parteien verteilt.

Vereinfachte Modellrechnung			
Sitze	5	3	3

1 Beurteilen Sie die Wahlsysteme unter den Gesichtspunkten a) der Gerechtigkeit, b) der Verständlichkeit, c) der Beziehung von Wählern und Abgeordneten, d) der Bildung und Stabilität der Regierung, e) der Dynamik der Parteienlandschaft.

2 Welche Veränderungen könnten sich in Deutschland bei einer Einführung der Mehrheitswahl ergeben?

3 Diskutieren Sie die 5 % Klausel unter den Gesichtspunkten: Funktionsfähigkeit des Parlaments, Chancengerechtigkeit der Parteien und Bildung neuer Parteien.

Modellrechnung: Vereinfachtes Beispiel einer Bundestagswahl

MATERIAL 6

Es werden 16 Mitglieder gewählt, 8 über Listen, 8 in Wahlkreisen

Ergebnisse in den 8 Wahlkreisen (Erststimmen):

I			II			III			IV		
Bund	A	2 261	Fach	A	2 730	Hager	A	3 016	Kessel	A	2 870
Dörffler	B	1 878	Geißler	B	2 732	Härri	B	1 370	Klimsch	B	2 202
Doll	C	506	Glaser	C	1 112	Heinz	C	1 146	Mitter	C	1 223
Eumer	D	102	Graner	D	104	Hellmer	D	200	Otteny	D	36
V			**VI**			**VII**			**VIII**		
Schieler	A	2 999	Trapp	A	2 628	Schneil	A	2 628	Ecke	A	3 092
Schupp	B	1368	Uhlen	B	2 700	Jäger	B	2 700	Feder	B	1 566
Seidler	C	1 123	Voss	C	1 506	Mau	C	1 506	Gebel	C	1 202
Seiler	D	200	Schuh	D	117	Schoch	D	117	Ripp	D	104

Die Parteien erhielten an Erststimmen:

Partei A	22 224	Partei B	16 516	Partei C	9324	Partei D	980

Die Parteien stellen folgende Listen mit Kandidatinnen und Kandidaten auf:

A	B	C	
1. Fach	1. Geißler	1. Mau	1. Schoch
2. Schieler	2. Härri	2. Voss	2. Schuh
3. Ecke	3. Jäger	3. Seidler	3. Eumer
4. Bund	4. Klimsch	4. Doll	4. Graner
5. Kessel	5. Dörffler	5. Mitter	5. Hellmer
6. Hager	6. Uhlen	6. Glaser	6. Otteney
7. Schneil	7. Schupp	7. Heinz	7. Seiler
8. Trapp	8. Feder	8. Gebel	8. Ripp

Gesamtergebnis der Wahl:

		Von den gültigen Zweitstimmen entfielen auf:		
Wahlberechtigte	54 044			
Wähler	49 998	Partei A	21 024	42,867 %
ungültige Zweitstimmen	954	Partei B	15 012	30,609 %
gültige Zweitstimmen	49 044	Partei C	12 048	24,565 %
Wahlbeteiligung	92,51 %	Partei D	960	1,957 %

1 Wie viele Wahlkreise hat Partei A, B, C, D gewonnen?
2 Wie viele Listensitze erhält Partei A, B, C, D?
3 Schreiben Sie die Namen der Kandidaten nach Parteien geordnet auf, die einen Sitz erhalten; geben Sie Wahlkreissitz (WKS) oder Listensitz (LS) in Klammer an.
4 Welche Sitzverteilung ergibt sich im Parlament?
5 Welche Besonderheiten sind bei diesem Wahlergebnis festzustellen?

2 Die Rolle des Bundestages im Gesetzgebungsprozess

Artikel 77 GG
(1) Die Bundesgesetze werden vom Bundestag beschlossen. Sie sind nach ihrer Annahme durch den Präsidenten des Bundestages unverzüglich dem Bundesrate zuzuleiten.

Seit Gründung der Bundesrepublik Deutschland sind nahezu 6 000 neue Gesetze mit der Unterschrift des Bundespräsidenten in Kraft getreten. Hinzugezählt werden müssen auch die „alten" Gesetze, wie das Strafgesetzbuch und das Bürgerliche Gesetzbuch, die auf das Deutsche Reich von 1 871 zurückgehen und angepasst wurden. Mehr als 90 % dieser Gesetze erhielten eine breite Zustimmung im Parlament. Äußerst kontrovers ging es dagegen z. B. bei der Debatte um die Wiederbewaffnung in den frühen Fünfzigerjahren zu. Auch die Auseinandersetzung um die Veränderung des Paragrafen 218 StGB (Schwangerschaftsabbruch) war politisch sehr umstritten, weil hier grundlegende Werte und politische Grundsatzentscheidungen berührt waren. Eine ähnliche Qualität hat heute die parlamentarische Befassung mit der bahnbrechenden Forschung auf dem Gebiet der Biomedizin, für die gesetzliche Rahmenbedingungen geschaffen werden müssen.

Nach Artikel 78 GG teilt der Bundestag das Recht, Gesetzentwürfe einzubringen, mit der Bundesregierung und dem Bundesrat. Statistische Angaben über den Ursprung der Gesetzentwürfe zeigen, dass die Bundesregierung in jeder Legislaturperiode weit mehr Vorlagen einbringt als der Bundestag. Regierungsvorlagen sind weit erfolgreicher als die Initiativen aus dem Bundestag. Das Parlament hat gegenüber der Regierung einen Bedeutungs- und Funktionsverlust erfahren. Bei der Bewertung dieses in allen westlichen Demokratien eingetretenen Machtübergewichts der Regierung ist jedoch zu berücksichtigen, dass die Entwicklung vom liberalen „Nachtwächterstaat" des 19. Jahrhunderts zum modernen Daseinsvorsorge- und Leistungsstaat zu einer enormen Ausweitung staatlicher Aufgaben geführt hat. Hinzu kommt die weitgehende Identität der Interessen von Regierung und Parlamentsmehrheit, die an die Stelle des Dualismus von Parlament und Regierung des 19. Jahrhunderts getreten ist.

Für Abgeordnete der Parlamentsmehrheit ist es naheliegend, nur Anstöße zu Gesetzesinitiativen zu geben und die Prüfung und Ausarbeitung dem Regierungsapparat zu überlassen. Gesetzesinitiativen der Regierung können auf Anregungen von Beamten in Ministerien und Behörden, auf Vorstöße einzelner Abgeordneter, auf Parteitagsbeschlüsse, Koalitionsabsprachen, parlamentarische Anfragen oder auf Forderungen von Verbänden zurückgehen. Gesetzesinitiativen der Bundesregierung müssen zuerst dem Bundesrat zugeleitet werden, der bis zu sechs Wochen Beratungszeit hat. Dringliche Gesetzentwürfe lässt die Bundesregierung deshalb durch die Mehrheitsfraktion bzw. die Koalitionsfraktionen einbringen. Der Bundestag kann sich unter diesen Umständen sofort damit befassen.

Die Voraussetzungen der Opposition, eigene Gesetzesinitiativen zu ergreifen, sind im Vergleich zur Regierung und zur Parlamentsmehrheit schlecht. Ihr stehen zwar z. B. persönliche Referenten und wissenschaftliche Mitarbeiterinnen zur Verfügung, nicht jedoch der Beamtenapparat in den Ministerien, der die aufwendige Vorbereitung und Ausarbeitung der Gesetzentwürfe begleitet. Deshalb greift die Opposition vielfach auf Fachleute in den Ländern zurück, in denen sie regiert.

Bei der Gesetzgebungsarbeit unterscheidet man zwischen der ausschließlichen, der konkurrierenden und der Rahmengesetzgebung des Bundes. Zur ausschließlichen Gesetzgebung des Bundes nach Art. 73 GG gehören elf Bereiche. Sie reichen von den auswärtigen Angelegenheiten und der Verteidigung über Fragen der Staatsangehörigkeit, der Ein- und

Auswanderung bis zur Statistik. In Bereichen der ausschließlichen Gesetzgebung können Bundesländer nur dann tätig werden, wenn sie durch ein Bundesgesetz ausdrücklich dazu ermächtigt werden.

Konkurrierende Gesetzgebung nach Art. 72 GG bedeutet, dass die Gesetzgebungskompetenz so lange bei den Ländern liegt, wie der Bund kein nachgewiesenes Bedürfnis nach bundesgesetzlicher Regelung sieht. Als wichtigste Begründung für eine bundesgesetzliche Regelung gilt die „Wahrung der Einheitlichkeit der Lebensverhältnisse" im gesamten Bundesgebiet nach Art. 72 Abs. 3 GG. Im Zusammenhang mit diesem Grundgesetzartikel steht die Rahmengesetzgebung des Bundes nach Artikel 75 GG. Danach hat der Bund beispielsweise in Angelegenheiten des Hochschulwesens das Recht, Rahmenvorschriften zu erlassen, die im Detail durch die Gesetzgebung der Länder näher auszuführen sind.

Neben der unterschiedlichen Regelung der Gesetzgebungskompetenzen von Bund und Ländern ist auch die legislative Mitwirkung des Bundesrates unterschiedlich geregelt. Das Grundgesetz unterscheidet zwischen zustimmungspflichtigen und nicht zustimmungspflichtigen Gesetzen. Zu den zustimmungspflichtigen Gesetzen gehören alle verfassungsändernden Gesetze sowie Gesetze, welche die Beziehungen zwischen Bund und Ländern berühren. Bei den nicht zustimmungspflichtigen oder Einspruchsgesetzen ist der Bundesrat zwar auch mitbefasst, doch kann sein Einspruch durch den Bundestag überstimmt werden.

Im Normalfall wird der von der Bundesregierung dem Bundesrat zugeleitete Gesetzentwurf vom Bundestag nach der ersten Lesung, bei der selten eine längere Aussprache erfolgt, den zuständigen Ausschüssen zugestellt. Gleichzeitig laufen die Diskussionen in den einzelnen Fraktionen an. Entsprechend den Ausschüssen des Bundestages haben die Fraktionen Arbeitskreise gebildet, in denen die Entscheidung der Fraktion vorbereitet wird. In den meisten Fällen folgt die Gesamtfraktion dem Vorschlag ihrer Experten. In den Parlamentsausschüssen, welche die Mehrheitsverhältnisse des Plenums widerspiegeln, wird um die Gestaltung des Entwurfs gerungen. Die Entscheidung des Ausschusses wird dann in zweiter Lesung vom Plenum in den meisten Fällen gebilligt und in der Regel folgt unmittelbar die dritte Lesung.

- Wie verläuft der Gang der Gesetzgebung bei politisch umstrittenen Gesetzgebungsvorhaben?
- Wie ist es mit der Qualität der Gesetzgebungsarbeit im Bundestag bestellt?
- Wie mächtig sind Regierung, Parlamentsmehrheit und Opposition im Gesetzgebungsprozess?

MATERIAL 1

Die Ministerialbürokratie im Gesetzgebungsprozess

Auf der ersten Stufe des Gesetzgebungsprozesses sind die Mitarbeiter der Ministerialverwaltungen die Haupt-, im Prinzip sogar die einzigen Akteure. Damit ist offensichtlich, dass sie die Gestalt eines Gesetzentwurfes maßgeblich bestimmen. Anlass für die Entwicklung eines Gesetzentwurfes in der Bürokratie, den „Referentenentwurf", kann das „Entdecken" zu regelnder Probleme durch die Verwaltungsmitarbeiter selbst, wie auch die Anregung durch Interessenverbände sein, die direkt an die Ministerialbürokratie geleitet wird. Dieser Fall wird in der Literatur als dezentrale Programmentwicklung bezeichnet und entspricht dem bürokratischen Agenda-Setting. [...] Der Auftrag zur Entwicklung eines Gesetzes kann natürlich auch vom Minister oder aus seiner direkten Umgebung kommen. [...]

Bei der Erarbeitung von Gesetzesvorlagen in den Ministerien haben die Referatsleiter einen entscheidenden Einfluss auf das Produkt, denn sie sind formal für den Entwurf verantwortlich. Ihnen obliegt nicht nur die Aufsicht über das Erarbeiten der Details eines Vorschlages innerhalb ihres Referates, in der Regel übernehmen sie auch die notwendige Koordination innerhalb des Ministeriums, mit anderen Ministerien sowie den laut Geschäftsordnung zu unterrichtenden Spitzenverbänden. Die Zusammenarbeit von Bürokratie und Interessenverbänden bedingt einen Zuwachs an Information für die Bürokratie. [...]

Es ist davon auszugehen, dass Beamte der Ministerialbürokratie ein feines Gehör für Signale aus der politischen Führungsebene der Exekutive haben. Dies wird durch die Existenz politisch besetzter Positionen in der administrativen Führungsebene der Ministerien [...] unterstützt.

Mitarbeiter der Ministerialverwaltungen werden politische Ziele und Vorstellungen ihres Ministers oder des gesamten Kabinetts bei der Entwicklung von Vorschlägen [...] in Rechnung stellen, weil Entwürfe die Unterstützung des Ministers benötigen, um als Kabinettsvorlage in den politischen Entscheidungsprozess zu gelangen. Diese Unterstützung erhalten sie jedoch nur, wenn sie zentralen Interessen des Ministers nicht zuwiderlaufen.

Allerdings steht auch diese Einschränkung wiederum unter einem Vorbehalt: Bei der Menge an Vorlagen, die in einem Ministerium entwickelt werden, ist davon auszugehen, dass der Minister nur einem Teil seine Aufmerksamkeit schenken kann und dass er auch nur für einen Teil dieser Anliegen ein wirkliches Interesse und Zielvorstellungen hat. [...]

www.bpb.de/publikationen/
UVIKQN,2,0,Politisches_Einflusspotenzial_von_Regierungsb%FCrokratien_in_OECDL%E4ndern.html

MATERIAL 2

Meinungsverschiedenheiten über das Recht zur Gesetzesinitiative

Nachdem die Fraktion der CDU/CSU am 17. Mai 1950 den „Entwurf eines Gesetzes über die Mitbestimmung der Arbeitnehmer im Betrieb" im Deutschen Bundestag eingebracht hatte, nahm Bundeskanzler Adenauer kritisch in einer Wahlveranstaltung in Köln am 20. Mai zu dem Gesetzentwurf seiner Fraktion Stellung. Daraufhin schrieb der Fraktionsvorsitzende der CDU/CSU im 1. Deutschen Bundestag, Heinrich von Brentano, am 26. Mai 1950 einen Brief an Bundeskanzler Adenauer:

Wenn ich von den Erklärungen des Regierungssprechers ausgehe ... so scheint das Kabinett allen Ernstes der Auffassung zu sein, dass die Gesetzesinitiative grundsätzlich beim Kabinett liege und dass allenfalls die Opposition, nicht aber die Regierungsfraktionen die Möglichkeit haben sollen, Gesetzentwürfe einzubringen. Diese Erklärung lässt logischerweise nur einen Schluss zu: dass nämlich das Kabinett der Meinung ist, es sei letzten Endes Aufgabe der Fraktionen der Koalition, auf Regierungsentwürfe zu warten und zu Regierungsentwürfen ja zu sagen. ... Ich halte es für ein Gebot der Offenheit, Ihnen, verehrter Herr Dr. Adenauer, mit allem Nachdruck zu sagen, dass ich gar nicht daran denke, mich einer solchen abwegigen Interpretation anzuschließen oder gar in Zukunft danach zu handeln.

Ich glaube, dass Sie, verehrter Herr Dr. Adenauer, und die übrigen Mitglieder des Kabinetts keinen berechtigten Anlass haben, sich über mangelnde Loyalität ausgerechnet unserer Fraktion zu beschweren. Vielmehr hat die Fraktion der CDU/CSU immer wieder und häufig natürlich auch unter Zurückstellung schwerwiegender persönlicher Bedenken einer [...] Anzahl ihrer Mitglieder die Vorlage der Regierung abgewartet und in der Sachbehandlung unterstützt. Ebenso haben wir es für selbstverständlich gehalten, Ihre politische Gesamtkonzeption in allen Fällen aufzunehmen, um niemals auch nur den Eindruck aufkommen zu lassen, als bestünden in der einen oder anderen Frage Meinungsverschiedenheiten zwischen Ihnen [...] und Ihrer Fraktion. Die Vorstellung aber, als sei die stärkste Fraktion des Deutschen Bundestages mit 140 Abgeordneten, von denen jeder einzelne vielen Tausenden von Wählern im Worte steht, letztlich nur ein ausführendes Organ der Exekutive und müsse auf eigene Willensbildung und auf eine eigene Initiative ... verzichten ..., erscheint mir, offen gesagt, absurd ...

Aus: Arnulf Baring: Sehr verehrter Herr Bundeskanzler! Heinrich von Brentano im Briefwechsel mit Konrad Adenauer, Hamburg 1976, S. 45 ff.

Gesetzgebung 1949 – 2005

MATERIAL **3**

	1. WP	2. WP	3. WP	4 WP	5. WP	6. WP	7. WP	8. WP	9. WP	10. WP	11. WP	12. WP	13. WP	14. WP	15. WP
WP = Wahlperiode	49-53	53-57	57-61	61-65	65-69	69-72	72-76	76-80	80-83	83-87	87-90	90-94	94-98	98-02	02-05
Gesetzesentwürfe	805	877	613	635	665	577	670	485	251	552	687	883	974	864	643
BReg. (abs.)	472	446	401	378	417	362	461	322	155	280	324	412	440	443	320
BT (abs.)	301	414	207	245	227	171	136	111	58	183	227	296	317	328	211
BR (abs.)	32	17	15	12	21	44	73	52	38	59	136	175	217	93	112
BReg. (in %)	58,6	50,9	65,4	59,5	62,7	62,8	68,8	66,4	61,8	52,2	47,2	46,7	45,2	51,0	49,7
BT (in %)	37,4	47,2	33,8	38,6	34,1	29,6	20,3	22,9	23,1	31,5	33,0	33,5	32,6	38,0	32,8
BR (in %)	4,0	1,9	0,8	1,9	3,2	7,6	10,9	10,7	15,1	16,3	19,8	19,8	22,3	11,0	17,5
verabschiedet	545	507	424	427	453	335	516	354	139	320	369	503	436	559	400
BReg. (abs.)	392	368	348	329	368	259	427	288	104	237	267	342	300	394	281
BT (abs.)	141	132	74	96	76	58	62	39	16	42	68	99	84	108	85
BR (abs.)	12	17	12	19	12	13	17	15	18	32	15	27	30	22	17

BReg.: Bundesregierung; BT: Bundestag; BR: Bundesrat

MATERIAL 4

Der Gang der Gesetzgebung

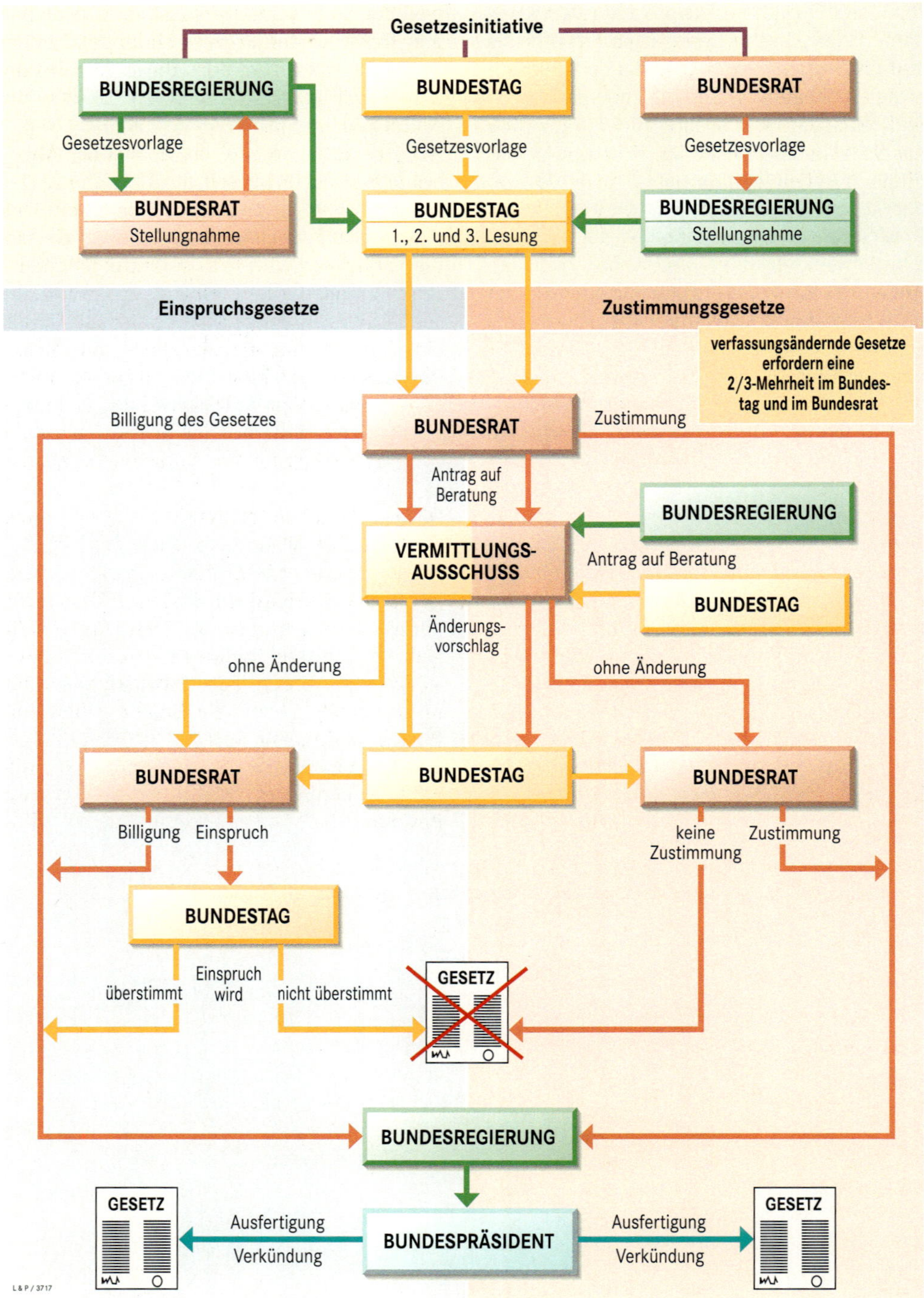

Ihr Wort wird Gesetz

MATERIAL 5

Ihr Name: Hogan & Hartson Raue L. L. P., Potsdamer Platz, Berlin, Ableger einer mehr als 100 Jahre alten Anwaltskanzlei aus den Vereinigten Staaten. Geschäfte im Spannungsfeld zwischen Wirtschaft und Politik sind das Spezialgebiet dieser law firm, und neuerdings mischen ihre Juristen auch bei der deutschen Gesetzgebung mit. „Die heutige Rechtsmaterie ist so komplex, dass sie mit den Mitteln, die den Ministerien und den Abgeordneten zur Verfügung stehen, kaum noch bewältigt werden kann", sagt Kornelius Kleinlein, Partner bei Hogan & Hartson. Er hat der SPD-Bundestagsfraktion beim Entwurf eines Gesetzes geholfen, das den 700 Milliarden Euro schweren Investitionsstau in Deutschland mit auflösen soll. In nur drei Wochen wurde es von Bundestag und Bundesrat abgesegnet, Anfang September trat es in Kraft. Ein deutsches Gesetz, geprägt von einer amerikanischen Anwaltskanzlei?

[...] Dass sich die Legislative bei ihrer Arbeit helfen lässt, hat zwar Tradition – Wissenschaftler schreiben seit Jahrzehnten ihre Gutachten, Kommissionen entwickeln Reformvorschläge, der Bundesverband der Deutschen Industrie prägte bereits in den Fünfzigerjahren das Kartell- und Wettbewerbsrecht. Dennoch erhält die Rechtsetzung durch die jüngste Entwicklung eine neue Dimension, weil der Staat seine juristischen Berater immer früher in den Prozess einbindet. Neuerdings sogar so früh, dass diese gemeinsam mit den Ministerialbeamten ein Gesetz von Anfang an entwickeln.

Als „absolutes Novum" bezeichnet der Abgeordnete Michael Bürsch die Entstehungsgeschichte des [...] Gesetzes über Öffentlich-Private Partnerschaften (ÖPP). Bürsch hat die verantwortliche Arbeitsgruppe der SPD-Fraktion geleitet und das klassische Verfahren praktisch umgedreht. Während früher ein Ministerium Gesetzestexte entworfen und andere erst dann nach ihrer Meinung gefragt habe, sagt er, „war es hier ein umgekehrter und völlig offener Prozess, bei dem wir unsere Berater um Vorschläge gebeten haben".

Dieses Vorgehen bringt Risiken mit sich. „Gesetzesentwürfe müssen von der Ministerialbürokratie erdacht und geschrieben werden", sagt Everhard Holtmann, Professor für Politikwissenschaften an der Universität Halle-Wittenberg. „Wenn sie externe Berater schon am Anfang der Entwicklungsarbeit mit einbezieht, läuft sie Gefahr, einen Teil ihrer Gestaltungsmacht aus der Hand zu geben." Doch dessen ungeachtet suchen die Politiker den Sachverstand und die Anwälte ihrerseits die Nähe zur Politik. [...]

Aus: Marcus Rohwetter: Ihr Wort wird Gesetz. Wenn Ministerien und Parlament die Gesetzesarbeit zu schwierig wird, springen internationale Anwaltskanzleien gern ein. DIE ZEIT, 6. 10. 2005, S. 25

1 Informieren Sie sich über die Anzahl der Gesetzesinitiativen in der letzten abgeschlossenen Legislaturperiode und bewerten Sie mithilfe von M 1 und M 3 die Verteilung der Initiativen auf die drei Bundesorgane.

2 Der Gesetzgebungsprozess ist kompliziert, durchläuft viele Stationen und beteiligt alle Verfassungsorgane am Verfahren (M 3). Erklären Sie, welche Absichten der Verfassungsgeber damit möglicherweise verbunden haben mag.

3 Diskutieren Sie unter dem Aspekt der demokratischen Legitimität die Ausführungen in M 2 / M 5.

4 Recherchieren Sie an einem kontrovers diskutierten Gesetz den Verlauf des Gesetzgebungsverfahrens. Klären Sie dabei u. a. die Dauer des Verfahrens und die [unterschiedlichen] Interessen, die im gewählten Fall eine Rolle spielen, sowie die Verfahren in Bundestag und Bundesrat. Orientieren Sie sich dabei an den in M 4 dargestellten Abläufen.

3 Grund- und Menschenrechte

Artikel 20, Absatz 3 des Grundgesetzes („Die Gesetzgebung ist an die verfassungsmäßige Ordnung, die vollziehende Gewalt und die Rechtsprechung sind an Gesetz und Ordnung gebunden.") bindet die staatliche Gewalt an die verfassungsmäßige Ordnung. Die Unterwerfung der gesamten Staatsgewalt unter das Recht ist der Grundgedanke des Rechtsstaatsprinzips. Jeder Verwaltungseingriff in die Rechtssphäre der einzelnen Bürgerinnen und Bürger erfordert demzufolge eine bestimmte gesetzliche Grundlage. Aus Artikel 20, Absatz 3 leitet sich auch der Grundsatz des Vorbehalts des Gesetzes ab. Der Gesetzgeber muss die staatlichen Entscheidungen, die die Grundrechte der Bürger berühren, ebenfalls rechtlich regeln. Grundrechte dürfen also zwar durch staatliche Organe eingeschränkt werden, allerdings nur dann, wenn es dafür eine gesetzliche Grundlage gibt.
Es besteht jedoch das Problem, dass einzelne Grundrechte gewissermaßen in Konkurrenz zueinander treten können. So steht das in Artikel 6 GG normierte Elternrecht („Pflege und Erziehung der Kinder sind das natürliche Recht der Eltern") in einem Spannungsverhältnis z. B. zu der Verpflichtung der Eltern, ihre Kinder in die Schule schicken zu müssen, und damit auch zum Biologie-, Sport- oder Schwimmunterricht, woran manche stark religiös geprägte Eltern Anstoß nehmen. Es ist immer wieder notwendig, in solchen Spannungsverhältnissen abwägende Einzelfallentscheidungen zu treffen.

Der Parlamentarische Rat verlieh den Grundrechten eine prominente Stellung, indem er sie an den Anfang des Grundgesetzes stellte. Neben den Grund- und Menschenrechten Artikel 1–19 haben die Artikel 20, Abs. 4, Art 33, Abs. 1–3, Art 101, 103, 104 Grundrechtscharakter. Ursprünglich stellten Grundrechte Abwehrrechte gegen den absolutistischen Staat dar, heute betonen viele von ihnen auch eine aktive staatliche Verpflichtung zum Schutz und Förderung dieser Grundrechte.

Grundrechte haben gemäß Art 1, Abs. 3 eine Bindungswirkung, sie nehmen ferner den Staat in die Pflicht zur „institutionellen Gewährleistung" (etwa Art 5, 6, 7). Das Grundgesetz kennt allerdings keine „sozialen Grundrechte", die als subjektive Anspruchsrechte formuliert sind. Das Grundgesetz schützt die Grundrechte durch die sogenannten „Ewigkeitsklauseln" Art 19 und 79. Auch dem Gesetzgeber steht es demnach nicht frei, die Grundrechte in ihrem Wesensgehalt anzutasten.

In den letzten Jahrzehnten hat der Gesetzgeber zahlreiche Entscheidungen getroffen, die den Gesetzesvorbehalt mancher Grundrechtsartikel betreffen (z. B. im Asylrecht). Derartige gesetzgeberische Entscheidungen sind naturgemäß politisch konfliktträchtig, zumal sie zugleich auch die „politische Kultur" eines Landes verändern können. Dies macht deutlich, dass der Gehalt der Grundrechte einen Interpretationsspielraum lässt, dessen Auslotung durch Bundesregierung oder selbst durch das Bundesverfassungsgericht von gesellschaftlichen Interessen und Entwicklungen abhängt.

3.1 Der Konflikt um das BKA-Gesetz

Die erste Fassung des Gesetzes zum BKA stammt aus dem Jahr 1951, es wurde im „Gesetz über das Bundeskriminalamt und die Zusammenarbeit des Bundes und der Länder in kriminalpolizeilichen Angelegenheiten" 1997 umfassend neu geregelt.
Bei der Novellierung im Jahr 2008 wollte das Innenministerium unter Leitung von Minister Schäuble erweiterte Kompetenzen für das BKA erreichen, um „terroristischen Gefahren" besser begegnen zu können.
Das BKA sollte das Recht erhalten, auch präventive Ermittlungen durchzuführen, auch wenn kein konkreter Tatverdacht vorliegt und ohne Beteiligung der Staatsanwaltschaft.

Im Gesetzentwurf vorgesehene Kompetenzen des BKA

MATERIAL 1

Das Bundeskriminalamt soll im Einzelnen die folgenden Mittel anwenden dürfen:

- persönliche Daten sammeln
- Personen befragen (diese sind verpflichtet, Auskunft zu geben)
- die Identität von Personen feststellen und Berechtigungsscheine prüfen
- Personen erkennungsdienstlich behandeln, das heißt u. a.
  - der Person Fingerabdrücke abnehmen,
  - der Person Handflächenabdrücke abnehmen,
  - Foto der Person aufnehmen,
  - Videoaufzeichnung der Person aufnehmen,
  - äußere körperliche Merkmale der Person feststellen,
  - Messungen an der Person vornehmen,
  - die Stimme der Person aufzeichnen.
- Personen vorladen (diese sind verpflichtet, zu erscheinen)
- besondere Mittel der Datenerhebung anwenden, darunter
  - langfristige Observation von Personen
  - geheimes Fotografieren, Filmen und Abhören, auch in Wohnungen
  - sonstige Observationsmittel einsetzen wie GPS-Wanzen
- Beamte („verdeckte Ermittler") und Privatpersonen („Vertrauenspersonen") einsetzen, die sich das Vertrauen des Betroffenen durch Täuschung erschleichen und mit dem Betroffenen auch Wohnungen betreten dürfen; verdeckte Ermittler dürfen auch falsche Papiere benutzen
- Personen zur geheimen polizeilichen Beobachtung ausschreiben
- Datenbestände jeder Behörde, jedes Unternehmens und jeder Privatperson erheben, um sie nach bestimmten Merkmalen zu rastern (Rasterfahndung)
- heimlich Computer und andere Geräte überwachen und Daten auslesen
- Telefon, Handy, E-Mail, Internet und andere Telekommunikation überwachen
- Verbindungsdaten abrufen, einschließlich verdachtslos auf Vorrat gespeicherter Daten
- Standortdaten von Handys abrufen, einschließlich verdachtslos auf Vorrat gespeicherter Daten

Internet-Nutzungsdaten abrufen, z. B. von Google und eBay

- Handys identifizieren und lokalisieren („IMSI-Catcher")
- Platzverweise erteilen
- Personen in Gewahrsam nehmen
- Personen durchsuchen
- Sachen in Abwesenheit des Eigentümers geheim durchsuchen
- Sachen sicherstellen
- Wohnungen durchsuchen. Bei der Durchsuchung einer Wohnung hat der Wohnungsinhaber das Recht, anwesend zu sein. Ist er abwesend, so ist, wenn möglich, sein Vertreter oder ein erwachsener Angehöriger, Hausgenosse oder Nachbar hinzuzuziehen.
- Das BKA darf erlangte Daten an jede öffentliche Stelle zur Abwehr einer erheblichen Gefahr und zur Strafverfolgung weitergeben. Das gilt auch für „Zufallsfunde". Das BKA darf erlangte Daten auch an die Geheimdienste für deren Zwecke weitergeben.

Vor den Maßnahmen des BKA geschützt sind

- nur Geistliche, Strafverteidiger und Abgeordnete, wenn sie ihren Beruf ausüben und nicht Verursacher der abzuwehrenden Gefahr sind.

www.daten-speicherung.de/index.php/bundeskriminalamt-soll-zentrale-staatspolizei-werden/; Zugriff: 11/2008

MATERIAL 2

Moderne Technik – Stützpfeiler für effizientere Arbeit der Sicherheitsbehörden

Innenminister Schäuble zum neuen BKA-Gesetz:

Die Welt: Herr Minister, wie wichtig ist Sicherheitstechnik in Zeiten von Firmenspionage und Terror?

Wolfgang Schäuble: Der internationale Terrorismus und die Bedrohung der deutschen Wirtschaft durch ausländische Wirtschaftsspionage sind wichtige Einsatzgebiete für neue und innovative Sicherheitstechnik. Die „Security 2008" will sich in diesem Jahr verstärkt der Sicherheitstechnik in Unternehmen widmen. Dazu zählen „Security over IP", technische Detektionsmöglichkeiten zur Feststellung von Datenabflüssen, die Integration der klassischen Sicherheitstechnik in betriebliche Computernetze und die vielfältigen Anwendungen der Radiofrequenzidentifikation (RFID). Die verstärkte Nutzung moderner Sicherheitstechnik ist aber auch ein wichtiger Stützpfeiler für die Effizienzsteigerung unserer Sicherheitsbehörden bei der Bekämpfung des internationalen Terrorismus.

Die Welt: Sie wollen, dass Behörden zur Terrorabwehr stärker Zugriff auf private Bereiche im Internet erhalten. Genügen Ihnen die bestehenden Möglichkeiten nicht?

Schäuble: Das Grundgesetz fordert die Gewährleistung der Sicherheit durch den Staat. Die Bürger haben Anspruch darauf, dass die Sicherheitsbehörden Angriffe gegen die Sicherheit der Bevölkerung in einem frühen Stadium Einhalt gebieten können. Der global vernetzte Terrorismus und die organisierte Kriminalität nutzen die modernen Kommunikationsplattformen, die das Netz bietet. Internetforen, Chatrooms, Mobilfunk und Internettelefonie werden intensiv – teils unter Verwendung moderner Verschlüsselungs- und Verschleierungsmethoden – für das Verabreden und Vorbereiten schwerwiegender Straftaten und damit für Angriffe gegen die Sicherheit genutzt. Die Sicherheitsbehörden müssen diesen Herausforderungen gerecht werden und sind deshalb in strategischer, operativer, personeller und rechtlicher Hinsicht fortlaufendem Anpassungsdruck ausgesetzt. Dazu gehören neben dem Einsatz moderner Sicherheits- und Überwachungstechnik auch die zur Aufgabenwahrnehmung erforderlichen Befugnisse. Mit der Novellierung des Bundeskriminalamtgesetzes wird unter anderem die aus meiner Sicht wichtige Befugnis für die Onlinedurchsuchung geschaffen. Damit ist gewährleistet, dass das Bundeskriminalamt Schritt halten kann mit der Nutzung modernster Informationstechnologien durch Terroristen.

Die Welt: Wo sehen Sie Grenzen? Immerhin spionierten Firmen Mitarbeiter aus und sind auch öffentliche Kameras umstritten.

Schäuble: [...] Sicherheit ist für die Lebensqualität der Menschen ein hohes Gut und ein Standortfaktor von großer Bedeutung. Es ist nicht Ziel beim Einsatz technischer Überwachungsmöglichkeiten wie beispielsweise im öffentlichen Raum, Freiheitsrechte einzuschränken, stattdessen soll die Sicherheit für die Gesellschaft, für die Bürger, die Wirtschaft, Anlagen und Versorgungseinrichtungen erhöht werden. Die Videoüberwachung – als ein Beispiel für moderne Sicherheitstechnologien im öffentlichen Raum – hat sich bewährt und ist als Teil gezielter Einsatzkonzeptionen geeignet, Gefahren abzuwehren, Straftaten zu verhüten und zu verfolgen.

Denken Sie an die versuchten Kofferbomben-Attentate 2006 in Koblenz und Dortmund. Ohne Videoüberwachung wäre es nicht möglich gewesen, die Täter so schnell zu identifizieren und zu fassen. Der Schutz des Kernbereichs der privaten Lebensgestaltung muss dabei selbstverständlich berücksichtigt werden. Ein Maximum an informationeller Selbstbestimmung nützt allerdings nichts, wenn dadurch die Freiheit verloren geht, sich sicher bewegen zu können. [...]

www.bundesregierung.de/Content/DE/Interview/2008/10/2008-10-02-schaeuble-welt, layoutVariant=Druckansicht.html

Plakat von Gegnern des BKA-Gesetzes, 2008

Widerstand gegen BKA-Gesetz

MATERIAL **3**

14. 11. 2008 In vielen Bundesländern nimmt der Widerstand gegen das BKA-Gesetz weiter zu. „Wir werden das Gesetz im Bundesrat ablehnen", sagte Nordrhein-Westfalens Innenminister Ingo Wolf (FDP) […]. Hamburgs Justizsenator Till Steffen (GAL) kündigte ebenfalls seinen Widerstand an. „Ich lehne das BKA-Gesetz ab", […] „Die Vorgaben des Verfassungsgerichts zum Eingriff in die persönliche Freiheit der Bürger werden völlig unzureichend umgesetzt." Auch in Baden-Württemberg stellt sich die FDP gegen die neuen Befugnisse des BKAs. An der Haltung von Justizminister Ulrich Goll (FDP) habe sich nichts geändert, […] „Es war immer klar, dass ein Gesetz, dass die Onlinedurchsuchung zulässt, vom Justizminister und der FDP nicht mitgetragen wird." Auch das Land Berlin könnte dagegen stimmen.

Weitere Gegenwehr ist aus der Hauptstadt angekündigt worden: „Die Linksfraktion geht davon aus, dass Berlin dem Gesetz nicht zustimmen wird […]". Ebenso ist laut Senatssprecher Hermann Kleen im rot-grün regierten Bremen mit einem „Nein" zu rechnen: „Die Stimme Bremens kann die Bundesregierung nicht einkalkulieren."

Im Streit zwischen den bayerischen Koalitionspartnern CSU und FDP hat CSU-Generalsekretär Karl-Theodor zu Guttenberg das Verhalten der bayerischen Liberalen scharf kritisiert. „Die FDP sollte sich genau überlegen, ob sie das Thema Terrorabwehr zur parteipolitischen Profilierung nutzen sollte", […] Die Auffassung der FDP, durch das BKA-Gesetz entstehe eine zentralistische Monsterbehörde, halte er für gänzlich falsch. Er appellierte an die FDP, ihre Meinung zu ändern: „Wir haben einen Koalitionspartner, der sich offenbar bockig zeigt, aber den Maßstäben der Vernunft doch noch Folge leisten sollte."

Aus: Der Tagesspiegel 14. 11. 2008, nach: www.tagesspiegel.de

MATERIAL **4**

Das Geheimnisamt

Kommentar des Journalisten Heribert Prantl

[...] Dieses BKA-Gesetz, über das am Montag die Sachverständigen im Innenausschuss des Bundestages beraten, gibt dem Amt in Wiesbaden zum Zweck der Wissensspeicherung eine gewaltige Fülle von Kompetenzen, die sich darin widerspiegelt, dass deren bloße Aufzählung von Paragraph 20a bis zu Paragraph 20x reicht. [...] All diese Kompetenzen dienen dazu, Wissen zu schöpfen: Das BKA wird zur Wissensbundespolizei. Es sammelt Erkenntnisse im Vorfeld von konkreten Gefahren; es betreibt, das ist im Prinzip vernünftig, die Verhütung von Straftaten und Vorsorge zur Verfolgung künftiger Straftaten; es tut dies freilich mit Mitteln, die klassischerweise zur Aufklärung begangener Verbrechen eingesetzt wurden; das ist höchst bedenklich. [...]

Das BKA sammelt Erkenntnisse über Menschen, die „Gefährder" genannt werden; das sind Menschen, die noch nicht auffällig geworden sind, die aber auf- und straffällig werden könnten. Wenn diese Gefährder dann wirklich gefährlich werden, kann man sogleich zugreifen – man verfügt ja über alle notwendigen Erkenntnisse.

Dieses System bringt es mit sich, dass sehr viele Nicht-Gefährder in die Mühle und die Akten geraten. Das ist bisher bei den Geheimdiensten auch schon so. Die haben aber, im Gegensatz zur Polizei, keine exekutiven Kompetenzen. Das BKA-Gesetz macht aber nun aus dem Bundeskriminalamt eine geheimdienstartige Nachrichtenpolizei mit der Möglichkeit zu Grundrechtseingriffen.

Wenn nachrichtendienstliche Erkenntnisse dann als kriminalpolizeiliche Prognose und Handlungsgrundlage übernommen werden, ist das Trennungsgebot nichts mehr wert: Es schreibt die Trennung von Polizei und Geheimdienst vor und gilt als rechtsstaatliche Grundregel.

Es geht also um mehr als um Detailkritik an der einen oder anderen Ermächtigungsnorm; es geht um die Grundtendenz des neuen BKA-Gesetzes: Im Bestreben, dem Terrorismus den Garaus zu machen, wird einer bewährten rechtsstaatlichen Grundregel der Garaus gemacht.

Aus: SZ vom 15.09.2008

MATERIAL **5**

Computer und Privatsphäre

[...] Trotz aller Beschwichtigungen von SPD und Union: Die Stimmen der Kritiker verstummen auch nach den vorgenommenen Änderungen [am Gesetzentwurf] nicht. Max Stadler, Rechtsexperte der FDP, sagte gegenüber tagesspiegel.de: „Das Gesetz ermöglicht durch die heimlichen Onlinedurchsuchungen tiefe Eingriffe in die Privatsphäre." Neben dem mangelnden Schutz für Berufsgeheimnisträger wie Anwälte und Journalisten betont er vor allem die Gefahr, dass unbescholtene Bürger ins Visier der Fahnder geraten können. „Der normale Bürger kann durchaus Objekt einer Rasterfahndung werden, wie sie im BKA-Gesetz vorgesehen ist. Er kann sehr wohl auch dann erfasst werden, wenn ein Verdächtiger vom BKA online durchsucht wird, denn es gibt auch eine Befugnis, die Daten von Kontakt- und Begleitpersonen zu ermitteln und zu erfassen", warnt Stadler.

„Der Computer ist heute Ausdruck der Privatsphäre, weil dort viele Privatangelegenheiten schriftlich niedergelegt werden. Das hat das Bundesverfassungsgericht sogar in einem neuem Computergrundrecht definiert. Mit dem BKA-Gesetz ist es aber erlaubt, bei gewissen Voraussetzungen in dieses Computergrundrecht einzugreifen. Eine Befugnis für heimliche Onlinedurchsuchungen hätte niemals in das Gesetz aufgenommen werden dürfen", zieht Stadler ein Fazit.

Stadlers Parteikollegin und frühere Bundesjustizministerin Leutheusser-Schnarrenberger nannte die geplante Befristung der Onlinedurchsuchung von Computern bis 2020 „eine Farce". Eine zwölfjährige Frist sei viel zu lang. „Dann kann man gleich ganz auf ei-

ne Befristung verzichten." Die FDP-Politikerin kritisierte auch, dass das Bundeskriminalamt in dringenden Fällen zunächst ohne Richterbeschluss Computer anzapfen dürfen soll. Der Parlamentarische Geschäftsführer der Grünen-Bundestagsfraktion, Volker Beck, sprach in diesem Zusammenhang von einem „weiteren dramatischen Abbau der Bürgerrechte in unserem Land". [...]
Der ehemalige Bundesinnenminister und Verfassungsschützer Gerhart Baum kritisiert das Gesetz nicht nur, sondern ist auch bereit, einen Schritt weiter zu gehen. [...] „Ich werde nicht zögern, auch gegen dieses Gesetz Verfassungsbeschwerde einzulegen, wenn es in dieser Fassung verabschiedet wird." Baum hatte bereits gegen die Befugnis zur Durchführung von Onlinedurchsuchungen nach dem Verfassungsschutzgesetz Nordrhein-Westfalens erfolgreich Verfassungsbeschwerde eingelegt.

www.tagesspiegel.de/politik/deutschland/Terrorismus-Innere-Sicherheit-BKA-Gesetz; art122,2654803 (12. 11. 2008)

„Das BKA wird zu einer Spitzelzentrale"

MATERIAL **6**

Ex-BGH-Richter Wolfgang Neskovic (Linke) zum BKA-Gesetz

***Frankfurter Rundschau:** Herr Neskovic, die Koalition preist das BKA-Gesetz als bestes Polizeigesetz weltweit. Können Sie sich dem anschließen?*
Neskovic: Auf gar keinen Fall. Das BKA-Gesetz wird die Beziehung zwischen Bürgern und Staat, die ganze Republik grundlegend verändern. Künftig wird es nicht mehr heißen: „Im Zweifel für die Freiheit", sondern: „Im Zweifel für die Sicherhei".
Die neuen BKA-Kompetenzen stehen den Länderpolizeien aber doch schon heute zu.
Das ist zwar inhaltlich richtig, aber es macht trotzdem einen gewaltigen Unterschied, ob ein kleines Landeskriminalamt etwas darf oder eine Großbehörde wie das BKA mit seinen personellen, finanziellen und technischen Möglichkeiten – das noch dazu länderübergreifend agieren kann. Dadurch wird ein wichtiger Schutzmechanismus beseitigt, den die Mütter und Väter des Grundgesetzes nach den Erfahrungen der NS-Zeit geschaffen hatten, um zu verhindern, dass noch mal in Deutschland eine zentrale Sicherheitsbehörde entsteht; eine Spitzelzentrale, die alles weiß und alles darf.
Eine Spitzelzentrale?
Ja, das BKA wird künftig Kompetenzen von Geheimdiensten und Polizei unter einem Dach besitzen. Es darf bei Terrorverdacht, also im Vorfeld einer möglichen Straftat, tätig werden, darf heimlich Wohnungen abhören, mit Kameras überwachen und Privatcomputer ausspähen – und kann dann anschließend Verdächtige gleich noch selbst verhaften ...
Aber doch nur mit richterlicher Genehmigung!
Ein richterlicher Beschluss wird in solchen Diskussionen immer als das wirksame Kontrollinstrument angeführt, dass alle anderen Kontrollmechanismen ersetzen kann. Doch das ist er nicht. In der Praxis werden die Anträge auf Überwachung überwiegend von jungen, unerfahrenen und zeitlich überlasteten Richtern bearbeitet. Da bleibt oft gar kein Raum mehr für eine eingehende Prüfung.

Aus: Frankfurter Rundschau vom 12. 11. 2008, S. 4, Interview: Steffen Hebestreit

1 Stellen Sie die Argumente zusammen, mit denen Wolfgang Schäuble das BKA-Gesetz begründet (M 2).

2 Untersuchen Sie, mit welchen Grundrechten die Befugnisse des BKA in einem Spannungsverhältnis stehen.

3 Erläutern Sie die grundsätzlichen Bedenken, die in M 4 bis M 6 geäußert werden, und nehmen Sie begründet Stellung dazu.

3.2 Gelten Menschenrechte universal?

Die „Allgemeine Erklärung der Menschenrechte“ vom 10. Dezember 1948 verzichtet auf eine naturrechtliche oder religiöse Begründung der Menschenrechte. Möglichst vielen Staaten sollte auf diese Weise die Zustimmung erleichtert werden, zudem besaß die Erklärung noch keine völkerrechtliche Verbindlichkeit. Sie erhielt ihre Aktualität und Bedeutung durch die grauenvollen Erfahrungen aus der Zeit Nationalsozialismus und Faschismus, ohne dass diese explizit hervorgehoben wurden. In der Menschenrechtserklärung stehen liberale und soziale Rechte nebeneinander. Nach der Deklaration begann der schwierigere Teil der Arbeit, die einzelnen Rechte zu präzisieren, die in Konventionen gefasst werden sollten. Erschwert wurde diese Arbeit durch den Ost-West-Konflikt.

Die UN-Generalversammlung verabschiedete am 19. Dezember 1966 die Internationalen Pakte über die „wirtschaftlichen, sozialen und kulturellen Rechte“ (Sozialpakt) und über „die bürgerlichen und politischen Rechte“ (Bürgerrechtspakt). Ferner beschloss die UNO in der Folgezeit mehrere Übereinkünfte:

- Konvention gegen den Völkermord (1948)
- Konvention über die politischen Rechte der Frau (1953)
- Protokoll über die Rechtsstellung der Flüchtlinge (1967)
- Übereinkommen gegen Folter (1984)
- Rechte des Kindes (1989).

MATERIAL **1**

Universalität ist eine Stärke

Der britische Außenminister Douglas Hogg zur universellen Gültigkeit der Menschenrechte (1993):

Die Menschenrechte sind das gemeinsame – und kostbare – Erbe der Menschheit. Es ist keine Übertreibung zu sagen, dass sie unser wahres Menschsein definieren. [...]
Das größte Missverständnis beruht darin, in der Universalität der Menschenrechte eine Drohung zu sehen oder eine Waffe. Sie sind weder das eine noch das andere. Universalität ist eine Stärke, die uns in unserer kulturellen und sozialen Vielfalt und in den gänzlich unterschiedlichen Wirtschaftsbedingungen vereint. Beweis dafür ist, dass die universellen Normen der Menschenrechte im Herzen aller großen Religionen und Kulturen zu finden sind.

MATERIAL **2**

Das Problem der Universalität der Menschenrechte

Ungeachtet der förmlichen Bindung fast aller Staaten der Erde an die wichtigsten universalen Menschenrechtsverträge und wiederholter Bekenntnisse der Regierungen zur Universalität, Unteilbarkeit und Interdependenz aller Menschenrechte ist das Spannungsverhältnis zwischen universalen Menschenrechten und der Autonomie nationaler, regionaler oder religiös bestimmter (Rechts-) Kulturen bis heute ungelöst. Von Zeit zu Zeit wird erklärt, die Menschenrechte seien eine kulturell und geschichtlich bedingte westliche Idee, die sich nicht auf andere Regionen übertragen lasse und die auch keineswegs „zeitlos“ gültig sei. Im positiven Völkerrecht findet diese Distanzierung ihren Niederschlag in zahlreichen Vorbehalten zu den Menschenrechtsverträgen, die sich insbesondere auf die Religions- und Glaubensfreiheit sowie die Gleichberechtigung von Mann und Frau beziehen. So konnten sich die asiatischen und die islamisch-arabischen Staaten bis heute nicht entschließen, den universell verbürgten Menschenrechten durch regionale Verträge zu einer größeren Wirksamkeit zu verhelfen und diese damit auch politisch nachdrücklicher anzuerkennen, als es mit der Hinterlegung einer Ratifikations-

urkunde im fernen New York oder Genf der Fall ist.
Dennoch ist weltweit unumstritten, dass es einen schützenswerten, universalen menschenrechtlichen Kernbereich (wie das Recht auf Leben, auf körperliche Unversehrtheit, auf Freiheit von willkürlicher Inhaftierung) gibt. Je mehr aber die abwehrrechtliche Grundlage der Menschenrechte verlassen und ihnen eine objektive, gesellschaftsgestaltende Funktion beigemessen wird, desto größer wird das Potenzial eines Widerspruchs zu dem ebenfalls völkerrechtlich verbürgten Selbstbestimmungsrecht der Völker. „Alle Völker haben das Recht auf Selbstbestimmung", heißt es in dem gemeinsamen Art. 1 Abs. 1 der beiden UN-Menschenrechtspakte. „Kraft dieses Rechts entscheiden sie frei über ihren politischen Status und gestalten in Freiheit ihre wirtschaftliche, soziale und kulturelle Entwicklung." Das Selbstbestimmungsrecht wurde einer Forderung der „Dritten Welt" gemäß in die Pakte aufgenommen, die damit den Anspruch der Völker unter kolonialer Herrschaft auf Unabhängigkeit verankern wollte. Es war nicht daran gedacht, das Selbstbestimmungsrecht als ein Gegengewicht zu den Menschenrechten aufzubauen. Aus heutiger Sicht aber kann Artikel 1 der Pakte auch als die Markierung einer äußersten Grenze des internationalen Menschenrechtsschutzes verstanden werden: Die Menschenrechte dürfen nicht so ausgelegt werden, als geböten sie eine völlige oder beinahe völlige Angleichung der politischen und gesellschaftlichen Verhältnisse eines Landes an den Standard der „real existierenden" Demokratien Europas und Nordamerikas. [...]
Die völkerrechtlich geschützten Menschenrechte beziehen sich auf das Verhältnis zwischen Staat und Individuum. Wird die Rolle des Staates begrenzt (zum Beispiel durch Privatisierung öffentlicher Aufgaben), verringert sich auch der Anwendungsbereich der Menschenrechte. Je mehr sich der Staat zurückzieht, umso weniger kann er eine direkte Schutzfunktion für die Menschenrechte ausüben. „Die Wirtschaft ist unser Schicksal", formulierte Walther Rathenau 1921; das Wort gilt heute im globalen Maßstab und eben auch für die Frage des tatsächlichen Genusses der Menschenrechte. Bemühungen im Rahmen der UN, international tätige Unternehmen unmittelbar an die Normen der Menschenrechtsverträge zu binden oder eine völkerrechtliche Haftung der Unternehmen für von ihnen begangene Menschenrechtsverletzungen zu begründen, sind bisher erfolglos geblieben. Das ist nicht erstaunlich, weil eine solche Bindung wesentliche strukturelle Änderungen des Völkerrechts voraussetzt – im Kern die Erhebung der Unternehmen zu eigenen Völkerrechtssubjekten.

Aus: Bardo Fassbender, Idee und Anspruch der Menschenrechte im Völkerrecht, in: Aus Politik und Zeitgeschichte 46/2008, S. 6 f. und 8

Gravierende Menschenrechtsverletzungen

MATERIAL **3**

Presseerklärung der Iran-Koordinationsgruppe von a. i. zum 10. Dezember 2003 anlässlich des „Internationalen Tages der Menschenrechte"

[...] Auch im Jahr 2003 verzeichnete die Menschenrechtsorganisation amnesty international zahlreiche und schwerste Menschenrechtsverletzungen im Iran. Sie reichen von der Verhaftung von Personen, die auf friedliche Weise ihre Meinung geäußert haben, bis hin zu Steinigungen.
Allein in den letzten zwei Monaten erreichten amnesty international die besorgniserregenden Meldungen, dass im November sieben Frauen zu je fünfzig Peitschenhieben verurteilt worden seien, weil sie im Fastenmonat Ramadan auf der Straße laute Musik gehört und dazu getanzt hätten. Ebenfalls sind Zeitungsberichten zufolge im November vier Männer wegen Raubes und Entführung zu Tode gesteinigt worden. Amnesty international erkennt die Notwendigkeit der Bestrafung Straffälliger an, verweist aber darauf, dass eine „grausame und erniedrigende Strafe" wie die Steinigung in einem strikten Widerspruch zur Allgemeinen Erklärung der Menschenrechte der Vereinten Nationen

steht. […] Anfang Oktober wurden vier Männer zwar gegen Kaution aus der Haft entlassen, jedoch verfügt amnesty international über keine Erkenntnisse, dass die ihnen drohende Strafe der „Kreuzamputation“, d. h. die Amputation einer Hand und des gegenüberliegenden Fußes, außer Kraft gesetzt worden ist.
Angesichts dieser massiven Anhäufung gravierender Menschenrechtsverletzungen begrüßen wir die Verleihung des Friedensnobelpreises an Frau Shirin Ebadi. Sie selbst geriet wegen ihres Engagements für die Menschenrechte im Iran in schwerste Bedrängnis. So wurde die Rechtsanwältin beispielsweise im Sommer 2000 zu 18 Monaten Gefängnis auf Bewährung und 5 Jahren Berufsverbot für die gerichtliche Verteidigung ihrer Mandanten verurteilt. Dabei handelte es sich um die Familie von politischen Oppositionellen, die 1998 ermordet wurden.

www.amnesty-owl.de/Iran, 2003

MATERIAL **4**

Langsame Fortschritte

Aus dem 6. Menschenrechtsbericht der Bundesregierung zur Lage im Iran:

Die Menschenrechtslage im Iran wird vom Selbstverständnis des Landes als islamischer Staat geprägt, in dem das Prinzip der Herrschaft des obersten islamischen Rechtsgelehrten gilt. Der Koran und die Tradition des Propheten Mohammad gelten in der Interpretation durch die schiitischen Religions- und Rechtsgelehrten als absolut. Staatsverfassung und Gesetzgebung folgen diesen Leitlinien. Die so entstandene Rechtsordnung widerspricht in vielen Punkten unserem Menschenrechtsverständnis. So gibt es in diesem System keine Religionsfreiheit außer in dem vom Koran gesetzten Spielraum für die Angehörigen sogenannter „Buchreligionen“. Ebenso ist nach dem Buchstaben des Gesetzes die volle Gleichberechtigung von Frauen nicht möglich. In den letzten Jahren haben sich im Iran jedoch die Stimmen gemehrt, die – bei voller Wahrung der Botschaft des Islam – auf eine freiere Auslegung von Koran und Tradition drängen. Die zweimalige Wahl des gegenwärtigen iranischen Staatspräsidenten Khatami in den Jahren 1997 und 2001 mit jeweils überwältigender Mehrheit ist Ausdruck dieser gesellschaftlichen Tendenz, die sich aber nur mit Mühe gegen beharrende Kräfte behauptet und festigt. Als wichtigste Fortschritte können bisher verzeichnet werden: Festigung der Demokratie, Abbau der Unterdrückung von Informationen und einzelne Verbesserungen bei der Stellung der Frau in der Öffentlichkeit.
Im Iran kommt es trotz der beschriebenen Fortschritte weiter zu erheblichen Menschenrechtsverletzungen. Die Justiz entzieht sich einer strengen Bindung an Rechtsstaatlichkeit und missbraucht häufig ihre Zuständigkeiten aus politischen Gründen. Sicherheitsgesetze werden genutzt, um individuelle Menschenrechte außer Kraft zu setzen. Willkürliche Verhaftungen, Misshandlungen und Folter in Polizeigewahrsam und Gefängnissen und Verletzungen der Meinungsfreiheit sind häufig. Die Strafjustiz wird vielfach politisch instrumentalisiert. Nicht durch die Verfassung anerkannte religiöse Minderheiten – an erster Stelle die Baha'i – werden verfolgt und Opfer diskriminierender Maßnahmen. Sowohl die Todesstrafe als auch Körperstrafen werden häufig verhängt und vollstreckt. Die iranischen Gesetze weisen Frauen einen minderen Status mit erheblichen Einschränkungen der persönlichen Freiheit zu. Bei Verstößen gegen die frauenspezifischen Kleidungs- und Verhaltensregeln drohen drastische Strafen. Andererseits können einzelne Frauen in hohe Staatsämter aufsteigen.
Die Europäische Union und ihre Mitgliedstaaten führen gemeinsam als auch je einzeln mit Iran umfassende Gespräche, bei denen regelmäßig die Menschenrechte behandelt werden. […]

www.auswaertigesamt.de/www/de/aussenpolitik/menschenrechte

Die Religion ist nicht die Ursache

MATERIAL 5

Der Sozialwissenschaftler Navid Kermani zur Menschenrechtsproblematik in islamischen Ländern (2003):

Die islamische Welt, so heißt es seit dem 11. September immer wieder, stehe dem Westen zunehmend feindlich gegenüber. „Warum hassen sie uns bloß?“, wird scheinbar hilflos gefragt, um sogleich auf die grundlegend andersartigen Werte von Muslimen zu verweisen. Der sanftmütige Intellektuelle verlangt, Verständnis für das Fremde aufzubringen, während der kulturkämpferische Kraftprotz auf die Überlegenheit des eigenen Wertesystems pocht. Beide übersehen, dass sich viele Menschen in der islamischen Welt [...] über den Westen und speziell die Vereinigten Staaten nicht etwa deshalb erregen, weil sie von deren Werten nichts wissen wollen, sondern weil sie den Glauben daran verloren haben, dass der Westen sie ihnen gegenüber tatsächlich vertritt. Der Unmut gründet gerade nicht in einem Gefühl der Überlegenheit, sondern in der Verbitterung über diese Zurückweisung, die immer häufiger ins Ressentiment umschlägt. [...]

Es ist keineswegs so, dass die meisten Muslime danach streben, mit möglichst willkürlichen Rechtssystemen, in undemokratischen Verhältnissen und ohne sozialen Ausgleich zu leben. Dass die Demokratie sich in der islamischen Welt bisher selten durchgesetzt hat, hat viele hausgemachte Gründe, unter anderem eine tiefgreifende Krise der religiösen Kultur, aber auch überkommene soziale Strukturen, ökonomische Verwerfungen und vor allem eine fast durchweg katastrophale Situation im Bildungswesen. Der verheerende Bericht, den die UN kürzlich über den Zustand der arabischen Welt vorgelegt haben, ist beklemmend realistisch. Aber wer deswegen die Araber als unsozial und undemokratisch abschreibt, sollte bedenken, dass der Bericht von arabischen Autoren verfasst worden ist. Man mag den arabischen Gesellschaften vieles vorwerfen, aber nicht, dass es ihnen am Bewusstsein der eigenen Zurückgebliebenheit mangelt.

Blickt man nicht nur auf die arabische Welt (und übersieht nicht die halbwegs funktionierende Demokratie Libanons), dann lässt sich das Klischee, die Muslime seien per se undemokratisch, nicht aufrechterhalten. Bangladesch, Indonesien, Türkei, Iran – in den bevölkerungsreichsten Staaten der islamischen Welt ist die Demokratie auf dem Vormarsch, so vehement sie von Diktatoren oder religiösen Führern bekämpft wird.

Aus: Navid Kermani, Das heilige Phantasma, in: DIE ZEIT 2/2003

1 Die Erklärung der Menschenrechte bedeutet einen historischen Meilenstein in der Menschheitsgeschichte. Erläutern Sie diese Einschätzung.

2 Vergleichen Sie die Bewertungen der Menschenrechtsverletzungen im Iran durch amnesty international (M 3) mit der der Bundesregierung (M 4).

3 Worin könnten diese Unterschiede in der Beschreibung begründet sein?

4 Viele westliche Beobachter meinen, dass besonders in islamischen Staaten die Menschenrechte wenig beachtet würden. Wie deutet Kermani (M 5) diesen Sachverhalt? Nehmen Sie dazu Stellung.

4 Europa reagiert (mit)

Es sind oft die medienwirksamen Urteile des Europäischen Gerichtshofs, die den Bürgern in den EU-Mitgliedsländern bewusst machen, wie sehr die Europäische Union in die Nationalstaaten hinein regiert. Politische Entscheidungen mit weitreichenden Folgen werden nicht mehr ausschließlich in Berlin oder in anderen europäischen Hauptstädten getroffen, sondern zunehmend in Brüssel oder Straßburg. Mit diesen Entwicklungen untrennbar verbunden ist schließlich die Frage nach der Transparenz von Entscheidungsprozessen und der Orientierung an den Grundsätzen der Demokratie.

MATERIAL 1

Im Zweifel für Europa

Cassis-de-Dijon-Urteil: Präzedenzfall für den Binnenmarkt

Ein deutscher Lebensmittelkonzern hatte vor dem Europäischen Gerichtshof (EuGH) in Luxemburg geklagt, weil ihm die Einfuhr eines französischen Likörs aus schwarzen Johannisbeeren (französisch: cassis) unter Hinweis auf deutsche Gesetze verboten worden war. [...] Der Gerichtshof entschied 1978, das deutsche Einfuhrverbot widerspreche den Verträgen der Gemeinschaft, die den freien Warenverkehr zwischen den Mitgliedstaaten fordern und Einfuhrbeschränkungen verbieten. Der Gerichtshof stellte den Grundsatz auf: Was in einem Mitgliedsland der Gemeinschaft nach dort gültigem Recht verkauft werden darf, das darf auch in allen anderen Mitgliedsländern verkauft werden.

Bosman-Urteil: Steilvorlage für Freizügigkeit

Berühmt geworden ist auch ein Urteil des Gerichtshofs aus dem Jahr 1995, dem eine Klage des belgischen Profifußballspielers Bosman zugrunde gelegen hatte. Eine Folge dieses „Bosman-Urteils" ist, dass seither auf deutschen Fußballplätzen für Spieler aus anderen Staaten der EU nicht mehr die „Ausländerregel" gilt, die es einem Verein verbietet, mehr als drei ausländische Spieler pro Spiel einzusetzen. [...] Die Begründung: Staatsangehörige aus anderen Staaten der EU dürfen nicht als Ausländer behandelt werden, denn die EU-Verträge verbieten innerhalb des Binnenmarktes jede Diskriminierung, also Schlechterstellung eines Unionsbürgers aufgrund der Nationalität. [...]

Soldatinnenurteil: Die neue Front der Gleichberechtigung

Das deutsche Soldatengesetz erlaubte [...] Frauen nur den Zugang zum Sanitäts- und Musikdienst. Dagegen klagte eine Frau vor dem Europäischen Gerichtshof. Der EuGH entschied: Der vollständige Ausschluss von Frauen aus allen bewaffneten Einheiten der Bundeswehr widerspricht der EU-Richtlinie zur Gleichbehandlung von Mann und Frau. Das Grundgesetz und das Soldatengesetz mussten geändert werden.

Aus: Europa 2001. Alles Wissenswerte über die Europäische Union. Herausgegeben vom Europäischen Parlament, Straßburg 2001, S. 53 f.

1 Verdeutlichen Sie mithilfe von M 1 den Stellenwert europäischen Rechts für die EU-Bürger.

2 Ordnen Sie die Beispiele aus M 1 in M 2 ein und beschreiben Sie die in der EU festgelegte Unterscheidung zwischen nationaler und gemeinsamer Politik.

Die drei Säulen der Europäischen Union

MATERIAL 2

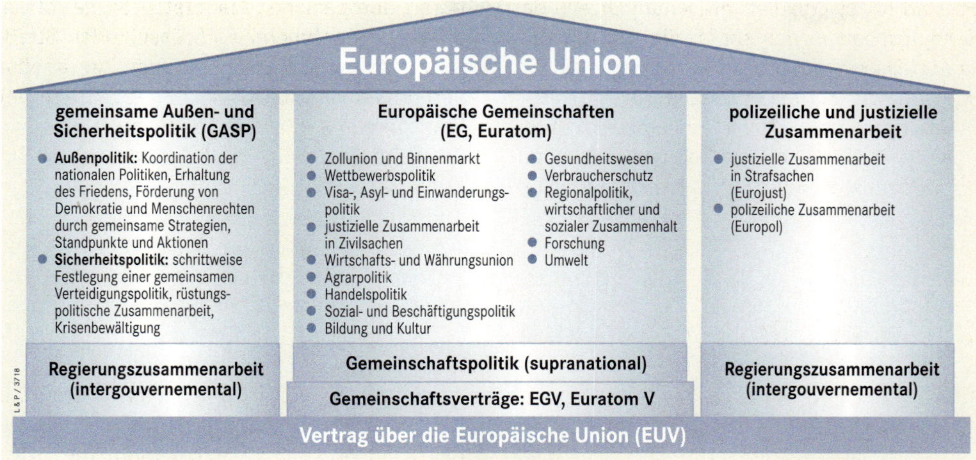

Institutionen

MATERIAL 3

Die Kommission gilt als „Initiativorgan" unter den drei zentralen EU-Instanzen [...]. In der Tat hat nur die Kommission die Befugnis, neue EU-Rechtsvorschriften auszuarbeiten. [...] Allerdings, und das relativiert den Einfluss dieses Gremiums beträchtlich: Verabschiedet werden diese „Gesetze" vom Rat, in dem die fachlich jeweils zuständigen Minister der nationalen Regierungen sitzen, und vom Straßburger Parlament. Die Kommission ist also nicht der Gesetzgeber, ist aber wiederum zuständig für die Umsetzung der Brüsseler Richtlinien, also der EU-Politik, in den Mitgliedsstaaten. Auch die Verwaltung des Haushalts obliegt der Kommission (der Etat wird aber ebenfalls von Rat und Abgeordnetenhaus beschlossen).

Vor diesem Hintergrund wirkt es einigermaßen kurios, wenn nationale Politiker in ihren Heimatländern gegen die Regelungswut der abgehobenen Brüsseler Technokraten wettern, die Zuckerdosen in Cafés reglementieren, die ungerechte Kriterien bei der Subventionsvergabe für Bauern und Stadtquartiere vorschreiben oder die bei den Finanzministern nervend auf die Einhaltung des Stabilitätspakts pochen: All das haben die Regierungen nämlich zuvor auf EU-Ebene selbst beschlossen.

Zu den Aufgaben der Kommission, die sich auf einen Apparat mit 24 000 Bediensteten stützt, gehört auch das Aushandeln von Übereinkommen mit anderen Ländern. [...] Nicht zuletzt kann die Kommission Mitgliedsstaaten vor dem Luxemburger Gerichtshof wegen der Verletzung von EU-Recht verklagen. [...]

Zusammen, das klingt vordergründig nach harmonischer Eintracht, werden das Parlament und der Rat als Gesetzgebungsorgane tätig. Häufig aber sind diese beiden Gremien Gegenspieler – so wie es sich zwischen Regierung und Parlament ziemt. Aber eigentlich ist es doch nicht so, weil es in der EU eben keine richtige „Regierung" und kein echtes „Parlament" gibt. [...]

Die Straßburger Volksvertretung ist zwar als einzige EU-Institution demokratisch gewählt, es formieren sich Fraktionen, Ausschüsse, informelle Zirkel, so wie man es von einem Parlament her kennt. Eine Regierungsmehrheit und eine Opposition sucht man jedoch vergeblich: wie auch, wo ein zu wählendes Kabinett in der EU als einer vertraglich verknüpften Union eigenständiger Staaten nun mal nicht existiert.

[...] Nicht übersehen sollte man eines: In der Praxis hat das Parlament zusehends an Einfluss gewonnen, auch wenn sich das selten öffentlichkeitswirksam niederschlägt. Ohne das Plazet der Volksvertreter läuft politisch immer weniger in der EU: Deren Mitbestimmungsrechte, faktisch eine Vetomacht, wurden spürbar ausgeweitet.

Das allerletzte Wort bei den Gesetzen der EU hat indes der Rat, also die Repräsentanz der nationalen Regierungen, und diese Instanz mischt natürlich auch von vornherein bei politischen Initiativen mit: Hinter dem Rat verbergen sich zwei Räte.

Da ist zum einen der Europäische Rat, in dem die Staats- und Regierungschefs sowie der Kommissionspräsident versammelt sind. In diesem Kreis residiert die wahre Macht, was bei den Gipfeltreffen stets mit einem eindrucksvollen Gruppenfoto und mit viel Medienrummel inszeniert wird. Aber nicht nur bei diesen Treffen wird die Politik der EU ausbaldowert: Zwischen den Hauptstädten wird eifrig gereist, um bilateral zu verhandeln, um auf diesem Weg [...] etwa Probleme bei der EU-Verfassung [...] aus dem Weg zu räumen.

Zum andern ist der Rat der EU aktiv, oft als Ministerrat bezeichnet. Mit diesem Kollegium, in dem je nach Themengebiet die verschiedenen nationalen Ressortminister für Wirtschaft und Finanzen, Umwelt, Landwirtschaft und andere Bereiche tagen, hat es das Parlament bei der Verabschiedung der EU-Rechtsvorschriften zu tun. [...]

Aus: Karl-Otto Sattler „Magische Kräfte im europäischen Haus“, in Das Parlament, Nr. 45 vom 1.11.2004, S. 3

MATERIAL 4

Wie entsteht ein EU-Gesetz?

Gesetze heißen in Brüssel nicht Gesetze, sondern Richtlinien oder Verordnungen. Der Vorschlag der Kommission geht in das Europäische Parlament und in den Rat, es beginnt der Prozess der Beschlussfassung, für den es drei mögliche Verfahren gibt:

- Das Anhörungsverfahren: Das Parlament kann den Vorschlag der Kommission billigen, ablehnen oder Änderungsvorschläge anbringen. Diese Vorschläge sind nicht bindend. Fügt die Kommission die Änderungen in ihren Entwurf ein, geht dieser an den Rat, der den geänderten Vorschlag annimmt oder umarbeitet.
- Das Zustimmungsverfahren: Der Rat muss die Zustimmung des EU-Parlaments einholen. Das Parlament kann den Vorschlag nicht ändern, nur annehmen oder ablehnen.
- Das Mitentscheidungsverfahren: Rat und Parlament entscheiden gleichberechtigt über einen Gesetzesvorschlag. Können sie sich nicht einigen, wird ein Vermittlungsausschuss eingesetzt.

Nach dem derzeit gültigen EU-Vertrag von Nizza gilt bei 40 Themen das Mitentscheidungsverfahren, etwa beim Binnenmarkt, Datenschutz, Verbraucherschutz, bei Sozialpolitik, Forschung, Technologie. Und natürlich beim EU-Haushalt. [...] Verordnungen treten unmittelbar nach ihrer Veröffentlichung in allen 25 EU-Ländern in Kraft. [...] Richtlinien verpflichten die Mitgliedstaaten dazu, das Ziel des Beschlusses innerhalb einer bestimmten Frist in nationales Recht zu übertragen – zum Beispiel bei der Deregulierung des Strommarktes. Setzt ein Mitgliedstaat eine Richtlinie nicht fristgerecht um, kann die Kommission ihn vor dem EuGH verklagen.

Aus: Katja Ridderbusch: Europa. Wie funktioniert die Europäische Union? Und: hat sie eine Zukunft? BRAND EINS 09/2006, S. 98/99

1 Fertigen Sie eine übersichtliche Grafik zu den Strukturen und Entscheidungsprozessen in der EU an (M 3).

2 Beurteilen Sie das politische Gewicht der Politikbereiche, in denen das Parlament entweder Anhörungs-, Zustimmungs- oder Mitentscheidungsrechte besitzt (M 4, eigene Recherche).

Zeichnung: Christiane Pfahlmann

Wie demokratisch ist die EU eigentlich?

MATERIAL 5

Der deutsche EU-Kommissar Günter Verheugen, früher für Erweiterung und jetzt für Industriepolitik zuständig, hat darauf eine klare Antwort: „Würde sich die EU bei uns um Beitritt bewerben, müssten wir sagen: demokratisch ungenügend."

Tatsächlich weist die EU ein beachtliches Defizit an demokratischer Legitimität auf. Die Gewaltenteilung zwischen Exekutive und Legislative, Grundprinzip einer funktionierenden Demokratie, ist in Brüssel aufgehoben. Das wichtigste Gesetzgebungsorgan der EU, der Ministerrat, wird von den nationalen Regierungen gebildet, ohne dass das Europäische Parlament, immerhin die einzige vom EU-Bürger direkt gewählte Institution, eine Kontrollmöglichkeit hat. Auch wird die Kommission als exekutive Behörde nicht durch das Parlament gewählt, sondern vom Rat der Regierungen eingesetzt – das EU-Parlament bestätigt nur ihre Ernennung als Ganzes und kann der Kommission auch nur als Ganzes das Misstrauen aussprechen, nicht einzelnen Kommissaren. Von dem Recht machte das Parlament 1999 Gebrauch: Da reichte die Drohung mit einem Misstrauensantrag, um die Kommission unter Führung des Luxemburgers Jacques Santer, die wegen Korruptionsvorwürfen ins Straucheln geraten war, zum Rücktritt zu zwingen.

Die EU ist also keine repräsentative Demokratie, so wie sie Abraham Lincoln 1863 in seiner Gettysburg-Rede definierte: eine „Regierung des Volkes durch das Volk und für das Volk". Und so ist es keine Überraschung, dass das Verhältnis zwischen der EU und ihrem Souverän gestört ist: Die Wahlbeteiligung bei Europawahlen ging seit den ersten Direktwahlen 1979 stetig zurück, bei der Wahl 2004 lag sie in Deutschland bei 43 Prozent.

Aus: Katja Ridderbusch: Europa. Wie funktioniert die Europäische Union? Und: hat sie eine Zukunft? BRAND EINS 09/2006, S. 100/102

1 Arbeiten Sie die in M 5 geäußerte Kritik an der EU heraus.
2 Versuchen Sie, eine Gegenposition z. B. aus Sicht eines Kommissionsmitarbeiters zu formulieren.

4.1 Europa entwickelt sich weiter!?

Die Entwicklung der EU ist geprägt von zahlreichen Einzelschritten, u. a. (Römische Verträge 1957, 1967 Gründung der EG, 1992 Vertrag von Maastricht, 1997 Vertrag von Amsterdam, 2000 Vertrag von Nizza). Verschiedene Erweiterungsrunden ließen die EU auf derzeit 25 Mitglieder anwachsen.

Die mit dieser Entwicklung verbundene Zunahme unterschiedlicher Interessen innerhalb der EU haben Defizite in ihren Entscheidungsabläufen und ihrem Institutionengefüge deutlich gemacht und den Ruf nach umfassenden Reformen aufkommen lassen.
Der Europäische Rat hat schließlich im Dezember 2001 den Konvent zur Zukunft der EU mit der Ausarbeitung von Reformen beauftragt. Das Ergebnis seiner Arbeit war ein Verfassungsentwurf, der im Oktober 2004 von den Staats- und Regierungschefs der EU unterzeichnet wurde.

Während eine große Zahl von Ländern den Verfassungsvertrag schon gebilligt hatte, wurde er in Frankreich und in den Niederlanden 2005 abgelehnt. Im Juni 2006 schließlich wurde vereinbart, den Verfassungsvertrag durch einen neuen EU-Grundlagenvertrag zu ersetzen, in dem sich Teile der vom Konvent erarbeiteten Refomvorschläge wiederfinden sollen.

MATERIAL 6 Der Europäische Verfassungsvertrag

Teil I: Allgemeine Bestimmungen
(Artikel: I-1 bis I-60)
Der erste Teil hat den stärksten konstitutionellen Charakter aller vier Vertragsteile. Er besteht aus 60 Artikeln, in denen der Status und die Ziele und Werte der Union dargestellt, die Aufteilung der Kompetenzen zwischen der Union und ihren Mitgliedsstaaten erläutert und die Institutionen der Union vorgestellt werden. In weiteren Ausführungen werden die Rechtsinstrumente der Union erklärt und die Modalitäten für den Beitritt oder den Austritt aus der Union festgelegt.

Teil II: Charta der Grundrechte der Union
(Artikel: II-61 bis II-114)
Als Teil II wurde die Grundrechtecharta in den Verfassungsvertrag eingegliedert. Die Charta ist von einem Grundrechtekonvent unter der Leitung von Roman Herzog ausgearbeitet und auf der Regierungskonferenz in Nizza (Dezember 2000) in Form einer politischen Erklärung verabschiedet worden. Sie sollte den auf europäischer Ebene geltenden Grundrechtsschutz zusammenfassen, um dessen Wahrnehmung durch die Öffentlichkeit zu verstärken.

Teil III: Politikbereiche und die Arbeitsweise der Union
(Artikel: III-115 bis III-436)
Im dritten Teil des Verfassungsvertrages werden die Bestimmungen zu den Politiken, Verfahren und Arbeitsweisen der Union konkretisiert. Ein großer Teil der Artikel ist dem derzeit geltenden Vertrag von Nizza entnommen worden. Daneben sind ausführliche Bestimmungen zur gemeinsamen Außen- und Sicherheitspolitik und zur verstärkten Zusammenarbeit enthalten.

Teil IV: Allgemeine- und Schlussbestimmungen
(Artikel: IV-437 bis IV-448)
Der letzte Teil des Verfassungsvertrages beschäftigt sich mit generellen Bestimmungen wie dem Geltungsbereich.

www.bdi.info/Dokumente/Europapolitik/Der_Europaeische_Verfassungsvertrag.PDF; Zugriff 19.4.2006

Institutionelle Veränderungen

MATERIAL 7

Die drei Führungspersönlichkeiten der EU

Präsident/-in der Europäischen Kommission
- Vorschlag durch Europäischen Rat unter Berücksichtigung der Wahlen zum Europäischen Parlament mit qualifizierter Mehrheit
- Wahl durch Europäisches Parlament mit Mehrheit der Mitglieder
- Amtsdauer: 5 Jahre

Außenminister/-in
- Ernennung durch Europäischen Rat mit qualifizierter Mehrheit mit Zustimmung des Kommissionspräsidenten
- Vizepräsident der Kommission
- Vorsitz im Rat „Auswärtige Angelegenheiten“
- Amtsdauer: 5 Jahre

Präsident/-in des Europäischen Rates
- Wahl durch Europäischen Rat mit qualifizierter Mehrheit
- Vorsitz im Europäischen Rat, Sicherung der Kontinuität
- Außenvertretung der EU (zusammen mit Außenminister)
- Amtsdauer: 2 1/2 Jahre, darf kein nationales Mandat innehaben

Zusammensetzung der Kommission

Kommissionspräsident
für 5 Jahre vom Europäischen Parlament auf Vorschlag des Europäischen Rates gewählt, Leitlinienkompetenz

Außenminister
zugleich Vizepräsident der Kommission

13 weitere Kommissionsmitglieder
aus einer Vorschlagsliste von drei Personen vom Kommissionspräsidenten ausgewählt

weitere Kommissare ohne Stimmrecht
aus allen EU-Staaten, die kein Kommissionsmitglied mit Stimmrecht vorschlagen können

Das neue EU-Entscheidungsverfahren

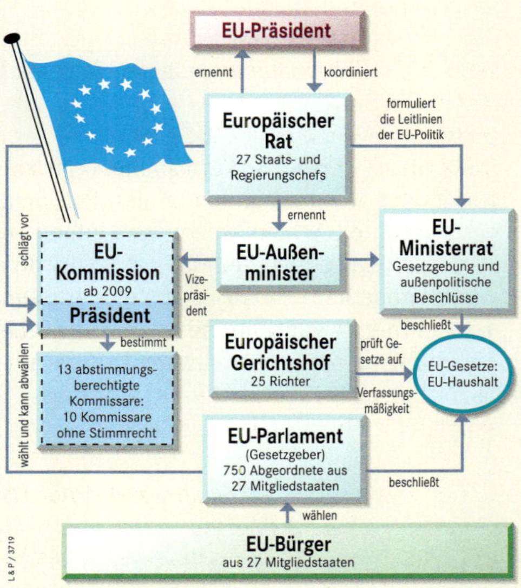

Neue Mehrheitsregel bei Abstimmungen im Rat

Seit Inkrafttreten des Lissabon-Vertrages (Dezember 2009):

- **Neugewichtung der Stimmen** im Rat der Europäischen Union (von Malta 3 bis Deutschland 29)
- Verwaltungsfragen werden mit **einfacher Mehrheit** entschieden
- Ab 2014: 137 von 181 Politikbereichen werden mit **Doppelter Mehrheit** entschieden: Mindestens 55% der Staaten müssen zustimmen und mindestens 65% der Bevölkerung repräsentieren
- In zentralen Politikbereichen (z. B. Sicherheitspolitik) wird weiterhin **einstimmig** entschieden

1 Arbeiten Sie aus M 1 und M 2 heraus, ob die ursprünglich im Verfassungsvertrag vorgesehenen Veränderungen geeignet sind, das vielfach beklagte Demokratiedefizit der EU abzubauen.

2 Diskutieren Sie die Frage, ob eine Europäische Verfassung die identitätsstiftende Kraft entwickeln kann, die eine erfolgreiche nationalstaatliche Verfassung besitzt.

„Aus dem Weg?"

MATERIAL **8**

Europa neu begründen?

Nach dem Scheitern der Verfassung scheint Europas Zukunft auf einen Schlag wieder ungewiss und gefährdet. Doch dieser Eindruck täuscht. Die Europäer müssen sich drei Fragen stellen: Wollen wir ein Europa, das für seine Werte in der Welt eintritt? Wollen wir ein wirtschaftlich blühendes Europa? Wollen wir ein faires und sozial gerechtes Europa? [...]

Wenn Europa auf der Weltbühne über eine Stimme verfügen und als Partner anerkannt werden soll, können wir weder weiteren Staaten prinzipiell die Aufnahme verweigern noch das politische System in seiner jetzigen Form unverändert beibehalten. Die Erweiterung ist das wichtigste außenpolitische Instrumentarium der Union, mit dem sie die Ausbreitung von Demokratie und Frieden sowie uneingeschränkte Wirtschaftsbeziehungen befördern kann. [...]

Ähnliche Überlegungen gelten auch für die politischen Strukturen. Die Europäische Union kann nur dann wirklich nach innen und außen Gestaltungsmacht gewinnen, wenn sie sich auf neue Regierungsformen verständigt. Der Vorschlag, die Europäische Union solle sich auf einen gemeinsamen Außenminister einigen, ist durchaus sinnvoll. Es sind effektivere Verfahren bei der Entscheidungsfindung notwendig als die im Vertrag von Nizza festgeschriebenen, kaum praktizierbaren Formeln. Und die Bestimmungen im Verfassungsentwurf, die eine engere Kooperation zwischen den Brüsseler Gremien und den nationalen Parlamenten vorsehen, schaffen eindeutig mehr Demokratie. [...]

Aus: Ulrich Beck / Anthony Giddens: Ein blau-gelbes Wunder. Süddeutsche Zeitung 1./2./3. 10. 2005, S. 13

MATERIAL **9**

Denkpause?

Luxemburgs Regierungschef Juncker plädiert für eine längere „Denkpause" über die EU-Verfassung, da die Mehrheit der Menschen nicht mehr Europa wolle. Die Politik müsse ihnen erklären, „was wir gemacht haben". [...]

Seiner Einschätzung nach gibt es in der EU derzeit „mehr Erschöpfung als Begeisterung". Einen Grund hierfür sieht Juncker darin, dass die Politik es versäumt habe, den Menschen die Schritte der europäischen Einigung zu erklären. „Wir haben es unterlas-

sen, den Menschen die historische und ökonomische Notwendigkeit der Erweiterung zu erklären, weil wir uns in dem Gefühl wähnten, das breite europäische Wir-Gefühl der 90er-Jahre hätte überlebt."
Deshalb müssten die EU-Staaten „die Reflexionsphase reifen lassen" und sich in den kommenden Jahren „viel konkreter mit dem Europa der Ergebnisse beschäftigen", riet der luxemburgische Ministerpräsident. „Wir müssen den Menschen zeigen, wie nützlich der Euro ist, wie Europa Kriminalität und den Terrorismus bekämpfen kann."
Zugleich erinnerte Juncker daran, dass es bestimmte Themen gibt, die Europa nur als Einheit angehen könne. „Beispiel Energie: Eine moderne Außenpolitik ohne Energiedimension gibt es nicht. Wie verfahren wir mit Russland? Wie regeln wir unser Verhältnis zu den Golfstaaten?", erläuterte Juncker. Zudem „brauchen wir mehr Europa, weil in der Globalisierung kein Nationalstaat mehr ausreichend starke Muskeln hat".
Juncker dachte zudem darüber nach, dass Europa „vielleicht auch neue Ziele" brauche, die über den Verfassungstext hinausgehen. Dabei brachte der 51-Jährige als Beispiel den Aufbau einer europäischen Armee ins Spiel. Juncker wandte sich außerdem gegen Vorschläge, dass notfalls einige EU-Staaten als Kerneuropa vorangehen. „Alles, was wir in Europa tun, sollten wir mit allen Mitgliedstaaten tun", sagte er. „Erst wenn dieser Versuch immer wieder scheitert, sollten wir uns Kerneuropa zuwenden. Aber nicht als Konzept eines finalen Europas."

www.netzeitung.de/spezial/globalvillage/399041.html – Zugriff 11.09.2006

Der Verfassungsprozess – tot oder lebendig?

MATERIAL **10**

- „Es darf auf keinen Fall eine Miniverfassung geben. Welche Aspekte soll man denn aus dem Text herausnehmen? Ein Irrweg wäre auch die Einberufung eines neuen Konvents. Vielleicht könnte man einige Aspekte der Verfassung stärker hervorheben, um so etwa die soziale Dimension der EU zu betonen.
- Nötig erscheint mir, die Politik Brüssels zu ändern, um so in der Bevölkerung mehr Zustimmung zur Union und damit auch zur Verfassung zu erreichen. Das Hauptproblem bei der Ratifizierung der Verfassung ist die miserable Vermittlung gegenüber den Bürgern."

(Dagmar Roth-Berendt, SPE-Fraktion)

- „Die Machthaber in den Brüsseler Schaltzentralen drängen die Europäischen Mitgliedsstaaten dazu, die tote Verfassung zu unterzeichnen. Bis zum Frühjahr 2007 werden wohl 20 EU-Mitglieder ratifiziert haben. Dann werden Angela Merkel und der neue französische Präsident eine Wiederholungsrunde in Frankreich vorbereiten, indem sie die Verfassung in zwei Teile aufsplitten: Einen, der sich gut bei den europäischen Wählern verkaufen lässt, und einen lizenziert-bürokratischen Teil, den das Französische Parlament, die Assemblée Nationale, annimmt."

(Jens-Peter Bonde, Fraktion Ind/DEM)

Aus: Das Parlament Nr. 13 vom 27.3.2006, S. 14

1 Interpretieren Sie die Karikaturen auf den Seiten 293 und 296.
2 Arbeiten Sie die Argumente von M 8 und M 9 heraus.
3 Erklären Sie ausgehend von M 5, was Juncker unter einem „Europa der Ergebnisse" verstehen könnte, und diskutieren Sie, ob seine Überlegungen geeignet sind, die Distanz der Bürger zur EU abzubauen oder zu überwinden.
4 Diskutieren Sie die von Juncker abgelehnte Forderung nach einem „Kerneuropa".
5 Vergleichen Sie die in M 8 – 10 vertretenen Positionen hinsichtlich der Zukunft des Verfassungsprozesses und beurteilen Sie die dort entwickelten Perspektiven mit dem aktuellen Stand der Verfassungsdiskussion in der EU.

5 Beherrschen die Medien die Politik?

Mittwoch, 21. Mai 2008 117/21 0,60 €

Bild

UNABHÄNGIG · ÜBERPARTEILICH

www.bild.de

GOLD BINGO 12. Spiel 192 271 287 311 438 456 520 GLÜCKS-CODE 78645116

Veronas Franjo
Schein-Firma in London?

Franjo (38) und Verona Pooth (40) Foto: PEOPLE PICTURE

Von S. BEHJAT, S. KÜRTHY und D. SCHLÜTER

Franjo Pooth (38) im Visier der Steuerfahnder! Jetzt interessiert sich das Finanzamt für eine dubiose Firma, die unter Franjos Londoner Adresse gemeldet ist. Warum von einer Scheinfirma die Rede ist – Seite 5.

Tatort-Kommissar holt 3 Kinder aus Knast

Im „Tatort" fängt er seit Jahren erfolgreich TV-Bösewichter, jetzt löste Dietmar Bär einen echten Kriminalfall: Auf den Philippinen befreite der TV-Kommissar Kinder aus einem Horror-Knast – Seite 3.

Tatort-Star Dietmar Bär (47) Foto: WDR

Für Arzneimittelforschung in Deutschland gibt es ein gutes Argument: Sie.

Wir haben nur das eine im Kopf: Sie und Ihre Gesundheit. Schließlich betrifft Arzneimittelforschung jeden, egal ob krank oder gesund, ob jung oder alt. Deshalb arbeiten wir an einem Ziel: der Entwicklung von Medikamenten, die Krankheiten stoppen, heilen oder sogar ganz verhindern.

Forschung ist die beste Medizin.
Die forschenden Pharma-Unternehmen
www.die-forschenden-pharma-unternehmen.de

Bürger-Wut stoppt Diäten-Erhöhung!

Abgeordnete müssen sich weiter mit 7339 Euro begnügen

Entscheidet die Bild-Zeitung die Bundestagswahlen?

Spätestens seit der Bundestagswahl 1998 spricht man auch in Deutschland vom wahlentscheidenden Einfluss der Medien. Der Wahlsieger von 1998, Bundeskanzler Gerhard Schröder (SPD), wurde als „Medienkanzler" bezeichnet, der seinen Erfolg nicht zuletzt einer mediengerechten Inszenierung seines Wahlkampfes zu verdanken habe. Dies geschah durch eine außerhalb der herkömmlichen Parteistrukturen arbeitende „Kampa", die die Wahlkampagne der Sozialdemokraten in allen Medien (Fernsehen, Rundfunk, Internet etc.) zentral steuerte. Zunehmend passt sich die Politik den Bedingungen der modernen Massenkommunikation an. Der langjährige ZDF-Intendant Dieter Stolte spricht in diesem Zusammenhang von einer Machtverschiebung zulasten der Parteien und zugunsten der Medien. Sie stellt sich für ihn dar als „gravierende Strukturveränderung" von der „parlamentarisch-repräsentativen" zur „medialpräsentativen Demokratie". Wie weit ist diese Veränderung schon gediehen? Wie beeinflusst diese Entwicklung die Demokratie als solche?

Im Modell der repräsentativen Demokratie sind die Medien die „kommunikative Schnittstelle" zwischen Politik und Gesellschaft. Die Medien sollen die Bürgerinnen und Bürger über die politischen Probleme, Diskussionen und Entscheidungen informieren. Sie sollen den politischen Prozess transparent machen und politische Vorgänge kritisch kommentieren. Sie sollen also die Einzelnen in die Lage versetzen, sich ein politisches Urteil zu bilden und sie zur vernünftigen Teilhabe am politischen Prozess befähigen.

Die Informationsfunktion der Medien ist in demokratischen Gesellschaften aber keineswegs als Einbahnstraße von der Politik in die Gesellschaft aufzufassen. Vielmehr sollen die Medien in umgekehrter Richtung die in der Gesellschaft existierenden Meinungen und Erwartungen öffentlich artikulieren und so auch politische Prozesse anstoßen. Ferner sollen sie politische Fehlentwicklungen und Affären aufdecken und auf diese Weise die zuständigen Verfassungsorgane in ihrer Kontrollfunktion unterstützen.

Die vielfältigen Funktionen der Medien setzen deren Unabhängigkeit voraus. Das Grundgesetz garantiert daher in Art. 5 die freie Meinungsäußerung sowie die Presse- und Informationsfreiheit als Grundrecht. Dazu gehört auch der freie Zugang zu publizistischen Berufen, eine weitgehende Auskunftspflicht der Behörden gegenüber den Medien und ein Zeugnisverweigerungsrecht der Journalisten, das - außer bei schweren Straftaten - auch gegenüber den Gerichten geltend gemacht werden kann. Art. 5 GG ist also ein Abwehrrecht gegenüber Eingriffen des Staates und gewährleistet die „äußere Pressefreiheit“. Eine „innere Pressefreiheit“, d. h. eine journalistische Unabhängigkeit vom Verleger, gibt es dagegen nicht. Als Eigentümer kann er bzw. sie den politischen Kurs seiner Zeitung oder Zeitschrift bestimmen. Problematisch wird die Machtstellung des Verlegers bei der Berichterstattung über lokale und regionale Ereignisse. Da bei Regionalzeitungen die Pressekonzentration sehr weit vorangeschritten ist, ist die gebotene Informationsvielfalt nicht immer gesichert.

Im Gegensatz zu den privatwirtschaftlich betriebenen Printmedien sind die öffentlich-rechtlichen Rundfunk- und Fernsehanstalten ARD und ZDF gesetzlich zur parteipolitischen Neutralität und zur Objektivität in ihrer Programmgestaltung verpflichtet. Aufsichtsgremien, in denen die Parteien und die großen gesellschaftlichen Gruppen vertreten sind, sollen darüber wachen, dass das Programm als Ganzes ausgewogen ist, was aber nicht die Ausstrahlung auch sehr pointierter Einzelbeiträge ausschließt. Wegen der besonderen Bedeutung der elektronischen Medien für die politische Willensbildung muss nach einem Urteil des Bundesverfassungsgerichts auch beim privaten Fernsehen die Meinungspluralität gewährleistet sein.

Das Bundesverfassungsgericht hat den öffentlich-rechtlichen Anstalten die als Vollversorgung zu interpretierende „Grundversorgung“ der Bevölkerung übertragen. Die sich daraus ergebende Gebührenfinanzierung stärkt ARD und ZDF gegenüber dem durch Werbung finanzierten privaten Fernsehen und befreit sie der Idee nach bei ihrer Programmgestaltung vom Diktat der Einschaltquoten. In der gesellschaftlichen Realität freilich können ARD und ZDF sich diesen Zwängen nicht völlig entziehen, wollen sie nicht die gesellschaftliche Akzeptanz des gebührenfinanzierten Rundfunks und Fernsehens aufs Spiel setzen. Aus dem gleichen Grund müssen sie aber auch bei allen Zugeständnissen sich dem demokratischen Leitbild vom mündigen Bürger verpflichtet wissen, da sonst ihre Privilegierung gegenüber dem privaten Kommerzfernsehen nicht zu rechtfertigen ist.

Die Politik hat es zunehmend mit Medien zu tun, die aufgrund ihrer kommerziellen Ausrichtung vor allem den Wünschen des breiten Publikums nach Unterhaltung Rechnung tragen. Und sie passt sich den vom Markt bestimmten Gesetzen der modernen Mediengesellschaft an. Wissenschaftler bezeichnen diese Entwicklung als „Mediatisierung und Personalisierung der Politik“. Politik werde insbesondere im Fernsehen oft genug als Schauspiel inszeniert, symbolische Handlungen ersetzten Sachinformationen, Berichte über private Lebensumstände ergänzten oder verdrängten inhaltliche Auseinandersetzungen.

- Ergibt sich aus der Mediatisierung der Politik aber schon eine Dominanz, eine Herrschaft der Medien über die Politik?
- Kann man den Politikern einen Vorwurf daraus machen, wenn sie durch eine mediengerechte Präsentation auch möglichst breite Bevölkerungsschichten anzusprechen versuchen?

MATERIAL 1

Die politische Funktion der Massenmedien in der Demokratie

Da unsere Gesellschaft viel zu großräumig geworden ist, kommen wir mit dem direkten Gespräch, der unmittelbaren Kommunikation, nicht mehr aus. Wir als Einzelne und die vielfältigen Gruppen, die in dieser Gesellschaft bestehen, sind darauf angewiesen, miteinander ins Gespräch gebracht zu werden. Dafür sollen Massenmedien sorgen. [...]

Im Allgemeinen ordnet man den Massenmedien in der Demokratie drei zum Teil stark überschneidende politische Funktionen zu:

- Information
- Mitwirkung an Meinungsbildung
- Kontrolle und Kritik.

Zu den weiteren Aufgaben zählen Unterhaltung und Bildung.

Informationsfunktion

Die Massenmedien sollen so vollständig, sachlich und verständlich wie möglich informieren, damit die Staatsbürger in der Lage sind, mit kritischem Bewusstsein das öffentliche Geschehen zu verfolgen. Mit ihren Informationen sollen die Medien dafür sorgen, dass der Einzelne

- seine Interessenlage erkennt,
- die demokratische Verfassungsordnung begreift,
- ökonomische, ökologische, soziale und politische Zusammenhänge versteht
- und über die Absichten und Handlungen aller am politischen Prozess Beteiligten so unterrichtet ist, dass er aktiv daran teilnehmen kann als Wähler, Mitglied einer Partei oder auch einer Bürgerinitiative. [...]

Mitwirkung an der Meinungsbildung

Bei der Meinungsbildung fällt den Massenmedien eine bedeutsame Rolle zu. Dies ergibt sich aus der Überzeugung, in der Demokratie sei allen am meisten damit gedient, wenn Fragen von öffentlichem Interesse in freier und offener Diskussion erörtert werden. Es besteht dann die Hoffnung, dass im Kampf der Meinungen das Vernünftige die Chance hat, sich durchzusetzen. In der politischen Praxis sind die Möglichkeiten, am Meinungsbildungsprozess mitzuwirken, echt unterschiedlich verteilt. Die in den Parlamenten vertretenen Parteien, die Kirchen, Gewerkschaften, Unternehmerverbände und andere starke Organisationen haben bessere Aussichten als ethische, rassische, religiöse und politische Minderheiten, in den Massenmedien Beachtung zu finden. Diese stellen die Standpunkte der ohnehin schon Großen groß heraus und lassen die Kleinen eher unter den Tisch fallen. [...]

Kontrolle und Kritik

Kritik und Kontrolle durch die Massenmedien gewinnen besonders große Bedeutung, wenn andere im parlamentarischen Regierungssystem vorgesehene Einrichtungen die Aufgaben nicht oder nur ungenügend erfüllen. Ohne Presse, Funk und Fernsehen, die Missstände aufspüren und durch die Berichte unter anderem parlamentarische Anfragen und Untersuchungsausschüsse anregen, liefe die Demokratie Gefahr, der Korruption oder der bürokratischen Willkür zu erliegen. [...]

Thematisierungsfunktion

[...] Medien haben auch eine Thematisierungsfunktion. Sie bedeutet, dass Leser, Hörer und Zuschauer genau die Themen für wichtig halten, die in den Medien behandelt werden. Mit anderen Worten: Die Journalisten legen weitgehend auch fest, welche Themen auf der Tagesordnung stehen und welche Rangfolge sie haben.

Ihre Aufgabe in der Demokratie können die Massenmedien nur unter bestimmten Bedingungen erfüllen:

Die wichtigsten rechtlichen Sicherungen sind die Verfassungsgarantien für freie Meinungsäußerung und freie Wahl der Informationsquellen. Unerlässliche politische Voraussetzungen sind eine Organisation und Struktur, die Vielfalt der Berichterstattung und Kommentierung ermöglichen, sowie ihre Wirksamkeit im Prozess der Meinungs- und Willensbildung. [...]

Aus: Hermann Meyn, Massenmedien in Deutschland, Sächsische Landeszentrale für politische Bildung, 2004, S. 23 ff.

Medien als „vierte Gewalt"

MATERIAL 2

[Unter anderem] haben die Massenmedien in der Demokratie die Aufgabe der Kritik und Kontrolle der Machtträger wie Regierung, Verwaltung, aber auch Parteien und Verbände. Sie können dadurch nicht nur dazu beitragen, dass politische Missstände nachträglich aufgedeckt, sondern auch verhindert werden. Die Massenmedien wirken bei ihrer Kontrollfunktion mit anderen politischen Organen wie der Opposition im Parlament oder den Gerichten mittelbar zusammen. Sie können nur auf Missstände aufmerksam machen. Die Konsequenzen daraus müssen die staatlichen Organe selbst ziehen. Wegen ihrer Bedeutung für die demokratische Meinungsbildung werden die Massenmedien neben Parlament, Regierung und Justiz auch als vierte Gewalt bezeichnet.

Aus: Paul Ackermann: Bürgerhandbuch, Bonn. Bundeszentrale für politische Bildung. 2005, S. 67 f.

Der Pressekodex – Regeln für einen fairen Journalismus

MATERIAL 3

Im Pressekodex hat der Deutsche Presserat, die freiwillige Selbstkontrolle der Printmedien in Deutschland, Regeln für die tägliche Arbeit der Journalisten aufgestellt. Diese Grundsätze sollen die Wahrung der journalistischen Berufsethik sicherstellen.

Ziffer 1: Die Achtung vor der Wahrheit, die Wahrung der Menschenwürde und die wahrhaftige Unterrichtung der Öffentlichkeit sind oberste Gebote der Presse.

Ziffer 2: Zur Veröffentlichung bestimmte Nachrichten und Informationen in Wort und Bild sind mit der nach den Umständen gebotenen Sorgfalt auf ihren Wahrheitsgehalt zu prüfen. [...]

Ziffer 3: Veröffentlichte Nachrichten oder Behauptungen [...], die sich nachträglich als falsch erweisen, hat das Publikationsorgan, das sie gebracht hat, unverzüglich von sich aus in angemessener Weise richtigzustellen.

Ziffer 4: Bei der Beschaffung von personenbezogenen Daten, Nachrichten, Informationen und Bildern dürfen keine unlauteren Methoden angewandt werden. [...]

Ziffer 7: Die Verantwortung der Presse gegenüber der Öffentlichkeit gebietet, dass redaktionelle Veröffentlichungen nicht durch private oder geschäftliche Interessen Dritter oder durch persönliche wirtschaftliche Interessen der Journalistinnen und Journalisten beeinflusst werden. [...]

Ziffer 8: Die Presse achtet das Privatleben und die Intimsphäre des Menschen. [...] Die Presse achtet das Recht auf informationelle Selbstbestimmung und gewährleistet den redaktionellen Datenschutz.

Ziffer 9: Es widerspricht journalistischem Anstand, unbegründete Behauptungen und Beschuldigungen, insbesondere ehrverletzender Natur, zu veröffentlichen.

Fassung vom 2. 3. 2005, in: www.presserat.de/Pressekodex.pressekodex.0.html, Zugriff: 8. 4. 2006

1 Diskutieren Sie auf der Basis von M 1 und M 2 Anspruch und Wirklichkeit der Funktion der Medien.

2 Überprüfen Sie an verschiedenen Printmedien die Aussagen aus M 3.

MATERIAL **4**

Gesellschaftliche Folgen der Medienkonzentration

Medienkonzentration ist kein neues Phänomen. Seit der Industrialisierung der Presse durch die technisch-ökonomischen Veränderungen im 19.Jh. haben bestimmte gesellschaftliche Kräfte immer wieder versucht, die Monopolisierung der Medien zu befördern und unternehmerische Interessen durchzusetzen. Vor dem Hintergrund von Konzentrationsprozessen auf nationaler Ebene und angesichts transnational agierender Medienunternehmen hat die Eigentumskonzentration bei Presse und Rundfunk ein noch nie da gewesenes Ausmaß erreicht.

Die verschiedenen Formen der Medienverflechtung sowie das Entstehen ausdifferenzierter Medienkonzerne führen zu einer Störung des freien Spiels der Kräfte am Markt. Dies ist nicht nur volkswirtschaftlich unerwünscht, sondern bewirkt im Medienbereich auch gesellschafts- und demokratiepolitische Legitimationsdefizite.

Die Herausbildung von Informations- und Massengesellschaften erhöht das Risiko von Konzentrationsprozessen zusätzlich. Wenn es zutrifft, dass die Zahl der Medien und Angebotsformen rasant wächst, neue Medienformen entstehen, Vermittlungsleistungen und -geschwindigkeiten zunehmen, die Medien immer stärker und engmaschiger alle gesellschaftlichen Bereiche durchdringen, dann wird die gesamtgesellschaftliche Durchsetzung der Medienlogik durch Konzentrationsprozesse beschleunigt.

Zudem setzen sich die führenden Medienkonzerne erfolgreich gegen jede wirtschaftliche und politische Beschneidung ihres Wachstums zur Wehr. Dies führt dazu, dass die staatlichen Maßnahmen zur Eindämmung von Medienkonzentration und zur Reduktion von Medienmacht – sofern sie überhaupt politisch durchgesetzt worden sind – wenig bis gar keine Wirkung erzielen. Betrachtet man die Deregulierungsmaßnahmen im Medienbereich, lässt sich sogar von einer staatlichen Förderung der Konzentration sprechen. Staat und Behörden leisten Fusionen und Aufkäufen – wie noch zu zeigen sein wird – eher Vorschub, als diese zu verhindern. Während die Ursachen der Medienkonzentration weitgehend unstrittig sind, werden ihre möglichen negativen Folgen in der Regel verharmlost oder im öffentlichen Diskurs sogar völlig ausgeblendet. [...] Auch wenn horizontale, vertikale, diagonale und konglomerate Konzentration unterschiedliche Folgen nach sich zieht, wird hier vereinfachend davon ausgegangen, dass sich die Marktzutrittbarrieren für neue Unternehmen schon durch die Abnahme der Zahl wirtschaftlich unabhängiger Medienunternehmen erhöhen. Auch für bestehende Anbieter werden die Spielräume und Nischen enger, da die Kosten für einen nachhaltigen Marktauftritt steigen und dies die Lancierung neuer Produkte erschwert. Der zahlenmäßige Rückgang eigenständiger Medienunternehmen verhindert in der Regel nicht nur das Entstehen neuer journalistischer Arbeitsplätze. Der Abbau von Redaktionen führt auch dazu, dass zunehmend Jobs verloren gehen. Die unternehmerisch erzwungene Flexibilität der Medienschaffenden hat gleichzeitig eine Homogenisierung journalistischer Arbeitsweisen, Normen und Inhalte zur Folge.

Durch unternehmerische Oligopolisierung wird zudem der – interne und externe – publizistische Qualitäts- und Innovationswettbewerb eingeschränkt. Zugleich nimmt die kritische Kontrolle ab, die ein zentrales Instrument der Selbstregulierung ausmacht. Medienkonzentration schaltet die Selbstreflexion aus; der Ansporn, bessere journalistische Leistungen als die Konkurrenz hervorzubringen, wird geringer.

Die abnehmende Zahl wirtschaftlich unabhängiger Medien bei gleichzeitigem Wachstum der Unternehmen vergrößert allerdings die Einflussmöglichkeiten von Eigentümern und Anteilseignern. Die Einflussnahme kann wirtschaftlich oder politisch begründet sein. Medienbesitz ist verführerisch, da er Macht, Einfluss und Prestige suggeriert und ein erfolgreiches Mittel darstellen kann, um in den gesellschaftlichen Diskurs einzugreifen. Medienbarone zeichnen sich dadurch aus, dass sie die eigenen, meist partikularen wirtschaftlichen sowie gesellschaftspolitisch konservativen Zielsetzungen in den Vordergrund rücken und unternehmerische Strukturen schaffen, welche die Herausbildung von Medien- und Meinungsvielfalt erschweren. Die selektive Auswahl des Führungspersonals

Der italienische Ministerpräsident Berlusconi in einer Fotomontage

und die forcierte Durchsetzung von Loyalität im Arbeitsalltag führen zu einer durch Medienbesitz gesteuerten Pressefreiheit, die der modernen Demokratie massiven Schaden zufügt. [...]

Gleichwohl nehmen mit wachsender Größe und diagonaler Verflechtung der Konzerne die Möglichkeiten von Eigentümern, Investoren, Management sowie ihnen nahestehenden Kreisen zu, nicht nur wirtschaftliche, sondern auch politische Interessen durchzusetzen. Medien-Tycoons wie Robert Maxwell, Rupert Murdock, Conrad Black, William Hearst, Robert Hersant oder Silvio Berlusconi haben ihre Macht als Medieneigentümer immer wieder mehr oder weniger subtil ausgespielt.

Entlarvend war die Begründung von Maxwell für seine redaktionelle Einflussnahme: „Zeitungsbesitzer zu sein gibt mir Macht, bestimmte Themen wirkungsvoll zu lancieren. Mit einfachen Worten, Medien sind meine Megaphone.“ [...]

Aus: Politik und Zeitgeschichte, Werner A. Meier, B 12 – 13/2004

1 Überlegen Sie: Durch welche Verhaltensweisen und Strategien könnten Medienkonzerne Umsatz, Gewinn, Marktmacht und Einfluss weiter steigern?

2 Fassen Sie die gesellschaftlichen Folgen der Medienkonzentration (M 4) thesenhaft zusammen. Diskutieren Sie mögliche Auswirkungen dieses Prozesses auf das demokratische System.

MATERIAL 5

Mediendemokratie

Durch das Fernsehen haben sich zwei Aspekte der Parteistrukturen verändert:
1. Die zunehmende Orientierung am politischen Meinungsklima und am Fernsehbild schwächte die etablierten Strukturen der Delegiertenpartei. Die Politikvermittlung erfolgt mittlerweile nicht mehr in Mitgliederversammlungen von kollektiven Gesinnungsgemeinschaften, sondern – zugespitzt formuliert – über den Bildschirm. Fernsehadressierte Personalisierung mit TV-Prominenz zielt auf eine direkte Legitimation über die Öffentlichkeit unter Umgehung der Aktivisten, Funktionäre, Gremien und Delegierten.
Als Dienstleistungs- und Fraktionenpartei versuchen die Parteien zunehmend die Diskrepanz zwischen ihrer eigenen Organisationslogik und der Fernsehlogik (Timing und professionelle Ausdifferenzierung etc.) zu überbrücken. In der Konsequenz führt diese Entwicklung zu einem Autonomiezuwachs für die Parteiführung und einem Machtverlust für die mittlere Parteielite.
2. Im politischen Wettbewerb um Stimmenmaximierung bestimmt die wahrgenommene Fernsehrealität und nicht mehr vorrangig die programmatische Milieuverankerung der Parteien die Diskussion. Die Fernsehkommunikation verwischt die herkömmlichen programmatischen Unterschiede zwischen den Parteien. Sie spitzt die Unterschiede auf angehende Führungspersonen in den Parteien zu. Die Parteien versuchen den Mangel an Differenz durch ein Mehr an Show auszugleichen. Die Darstellungsebene bietet für den Machterhalt ein Differenzierungspotenzial, das sich über die traditionellen Ideologien nicht mehr abrufen lässt. [...]

Aus: Karl-Rudolf Korte, a. a. O., S. 526 f.

MATERIAL 6

Nutzer und Medien

Welches Medium empfinden Nutzer als „glaubwürdig“?	
(Befragte ab 14 Jahre)	
Fernsehen	66 %
Radio	49 %
Tageszeitung	62 %
Internet	22 %

Wer berichtet „kritisch“?	
Fernsehen	73 %
Tageszeitung	67 %
Radio	39 %
Internet	21 %

Welches Medium finden Nutzer „mutig“?	
Fernsehen	79 %
Radio	42 %
Tageszeitung	42 %
Internet	36 %

Welchem Medium kann man bei widersprüchlicher Informationslage am ehesten vertrauen?	
(Frage an 12- bis 19-Jährige)	
42 % sagen	der Tageszeitung
30 %	dem Fernsehen
15 %	dem Internet
12 %	dem Radio

Welche Leser sympathisieren mit welchen Parteien?

	Union	SPD	FDP	Grüne	PDS
Bild	44 %	32 %	5 %	8 %	5 %
Stern	37 %	32 %	6 %	16 %	4 %
Spiegel	36 %	28 %	7 %	18 %	5 %
Focus	43 %	27 %	7 %	13 %	5 %
SZ	38 %	24 %	7 %	23 %	4 %
FAZ	44 %	24 %	10 %	14 %	3 %
FR	29 %	30 %	7 %	21 %	6 %
Welt	49 %	23 %	10 %	11 %	3 %

Aus: DIE ZEIT LEBEN, Nr. 5, S. 64, 26. 1. 2006 nach: JIM-Studie (Jugend, Information, Multimedia) des Medienpädagogischen Forschungsverbundes Südwest; ARD/ZDF-Langzeitstudie Massenkommunikation: Media-Analyse 2005 Radio II; AGF, GfK; Fernsehpanel (D+EU); Sa.1; Allensbach; AWA-Studie 2005

Bestandsaufnahme: Politik in der Mediengesellschaft

Politikwissenschaftler und Politikwissenschaftlerinnen warnen vor den Folgen inszenierter Politikvermittlung für das politische System (nicht nur) in Deutschland. Sie können diese Diagnose und die daraus ableitbaren politischen Konsequenzen mithilfe verschiedener Projekte zur Politik in der Mediengesellschaft überprüfen.

1. Eine Recherche zu Rundfunk und Fernsehen
Fertigen Sie arbeitsteilig eine übersichtliche Tabelle an, in der Sie die politisch relevanten Programminhalte von öffentlich-rechtlichen und privaten Rundfunk- und Fernsehsendern in einer Woche auflisten. Füllen Sie mindestens folgende Rubriken aus:

Fernsehanstalt: ... *Woche vom ... bis ...*	*Titel der Sendung*	*Moderator/in*
Nachrichtensendung		
politische Magazine		
politische Talkshows		
Sondersendung zu aktuellem Thema		

Notieren Sie zu jeweils einer Sendung aus der entsprechenden Rubrik Datum, Uhrzeit, Länge der einzelnen Beiträge/Sequenzen und des Werbeblocks, Personen und Redebeiträge, knappe Inhaltsstichworte zur jeweiligen Sendung und den einzelnen Beiträgen. Beachten Sie auch die Homepage zur jeweiligen Sendung. Klassifizieren Sie den Informationsgehalt einer Sendung Ihrer Wahl auf einer Skala von 1 (informationsorientiert) bis 6 („infotainment“). Bewerten Sie Qualität und Tendenz der Moderation und der Berichterstattung nach einem vor der Recherche gemeinsam entwickelten Kriterienkatalog, der u. a. Folgendes beinhalten sollte: Intentionen, Verständlichkeit (Sprache und Bildqualität) und Strategien der Beeinflussung.

2. Die Nation im Fernsehsessel – ein politisches Thema wird „verhandelt“
Der Fernsehsender Phoenix und der Bundestag (www.bundestag.de) bieten Ihnen die Möglichkeit, Bundestagsdebatten mithilfe von Video- oder DVD-Technik aufzunehmen. Vergleichen Sie: Wie wird über ein politisches Thema in der Bundestagsdebatte und in den Talkshows im öffentlichrechtlichen bzw. im privaten Fernsehen „verhandelt“? Prüfen Sie, nach welchen Debattenregeln diskutiert wird. Greifen Sie hier auf die Geschäftsordnung des Deutschen Bundestages zurück. Untersuchen Sie eine Talkshow Ihrer Wahl. Prüfen Sie, ob „die Illusion eines Gesprächs inszeniert“ wurde.

3. Kampagne! – Ein politisches Thema wird „verkauft“
Wahlkampf ist die Olympiade der Parteien – es geht darum, Zielgruppen zu definieren, Themen zu besetzen und mit der „richtigen“ Botschaft und den „richtigen“ Personen die Wahlberechtigten zu überzeugen. Recherchieren Sie, wo zurzeit in Deutschland Wahlkampf geführt wird. Zeigen Sie – z. B. mithilfe der Homepages der im Bundestag bzw. im jeweiligen Landtag vertretenen Parteien –, welche Themen im Mittelpunkt des Wahlkampfes stehen. Prüfen Sie, wie die Parteien ihre Positionen im Wahlkampf kommunizieren. Nutzen Sie die Berichterstattung der jeweiligen Regionalzeitung und dazu www.wahlrecht.de, www.politikerscreen.de und www.politik-digital.de.

MATERIAL 7

Die Theatralisierung von Politik

Politik in der Demokratie lebt von der kontinuierlichen Legitimation ihrer Absichten, Handlungen und von den Handlungserfolgen. Dies kann in der Mediengesellschaft auf dem Weg der medienvermittelten Kommunikation geschehen. Demokratische Politik ist daher existenziell und fortwährend auf Kommunikationserfolge in der öffentlichen Arena angewiesen. Dies ist in der Mediengesellschaft durch die interne Funktionslogik der Massenmedien konstituiert, die als Vorabinszenierung als eine nicht zu umgehende Zutrittsbedingung für alle Akteure und Geschehnisse wirksam wird, die in ihr überhaupt zur Geltung kommen wollen. In den Ländern Europas sind wir seit Kurzem Zeuge einer „kopernikanischen Wende". Die Parteiendemokratie klassischen Zuschnitts wird zur Mediendemokratie.

Die Regeln der medialen Politikdarstellung – unterhaltsam, dramatisierend, personalisiert und mit Drang zum Bild, allesamt der Darstellungskunst des Theaters entlehnt – greifen auf das politische Geschehen selbst über. Die Selektion spektakulärer Ereignisse, die effektsichere Inszenierung der Profis, die weite Teile des Mediensystems bestimmen, regieren zunehmend die Politik. Es vollzieht sich ein folgenreicher Rollenwechsel: Während in der Parteiendemokratie die Medien die Politik beobachten sollen, mit dem Ziel, dass sich die Staatsbürgerinnen und Staatsbürger eine vernünftige Meinung bilden können, beobachten in der Mediendemokratie die politischen Akteure das Mediensystem. So können sie lernen, was sie und wie sie es präsentieren müssen, um auf der Medienbühne einen sicheren Platz zu gewinnen. Solches „politainment" (Andreas Dörner) macht Spaß und vergrößert das Publikum. Die Frage ist nur, ob das, was es dabei zu besichtigen gibt, noch Information über Politik, einen Einblick in ihr tatsächliches Geschehen erlaubt und auf diesem Wege mündige Entscheidungen über sie möglich macht. In der Antwort auf diese Frage, und nicht etwa in einer puristisch-elitären Abneigung gegen die Künste der Massenattraktion, besteht das Problem, welches die Kolonisierung der Politik durch die Medien für die Demokratie aufwirft.

Kern der Veränderung ist eine weitgehende Überlagerung der beiden Systeme „Politik" und „Medien". Sie geht zu einem erheblichen Teil aus der Wirkungsweise von deren jeweiligen Funktionsgesetzen selbst hervor. Aus Legitimationsgründen ist demokratische Politik unvermeidlich auf die öffentliche Darstellung ihres Vollzugs und ihrer Ergebnisse, nämlich der Herstellung gesellschaftlich verbindlicher Entscheidungen, angewiesen. In den unüberschaubar komplexen Gesellschaften der Gegenwart benötigen sie dazu die Massenmedien. Diese folgen indessen bei jeglicher Darstellung von Politik gleichermaßen unvermeidlich ihrer eigenen Logik, wenn sie ihrem gesellschaftlichen Funktionszweck, nämlich der Erzeugung von größtmöglicher Aufmerksamkeit für gemeinsame Themen, gerecht werden wollen.

Die Massenmedien erreichen ihren Zweck im Wesentlichen durch die Befolgung von zwei aufeinander abgestimmten Regelsystemen. Das erste Regelsystem besteht in der Auswahl berichtenswerter Ereignisse nach Maßgabe ihrer Nachrichtenwerte (Selektionslogik), das zweite aus einem Kanon von attraktionssteigernden Inszenierungsformen für das so ausgewählte Nachrichtenmaterial, um die Maximierung eines anhaltenden Publikumsinteresses zu sichern (Präsentationslogik). Das Zusammenwirken beider Regelsysteme, das sich in einem gewissen, allerdings eng begrenzten, Ausmaß von Medium zu Medium anders gestaltet, kennzeichnet die spezifische Logik des Mediensystems. Ihr ist alles unterworfen, was im Mediensystem hervorgebracht wird: jede Information und jeder Bericht über alle gesellschaftlichen Teilsysteme und anderen Leistungen. Sie wirkt als eine zwingende Prä-Inszenierung, die den Zugang zu den Medienbühnen regelt. Es herrscht das Gesetz der spannungsreichen theatralischen Inszenierungen.

In den Medien ist jede Darstellung des Politischen vom Wirken der beiden medialen Filtersysteme geprägt. Es stellt sich die Frage, ob solche Darstellung der Politik die Eigenlogik des Politischen noch in einem für die selbstständige Urteilsbildung der Bürgerinnen und Bürger angemessenem Maße erkennen lässt oder ob sich diese in den Regeln

Wie sich die Zeiten ändern

der medialen Logik auflöst. Auf Seiten der Politik führt die Schlüsselrolle des Mediensystems zur Vermehrung und zur Professionalisierung der Anstrengungen, ein Höchstmaß an Kontrolle über die Darstellung der Politik im Mediensystem zurückzugewinnen. Zu diesem Zweck mediatisiert sie sich mit Energie und professionellem Rat aus Leibeskräften selbst, sie wird zum „Politainment“. Es handelt sich dabei um einen wahrhaft dialektischen Vorgang: Die Politik unterwirft sich den Regeln der Medien, aber nur, um auf diesem Wege die Herrschaft über die Öffentlichkeit zu gewinnen. Selbstmediatisierung wird zu einer zentralen Strategie politischen Handelns in der Mediengesellschaft. Es erhebt sich die Frage, ob Politik unter diesen Bedingungen überhaupt noch in angemessenem Ausmaß ihrer eigenen Logik folgen kann oder in der Hauptsache zum Lieferanten für die spezifischen Bedürfnisse des Mediensystems wird – in der Hoffnung, auf diese Weise ihren unbegrenzten Bedarf an öffentlicher Zustimmung umfassend und risikoarm befriedigen zu können. [...]
Selbstdarstellung, also Inszenierung, und öffentliches Handeln waren vermutlich zu allen Zeiten zwei Seiten derselben Medaille. In diesem Sinne ist an der Inszenierung der Politik, die nun auch in der Bundesrepublik seit dem Ende der Neunzigerjahre in den Mittelpunkt des Interesses der Sozialwissenschaften und der Massenmedien getreten ist, scheinbar nichts Neues. Und dennoch ist die Situation heute, wie wir sie in den Mediendemokratien der Gegenwart beobachten, in entscheidender Hinsicht ganz anders. Die Veränderungen erweisen sich bei genauer Betrachtung als so folgenreich, dass sie das Urteil rechtfertigen, die Republik bewege sich in Richtung auf eine neue politische Formation: die Mediendemokratie. [...]

Aus: Politik und Zeitgeschichte, Thomas Meyer, in: Die Theatralität der Politik in der Mediendemokratie, B 53/2003

1 Führen Sie eine Pro- und Kontra-Debatte zum Thema „Beherrschen die Medien die Demokratie“? Nutzen Sie die Materialien des Kapitels zur Vorbereitung.

VERWEIS

s. S. 226 f.
Politikverdrossenheit

MATERIAL **8**

Vom Kommunikationsgut zum Konsumgut

Mit dem Aufkommen kommerzieller Anbieter ... haben sich die Fernsehprogramme großenteils vom Kommunikationsgut zum Konsumgut, zur bloßen Ware entwickelt. [Das Fernsehen] bedient im kommerziellen Bereich vorrangig das Nachfragebedürfnis gewinnträchtiger Zielgruppen zulasten einer Angebotsvielfalt an großen, gesellschaftsrelevanten Themen und Problemen. So ist das Gesellschaftliche auf das Private, ja Intime reduziert und der große öffentliche Marktplatz, praktisch zur Schlüssellochperspektive verengt.
Die Talkshow ersetzt Ortsverein und Parlament! ... Die eigentlich öffentlichen Themen bleiben auf der Strecke. Die Tagesschau wird zur Wochenshow, wird – so deren Untertitel – zu den „witzigsten Nachrichten der Welt". Comedys und Real-Life-Soaps à la „Big Brother" werden zu Kultsendungen der Spaßgesellschaft, die sich aus der Realität verabschiedet hat, indem sie Reales als bloßes Material zur Persiflage wahllos, ja tabulos missbraucht.
Boulevardmagazine haben Hochkonjunktur gegenüber politischen, wirtschaftlichen oder kulturellen Fachmagazinen. Klatschgeschichten über Persönlichkeiten des öffentlichen Lebens sind selbstverständlich beliebter als Sachgespräche mit Politikern; wo dennoch mit Politikern gesprochen wird, dominiert eher das Persönliche als das Politische. Insofern ist eine Entpolitisierung durch gewisse Medien zugunsten einer unterhaltungsorientierten Boulevardisierung im Gange.

Aus: Dieter Stolte: Was die Medien für unsere Demokratie wert sind, in: Die politische Meinung Nr. 381, August 2001, S. 59 – 64. Der Autor war von 1982 bis 2002 Intendant des ZDF.

MATERIAL **9**

Talkshows: Quatsch keine Opern

Die Zeit der Krawalltalks im deutschen Fernsehen ist vorbei. Doch noch immer buhlen die Sender mit Dutzenden von Gesprächsrunden um die Gunst der Zuschauer.
Es war ein Fernsehereignis: Am 18. März 1973 flimmerte mit „Je später der Abend" zum ersten Mal eine Talkshow über die bundesdeutschen Fernsehschirme. Gut drei Jahrzehnte später herrscht Hochkonjunktur für die Redeformate. Während Dietmar Schönherr noch eine Monopolstellung genoss, wetteifern heute rund 60 verschiedene Sendungen um die Gunst der Zuschauer.
Tag für Tag füllen Christiansen, Maischberger, Kerner und Co. im Schnitt rund 550 Sendeminuten – das sind mehr als neun Stunden. Der durchschnittliche TV-Konsument könnte seine 178 Sehminuten am Tag also bequem nur mit Talkrunden füllen. [...] Am späten Abend kommt man [...] um die Gesprächsrunden kaum noch herum. Besonders der Freitag hat es in sich: Pünktlich zum Wochenende tummeln sich 18 verschiedene Talkshows im Fernsehen und bringen es zusammen auf rund 1 200 verplauderte Minuten. Getalkt wird in Deutschland vor allem öffentlich-rechtlich: Allein die Flaggschiffe ARD und ZDF warten mit acht Sendungen pro Woche auf. Die Talkqueen des politischen Berlins ist dabei ganz klar Sabine Christiansen. Ihre Sendung sahen 2005 im Schnitt 4,4 Millionen Zuschauer – ein überdurchschnittlicher Marktanteil von 15,7 Prozent. Das ZDF-Pendant „Berlin Mitte" mit Moderatorin Maybritt Illner verfolgten je Sendung immerhin noch 2,6 Millionen Menschen.
Für die meisten Gesprächsrunden bleiben solche Zahlen allerdings ein Traum. Lediglich 9 der 60 Formate locken mehr als eine Million Zuschauer vor den Bildschirm. Und: Die Quotenbringer laufen fast ausschließlich auf ARD und ZDF. Nur der WDR verfügt mit „Hart aber Fair" über ein Format, das mit durchschnittlich 1,5 Millionen Zuschauern konkurrieren kann.
Die großen zwei beherrschen den Markt auch bei den lockeren Gesprächsrunden mit Gästen aus Kultur oder Sport.

Aus: iwd, Informationsdienst des Instituts der deutschen Wirtschaft Köln, Nr. 19/2006, Seite 6, Deutscher Instituts-Verlag, Köln

Die machtlosen Gladiatoren der Mediengesellschaft

MATERIAL 10

Die Allgegenwart von elektronischen Medien im Alltag gilt als Signum der Moderne. Doch mit der Ausbreitung moderner Medien ist das politische Urteilsvermögen der Menschen paradoxerweise wieder zurückgefallen. Die Akteure grinsen in die Kamera - und sind politisch impotent.

In der TV-Gesellschaft erscheint Politik streng zentralisiert, hierarchisch, höfisch. [...] Das Publikum erwartet von ihnen [den Politikerinnen und Politikern] die kraftvolle Pose. Also begeben sie sich so in Positur. Und sie ersetzen dadurch die Realität der kompromissdurchwirkten, unspektakulär und langsam funktionierenden Aushandlungsdemokratie durch die Attitüde forschen und energischen Auftretens. [...]

In der TV-Gesellschaft kommen so abstrakte Zusammenhänge wie Handlungsrestriktionen, institutionelle Einflussstrukturen, kommen Kompromisse und Zwänge nicht vor. In der TV-Politik zählen allein die vier oder fünf Personen ganz oben. Darunter gibt es nichts oder jedenfalls wenig. Und TV-Politiker - ob männlich oder weiblich - mimen gern mit vorgestrecktem Kinn die kraftsprühenden Siegertypen, die alles im Griff haben, die mit klarem Kurs die Modernisierung, Innovation, Reform etc. etc. der Gesellschaft betreiben. Doch das prosaische Krisenmanagement des Kompromisses, das den profanen Alltag des Regierens Stunde für Stunde ausmacht, delegitimiert diese Haltung immer wieder auf's Neue.

[...] Da strategische Diskussionen oder gar programmatische Konzeptualisierungen schwerlich in kameragerechte Mimiken zu übersetzen sind, wird für diese elementaren Sphären der Politik die Zeit verknappt. Die Politik passt sich so den Zeitrhythmen und Geschwindigkeitsimperativen der TV-Gesellschaft an - und hat sich dadurch selbst in eine Zwickmühle begeben. Die TV-Gesellschaft ist bekanntlich fixiert auf News, auf den schnellen Schnitt, den permanenten Wechsel. Politik aber braucht Zeit, auch Konstanz. Politik hat etliche Hundert Interessenlagen, Lebensstile und Folgeprobleme zu berücksichtigen. Lässt sie sich indes die Zeit, die sie für Kompromissbildung, Überzeugung und Folgeabschätzung zwingend benötigt, dann provoziert sie in der TV-Gesellschaft unmittelbar den Vorwurf, nicht zügig zu handeln, Reformen nicht anzupacken, Probleme auszusitzen. Gibt Politik diesem Druck aber nach, dann bleibt der mediale Hohn ebenfalls nicht aus. Der Vorwurf an die Regenten lautet sodann, handwerklich unsolide gearbeitet, kopflos agiert [...].

Schließlich: Die TV-Gesellschaft fördert den „Hedomat". „Hedomat" firmiert bei den akademischen Werteforschern dieser Republik als Kürzel für den Typus des „hedonistischen Materialisten". Dabei handelt es sich meist um jüngere Leute, denen es insbesondere darauf ankommt, schnell eine Menge „Kies zu machen", um „den Schotter" dann ebenso rasch wieder auszugeben. Interesse an den öffentlichen Angelegenheiten zeigen sie nicht. Stattdessen findet man bei ihnen eine geradezu hybride Konsumentenhaltung: Gern und viel wird genörgelt; passt einem das angebotene Programm nicht, wird es eben weggezappt. TV-Politiker nähren diese Mentalität noch und entziehen dadurch schwieriger, komplexer und langwieriger Politik den Boden. Doch natürlich: Politik wird, ob man es nun mag oder nicht, auch in Zukunft TV-Politik bleiben. Überdies, es ist gewiss schwierig, aber es ist nicht unmöglich: Man kann mit Telepolitik auch Strukturen in Bewegung bringen, Vorhaben initiieren, neue politische Ansprüche stimulieren, Bevölkerungsmehrheiten gegen begrenzte Gruppeninteressen mobilisieren, Veränderungen einleiten und fundieren. [...]

Aus: Spiegel online, Franz Walter, 11. 6. 2006

1 Verschaffen Sie sich einen Überblick über das Talkshowangebot öffentlich-rechtlicher und privater Sender. Überprüfen Sie die Behauptungen aus M 3 bis M 5 mithilfe ausgewählter Beispiele.

Weltordnung(en) im 21. Jahrhundert

Es gibt jene, die zweifeln, ob wirkliche internationale Kooperation angesichts der unvermeidlichen Differenzen zwischen den Staaten überhaupt möglich ist. Und es gibt jene, die hören, wie von einer Welt ohne Atomwaffen gesprochen wird und zweifeln, ob es die Mühe wert ist, sich ein Ziel zu setzen, das scheinbar nicht erreicht werden kann.

Aber täuschen Sie sich nicht: Wir wissen, wohin der Weg führt. Wenn Nationen und Menschen es zulassen, dass sie über ihre Differenzen charakterisiert werden, vertieft sich die Kluft zwischen ihnen. Wenn wir es nicht schaffen, uns für den Frieden einzusetzen, wird er nie in greifbarer Nähe rücken. Ein Angebot zur Zusammenarbeit auszuschlagen oder abzutun ist einfach und feige. So beginnen Kriege. So wird der menschliche Fortschritt aufgehalten.

US-Präsident Barack Obama in Prag, 5.4. 2009

1 Auf dem Weg zu einer neuen Weltordnung?

Unsere Zeit steckt, wie kaum eine andere zuvor, voller Möglichkeiten – zum Guten und zum Bösen. Nichts kommt von selbst.
Und nur wenig ist von Dauer. Darum besinnt euch und eure Kraft darauf, dass jede Zeit eigene Antworten will.

Willy Brandt (Bundeskanzler 1969–1974) im Jahre 1992

Hitzige Debatten nach einer Abstimmung im Weltsicherheitsrat 2007

Nahezu zwei Jahrzehnte sind vergangen, seit der frühere Bundeskanzler und Friedensnobelpreisträger Willy Brandt zu besonnenem Handeln aufrief. Anders als Brandt waren nach dem Zerfall der Sowjetunion 1991 die meisten Politikerinnen und Politiker zunächst euphorisch gestimmt und prognostizierten eine friedvolle Epoche der Weltgeschichte. Untersuchungen des New Yorker Freedom House, einer Menschenrechtsorganisation, die seit 1972 über die Entwicklung demokratischer Institutionen berichtet, scheinen dies zu bestätigen. Mit einem Punktesystem wurden im Jahr 2002 von den insgesamt 192 Staaten der Welt 85 als Demokratien mit einer vom Volk gewählten Regierung und mit repräsentativen Institutionen gekennzeichnet. Insgesamt 21 Staaten erreichten zum ersten Mal diese Einstufung. Obwohl die Untersuchung von manchen als einseitig kritisiert wird, da die wirtschaftlichen und kulturellen Bedingungen nicht berücksichtigt würden, wird der Trend weitgehend anerkannt. Die Anfangseuphorie hat sich jedoch verflüchtigt. Statt einer neuen Weltordnung ist nun oft von einer „Weltunordnung" die Rede, die auch „neue Unübersichtlichkeit" genannt wird.

Das Damoklesschwert eines alles vernichtenden Atomkrieges hing seit dem Ende des Zweiten Weltkriegs über der Welt. Es schien durch das Ende des Ost-West-Konflikts zunächst beseitigt zu sein. Mittlerweile ist die Zahl der Atomwaffen besitzenden Staaten jedoch angewachsen. Weitere Staaten bemühen sich darum, Atomwaffen zu bauen oder zu erwerben. Gleiches gilt für biologische und chemische Massenvernichtungswaffen. Verstärkt wird die Bedrohung durch die Möglichkeit, dass der grenzüberschreitende Terrorismus in den Besitz von Massenvernichtungswaffen gelangt.

Die Terrorangriffe auf das World Trade Center in New York und auf das Pentagon in Washington am 11. September 2001 haben neue Bedrohungspotenziale aufgezeigt. Neunzehn Selbstmordattentäter hatten vollgetankte Passagierflugzeuge zu Bomben umfunktioniert, Tausende Zivilisten getötet und die hoch gerüstete Supermacht USA vor den Augen der Weltöffentlichkeit gedemütigt. Die Attentäter waren keine Soldaten in Uniform, die im Auftrag eines Staates handelten, sondern Teil eines privat finanzierten, grenzüberschreitenden Netzwerkes. Die Frage wurde aufgeworfen, ob Terroristen in den Besitz von Massenvernichtungswaffen gelangen könnten. An die Stelle selten gewordener zwischenstaatlicher Kriege ist private, global agierende Gewalt getreten. Warum hat sich die Gewalt privatisiert? Die leichtere Verfügbarkeit von Waffen ist dafür nur vordergründig verantwortlich. Je größer unsere Städte, Atomkraftwerke, Chemiefabriken, Hochhäuser und Flugzeuge werden, desto gewaltiger ist die Wirkung privatisierter Gewalt. Eine entscheidende Rolle dabei spielt die soziale, ökonomische und kulturelle Ungleichheit innerhalb von und zwischen Gesellschaften.

Die Weltbevölkerung wird nach einer UN-Studie von 2001 bis zum Jahr 2050 auf 9,3 Milliarden Menschen wachsen; in den LDC-Ländern (Least Developed Countries) wird sich die Bevölkerung verdreifachen. Ein großes daraus folgendes Problem ist Migration. Die Zahl der Menschen, die emigriert sind, wird weltweit auf viele Hunderte Millionen geschätzt. Zu den Ursachen von Migration zählen Gewaltanwendungen von Menschen gegen Menschen, hervorgerufen durch Bürgerkriege, zwischenstaatliche Kriege oder Menschenrechtsverletzungen, Armut, Perspektivlosigkeit und ökologische Fehlentwicklungen. Hier finden sich die Ursachen für Hass, Fanatismus und militärische Auseinandersetzungen.

- Wie reagiert die internationale Staatenwelt auf die neuen Herausforderungen?
- Hat sich die Struktur der internationalen Politik seit dem 11. September 2001 verändert?
- Was sind die Quellen des Terrorismus? Sind Prävention und Pazifismus geeignete Reaktionsmuster? Droht gar ein Kampf der Kulturen?
- Gibt es im 21. Jahrhundert „gerechte Kriege“?

Aus dem Entwurf zur Begründung des Themas „Internationale Beziehungen“ im Hessischen Lehrplan (Stand 2009)

MATERIAL 1

Nach 1989 versagen die bekannten Interpretationsmuster und Handlungskonzeptionen der bipolaren Weltordnung. Daher sollen die Schülerinnen und Schüler exemplarisch [...] die multipolaren Strukturen internationaler Zusammenarbeit erarbeiten. Auseinandersetzungen sollen auf die jeweiligen innerstaatlichen, regionalen bzw. globalen Ursachen und Gefahrenpotenziale hin analysiert und die Rolle der NATO, der Vereinten Nationen oder der OSZE in dem Konflikt und die unterschiedlichen Interessen der Beteiligten thematisiert werden. Die Bundesrepublik Deutschland sieht sich nach dem Ende des Ost-West-Konfliktes in der Außenpolitik der neuen Aufgabe gegenüber, die alten Westbindungen zu erhalten und die engen wirtschaftlichen Beziehungen außenpolitisch abzusichern sowie gleichzeitig die Öffnung zu den Ländern Osteuropas zu vertiefen. Bei der Übernahme von Aufträgen der Bundeswehr im Rahmen internationaler Friedenssicherung müssen die Konsequenzen für die außenpolitische Rolle Deutschlands und für die Funktion der Bundeswehr reflektiert werden.

Aus: Lehrplan-Entwurf Politik & Wirtschaft, Q3, S. 40

1 Stellen Sie die Thesen des Hessischen Lehrplans bezüglich der „Internationalen Beziehungen“ zusammen.

2 Erarbeiten Sie anhand des Lehrplans Themenblöcke bzw. Untersuchungskategorien zur Analyse internationaler Beziehungen.

MATERIAL 2 Quellen des Terrorismus

Der Politikwissenschaftler und Friedensforscher Ernst-Otto Czempiel zu den Ursachen des 11. September 2001:

Die Quellen, aus denen sich der diffuse politische Terrorismus speist, sprudeln nicht gleich stark. Die größte Bedeutung hat gewiss der seit fünfzig Jahren anhaltende Nahost-Konflikt. [...] Als zweite Quelle muss die krasse Ungleichverteilung des Reichtums angesehen werden. Dass fast ein Viertel der Menschheit in absoluter Armut lebt [...], liegt zwar nicht allein an der Politik der Industriestaaten, aber sehr wohl auch daran.
Der Weltbank James Wolfsohn sah in der Tragödie des 11. September 2001 ein Ausrufezeichen hinter der Forderung, auf der Welt Beschäftigung, Erziehung und Gesundheitsfürsorge für alle zu schaffen. Diese Forderung ist nicht neu, aber sie bekommt jetzt einen neuen Stellenwert. Wenn, wie die Vorsitzende der Welthungerhilfe Ingeborg Schäuble sagte, Hunger und Armut den „Nährboden für Terrorismus“ abgeben, dann ist ihre Beseitigung nicht nur aus humanitären und karitativen Gesichtspunkten, sondern aus elementaren Sicherheitsinteressen geboten. Überspitzt formuliert: Die Zollmauern des europäischen Binnenmarktes gegenüber den Produkten aus nicht industrialisierten Ländern abzubauen ist sicherheitspolitisch wichtiger, als den Bundeswehretat zu erhöhen. Zur Sicherheitsgefährdung in der modernen Gesellschaftswelt trägt schließlich bei, dass die multilaterale Weltordnung seit Mitte der Neunzigerjahre immer weiter verkümmert ist.
Auch die kleinsten und ärmsten Staaten müssen an den sie betreffenden Entscheidungen beteiligt werden. Das kann nur in multilateralen Verfahren geschehen – ob sie nun in die feste Form einer internationalen Organisation oder in die lockere der internationalen Diskussion gegossen werden. [...]

Aus: Ernst-Otto Czempiel: Neue Gefahren verlangen neue Politik, Multilateralismus statt Dominanz, in: APuZ B 51 (2001), S. 36 ff.

MATERIAL 3 “Either you are with us or you are with the terrorists”

Aus der Rede des damaligen US-Präsidenten George W. Bush vor dem Kongress am 20. 9. 2001

Dieser Krieg wird nicht so sein wie der gegen den Irak vor einem Jahrzehnt (1991, die Verf.). Dieser Krieg wird nicht so sein wie der Luftkrieg über dem Kosovo (1999, die Verf.), als keine Bodentruppen eingesetzt wurden. [...] Die Bürger Amerikas sollten nicht mit einer Schlacht rechnen, sondern müssen sich auf einen langwierigen Feldzug gefasst machen, wie wir ihn noch niemals erlebt haben. Einige dramatische Schläge wird man vielleicht im Fernsehen verfolgen können, aber bei verdeckten Operationen muss oft selbst der Erfolg geheim bleiben. Wir werden die Finanzquellen des Terrorismus austrocknen, die Terroristen [...] von Ort zu Ort jagen, bis es für sie weder Rast noch Ruhe gibt.
Und wir werden die Länder verfolgen, die dem Terrorismus Hilfe oder Unterschlupf bieten. Jedes Land, in jedem Teil der Erde, muss sich nun entscheiden: Entweder ihr seid für uns, oder ihr seid für die Terroristen.

Der ehemalige Präsident Bush und seine Außenministerin Rice 2001

www.usembassy.de/policy/nss.pdf, 7. 1. 2003

Privatisierte Gewalt – was tun?

MATERIAL 4

Erhard Eppler, SPD-Politiker, 1968 bis 1974 Minister für wirtschaftliche Zusammenarbeit, zur Bekämpfung des Terrorismus:

Wer des Terrors Herr werden will, muss durch Taten erkennbar machen, dass es keine überflüssigen Völker gibt. Wer den Krieg gegen den Terrorismus ausruft, [...] kann Geheimdienste verstärken und Sicherheitsgesetze verschärfen. Vor allem kann er – wie in der UNO geschehen – die Regierungen der Erde zum Kampf gegen den Terror verpflichten. Das alles ist richtig, nötig und im Übrigen auch nicht wenig. [...]

Die Generation der Schüler von heute wird nach menschlichem Ermessen nicht in den Krieg ziehen, weder mit 18 noch mit 38 Jahren. Sie wird aber mit den Risiken privatisierter Gewalt leben müssen. Unverwundbare Länder gibt es nicht. Der Versuch, sich militärisch unverwundbar zu rüsten, ist im 21. Jahrhundert Geldverschwendung. Die europäischen Armeen werden nicht mehr gegeneinander kämpfen, aber immer wieder privatisierter Gewalt entgegentreten müssen. Daher werden Interventionen von der Ausnahme zur Regel. [...]

Wo privatisierte Gewalt Zustände schafft, die weder Krieg noch Frieden sind, verwischt sich der Unterschied zwischen Militär und Polizei. Für Interventionen werden Verbände gebraucht, die für beides ausgebildet sind. Die Frage nach dem gerechten Krieg tritt zurück hinter der nach legitimer Gewalt. Wie und von wem wird sie legitimiert? Wir werden erkennen, dass das Ende des staatlichen Gewaltmonopols ein Rückschritt um Jahrhunderte wäre. Wir müssen es mit Zähnen und Klauen verteidigen und durch ein internationales Gewaltmonopol ergänzen. Der demokratische Rechtsstaat ist die einzige Methode, private und staatliche Gewalt dem Recht zu unterwerfen. Er lässt sich nicht, auch nicht teilweise, privatisieren.

Jenseits von Staatsvergottung und Staatsverspottung müssen wir darüber diskutieren, wie unser Staat als passendes, schützendes und wärmendes Kleid der Gesellschaft aussehen soll. Wo der Krieg durch privatisierte Gewalt verdrängt und ersetzt wird, kann Pazifismus nicht mehr Antimilitarismus sein. Militär, Polizei und Pazifisten sind aufeinander angewiesen. Wenn es ein Maß an Ungleichheit gibt, das – national und international – privatisierte Gewalt erzeugt, kann der demokratische Rechtsstaat ohne Sozialstaat nicht überleben. Sollte es stimmen, dass die globalisierte Wirtschaft weltweit nur einen geringen Teil der arbeitsfähigen Menschen brauchen kann, so wäre dies nicht nur inhuman, es würde auch privatisierte, kriminalisierte und schließlich chaotische Gewalt freisetzen. Gewaltprävention ist unerlässlich. Dazu gehört auch Entwicklungszusammenarbeit. Prävention kann aber nie die Krisenbewältigung ersetzen.

Aus: DER SPIEGEL Nr. 41 (2001), S. 56 ff.

1 Führen Sie aus, was nach Czempiel die „Quellen des Terrorismus" sind. Überprüfen Sie, inwiefern der Text Belege für diese Ausführungen nennt. (M 2)

2 Stellen Sie zusammen, was nach den Ausführungen des amerikanischen Präsidenten das Neue der Reaktion auf den 11. September 2001 ist. (M 3)

3 Formulieren Sie Gemeinsamkeiten wie Unterschiede bei den Ausführungen Bushs und Epplers. (M 3/M 4)

4 Erläutern Sie, worin (nach Eppler) angemessene Reaktionen auf privatisierte Gewalt bestehen.

5 Beurteilen Sie Epplers Position: Wo argumentiert er nachvollziehbar, wo bleiben Lücken in seiner Argumentation, wo würden Sie widersprechen? (M 4)

MATERIAL 5 Reiche Welten – arme Welten

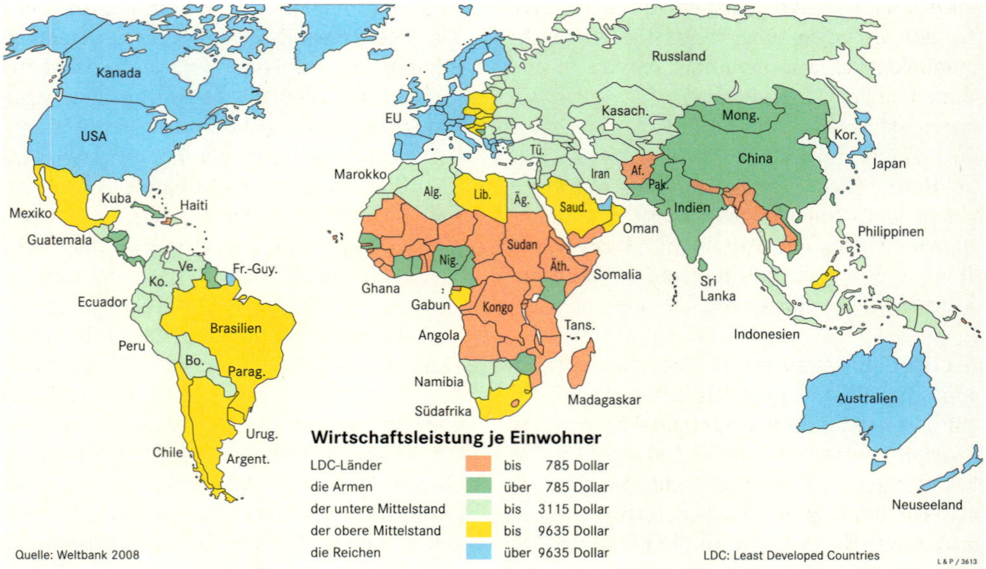

MATERIAL 6 Lehren aus dem 11. September 2001

Die These, dass der Terrorismus letztendlich militärisch nicht besiegbar ist, gewinnt Unterstützung. In Europa wächst zudem die Sorge vor einer unilateralen Wendung der Vereinigten Staaten. Auch die Kritik an ihrer Auslegung von Kriegszielen und Kriegsmethoden will nicht verstummen, seit George Bush den Irak, Iran und Nordkorea zur „Achse des Bösen“ erklärt hat … In der EU gibt es ein großes Unbehagen wegen jener Arbeitsteilung, der zufolge *„the US fights, the UN feeds and the EU funds“* (die Amerikaner kämpfen, die UN füttern, die EU finanziert) …

Vergessene Zonen sind gefährliche Zonen. Von politischer Prävention ist aber in der neuen Bush-Doktrin der *„coalition of the willing“* wenig zu hören. Stattdessen wird vorrangig auf militärische Repression gesetzt – für die sich dann Washington von Fall zu Fall geeignete Partner sucht. Dabei lautet eine der wichtigsten Lehren, die aus den Anschlägen des 11. September 2001 zu ziehen sind: Eine weltweit koordinierte Prävention ist unverzichtbar, keine Region der Erde darf mehr sich selbst überlassen werden … Ohne staatliche Kontrolle …, ohne das Vorhandensein eines Gewaltmonopols können ungestört jene materiellen und immateriellen Infrastrukturen entstehen, aus denen sich dann Ruheräume für terroristische Gruppierungen bilden …

Insbesondere die von Krisen geschüttelten politischen Gebiete in der Nachfolge der ehemaligen Sowjetunion stellen eine große Gefahr dar – aber ebenso Teile Afrikas und Lateinamerikas, die nach dem Ende der Blockkonfrontation völlig aus dem Weltinteresse verschwunden sind. Typisch ist hier das Gegeneinander unterschiedlicher ethnischer Gruppen bei gleichzeitigem Fehlen einer regulierenden staatlichen Struktur. … Rückzugsterritorien sind zwar eine unerlässliche Bedingung, aber natürlich keine hinreichende Erklärung für die Entstehung des Terrorismus. Die Denkformel von einer irrationalen „Achse des Bösen“ gibt jedoch keine Antwort auf die Ursachen des Terrorismus. Was können wir also wissen von diesem neuen Terrorismus?

Erstens: Terroristen sind gelegentlich die Bündnispartner früherer Etappen – so war es bei Bin Laden, Milosević und Saddam Hussein. Politische Strategen müssen also in der Wahl ihrer Partner in Zukunft vorsichtiger und nachhaltiger vorgehen.

Zweitens: Die ideologischen Führer terroristischer Gruppen sind stets charismatische Intellektuelle und Söhne der oberen Klasse, denen es gelingt, bestehende gesellschaftliche Probleme und soziale Konflikte zu instrumentalisieren ...

Drittens: Terrorismus braucht ein Urtrauma, durch das er sich motiviert. Das Urtrauma der islamischen Welt ist der Nahostkonflikt und die Besetzung der heiligen Stätten Mekka und Medina durch sogenannte „Fremde" ...

Weitere Einsichten: Terroristen vertreten ein apokalyptisches, schwarzweißes Weltbild, wer ihnen in der Sprache des „Heiligen Krieges" antwortet, bestätigt sie, statt sie zu widerlegen. ... Es genügt nicht, die „harten" materiellen Grundlagen des Terrorismus zu zerstören. Man muss auch die Köpfe der Terroristen oder ihrer Anhänger erreichen; mit einer militärischen Abschreckungsstrategie allein kann das aber unmöglich gelingen. Im Gegenteil: Man bestätigt ihr dualistisches Weltbild, das die Menschheit in Freund und Feind unterteilt.

Wie kann man den Terrorismus wirksam bekämpfen?

Zunächst einmal müssen wir den Entstehungsort ausmachen. John O'Neill, der ehemalige Chef der Antiterrorabteilung des New Yorker FBI-Büros, sagte bereits im Juli 2001: „... Alle Schlüssel zur Zerschlagung von Osama Bin Ladens Organisation liegen in Saudi-Arabien." Tatsächlich stammen dreizehn der neunzehn Entführer vom 11. September von dort. Der Terrorismus braucht nicht nur zerfallende Rückzugsgebiete – die nutzt er als Ruheraum und Relaisstation – und nicht nur die eben genannten psychologisch-geistigen Ressourcen. Er entsteht vor allem in solchen Gesellschaften, in denen eine verlogene, heuchlerische Atmosphäre und eine große innere Spannung herrschen.

Schaut man sich die saudi-arabische Gesellschaft an, so lässt sich feststellen, dass es in keinem anderen Land des Nahen und Mittleren Ostens eine derart große Diskrepanz zwischen der offiziellen Staatsreligion und dem Lebensstil der Eliten gibt ... Zugleich gibt die Verwestlichung Saudi-Arabiens die Antwort auf die Frage, warum die Attentäter als „Schläfer" so problemlos in westlichen Gesellschaften unterkommen konnten: ... Sie hatten sich den westlichen Lebensstil bereits in ihrer Heimat aneignen können ... In einem Land wie Saudi-Arabien, in dem die politische Klasse ihre eigene Staatsdoktrin tagtäglich dementiert, das eigene Kulturgut missachtet und Korruption fördert, sich zugleich aber auf die sunnitische Orthodoxie beruft und die fürchterliche Scharia anwendet, kann ein moralischer Rigorismus vorzüglich gedeihen. ...

Weil aber Saudi-Arabien offiziell ein wichtiger Partner im „Kampf gegen den Terror" ist und Bündnisverpflichtungen immer auch Schweigeverpflichtungen sind, wagt die Bush-Administration nicht die dringend notwendige Kritik an den politisch-kulturellen Zuständen in Saudi-Arabien. „Der Kampf der Kulturen" findet also nicht zwischen Okzident und Orient, sondern innerhalb der islamischen Gesellschaften selbst statt.

Aus: Frankfurter Allgemeine Zeitung vom 2. 3. 2002, S. 8, Autorin: Antje Vollmer, MdB (Bündnis 90/Die Grünen), Vizepräsidentin des Deutschen Bundestages

1 Listen Sie die Einwände Vollmers gegen das Verhalten der USA tabellarisch auf.
2 Erläutern Sie, wie Vollmer das Weltbild der Terroristen charakterisiert und erklärt.
3 Informieren Sie sich über aktuelle Formen des Terrorismus.
4 Erörtern Sie, welche Konsequenzen die USA, die EU oder die Bundesrepublik Deutschland aus einer Bedrohung durch Terrorismus ziehen sollten.

2 Internationale Beziehungen

Zeichnung: Gerhard Mester

Als Zuschauer oder gar Betroffener internationaler politischer Ereignisse und Entwicklungen fragt man sich oft, wie sie zustande gekommen sind. Auch wenn diese Entwicklungen und Ereignisse teilweise von keinem der Beteiligten genau so intendiert oder auch nur vorhergesehen wurden, so gehen sie doch auf politisches Handeln zurück, was auf internationaler Ebene noch immer vor allem das Handeln eines Staates oder mehrerer Staaten bedeutet.

In der Regel steht beim internationalen Agieren eines Staates das eigene Interesse im Vordergrund; selbst in einem Feld wie der Entwicklungspolitik kann dieses Moment eine Rolle spielen (wenn etwa Aufträge an inländische Firmen zu erwarten sind). Zumindest aber steckt das nationale Interesse den Rahmen ab, in dem ein Staat üblicherweise auf internationaler Ebene handelt. Um es zu realisieren, ist die Vertrags- und Bündnispolitik das klassische Mittel geblieben. Voraussetzungen für Beziehungen zwischen Staaten sind die wechselseitige Anerkennung und die darauf basierende diplomatische Beziehung nach internationalen Regeln. Dazu gehören die Errichtung von Botschaften und die Akkreditierung von Botschaftern, die jeweils ihre Regierungen informieren, deren Interesse vertreten oder in Konfliktfällen vermitteln. Unverzichtbares Mittel der Diplomatie sind aber wie jeher die direkten Begegnungen und Gespräche bei Konferenzen oder Gipfeltreffen zwischen den einzelnen Politikern geblieben. Eine zunehmend wichtigere Rolle in der Gestaltung der internationalen Beziehungen kommt dauerhaften Bündnissen zu, die transnationale und übernationale Funktionen wahrnehmen, in der Regel für bestimmte Sachbereiche wie z. B. die NATO vorrangig für Verteidigungszwecke. Eine besondere Rolle als Subsystem im internationalen System spielt die EU: nicht mehr nur Staatenbund, aber auch noch kein vollständiger gemeinsamer Staat. Die UNO mit ihren vielen Unterorganisationen ist in vielen Bereichen nicht nur ein internationales Kommunikationsforum geworden, sondern auch weltweiter Initiator politischer Prozesse, allerdings immer in Abhängigkeit von einigen starken Nationalstaaten. Auch die Versuche, internationale Konflikte und Menschenrechtsverletzungen mithilfe von regional (z. B. Europäischer Menschenrechtsgerichtshof in Straßburg) oder international eingerichteten Gerichtshöfen (z. B. Internationaler Gerichtshof in Den Haag) zu sanktionieren und zu regeln, macht in den letzten Jahren – trotz vieler Misserfolge – offenbar Fortschritte.

Die vergangenen zwei Jahrzehnte sind Dekaden des Übergangs. Die bipolare Weltordnung, die das internationale System des vergangenen Jahrhunderts strukturierte, ist nach dem Zusammenbruch der sozialistischen Staatenwelt (1989/90) obsolet geworden. Neue Widerspruchskomplexe (hierzu zählen der Aufstieg von Staaten wie China und Indien), neue Konfliktlinien, neue Akteure wie die sogenannten Nicht-Regierungsorganisationen sowie neue Gestaltungsmöglichkeiten kennzeichnen die Herausbildung einer neuen Weltordnung, deren Grundzüge erst im Entstehen sind.

Akteure und Handlungsebenen der internationalen Politik

MATERIAL 1

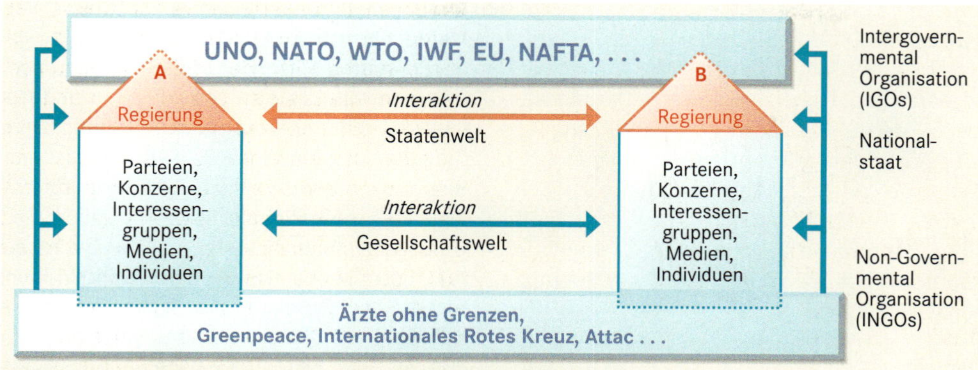

Nach: A. Gerster und H. Riedel, Globalisierung, internationale Politik und Konfliktbewältigung, Bamberg 2. Aufl. 2004, S. 163

Machtpolitik

MATERIAL 2

Hans-Hermann Hartwich, em. Professor der Uni Hamburg, über Krieg als Mittel der Außenpolitik:

Machtpolitik liegt in der Außenpolitik dann vor, wenn ein Staat bereit ist, seine Interessen und seinen Willen gegenüber anderen Staaten unter Verwendung aller ihm zu Gebote stehenden und opportun erscheinenden Mittel durchzusetzen. [...] Machtpolitik muss nicht mit militärischer Gewaltpolitik identisch sein. Sie kann sich neben der militärischen auch moralischer, wirtschaftlicher oder persönlicher Mittel bedienen. [...]
Bis in das 19. Jahrhundert und beginnende 20. Jahrhundert galten die Kriege als legitime Mittel der internationalen Politik. [...] Die Erfahrungen mit dem Ersten Weltkrieg, insbesondere das durch die Entwicklung der Technik begünstigte Ausmaß der möglichen Vernichtung, lösten [...] eine grundlegende Wende in der Beurteilung von Kriegen aus. Der Völkerbundspakt von 1919 fasste noch die Möglichkeit kommender Kriege ins Auge, sah aber Sanktionen gegen den Angreifer (Aggressor) vor. [...] Die Charta des Internationalen Tribunals für die Nürnberger Kriegsverbrecherprozesse (1946) erklärte eine „Verschwörung mit dem Ziel eines Angriffskrieges“ zum Verbrechen, das mit dem Tode bestraft werden kann. [...] Trotz aller moralischen Verurteilungen ist der Krieg oft noch heute die „ultima ratio“ der internationalen Politik. Entscheidend sind dabei wie eh und je die Machtverhältnisse.[...] Gegen einen Angriffskrieg zur Durchsetzung machtpolitischer Ziele richtet sich heute die Weltmeinung. In der Regel hüten sich die Staaten, diese ohne zwingenden Grund gegen sich aufzubringen. Die vernichtende Wirkung, die insbesondere ein Atomkrieg auch für den Angreifer haben muss, führte zu einem Rückgriff auf machtpolitische Mittel, die zwar den Krieg vermeiden, aber dennoch einen starken physischen und psychischen Druck zur Durchsetzung der Ziele darstellen.

Aus: Hans-Hermann Hartwich u. a., Politik im 20. Jahrhundert, 6. Aufl., Braunschweig 1976, S. 412 f.

1 Diskutieren Sie: Bei welchen dieser drei außenpolitischen Akte bzw. Prozesse lassen sich machtpolitische Elemente (M 2) feststellen:
a) Abkommen über die Gründung des Deutsch-Französischen Jugendwerkes (1963)
b) EU-Osterweiterung
c) Angriff von NATO-Staaten auf Afghanistan, Oktober 2001.

MATERIAL 3

Diplomatie

Hans-Hermann Hartwich, em. Professor in Hamburg

Diplomatische Beziehungen zu anderen Staaten bilden die wesentliche Voraussetzung für eine geordnete Gestaltung des Zusammenlebens der Völker. Sie beruhen im Allgemeinen auf der Anerkennung eines Staates und der Errichtung von diplomatischen Missionen.
Die Anerkennung eines Staates durch einen anderen ist ausschließlich eine Frage des Völkerrechts. Sie besagt im Allgemeinen, dass ein Staat bereit ist, die Rechtsverhältnisse mit dem anderen Staat zu regeln und diplomatische Beziehungen aufzunehmen. [...] Wird ein Staat nicht anerkannt, so besitzt er keinen offiziellen Status in der Völkergemeinschaft. [...] Mit der Anerkennung eines Staates durch einen anderen beginnen im Allgemeinen diplomatische Beziehungen. [...]
Die Missionen und ihre Vertreter (Diplomaten) genießen bestimmte Vorrechte in ihrem Gastland. Das Wichtigste ist die „Exterritorialität", die Zwangsmaßnahmen des Gastlandes gegen die Mission und ihre Angehörigen verhindern soll. [...] Im Allgemeinen werden nach der Aufnahme diplomatischer Beziehungen Botschaften oder Gesandtschaften errichtet. An ihrer Spitze steht als offizieller Vertreter seines Landes ein Botschafter bzw. Gesandter. [...] Die Aufgabe des Botschafters besteht heute im Wesentlichen in der Durchführung von politischen Aufträgen seiner Regierung sowie in der Berichterstattung über die Verhältnisse des Gastlandes. [...]
Diplomatische Beziehungen und völkerrechtliche Vereinbarungen bilden die Grundlage für die Außenpolitik der Regierung eines Landes sowie der internationalen Beziehungen. Welche Bedeutung diese Institutionen und Normen für das Verhältnis der Staaten zueinander erhalten, liegt weitgehend in der Hand der Diplomaten und der zuständigen Politiker. Die Aufgabe der Diplomatie ist es zu überzeugen. Mit friedlichen Mitteln die Interessen des eigenen Landes bis zur letzten Möglichkeit wahrzunehmen, ist ihr Ziel. [...]
Die Mittel der Diplomatie sind im Rahmen der persönlichen Kontakte: Staatsbesuche, Treffen von Ministern und Regierungschefs, Unterredungen der Diplomaten bei den jeweiligen Regierungen des Gastlandes, Konferenzen, Kongresse mit geheimen und öffentlichen Verhandlungen usw. [...]

Aus: Hans-Hermann Hartwich u. a., Politik im 20. Jahrhundert, Braunschweig 6. Aufl. 1976, S. 420–422

MATERIAL 4

Völkerrecht und Menschenrechte

Prof. Ingomar Hauchler, Mitglied der Stiftung Entwicklung und Frieden

Von besonderer Bedeutung für den Schutz und die Verwirklichung der Menschenrechte sind völkerrechtliche Verträge. Staaten treten solchen Konventionen, Pakten und Übereinkommen auf freiwilliger Basis bei und verpflichten sich durch die Ratifikation, die Vertragsinhalte in bindendes nationales Recht umzusetzen. [...]
Der Internationale Pakt über bürgerliche und politische Rechte (Zivilpakt) und der Internationale Pakt über wirtschaftliche, soziale und kulturelle Rechte (Sozialpakt), die beide 1976 in Kraft traten, gelten als zentrale Menschenrechtsverträge. Sie bilden zusammen mit der Allgemeinen Erklärung der Menschenrechte von 1948 die International Bill of Human Rights. Die Erklärung stellt im Prinzip ein rechtlich nicht bindendes Dokument dar. Sie ist jedoch ein Meilenstein in der Entwicklung des internationalen Menschenrechtssystems, und wichtige, darin verankerte Menschenrechte gelten heute als Völkergewohnheitsrecht. [...] Die Verankerung der Menschenrechte in Verträgen und die Errichtung von Instrumenten zur Überwachung ihrer Einhaltung bildet die Grundlage des internationalen Menschenrechtsregimes.

Aus: Ingomar Hauchler u. a. (Hrsg.), Globale Trends 2004/2005, Frankfurt a. M. 2003, S. 254

Ressourcenangebot der NGOs

MATERIAL 5

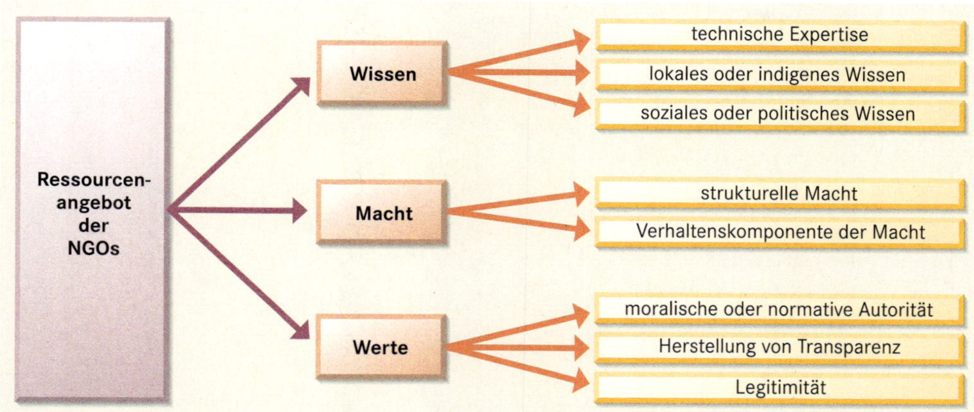

Aus: Tanja Brühl, Nichtregierungsorganisationen als Akteure internationaler Umweltverhandlungen, Frankfurt/New York 2003, S. 222

Akteure in der internationalen Politik

MATERIAL 6

Die Politikwissenschaftler Bernhard Zangl und Michael Zürn

Akteure in den internationalen Beziehungen sind die Organisationen, die auf die internationalen Rahmenbedingungen [...] Einfluss nehmen. Vier Akteurstypen sind zu unterscheiden:

1. Die prominentesten Akteure in den internationalen Beziehungen sind spätestens seit dem Westfälischen Frieden von 1648, in dem sich die Staaten für die internationalen Beziehungen gegenseitig als die einzigen legitimen Vertreter „ihrer" Gesellschaften anerkannten, fraglos die Regierungen von souveränen Staaten. [...]

2. Neben den Regierungen von Staaten haben internationale Organisationen (IGOs), die von den Regierungen souveräner Staaten gegründet wurden, bereits sehr früh als Akteure der internationalen Beziehungen Anerkennung gefunden. Die wichtigsten internationalen Organisationen sind heute die Vereinten Nationen und die Europäische Union.

3. Als Akteure der internationalen Beziehungen haben auch Nicht-Regierungsorganisationen (NGOs), die einen Zusammenschluss von Individuen innerhalb eines Staates bilden, Beachtung gefunden. Dementsprechend werden national konstituierte Interessengruppen wie Gewerkschaften [...] Umweltorganisationen und Unternehmen in der Analyse der internationalen Beziehungen als gesellschaftliches Umfeld von Regierungen konzeptualisiert.

4. Nicht-Regierungsorganisationen, die sich über die Grenzen von Staaten hinweg organisieren (INGOs, International Non Governmental Organizations), gelten als zunehmend wichtige Akteure der internationalen Politik. Deshalb werden transnationale Unternehmen wie IBM oder Siemens sowie transnationale Organisationen wie Greenpeace und Amnesty International vermehrt in die Analyse internationaler Beziehungen einbezogen.

Aus: Bernhard Zangl/Michael Zürn, Frieden und Krieg, Frankfurt a. M. 2003, S. 60–61

1 Dokumentieren Sie kurz einen internationalen Konflikt und benennen Sie auf Grundlage von M 1 und M 3 bis M 6 die Konfliktbeteiligten und Akteure, die an einer Konfliktbearbeitung teilnehmen könnten.

2 Beschreiben Sie für das Wirken aller Beteiligten die jeweiligen Rechtsgrundlagen, Mittel und Methoden. Bringen Sie ggf. ihre eigene Kritik ein.

3 Konturen einer neuen Weltordnung

Seit dem Ende der bipolaren Ordnung des Ost-West-Gegensatzes, in dem sich zwei Konfliktlager gegenüberstanden, gibt es eine Auseinandersetzung von Politikwissenschaftlern über die zukünftige Ausgestaltung der Weltordnung. Strittig ist dabei, ob sich eine von den USA dominierte Hegemonialordnung oder eher eine multipolare Ordnung herauszubilden beginnt. Diskutiert wird auch, welche der beiden Optionen – auch unter dem Gesichtspunkt der Stabilität – wünschenswert ist.

MATERIAL 1

Von der internationalen Unübersichtlichkeit zur Pluralität theoretischer Ansätze

Die realistische Schule

Aus der Sicht der realistischen Schule sind die gegenwärtig aufbrechenden Konflikte und Unruhen in vielen Teilen der Welt unvermeidlich und kaum einzudämmen, weil die heutige multipolare Struktur des internationalen Systems nicht zur Stabilisierung solcher Konflikte angetan ist. …

Die realistische Theorie der internationalen Politik charakterisiert die internationalen Beziehungen als eine Staatenwelt, in der eine zentrale Autorität mit Gewaltmonopol fehlt – also eine Art Weltregierung analog der Funktionsweise nationaler Regierungen. … Infolge dieser anarchistischen Struktur des internationalen Systems muss sich jeder Staat letztlich auf sich selbst verlassen; oberstes Ziel der Außenpolitik muss sein, das eigene Überleben in einer potenziell feindseligen internationalen Umwelt zu sichern. Staaten versuchen, ihre relative Machtposition in der Welt aufrechtzuerhalten, wenn nicht sogar auszubauen, wenn sie überleben wollen.

Weil die Freunde von heute in einem anarchistischen internationalen System immer die Gegner von morgen sein können, schätzen Realisten die Chancen internationaler Kooperation als relativ gering ein. Wer immer darauf aus ist, seine Machtposition in der Welt zu erhalten, wird nur dann und so lange mit anderen kooperieren, wie es diesen Machtinteressen entspricht. Staaten befinden sich in einem „Sicherheitsdilemma", insofern sie immer gegenüber den anderen auf der Hut sein müssen und nicht wissen können, ob die anderen Regierungen defensive oder aggressive Absichten haben. Dieses Gefühl potenzieller Bedrohung führt leicht zur Aufhäufung von – beispielsweise militärischen – Machtressourcen, die ihrerseits Bedrohtheitswahrnehmungen bei anderen Staaten hervorrufen. Auf diese Weise kann es zu Rüstungswettläufen, zu Krisen und letztlich zu Krieg kommen, obwohl alle Beteiligten sich zuletzt nur selbst schützen wollen.

Die liberale Schule

Während für die realistische Schule die anarchistische Struktur der internationalen Beziehungen letztlich die Handlungsmöglichkeiten der Staaten determiniert, verknüpfen liberale Theoretiker der internationalen Politik die innere Ordnung der Staaten systematisch mit ihrer Außenpolitik. Ausgehend von der zumindest empirisch plausiblen Beobachtung, dass Demokratien keine Kriege miteinander führen, argumentiert dieser Ansatz, dass Regierungen dazu neigen, die im Innern der Staaten vorherrschenden Konfliktaustragungsmuster in ihrem Außenverhalten zu reproduzieren.

Liberale Herrschaftssysteme sind durch die Achtung der Menschenrechte, Partizipationsmöglichkeiten der Bürgerinnen und Bürger sowie durch rechtsstaatliche, gewaltarme und kompromissorientierte Konfliktlösungsmuster gekennzeichnet. Wenn demokratisch regierte Staaten es miteinander in der internationalen Politik zu tun haben, nehmen sie sich gegenseitig als von den gleichen Normen friedlicher Konfliktregelung beeinflusst wahr und verhalten sich danach. Infolgedessen sind Demokratien dieser Schule noch eher in der Lage, untereinander stabile Kooperationsstrukturen auszubilden, weil sie nicht permanent voreinander existenziell auf der Hut sein müssen.

Wenn liberale Systeme es dagegen mit autoritären Diktaturen zu tun haben, gehen sie ebenfalls davon aus, dass Letztere ihre internen - in diesem Fall repressiven und gewaltvollen - Konfliktlösungsmechanismen nach außen übertragen. In Beziehungen zwischen Demokratien und Diktaturen sowie zwischen autoritären Systemen untereinander gilt daher nach Ansicht der liberalen Theorie im Wesentlichen, was Realisten für das internationale System insgesamt behaupten, nämlich wechselseitige Unsicherheit und Bedrohtheitsvorstellungen mit den entsprechenden Konsequenzen.

Die institutionalistische Schule

Institutionalistische Ansätze der internationalen Politik teilen mit der realistischen Schule die Annahme, dass Staaten als rational kalkulierende Akteure aufgefasst werden können, die ihre egoistischen Interessen in einer anarchischen internationalen Umwelt durchzusetzen versuchen.

Im Gegensatz zur realistischen Schule argumentieren Institutionalisten aber, dass egoistische Akteure durchaus zu Kooperation fähig sind, nämlich immer dann, wenn unilaterales Handeln zu unbefriedigenden oder gar katastrophalen Ergebnissen führt. So schafft ein ungebremster Rüstungswettlauf im Allgemeinen nicht mehr Sicherheit, sondern vergrößert nur die wechselseitige Unsicherheit und kann in Krise und Krieg eskalieren. In einer solchen Situation ist die Aushandlung von Rüstungskontrollabkommen eine rationale Alternative. Kooperation egoistischer Akteure ist auch dann möglich, wenn das gewünschte Handlungsergebnis nur durch gemeinsame Regelungen erzielt werden kann (vgl. etwa Regelungen zur Eindämmung des Ozonlochs oder Atomwaffensperrvertrag).

Institutionalisten halten also im Unterschied zu Realisten stabile internationale Kooperation eher für möglich und schreiben darüber hinaus internationalen Institutionen [...], die einen bestimmten Politikbereich normativ regeln, einen größeren Einfluss auf die Interessen und das Verhalten der Staaten zu.

Internationale Organisationen sind auf formalen Abkommen beruhende Regelsysteme, die einen Politikbereich kooperativ regulieren und dabei Normen und Entscheidungsprozeduren bereitstellen (vgl. z.B. das Nonproliferationsabkommen, das Welthandelsabkommen). [...]

Im Unterschied zur liberalen Theorie im engeren Sinne machen sie die Chance der internationalen Kooperation nicht nur von der inneren Ordnung der Staaten abhängig. Auch Diktaturen kooperieren, wenn sie anders ihre Interessen nicht durchsetzen können.

Aus: Thomas Risse-Kappen: Vom Ost-West-Konflikt zur internationalen Unübersichtlichkeit, in: Der Bürger im Staat, 45/1995, H. 1, S. 3 f.

1 Vergleichen Sie die drei dargestellten Theorieschulen mithilfe folgender Fragestellungen:
- Welche Akteure bestimmen jeweils die internationale Politik?
- Wie wird die Struktur des internationalen Staatensystems aufgefasst?
- Wie werden innergesellschaftliche Triebkräfte der Außenpolitik eingeschätzt?

2 Beurteilen Sie anhand der derzeitigen weltpolitischen Lage die Aussagekraft und die Begrenztheit der jeweiligen Ansätze.

MATERIAL 1 Weltordnungsmodelle

Anarchie der Staatenwelt: Sicherheitsdilemma ist vorherrschend, Staaten greifen zur Selbsthilfe.

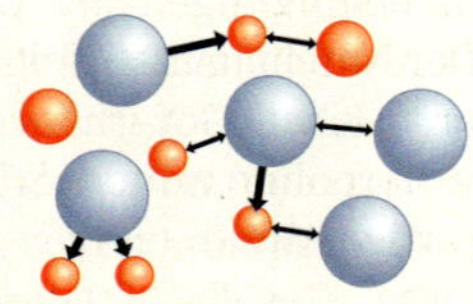

Hegemoniale Ordnung: Ein Staat ist aufgrund seiner herausragenden Machtposition in der Lage, allen anderen Staaten seinen Willen aufzuzwingen.

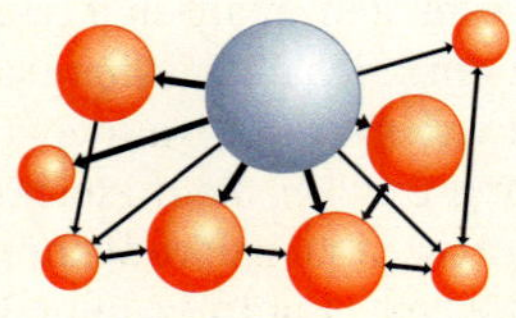

Horizontale Selbstkoordination: Staaten koordinieren ihre Handlungen durch bilaterale oder multilaterale Verträge und Abkommen oder durch Entscheidungen, die in internationalen Organisationen getroffen werden. Die Nichteinhaltung von Abkommen kann aber nur schwer sanktioniert werden.

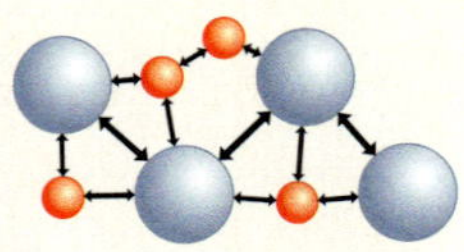

Ordnung durch Weltregierung: Die Staaten begründen durch Abgabe von Souveränität an eine überstaatliche Autorität ein öffentliches Gewaltmonopol. Das öffentliche Gewaltmonopol ist kontrollierbar (z. B. durch Palamente, Gerichte) und verfügt über Instrumente zur Durchsetzung von Entscheidungen (Ermittlungsbehörden, Gerichte, Polizei, Militär).

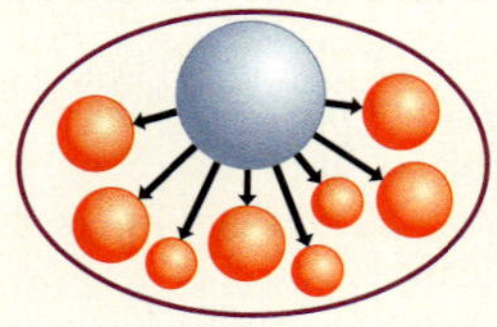

Aus: A. Gerster und H. Riedel, Globalisierung, internationale Politik und Konfliktbewältigung, Bamberg 2. Aufl. 2004, S. 161

L&P/3616

MATERIAL 2 Die Machtverteilung im internationalen System

Eindeutig besteht eine voll ausgeprägte Multipolarität im geoökonomischen Bereich; genauer gesagt eine Tripolarität, denn die ökonomischen Potenziale konzentrieren sich auf die drei Regionen Nordamerika, Europa und Südostasien mit den großen Wirtschaftsmächten USA, EU und Japan als Kernmächte, zwischen denen eine ungefähre Balance besteht (beim Welthandel rangiert die EU sogar vor den USA). China dürfte demnächst ebenfalls zu einer führenden Wirtschaftsmacht werden. Im Zuge der „Globalisierung" [...] wird der „neue Regionalismus", die Vitalisierung schon bestehender Integrationsverbände (wie die EG/EU) und die Entstehung neuer Regionalorganisationen, flächendeckend zu einem strukturierenden Prinzip der neuen geoökonomischen Weltordnung und diese Regionalorganisationen verstärken die Tendenz zur Multipolarität. [...]

In der Zusammenschau ergibt sich, dass – gesamtpolitisch betrachtet – die USA, Russland, China, Japan und die EU (mit den Führungsmächten Frankreich, Deutschland, Großbritannien) eine Spitzengruppe bilden. Diese gesamtpolitische Konfiguration der fünf kann am besten dadurch bildlich veranschaulicht werden, dass man (statt der üblichen pentagonalen Figur) die USA in der Mitte eines Vierecks aus Russland, China, Japan und der EU einzeichnet. [...] In diesem gesamtpolitischen Zusammenhang ist das Dreieck USA – EU – Japan mit der geoökonomischen Triade identisch, in der die USA eine balancierende Mitführungsmacht sind. Indes, nur die USA sind in allen Teildreiecken vertreten. Sie sind die herausragende globale Zentralmacht in der Spitzengruppe, aber ihre Position wird relativiert durch die politische und ökonomische Multipolarität.

Aus: Werner Link, Deutschland im multipolaren Gleichgewicht der großen Mächte und Regionen, in: Aus Politik und Zeitgeschichte, Nr. 24/9. 6. 2000, S. 16

Die veränderte Rolle der Nationalstaaten

MATERIAL 3

Die Staaten bleiben die Hauptakteure der internationalen Politik. Sie allein können Völkerrecht setzen und haben das letzte Sagen in allen Streitfragen, falls sie sich nicht […] supranationalen Entscheidungsmechanismen unterworfen haben. Aber sie können nicht mehr schalten und walten wie auf dem Wiener Kongress und Politikfelder steuern, die sich durch Globalisierungsprozesse der einzelstaatlichen Kontrolle entziehen. […] Die Nationalstaaten bleiben zuständig für autoritative Entscheidungen, für die Umsetzung der auf internationaler Ebene getroffenen Entscheidungen und für die Koordination der verschiedenen Akteursgruppen auf nationaler und internationaler Ebene. […] Ihre Eingliederung in das System „geteilter Souveränitäten“ stellt deshalb keinen Verzicht auf politische Gestaltung, sondern vielmehr eine Bedingung zur Sicherung der politischen Gestaltungs- und Steuerungsfähigkeit unter den Bedingungen der Globalisierung dar. […] Der Nationalstaat bleibt die tragende Säule der Global Governance-Architektur, aber er verliert ohne weitere Stützpfeiler und netzwerkartige Verstrebungen mit der Wirtschafts- und Gesellschaftswelt an Handlungsfähigkeit.[…] Eine Kardinalfrage bleibt, wie angesichts der Auslagerung wichtiger Entscheidungen aus der nationalstaatlichen Regelungskompetenz und ihrer Verlagerung auf internationale Bürokratien das Demokratie- und Legitimationsproblem gelöst werden kann.

Aus: Globale Trends 2000, hg. von Ingomar Hauchler/Dirk Messner/Franz Nuscheler, Bonn 1999, S. 387

Die Multi-Dimensionalität internationaler Politik

MATERIAL 4

Entscheidendes Kennzeichen künftiger Sicherheitspolitik ist ihre Multi-Dimensionalität. Sie umfasst diplomatische, polizeiliche, militärische und nicht zuletzt auch wirtschaftliche Elemente. […]
Diesen zuletzt aufgezählten sicherheitspolitischen Bestrebungen kann allerdings auch schon eine multilateral […] definierte Sicherheit zugrunde liegen. Es ist dieser weitere Rahmen, der infolge der Globalisierung an Bedeutung gewinnt. […]
Es kann, muss aber nicht zwischen diesen beiden unterschiedlichen Perspektiven zu Friktionen und Widersprüchen kommen. Eine kluge Politik wird alles daransetzen, sie miteinander in Einklang zu bringen. Leicht ist das nicht, muss doch gerade auch die Sicherheitspolitik in demokratischen Gesellschaften generell und bei Einzelentscheidungen immer wieder neu legitimiert werden und öffentliche Akzeptanz finden. […]
Je rascher sich die Einsicht bei Regierenden und in der Öffentlichkeit durchsetzt, dass die erfolgreichste und im Übrigen auch kostengünstigste Sicherheitspolitik multilateral, langfristig und so angelegt sein muss, dass ihre militärische Komponente lediglich zur Abstützung der zivilen Komponenten eingesetzt wird, desto besser ist dies für die Stabilität der internationalen Ordnung. Dies aber liegt im Interesse aller an friedlichen Beziehungen innerhalb dieser Ordnung interessierten Staaten.

Aus: Globale Trends 2000, hg. von Ingomar Hauchler/Dirk Messner/Franz Nuscheler, Bonn 1999, S. 387

1 Erklären Sie die Weltordnungsmodelle (M 1).
2 Erarbeiten Sie aus M 1 bis M 4 Grundprinzipien internationaler Beziehungen und die Veränderungen, die sich in dieser Hinsicht seit 1990 ergeben haben.
3 Sammeln Sie eine Woche lang Meldungen aus den Medien zur internationalen Politik und überprüfen Sie damit die Aussagen in M 2.

VERWEIS

s. S. 184 ff.
Globale Ökonomie

s. S. 191
Entmachtung
der Politik

MATERIAL **5**

Grundstrukturen des gegenwärtigen (und zukünftigen) Weltsystems

Man kann von einer quasi-unipolaren Machtverteilung im gegenwärtigen Weltsystem sprechen, wenn man auf die Quantität und Qualität der *militärischen* Potenziale der USA abhebt und zudem in Rechnung stellt, dass die USA durch ihre Truppenstationierungen auch eine europäische und asiatische Macht sind und dadurch sowie durch das Netz von Stützpunkten, Flottenpräsenz auf allen Weltmeeren und Satellitenaufklärung die Fähigkeit besitzen, weltweit Machtprojektionen vorzunehmen.
In den *nicht-militärischen* Bereichen sieht jedoch die Machtverteilung anders aus, ist sie multipolar. Eine Multipolarität ist eindeutig im *geo-ökonomischen* Bereich vorhanden; genauer gesagt eine Tripolarität, denn die ökonomischen Potenziale konzentrieren sich [...] auf die drei Regionen Amerika, Europa und (Südost-)Asien mit den großen Wirtschaftsmächten USA, der EU und Japan als Kernmächten, zwischen denen eine ungefähre Balance besteht (beim Welthandel rangiert die EU sogar vor den USA). Die geo-ökonomische Machtverteilung wird sich allerdings mittelfristig ändern; denn China ist auch ökonomisch *die* aufsteigende Großmacht. Nach den Berechnungen der Weltbank dürfte dieses große und bevölkerungsstarke Land in etwa zwei Jahrzehnten zu einer der führenden Wirtschaftsmächte – nach den USA – auf Platz 2 der Exportnationen aufsteigen und auch im Pro-Kopf-Einkommen zu den Mitteleinkommensländern aufschließen. Für die *gesamtpolitische* Grundstruktur ist vor allem der Sachverhalt relevant, dass neben den USA zwei unabhängige, nuklearbewaffnete Großmächte, Russland und China, sowie Japan und die EU mit den Führungsmächten Deutschland, Frankreich und Großbritannien [...] eine Spitzengruppe bilden.

Aus: Werner Link, Die Neuordnung der Weltpolitik. Grundprobleme globaler Politik an der Schwelle zum 21. Jahrhundert, München 2001 (3. Auflage), S. 130 f.

MATERIAL **6**

Ein heraufziehender Konflikt

Ein Interview mit dem französischen Historiker und Demografen Emmanuel Todd

Spiegel: Läutet die Irakkrise das Ende der unipolaren Welt ein?
Todd: Die uneingeschränkte Vorherrschaft Amerikas ist schon zerbrochen, und Bush kann sie nicht wiederherstellen, auch wenn er in Bagdad einen Pyrrhussieg erringt. [...] Die US-Gesellschaft ist von sozialen und kulturellen Brüchen durchzogen. Der Zusammenhalt schwindet. [...] Neben die alten demokratischen Prinzipien ist etwas Neues getreten – ein oligarchisches, plutokratisches, militaristisches System, das um sich schlägt, wenn es sich in Bedrängnis wähnt. [...]
Spiegel: Die absolute militärische Macht der USA ist doch Realität.
Todd: Sie werden sehen, dass sich die Welt mit militärischen Mitteln nicht mehr beherrschen lässt. [...] Der wahre, fundamentale Antagonismus, der dahinter zum Vorschein kommt, ist der heraufziehende Konflikt zwischen der Wirtschaftsmacht Europa und der Militärmacht Amerika.
Spiegel: Da kann es doch kaum Zweifel geben, wer daraus als Sieger hervorgehen wird. Ist der von Ihnen behauptete Niedergang Amerikas nicht höchst relativ?
Todd: Natürlich sind die USA immer noch die stärkste Macht der Welt, aber sie werden ihre Position als alleinige Supermacht verlieren. Es kann gut sein, dass schon die Expedition gegen den Irak die Ressourcen der USA überfordert. Washington kann sich seinen gigantischen Militärapparat auf Dauer nicht mehr leisten.
Spiegel: Präsident Bush will den Verteidigungshaushalt für 2004 wieder erhöhen, um 4,1 Prozent.

Todd: ... und die Defizite explodieren. [...] Die USA brauchen die Welt, von der sie abhängig geworden sind, sie haben nicht genug Geld, sie produzieren nicht genug Güter, ihre industrielle Schwäche ist eklatant, aber sie wollen in der Illusion weiterleben, dass sie unersetzlich für die Welt sind.

Spiegel: Das ist doch keine Illusion. Die USA sind nach wie vor eine unverzichtbare Lokomotive der Weltwirtschaft. Ihre Wirtschaft ist robuster, wächst schneller, schafft mehr Jobs als die europäische.

Todd: Das täuscht. Das Problem der USA ist die Entindustrialisierung. Die europäische Industrieproduktion übertrifft die der USA bei Weitem, auch in der Spitzentechnik. Airbus ist dabei, Boeing zu überholen. Die amerikanische Gesellschaft konsumiert mehr, als sie produzieren kann.

Aus: Der Spiegel, Heft 12 (2003), S. 128–130; Romain Leick

Uni- oder Multilateralismus

MATERIAL **7**

Der Professor für nordamerikanische Geschichte, Georg Schild, über die Außenpolitik der USA

In den USA wurde in den 1990er-Jahren eine Debatte darüber geführt, ob das Land eine unilaterale oder eine multilaterale Sicherheitspolitik verfolgen solle. Verfechter einer multilateralen Außenpolitik wie der Politikwissenschaftler Joseph Nye von der Harvard-Universität betonten, dass die USA in einer global vernetzten Welt auf die Kooperation mit anderen Staaten angewiesen seien. Amerikas größte Stärke liege nicht im Umfang seines militärischen Arsenals (hard power), sondern in der kulturellen Vormachtstellung des Landes (soft power), der Bedeutung seiner Universitäten und dem Einfluss, den die US-Filmindustrie und das amerikanische Fernsehen in der Welt haben. [...]

Anhänger der Unilateralismus-These organisierten, dass die Beteiligung Europas am Krieg gegen den Terrorismus bloße Kosmetik sei. Wahrer Multilateralismus setze voraus, dass es sich um eine Gruppe vergleichbar starker Staaten handle. Davon sei der gegenwärtige „Pseudo-Multilateralismus“ jedoch weit entfernt: „Wie der Golfkrieg ist der Konflikt in Afghanistan Unilateralismus im Gewand des Multilateralismus. Wir [die USA] haben deutlich gemacht, dass wir auch ohne jegliche Unterstützung von außen handeln würden. [...] Im Kern geht es beim Unilateralismus darum, dass wir anderen, und mögen sie noch so wohlmeinend sein, nicht erlauben dürfen, uns davon abzuhalten, die Sicherheitsinteressen der Vereinigten Staaten und der freien Welt zu verfolgen“, so der konservative Publizist Charles Krauthammer.

Um den Graben zwischen den Uni- und den Multilateralisten zu überbrücken, nutzt der Politikwissenschaftler Stephen Walt den Begriff der „Vorherrschaft“ der USA (primacy). Einerseits seien die Vereinigten Staaten das wirtschaftlich und militärisch führende Land, das mit über 400 Milliarden Dollar jährlich ebenso viel für Verteidigung aufwendet wie alle anderen Staaten der Erde zusammen. Andererseits seien die USA keine Hegemonialmacht, die das Verhalten anderer Länder bestimmen könne. Die Besatzung des Irak zeige darüber hinaus, dass eine Vorherrschaft auf dem Schlachtfeld nicht automatisch eine erfolgreiche politische und wirtschaftliche Nachkriegsentwicklung mit sich bringe.

Aus: Informationen zur politischen Bildung, H. 291 (Sicherheitspolitik im 21. Jahrhundert), Bonn 2006, S. 44

1 Erläutern Sie die Begriffe uni-, bi- und multipolar. (M 5) Erörtern Sie anschließend Risiken, Schwächen und Stärken der verschiedenen Machtverteilungssysteme.

2 Erörtern Sie anhand von M 6 und M 7 die Rolle der Vereinigten Staaten in den internationalen Beziehungen.

VERWEIS

s. S. 397 Unilateralismus

MATERIAL 8

Neue Akteure

Autoren der Stiftung Entwicklung und Frieden über die durch den Aufstieg Chinas und Indiens bedingten Verschiebungen in Weltwirtschaft und -politik

Es wird immer deutlicher, dass der Aufstieg Chinas und Indiens [...] eine tektonische, also in ihren Auswirkungen signifikante und tief greifende Verschiebung darstellt. Diese Dynamik ergibt sich aus dem hohen und lang andauernden Wachstumstempo der beiden Ökonomien sowie deren Bevölkerungsstärke [...]. China und Indien sind daher nicht nur emerging economies, sondern Drivers of Global Change. Sie verändern weltweit die ökonomischen und darauf aufbauend auch die politischen Kräfteverhältnisse nachhaltig.

Die Dynamik des Umbruchs ist beeindruckend: In weniger als zwei Jahrzehnten ist China von einem randständigen Wirtschaftsakteur zu einem der zentralen Spieler in der Weltwirtschaft geworden. Der Anteil Chinas an den US-Importen stieg zwischen 1985 und 2005 von nahe null auf knapp 15 %. Der Anteil Chinas an der Weltnachfrage nach wichtigen Basismetallen stieg von 5–7 % Anfang der 1990er-Jahre auf 20–25 % (2005). China verfügt Ende 2005 über die weltweit zweitgrößten Währungsreserven von über 819 Mrd. US-$ (1990: etwa 20 Mrd. US-$), ist bereits die drittgrößte Handelsnation der Welt (Exportvolumen 2005: 772 Mrd. US-$; 1990: etwa 50 Mrd. US-$), produziert (gemessen in Kaufkraftparitäten) das zweitgrößte BIP in der Weltwirtschaft und gehört mit den USA und der EU zur Gruppe der großen CO_2-Emittenten, von deren zukünftiger Energiepolitik die Dynamik des globalen Klimawandels abhängt.

Indien befindet sich auf einem sehr ähnlichen Pfad – mit einer Zeitverzögerung von etwa 10–15 Jahren. Die indischen Exporte sind von 1990 bis 2005 von knapp 10 Mrd. US-$ auf 100 Mrd. US-$ gestiegen; die Währungsreserven betrugen im Jahr 2005 130 Mrd. US-$ (1992: 7 Mrd. US-$). Auf der Basis eines durchschnittlichen Wirtschaftswachstums von etwa 6 % seit 1990 verfügte Indien im Jahr 2005 über das viertgrößte BIP weltweit. Die Deutsche Bank Research (2005, S. 3 ff.) prognostiziert für Indien in den kommenden 15 Jahren ein deutlich höheres Wachstum als für China, sodass Indien im Jahr 2020 nach den USA und China die drittgrößte Ökonomie der Weltwirtschaft darstellen wird. Gemessen in Kaufkraftparitäten dürfte das Niveau des indischen BIP im Jahr 2020 etwa 40 % des Niveaus der USA betragen (2002: 27 %).[...]

Die ökonomischen Aufholprozesse werden von steigenden weltpolitischen Ambitionen begleitet. Parallel zur weltwirtschaftlichen Integrationsstrategie engagiert sich China in den vergangenen zwei Jahrzehnten zunehmend in internationalen Organisationen. Und während China in den 1970er-Jahren nur etwa 10–20 % der Verträge in dem Feld der internationalen Waffenkontrolle und Abrüstung unterzeichnete, gilt dies seit Mitte der 1990er-Jahre für 80 % der entsprechenden Abkommen. [...] Zudem ist zu beobachten, dass China in Afrika, Lateinamerika und im Kaukasus in den vergangenen Jahren langfristige Strategien der Sicherung des Zugangs zu Energievorräten und anderen wichtigen Ressourcen entwickelt hat und auch im UN-Sicherheitsrat eine sichtbarere Rolle als zu Zeiten des Kalten Krieges spielt.

Indien versteht sich seit Jahrzehnten als „Stimme des Südens" in den internationalen Beziehungen und hat sich daher stets in internationalen Organisationen engagiert. Mit zunehmender ökonomischer Macht ist das südasiatische Land ein zentraler Akteur in der G20, die in der laufenden WTO-Runde die Interessen der Entwicklungsländer bündelt. [...] Seit den Atomtests von 1998 ist Indien zudem de facto eine Atommacht, die mit dem Besuch von US-Präsident Bush im März 2006 in New Delhi zum „strategischen Partner" der USA avancierte.

[...]

Die Anfang des 21. Jahrhunderts quasi unilateral geprägte Weltordnung wird voraussichtlich nur von kurzer Dauer sein. Der Aufstieg Chinas und Indiens führt bis spätestens 2020 zu einer multipolaren Machtkonstellation, deren zentrale Pole die USA, China und Indien sein werden. Nur mit einer gemeinsamen EU-Strategie zur Gestaltung der Globalisierung wird Europa in der sich rapide verändernden weltpolitischen Landschaft eine handlungsmächtige Rolle spielen können. […] Die neue multipolare Machtkonstellation und der daraus resultierende Wettbewerb um Macht und weltweite Gestaltungsmöglichkeiten wird zur zentralen Konfliktlinie in der Globale Governance-Architektur der kommenden Jahrzehnte – ähnlich wie der Systemkonflikt während des Kalten Krieges […]. Setzt sich der Aufstieg Chinas und Indiens […] fort, wird im Jahr 2025 von einer westlich dominierten Weltordnung nicht mehr die Rede sein können.

Aus: Stiftung Entwicklung und Frieden, Globale Trends 2007 (hrsg. von Tobias Debiel u.a.), Frankfurt a.M. 2006, S. 46 ff.

Die Wiederentdeckung des Drachens

MATERIAL 9

Der Journalist Dietmar Ostermann über die Außenpolitik der USA

[…] Argwöhnisch verfolgt Washington neben der Modernisierung des chinesischen Militärs auch diplomatische Manöver Pekings in Asien und darüber hinaus. Dass chinesische Emissäre von Australien über Iran und Afrika bis Venezuela überall dort auftauchen, wo sich der wachsende Rohstoffhunger des Landes befriedigen lässt, ist den USA nicht entgangen und verstärkt wie kaum etwas anderes das Gefühl, China wachse zu einer echten Bedrohung der US-Interessen heran.

[…] Angetrieben vom Kongress, wo protektionistische Demokraten und neokonservative Republikaner eine Art Anti-China-Front gebildet haben, hat das Weiße Haus daher die Überprüfung der bisherigen China-Politik begonnen. Hardliner wie der außenpolitische Vordenker Robert Kagan fordern rundheraus, sich auf einen neuer Kalten Krieg einzustellen. Mindestens. Andere Stimmen raten, den Aufstieg Chinas zumindest zu „managen“, solange die USA dazu noch in der Lage seien. Kaum Gehör finden im Klima der neuen Drachenangst besonnene Mahner, wie etwa die Autoren einer Studie des Council on Foreign Relations. Die hatten vor zwei Jahren vor Alarmismus gewarnt: Das US-Militär sei dem chinesischen noch immer um zwei Jahrzehnte voraus – ein Abstand, der sich angesichts eines zehnmal höheren Pentagonbudgets so schnell kaum verringern dürfte. […]

Aus: Dietmar Ostermann, „Wiederentdeckung des Drachens“, in: Frankfurter Rundschau vom 8. Juni 2005

Die USA und China im Vergleich

Wichtige Kennziffern	USA	China
Bevölkerung (in Millionen 2004)	293	1 300
Bruttoinlandsprodukt (in Millionen 2004)	11 734	1 662
Wachstum (real in % 2004)	4,2	9,5
Rohstoffverbrauch (in Terawattstunden 2002)	28 714	12 656
(Veränderung gegenüber 1990 in %)	+34,7	+60,0
wechselseitige Exporte (Güter und Dienstleistungen in Mrd. Dollar 2004))	34,7	196,7
DIrektinvestitionen (weltweiter Zufluss in Mrd. Dollar 2004)	121,0	62,0
Militärausgaben (in Mrd. Dollar 2004))	453,6	55,9

Spiegel Spezial, 7/2005, „Die Neue Welt“, S. 82/83

1 Stellen Sie die Kriterien zusammen, die für einen Aufstieg Chinas und Indiens sprechen. (M 8 und M 9)

2 Erörtern Sie das Verhältnis von ökonomischer, militärischer und politischer Macht am Beispiel Chinas.

3 Erläutern Sie den Begriff der „Drachenangst“. – Stellen Sie Entwicklungen der letzten Monate zusammen, in denen diese sichtbar wird bzw. eine Rolle spielt.

MATERIAL 10 Die „Berliner Rede“ Barack Obamas

Der heutige Präsident der USA am 24.7.2008 zur Außenpolitik der Vereinigten Staaten

In Europa herrscht die Meinung vor, dass Amerika eher an Vorgängen beteiligt sei, die in unserer Welt schieflaufen, als helfende Kraft dabei zu sein, die Fehlentwicklungen zu korrigieren. In Amerika gibt es Stimmen, welche die Bedeutung der Rolle Europas für unsere Sicherheit und Zukunft verspotten oder bestreiten. Beide Ansichten entsprechen nicht der Wahrheit: Die Europäer tragen nämlich heute neue Belastungen und haben mehr Verantwortung in Krisenregionen der Welt übernommen. Und die amerikanischen Basen, die im letzten Jahrhundert gebaut wurden, helfen noch immer, diesen Kontinent sicherer zu machen; auch unser Land bringt also nach wie vor große Opfer für die Freiheit auf dieser Welt.

Ja, es hat Meinungsverschiedenheiten zwischen Amerika und Europa gegeben. Es besteht kaum Zweifel daran, dass es auch in Zukunft zu Meinungsverschiedenheiten kommen wird. Aber die Belastungen für alle Weltbürger ketten uns weiter aneinander. Ein Führungswechsel in Washington wird diese Last nicht von uns nehmen. […]

Wahre Partnerschaft und wirklicher Fortschritt erfordern konstante Arbeit und ständige Opfer. Dazu müssen die Belastungen, die Entwicklung und Diplomatie, Fortschritt und Frieden uns aufbürden, gemeinsam getragen werden. Verbündete müssen aufeinander hören, voneinander lernen und vor allem einander vertrauen.

[…] Jetzt ist es Zeit, sich zusammenzuschließen, durch beständige Kooperation, starke Institutionen, gemeinsame Opfer und ein globales Bündnis für den Fortschritt, um den Herausforderungen des 21. Jahrhunderts entgegenblicken zu können. Ein ebensolcher Geist hat die Flugzeuge der Luftbrücke in den Himmel abheben und die Menschen sich dort versammeln lassen, wo wir heute stehen. Und heute müssen unsere beiden Nationen diesen Geist wiederfinden.

Jetzt ist die Zeit gekommen, den Terror zu besiegen und den Keim des Extremismus zu ersticken. Die Bedrohung ist real, und wir dürfen nicht vor unserer Verantwortung, sie zu bekämpfen, zurückschrecken. Wenn es uns mit der NATO gelungen ist, ein Bündnis zu schaffen, das der Sowjetunion widerstehen konnte, dann können wir uns auch zu einer neuen und globalen Partnerschaft zusammentun, um die Netzwerke zu zerschlagen, die in Madrid und Amman, in London und Bali, in Washington und New York Anschläge verübt haben. Wenn wir die Schlacht der Ideen gegen die Kommunisten gewinnen konnten, können wir uns auch mit der Mehrheit der Muslime verbünden, die den Extremismus ablehnt, der Hass statt Hoffnung erzeugt.

Jetzt ist die Zeit gekommen, mit neuer Entschlossenheit die Terroristen aufzuspüren, die unsere Sicherheit in Afghanistan bedrohen, und die Rauschgifthändler, die Drogen in Ihren Straßen verkaufen. Niemand führt gern Krieg. Ich sehe die großen Schwierigkeiten in Afghanistan. Aber mein Land und Ihres haben die Verpflichtung, die erste Mission der NATO außerhalb von Europas Grenzen zum Erfolg zu führen. Für das afghanische Volk und für unsere gemeinsame Sicherheit müssen wir diese Arbeit vollenden. Amerika schafft das nicht allein. Das afghanische Volk braucht unsere Truppen und Ihre Truppen, unsere Unterstützung und Ihre Unterstützung, um die Taliban und Al Qaida zu zerschlagen, um ihre Wirtschaft zu entwickeln und das Land wieder aufzubauen. Es steht zu viel auf dem Spiel, als dass wir uns jetzt zurückziehen könnten.

Jetzt ist die Zeit gekommen, erneut nach einer Welt ohne Atomwaffen zu streben. Die beiden Supermächte, die sich an der Mauer in dieser Stadt gegenüberstanden, waren oft kurz davor, alles zu zerstören, was wir aufgebaut haben und lieben. […]

Es ist Zeit, den heimlichen Handel mit Nuklearmaterial zu unterbinden, die Verbreitung der Atomwaffen zu stoppen und die Arsenale aus einer früheren Epoche zu verkleinern. Jetzt ist die Zeit gekommen, auf eine Welt hinzuarbeiten, die Frieden ohne Atomwaffen zu schaffen versucht.

Aus: Blätter für deutsche und internationale Politik, H. 10 (2008), S. 120–124

Unterschiede im Detail

MATERIAL 11

Die em. Professorin für Politikwissenschaft an der Freien Universität Berlin, Helga Haftendorn, zum außenpolitischen Programm des damaligen Präsidentschaftskandidaten.

Obamas Berliner Rede, die den transatlantischen Beziehungen gewidmet war, enthält zwar starke Bekenntnisse zur Kooperation mit den Europäern, aber wenig Details. Stattdessen nennt er verschiedene Aufgaben, die er in seiner Amtszeit bewältigen will. An erster Stelle stehen die Beendigung des Irakkriegs, die Verhinderung der Weiterverbreitung von Massenvernichtungswaffen und die Wiederbelebung der traditionellen Bündnisse und Partnerschaften. [...]
Obama sieht die Notwendigkeit einer Verstärkung der Streitkräfte, allerdings in geringerem Maß [als sein Konkurrent um die Präsidentschaft, McCain, d. V.]. Die Zahl der Heeressoldaten soll um 65 000 und die der Marineninfanterie um 27 000 gesteigert werden. [...] Obama möchte auch den Civil Service ausweiten und die Nationalgarde so aufstellen, dass sie jederzeit ihre Aufgaben erfüllen kann. Um dem Vorwurf zu begegnen, es könnte ihm an Entschlossenheit mangeln, die Streitkräfte im Krisenfall auch einzusetzen, erklärt Obama, wenn die USA angegriffen würden oder ein Angriff unmittelbar bevorstehe, werde er nicht zögern, das amerikanische Volk und seine vitalen Interessen zu schützen.
Dennoch ist für Obama Diplomatie wichtiger als militärische Stärke. Er hat angekündigt, dass er bereit sei, sich auch mit den Feinden der USA zu treffen – so mit dem iranischen Präsidenten –, wenn es der Sache und dem Frieden diene. [...] Obama wird [...] nicht müde zu betonen, dass die USA nicht mit „dem Islam“ im Krieg seien, sondern mit der Terrorgruppe Al Qaida und ihren ideologischen Verbündeten. [...]
Ähnlich wie McCain spricht sich auch Obama für die Wiederbelebung der engen Beziehungen zu den Europäern aus: „America has no better partner than Europe.“ Die NATO ist für ihn ein wichtiges Bindeglied zwischen den Kontinenten; sie müsse aber gestärkt und reformiert werden.
Wenige Unterschiede bestehen zwischen den Kandidaten in der Beurteilung der Rolle internationaler Institutionen. Für McCain wie für Obama sind multilaterale Organisationen Instrumente der Politik, welche die Realisierung nationaler Ziele durch ein Zusammengehen mit Partnern erleichtern. Zu diesem Zweck müssten die bestehenden Organisationen – NATO, UNO und die Welthandelsorganisation (WTO) – reformiert werden.
Die größten Unterschiede zwischen beiden Kandidaten bestehen bei der Bewertung der Konflikte im Nahen Osten (Middle East). Nach McCains Auffassung war die amerikanische Intervention im Irak richtig, wesentliche Fehler seien jedoch bei ihrer Durchführung gemacht worden. [...]
Obama hat Bushs Irakpolitik scharf kritisiert und einen raschen Abzug der amerikanischen Truppen gefordert. Heute befürwortet er den Rückzug der Kampftruppen über einen Zeitraum von 16 Monaten, den er in enger Abstimmung mit der militärischen Führung umsetzen will. Vor allem müssten die irakischen Streitkräfte in die Lage versetzt werden, selbst für die Sicherheit des Landes zu sorgen. Einige kleinere US-Einheiten sollen zum Schutz der amerikanischen Botschaft und als Ausbilder der Armee im Irak bleiben.

Quelle: Helga Haftendorn, Die außenpolitischen Positionen von Obama und McCain, in: Aus Politik und Zeitgeschichte, H. 37/38 (2008), S. 35–40 (Auszüge)

1 Vergleichen Sie die Überlegungen Barack Obamas (M 1) mit denen des ehemaligen Präsidenten Bush (vgl. S. 314).
2 Stellen Sie zusammen, wie Haftendorn (M 2) Obamas Ausführungen einschätzt bzw. bewertet.
3 Stellen Sie einen Überblick über jüngere außenpolitische Aktivitäten der USA zusammen und vergleichen Sie diese mit den damaligen Ausführungen Obamas.

4 Weltkulturen – Triebkräfte der internationalen Politik?

**Wenn es einen nächsten Weltkrieg geben sollte,
wird es ein Krieg zwischen unterschiedlichen Zivilisationen sein.**
Samuel Huntington

Rivalisierten in einer bipolaren Welt jahrzehntelang zwei gegensätzliche Anschauungen über die bestmögliche Organisation von Gesellschaft und Staat, so behaupten einige neue Akteure in Ostasien oder in islamischen Ländern, ihre Identität von ihren traditionellen kulturellen Werten abzuleiten. Worauf ist diese Entwicklung zurückzuführen?

Angesichts einer unübersehbaren zunehmend globalen Vernetzung und Angleichung im Bereich des Verkehrs, des Kapitals, der Produktion, des Handels und der Kommunikation, die als Globalisierung bezeichnet wird, hätte man annehmen können, dass sich allmählich eine einheitliche geprägte Weltkultur entwickelte. Es wurde sogar von einer Verwestlichung der Welt gesprochen – die Metropolen der Welt würden sich kaum voneinander unterscheiden, traditionelle Kulturen würden durch einheitliche Medienangebote ersetzt, das Englische noch einflussreicher werden und die fortschreitende Individualisierung die Verbreitung der demokratischen Staatsform fördern. Die ökonomisch gleichförmigen Entwicklungen, die auf allen Kontinenten spürbar sind, hatten diese Folge bisher nicht. Islamisch, buddhistisch oder konfuzianisch geprägte Länder industrialisieren sich, ohne die Kultur des Westens zu übernehmen. Darüber hinaus vernetzt die Globalisierung die reichen Zentren der Modernität nur inselhaft. Sie tendieren dazu, sich von den weniger fortgeschrittenen Regionen abzusondern. Gleichzeitig verbreiten sich Ängste über die Folgen dieser Globalisierung, über die Knappheit der Ressourcen und die fortschreitende Zerstörung natürlicher Lebensbedingungen, sodass auf traditionelle Identitäten zurückgegriffen wird. Die traditionellen Ethnien – ihre Zahl wird auf 3 000 bis 5 000 geschätzt – wird aufgewertet und gewinnt wieder an Bedeutung.

Auf diesem veränderten Hintergrund wurden verschiedene Zukunftsmodelle entworfen. Einige sagen die Ablösung der Hegemonie des Westens durch Asien voraus. Konfuzianisch geprägte Werte wie z. B. Familientradition, Gehorsam, Menschlichkeit und Friedensliebe würden den Aufstieg asiatischer Regionen herbeiführen. Der Politikwissenschaftler Benjamin Barber prognostizierte 1996 eine weltweite Rivalität zwischen „Djihad“ und „McWorld“. Djihad bedeutet für ihn den Heiligen Krieg aller Arten von Fundamentalisten, nicht bloß der islamischen. Er sei die „tollwütige Antwort auf Kolonialismus und Imperialismus samt ihren Kindern Kapitalismus und Moderne“. „McWorld“ nennt er „ein Produkt der Popkultur, verbreitet durch den expansionistischen Kommerz“. Djihad werde von „Ideologie“ beherrscht, McWorld von „Videologie“. In einem weiteren bipolaren Szenario wird eine Nord-Süd-Teilung vorhergesagt. Die Welt der Zivilisation im Norden schotte sich rigoros von der unsicheren Welt der „Barbaren“ im Süden ab. Ein Limes trenne künftig zwei Welten. Der Süden würde sich selbst überlassen bleiben und aus der Geschichte entlassen werden.

- Ist der „Kampf der Kulturen“ die beherrschende Konfliktlinie im 21. Jahrhundert?
- Worin bestehen Unterschiede relevanter „Kulturen“?
- Was bedeutet überhaupt „Kultur“ in einem politikwissenschaftlichen Sinn?

„Und dann die Atombombe“

MATERIAL 1

Nach Auffassung der angesehenen amerikanischen Zeitschrift „Foreign Affairs“ hat Samuel P. Huntington mit seiner These vom „Kampf der Kulturen“, der zu einem Weltkrieg führen könnte, mehr Diskussionen ausgelöst als jeder andere Denker in den letzten 50 Jahren. Diese These hat Huntington zuerst in einem Foreign-Affairs-Essay 1993 aufgestellt. 1996 veröffentlichte er sein umfangreiches Buch „The Clash of Civilizations“. Das Buch beginnt mit folgendem Szenario:

Ein wirtschaftlich und militärisch immer selbstbewussteres China greift beim Streit um die riesigen Ölfelder vor den Küsten seinen Nachbarn Vietnam an. Hanoi bittet Washington um Hilfe, und einer der wenigen in der Region verbliebenen amerikanischen Flugzeugträgerverbände läuft zum Vergeltungsschlag aus. Japan untersagt aber den USA die Benutzung der Stützpunkte in Fernost, erklärt seine Neutralität. Pekings U-Boote fügen den amerikanischen Schiffen schwere Schäden zu. Zunächst bleibt der Konflikt begrenzt, denn sowohl China als auch die USA wissen, dass ihre Raketen Atomwaffen in das Gebiet des Gegners tragen können. Das amerikanische Volk fragt sich dann, warum es sich wegen der Auseinandersetzung in Fernost großen Gefahren aussetzen soll. Nicht unser Krieg, sagt die öffentliche Meinung in der Heimat.
Die Schwäche des Westens beginnt Auswirkungen auf die größeren Staaten anderer Kulturkreise zu haben. Indien nutzt die Verwicklung der großen Mächte zu einem Angriff auf den Erzfeind Pakistan aus. In den moslemischen Gesellschaften schwappt eine antiwestliche Flutwelle hoch, die noch verbliebenen gemäßigten arabischen Regierungen werden von Fundamentalisten gestürzt. Der Konflikt eskaliert. Es beginnt ein massiver Angriff gegen Israel. Washington hat sich unterdessen verzweifelt bemüht, Russland in die NATO zu integrieren und die europäischen Verbündeten aufzurütteln: Diese bieten zwar diplomatischen und wirtschaftlichen Beistand an, zögern aber, sich militärisch zu engagieren. Japan gibt daraufhin seine Neutralität auf und schlägt sich im Fernen Osten auf die Seite Pekings.
China und sein moslemischer Hauptverbündeter Iran schaffen heimlich Nuklearraketen nach Bosnien und Algerien, um die Europäer einzuschüchtern. Die Serben spielen sich, ganz in ihrer Tradition, als Verteidiger des Christentums auf und marschieren auf eigene Faust in Sarajewo ein, wo sie einen Teil der Raketen erbeuten. Und dann explodiert als Vergeltung dafür die erste Atombombe in Europa – über der französischen Hafenstadt Marseille, abgefeuert von Algerien.

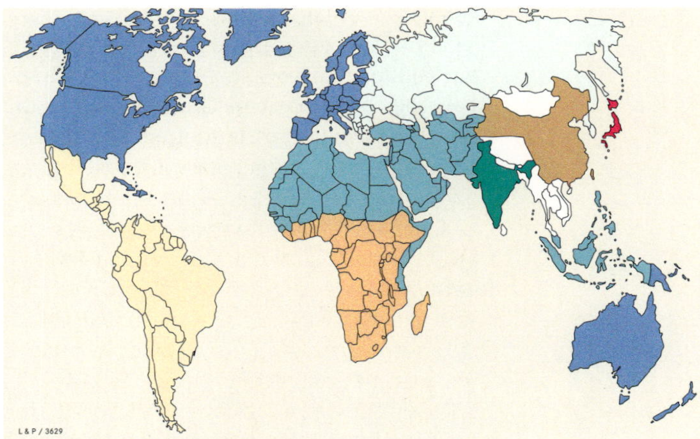

Die Welt der Zivilisationen nach Huntington

Aus: Helga Haftendorn, Die außenpolitischen Positionen von Obama und McCain, in: Aus Politik und Zeitgeschichte, H. 37/38 (2008), S. 35–40 (Auszüge)

1 Fertigen Sie eine Skizze der an diesem Szenario beteiligten Staaten bzw. Staatengruppen an und machen Sie die Beziehungen untereinander deutlich.
2 Erläutern Sie, was laut M1 die am Konflikt beteiligten Staaten verbindet bzw. trennt.
3 Erklären Sie Unterschiede des Szenarios (M1) zum derzeitigen Zustand der internationalen Politik.
4 Nehmen Sie Stellung zu diesem Szenario.

MATERIAL 2

Kampf der Kulturen?

Titelbild der Taschenbuch-Ausgabe von Samuel P. Huntington: Kampf der Kulturen

Samuel Huntington in einem Spiegel-Interview

Huntington: Ich bin [...] der festen Überzeugung, dass die Weltpolitik künftig nicht mehr primär von konkurrierenden Ideologien oder von Nationalstaaten oder Wirtschaftsblöcken bestimmt wird – sondern vom Zusammenprall verfeindeter Kulturen (Zivilisationen). Wenn es einen nächsten Weltkrieg geben sollte, wird es ein Krieg zwischen unterschiedlichen Zivilisationen sein [...]. Die Kraftfelder auf dem Globus verschieben sich. Weg von dem immer noch vieles bestimmenden Westen, hin zu anderen Zivilisationen.

Spiegel: Wie definieren Sie Zivilisation?

Huntington: Als die größte kulturelle Einheit, [...] mit der sich die Menschen identifizieren. Gemeinsame Sprache, Geschichte, Gebräuche gehören dazu. Der schnelle soziale Wandel und die weltweite wirtschaftliche Modernisierung lassen die Menschen nach neuen Gemeinsamkeiten suchen; das schwächt den Nationalstaat als Quelle der Identität. Oft tritt die Religion an seine Stelle: Eine Person kann zur Hälfte französisch, zur Hälfte arabisch sein – aber nicht halb katholisch, halb moslemisch. Religion schafft Zusammengehörigkeit, Abgrenzung gegenüber anderen. Deshalb gewinnen die Fundamentalisten des Islam, aber auch die Fundamentalisten des Christentums und des Hinduismus an Boden.

Spiegel: Wie viele Zivilisationen unterscheiden Sie?

Huntington: Die Welt wird künftig hauptsächlich durch die Wechselbeziehungen zwischen sieben oder acht großen Kulturen (Zivilisationen) geprägt: die westliche, die islamische, die chinesische, die japanische, die hinduistische, die slawisch-orthodoxe, die lateinamerikanische und möglicherweise die afrikanische. Die Fronten zwischen diesen Kulturen (Zivilisationen) ersetzen die ideologischen Grenzlinien des Kalten Krieges als Brennpunkte für Krisen und Blutvergießen. [...]

Spiegel: Wo liegen die großen Bruchlinien zwischen den Kulturen (Zivilisationen), an denen Ihrer Meinung nach die Kriegsgefahr am größten ist?

Huntington: Entlang der islamischen Welt, die blutige Grenzen hat. Im Balkan, im Kaukasus, in Zentralasien, in Nahost, quer durch Nordafrika; aber auch in Südostasien zwischen moslemischen Fanatikern und ihren Nachbarn – verstärkt durch den demografischen Druck: Islamische Gesellschaften haben extrem hohe Geburtenraten.

Spiegel: Gibt es eine gefährliche kulturelle Frontlinie auch in Europa?

Huntington: Der Eiserne Vorhang [zwischen den Machtblöcken in West- und Osteuropa, die Verf.] wird von einem kulturellen Graben abgelöst, der sich nach dem Ende des Kalten Krieges zwischen dem christlichen Westeuropa und dem orthodoxen Osten bzw. dem Islam vertieft hat. [...] Auf dem Balkan spaltet er das ehemalige Jugoslawien mit blutigen Folgen.

Spiegel: Ist die Welt nicht viel zu komplex geworden für ein so vereinfachtes Modell, wie Sie es mit dem Kampf der Kulturen (Zivilisationen) aufgestellt haben? [...] Heizt nicht die ungleiche Verteilung von Reichtum auf der Welt die Konflikte mehr an, als es die Gedanken von Mohammed, Jesus oder Konfuzius vermögen? Siegt nicht die Habgier der Nationen, die mit dem chinesischen Angriff wegen der Ölfelder ja auch Ausgangspunkt ist für Ihr Kriegsszenario?

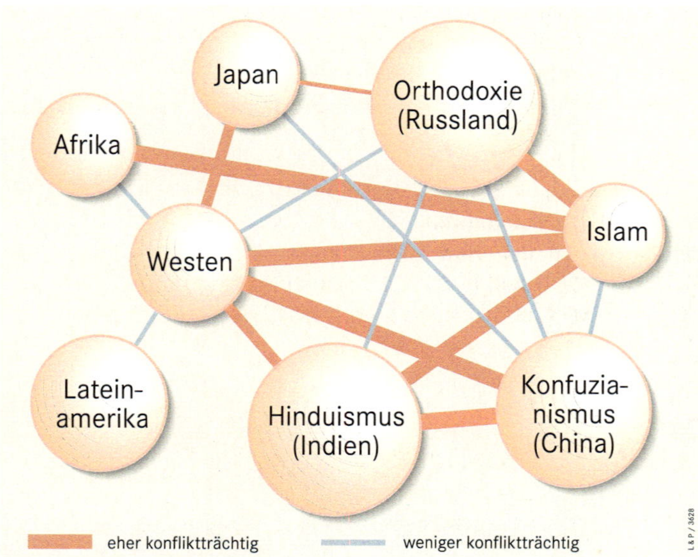

Potenzielle Bündnis- und Konfliktlinien nach Huntington

Huntington: Natürlich existieren wirtschaftliche Interessen, aber sie sind nicht wirklich von primärer Bedeutung. Die Menschen kämpfen für ihren Glauben und identifizieren sich mit ihrer Kultur – das hält sie zusammen, mehr denn je. Deshalb ist mein Gedankenmodell, das den Kalten Krieg ersetzt, der beste Kompass für die Zukunft.

Aus: Der Spiegel Nr. 48/1996, S. 178 ff.

Eine Kritik an Huntingtons kulturalistischer Globaltheorie

MATERIAL **3**

Harald Müller, Direktor der Hessischen Stiftung für Friedens- und Konfliktforschung

Der „Kampf der Kulturen" ist ein Kind der amerikanischen Wissenschaft von den internationalen Beziehungen. Viele US-Wissenschaftler folgen einem vermeintlich der Naturwissenschaft abgelauschten Ideal. Aus wenigen Grundannahmen soll ein Netzwerk theoretischer Sätze abgeleitet und an der Wirklichkeit getestet werden. Diese Tests sollen die Theorie dann vorläufig bestätigen oder widerlegen. Ideal ist eine Theorie, die auf möglichst wenigen, einfachen Grundannahmen beruht und möglichst viel erklärt ... Die Komplexität der Welt wird zudem so weit reduziert, dass wichtige Variablen und Faktoren, die das politische Weltgeschehen entscheidend mitbestimmen, aus dem Blickfeld geraten. Unterkomplexe Theorien folgen durchweg einem schlichten Schema, das als „politikwissenschaftlicher Manichäismus" bezeichnet werden kann. Die Manichäer, Anhänger einer altpersischen Religion, teilen die Welt in eine Zweiheit entgegengesetzter Pole. Der Kampf dieser beiden Pole, der Streit zwischen Licht und Finsternis, bestimmt das Weltgeschehen. ... Durch Parteinahme entsteht eine Theorie nach dem „Wir-Sie"-Schema – bei Huntington *„The West and the Rest"*. ...

Welche Rolle spielt der kulturelle (zivilisatorische) Faktor in den Konflikten der Gegenwart? Das Heidelberger Institut für Konfliktforschung, das gewaltsame Konflikte regelmäßig beobachtet und statistisch erfasst, hat für 1996 27 Kriege und gewaltsame Krisen gezählt ... Es handelt sich dabei überwiegend um „innere Kriege", d. h. Gewalthandlungen innerhalb der Grenzen eines Staates. Seit dem Zweiten Weltkrieg dominiert diese Kriegsform in der Welt; insbesondere „Regimekriege", bei denen es um das Ersetzen einer Regierungsform oder auch nur einer Herrschaftselite durch die andere geht, sind sehr häufig geworden.

Nur 9 der 27 Gewaltkonflikte haben an den von Huntington gezogenen „zivilisatorischen Bruchlinien" stattgefunden. Nun soll der „Kampf der Kulturen" ja vor allem künftige Konflikte prognostizieren. Die Heidelberger Statistik erfasst mit dem Begriff „latente Konflikte" 52 Konstellationen, in der zwei oder mehr Parteien einen Streit miteinander haben, der gewaltsam ausgetragen werden könnte, aber gegenwärtig noch nicht ausgebrochen ist. In dieser Kategorie, so können wir vermuten, finden wir Auseinandersetzungen, die in Zukunft die Weltöffentlichkeit beschäftigen könnten. Nur 18 dieser 52 Konflikte spielen sich an den „zivilisatorischen Bruchlinien" ab. Die meisten latenten Territorialkonflikte finden jedoch zwischen Angehörigen gleicher Ethnien statt. ... Der kulturelle Faktor wird durch andere Prozesse gebrochen und relativiert: durch die Machtrivalitäten der Staatenwelt, durch die Kooperationszwänge der Handelsstaaten in der Wirtschaftswelt und durch die Beziehungen der Gesellschaftswelt über Staatengrenzen hinweg.

Auszug aus einem Vortrag von Harald Müller, Direktor der Hessischen Stiftung für Friedens- und Konfliktforschung am 11. 11. 1997 in Frankfurt, gekürzt

1 Stellen Sie die Argumente Müllers (M 3) zusammen, mit denen dieser die These eines wahrscheinlichen „Kampfes der Kulturen" (M 2) zu widerlegen versucht.

2 Erläutern sie Müllers wissenschaftstheoretische Kritik an Huntington.

5 Islamismus – der neue Feind?

Im Januar 1998 räumte Zbigniew Brzezinski, in den Siebzigerjahren Sicherheitsberater des amerikanischen Präsidenten Carter, in einem Interview zum ersten Mal öffentlich ein, dass die Amerikaner die afghanischen Mudschahedin bereits sechs Monate vor dem Einmarsch der Sowjetunion nach Afghanistan unterstützt hatten. Ob er diesen Schritt heute bereue, fragte ihn daraufhin der Reporter. Brzezinski erwiderte: „Was soll ich bereuen? Diese geheime Operation war eine glänzende Idee. Wir haben dadurch die Russen in die afghanische Falle gelockt. Das soll ich bereuen? An dem Tag, an dem die Sowjets offiziell die Grenze überschritten, habe ich an Jimmy Carter (US-Präsident 1977–1981, Friedensnobelpreisträger 2002) geschrieben: Wir haben jetzt die Gelegenheit, die UdSSR in ihren eigenen Vietnamkrieg zu verwickeln …"

Was aber sei mit dem islamischen Fundamentalismus?, fragte der Reporter. Ob es nicht ein Fehler gewesen sei, zukünftige Terroristen militärisch beraten und mit Waffen ausgerüstet zu haben. Keinesfalls, so Brzezinski: „Was ist bedeutsamer für die Weltgeschichte: die Taliban oder der Zusammenbruch des sowjetischen Reiches?"

In der Nachkriegszeit hatte es den Anschein, als sei die Bedeutung der Religion als politischer Faktor in vielen Erdteilen zurückgegangen und beschränke sich fortan auf den Bereich des Privaten. Die Ideologie des Sozialismus schien in vielen islamischen Staaten (Syrien, Irak, Ägypten) zeitweise bestimmender zu sein als der Glaube an Allah und seinen Propheten Mohammed. Mit dem Sturz des Schahs von Persien (1979) durch die Islamische Revolution unter der geistlichen und politischen Führung des Ajatollah Chomeni (1900–1989) wurde die Welt auf grundlegende Veränderungen im Verhältnis von Religion und Gesellschaft im islamischen Staat aufmerksam. Unter den Schlagwörtern „Fundamentalismus" und „Islamismus" nimmt die westliche Welt seither politische Umbrüche in Afghanistan, Algerien, dem Sudan, in Pakistan, dem Nahen Osten, in einigen Nachfolgestaaten der Sowjetunion und in Russland selbst wahr. Die islamische Welt ist durch eine Vielfalt von Völkern, Systemen und Glaubensrichtungen gekennzeichnet. Einige ihrer Länder sind sehr

Ein realistisches Bild von Muslimen? TIME-Cover 2006

alt, andere jung und von Kolonialbeamten willkürlich abgesteckte Territorien. Sie werden regiert von Königen, Präsidenten, Revolutionsführern und Diktatoren. Der Islam ist die einzige Verklammerung. Wie die Türkenkriege im 17. Jahrhundert von einigen als Bedrohung des „christlichen Abendlandes" interpretiert wurden, so sehen viele heute Europa und die westliche Welt vom Islam bedroht. Nach dem Ende des Kalten Krieges ersetzt der Islam bei vielen Menschen das Feindbild des Kommunismus – Mohammed scheint für sie Marx abgelöst zu haben.

Die Zahl der Muslime, die auf etwa 1,2 bis 1,5 Milliarden geschätzt werden und damit rund 20 % der Weltbevölkerung ausmachen, nimmt aufgrund einer verhältnismäßig hohen Geburtenrate schnell zu. Saudi-Arabien weist z. B. die höchste Geburtenrate der Welt auf. Die Angehörigen des islamischen Glaubens konzentrieren sich in der strategisch wichtigen Schwellenregion zwischen den europäischen Industriestaaten und den Entwicklungsländern auf der südlichen Halbkugel.

Der fundamentalistisch orientierte Islam kennt nicht die Trennung von geistlicher und weltlicher Herrschaft, von religiöser und politisch-gesellschaftlicher Macht. Militanten Gruppen geht es darum, überall, wo islamische Glaubensgemeinschaften vertreten sind, einen auf dem islamischen Gesetz (Scharia) beruhenden Gottesstaat (Theokratie) zu errichten. Ihr Kampf richtet sich zuallererst gegen die eigenen, angeblich „verweltlichten" und „verwestlichten" Regierungen, um dann anstelle der Nationalstaaten einen Gottesstaat aller Muslime zu errichten, der vom Atlantik bis nach Südostasien reichen soll. In diesem Streben gehen sie von einer riesigen einheitlichen islamischen Völkerfamilie aus, ohne dabei die bestehenden politischen, wirtschaftlichen und sprachlichen Unterschiede in der islamischen Welt zu beachten. Ihr Feind sind aber auch die westlichen Industrieländer, allen voran die USA, die für die Rückständigkeit und Verweltlichung der islamischen Länder verantwortlich gemacht werden.

Die verheißungsvolle Botschaft der militanten Islamisten fällt bei den sozial benachteiligten Schichten der Bevölkerung auf besonders fruchtbaren Boden, weil sie von den säkularen Heilslehren des arabischen Sozialismus und anderen politischen Programmen enttäuscht sind. Hinzu kommt die gesellschaftliche und wirtschaftliche Realität: staatliche Misswirtschaft, Korruption, ungleiche Verteilung des Reichtums und hohe Arbeitslosigkeit. Außerdem wirkt die Existenz des westlich orientierten Staates Israel mit seinem hohen Lebensstandard für die Menschen wie ein „Stachel im Fleisch" der islamischen Welt. In diesem Konflikt erleben sie den Zusammenprall ihrer Gesellschaft mit der pluralistisch-westlichen Industrie- und Wohlstandsgesellschaft. Diese Gründe treiben viele in die Arme militanter islamistischer Gruppen.

- Geht vom Islam wirklich eine Bedrohung für die internationale Staatenwelt aus?
- Welche Funktion hat die Rede von „dem" Islam?

Die islamische Welt

MATERIAL 1

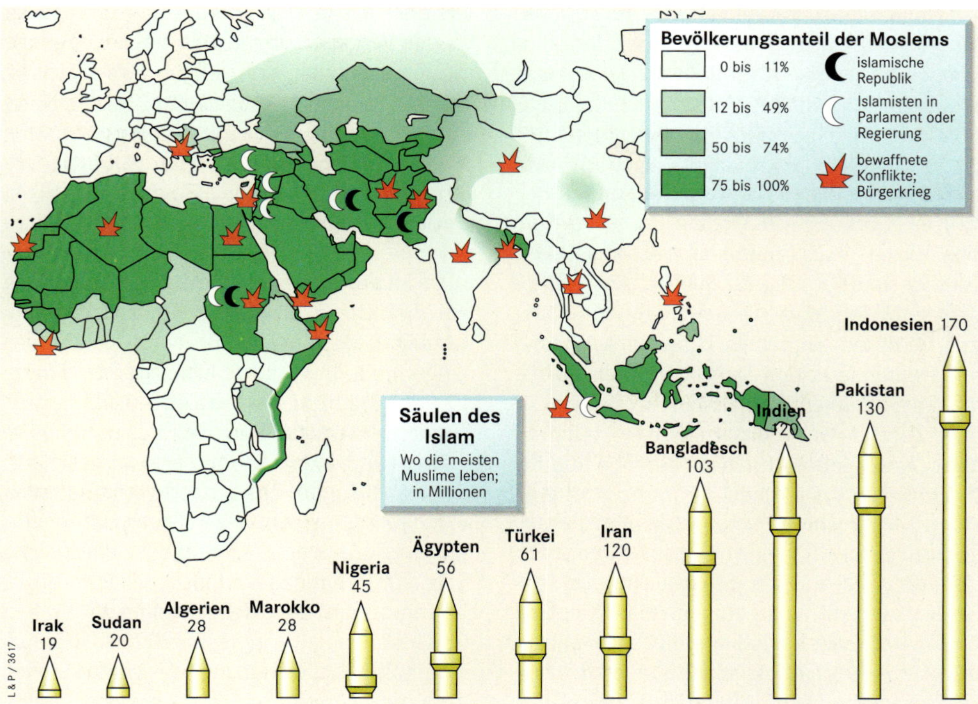

MATERIAL 2

Die vielen Gesichter des Islamismus

Der Wissenschaftler und Publizist Albrecht Metzger über die vielen Gesichter des Islams.

Nach dem 11. September 2001 gilt, was diverse Islamwissenschaftler und Nahostexperten bereits seit Jahren ins Bewusstsein der Öffentlichkeit zu bringen versuchen: Islam ist nicht gleich Islam. ... Der Islam, so heißt es immer wieder, sei eine zutiefst politische und darüber hinaus allumfassende Religion, die ihren Anhängern in jeder Lebenslage genaue Vorschriften mache. Das mag sein. Ob sich Muslime zu jeder Zeit und an jedem Ort genau an diese Vorschriften halten, ist aber eine ganz andere Frage. Letztlich ist es die Realität, die darüber entscheidet, wie der Islam praktiziert wird. Darüber hinaus sind die heiligen Texte des Islams interpretierbar. So gibt es zum Beispiel, entgegen landläufiger Meinung, weder im Koran noch in der Sunna die eindeutige Bestimmung, Religion und Politik gehörten zwangsläufig zusammen. Vielmehr gibt es keine eindeutigen Aussagen darüber, wie ein islamischer Staat auszusehen habe ...

Der Islamismus oder der politische Islam, wie er auch genannt wird, glaubt durch den Rückgriff auf die Urquellen des Islams die Probleme der heutigen Zeit lösen zu können. Er verlangt von seinen Anhängern, aktiv auf die Errichtung eines islamischen Staates hinzuarbeiten, in dem Gott und nicht der Mensch der Souverän ist.

Wie dieser Staat genau aussehen soll, ist vielfach unklar. Klar ist jedoch, dass diese Bewegung totalitäre Ansätze hat. Grundsätzlich lehnt der politische Islam Pluralismus, Individualismus und Demokratie ab. In seiner verblendeten Form läuft er Gefahr, in den Terrorismus abzugleiten – nämlich dann, wenn seine Anhänger glauben, die Errichtung der göttlichen Ordnung verlange einen permanenten Dschihad, in dem die vermeintlichen Feinde des Islams mit allen Mitteln bekämpft werden müssten. Der 11. September war die schreckliche Manifestation dieses verblendeten Islamismus. ... Die meisten Menschen assoziieren mit dem „real existierenden Islam" den Islamismus.

Also muss die Frage lauten: Ist der Islamismus wirklich eine Bedrohung für den Westen oder gar für die gesamte Menschheit? Die Antwort ist offensichtlich: Ja. Es dürfte mittlerweile kaum einen Zweifel darüber geben, dass Osama bin Laden bereit wäre, atomare oder chemische Waffen einzusetzen, wenn er über sie verfügen würde. Doch die Antwort könnte genauso gut lauten: nein. Denn bin Ladens Al-Qaida steht nicht stellvertretend für den Islamismus. Sie ist vielmehr eine kleine Minderheit einer Bewegung mit vielen Facetten.

... Grundsätzlich lässt sich sagen: Die Islamisten spiegeln in ihrem Verhalten die politischen Systeme wider, in denen sie sich bewegen. ... Theoretisch lehnen die Islamisten das Nationalstaatsprinzip ab. Ihr Ziel ist es, alle Muslime unter einem Dach zu vereinen. Doch das ist Utopie. In der Realität agieren sie innerhalb der Nationalstaaten, in denen sie leben. Und hier liegt die Chance, einen Umgang mit dieser politischen Bewegung zu finden, die so scheinbar unflexibel, fanatisch und intolerant ist. Ein Blick auf die einzelnen Länder lehrt, dass die Islamisten in den Ländern, in denen sie am politischen Leben teilnehmen können, am wenigsten zur Gewalt neigen. Umgekehrt gilt das Gleiche. Revolutionen lassen sich nicht planen – ob sie ausbrechen oder nicht, liegt nicht in der Hand einer einzelnen Bewegung. So passen sich die Islamisten der jeweiligen Situation an, ohne die Utopie aufzugeben, irgendwann in ferner Zukunft einen islamischen Staat zu errichten. ...

Die Behauptung, die Islamisten würden sich den jeweiligen gesellschaftlichen und politischen Bedingungen anpassen, heißt noch lange nicht, dass sie Pluralismus, Demokratie und Meinungsfreiheit grundsätzlich akzeptieren würden. Vielmehr haben sie es in vielen Ländern des Nahen Ostens geschafft, den gesellschaftlichen Diskurs in den vergangenen Jahrzehnten zu „islamisieren".

Das ist, wenn man so will, der „heimliche Sieg" des politischen Islams. In Ländern wie Ägypten sind die intellektuellen Freiheiten im Vergleich zu vergangenen Jahren deutlich eingeschränkt. Jeder, der es wagt, kritisch über die Grundlagen des Islams nachzudenken, läuft Gefahr, als „Abtrünniger" verunglimpft zu werden.

Islamkritische Karikaturen 2007/2006

Dennoch gibt es auch hier Hoffnung ... Denn die Islamisten haben sich in den vergangenen Jahren durchaus als lernfähig erwiesen. Während sie früher Demokratie als westliches Konstrukt rundheraus ablehnten, diskutieren mittlerweile intellektuelle Islamisten darüber, wie sich ein islamischer Staat mit demokratischen Prinzipien wie Partizipation, Schutz der Menschenrechte, Verantwortlichkeit der Regierung und Rechtsstaatlichkeit verbinden lässt. ...

Aus: Aus Politik und Zeitgeschichte B3-4/2002, Autor: Albrecht Metzger

1 Beschreiben Sie das Schaubild M 1. Welche Aussage legen die Auswahl der Konflikte und die Darstellungsweise nahe?

2 Stellen Sie den implizierten Kernaussagen aus M1 die Hauptthesen aus M 2 gegenüber und nehmen Sie Stellung.

VERWEIS

s. S. 286 Menschenrechte

6 Nationalismus – ein „Krebsschaden" der Welt?

Der Nationalismus bedeutet Krieg. Krieg, das ist nicht nur Vergangenheit. Er kann auch unsere Zukunft sein.

François Mitterand (1916–1996), französischer Staatspräsident

Mit diesen Worten aus seiner Abschiedsrede vor dem Europäischen Parlament in Straßburg wollte Mitterand die Weltöffentlichkeit auf die Wiedergeburt des Nationalismus aufmerksam machen. Dieses schon überwunden geglaubte Phänomen hatte schon Bundeskanzler Adenauer als „Krebsschaden Europas" bezeichnet. Der Nationalismus droht nach dem Ende des Kalten Krieges die Welt wieder mit Konflikten zu überziehen und Millionen von Menschen ins Unglück zu stürzen. An die Stelle ökonomischer und ideologischer Gegensätze scheinen „ethnische" und vielfach auch religiöse Auseinandersetzungen getreten zu sein. Sie erfassen Gebiete der früheren Sowjetunion, aber auch Staaten Asiens und Afrikas. Um das eigene Selbstwertgefühl zu stärken, Leidenschaften freizusetzen und Einsatz für die Nation zu fördern, werden Mythen der Vergangenheit beschworen und heroische Ereignisse vor Jahrzehnten oder Jahrhunderten instrumentalisiert und manipulativ eingesetzt. Charismatische Demagogen bedienen sich dieser Mittel oder werden durch derartige Gruppengefühle nach oben getragen.

Der Zusammenbruch der alten politischen und wirtschaftlichen Strukturen und der schwierige Übergang zur Marktwirtschaft mit seinen sozialen und wirtschaftlichen Problemen verstärken in den ehemaligen sozialistischen Ländern des Ostens diesen Hang zum Nationalen. „Wo ein altes Regime zerfällt, wo überkommene soziale Beziehungen abbröckeln, wo also tiefe Unsicherheit aufkommt, bleibt die Zugehörigkeit zur gemeinsamen Sprache und Kultur das Einzige, an das man sich noch halten kann, der letzte über jeden Zweifel erhabene Wert", so ein tschechischer Historiker. Indem sie sich auf das schon vom amerikanischen Präsidenten Woodrow Wilson 1918 propagierte Prinzip nationaler Selbstbestimmung berufen, gefährden diese Bewegungen nun den Stabilisierungsprozess in vielen Regionen der Welt. Derzeit zählt die Welt etwa 190 Staaten, weltweit gibt es 3 000 bis 5 000 ethnische Gruppen: Kann jede ethnische Gruppe auf ihr Selbstbestimmungsrecht pochen und ihren eigenen Staat fordern? Wollte man dem durch Verschiebung von Grenzen und von Menschen nachkommen, müsste man mindestens tausend neue Staaten gründen und mindestens eine Milliarde Menschen umsiedeln. Abgrundtiefer Hass und unbeschreibliche Gewalt wären die Folge.

In einigen Fällen geht der Nationalismus auf das Bestreben zurück, den territorialen Besitzstand auszudehnen. Auf der anderen Seite betrachten Menschen Einwohner anderer Gebiete eines Staatsverbandes als Kostgänger, ohne die man wirtschaftlich, kulturell und politisch weit besser zurechtkommen würde. In diesen Fällen wird häufig eine Autonomie oder Loslösung vom alten Staatsverband gefordert.

Das Streben nach einem Nationalstaat und der Kampf für soziale Gerechtigkeit waren zwei der großen prägenden politischen Kräfte des 19. und 20. Jahrhunderts. Bis in das 20. Jahrhundert wurde vielfach Nationalgefühl als etwas uneingeschränkt Erstrebenswertes angesehen. Nationalstaatliche Bestrebungen haben in bestimmten historischen Zusammenhängen zur Befreiung, aber auch zur Unterdrückung beigetragen. Vielfach haben sich etwa Unabhängigkeitsbewegungen in der Vergangenheit auf Nationskonzeptionen berufen. Im Kampf Polens gegen die russische und deutsche Besetzung im 19. Jahrhundert verband sich der Gedanke der „nationalen Selbstbestimmung" mit dem Kampf gegen eine autokratische Herrschaftsform.

Im Zeitalter des Imperialismus und der Weltkriege war nationales Bewusstsein in der Regel verbunden mit Überheblichkeit, Unmenschlichkeit, Aggression und Gewalt. Um der – historisch zu der Zeit recht jungen – Nation Geltung zu verschaffen, bedurfte es zuerst einer Abgrenzung nach „außen". Diese Abgrenzung

Postkarte, Deutschland 1899

ergab sich nicht natürlich, sondern wurde in der Regel pragmatisch gegen angrenzende Nachbarn und „Fremde“ auf dem „eigenen“ Territorium durchgesetzt. Die Begriffe „Nationalismus“, „Nationalist“ und „nationalistisch“ sind daher heute weitgehend negativ besetzt.

Nationalismus kann als eine Ideologie verstanden werden, die einem (vermeintlichen) Gesamtinteresse der Nation Vorrang vor innergesellschaftlichen Konflikten einräumt und nach außen – gegenüber anderen Nationen – diesem zur Durchsetzung verhelfen will. Diese Ideologie ist bis in die Mitte demokratischer Gesellschaften verbreitet. Wenn sich nationalistisches Gedankengut mit sozialer Deklassierung (Arbeitslosigkeit) und Zukunftsangst verbindet, werden tendenziell Forderungen lauter, sich zum Vorteil der „eigenen“ Gemeinschaft gegenüber dem „Fremden“ strikter abzugrenzen. Rechtsradikalismus, Fremdenfeindlichkeit (Rassismus) und Antisemitismus sind häufige symptomatische Begleiterscheinungen.

- Was sind die Ursachen von Nationalismus?
- Nimmt der Nationalismus zu?
- Lässt sich der Nationalismus im Alltagsleben und im Zusammenleben der Staaten überwinden?

MATERIAL 1

Nationalismus in Europa – ein Blick zurück und voraus

Der Sozialhistoriker Jürgen Kocka über die Konstitutionsbedingungen eines europäischen Bewusstseins

Man weiß aus der Geschichte, wie normal der Krieg als Geburtshelfer von Nationalstaaten ist. Kaum einer der westlichen Nationalstaaten ist ohne Krieg entstanden. Der Kampf mit anderen förderte die eigene Identität. Die Erinnerung an Blut, Sieg oder Niederlage, an Triumphe und Katastrophen hat im kollektiven Gedächtnis der Nationen immer eine zentrale Rolle gespielt, oft mythisch überhöht, [...] auch instrumentalisiert.
Das stärkte den inneren Zusammenhalt, bis hin zur Bereitschaft der Einzelnen, für ihr Land, falls nötig, zu sterben. Kann sich eine europäische Identität, eine staatsähnliche europäische Union ohne die Geburtshilfe des Krieges herausbilden – auf Dauer, stabil und verankert nicht nur in den Köpfen, sondern auch in den Herzen der Europäer?
Die kurze Antwort: Krieg und Kriegsgefahr haben bereits kräftig zur Herausbildung eines europäischen Selbstverständnisses, eines europäischen Zusammenhalts beigetragen. In der Aggression der Kreuzzüge schloss sich die abendländische Christenheit fester zusammen. In der Abwehr der Türken [im 17. Jhdt.] bildete sich europäische Gemeinsamkeit und ergaben sich praktische Gelegenheiten, den Begriff „Europa" zu verwenden und zu verbreiten. Durch die Katastrophen des Ersten und des Zweiten Weltkriegs wurden die Europa-Idee und die Europa-Bewegung beflügelt. Und in der Ära des Kalten Kriegs hat die Wahrnehmung der sowjetischen Gefahr den Zusammenschluss des westlichen Kleineuropas erleichtert.
Aber zwei entscheidende Einschränkungen sind am Platz. Erstens antworteten der Appell an Europa, die Hoffnung auf Europa, die Betonung der europäischen Gemeinsamkeit meist nicht auf die Erfahrung des Kriegs mit anderen, sondern auf das Leiden am Krieg innerhalb Europas. Auf die blutigen Religionskriege und den Dreißigjährigen Krieg folgten Beschwörungen Europas als eines gemeinsamen Friedensraums. Nachdem Ludwig XIV. und Napoleon Europa mit Kriegen überzogen hatten, wurde im Gegenzug die Besinnung auf das gemeinsame Europa stärker. Auch die beiden Weltkriege des 20. Jahrhunderts, die Schübe des Europabewusstseins und der Europabewegung auslösten, waren zunächst und vor allem innereuropäische Kriege. In den folgenden Generationen hat die Furcht vor einer Wiederkehr der blutigen Exzesse des Nationalismus dazu geführt, auf die Vereinigung Europas zu setzen. Weniger der äußere Feind als vielmehr die innere Zwietracht hat blutige Geburtshelferdienste für Europa geleistet.
Zweitens sollte die Analogie zwischen Nationalstaatsbildung und europäischer Integration nicht überstrapaziert werden. Die europäische Integration verläuft in vieler Hinsicht anders als die Konstituierung der Nationalstaaten. Sie ist etwas Neues, und historische Parallelen zu ziehen führt deshalb rasch in die Irre. Insgesamt ist die Hoffnung berechtigt, dass sich europäische Identität und europäische Union zukünftig ohne den großen äußeren Feind vorantreiben lassen, ohne Krieg und ohne den Zusammenstoß der Zivilisationen, vor dem Huntington warnt. Ohne Krieg wird es hoffentlich gehen, ohne Differenz und Differenzbestimmung aber nicht. Europabewusstsein bildete sich im Vergleich mit anderen heraus. [...] Für die Bildung und Stärkung europäischen Bewusstseins ist der Selbstvergleich zentral. Dass er möglichst ohne Stereotype und Feindbilder gelinge, darum muss man sich bemühen.

Aus: DIE ZEIT Nr. 49/2002, Autor: Jürgen Kocka, Historiker

1 Nennen Sie Beispiele von gewalttätigen abgeschlossenen oder noch in Gang befindlichen Nationalstaatsbildungen seit dem Ende des Ost-West-Konfliktes und stellen Sie in einer Präsentation ein Beispiel ausführlich dar.

2 Erläutern Sie, welche Kräfte nach Kocka das Bewusstsein einer europäischen Identität haben entstehen lassen.

MATERIAL 2

Die Selbsterschaffung der Nation durch die Ausgrenzung von Minderheiten

Dieter Oberndörfer, ehem. Professor für Wissenschaftliche Politik an der Universität Freiburg, über den Begriff der Nation:

Der Nationalstaat verwirklicht sich nicht nur durch Abgrenzung von anderen Staaten, sondern auch durch Homogenisierung im Inneren. Die Inhalte oder „Substanzen" seiner nationalen Identität (Carl Schmitt) müssen im eigenen Staatsverband durchgesetzt und „artfremde" Elemente ausgeschieden werden. Wer nicht an der „Substanz der Gleichheit" des Staatsvolkes teilhat, also z. B. nicht die Staatssprache spricht, nicht der Ethnie des Staatsvolkes angehört oder sich nicht zu dessen Religion bekennt, wird zum Stör- und Risikofaktor der nationalen Einheit. Er muss sich, sofern ihm das überhaupt gestattet wird, assimilieren, wird in ein Getto minderen Rechts verwiesen, wird vertrieben oder sogar physisch vernichtet. In alle Varianten des Nationalstaats ist diese Tendenz zur Selbsthomogenisierung eingebaut.
In der Sprachnation sollen Minderheiten ihre eigene Sprache aufgeben und die Sprache des Staatsvolkes übernehmen. Die Staatssprache wird von „Fremdwörtern" gereinigt. Dialekte werden als sprachliche Ausdrucksformen minderen Ranges oder sogar als mögliche politische Gefährdung der nationalen Einheit abgewertet und verfemt. [...] Im völkischen Nationalismus werden die ethnischen Minderheiten vom Staatsvolk unterdrückt oder vernichtet.
In der alten österreichischen Monarchie und im Osmanischen Reich war jahrhundertelang eine buntscheckige, regional oft stark durchmischte Koexistenz zahlreicher Völker möglich. In den neuen ethnischen Nationalstaaten, die sich in Ost- und Südosteuropa nach dem Ersten Weltkrieg unter Berufung auf das Selbstbestimmungsrecht „der Völker" bildeten, war diese Koexistenz nicht mehr möglich. Die ethnische Homogenisierung wurde zum Staatsziel. Die Assimilation, die Vertreibung oder sogar die Vernichtung ethnischer Minderheiten waren nunmehr gerechtfertigt. [...]
Wie der sprachliche und ethnische Nationalismus ist auch der religiöse Nationalismus auf Selbsthomogenisierung hin angelegt. [...] Im neuen, nach dem Zweiten Weltkrieg gegründeten islamischen Staat Pakistan war die traditionelle Koexistenz mit Hindus und Sikhs nicht mehr möglich. Bei der Sezession von Indien wurden viele Millionen dieser Religionsgemeinschaften vertrieben und Moslems, die ihrerseits in Indien von Hindus verfolgt worden waren, aufgenommen. Die Christen werden zwar im Unterschied zu „buchlosen" Animisten nach moslemischer Tradition geduldet. Im Alltag werden sie jedoch in vielfältiger Weise benachteiligt und zu einer Unterschichtenexistenz verurteilt.
In den aus dem Kolonialismus hervorgegangenen Staaten Afrikas und Asiens wurden auf Kosten der überlieferten ethnischen und kulturellen Vielfalt Einheitsstaatsbürger konstruiert. In der amtlichen nationalen Mythologie Indiens, Kenias und Tansanias, religiös-kulturell und ethnisch gemischter Staaten, gibt es nur noch „den" Inder, „den" Kenianer und „den" Tansanier. [...]

Aus: Dieter Oberndörfer, Die offene Republik. Zur Zukunft Deutschlands und Europas, Freiburg 1991, S. 25–27

1 Führen Sie aus, welche unterschiedlichen Formen von „Nation" Oberndörfer unterscheidet. Welches sind deren jeweilige Merkmale?
2 Erklären Sie den in M 2 geschilderten Homogenisierungsdruck.
3 Problematisieren Sie unter Bezug auf den Text Begriffe wie Nation, nationale Identität und Nationalismus. Beziehen Sie dabei Lexikonartikel ein.
4 Diskutieren Sie, inwieweit „Nation" eine (sinnvolle) gesellschaftswissenschaftliche Kategorie ist.

7 Deutschlands Rolle in der veränderten Welt

Die Bundesrepublik Deutschland ist zum potenziellen Exporteur von Sicherheit (politisch, wirtschaftlich, ökologisch, zivilgesellschaftlich und erst zuletzt militärisch) geworden.

Michael Staack, in: APuZ B 12/98, S. 14ff.

Die wiedererlangte Einheit und die wiedergewonnene nationale Souveränität haben zu Beginn der Neunzigerjahre eine rege Diskussion über Deutschlands künftige außenpolitische Rolle entfacht. Die amerikanische Zeitschrift „Time Magazine" brachte z. B. eine Sondernummer mit dem Titel „Die Berliner Republik kommt" heraus und erinnerte besorgt an die Weimarer Republik mit ihrer Schaukelpolitik zwischen Ost und West. Manche malten sogar das Gespenst eines „Vierten Reiches" an die Wand. Im westlichen Ausland, aber auch im Osten fragte man sich ernsthaft, ob der wirtschaftliche „Riese" Deutschland seine in vierzig Jahren erworbenen Tugenden der Zurückhaltung und Selbstbescheidung zur Disposition stelle, seine Zwergenrolle und „Machtvergessenheit" aufgäbe, um künftig wie eine Großmacht weltweit zu agieren und eine Hegemonie in Europa anzustreben.

In den Jahrzehnten zwischen dem Zweiten Weltkrieg und der Wiedervereinigung waren die außenpolitischen Leitlinien verhältnismäßig deutlich festgelegt. Sie waren bestimmt durch den Ost-West-Konflikt, die geografische Lage Deutschlands an der Schnittstelle der beiden Bündnissysteme, die Teilung des Landes, die moralische Erblast des Dritten Reiches und die eingeschränkte Souveränität. In Anspielung auf den Anspruch Kaiser Wilhelm II. auf „einen Platz an der Sonne" fasste der erste Bundeskanzler der Bundesrepublik Deutschland, Konrad Adenauer, die Ziele deutscher Außenpolitik in dem Satz zusammen: „Für uns Deutsche gibt es nur einen Platz auf der Welt, an der Seite der freien Völker."
Auch nach 1989/90 legte die deutsche Politik über Parteigrenzen hinweg Wert auf Kontinuität. Entsprechend der normativen Zielsetzungen in der Präambel des Grundgesetzes „als gleichberechtigtes Glied in einem vereinten Europa dem Frieden der Welt zu dienen" und der Bindung der deutschen Außenpolitik an die in Art. 1 GG verankerte Achtung der Menschenwürde verstehen die Parteien darunter ein von Solidarität bestimmtes Bekenntnis zur europäischen Integration und zum Nordatlantischen Bündnis. Für den früheren Bundeskanzler Helmut Kohl (1982–1998), der den Satz Adenauers immer wieder zitierte, waren „Kooperation, Integration, Dialog und Vertrauensbildung" die Grundsätze deutscher Außenpolitik.

Auch die erste rot-grüne Regierung in der Geschichte der Bundesrepublik (1998–2005) bekannte sich zu diesen Prinzipien. Der damalige Bundeskanzler Gerhard Schröder (SPD) setzte jedoch neue Akzente, als er den Begriff einer „Außenpolitik des aufgeklärten Eigeninteresses" prägte und bereits in seiner Regierungserklärung vom 10. November 1998 von einem „Selbstbewusstsein" Deutschlands als „einer erwachsenen Nation, die sich niemandem über-, aber auch niemandem unterlegen fühlen muss" sprach.

Unmittelbar nach der Wiedervereinigung war an einen Einsatz deutscher Soldaten (noch) nicht zu denken. Noch Anfang 1991 betrieb der damalige Bundeskanzler Helmut Kohl eine Art „Scheckbuch-Diplomatie" – die Bundesrepublik beteiligte sich an der Finanzierung militärischer Auseinandersetzungen, setzte selbst aber keine Streitkräfte ein. In den Folgejahren wurde zwischen den Parteien immer heftiger auch über ein stärkeres militärisches Engagement Deutschlands gestritten. Dabei ging es um die Frage, ob die Bundeswehr außerhalb des Zuständigkeitsbereiches der NATO (out of area) einsetzbar sei. Durch ein Urteil des Bundesverfassungsgerichts im Jahr 1994 wurde die Auseinandersetzung zunächst juristisch beigelegt. Ein Einsatz der Bundeswehr außerhalb des NATO-Gebietes entspricht demzufolge der Verfassung, wenn der Bundestag seine Zustimmung zu Auslandseinsätzen im Rahmen der UNO oder NATO erteilt.

Seit Mitte der Neunzigerjahre beteiligt sich die Bundesrepublik an einer Reihe von Einsät-

Zeichnung B. Mohr. Aus: FAZ, 17. 8. 2006

zen im Ausland, so etwa in Somalia, in Ruanda oder im Kongo, meist im Rahmen humanitärer Hilfsmaßnahmen. Im Kosovo-Krieg (1999) beteiligte sich die Bundesrepublik erstmals direkt an Kampfeinsätzen. Legitimiert wurde dieser Einsatz mit grausamen Menschenrechtsverletzungen im Kosovo, vor allem der Ermordung und Vertreibung des albanischen Teils der dortigen Bevölkerung. Nach dem 11. September 2001 war die Bundeswehr auch in Afghanistan militärisch präsent – im Rahmen der International Security Assistance Force (ISAF) und den Antiterroreinheiten „Operation Enduring Freedom“ (OEF).

Anders das Verhalten der Bundesregierung im Golfkrieg (2003): Offenkundige Meinungsverschiedenheiten mit den Vereinigten Staaten führten im Verbund mit innenpolitischen Interessen (2002 wurde der Bundestag neu gewählt) dazu, dass Rot-Grün sich gegen eine Kriegsbeteiligung aussprach, während CDU und CSU den Einsatz militärischer Mittel als „Ultima Ratio“ zu akzeptieren bereit waren.

Insgesamt hielt auch das vereinte Deutschland an seiner Bereitschaft zur Einbindung in übergeordnete Strukturen (UN, EU, NATO) fest und folgte weitgehend dem Rollenbild einer „Zivilmacht“, die unilaterale und nationale Machtpolitik ablehnt.

- Hat sich die deutsche Außenpolitik von der Bonner zur Berliner Republik verändert?
- Hat Deutschland seine Rolle in der internationalen Politik gefunden? Wie sieht diese aus?
- (Wie) schlagen sich parteipolitische Differenzen in außenpolitischen Kontroversen nieder?
- Welche Rolle spielt die Bundeswehr in der Außen- und Sicherheitspolitik der Bundesrepublik?
- Welche Aufgaben übernimmt sie im Auftrag internationaler Organisationen?

MATERIAL 1

Kontinuität oder Neuorientierung der deutschen Außenpolitik? – Eine Debatte

Der Professor für internationale Beziehungen Volker Rittberger über eine Debatte zur Ausrichtung der deutschen Außenpolitik

Bei dieser Debatte lassen sich zwei grundlegende Positionen unterscheiden: auf der einen Seite Autoren, die den deutschen außenpolitischen Entscheidungsträgern empfehlen, eine „machtbewusste" Außenpolitik zu verfolgen, und auf der anderen Seite Autorinnen und Autoren, die genau hiervon abraten oder aber die Zeit für eine an „zivilisierenden Werten" orientierte Außenpolitik für gekommen erachten.

Befürworter einer „machtbewussten" Außenpolitik

Ausgangspunkt für die Argumentation dieser Autoren bildet die Einschätzung, dass das Ende des Kalten Krieges eine fundamentale Umwälzung des internationalen Systems mit sich brachte, die in dreierlei Hinsicht auf die Zeit vor dem Beginn des Kalten Krieges zurückverweise. Erstens sei die Machtverteilung in Europa nicht mehr länger bipolar, [...] sondern wieder multipolar. Zweitens habe in Europa seit dem Ende des Kalten Krieges ein Prozess der Renationalisierung eingesetzt. Drittens schließlich habe nach dem Ende des Ost-West-Konflikts der Krieg als Mittel der Politik wieder Einzug in Europa gehalten [...]
Durch diese jüngsten Entwicklungen sei Deutschland wieder in die europäische „Mittellage" gerückt. Diese geopolitische Position mache Deutschland zwar einerseits verwundbar, z. B. im Hinblick auf das transnational organisierte Verbrechen, zugleich aber auch zu einem besonders wichtigen Akteur in Europa. Es sei mithin ein Gebot der politischen Klugheit, dass Deutschland sein wiedererlangtes Gewicht in Europa [...] bewusst und unter Berücksichtigung der neuen Lage einsetze. Dies verlange aber eine Abkehr von der bisherigen „machtvergessenen" Außenpolitik der (alten) Bundesrepublik Deutschland. [...]
Eine kleine Gruppe [...] ist der Auffassung, es dürfe keine außenpolitische Verhaltensoption mehr lediglich unter Verweis auf die deutsche Geschichte tabuisiert werden. Vielmehr müssten nüchtern alle denkbaren außenpolitischen Verhaltensmöglichkeiten – darunter letztlich auch die Westbindung – in ihren Kosten und ihrem Nutzen für Deutschland gegeneinander abgewogen werden.
Die Mehrheit der Befürworter einer „machtbewussten" Außenpolitik [...] ist bereit, einige der fundamentalen Grundorientierungen der alten Bundesrepublik, wie beispielsweise die Westbindung, [...] auch für das vereinigte Deutschland als weiterhin maßgeblich anzuerkennen. Denn: Eine Lockerung der Westbindung würde bei den westlichen Mächten Ängste [...] erzeugen und könnte folglich die Gefahr der „Einkreisung" Deutschlands wieder beleben.
[...] Beide Autorengruppen stimmen darin überein, dass für Deutschland die Stabilisierung der mittel- und osteuropäischen Staaten oberste Priorität haben müsse, z. B. über eine Osterweiterung der EU. Auf diese Weise könne einerseits die im unmittelbaren deutschen Interesse liegende ökonomische und soziale Stabilisierung Mittel- und Osteuropas erreicht werden, gleichzeitig würden die Lasten dafür auf alle westeuropäischen Staaten verteilt [...] Allerdings wird eine Vertiefung der europäischen Integration nicht als wünschenswert angesehen, da diese vor allem zulasten Deutschlands gehe. Ähnlich kritisch beurteilt wird die deutsche UNO-Politik, die dazu tendiere, die Bedeutung der UNO als unabhängige Organisation zu überschätzen, und die es überdies versäume, die eigenen Interessen innerhalb der Organisation durchzusetzen.

Gegner einer „machtbewussten" Außenpolitik

Je nachdem, welche Bedeutung diese Autoren dem Strukturmerkmal der internationalen Interdependenz nach dem Ende des Ost-West-Konflikts zumessen, können zwei deutlich voneinander getrennte Teilgruppen unterschieden werden.

Befürworter von Kontinuität

[...] Eine erste von diesen Autoren vertretene These lautet, dass sich Deutschlands Position

im internationalen Machtgefüge gegenüber jener der alten Bundesrepublik nicht wesentlich verändert habe. So verfüge Deutschland z. B. auf militärischem Gebiet weiterhin nicht über Massenvernichtungswaffen [...]
Das vereinte Deutschland [...] sei weiterhin wirtschaftlich und gesellschaftlich eng mit dieser Umwelt verflochten. Diese Interdependenz erzeuge Verwundbarkeiten, welche ihrerseits dazu führten, dass Deutschland seine Interessen nicht gegen andere Staaten oder gar alleine durchsetzen könne. [...]
Zentrale Bedeutung habe die EU. So wie die alte Bundesrepublik zu den treibenden Kräften der europäischen Integration gehört habe, so sei es auch für das vereinigte Deutschland von Vorteil, sowohl die Vertiefung als auch die Erweiterung der EU voranzutreiben. [...] Auch gegenüber Nicht-EU-Staaten solle Deutschland die multilateral eingebundene Außenpolitik der alten Bundesrepublik fortsetzen. Insbesondere sollen die transatlantischen Beziehungen und diejenigen internationalen Institutionen weiter gepflegt werden, welche ihre Wirksamkeit und damit ihre Nützlichkeit bereits in der Vergangenheit unter Beweis gestellt haben, allen voran die NATO. [...]

Befürworter einer „zivilisierenden" Außenpolitik

Die Autoren, die für eine „zivilisierende" Außenpolitik eintreten, [...] vertreten die Einschätzung, dass die Umbrüche von 1989/90 [...] zu einer [...] „komplexen Interdependenz" zwischen den Staaten und Gesellschaften geführt haben, in deren Zuge militärische Macht entwertet und gesellschaftliche Akteure zunehmend an Bedeutung auch in der Außen- und internationalen Politik gewönnen. [...]
Die Empfehlung dieser Autorengruppe für die deutsche Außenpolitik lautet daher, zu einem zivilisierenden internationalen Konfliktmanagement beizutragen. Dem vereinigten Deutschland wird z. T. sogar sowohl eine besondere Verantwortung als auch eine besondere Befähigung zugeschrieben, als „Zivilmacht" aufzutreten. Deren internationales Handeln sei auf die Förderung oder Stärkung von drei Institutionen und Praktiken ausgerichtet: Erstens die [...] die Existenz einer Rechtsordnung, in der gewaltsame Selbsthilfe geächtet ist und die Anwendung von Gewalt nur von einer Instanz autorisiert werden kann, die mit einem Monopol für die Legitimierung von Gewaltanwendung ausgestattet ist. Deutschland solle sich daher unter anderem darum bemühen, die UNO institutionell zu stärken, deren Gründung darauf angelegt gewesen sei, eine solche zentrale Instanz mit dem Monopol der Gewaltlegitimierung zu errichten.
Zweitens fordern die Autoren einen verlässlichen Schutz individueller und kollektiver Freiheitsrechte. Das vereinigte Deutschland solle daher die Ausbreitung der Demokratie und deren Konsolidierung in Demokratisierungsprozessen unterstützen und die Wahrung der Menschenrechte zu einem Kernanliegen seiner Außenpolitik machen.
Drittens schließlich solle eine zivilisierende Außenpolitik auf den Abbau ausgeprägter sozio-ökonomischer Disparitäten hinwirken. Das vereinigte Deutschland solle daher seine Entwicklungshilfeleistungen deutlich aufstocken und sich die Überwindung des Nord-Süd-Gegensatzes zum Fernziel setzen.

Aus: Rede von Volker Rittberger am 27. Mai 2002 anlässlich des 50-jährigen Bestehens des Tübinger Instituts für Politikwissenschaft, zitiert nach: www.das-parlament.de

1 Erläutern Sie den Standpunkt der Befürworter einer „machtbewussten" Außenpolitik.

2 Erläutern Sie die Gemeinsamkeiten zwischen den Befürwortern einer Kontinuität in der Außenpolitik und den Befürwortern einer „zivilisierenden" Außenpolitik.

3 Prüfen Sie mithilfe des Internets, inwiefern sich diese Ansichten in den Partei- und Wahlprogrammen der im Bundestag vertretenen Parteien wiederfinden.

4 Zeigen Sie an einer aktuellen Rede des Bundesaußenministers, welche der in M 1 referierten Grundpositionen die Außenpolitik Deutschlands vertritt.

MATERIAL **2**

Kontinuität durch Wandel

Der Berliner Professor für Theorie der internationalen Politik Thomas Risse über Kontinuitäten in der deutschen Außenpolitik

Wenn man die bisherige außenpolitische Identität der Bundesrepublik als von einer an Multilateralismus, friedlicher Konfliktlösung und Kooperation mit den Partnern orientierten Politik einer „Zivilmacht" gekennzeichnet beschreiben kann, so lassen sich hier – allen Unkenrufen zum Trotz – kaum Veränderungen [...] feststellen. Das gilt zunächst für die außenpolitischen Ziele, bei denen die rot-grüne Bundesregierung im Wesentlichen in der Kontinuität ihrer Vorgängerregierungen steht. Die Auseinandersetzungen mit den USA erklären sich gerade durch dieses Festhalten am Zivilmachtkonzept, nicht durch die Abkehr davon. Ob man in Berlin dabei handwerklich besonders geschickt vorgegangen ist, steht auf einem anderen Blatt. Die zunehmende Beteiligung deutscher Soldaten an Auslandseinsätzen einschließlich von Kampfeinsätzen reagiert auf veränderte weltpolitische Rahmenbedingungen und kann bei einem Verteidigungsetat in Höhe von 1,5 Prozent des Bruttoinlandproduktes kaum als „Militarisierung" der deutschen Sicherheitspolitik interpretiert werden. Die deutlichsten Veränderungen zeigen sich auf der Ebene außen- und sicherheitspolitischer Mittel.

Defizite, aber ebenfalls kaum grundlegende Veränderungen gegenüber den Vorgängerregierungen, lassen sich allenfalls bei der zweiten hier untersuchten Dimension von Außenpolitik feststellen, nämlich dem Versuch zur proaktiven Gestaltung der internationalen Umwelt. In der Europapolitik und bei der politischen Bearbeitung von Postkonfliktsituationen im Zusammenhang mit Auslandseinsätzen der Bundeswehr wird man der rot-grünen Regierung dagegen eine aktive Gestaltung unter Ausnutzung des vorhandenen außenpolitischen Handlungsspielraums bescheinigen können. Was Auslandseinsätze der Bundeswehr selbst angeht, so reagierte die rot-grüne Bundesregierung ebenso wie die Regierung Kohl im Wesentlichen auf Ereignisse in der internationalen Politik, statt aktiv auf sie Einfluss zu nehmen – in beiden Fällen aus Rücksicht auf innenpolitische Widerstände. Nach wie vor bestehen Defizite im Bereich der aktiven und politischen Konfliktprävention und Krisenvorsorge. Im Bereich der transatlantischen Beziehungen ergibt sich schließlich, dass die Bundesregierung einerseits dem Weltordnungskonflikt mit der US-Regierung nicht ausgewichen ist, als dieser nicht mehr zu vermeiden war. Andererseits hat sie sich kaum darum bemüht, diesen Konflikt in den institutionalisierten Arenen auszutragen (etwa der NATO), die dafür vorgesehen sind. Auch von einer frühzeitigen Einflussnahme auf die kleineren europäischen Verbündeten kann hier keine Rede sein. Wie will man aber das transatlantische Verhältnis wieder austarieren, wenn man die dafür vorgesehenen Institutionen nicht nutzt?

Der Diagnose der meisten politikwissenschaftlichen Studien, die deutsche Außenpolitik sei nach dem Ende des Ost-West-Konfliktes eher durch Kontinuität als durch Wandel geprägt gewesen, auch nach den turbulenten Ereignissen und Krisen der letzten Jahre, kann zugestimmt werden. Man könnte allenfalls argumentieren, die deutsche Außenpolitik sei in den letzten Jahren stärker von innenpolitischen Entwicklungen geprägt gewesen als zuvor. Aber warum sollte man das in einer Demokratie für absonderlich halten?

Aus: Thomas Risse, Kontinuität durch Wandel: Eine „neue" deutsche Außenpolitik?, in: Aus Politik und Zeitgeschichte, H. 11 (2004), S. 24–31, hier S. 31

Handelsstaat Deutschland

MATERIAL 3

Michael Staack, Professor für Politikwissenschaft der Universität der Bundeswehr (Hamburg)

Für den Handelsstaat Deutschland gab – und gibt – es kein wichtiges Interesse, das mit anderen als den bisher verfolgten Verhaltensmaximen [Autonomieverzicht, Wohlfahrtsoptimierung, zivile Diplomatie] besser zu erreichen wäre. Ein Handelsstaat verzichtet darauf, politische Autonomie oder gar ökonomische Autarkie erreichen zu wollen, weil diese Zielsetzungen in einem durch vielfältige Interdependenzen gekennzeichneten internationalen System weitgehend illusorisch geworden sind. [...]
Auch außenpolitisch erwies es sich als Vorteil, dass der Bundesrepublik die Rückkehr zur Machtstaatenwelt versperrt war. Stattdessen etablierten sich eine exportorientierte Ökonomie und die europäische Integration als die Grundlagen des westdeutschen Erfolgsmodells. [...] Daraus ergab sich außerdem eine Präferenz für die Instrumente „sanfter Macht", deren Bedeutung durch die zunehmende Globalisierung bzw. Internationalisierung aller Politikbereiche noch gestiegen ist. Wirtschaftlich-technologische Kompetenz, soziale Stabilität, Kompromissbereitschaft und die Fähigkeit, auch angesichts unterschiedlicher Interessen zur Organisation internationaler Problemlagen beizutragen, entwickelten sich zu spezifischen „Spezialisierungsvorteilen" des Handelsstaats Bundesrepublik.

Aus: Michael Staack, Großmacht oder Handelsstaat? In: Aus Politik und Zeitgeschichte B 12/98, S. 15–17

Erweiterter Sicherheitsbegriff

MATERIAL 4

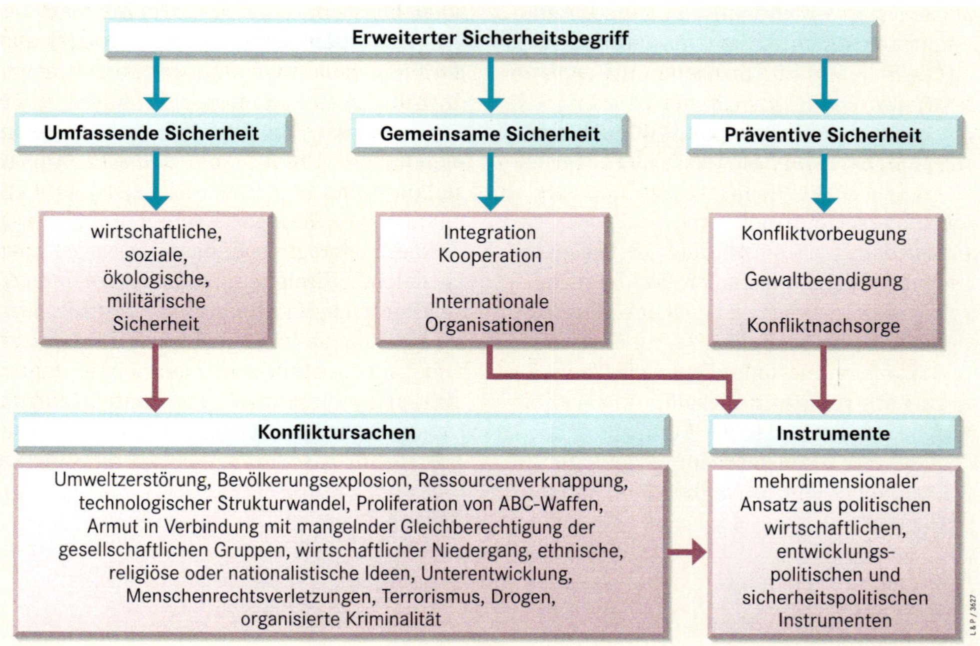

Nach: Stiftung Entwicklung und Frieden (Hrsg.), Globale Trends. Fakten, Analysen, Prognosen, hrsg. von Ingomar Hauchler u.a., Frankfurt a.M. 2003, S. 300

MATERIAL 5

„Globale Herausforderungen“ als Frage der Sicherheitspolitik

Der Politikwissenschaftler Jochen Hippler über einen erweiterten Sicherheitsbegriff

Als Folge der veränderten Rahmenbedingungen nach dem Ende des Kalten Krieges wurde die Sicherheitspolitik aus ihrem Korsett eines militärischen Gleichgewichts- und Abschreckungsdenkens gelöst. In Deutschland wie auch anderen Ländern wurde zunehmend erkannt, dass „Sicherheit“ nicht primär militärisch erreicht werden kann, sondern Antworten auf zahlreiche andere Fragen erfordert. Die Bundesregierung spricht in diesem Kontext von „globalen Herausforderungen“ und nennt unter anderem „die Kluft zwischen Arm und Reich, [...] Klimawandel, Migration, Terror, Kriminalität und vieles andere“, das auf Europa zurückwirke, sowie „Umweltzerstörung und die Folgen schwindender Lebensgrundlagen, Bevölkerungsexplosion und damit verknüpfte soziale Verwerfungen, Ressourcenverknappung, [...] der rasante technologische Strukturwandel [...] und nicht zuletzt die Proliferation biologischer, chemischer und nuklearer Massenvernichtungswaffen und ihrer Trägermittel“ [Scharping 2001].

Staatssekretär Ischinger vom Auswärtigen Amt formulierte den Konsens der Sichtweisen von Auswärtigem Amt und Verteidigungsministerium und fasste den „erweiterten Sicherheitsbegriff“ so zusammen:

„Der erweiterte Sicherheitsbegriff, von dem ich ausgehe, hat drei zentrale Dimensionen:

Umfassende Sicherheit: Wegen der Vielfältigkeit der Konfliktursachen erfordert eine moderne Sicherheitspolitik ein umfassendes Spektrum von Instrumenten, das sich weder allein noch vorrangig auf militärische Mittel stützt.

Gemeinsame Sicherheit. Kein Staat kann für sich allein Frieden, Sicherheit und Wohlfahrt gewährleisten. Integration und Kooperation mit Partnern und Verbündeten sowie das Zusammenwirken in internationalen Organisationen sind mehr denn je unerlässlich für eine umfassende Sicherheitsvorsorge.

Präventive Sicherheit: Gewalt bringt Leid und Opfer mit sich. Aber Gewaltkonflikte können auch Auswirkungen auf Unbeteiligte haben [z.B. durch Flüchtlingsströme oder ökonomische und ökologische Schäden, die sich nicht an Grenzen halten], und sie können sich ausweiten und Dritte hineinziehen. Oberstes Ziel ist es deshalb, Gewalt zu verhindern. Gelingt dies aber nicht, muss dafür gesorgt werden, dass Gewalt nach ihrem Ausbruch so rasch wie möglich beendet und durch ‚Post conflict peace building‘ dauerhaft gebannt wird.“

Der „erweiterte Sicherheitsbegriff“ trägt ein doppeltes Gesicht: einerseits handelt es sich um einen Ansatz, der eine Militarisierung der Sicherheitspolitik vermeiden kann und Sicherheit verstärkt auch um wirtschaftliche, soziale oder ökologische Dimensionen anreichert und so den politischen Realitäten besser gerecht wird. Zugleich aber eröffnet er die Gefahr, anstatt die Sicherheitspolitik zu zivilisieren, internationale Strukturpolitik zu militarisieren, indem grundlegend zivile Probleme vor allem unter dem Gesichtspunkt der Sicherheit wahrgenommen werden – mit der Folge, dass direkt oder indirekt [und nicht immer absichtlich] Polizei, Geheimdienste und Militär für Aufgaben [mit] zuständig werden können, die bisher weit außerhalb ihres Bereichs lagen. In Deutschland ist dies bisher erst in Ansätzen geschehen, in anderen Ländern [vor allem in den USA] ist die Tendenz weit stärker. Je nach konkreter Ausgestaltung des erweiterten Sicherheitsbegriffs kann dieser deshalb zu einem sinnvollen Instrument der Konfliktbearbeitung und Prävention, der allgemeinen Problemlösung zu internationalen Fragen werden oder zur Schnittstelle zur US-amerikanischen Sicherheitspolitik, die ja ebenfalls ihren Sicherheitsbegriff deutlich erweitert hat, diese Erweiterung aber imperial ausformt.

Aus: Stiftung Entwicklung und Frieden (Hrsg.), Globale Trends. Fakten, Analysen, Prognosen, hrsg. von Ingomar Hauchler u. a., Frankfurt a. M. 2003, S. 298–300

Verteidigungspolitische Richtlinien

MATERIAL 6

Kernaussagen der Verteidigungspolitischen Richtlinien des Bundesministeriums der Verteidigung (2003)

[...] 9. Das sicherheitspolitische Umfeld Deutschlands ist durch veränderte Risiken und neue Chancen gekennzeichnet. Eine Gefährdung deutschen Territoriums durch konventionelle Streitkräfte gibt es derzeit und auf absehbare Zeit nicht. Das Einsatzspektrum der Bundeswehr hat sich grundlegend gewandelt.

10. Die sicherheitspolitische Lage erfordert eine auf Vorbeugung und Eindämmung von Krisen und Konflikten zielende Sicherheits- und Verteidigungspolitik, die das gesamte Spektrum sicherheitspolitisch relevanter Instrumente und Handlungsoptionen umfasst und auf gemeinsamem Handeln mit Verbündeten und Partnern aufbaut. Für die Bundeswehr stehen Einsätze der Konfliktverhütung und Krisenbewältigung sowie zur Unterstützung von Bündnispartnern, auch über das Bündnisgebiet hinaus, im Vordergrund.

11. [...] Bewaffnete Einsätze der Bundeswehr mit Ausnahme von Evakuierungs- und Rettungsoperationen werden nur gemeinsam mit Verbündeten und Partnern im Rahmen von VN, NATO und EU stattfinden.

12. Die herkömmliche Landesverteidigung gegen einen konventionellen Angriff als allein strukturbestimmende Aufgabe der Bundeswehr entspricht nicht mehr den aktuellen sicherheitspolitischen Erfordernissen. Die nur für diesen Zweck bereitgehaltenen Fähigkeiten werden nicht länger benötigt. Der Wiederaufbau der Befähigung zur Landesverteidigung gegen einen Angriff mit konventionellen Streitkräften innerhalb eines überschaubaren längeren Zeitrahmens – Rekonstitution – muss jedoch gewährleistet sein.

13. Die Bundeswehr wird in diesem Verständnis weiterentwickelt: Auftrag, Aufgaben, Ausrüstung und Mittel werden in ein ausgewogenes Verhältnis gebracht. [...] Die Finanzmittel werden künftig vor allem zur Erfüllung der militärischen Kernfähigkeiten eingesetzt.

[...]

15. Für die verstärkte und raschere Ausrichtung der Bundeswehr auf die wahrscheinlicheren Aufgaben der internationalen Konfliktverhütung und Krisenbewältigung benötigt die Bundeswehr nach Einsatzbereitschaft und Präsenz differenzierte Streitkräfte, die schnell und wirksam zusammen mit den Streitkräften anderer Nationen eingesetzt werden können. Hierzu bedarf es eines Fähigkeitsprofils mit Schwerpunkt auf sechs wesentlich miteinander verzahnten Fähigkeitskategorien:

- Führungsfähigkeit; Nachrichtengewinnung und Aufklärung;
- Mobilität;
- Wirksamkeit im Einsatz;
- Unterstützung und Durchhaltefähigkeit;
- Überlebensfähigkeit und Schutz.

16. Die Wehrpflicht bleibt in angepasster Form für die Einsatzbereitschaft, Leistungsfähigkeit und Wirtschaftlichkeit der Bundeswehr unabdingbar. Der Schutz Deutschlands und seiner Bürgerinnen und Bürger einschließlich der Befähigung zur Rekonstitution sowie die eventuelle Unterstützung bei Naturkatastrophen und Unglücksfällen begründen auch künftig - neben anderen Gründen – die allgemeine Wehrpflicht. [...]

www.bmvg.de/portal/PA_1_0_P3/PortalFi-les/C1256EF40036B05B/N264XJ5C768MMISDE/VPR_BROSCHUERE.PDF?yw_repository=youatweb (Zugriff 18. 10. 2008)

1 Erörtern Sie die Außenpolitik der Bundesrepublik unter den Aspekten von Kontinuität und Diskontinuität (M 2).

2 Erläutern Sie Begriff und Politik eines Handelsstaates (M 3).

3 Führen Sie aus, was unter einem „engen“ und einem „erweiterten“ Sicherheitsbegriff zu verstehen ist. (M 4, M 5)

4 Stellen Sie dar, inwieweit die verteidigungspolitischen Richtlinien auf eine veränderte Weltlage reagieren. (M 6)

VERWEIS

s. S. 198 Entwicklung des deutschen Außenhandels

MATERIAL 7

Grundgesetz und Streitkräfte: Die Aufgaben der Bundeswehr

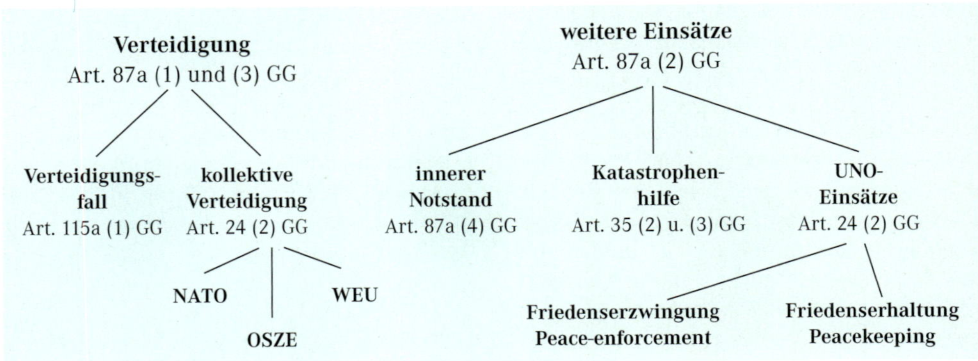

MATERIAL 8

„Die Entgrenzung des Begriffs Verteidigung“

Martin Kutscha, Professor für Staats- und Verwaltungsrecht in Berlin zur neuen Rolle der Bundeswehr:

„Das Grundgesetz verpflichtet die Bundesregierung, für einen Einsatz bewaffneter Streitkräfte die – grundsätzlich vorherige – konstitutive Zustimmung des Deutschen Bundestages einzuholen“, formulierte das Bundesverfassungsgericht 1994. [...] Der aus der deutschen Verfassungstradition abgeleitete Parlamentsvorbehalt ist als eine Art Kompensation dafür zu verstehen, dass das Urteil den Rahmen für Out-of-area-Einsätze der Bundeswehr recht weit zimmerte, indem es den Art. 24 Abs. 2 GG als Grundlage heranzog. Diese Bestimmung ermächtigte den Bund, sich „zur Wahrung des Friedens einem System gegenseitiger kollektiver Sicherheit“ einzuordnen. Als solche Systeme betrachtete das Bundesverfassungsgericht sowohl die UNO als auch die NATO.

Kritik an diesem Urteil entzündete sich an der Vernachlässigung der zentralen Verfassungsnorm für die Verwendung der Bundeswehr, Art. 87a Abs. 2 GG: „Außer zur Verteidigung dürfen die Streitkräfte nur eingesetzt werden, soweit dieses Grundgesetz es ausdrücklich zulässt.“ Solche „ausdrücklichen Zulassungen“ finden sich in Regelungen für den Notstands- oder den Spannungsfall, aber nicht in Art. 24 GG. Nimmt man den Text des Grundgesetzes ernst, darf die Bundeswehr nur zur Verteidigung und unter verfassungsmäßig genau bestimmten Voraussetzungen auch im Inneren eingesetzt werden [...].

Aus: Blätter für deutsche und internationale Politik, 5 /2003, S. 523 f.

MATERIAL 9

Die Mitwirkungsrechte des Bundestages an Auslandseinsätzen

Aus dem Friedensgutachten verschiedener Stiftungen

Am 3. Dezember 2004 wurde [...] das „Parlamentsbeteiligungsgesetz“ verabschiedet. Im Hintergrund [...] steht das Urteil des Bundesverfassungsgerichts vom 12. Juli 1994, in dem Karlsruhe grünes Licht für Auslandseinsätze der Bundeswehr gegeben, zugleich aber die Bundesregierung verpflichtet hatte, für jeden Einsatz grundsätzlich vorher die „konstitutive Zustimmung des Deutschen Bundestages einzuholen“. [...]

Die Vorschläge aus allen vier Fraktionen des Bundestages (jedoch nicht der beiden fraktionslosen PDS-Abgeordneten) [...] (zielten)

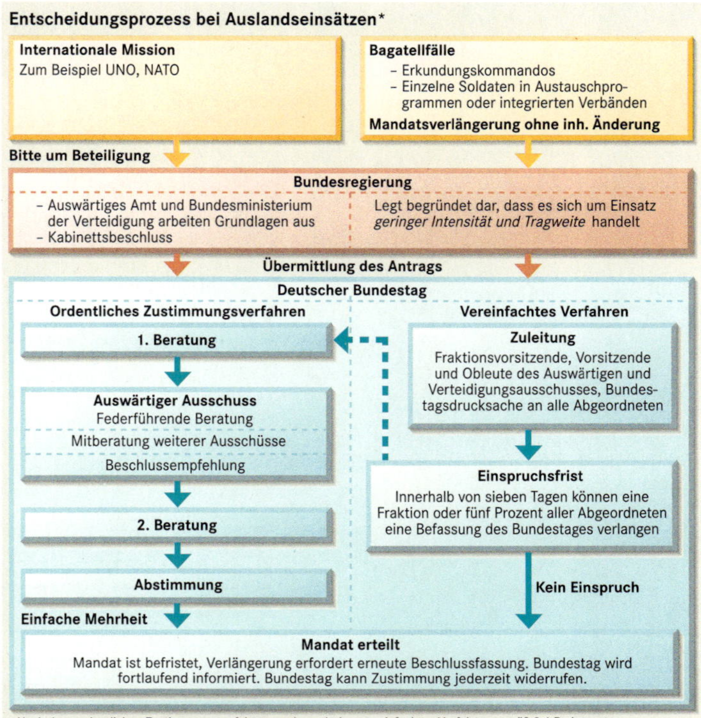

* Nach dem ordentlichen Zustimmungsverfahren sowie nach dem vereinfachten Verfahren gemäß § 4 Parlamentsbeteiligungsgesetz. Der Sonderfall der nachträglichen Zustimmung bei „Gefahr im Verzug" (§ 5 Parlamentsbeteiligungsgesetz) ist nicht berücksichtigt.

darauf ab, das Verfahren zu standardisieren und zu vereinfachen, um es dem Plenum zu ersparen, sich mit Mandaten „geringer Intensität und Tragweite" befassen zu müssen. Da die Regierungen der meisten NATO-Staaten ihre Streitkräfte einsetzen können, ohne das Parlament zu befragen, legte Bundesverteidigungsminister Struck überdies Wert darauf, die Verfügbarkeit seiner Truppe für gemeinsame Aktionen durch kürzere Beschlussverfahren zu beschleunigen. In der Unionsfraktion ging das Vereinfachungs- und Beschleunigungsbedürfnis so weit, dass einige Abgeordnete dafür eintraten, „am Anfang einer Legislaturperiode einen generellen Parlamentsbeschluss zu fassen" (von Klaeden), mit dem der Bundesregierung für die kommenden vier Jahre freie Hand für Einsätze gelassen würde, und dies durch verstärkte Kontrollbefugnisse und ein allgemeines Rückholrecht des Parlaments zu kompensieren. Derartige Generalvollmachten hätten jedoch kaum dem Votum des Bundesverfassungsgerichts für die konstitutive Beteiligung an jedem einzelnen Mandat entsprochen. Sie wurden daher sowohl von der Koalition als auch von der FDP abgelehnt.
Die neuen Regelungen sind aus zwei Gründen problematisch: Zum einen behält die Regierung die „Definitionsmacht" darüber, welche Einsätze und Mandatsverlängerungen so geringfügig sind, dass sie dem Plenum nur zum Abnicken, oder so eilig sind, dass sie ihm gar nicht vorgelegt werden. [...] Zum anderen besteht zumindest in den Parlamentsferien die Gefahr, dass die vorgesehene Frist versäumt und die Bundeswehr in einen Einsatz geschickt wird, dem die Abgeordneten, wenn sie anwesend gewesen wären, die Zustimmung verweigert hätten. Das im Gesetz auch verankerte Rückholrecht nutzt für solche Fälle in der Praxis wahrscheinlich wenig, weil ein den vorzeitigen Abzug deutscher Soldaten fordernder Beschluss die Regierung bloßstellen und deshalb wohl kaum von den Abgeordneten der jeweiligen Mehrheitsparteien mitgetragen würde [...].
Insgesamt lässt sich feststellen, dass die Regierung durch das Parlamentsbeteiligungsgesetz mehr Spielraum für Auslandseinsätze erhalten hat. Zwar hat der Bundestag seine Rechte formell nicht aufgegeben, es hängt jedoch von der Aufmerksamkeit der Abgeordneten ab, dass das Parlament sie auch künftig in dem bisher gewohnten und seiner Verantwortung für das Wohl und Wehe der Soldaten angemessenen Umfang wahrnimmt.

Aus: Friedensgutachten 2005, hrsg. von Ulrich Ratsch u. a., Berlin 2005, S. 210–211

1 Erläutern Sie anhand des Schaubildes (M 7) die Aufgaben der Bundeswehr. Nennen Sie hierfür historische wie aktuelle Beispiele.

2 Erklären Sie, was Martin Kutscha unter der „Entgrenzung des Begriffs Verteidigung" versteht. (M 8)

3 Stellen Sie die Mitwirkungsrechte des Parlaments bei Auslandseinsätzen der Bundeswehr dar. (M 9)

4 Erläutern Sie die im Friedensgutachten geäußerte Kritik an der Verfahrensweise. (M 9)

8 Eine gemeinsame Außen- und Sicherheitspolitik für die EU?

Zeichnung: Gerhard Mester

Die EU ist ein wirtschaftlicher Riese, aber noch ein relativ schwacher außen- und sicherheitspolitischer Akteur und nur sehr begrenzt ein international bedeutsamer militärischer Faktor. Dementsprechend waren die gemeinsamen europäischen Beiträge zur Konfliktvorbeugung und Konfliktlösung in Krisenregionen bislang nur bedingt erfolgreich. Die veränderte weltpolitische Lage nach dem Ende des Kalten Krieges und die Erfahrung der Bürgerkriege in Exjugoslawien mit der militärischen Intervention der NATO 1999 haben den EU-Staaten das bestehende Sicherheitsrisiko innerhalb Europas verdeutlicht. Sie haben die EU veranlasst, zur weiteren Integration auch auf dem Gebiet der Außen- und Sicherheitspolitik tätig zu werden. Dies geschah auch, um nicht länger auf die Mittel der USA angewiesen zu sein. Dabei hatten sich die 15 EU-Staaten bereits im Maastrichter Vertrag von 1992 darauf geeinigt, schrittweise eine „Gemeinsame Außen- und Sicherheitspolitik" (GASP) zu entwickeln. Ziele der GASP gemäß dieser Vereinbarung sind generell die Wahrung grundlegender Werte der EU und ihrer außenpolitischen Interessen, d.h. insbesondere Unabhängigkeit, Sicherheit und Unversehrtheit der Union einschließlich der Festlegung einer gemeinsamen Verteidigungspolitik, und die Wahrung des Friedens, die Stärkung von Demokratie, Rechtsstaatlichkeit und Menschenrechten.
Die GASP folgt also einem erweiterten Sicherheitsbegriff, d.h., neben politischen und militärischen sollen auch wirtschaftliche und soziale Aspekte bei einer Konfliktlösung bedacht werden. Insgesamt geht es um die Wahrung der Identität der Europäischen Union auf internationaler Ebene durch praktisch permanenten Austausch von Informationen und Meinungen über Fragen der internationalen Politik und die Umsetzung von Grundpositionen in gemeinsame Aktionen. Dies verhindert nicht eine nationale Außenpolitik der Mitgliedstaaten der EU, soweit sie mit der GASP kooperiert, noch soll die GASP die bestehenden Sicherheits- und Militärorganisationen wie UN, OSZE oder NATO und die Mitgliedschaft europäischer Länder in ihnen ersetzen.

Dabei bleibt vor allem der militärische Aspekt problematisch. Die Frage ist nicht mehr, ob die europäischen Staaten rein militärisch ein starkes Europa wollen, sondern wie es aufgebaut werden kann. Viele EU-Staaten sind Mitglieder der NATO, die unter Führung der USA seit dem Ende des Kalten Krieges Sicherheit in ganz Europa, also über die Union hinaus, gewährleisten will. Unter diesen Umständen bleibt unklar, inwieweit es eine eigenständige und von der NATO und damit auch von der Führungsmacht USA unabhängige Sicherheitspolitik der EU geben kann.

Mit dem Vertrag von Amsterdam wurde das Amt eines „Hohen Vertreters für die GASP" geschaffen, der zugleich in Personalunion Generalsekretär des Rates der EU ist. Er soll der GASP mehr Effizienz und größere Sichtbarkeit verleihen. Im Rahmen der GASP wurden z. B. Vermittlungsmissionen in politisch-militärischen Konflikten (z. B. im Nahen Osten und in Südafrika), Hilfslieferungen in Bürgerkriegsgebiete (z. B. Ruanda) und die Überwachung von Wahlen (z. B. Kenia) organisiert. Die GASP will bei ihrem Engagement in politischen Konfliktsituationen präventiv handeln, d. h. in Krisensituationen durch eine Reihe von Verfahrensvorschlägen und Konferenzen darauf hinarbeiten, mögliche Konfliktfälle frühzeitig zu kanalisieren und politisch beherrschbar zu halten. Es ist offen, ob in einer größer werdenden EU der Weg zu einer gemeinsamen europäischen Verteidigungspolitik konsequent weiter beschritten wird.

- Ist eine militärische Integration der EU wünschenswert?
- Kann und soll die EU teilweise, d. h. für den europäischen Bereich, Aufgaben der UN und anderer internationaler Organisationen übernehmen?
- Wie wird sich das Verhältnis von EU und NATO bzw. USA gestalten?

MATERIAL 1

Amsterdamer Vertrag (1997): Titel V Gemeinsame Außen- und Sicherheitspolitik

Artikel 11

(1) Die Union erarbeitet und verwirklicht eine gemeinsame Außen- und Sicherheitspolitik, die sich auf alle Bereiche der Außen- und Sicherheitspolitik erstreckt und Folgendes zum Ziel hat:

- die Wahrung der gemeinsamen Werte, der grundlegenden Interessen, der Unabhängigkeit und der Unversehrtheit der Union ...;
- die Stärkung der Sicherheit der Union ...;
- die Wahrung des Friedens und die Stärkung der internationalen Sicherheit entsprechend den Grundsätzen der Charta der Vereinten Nationen sowie den Prinzipien der Schlussakte von Helsinki und den Zielen der Charta von Paris ...;
- die Förderung der internationalen Zusammenarbeit;
- die Entwicklung und Stärkung von Demokratie und Rechtsstaatlichkeit sowie die Achtung der Menschenrechte und Grundfreiheiten.

Artikel 13

(1) Der Europäische Rat bestimmt die Grundsätze und die allgemeinen Leitlinien der Gemeinsamen Außen- und Sicherheitspolitik ...

Artikel 17

(1) Die Gemeinsame Außen- und Sicherheitspolitik umfasst sämtliche Fragen, welche die Sicherheit der Union betreffen, wozu auch die schrittweise Festlegung einer gemeinsamen Verteidigungspolitik ... gehört ...

Die Politik der Union nach diesem Artikel berührt nicht den besonderen Charakter der Sicherheits- und Verteidigungspolitik bestimmter Mitgliedstaaten; sie achtet die Verpflichtungen einiger Mitgliedstaaten, die ihre gemeinsame Verteidigung in der Nordatlantikvertragsorganisation (NATO) verwirklicht sehen, aus dem Nordatlantikvertrag und ist vereinbar mit der in jenem Rahmen festgelegten gemeinsamen Sicherheits- und Verteidigungspolitik.

(2) Die Fragen, auf die ... Bezug genommen wird, schließen humanitäre Aufgaben und Rettungseinsätze, friedenserhaltende Aufgaben sowie Kampfeinsätze bei der Krisenbewältigung einschließlich Frieden schaffender Maßnahmen ein.

MATERIAL 2 Gemeinsame Außen- und Sicherheitspolitik

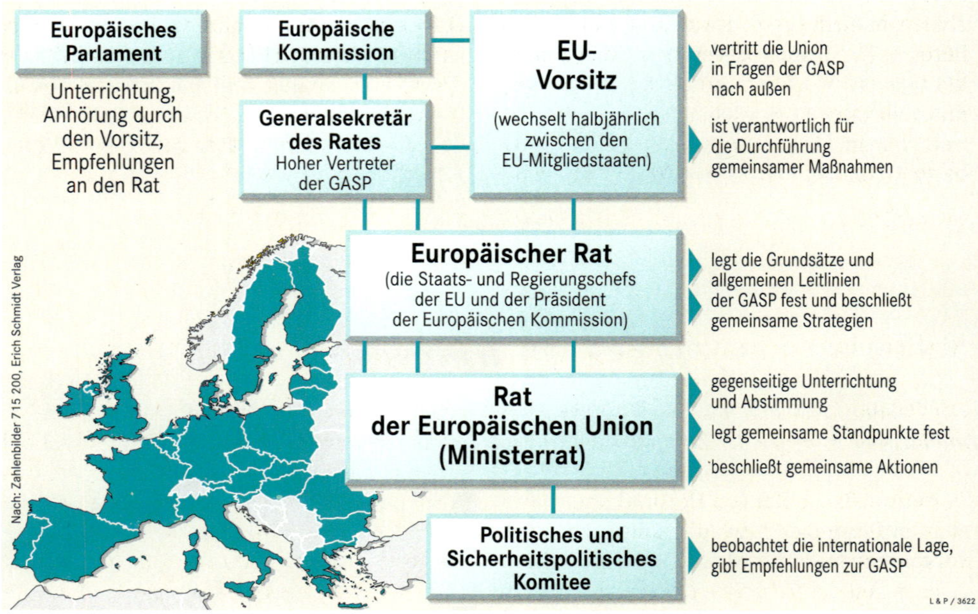

MATERIAL 3 Europäische Sicherheitsstrategie (Dezember 2003)

Auf dem EU-Gipfel im Dezember 2003 wurde die erste gemeinsame Sicherheitsstrategie verabschiedet (Auszüge):

Größere Angriffe gegen Mitgliedstaaten sind nunmehr unwahrscheinlich geworden. Dafür ist Europa mit neuen Bedrohungen konfrontiert, die verschiedenartiger, weniger sichtbar und weniger vorhersehbar sind. [...] Bei einer Summierung dieser verschiedenen Elemente - extrem gewaltbereite Terroristen, Verfügbarkeit von Massenvernichtungswaffen, organisierte Kriminalität, Schwächung staatlicher Systeme und Privatisierung der Gewalt - ist es durchaus vorstellbar, dass Europa einer sehr ernsten Bedrohung ausgesetzt sein könnte. [...] Im Gegensatz zu der massiv erkennbaren Bedrohung zur Zeit des Kalten Krieges ist keine der neuen Bedrohungen rein militärischer Natur und kann auch nicht mit rein militärischen Mitteln bewältigt werden. Jede dieser Bedrohungen erfordert eine Kombination von Instrumenten. Die Proliferation kann durch Ausfuhrkontrollen eingedämmt und mit politischen, wirtschaftlichen und sonstigen Druckmitteln bekämpft werden, während gleichzeitig auch die tieferen politischen Ursachen angegangen werden. Zur Bekämpfung des Terrorismus kann eine Kombination aus Aufklärungsarbeit sowie polizeilichen, justiziellen, militärischen und sonstigen Mitteln erforderlich sein. In gescheiterten Staaten können militärische Mittel zur Wiederherstellung der Ordnung und humanitäre Mittel zur Bewältigung der Notsituation erforderlich sein. Regionale Konflikte bedürfen politischer Lösungen, in der Zeit nach Beilegung des Konflikts können aber auch militärische Mittel und eine wirksame Polizeiarbeit vonnöten sein. Wirtschaftliche Instrumente dienen dem Wiederaufbau, und ziviles Krisenmanagement trägt zum Wiederaufbau einer zivilen Regierung bei. Die Europäische Union ist besonders gut gerüstet, um auf solche komplexen Situationen zu reagieren. [...] Und wir müssen mit anderen zusammenarbeiten. Aktiver bei der Verfolgung unserer strategischen Ziele. Dies gilt für die gesamte Palette der uns zur Verfügung stehenden Instrumente der

Krisenbewältigung und Konfliktverhütung, einschließlich unserer Maßnahmen im politischen, diplomatischen, militärischen und zivilen, handels- und entwicklungspolitischen Bereich. [...] Durch präventives Engagement können schwierigere Probleme in der Zukunft vermieden werden. [...]
Gemeinsame Bedrohungsanalysen sind die beste Grundlage für gemeinsame Maßnahmen. Dies erfordert einen besseren Austausch von Erkenntnissen zwischen den Mitgliedstaaten und mit den Partnerländern. [...]
Einer stärkeren Kohärenz bedarf es nicht nur zwischen den EU-Instrumenten [Hilfsprogrammen, zivilen und militärischen Fähigkeiten], sondern auch in Bezug auf das außenpolitische Handeln der einzelnen Mitgliedstaaten [...].

www.uni-kassel.de/fb5/frieden/themen/Europa/strategie. html (Zugriff: 8. 1. 2007)

Militärische Instrumente der EU

MATERIAL **4**

Der Politikwissenschaftler Peter Schmidt über militärische Einsätze der Europäischen Union

Der Europäische Rat von Helsinki entschloss sich im Dezember 1999, die politischen Zielvorstellungen durch ein sogenanntes militärisches Leitziel *(Headline Goal)* zu ergänzen. Die EU soll in die Lage versetzt werden, innerhalb von 60 Tagen bis zu 60 000 Soldaten für eine Dauer von bis zu einem Jahr in den Einsatz zu schicken („schnelle Eingreiftruppe"). Am 22. November 2004 wurde beschlossen, in diesem Rahmen 13 mobile Kampftruppen *(Battle Groups)* zu bilden, um Truppen schnell und flexibel einsetzen zu können. Diese Verbände werden aus jeweils 1 500 Soldaten bestehen und sollen innerhalb von 10 bis 15 Tagen bereitstehen. Die ersten *Battle Groups* sollen 2007 einsatzfähig sein.
Ob ein Mitgliedstaat sich an einem Einsatz beteiligt, bleibt seine eigene Entscheidung. Jeder Staat muss der Entsendung von Truppen gemäß seinen eigenen politischen Verfahren zustimmen. In Deutschland etwa bedarf sie der Zustimmung des Bundestages (Parlamentsvorbehalt). Darüber hinaus gibt es ein sogenanntes ziviles *Headline Goal,* das die militärische Komponente ergänzt. Danach sollen 5 761 Polizisten bereitgestellt werden – wobei 1 400 von ihnen in weniger als 30 Tagen einsatzfähig sein sollen –, ergänzt um annähernd 5 000 Experten für Katastrophenhilfe sowie derzeit mehr als 1 200 Rechts- und Verwaltungsfachleute. Außerdem wurde 2004 ein Personalpool von nahezu 1 000 Personen für sogenannte Beobachtungsmissionen und die Reform des Sicherheitssektors von Staaten eingerichtet. Mit dem zivilen *Headline Goal* drückt die EU ihre Absicht aus, Sicherheitspolitik wesentlich als Stabilisierungspolitik in Krisenregionen, wie zum Beispiel auf dem Balkan, zu verstehen. Primär geht es dabei einerseits um Konfliktprävention, das heißt um die vorzeitige Unterstützung fragiler Staaten, andererseits um Hilfe für den Wiederaufbau von Staaten und Regionen im Anschluss an Konflikte und Kriege.

Aus: Peter Schmidt, Militärisches Instrument der EU – die ESVP, in: Informationen zur politischen Bildung, H. 291 (Sicherheitspolitik im 21. Jahrhundert), Bonn 2006, S. 73 ff., hier S. 75

1 Erläutern Sie Aufgaben, Bereiche, Institutionen und Dimensionen der Gemeinsamen Außen- und Sicherheitspolitik der EU. (M 1, M 2)
2 Stellen Sie die Hauptpunkte der Europäischen Sicherheitsstrategie (M 3) zusammen.
3 Erklären Sie die militärischen Leitziele der EU. (M 4)
4 Sammeln Sie in Zeitungen oder im Internet Beispiel für Aktivitäten der genannten sicherheitspolitischen Institutionen der EU.

VERWEIS
s. S. 290 ff.
Europäische Inflation

Beispiel: Die Demokratische Republik Kongo – Aktivitäten der EU

Vorläufiges Ende des Bürgerkrieges im Kongo (ehem. Zaire): Nachdem im Jahr 2002 sämtliche ausländische Armeen den Kongo verlassen hatten, wurde im Juli 2003 eine Übergangsregierung gebildet, an der auch die Rebellen beteiligt waren. Diese sollte durch eine demokratisch gewählte Regierung (auf der Grundlage einer neuen Verfassung) im Jahr 2006 abgelöst werden.
Per Referendum wurde am 18.12.2005 die neue Verfassung mit knapp 85% der Stimmen bestätigt. Die von den Vereinten Nationen finanzierten Präsidentschafts-, Parlaments- und Kommunalwahlen, die am 30.7.2006 stattfanden, bilden den Endpunkt des langwierigen Übergangsprozesses. Kurz zuvor, am 27.4.2006, hatte der Europäische Rat beschlossen, den Ablauf der Wahlen mit rund 1500 Soldaten unter Führung der deutschen Bundeswehr zu sichern. Von den 33 zugelassenen Kandidaten zur Präsidentschaftswahl erhielt der Amtsinhaber Kabila zwar knapp 45% der Stimmen, dies reichte allerdings nicht für die erforderliche absolute Mehrheit. In einem zweiten Wahlgang erhielt Kabila 58% der Stimmen und wurde damit zum Präsidenten gewählt. Nach Einschätzung der UN verliefen die Wahlen überraschend friedlich.

MATERIAL **1**

Auch eine Frage des Eigennutzes

Der Journalist Martin Winter über das europäische Engagement im Kongo

Nach einem der schlimmsten Bürgerkriege der Geschichte, der rund vier Millionen Menschenleben gekostet hat und an dessen Weiterschwelen täglich immer noch mehr als tausend sterben, hat die EU begriffen, dass sie mehr als nur Verbandsmaterial schicken muss. „Wenn wir nichts tun, dann werden die Kosten für uns sehr hoch“, prophezeit der italienische Diplomat Ajello. Dem Kongo zu helfen ist nicht nur eine Frage der Moral, sondern auch des europäischen Eigennutzes. So lange das Land nicht zur Ruhe kommt und in der Lage ist, seine Nachbarn Ruanda und Uganda von blutigen Raubzügen in seine rohstoffreichen Grenzregionen abzuhalten, solange wird es Flüchtlingsströme aus dem Herzen Afrikas nach Europa geben. So lange wird der große Kontinent im Süden der EU instabil bleiben.
In den vergangenen 20 Jahren hat die EU weit über eine Milliarde Euro an Entwicklungshilfe in den Kongo gesteckt. Den Bürgerkrieg hat das nicht verhindert. Daraus lassen sich Lehren ziehen. Als es 2000 endlich gelungen war, einen Waffenstillstand zu vermitteln und sich auf einen Plan für eine Verfassung und für Wahlen zu einigen, konzentrierte die EU sich auf deren Absicherung, die sie bis heute mit 150 Millionen Euro finanzierte. Hinzu kommen 65 Millionen Euro aus Mitgliedsländern.
Die EU hilft außerdem, was bislang nicht zum klassischen Repertoire der Entwicklungspolitik gehört, beim Aufbau einer zuverlässigen Polizeitruppe und einer dem Staat loyalen Armee. Mehrere Dutzend europäischer Offiziere beraten die aus den Kriegsfraktionen zusammengewürfelten Streitkräfte. Die Afrikaexperten des EU-Außenbeauftragen Javier Solana kalkulieren so: Ein Land, so groß und so reich wie der Kongo, mit so gierigen Nachbarn braucht neben aller politischen und wirtschaftlichen Hilfe beim Aufbau eines funktionierenden Staates auch eine starke Armee.

Aus: Martin Winter: „Brüssels Werkzeuge“, in: Süddeutsche Zeitung vom 17. Mai 2006

Nutzen oder Schaden?

MATERIAL 2

Der Journalist Stephan Löwenstein über Diskussionen zum EU-Einsatz im Kongo

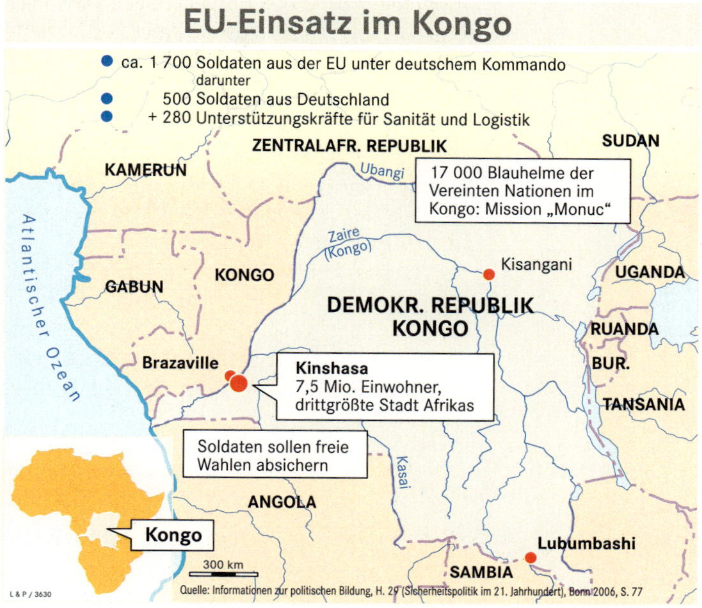

Fürsprecher – wie die Unions-Außenpolitiker Schockenhoff (CDU) und von Klaeden (CDU) – argumentieren etwa so: Wir haben ein erhebliches Interesse an einer Stabilisierung der Demokratischen Republik Kongo, denn sie ist eines der wichtigsten Länder auf dem afrikanischen Kontinent. Kongos Stabilität oder Instabilität betrifft sämtliche Nachbarländer, strahlt aber auch weit in den Süden Afrikas aus. Zudem ist das Land reich an Bodenschätzen, darunter „strategischen Rohstoffen“ wie Uran, Erze, Öl, Beryllium (ein zum Herstellen von Kernwaffen erforderliches Material, das nicht in die falschen Hände geraten solle), und an Wasser. Ist zudem die Regierung nicht imstande, dieses riesige Land zu kontrollieren, so bietet es einen idealen Rückzugsraum für islamistische Terroristen und Kriminelle. […]

Umso deutlicher artikuliert die FDP ihr Nein, dabei viele Zweifel aufnehmend, die auch in der Union nach wie vor verbreitet sind. Die Zweifel beziehen sich nicht auf die Notwendigkeit einer Stabilisierung Kongos, sondern auf die Tauglichkeit der hierfür ins Auge gefassten Maßnahmen. Am abgewogensten hat dies bei der FDP der stellvertretende Fraktionsvorsitzende Hoyer formuliert: Er rügt, dass nur wenige Hundert europäische Soldaten „vor Ort“ für einen begrenzten Zeitraum die Wahlenflankieren und einen Ausbruch von Gewalt verhindern sollten. „Aber niemand kann sagen, ja niemand scheint auch nur darüber nachzudenken, was passiert, wenn diese Abschreckung nicht funktioniert.“ […]

Die Linkspartei PDS […] stellt fest, es gehe darum, die EU als weltpolitischen Akteur in Szene zu setzen, um die europäischen Interessen in Afrika zu wahren. Sie kommt allerdings zu der entgegengesetzten Folgerung und lehnt deshalb den Einsatz ab. […]

Einige der Zweifel wären zu beseitigen, wenn man die vorgesehene Truppe in Kinshasa verstärken würde. Das wäre allerdings Sache der beiden führenden Nationen der Operation: in erster Linie Deutschlands und Frankreichs. Das aber ist, was die deutschen Militärs von Anfang an befürchtet haben. Dass man eine Entsendung von 500 Mann für vier Monate bewältigen könnte, wurde nicht bezweifelt – wohl aber, dass es bei diesen Grenzen bleiben würde.

Aus: Stephan Löwenstein, Eine Scheindebatte, in: Frankfurter Allgemeine Zeitung vom 27. 3. 2006

1 Informieren Sie sich über Geschichte wie Gegenwart des Kongo (Fischer Weltalmanach o. Ä.).

2 Stellen Sie die Aktivitäten der EU im Kongo zusammen. Erläutern Sie die in den Materialien M 1 und M 2 genannten Gründe und Motive für diese.

3 Stellen Sie die Argumente von Befürwortern und Kritikern des EU-Einsatzes gegenüber. Informieren Sie sich gegebenenfalls bei Parteien, Institutionen etc.

9 Die NATO im 21. Jahrhundert

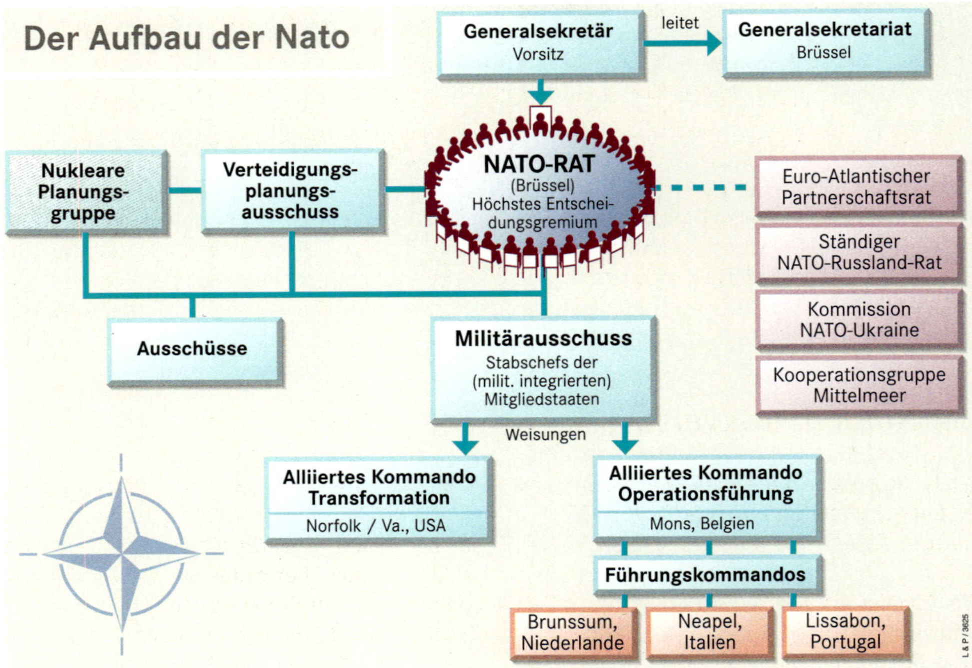

„NATO keeps the United States in, the Soviet Union out and the Germans down." So beschrieb der erste Generalsekretär der 1949 von 12 Staaten gegründeten NATO deren Funktion. Notwendigkeit und Zielsetzungen der NATO ergaben sich zunächst aus der von dem US-Diplomat George Kennan begründeten und dann als Truman-Doktrin formulierten Containment-Politik. Die Angst vor einem sowjetischen Angriff auf Westeuropa hielt das Bündnis wie eine Klammer zusammen: Ein Angriff auf einen oder auf mehrere Mitgliedstaaten wäre als Angriff auf alle verstanden worden. Entsprechend gestalteten sich auch die NATO-Strategien. Die zunächst verfolgte Strategie der massiven Vergeltung (massive retaliation) schloss einen atomaren Vergeltungsschlag auch bei einem konventionellen Angriff nicht aus. Die später definierte Strategie der flexiblen Antwort („flexible response") änderte nichts an der Grundausrichtung, sah aber insgesamt eine abgestufte Reaktion vor.

Mit der Auflösung der UdSSR und des Warschauer Paktes wurde zunächst der Zerfall der NATO vorausgesagt, ihre Auflösung kurzzeitig gefordert. Aber die NATO stieg aus der Diskussion wie „Phönix aus der Asche" hervor. Sie hat sich zum weltweit mächtigsten Militärbündnis entwickelt, dem viele neue Mitglieder anzugehören wünschen, insbesondere aus dem früheren Machtbereich der UdSSR. Zur Einbindung Russlands, das diesen Eintritten skeptisch gegenübersteht, wurde im gleichen Jahr der NATO-Russland-Rat („Grundakte") gegründet. Frieden und Stabilität sollen demnach von der NATO und Russland gemeinsam gestaltet werden.

Seit ihrem Gipfel im April 1999 verändert sich die NATO. Kernaufgabe des Bündnisses bleibt die kollektive Verteidigung. Dazu kommen Konfliktverhütung und Krisenmanagement auch außerhalb des Vertragsgebietes. Diesen neuen Aufgaben wird auch die Militärstruktur angepasst. Auf dem Prager Gipfel 2002 einigte man sich auf die Aufstellung einer eigenen NATO-Interventionsarmee. Innerhalb des Bündnisses wollen die Europäer ihre Zusammenarbeit im Verteidigungsbündnis Westeuropäische Union (WEU) und durch eine „Gemeinsame Außen- und Sicherheitspolitik" der EU (GASP) stärken.

Der Nordatlantikvertrag

MATERIAL 1

Der Vertrag wurde am 4. 4. 1949 in Washington DC unterzeichnet und trat am 24. 8. 1949 in Kraft. Er führte zum Aufbau der NATO.

Die Parteien dieses Vertrags bekräftigen erneut ihren Glauben an die Ziele und Grundsätze der Satzung der Vereinten Nationen und ihren Wunsch, mit allen Völkern und allen Regierungen in Frieden zu leben.

Sie sind entschlossen, die Freiheit, das gemeinsame Erbe und die Zivilisation ihrer Völker, die auf den Grundsätzen der Demokratie, der Freiheit der Person und der Herrschaft des Rechts beruhen, zu gewährleisten. [...]

Artikel I: Die Parteien verpflichten sich, in Übereinstimmung mit der Satzung der Vereinten Nationen jeden internationalen Streitfall, an dem sie beteiligt sind, auf friedlichem Wege so zu regeln, dass der internationale Friede, die Sicherheit und die Gerechtigkeit nicht gefährdet werden, und sich in ihren internationalen Beziehungen jeder Gewaltandrohung oder Gewaltanwendung zu enthalten, die mit den Zielen der Vereinten Nationen nicht vereinbar ist. [...]

Artikel IV: Die Parteien werden einander konsultieren, wenn nach Auffassung einer von ihnen die Unversehrtheit des Gebiets, die politische Unabhängigkeit oder die Sicherheit einer der Parteien bedroht sind.

Artikel V: Die Parteien vereinbaren, dass ein bewaffneter Angriff gegen eine oder mehrere von ihnen in Europa oder Nordamerika als ein Angriff gegen sie alle angesehen wird: Sie vereinbaren daher, dass im Falle eines solchen bewaffneten Angriffs jede von ihnen in Ausübung des in Artikel 51 der Satzung der Vereinten Nationen anerkannten Rechts der individuellen oder kollektiven Selbstverteidigung der Partei oder den Parteien, die angegriffen werden, Beistand leistet, indem jede von ihnen unverzüglich für sich und im Zusammenwirken mit den anderen Parteien die Maßnahmen, einschließlich der Anwendung von Waffengewalt, trifft, die sie für erforderlich erachtet, um die Sicherheit des nordatlantischen Gebiets wiederherzustellen und zu erhalten. [...]

Artikel VI: Im Sinne des Artikels V gilt als bewaffneter Angriff auf eine oder mehrere der Parteien jeder bewaffnete Angriff

1. auf das Gebiet eines dieser Staaten in Europa oder Nordamerika, auf das Gebiet der Türkei oder auf die der Gebietshoheit einer der Parteien unterliegenden Inseln im nordatlantischen Gebiet nördlich des Wendekreises des Krebses;
2. auf die Streitkräfte, Schiffe oder Flugzeuge einer der Parteien, wenn sie sich in oder über diesen Gebieten oder irgendeinem anderen europäischen Gebiet, in dem eine der Parteien bei Inkrafttreten des Vertrages eine Besatzung unterhält, oder wenn sie sich im Mittelmeer oder im nordatlantischen Gebiet nördlich des Wendekreises des Krebses befinden.

Aus: Bundesgesetzblatt II 1955, S. 289

MATERIAL **2**

Zentrale Beschlüsse des Prager NATO-Gipfels 2002

- Schaffung einer Schnellen Eingreiftruppe, der NATO Response Force (NRF), für weltweite Interventionen
- Verpflichtung zur Stärkung der Verteidigungsfähigkeit, die auch zur effektiveren Terrorismusbekämpfung beitragen soll
- Initiativen für die Verteidigung gegen nukleare, chemische, radiologische und biologische Waffen
- Vorgaben für eine neue, straffere und flexiblere Kommandostruktur
- Umsetzung des Aktionsplans der Zivilen Notfallplanung

www.auswaertiges-amt.de/www/de/aussenpolitik/friedenspolitik/nato_unterbereich/gipfeltreffen/antworten_html

MATERIAL **3**

Mit, ohne oder gegen die UNO?

Eingeleitet wurde die Neuorientierung der NATO (vgl. M 2) durch ein Strategiepapier, das die NATO-Konferenz von Washington im April 1999 verabschiedete. Der folgende Text des „Bundesausschusses Friedensratschlag“ kritisiert dieses Strategiepapier.

[Die NATO will nun] „die friedliche Beilegung von Streitigkeiten in Übereinstimmung mit der Charta der Vereinten Nationen anstreben“ (Ziffer 11). Die friedliche Beilegung von Konflikten ist in Kapitel VI der Charta geregelt. Kommen Soldaten zum Einsatz, bedarf es der Zustimmung beider Konfliktparteien. In den letzten Jahren sind [mandatiert nach diesem Kapitel] keine Blauhelme mehr zum Einsatz gekommen. Auch der NATO-Einsatz in Bosnien-Herzegowina stützt sich [nicht auf Kapitel VI sondern] auf Kapitel VII, in dem es um „Maßnahmen bei Bedrohung und Bruch des Friedens und bei Angriffshandlungen“ (darunter Kampfeinsätze) geht. [...] Andererseits wird im neuen strategischen Konzept auf die „späteren Beschlüsse in Bezug auf Krisenreaktionseinsätze auf dem Balkan“ hingewiesen. Der folgenreichste solcher Beschlüsse, der Grundlage für den NATO-Angriffskrieg gegen Jugoslawien war, erfolgte allerdings ohne Abstützung auf ein UN-Mandat. Die NATO mandatierte sich selbst. Dieses Vorgehen wird im neuen strategischen Konzept verallgemeinert, also als Prinzip verankert. [...] Bereits dass die NATO „die primäre Verantwortung“ des UN-Sicherheitsrats „für die Wahrung des Weltfriedens und der internationalen Sicherheit“ anerkennt (Ziffer 15), macht ein gewandeltes Verhältnis zur UNO deutlich, denn damit weist sie sich selbst gleichfalls Verantwortung zu. [...] Als positive Kooperationsbeispiele werden die Umsetzung des Dayton-Friedensplans in Bosnien-Herzegowina, wo die UNO unter Schirmherrschaft der NATO zivil tätig ist, sowie die Kosovo-Krise genannt, bei der zum damaligen Zeitpunkt mit dem UN-Flüchtlingswerk zusammengearbeitet wurde. Die NATO verspricht „von Fall zu Fall künftige Zusammenarbeit dieser Art ins Auge zu fassen“. Militärische Kooperation, bei der die NATO einem UN-Oberbefehl unterstände oder der Oberbefehl gemeinsam ausgeübt würde, ist dagegen nicht vorgesehen. Die NATO ist in ihrem eigenen Selbstverständnis der UNO nicht länger untergeordnet [und] versteht sich als zentrale Organisation im Geflecht ineinandergreifender Organisationen: Während die NATO ihr Sicherheitsumfeld, den euro-atlantischen Raum, gestaltet (Washington, Ziffer 12), leisten die nachgeordneten Organisationen VN, OSZE, EU und WEU „ausgeprägte Beiträge“ (Washington, Ziffer 14–17). [...]

Aus: Friedens-Memorandum 2000, nach: www.uni-kassel.de/fb5/frieden/memorandum/NATO-Strategie.html

Zur Zukunft der NATO – unterschiedliche Interessen

MATERIAL 4

Der Journalist Olaf Theiler zu Differenzen zwischen den USA und der EU

Für die USA wird die Allianz neben dem Aspekt der sicherheitspolitischen Stabilisierung Europas in Zukunft vor allem als Instrument zur Koalitionsbildung und Kapazitätssteigerung bei der weltweiten Verteidigung ihrer Interessen gesehen.
[...]
Für die europäischen Staaten hat dagegen militärisch das Krisenmanagement in Europas Umgebung weiterhin die höchste Priorität. Politisch wird die NATO auch in ihren Augen immer wichtiger, zwar nicht als Mittel zur Schmiedung einer weltweiten Koalition gegen den Terror, aber als privilegierter Zugang zur Meinungsbildung in Washington und Instrument zur Beeinflussung der amerikanischen Weltmachtpolitik.

Aus: Olaf Theiler, Die NATO im 21. Jahrhundert, in: Informationen für die Truppe Nr. 2 (2003)

Strategische Partnerschaft?

MATERIAL 5

Der Politikwissenschaftler Peter Schmidt über Abstimmungsschwierigkeiten zwischen EU und NATO

EU und NATO benennen als Zielvorstellung eine „strategische Partnerschaft“ der beiden Organisationen. Ein wichtiges Element hierbei ist das sogenannte Berlin-Plus-Abkommen, das im März 2003 geschlossen wurde. Es verschafft der EU/ESVP bei der Planung und Umsetzung von EU-Operationen Zugang zu Einrichtungen und militärischen Planungs- und Führungskapazitäten der NATO. Dies ist für die EU von großer Bedeutung, weil ihr ausreichende operative und logistische Kapazitäten (zum Beispiel in den Bereichen Transport, Kommunikation und Nachrichtenbeschaffung) für größere Operationen nicht zur Verfügung stehen.
In der Praxis wird die Zusammenarbeit jedoch durch eine Reihe politischer und formaler Beschränkungen behindert. Vor allem der Krieg einer Koalition von Staaten unter Führung der USA gegen den Irak (2003) hat Unterschiede in der sicherheitspolitischen Orientierung unter den Mitgliedern beider Organisationen deutlich werden lassen. Es kam zu erheblichen Verwerfungen in EU und NATO, da einige Mitgliedstaaten sich an diesem Krieg beteiligten (vor allem Großbritannien), wogegen andere sich entschieden gegen diese Operation aussprachen (vor allem Deutschland und Frankreich).
Auch wird in Washington immer wieder geargwöhnt, dass die EU mit der ESVP die Bedeutung der unter amerikanischer Führung stehenden NATO mindern oder gar in Konkurrenz zu ihr bringen will. [...]
Eine formelle Schwierigkeit stellt die Tatsache dar, dass die gemeinsamen Gremien [...] keine Entscheidungsbefugnis haben. Sie müssen die Ergebnisse ihrer Beratungen jeweils NATO und EU zur Entscheidung vorlegen.
[...] Insofern wird wohl der Begriff der „strategischen Partnerschaft“ zwischen EU und NATO eine Formel bleiben, die in der Realität nur beschränkt umgesetzt werden wird.

Aus: Peter Schmidt, Militärisches Instrument der EU – die ESVP, in: Informationen zur politischen Bildung, H. 291 (Sicherheitspolitik im 21. Jahrhundert), Bonn 2006, S. 73 ff., hier S. 75

1 Stellen Sie die historische Entwicklung der NATO sowie ihre Aufgaben und ihren Strategiewandel dar. (M 1–M 3)
2 Erläutern Sie die in M 3 geäußerte Kritik.
3 Erläutern Sie, worauf Differenzen zwischen EU und NATO zurückzuführen sind. (M 4, M 5)

10 Die OSZE

Gegründet wurde die OSZE im Dezember 1994 in Budapest. Sie ist hervorgegangen aus der KSZE, der Konferenz für Sicherheit und Zusammenarbeit in Europa. Deren Schlussdokument, das am 1.8.1975 in Helsinki unterzeichnet worden ist, gilt als der Beginn eines organisierten politischen Dialoges im Ost-West-Konflikt. Zu den wichtigsten Übereinkünften zählen die Grundsätze von der Souveränität und Integrität der Staaten und der Garantie der Menschenrechte. Alle Vereinbarungen waren lediglich politische Absichtserklärungen. Sehr unterschiedlich waren die Erwartungen im Vorfeld gewesen: Die damalige UdSSR hoffte, mit der Anerkennung des Status quo in Osteuropa ihren Einfluss festigen zu können und wirtschaftlich aus der Zusammenarbeit mit dem Westen Nutzen zu ziehen. Der Westen hoffte umgekehrt, durch die Verpflichtung des „Ostblocks" z. B. auf bestimmte Standards im Bereich der Menschenrechte die Opposition dort zu stärken.

Bereits seit 1990 verfügte die KSZE auch über eigene Institutionen. Sie wurde deshalb 1995 folgerichtig in OSZE (Organisation für Sicherheit und Zusammenarbeit in Europa) umbenannt. Schon bald ersetzte sie – zwischenzeitlich auf 55 Mitglieder angewachsen – das Prinzip der Nichteinmischung in die inneren Angelegenheiten der Mitglieder durch eine „Sorge- und Mitsprachepraxis der OSZE-Gemeinschaft bei Normverletzungen". Sie leistet z. B. als Krisenbeobachter oder bei der Krisenbewältigung in Europa erfolgreiche Arbeit.

Bei Konflikten in ihrem Vertragsgebiet soll zunächst die OSZE schlichten. Hierzu stehen ihr Überprüfungs-, Kontroll- und Beobachtermissionen zur Verfügung. OSZE-Teams können in Krisengebiete entsandt werden. Das OSZE-Regelwerk sieht auch die Entsendung von Friedenstruppen vor. Die hierzu notwendigen Kontingente müssen allerdings u. a. von der NATO gestellt werden. Erst nach einem Scheitern der OSZE sollen die Vereinten Nationen eingeschaltet werden.

Für jede neue Aufgabe muss die OSZE bei den Mitgliedsstaaten individuell Personal anfordern, es auswählen und ausbilden. Bei kleineren Missionen ist dies unproblematisch. Bei einer Mission in der Größenordnung der Kosovo-Mission hätten die Mitgliedsstaaten zu einer außergewöhnlichen Unterstützung bereit sein müssen. Sie waren es nicht. So hat die OSZE schließlich ihre erste große Herausforderung nicht bestanden. Damit hat sie an Gewicht im System internationaler Organisationen verloren.

Vereinbarungen der KSZ-Konferenz in Paris 1990

MATERIAL 1

Vertrag über Konventionelle Steitkräfte in Europa – VKSE
Unterzeichner: 16 NATO- und sechs WVO-Staaten[1]
Ziel: Sicherheit und Stabilität in Europa auf der Grundlage eines Gleichgewichts der nicht atomaren Waffen, Beseitigung der Fähigkeit zu einem Überraschungsangriff in Europa vom Atlantik bis zum Ural
Inhalt: Obergrenzen für konventionelle Waffen (Land- und Luftstreitkräfte je Bündnis):

Kampfpanzer	20 000
Schützenpanzer	30 000
Arteilleriegeschütze	20 000
Kampfflugzeuge	6 800
Kampfhubschrauber	2 000

Gemeinsame Erklärung der Staaten der NATO und WVO
Unterzeichner: 16 NATO- und sechs WVO-Staaten[1]
Ziel: Beendigung des Ost-West-Konflikts, Aufbau von Partnerschaft und Freundschaft
Inhalt: Verpflichtung auf die Charta der UNO und die Helsinki-Schlussakte, d. h. vor allem Gewaltverzicht, Unverletzlichkeit der jeweiligen Staatsgebiete und Grenzen; Begrenzung der militärischen Mittel ausschließlich auf Verteidigungszwecke, Fortführung der Abrüstungs- und Entspannungspolitik

Abkommen über vertrauens- und sicherheitsbildende Maßnahmen – VSBM
Unterzeichner: alle 35 KSZE-Staaten
Ziel: Fortführung des Abkommens über vertrauensbildende Maßnahmen und Abrüstung in Europa (1986)
Inhalt: jährlicher Informationsaustausch über Streitkräfte, personelle Stärken, Waffen; Überprüfung der Angaben durch Stichproben; Beratung bei unvorhergesehenen militärischen Aktivitäten; Errichtung von Kontaktstellen in den Ländern

Charta für ein neues Europa
Unterzeichner: alle 35 KSZE-Staaten und die Europäische Gemeinschaft
Ziel: Festigung der Demokratie, des Friedens und Überwindung der Teilung in Europa
Inhalt: Menschenrechte und Grundfreiheiten in den einzelnen Staaten; Aufbau einer sozial verpflichteten Marktwirtschaft in Osteuropa; Ausbau der Zusammenarbeit und Weiterführung der Entspannungs- und Abrüstungspolitik; Einrichtung eines ständigen Sekretariats des OSZE, eines Konfliktverhütungszentrums, eines Büros für freie Wahlen, eines Rates der Außenminister

[1] WVO-Staaten: Staaten des Warschauer Vertrages

(Autorentext)

OSZE-Aktivitäten

MATERIAL 2

Konfliktprävention: Das 1992 eingeführte Amt des Hochkommissars für nationale Minderheiten [...] befasst sich mit der gewaltfreien Regelung des Verhältnisses zwischen Mehrheit und Minderheit in den Staaten Estland, Lettland, Litauen, Ukraine, Kasachstan, Kirgistan, Albanien, Mazedonien, Rumänien, Ungarn, der Slowakischen Republik sowie länderübergreifend mit der Lage der Sinti und Roma. [...]
Konfliktintervention durch Langzeitmissionen: Die Langzeitmissionen der OSZE haben die Aufgaben, Waffenstillstände oder die Tätigkeit von Friedenstruppen zu überwachen, [...] bei der Transformation von Diktaturen den Prozess der Demokratisierung zu unterstützen und für die Einhaltung der Menschen- und Minderheitsrechte zu sorgen [...].
Demokratisierungshilfe durch die OSZE: Die wichtigste Institution der OSZE für die Unterstützung von Demokratisierungsprozessen ist das Warschauer Büro für demokratische Institutionen und Menschenrechte. [...] Damit zielt die OSZE auf den Aufbau zivilgesellschaftlicher Strukturen und die Ausbildung einer demokratisch gesinnten politischen Elite in den postkommunistischen Staaten.

Aus: Friedhelm Solms u. a. (Hg.), Friedensgutachten 1997. Münster 1997, S. 146 ff.

1 Prüfen Sie mithilfe von M 1, worin sich die OSZE spezifisch von anderen Organisationen für Sicherheits- und Friedenspolitik unterscheidet.
2 Recherchieren Sie (über Internet, Presse) aktuelle Tätigkeiten der OSZE.
3 Stellen Sie – ausgehend von M 2 – Chancen und Probleme des OSZE-Engagements einander gegenüber.

MATERIAL 3

Die OSZE zwischen organisatorischer Überforderung und politischem Substanzverlust

Der Politikwissenschaftler Wolfgang Zellner über die Bedeutung der OSZE

[Es sind] vor allem zwei Widersprüche, die der OSZE zu schaffen machen: Erstens stellen die Teilnehmerstaaten die Organisation häufig kurzfristig vor schwierige Aufgaben, ohne ihr dafür immer ausreichende Mittel zu gewähren. Diese Mangellage verweist indes auf einen zweiten, tiefer liegenden Widerspruch: Während die wichtigsten Aufgaben der Organisation, Krisenprävention und Friedenskonsolidierung, hochpolitischer Natur sind und ein hohes Maß an Legitimität verlangen, hält sich die Übertragung politischer Kompetenzen an die OSZE in Grenzen. [...]

Die OSZE kann als Musterbeispiel dafür gelten, wie größere Staaten über die Begrenzung der organisatorischen Kapazität einer internationalen Organisation ihren eigenen Einfluss maximieren können. Denn die Defizite des Sekretariats stärken nicht in gleichem Maße die Stellung aller Teilnehmerstaaten, sondern die Einflussmöglichkeiten der größeren Länder und insbesondere der USA: Als reichstes Mitglied mit der größten Fähigkeit, Missionsmitglieder zu sekundieren, konnten die Vereinigten Staaten eine OSZE mit einem schwachen Sekretariat dominieren, die sich hauptsächlich auf Ad-Hoc-Missionen mit sekundiertem Personal stützte. [...]

Die Mitglieder der Europäischen Union stellen die größte Gruppe innerhalb der OSZE. Die EU dürfte jene Staatengruppierung sein, die am meisten von den Aktivitäten der OSZE profitiert. [...] In diesem Sinne leistet die OSZE wertvolle Vorfeldarbeit für die Erweiterung der EU. Dasselbe gilt auf einem wesentlich niedrigeren Stabilitätsniveau auch für den Balkan, wohin rund 80 Prozent aller OSZE-Mittel fließen. Die flächendeckende Präsenz der OSZE dort trägt wesentlich dazu bei, relativ preiswert erhebliche externe Kostenpotenziale der Union zu reduzieren, ganz gleich, ob diese in finanzieller Form (z.B. Aufwendungen für Flüchtlinge) oder in politischer Währung (z.B. Legitimationseinbrüche) anzufallen drohen.

[...] Aus der Schlüsselerfahrung des Kosovokrieges, der Abhängigkeit von den USA, haben die EU-Staaten [jedoch] insbesondere den Schluss gezogen, im Rahmen der Gemeinsamen Europäischen Sicherheits- und Verteidigungspolitik (GESVP) EU-eigene Krisenreaktionskräfte in einem Umfang von 50 000 - 60000 Mann aufzustellen. Damit betrifft der Kern der EU-Reaktion auf Kosovo eine Stärkung der autonomen Handlungsmöglichkeiten der Union und weniger derjenigen der OSZE. [...]

Die USA sind nicht, wie es einem gängigen Klischee entspricht, nur einfach für die NATO und gegen die OSZE. [Die ...] US-Regierungen [haben] längst erkannt, dass diese Organisation schon deshalb ein hervorragendes Instrument zur Stabilisierung der Transformationsgesellschaften auf dem Territorium der früheren Sowjetunion und des früheren Jugoslawien darstellt, weil die OSZE wie kaum eine andere Organisation auf die Innenpolitik dieser Staaten durchgreifen kann. In geografischer Hinsicht interessiert die USA an der OSZE, dass sie Regionen erreicht, die andere Organisationen kaum erreichen können, z.B. Zentralasien. Inhaltlich ist für die USA, die nicht Mitglied des Europarates sind, die Demokratisierungsarbeit der OSZE von besonderem Interesse.

Zurzeit scheinen weder die EU-Staaten noch die US-Regierung recht zu wissen, welche Kooperationsmöglichkeiten sie Russland über die OSZE anbieten können. Und auch Russland scheint unsicher zu sein, was mit der OSZE anzufangen ist, nachdem der Traum einer die NATO in ihrer Bedeutung zumindest relativierenden Sicherheitsorganisation [...] ausgeträumt ist. Ein weiteres Ereignis, das stark desillusionierend auf Russland wirkte, war der Verlauf der Kosovo-Verifikationsmission, die von der russischen Regierung als direkte Vorbereitung des NATO-Luftkrieges gegen Serbien verstanden wurde. [...]

www.sicherheitspolitik.bundeswehr.de/9/12.php, 2004. Autor: Wolfgang Zellner (2001)

OSZE in Bosnien-Herzegowina

MATERIAL 4

Der Bundestagsabgeordnete Nachtwei (Bündnis 90/Die Grünen) besuchte 2002 Sarajewo, eine Stadt, die in den 90er-Jahren im Bürgerkrieg schwer zerstört worden war. Er fasst das Gespräch mit dem deutschen Botschafter Woltmann, zugleich stv. Leiter der OSZE-Mission, zusammen:

Hauptproblem ist das ethnische Denken. Die Demokratisierungsabteilung der OSZE vor Ort fördert vor allem den Aufbau von Nichtregierungsorganisationen **(NGO's)** und die Teilnahme von Frauen an der Politik. Der jetzige Schwerpunkt liegt bei Jugendlichen: Nach Umfragen würden 64 % das Land sofort verlassen, wenn sie könnten. Es herrscht eine ungeheure Frustration. Viele fliehen in einen bescheidenen Hedonismus bzw. in Schwarzarbeit.
Unterstützt werden Schüler- und Studentenvereinigungen, die kommunalpolitisch aktiv werden. Eingewirkt wird auch auf Jugendorganisationen von Parteien. Allerdings sind diese lammfromm und nur auf Karriere orientiert. Gefördert werden 63 junge Nachwuchskräfte zwischen 20 und 30 Jahren aus allen Ethnien, Regionen und Religionen.
15 *Political Ressource Centers* bieten Räume, Zeitungen, Internetzugang, Telefon für eigenständige Aktivitäten. Hier wird zugleich versucht, die politische Diskussion zu strukturieren und aktuelle Themen anzusprechen – gegen die Dominanz ethnischer Themen und die Stereotype: „Die anderen wollen uns ausrotten! Ich schütze euch, folgt mir!“
OSZE-Personal achtet in Wohnungsbehörden, Justiz und Polizei auf Einhaltung der Regularien. Durchgesetzt wurde das Prinzip der chronologischen Bearbeitung gegen die übliche Vetternwirtschaft.
Die Menschenrechtsabteilung arbeitet vor allem zu Flüchtlingen. Die Rückkehr der Flüchtlinge muss nachhaltig sein. Bei der Arbeitsvergabe, in Schulen darf nicht diskriminiert werden. Gegen Rückkehrer gibt es immer wieder brutale Gewalt mit Handgranaten und Brandstiftung.
Eine Katastrophe sind die Geschichtsbücher. Die Geschichte ist nach Ethnien dreigeteilt bis ins Mittelalter, auch das Volksliedgut.
Die frühere Medienabteilung förderte freie Medien und investigativen Journalismus. Die Bedrohung von Journalisten ist üblich. Kinder von mutigen Journalisten werden in der Schule verprügelt. In letzter Zeit habe sich das gebessert.
Ein Staat kann nicht funktionieren, wo neben dem Mehrheitsprinzip auch umfassendes Paritätsprinzip herrscht und wo alles zum „vitalen“ nationalen Interesse erklärt werden kann, auch der Straßenbau und die Müllbeseitigung. Über Völkerkammern (Oberhäuser) können Minderheiten alles blockieren.
Zurzeit sind 180 Internationale im Land, bei Wahlen sind es mehr als 400. Hinzu kommen 200 bis 250 lokale Mitarbeiter, von denen zunehmend mehr Führungsfunktionen einnehmen.
Die internationalen Mitarbeiter werden von den Teilnehmerstaaten vorgeschlagen und von der OSZE-Mission in Sarajevo mit 6-Monats-Verträgen angestellt. ... Die Mehrheit der Mitarbeiter kommt aus englischsprachigen westlichen Staaten. Das Personal besteht je zur Hälfte aus Frauen und Männern. ... In Deutschland ist es zunehmend schwierig, Mitarbeiter anzuwerben. Gebraucht werden Personen mit internationaler Erfahrung und speziellen Qualifikationen, z. B. Menschenrechtsexperten.

Zitiert nach dem ausführlichen Reisebericht in: www.nachtwei.de, 20. 1. 2003

1 Erläutern Sie an M 3 den Zusammenhang zwischen der Interessenlage der genannten Staaten und der „Schwäche“ der OSZE.

2 Stellen Sie zusammen, mit welchen Problemen sich die OSZE in Sarajewo beschäftigt (M 4).

3 Stellen Sie Chancen und Risiken des OSZE-Engagements einander gegenüber.

11 Die Vereinten Nationen – eine Weltorganisation in der Krise?

Klatscht Beifall, wenn wir erfolgreich sind, kritisiert uns, wenn wir Fehler machen, aber lasst diese unersetzliche und unverzichtbare Institution nicht an der Gleichgültigkeit, der Arroganz oder Knauserigkeit von Mitgliedsländern zugrunde gehen.

Kofi Annan am 17. 12. 1996 in der UN-Generalversammlung

Mit diesen beschwörenden Worten umriss 1996 der Generalsekretär der Vereinten Nationen das Wirken und die Probleme der UNO. Sechs Jahre zuvor ließ das Ende des Ost-West-Konfliktes zunächst die Hoffnungen aufkommen, die UNO werde, wie bei ihrer Gründung beabsichtigt, nun zu einer Art Weltpolizei, ja sogar zu einer Weltregierung werden. Statt Konfrontation zwischen den Supermächten werde nun Weltinnenpolitik betrieben. Die Vereinten Nationen könnten endlich die Geißel des Krieges beseitigen, die Schwerter zu Pflugscharen umschmieden und damit Hunger und Armut in der Welt bekämpfen, ja sogar beseitigen. Inzwischen ist das Hochgefühl einer nüchternen Betrachtungsweise gewichen. Unbefriedigend verlaufene UNO-Missionen, die Hilflosigkeit der UNO im Jugoslawienkonflikt oder in der Irakkrise 2002/2003 und die Abneigung der bedeutendsten Mitgliedstaaten, auf nationale Souveränitätsrechte zugunsten der UNO zu verzichten, dämpften die Hoffnung auf eine Weltinnenpolitik. Dennoch hat die UNO durchaus Erfolge zu verzeichnen.

Als Erfolge werden unter anderem folgende Maßnahmen genannt:

- Seit 1945 gab es mehr als 50 erfolgreiche friedenserhaltende UNO-Operationen.
- Die Vereinten Nationen haben sich für die Entkolonialisierungsbewegung eingesetzt, die zur Unabhängigkeit von über 80 Nationen geführt hat.
- Dank einer von der Weltgesundheitsorganisation (WHO) koordinierten Kampagne wurden die Pocken ausgerottet.
- Das Kinderhilfswerk der Vereinten Nationen (UNICEF) und die WHO haben eine weltweite Impfkampagne gegen sechs tödliche Krankheiten durchgeführt, wodurch jedes Jahr über 2 Millionen Kindern das Leben gerettet wird.
- Dank der Bemühungen der UNO können nunmehr 60 Prozent der Erwachsenen in den Entwicklungsländern lesen und schreiben und erhalten 80 Prozent der Kinder eine Schulbildung.
- Hilfsorganisationen der UNO gewähren derzeit 20 Millionen Flüchtlingen und Vertriebenen in der ganzen Welt Hilfe und Schutz.

Trotz dieser beachtlichen Bilanz erweist sich die UNO heute angesichts einer unübersichtlichen und konfliktreichen Welt als finanziell und organisatorisch überfordert. 1945 hatten in San Francisco 51 Staaten die Vereinten Nationen gegründet. Mittlerweile erlangten sie mit 190 Mitgliedern (2003) universalen Charakter. Die Mitgliederzahl war während der Zeit der Entkolonialisierung kräftig angestiegen und erhielt zuletzt mit der Auflösung der Sowjetunion und dem Zerfall Jugoslawiens neuen Zuwachs. Trotz unterschiedlicher Bevölkerungszahl, Fläche und Wirtschaftskraft sind alle Staaten mit jeweils einer Stimme gleichberechtigte Mitglieder der Generalversammlung. Somit gilt für die UNO neben dem Grundsatz der Universalität auch der Grundsatz der Kollegialität.

Die von der UNO-Generalversammlung verabschiedeten Deklarationen haben zunächst nur empfehlenden Charakter, bekommen aber durch die Prinzipien der Universalität und Kollegialität nach ihrer Ratifizierung in den Mitgliedstaaten völkerrechtliche Verbindlichkeit.

Zur Stärkung der Vereinten Nationen ist die Lösung ihrer Finanzprobleme dringend notwendig. Viele Staaten sind mit ihren Pflichtbeiträgen zum ordentlichen Haushalt bzw. den Beitragsumlagen für UNO-Friedensoperationen im Rückstand. Reformbedürftig ist auch das wichtigste Organ der UNO – der

Sicherheitsrat, der für die Wahrung des Weltfriedens die Hauptverantwortung trägt. Kritik richtet sich gegen die Art seiner Zusammensetzung, gegen die Zahl seiner Mitglieder sowie gegen das Vetorecht seiner fünf ständigen Mitglieder China, Frankreich, Großbritannien, Russland und die USA. Da für dieses UNO-Organ die Prinzipien der Universalität und Kollegialität nicht gelten, fühlen sich besonders kleinere Mitgliedstaaten und die Erdteile Asien, Südamerika und Afrika nicht ausreichend vertreten. Die Reformvorschläge zielen darauf ab, zusätzliche ständige Mitglieder zu berufen und bei der Wahl der zehn nicht ständigen Mitglieder mehr Entwicklungsländer zu berücksichtigen. An die Stelle des Vetorechtes solle eine qualifizierte Mehrheit treten. Langfristig sei ein System der „checks and balances" zwischen den einzelnen UNO-Organen einzurichten.

Die Rolle eines Weltpolizisten vor Augen sah die UNO-Charta ursprünglich das Konzept der kollektiven Sicherheit vor. Mit militärischen oder nicht militärischen Mitteln sollte die Völkergemeinschaft den Erhalt bzw. die Wiederherstellung des Friedens erzwingen können. In der politischen Praxis entwickelten die Vereinten Nationen auf viel bescheidenerer Stufe ein Instrumentarium von friedenserhaltenden Maßnahmen (*peace-keeping operations*), das in der UNO-Charta überhaupt nicht vorgesehen ist. Voraussetzung für die Entsendung der „Blauhelme" ist die Zustimmung des Sicherheitsrates und aller Konfliktbeteiligten. Das Personal (Truppen, Polizeibeamte, Verwaltungskräfte) wird von den Mitgliedstaaten freiwillig bereitgestellt.

Frieden schaffende Maßnahmen *(peace-making operations)* sind Operationen, die einen akut bedrohten oder bereits gebrochenen Frieden sichern oder wiederherstellen sollen.

Skulptur vor dem UN-Gebäude in New York

Da es keine regulären UN-Friedenstruppen gibt, beschließt der Sicherheitsrat wie im Golfkrieg 1991 zwar den Einsatz, überlässt das Kommando jedoch einzelnen Mitgliedstaaten.

Angesichts von Menschenrechtsverletzungen wird von den Vereinten Nationen häufig eine humanitäre Intervention gefordert. Da diese jedoch einen massiven Eingriff in staatliche Souveränitätsrechte bedeutet, ist sie politisch umstritten. Politische Eliten in der Dritten Welt sehen darin Großmacht-Interventionismus unter dem Deckmantel der UNO.

- Wird es der UNO gelingen, ihre Strukturen so zu erneuern, dass sie selbst mit mehr Mitgliedern effektiver arbeiten?
- Ist die UNO nur im Auftrag der USA politisch durchsetzungsfähig?

MATERIAL 1

Aus der Charta der UNO

Artikel 1: Die Vereinten Nationen setzen sich folgende Ziele:
1. den Weltfrieden und die internationale Sicherheit zu wahren und zu diesem Zweck wirksame Kollektivmaßnahmen zu treffen, um Bedrohungen des Friedens zu verhüten und zu beseitigen, Angriffshandlungen und andere Friedensbrüche zu unterdrücken und internationale Streitigkeiten oder Situationen, die zu einem Friedensbruch führen könnten, durch friedliche Mittel nach den Grundsätzen der Gerechtigkeit und des Völkerrechts zu bereinigen oder beizulegen;
2. freundschaftliche, auf der Achtung vor dem Grundsatz der Gleichberechtigung und Selbstbestimmung der Völker beruhende Beziehungen zwischen den Nationen zu entwickeln und andere geeignete Maßnahmen zur Festigung des Weltfriedens zu treffen;
3. eine internationale Zusammenarbeit herbeizuführen, um internationale Probleme wirtschaftlicher, sozialer, kultureller und humanitärer Art zu lösen und die Achtung vor den Menschenrechten und Grundfreiheiten für alle ohne Unterschied der Rasse, des Geschlechts, der Sprache oder der Religion zu fördern und zu festigen;
4. ein Mittelpunkt zu sein, in dem die Bemühungen der Nationen zur Verwirklichung dieser gemeinsamen Ziele aufeinander abgestimmt werden.

Artikel 2: Die Organisation und ihre Mitglieder handeln im Verfolg der in Artikel 1 dargelegten Ziele nach folgenden Grundsätzen:
1. Die Organisation beruht auf dem Grundsatz der souveränen Gleichheit aller Mitglieder.
3. Alle Mitglieder legen ihre internationalen Streitigkeiten durch friedliche Mittel so bei, dass der Weltfriede, die internationale Sicherheit und die Gerechtigkeit nicht gefährdet werden.
4. Alle Mitglieder unterlassen [...] jede gegen die territoriale Unversehrtheit oder die politische Unabhängigkeit eines Staates gerichtete [...] Androhung oder Anwendung von Gewalt.
7. Aus dieser Charta kann eine Befugnis der Vereinten Nationen zum Eingreifen in Angelegenheiten, die ihrem Wesen nach zur inneren Zuständigkeit eines Staates gehören [...] nicht abgeleitet werden; die Anwendung von Zwangsmaßnahmen nach Kapitel VII wird durch diesen Grundsatz nicht berührt.

Artikel 39: Der Sicherheitsrat stellt fest, ob eine Bedrohung oder ein Bruch des Friedens oder eine Angriffshandlung vorliegt; er gibt Empfehlungen ab oder beschließt, welche Maßnahmen aufgrund der Artikel 41 und 42 zu treffen sind, um den Weltfrieden und die internationale Sicherheit zu wahren oder wiederherzustellen.

Artikel 41: Der Sicherheitsrat kann beschließen, welche Maßnahmen – unter Ausschluss von Waffengewalt – zu ergreifen sind, um seinen Beschlüssen Wirksamkeit zu verleihen. Er kann die Mitglieder der Vereinten Nationen auffordern, diese Maßnahmen durchzuführen. [...]

Artikel 42: Ist der Sicherheitsrat der Auffassung, dass die in Artikel 41 vorgesehenen Maßnahmen unzulänglich sein würden oder sich als unzulänglich erwiesen haben, so kann er mit Luft-, See- oder Landstreitkräften die zur Wahrung oder Wiederherstellung des Weltfriedens und der internationalen Sicherheit erforderlichen Maßnahmen durchführen. Sie können [...] Einsätze der Luft-, See- oder Landstreitkräfte von Mitgliedern der Vereinten Nationen einschließen.

Artikel 51: Diese Charta beeinträchtigt im Falle eines bewaffneten Angriffs gegen ein Mitglied der Vereinten Nationen keineswegs das naturgegebene Recht zur individuellen oder kollektiven Selbstverteidigung, bis der Sicherheitsrat die zur Wahrung des Weltfriedens und der internationalen Sicherheit erforderlichen Maßnahmen getroffen hat. Maßnahmen, die ein Mitglied in Ausübung dieses Selbstverteidigungsrechts trifft, sind dem Sicherheitsrat sofort anzuzeigen; sie berühren in keiner Weise dessen auf dieser Charta beruhende Befugnis und Pflicht, jederzeit die Maßnahmen zu treffen, die er zur Wahrung oder Wiederherstellung des Weltfriedens und der internationalen Sicherheit für erforderlich hält.

Das System der Vereinten Nationen

MATERIAL 2

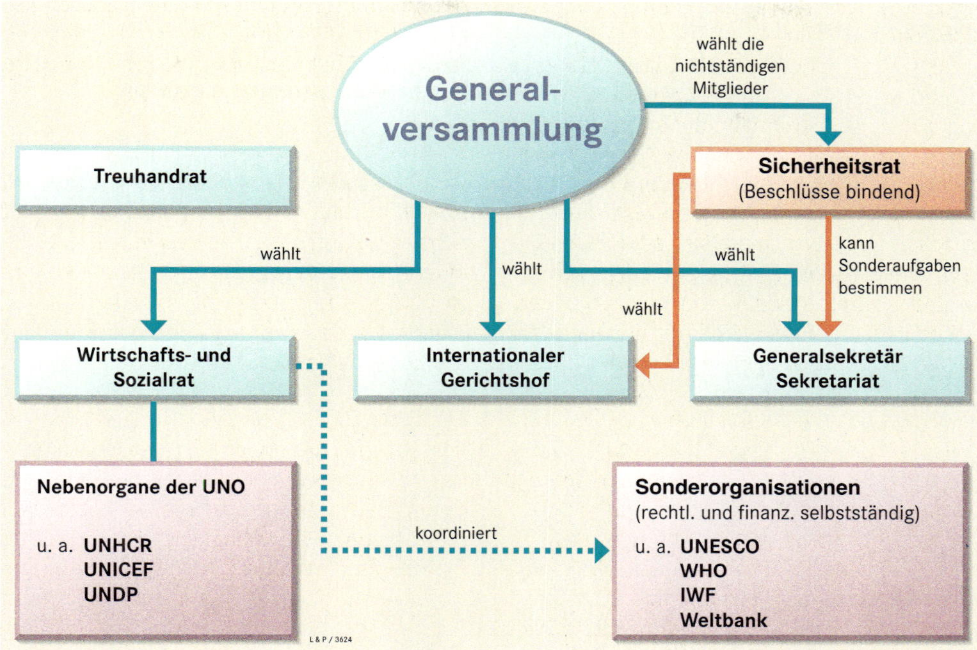

Der UN-Sicherheitsrat

MATERIAL 3

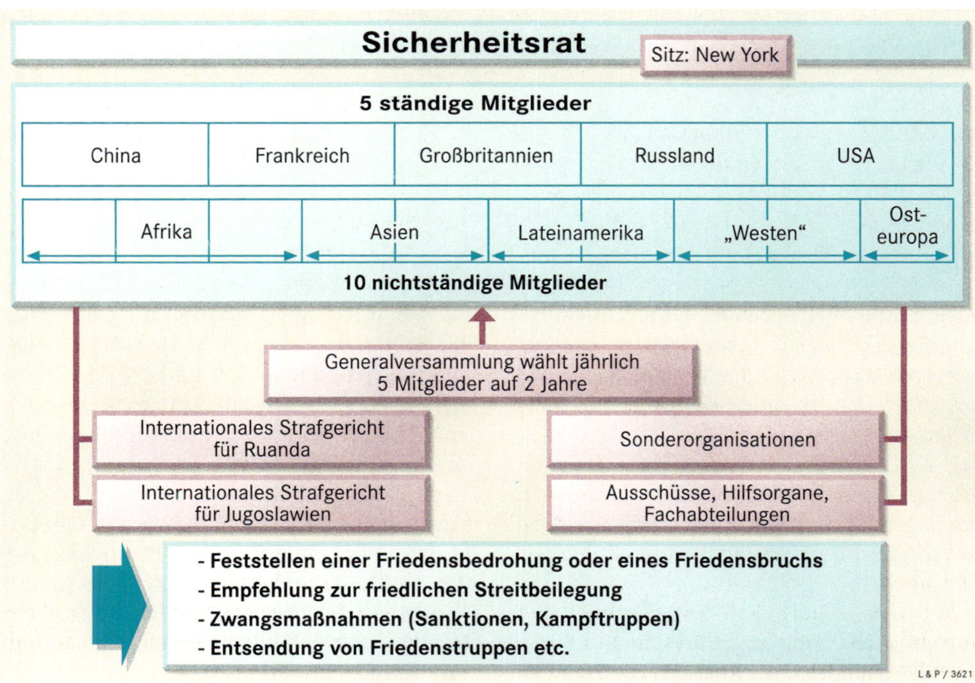

MATERIAL 4 Blauhelme im Einsatz

Friedenssicherungseinsätze der Vereinten Nationen

FRIEDENSSICHERUNGS-EINSÄTZE	
Friedenssicherungseinsätze seit 1948	63
Laufende Einsätze	16
Laufende Friedensmissionen unter Leitung und mit Unterstützung der Hauptabteilung Friedenssicherungseinsätze	18
PERSONAL	
Uniformiertes Personal Truppen: 79 147, Polizei: 10 314, Militärbeobachter: 2 381	91 842 [1]
Länder, die militärisches und ziviles Personal bereitstellen	118
Internationales Zivilpersonal (28. Januar 2009)	5 909 [1]
Lokales Zivilpersonal (28. Januar 2009)	13 420 [1]
UNO-Freiwillige	2 147 [1]
Gesamtzahl des Personals beteiligt an 16 Friedenssicherungseinsätzen	113 318
Gesamtzahl des Personals beteiligt an 18 Missionen unter DPKO-Leitung	115 311 [2]
Anzahl der Todesopfer bei Friedenssicherungseinsätzen seit 1948	2 583 [3]
FINANZIERUNG	
veranschlagtes Budget für den Zeitraum vom 1. Juli 2008 bis zum 30. Juni 2009	ca. $ 7,1 Milliarden
voraussichtliche Gesamtkosten der Einsätze von 1948 bis zum 30. Juni 2008	ca. $ 54 Milliarden
Ausstehende Zahlungen für Friedenssicherungseinsätze (31. Dezember 2008)	ca. $ 288 Milliarden

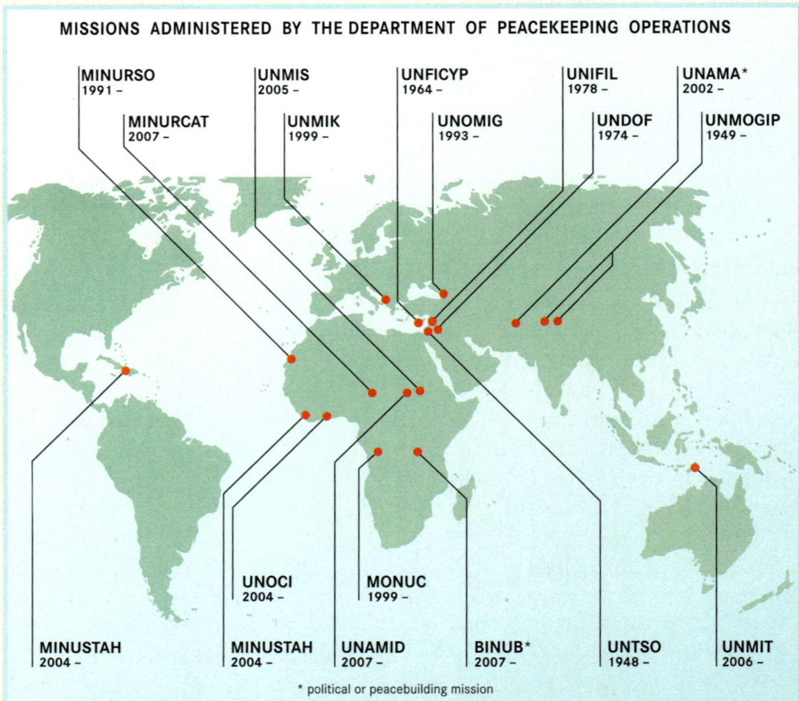

[1] Die Zahlen gelten nur für die 16 Friedenssicherungseinsätze. Statistische Angaben für zwei politische und/oder friedensbildende Missionen – BINUB und UNAMA – unter Leitung und mit Unterstützung der Hauptabteilung Friedenssicherungseinsätze (DPKO) können unter http://.unric.org/html/german/dpi2166dt.pdf abgerufen werden.

[2] Diese Zahlen beinhalten die Gesamtzahl an militärischen und zivilen Personal für die 16 Friedenssicherungseinsätze und die zwei politischen und/oder friedensbildenden Missionen unter DPKO-Leitung BINUB und UNAMA.

[3] Angaben beziehen sich auf alle Friedensmissionen.

L&P / 3623

MATERIAL 5 Agenda für den Frieden

Im Juni 1992 legte Generalsekretär Boutros Boutros-Ghali mit der „Agenda für den Frieden“ eine neue Konzeption für die Handlungsmöglichkeiten der Vereinten Nationen auf dem Gebiet der Friedenssicherung vor. Diese Agenda hat, nicht zuletzt durch die Klärung zentraler Begrifflichkeiten, maßgeblich ein neues Verständnis von Friedenssicherung mitgeprägt und ist der bis heute gültige konzeptionelle Rahmen jeglicher Reformbemühungen geblieben.

Vorbeugende Diplomatie (preventive diplomacy), hierunter fällt der Einsatz diplomatischer Mittel mit dem Ziel, das Entstehen von Streitigkeiten zwischen einzelnen Parteien zu verhüten, die Eskalation bestehender Streitigkeiten zu Konflikten zu verhindern und – sofern es doch zu Konflikten kommen sollte – diese einzugrenzen.

Vorbeugende Einsätze (preventive deployments) sind präventive Truppeneinsätze, um den Ausbruch eines Konfliktes im Vorfeld zu verhindern. Bei einer innerstaatlichen Krise kann ein vorbeugender Einsatz auf Antrag bzw. mit Zustimmung der Regierung oder aller Konfliktparteien erfolgen. Gleiches gilt, wenn ein Land sich bedroht fühlt und die Errichtung einer VN-Truppe nur auf seiner Seite der Grenze beantragt.

Friedensschaffung (*peace-making*) ist der Prozess bis zum Abschluss eines Friedensvertrags oder Waffenstillstands und bezeichnet Aktivitäten mit dem Ziel, feindliche Parteien zu einer Einigung zu bringen, im Wesentlichen durch solche friedlichen Mittel, wie sie in Kapitel VI der VN-Charta vorgesehen sind.

Friedenssicherung (*peace-keeping*) bezeichnet die Errichtung einer personellen Präsenz der Vereinten Nationen vor Ort mit Zustimmung aller Konfliktbeteiligten durch Einsatz von durchweg leicht bewaffneten Soldaten [„Blauhelme"], Wahlbeobachtern und Polizisten zur Überwachung und Durchführung von Waffenstillstands- und Friedensvereinbarungen. [...]

Friedensdurchsetzung (*peace-enforcement*). Hierunter sind Einsätze stärker bewaffneter VN-Truppen und als vorläufige Maßnahme nach Kapitel VII, Artikel 40 der VN-Charta zu verstehen. Darunter fallen Maßnahmen z. B. zur Wiederherstellung und Aufrechterhaltung der Waffenruhe, die aufgrund ihrer stärkeren Bewaffnung über den Auftrag an Friedenstruppen hinausgehen, aber nicht mit Zwangsmaßnahmen zu verwechseln sind, die – nach Artikel 42 der Charta – verhängt werden können, um gegen Angriffshandlungen vorzugehen.

Friedenserzwingung durch militärische Gewalt (use of military force) bezeichnet militärische Zwangsmaßnahmen nach Kapitel VII, Artikel 42 der Charta, die bei Bedrohung oder Bruch des Friedens oder bei Angriffshandlungen verhängt werden können, um den Weltfrieden aufrechtzuerhalten. Der Sicherheitsrat hat bislang nur selten Gebrauch gemacht von den stärksten der militärischen Zwangsmaßnahmen. Sonderfälle waren der Golfkrieg II (Irak-Kuwait) wie auch die erste Intervention zur Absicherung humanitärer Hilfe in Somalia (United Task Force – UNITAF): Der Sicherheitsrat hatte Mitgliedstaaten (die USA u. a.) ermächtigt, in seinem Namen Maßnahmen zu ergreifen. [...]

Einsatz von Blauhelmen, 2007

Friedenskonsolidierung (post-conflict peace-building) ist nach erfolgreicher Beendigung eines Konfliktes auf die Wiederherstellung bzw. Förderung staatlicher Strukturen gerichtet, die geeignet sind, den Frieden zu festigen und zu konsolidieren, um das Wiederaufleben eines Konfliktes zu verhindern. Hierzu gehören die Demobilisierung von (Ex-)Kombattanten, ihre Entwaffnung und Rehabilitierung durch Wiedereingliederung in die Zivilgesellschaft; ferner der Aufbau von Verwaltung und Justiz nach rechtsstaatlichen Prinzipien.

Aus: Auswärtiges Amt (Hg.), ABC der Vereinten Nationen, Berlin 2000, S. 37–39

1 Untersuchen Sie mithilfe von M 1 bis M 3 die Organisation der UN im Hinblick auf Legitimation der Institutionen, Entscheidungsabläufe und Durchsetzungsfähigkeit.

2 Zeigen Sie, dass die UNO weder ein Weltstaat noch eine Weltföderation ist.

3 Suchen Sie Beispiele für die in M 3 genannten Maßnahmen der UNO; erläutern Sie Verlauf sowie Erfolgs- bzw. Misserfolgsbedingungen.

MATERIAL 6 Nationalstaat und Völkerrecht

Norman Paech, Professor für öffentliches Recht an der Hochschule für Wirtschaft und Politik in Hamburg, zu möglichen Interventionen im Rahmen des Völkerrechts.

Spätestens Anfang der Siebzigerjahre war an dem absoluten völkerrechtlichen Verbot einer militärischen Intervention [...] kein Zweifel mehr. Die berühmte Deklaration über die Grundprinzipien des Völkerrechts formulierte dies ganz eindeutig: „Jeder Staat hat die Pflicht, in seinen internationalen Beziehungen jede gegen die territoriale Unversehrtheit oder die politische Unabhängigkeit eines Staates gerichtete oder sonst mit den Zielen der Vereinten Nationen unvereinbare Androhung oder Anwendung von Gewalt zu unterlassen. Eine solche Androhung oder Anwendung von Gewalt stellt eine Verletzung des Völkerrechts und der Charta der Vereinten Nationen dar und darf niemals als Mittel zur Beilegung internationaler Streitfragen angewandt werden. [...]

So wie die Erweiterung des Kriegs- zum Gewalt- und Interventionsverbot hat auch der Menschenrechtsschutz nach 1945 einen beträchtlichen Entwicklungssprung getan. Denn nicht nur Krieg und Zerstörung, sondern auch KZ und Völkermord gehörten zur Erfahrung der Staaten, als sie sich zur Gründung der Vereinten Nationen und zur Verabschiedung ihrer Charta versammelten. Wenn es auch nicht gelang, den Menschenrechten ein eigenes Kapitel in der Charta zu widmen, so wurden sie doch nicht ausgeschlossen. An insgesamt sieben Stellen wird ihr Schutz als wesentliches Ziel der Vereinten Nationen erwähnt. Doch ihre inhaltliche Präzisierung gelang erst in weiteren Schritten über die Allgemeine Erklärung der Menschenrechte von 1948 zu den beiden Pakten über bürgerliche und politische sowie wirtschaftliche, soziale und kulturelle Rechte von 1966, die 1976 für etwa 50 der insgesamt 150 Mitgliedstaaten der UNO verbindlich wurden – bis hin zu den zahlreichen Sonderkonventionen zum Schutz besonders gefährdeter Menschenrechtsbereiche (z. B. Schutz vor Folter, Hilfe für Kinder, Frauen etc.).

Das Hauptziel und die zentrale Aufgabe der UNO bleibt jedoch die Friedenssicherung, worunter sich die anderen Ziele einzureihen haben. Dies macht zum einen Art. 103 UN-Charta deutlich: „Widersprechen sich die Verpflichtungen von Mitgliedern der Vereinten Nationen aus dieser Charta und ihre Verpflichtungen aus anderen internationalen Übereinkünften, so haben die Verpflichtungen aus dieser Charta Vorrang." Tritt also das Gewaltverbot der Friedenssicherung in Konkurrenz zu einer Verpflichtung aus einem der Menschenrechtspakte und einer der Menschenrechtskonventionen, so hat das Gewaltverbot Vorrang. [...] Eine Verknüpfung beider Prinzipien derart, dass die Sicherung der Menschenrechte eine Ausnahme vom Gewaltverbot zulasse oder gar erfordere, ist im System der UN-Charta also nicht angelegt. Dies hat der Internationale Gerichtshof (IGH) 1986 in seinem Urteil im Rechtsstreit Nicaraguas gegen die USA noch einmal unterstrichen: „Die Vereinigten Staaten mögen ihre eigene Einschätzung hinsichtlich der Achtung der Menschenrechte in Nicaragua haben, jedoch kann die Anwendung von Gewalt keine geeignete Methode sein, die Achtung der Menschenrechte zu überwachen oder zu sichern. Hinsichtlich der ergriffenen Maßnahmen (ist festzustellen), dass der Schutz der Menschenrechte, ein strikt humanitäres Ziel, unvereinbar ist mit der Verminung von Häfen, der Zerstörung von Ölraffinerien oder [...] mit der Ausbildung, Bewaffnung und Ausrüstung von Contras. Das Gericht kommt zu dem Ergebnis, dass das Argument, das von der Wahrung der Menschenrechte in Nicaragua hergeleitet wird, keine juristische Rechtfertigung für das Verhalten der USA liefern kann." [...]

Das NATO-Dilemma und die Evolution des Völkerrechts

Die vergangenen Fälle einseitiger Interventionen waren in ihrer humanitären Begründung zumeist dubios und eher von schlechten Rechtfertigungsversuchen der Interventen begleitet als von dem Willen und der Überzeugung getragen, neues Völkergewohnheitsrecht zu etablieren. Dies kennzeichnet auch das juristische Dilemma des NATO-Einsatzes gegen Jugoslawien. Die humanitäre Begründung wurde erst dann nachgeschoben, als mit Beginn der Bombardierungen nach dem 24. März sich die Situation für die zwischen serbischem Militär und der UCK drangsalierte Bevölkerung zur wahren humanitären Katastrophe ausweitete. Die Bombardierung selbst war die unmittelbare Antwort auf das Scheitern der Verhandlungen von Rambouillet und Paris und wurde zunächst ausschließlich damit begründet, Milošević zur Unterschrift zu zwingen. Wer aber selbst entscheidend zur Entstehung der Katastrophe beiträgt, kann daraus nicht das Recht ableiten, sie mit militärischen Mitteln wieder zu beheben. Wie wenig die „humanitäre Intervention" zudem eine Rolle in der Krisenplanung der NATO-Staaten spielt, zeigt das noch während des Krieges am 23/24. April in Washington verabschiedete Strategiepapier. In ihm ist der Schutz der Menschenrechte nur eine unter zahlreichen Aufgaben, die überwiegend den ökonomischen und strategischen Interessen der Verbündeten gelten.

Die so kontroverse und immer wieder die moralische mit der juristischen Ebene verquickende Auseinandersetzung um die NATO-Intervention in Jugoslawien verweist aber auch auf die Evolution des Völkerrechts, seine Fähigkeit, auf die Katastrophen der Realität und den Wandel der Auffassungen und Überzeugungen in der internationalen Staatengemeinschaft zu reagieren und sich fortzuentwickeln. Akzeptieren wir den Bedeutungszuwachs, den die Menschenrechte in den internationalen Beziehungen erlangt haben, und konfrontieren wir ihn mit der erschreckenden Bilanz der Menschenrechtsverletzungen in zahlreichen Ländern der Erde und dem mangelhaften Instrumentarium für deren Durchsetzung und Garantie, so könnte die Forderung nach „humanitärer Intervention" auch ohne Ermächtigung durch den UNO-Sicherheitsrat weitere Unterstützung in der Staatengemeinschaft finden.

Um allerdings aus einem derartigen Trend Völkergewohnheitsrecht entstehen zu lassen, das den gewaltsamen Schutz der Menschenrechte rechtfertigt, bedarf es genau und eng gefasster Voraussetzungen, wie sie Antonio Cassese im Anschluss an den NATO-Angriff auf Jugoslawien vorgeschlagen hat. Neben dem unzweideutigen Nachweis grober, weitreichender und andauernder Menschenrechtsverletzungen, die Hunderten, ja Tausenden von Opfern das Leben kosten, der Unfähigkeit des Sicherheitsrats, die Katastrophe zu stoppen, und der Erschöpfung aller erdenklichen nichtmilitärischen Lösungen, fordert Cassese, dass der Zwang in keinem Fall von einer einzelnen Hegemonialmacht, sondern nur von einer Gruppe von Staaten ausgeführt werden darf und ausschließlich auf den Stopp der Grausamkeiten und die Wiederherstellung der Achtung der Menschenrechte begrenzt bleiben muss. Obwohl der Autor alle Voraussetzungen beim NATO-Einsatz als erfüllt ansieht, hält er ihn dennoch für völkerrechtswidrig, da ein derartiges Gewohnheitsrecht noch nicht existiere.

Ich hätte allerdings Zweifel, ob selbst ein präzis umschriebenes Gewohnheitsrecht die Gefahr des Missbrauches, der Manipulation und des Interpretationsstreites ausschließen könnte. [...]

Durch Luftangriff der NATO zerstörtes Wohnhaus in Cacak (Serbien). 1999

Aus: Ulrich Albrecht / Paul Schäfer (Hrsg.), Der Kosovo-Krieg. Köln 1999 (2. Auflage), S. 82–103

MATERIAL 7 Großes Beharrungsvermögen der Staatengemeinschaft

Der Wissenschaftliche Direktor des Fachbereichs Sozialwissenschaften der Führungsakademie der Bundeswehr Sven Bernhard Gareis über unzureichende Reformen der UN

[...] Zum sechzigsten Jubiläum der Weltorganisation im Jahr 2005 schlug UN-Generalsekretär Kofi Annan den Mitgliedstaaten [...] ein umfassendes Reformprogramm vor, das durch eine hochrangige Expertenkommission vorbereitet worden war. Überholte Strukturen und Organe sollten abgeschafft werden, so der suspendierte Treuhandrat, der inaktive Generalstabsausschuss oder die Men-schenrechtskommission, die aufgrund der Mitgliedschaft zahlreicher notorischer Menschenrechtsverletzer wie Sudan oder Libyen völlig diskreditiert war. An ihre Stelle sollten auf die gewandelten Erfordernisse zugeschnittene Institutionen treten wie ein permanenter, von der Generalversammlung gewählter Menschenrechtsrat oder eine Kommission zur Friedenskonsolidierung.
Das für den Jubiläumsgipfel im September 2005 formulierte Abschlussdokument, das neben diesen konkreten Reformschritten auch neue Akzentuierungen auf Gebieten wie Entwicklung oder Abrüstung vorsah, wurde jedoch unmittelbar vor Beginn der Konferenz durch ein weitaus unverbindlicheres Papier ersetzt. Der neue UN-Botschafter der USA, John Bolton, hatte mit rund 700 Änderungsanträgen das durch den Präsidenten der Generalversammlung vorbereitete Konsenspapier zerlöchert und so eine neuerliche Debatte auch über schon abgeschlossene Punkte entfacht.
Bereits weit fortgeschrittene Vorschläge etwa zum Menschenrechtsrat wurden zur Neuverhandlung in die Ausschüsse der Generalversammlung zurückverwiesen. Der im März 2006 schließlich gegründete Menschenrechtsrat war, was die Kriterien für die Mitgliedschaft oder seine Befugnisse betraf, deutlich schwächer, als sich dies Annan und auch die USA gewünscht hatten.
Eine Reform des Sicherheitsrates, der noch immer die Machtverhältnisse von 1945 widerspiegelt, muss wohl als gescheitert betrachtet werden. Seit über zehn Jahren ist eine neue Zusammensetzung dieses Gremiums ein Kernstück der Bemühungen um die institutionelle Erneuerung der UNO. Die Reformgruppe um Deutschland, Japan, Brasilien, Indien und die Staaten der Afrikanischen Union war im Sommer 2005 nicht in der Lage, sich auf eine gemeinsame Kompromisslösung in der Vetofrage zu einigen. Der heftigen Ablehnung dieser Reforminitiative durch die USA und China (die USA wollen Deutschlands, China will Japans Aufrücken verhindern) hätte es angesichts dieser Selbstblockade kaum mehr bedurft.
Wie die Friedenssicherung zeigt auch die Reformdebatte in den Vereinten Nationen die Schwierigkeiten, in einer Gemeinschaft von 191 Staaten zu Entscheidungen zu kommen, die einerseits erkennbare Veränderungen bewirken und andererseits von einer großen Mehrheit mitgetragen werden. Im Zweifelsfall sorgt das Beharren der Staaten auf mitunter kleinteiligen Interessen eher für das Scheitern von Initiativen als für ihren Durchbruch.
Die UN können und sollen nicht die Staaten als die zentralen Akteure der Internationalen Politik ersetzen. Sie bilden aber ein einzigartiges Forum zur globalen Koordination von Politik. Es könnte indes von den Staaten effektiver genutzt werden. Von deren Bereitschaft zu internationaler Kooperation wird es daher auch in Zukunft abhängen, ob die Vereinten Nationen ihre vielfältigen Funktionen für den Frieden wahrnehmen können oder aber in einem Zustand dauerhafter Selbstblockade den Weg in die Bedeutungslosigkeit gehen.

Aus: Informationen zur politischen Bildung, H. 291 (Sicherheitspolitik im 21. Jahrhundert), Bonn 2006, S. 60 f.

Die Rolle der UN im 21. Jahrhundert

MATERIAL 8

Welche Rolle werden nun die Vereinten Nationen in der Welt des 21. Jahrhunderts spielen? [...] Es ist offenkundig, dass ein erhebliches Gefälle zwischen dem Potenzial der aus der VN-Charta ableitbaren Handlungsnormen und dem tatsächlichen Verhalten der Mitgliedstaaten bzw. den realen Gegebenheiten im internationalen System besteht. [...] Die Verpflichtung zur friedlichen Streitbeilegung und die Beachtung des allgemeinen Gewaltverbots kontrastieren mit dem praktizierten Recht einzelner Staaten auf unilaterale Gewaltanwendung, und die Bewahrung des Weltfriedens sowie der internationalen Sicherheit als kollektive Aufgabe aller Mitgliedstaaten stehen in der Praxis die Interessendominanz der Industriestaaten und „vergessene" Konflikte in Entwicklungsländern gegenüber. Was bedeutet dies nun für die Rolle der Vereinten Nationen? [...]

Erstens wird es darauf ankommen, was die Mitgliedstaaten aus ihren Vereinten Nationen machen. Eine internationale Organisation nach dem intergouvernementalen Bauplan kann immer nur in dem Maße agieren, wie es die sie tragenden Mitgliedstaaten zulassen. Eine solche Organisation kann zwar den Rahmen bieten, in dem sich Interessen, Absichten und Strategien der Staaten modifizieren und einander annähern können, diese Lernprozesse müssen aber die Staaten selbst vollziehen.

Zweitens gilt es, das Gefälle zwischen den vollmundigen Ankündigungen und den oft sehr viel weniger ambitionierten praktischen Verhaltensweisen der Mitgliedstaaten zu verringern. [...]

Drittens [...] ist in den vergangenen Jahren nicht ausschließlich, aber doch unter tätiger Mitwirkung der Vereinten Nationen ein Milieu entstanden, in dem die Bestimmungen und Normen der Charta Referenzpunkt geworden sind. Sie werden zwar nicht immer eingehalten, der Rechtfertigungsdruck im Falle der Regelverletzung hat aber enorm zugenommen. [...]

Viertens gilt es, sich von unrealistischen Erwartungen an die Vereinten Nationen zu verabschieden. Es ist zwar davon auszugehen, dass die Bedeutung multilateraler Arrangements in einer unübersichtlicher werdenden, interdependenten und komplexen Welt zunehmen wird, eine Weltregierung ist aber nicht in Sicht. [...] Die Problembereiche, die sich nicht mehr national mit Aussicht auf Erfolg lösen lassen, haben aber derart zugenommen, dass in einer zunehmenden Zahl von Politikbereichen (von der Friedenssicherung über die Einhaltung der Menschenrechte bis zu Welthandels-, Entwicklungs- und Umweltfragen) gemeinsame Lösungsansätze erforderlich sind. Ein zentraler Ort für diese gemeinsamen Lösungsansätze können die Vereinten Nationen sein.

Fünftens müssen die Vereinten Nationen in Zukunft insbesondere darüber entscheiden, welche Prioritäten sie setzen wollen, und dann die Mitgliedstaaten davon überzeugen, für die ihr übertragenen Aufgaben auch die notwendigen Mittel bereitzustellen.

Aus: Johannes Varwick/Wilhelm Knelangen, Die Rolle der Vereinten Nationen in der internationalen Politik, in: APuZ, B27-28/8. 2. 2002, S. 9 f.

1 Erläutern Sie, worin laut Paech das „juristische Dilemma" des NATO-Einsatzes besteht. (M 6)

2 Erklären Sie das juristische Spannungsverhältnis von nationalstaatlicher Souveränität, Gewaltverbot, Menschenrechtsverletzungen und Völkerrecht. (M 6)

3 Beurteilen Sie die in M 6 wiedergegebenen Vorschläge Antonio Casseses.

4 Erläutern und erklären Sie die Schwierigkeiten bei einer Reformierung der UN. (M 7)

5 Formulieren Sie unter Bezug auf M 8, wie sich die Vereinten Nationen in friedenspolitischer Hinsicht weiterentwickeln sollten.

VERWEIS

s. S. 444
Millenniums-Ziele

12 Zukünftig Frieden sichern

Welcher Friede soll es sein? Der Ihre, der Friede Ihrer Freunde oder der meine? Welcher Frieden ist auf Dauer denkbar? Unabhängig davon, wie Sie sich entscheiden, Frieden wollen alle, obwohl sich viele unter Frieden sehr Unterschiedliches vorstellen. Wer sich mit subjektiven Vorstellungen von Frieden nicht zufrieden gibt, dem wird die Auseinandersetzung mit der allgemein anerkannten Unterscheidung des Friedensforschers Johan Galtung nützlich sein: Negativer Frieden und positiver Frieden sind Bestandteile seines Friedensverständnisses. Dabei meint ersterer die Abwesenheit von Krieg oder kollektiver Gewaltanwendung. Positiver Frieden geht darüber hinaus und füllt „Frieden" mit Inhalten, etwa der Durchsetzung allgemein anerkannter Werte.

International gesehen bedeutet negativer Frieden zunächst einmal Nicht-Krieg. Das ist schon viel angesichts der Vielzahl von Kriegen auf der Welt. Es ist aber wenig, wenn man bedenkt, dass die Abwesenheit von Krieg durchaus mit einer Vielzahl sozialer, politischer und wirtschaftlicher Bedrohungen einhergehen kann. Mit der Erklärung der Menschenrechte und der Anerkennung der Volkssouveränität als staatstragendem Prinzip waren Grundlagen gegeben zur inhaltlichen Ausgestaltung des Friedensbegriffes. Seither gründet Frieden auf der Überzeugung von der Unantastbarkeit der Menschenwürde und der Gleichheit aller Menschen.

Vor diesem Maßstab ist ein Frieden, der nur auf militärischer Abschreckung gründet und der somit auf der Bereitschaft zur Gewaltanwendung beruht, ein mangelhafter Frieden. Ein solches erweitertes Friedensverständnis lässt aber auch Stufungen des Friedens zu: Ein Mehr an Gerechtigkeit und Gleichberechtigung ist in jedem dem Frieden verpflichteten Staat möglich. Gleichzeitig wird der Prozesscharakter des Friedens deutlich. Positiver Frieden als Ausdruck von Verhaltensregeln für das Zusammenleben von Menschen bedingt Konfliktfähigkeit und -bereitschaft der Menschen. Sie müssen über ein Repertoire gewaltfreier Konfliktregelungen verfügen und zu Kompromissen bereit sein. Mit den Menschenrechten als Werterahmen ist auch die Volkssouveränität als Grundlage des Staatsaufbaus gegeben: Mitentscheiden und Mitgestalten sind Ausfluss der Menschenwürde.

Es blieb dem 20. Jahrhundert vorbehalten, den Krieg zu ächten und Organisationen zu schaffen, die sich dem Frieden verpflichtet fühlen. Die UNO-Umweltkonferenz von Rio de Janeiro (1992) schließlich fordert soziale Gerechtigkeit zwischen Industriestaaten und Entwicklungsländern. Sie betont die nachhaltige Entwicklung („Sustainable Development") und den Zusammenhang zwischen Armutsbekämpfung und dem Erhalt der natürlichen Lebensgrundlagen. Mit dieser Betonung der Sicherheit des einzelnen Menschen („human security") haben die Vereinten Nationen das Verständnis des ursprünglich auf Staatsvolk, Staatsterritorium und Staatsgewalt bezogenen Begriffs von Sicherheit erweitert: Da Frieden und Sicherheit im 21. Jahrhundert nicht allein von Staaten bedroht werden, wird Sicherheitspolitik heute als Querschnittsaufgabe verstanden, die wirtschaftliche, gesellschaftliche und politische Formen der Entwicklungshilfe ebenso kennt wie zivile und militärische Instrumente des Krisenmanagements. Im Zeichen des erweiterten Sicherheitsbegriffs fliegen die friedenspolitische Taube und der sicherheitspolitische Falke gemeinsam.

Kann Krieg gerechtfertigt sein?

MATERIAL 1

Ein Positionspapier der Katholischen Studentischen Jugend (KSJ)

Alle zur Verfügung stehenden politischen und ökonomischen Druckmittel zur gewaltfreien Beilegung eines Konfliktes müssen ausgeschöpft und gescheitert sein.

- Es darf kein anderes Interesse für eine bewaffnete Intervention gegeben sein als das der Notwehr, als das der Rettung von Leben.
- Jegliches militärische Handeln ist an das geltende Völkerrecht und die dort festgelegten Verfahren gebunden, insbesondere braucht es ein Mandat der Vereinten Nationen. Jede Gewaltanwendung muss auf ein Minimum der notwendigen Maßnahmen beschränkt bleiben und darf nie direkt die Zivilbevölkerung treffen.
- Es muss eine hinreichende Wahrscheinlichkeit bestehen, dass die Gewaltanwendung ihr Ziel tatsächlich erreichen kann und die Lage nicht etwa noch verschlimmert wird. Auch deshalb muss das Ausmaß der Gewaltanwendung so kalkuliert werden können, wie es der Grundsatz der Verhältnismäßigkeit gebietet.
- Die durch eine militärische Intervention verursachten humanitären Notlagen müssen auf ein Minimum beschränkt bleiben, gleichzeitig müssen sie umfassend gelindert werden. Leben, auch das von Soldaten, muss so weit wie nur irgend möglich verschont bleiben.
- Jede militärische Intervention muss mit einer politischen Perspektive verbunden sein, die grundsätzlich mehr beinhaltet als die Rückkehr zum Status quo ante [= vorherigen Zustand]. Die politische Perspektive muss sich zwingend an einem Maximum erreichbarer Menschenwürde orientieren. Das schließt ein Paktieren mit menschenverachtenden Regimen und Diktaturen aus. Zur politischen Perspektive muss unbedingt ein Prozess gelingender Konfliktnachsorge gehören, damit neue Spannungen verhindert werden können.
- Alle Kriterien müssen erfüllt sein, damit eine militärische Intervention friedensethisch zu rechtfertigen ist.

„Friedensethische Positionierung", beschlossen von der KSJ-Bundeskonferenz am 30. 12. 2002

www.ksj.de/ (Auszug)

Friedensbegriffe

MATERIAL 2

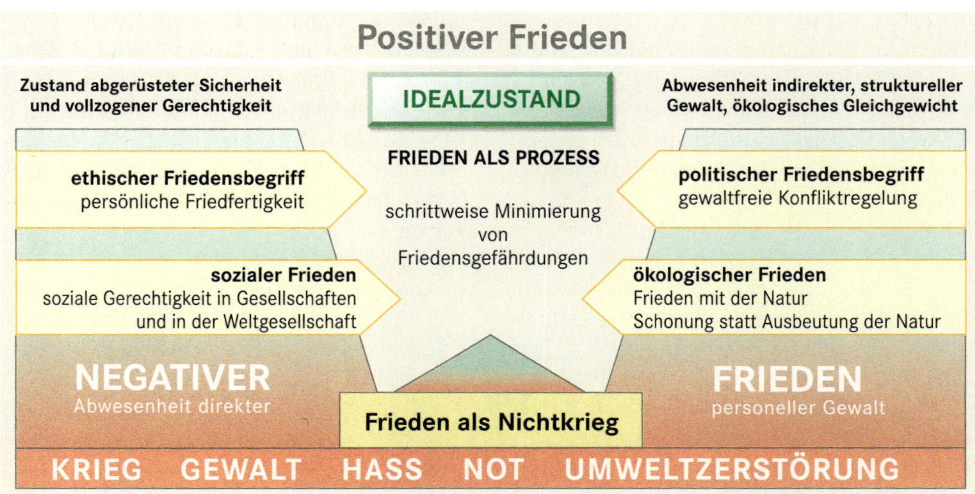

Nach: ISB (Hrsg.), Handreichung für den Sozialkundeunterricht am Gymnasium, Donauwörth 1993, S. 147

MATERIAL 3 Das zivilisatorische Hexagon

Rechtsstaatlichkeit:
Begrenzung der Staatsgewalt durch Prinzipien wie Gewaltenteilung und richterliche Unabhängigkeit

Demokratische Partizipation:
Beteiligung der Bürger am politischen Willensbildungs- und Entscheidungsprozess, z. B. durch Wahlen

Konfliktkultur:
Bereitschaft und Fähigkeit zur gewaltfreien konstruktiven Konfliktbewältigung

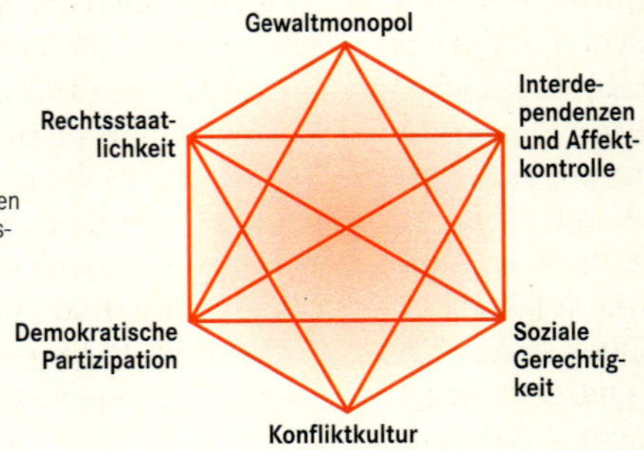

Staatliches Gewaltmonopol:
Vorherrschaft des Rechts, nicht Durchsetzung des jeweils Stärkeren

Interpendenzen/Affektkontrolle:
Wissen um „wechselseitige Abhängigkeiten" fördert Identitätsausbildung; ist Voraussetzung für Toleranz und Kompromissbereitschaft

Soziale Gerechtigkeit:
gerechte Verteilung von Rechten und Chancen in der Gesellschaft ist Voraussetzung für konstruktive Konfliktbearbeitung

Nach: Dieter Senghaas, Die Kultur des Friedens, in: Aus Politik und Zeitgeschichte B43/1995, S. 3

L&P/3620

MATERIAL 4 Eine Architektur des Friedens

Der emeritierte Professor für Politikwissenschaft Dieter Senghaas über sechs Bedingungen einer Politik, die zu einer „Zivilisierung" des internationalen Zusammenhaltens führen würde.

1. Entprivatisierung von Gewalt: Wesentlich für jeden Zivilisierungsprozess ist die Entprivatisierung von Gewalt bzw. die Herausbildung eines legitimen […] Gewaltmonopols. […]
2. Kontrolle des Gewaltmonopols und Herausbildung von Rechtsstaatlichkeit: Ein Gewaltmonopol, das nicht durch Rechtsstaatlichkeit eingehegt wird, wäre im Grenzfall nichts mehr als eine beschönigende Umschreibung von Diktatur. […] Soll demgegenüber das Gewaltmonopol als legitim akzeptiert werden, bedarf es der Institutionalisierung rechtsstaatlicher Prinzipien und öffentlicher demokratischer Kontrolle. […]
3. Interdependenz und Affektkontrolle: Die Entprivatisierung von Gewalt und die Sozialisation in eine Fülle von institutionalisierten Konfliktregelungen implizieren eine Kontrolle von Affekten. […] Affektkontrolle […] ist Grundlage nicht nur von Aggressionshemmung und Gewaltverzicht, sondern darauf aufbauend von Toleranz und Kompromissfähigkeit. […]
4. Demokratische Beteiligung: In politisierbaren Gemeinschaften müssen Interessen auf breiter Front artikulationsfähig und in den gängigen politischen Prozess integrierbar sein. […]
5. Soziale Gerechtigkeit: In Gesellschaften mit einem erheblichen Politisierungspotenzial ist eine aktive Politik der Chancen- und Verteilungsgerechtigkeit […] unerlässlich, weil nur dann sich die Mehrzahl der Menschen in einem solchen politischen Rahmen fair behandelt fühlt. Die materielle Anreicherung von Rechtsstaatlichkeit […] ist vielmehr eine konstitutive Bedingung der Lebensfähigkeit von rechtsstaatlichen Ordnungen. […]
6. Konstruktive politische Konfliktkultur: Gibt es in einer Gesellschaft faire Chancen für die Artikulation und den Ausgleich von unterschiedlichen Interessen, kann unterstellt werden, dass ein solches Arrangement verlässlich verinnerlicht wird, eine Bereitschaft zur produktiven Auseinandersetzung mit Konflikten vorliegt und kompromissorientierte Konfliktfähigkeit einschließlich der hierfür erforderlichen Toleranz zu einer selbstverständlichen Orientierung poltischen Handelns wird. Dann kann noch ein weiterer Faktor hinzutreten: Das Gewaltmonopol und die Rechtsstaatlichkeit werden in politischer Kultur verankert.

Aus: Dieter Senghaas, Frieden als Zivilisationsprojekt, in: ders. (Hg.), Den Frieden denken. Frankfurt/M. 1995, S. 198 ff.

Handeln für den Frieden?

MATERIAL 5

Werbung für Öko-Baumwolle
„Öko-fair tragen. Kleidung für eine nachhaltige Zukunft“: Die Katholische Landjugendbewegung Deutschland (KLJB) setzt sich für menschenwürdige Arbeitsbedingungen und gerechte Löhne in der Baumwollproduktion ein. Für Conny Kaiser, den Bundesvorsitzenden, beweist die Kampagne, dass „es durchaus möglich ist, Textilien umweltgerecht und sozialverträglich herzustellen“. Die KLJB verkauft öko-faire T-Shirts und verleiht eine Wanderausstellung zum Thema Baumwollproduktion.

„Faire Blumen“ schon zum Muttertag?
Kommen bald die ersten „fairen“ Blumen auf den deutschen Markt? Die Menschenrechtsorganisation FIAN hofft, dass bis zum Muttertag auch hiesige Händler zu den Abnehmern streng kontrollierter Schnittblumen zählen. Käufern werde garantiert, dass die Pflanzen nach ökologischen Standards produziert werden. Zudem sei gewährleistet, dass die Rechte der Landarbeiter gewahrt werden und sie einen angemessenen Lohn erhalten.

Aus: Publik Forum Nr. 1, 15. 1. 1999, S. 23

Friedenspädagogik als Grundlage von Friedenspolitik

MATERIAL 6

Der Erziehungswissenschaftler Hartmut von Hentig entwickelte eine Reihe von Thesen, wie eine Erziehung zum Frieden aussehen kann. Hier die wichtigsten seiner Thesen:

- **Erziehung zum Frieden ist** Erziehung zur Empfindsamkeit, ja zur Empfindlichkeit: zum Leiden am Unrecht, an der Missachtung, der Gleichgültigkeit […].
- **Erziehung zum Frieden heißt** den lebenden und kommenden Menschen eine tiefe Abneigung gegen die Gewalt eingeben. Ich meine vor allem physische Gewalt. […]
- **Erziehung zum Frieden heißt** lehren, wie der Krieg ist. Der Krieg ist die kollektivste und darum unbarmherzigste Form von physischer Gewalt, und davor sollen die Menschen Angst haben. […]
- **Erziehung zum Frieden heißt** auch lernen, ungehorsam zu sein, bereit zu sein für Unordnung, wenn die Ordnung Beschwichtigung des Übels, Verleugnung des tatsächlichen Skandals ist; Erziehung zum Frieden heißt mit Konflikten leben, um den Krieg zu vermeiden. […]
- **Mit Konflikten leben heißt,** dass man sich auf Schuld und Widerstand, auf Versöhnung und Vergessen einlässt […].

Aus: Hartmut von Hentig, Arbeit am Frieden. Übungen im Überwinden der Resignation, München 1987, S. 29 ff.

1 Diskutieren Sie M 1 unter der Fragestellung: Wo verbergen sich Schwierigkeiten? Wie wahrscheinlich ist es, dass Kriege nur noch nach den genannten Kriterien geführt werden?

2 Sammeln Sie Assoziationen oder Bilder zum Stichwort „Frieden“ und ordnen Sie diese nach Gesichtspunkten, um daraus mögliche Friedensbegriffe zu formulieren.

3 Interpretieren Sie das Schema zu den Friedensbegriffen in M 2.

4 Erläutern Sie das zivilisatorische Hexagon (M 3 und M 4), indem Sie für jeden „Eckpunkt“ ein konkretes Beispiel aufzeigen.

5 Stellen Sie historische Beispiele gelungenen Friedens und Beispiele für Friedenshandeln in der Gegenwart in Kurzreferaten dar.

6 Diskutieren Sie: Welche Rolle kann Friedenspädagogik (M 6) einnehmen? Was kann sie leisten, wo findet sie ihre Grenzen?

Internationale Konflikte – das Beispiel Afghanistan

Der bewaffnete Einsatz im Ausland ist für die Bundeswehr mittlerweile zum Alltag geworden. Bei meinen Besuchen in Afghanistan sind mir die hohen Anforderungen an unsere Soldatinnen und Soldaten besonders deutlich geworden. Auch in Gesprächen mit Angehörigen habe ich mir immer wieder ein Bild von der Situation der betroffenen Familien gemacht. Ich weiß: Auslandseinsätze verlangen dem Einzelnen, aber eben auch der jeweiligen Familie viel ab. Wir reden darüber in Deutschland immer noch zu wenig. Deshalb wollen und müssen wir die Leistungen, Belastungen und Gefährdungen unserer Soldatinnen und Soldaten im Einsatz mehr in das Blickfeld der Öffentlichkeit rücken. Unsere Soldatinnen und Soldaten müssen für ihren Einsatz mehr Anerkennung erhalten.

Aus: Rede von Bundeskanzlerin Angela Merkel anlässlich der ersten Aushändigung des Ehrenkreuzes der Bundeswehr für Tapferkeit; 06. 07. 2009, Berlin

1 Allgemeines zur Analyse außenpolitischer Konflikte

Einen aktuellen außenpolitischen Konflikt exemplarisch zu erarbeiten – darum geht es in diesem Kapitel.
Ursprünglich in die Ost-West-Konfrontation eingebunden, ist der Konflikt in Afghanistan nach den Anschlägen vom 11. September 2001 zu einem Teil des sogenannten „Kriegs gegen den Terrorismus" geworden.
Der Kampf gegen den Terrorismus hat bis heute nicht zu den Ergebnissen geführt, die sich „der Westen" unter der Führung der Vereinigten Staaten erhofft hatte. Der Sturz Saddam Husseins hat die Region genauso wenig stabilisiert wie die Vertreibung der Taliban aus Afghanistan - Chaos und Instabilität dominieren stattdessen.
Afghanistan ist derzeit das weltweit gefährlichste Einsatzgebiet deutscher Soldaten. Noch im letzten Jahrhundert wäre ein militärisches Engagement Deutschlands in Zentralasien undenkbar gewesen – mittlerweile scheint die These, am Hindukusch werde die Freiheit Deutschlands verteidigt, allerdings breit akzeptiert. Wie ist ein solcher Konflikt zu erklären?

MATERIAL 1

Analyse eines internationalen Konfliktes

1. Wer sind die am Konflikt beteiligten Parteien?
2. Welches ist der Konfliktgegenstand?
3. Welche Konfliktursachen und -anlässe bestehen? Bedenken Sie dabei folgende Gesichtspunkte:
   - Historischer Aspekt: Welche einschneidenden Entwicklungen, Ereignisse und Erfahrungen aus der Vergangenheit prägen das Verhalten der am Konflikt Beteiligten?
   - Ideologischer Aspekt: Welche Rolle spielen Weltanschauungen oder Religionen?
   - Machtpolitischer Aspekt: Beansprucht eine Konfliktpartei Führungsanspruch gegenüber der anderen?
   - Sozialer Aspekt: Gibt es ein Wohlstandsgefälle zwischen beiden Konfliktparteien? Ist dies ein Gefälle, das auch Einflusschancen bestimmt?
   - Territorialer Aspekt: Gibt es Grenzstreitigkeiten oder Gebietsansprüche?
   - Ethnischer Aspekt: Gehören die Konfliktparteien unterschiedlichen Ethnien an? Besteht die Absicht zu „ethnischen Säuberungen"?
   - Wirtschaftlicher Aspekt: Spielen wirtschaftliche Gesichtspunkte eine entscheidende Rolle? Verfügt eine Partei über wichtige Ressourcen?
4. Welche Folgen hätte der Sieg einer Partei für die Menschen der Region, für Machtverteilung in der Region, für das internationale System?
5. Welche Staaten oder Gruppierungen beeinflussen das Konfliktgeschehen von außen? Welche Interessen verfolgen sie?
6. Sind internationale Organisationen in den Konflikt einbezogen? Mit welcher Begründung? Was bieten sie zur Konfliktregelung an?
7. Sind völkerrechtliche Fragen durch den Konflikt berührt? Wie werden sie beantwortet?
8. Welche Organisationen, Staaten oder Gruppen treten eher für eine gewaltfreie, welche eher für eine kriegerische Regelung ein?
9. Welche Bedeutung hat der Konflikt für die betroffenen Staaten, welche für die Region, welche für die internationalen Beziehungen?

Autorentext

Kriegsursachen

MATERIAL 2

Erforschung von Kriegsursachen

MATERIAL 3

Die Zahl der Studien zur Kriegsursachenforschung ist beachtlich. [...] Dennoch existiert ein erheblicher Forschungsbedarf, der aus drei offensichtlichen Defiziten entspringt:

1. Dominierte bis Anfang der 80er-Jahre v. a. die Analyse zwischenstaatlicher Kriege und insbesondere der Großmachtkriege, so hat sich dies in den letzten Jahren insofern gewandelt, als nun auch Bürgerkriege und damit die Kriege in der Dritten Welt [...] Aufmerksamkeit finden. Trotzdem besteht, vergleicht man es mit der Anzahl von Studien über Großmachtkriege, für diese Forschungsrichtung immer noch ein erheblicher Nachholbedarf.
2. Abgesehen von einzelnen Arbeiten über Abläufe im außenpolitischen Entscheidungsprozess [...] hat die Kriegsursachenforschung bisher weitgehend die Berücksichtigung innerstaatlicher Faktoren vernachlässigt. Die Analyse von Bürgerkriegen in der Dritten Welt gewinnt auch in dieser Hinsicht an Bedeutung.
3. Als Indiz für ein weitreichendes Defizit ist anzuführen, dass bisher kaum Ergebnisse vorliegen, denen nicht durch andere Studien widersprochen wurde. Dies gilt sowohl für den Versuch, die Anzahl der Kriege für einen bestimmten Zeitraum – und damit den Forschungsgegenstand – zu bestimmen, wie auch für die kausalanalytische Bestimmung der Kriegsdeterminanten. [...] Die Kriegsursachenforschung ist weit davon entfernt, die vielfältigen Ansätze, Hypothesen und empirischen Befunde so zu systematisieren, dass sich eine oder mehrere tragfähige Kriegsursachentheorien abzeichnen und damit eine kumulative Forschung möglich wäre. Dies lässt sich nur bedingt mit einer unbestritten unzureichenden Mittelausstattung erklären, sondern hat seine Ursache in dem fehlenden theoretischen Bezugsrahmen und in der fachdisziplinären Fragmentierung. [...] Das Defizit der Kriegsursachenforschung drückt sich auch in dem erwähnten Fehlen eines Kriegs- und eines Ursachenbegriffs aus sowie in der Tatsache, dass es bislang keinen befriedigenden Versuch gab, die Analyseebenen (Individuum; Staat/Gesellschaft; internationales System) zu verknüpfen und zu gewichten.

Aus: Thomas Nielebock, Kriegsursachenforschung. In: Dieter Nohlen (Hg.), Lexikon der Politik Bd. 6, München 1994, S. 270 f.

1 Erarbeiten Sie aus M 1 und M 2 thesenhaft mögliche Präventionsmaßnahmen zur Vermeidung gewaltsamer Konflikte.

2 Erstellen Sie ein Fragen- bzw. Aufgabenprogramm für die Analyse des Afghanistankonfliktes.

2 Zur Geschichte und Gegenwart Afghanistans

Die Entwicklung Afghanistans zum internationalen Konfliktherd begann im April 1978 mit dem Aufstand kommunistisch-revolutionär orientierter Kräfte gegen das Daud-Regime. Die in der Folge unter Führung der Demokratischen Volkspartei Afghanistans (DVPA) rasch gebildete prokommunistische Revolutionsregierung begann unmittelbar nach ihrer Machtübernahme mit einer Bodenreform und der Zwangsalphabetisierung, um die noch aus der Kolonialzeit stammenden feudalen Strukturen aufzubrechen, berücksichtigte dabei allerdings nicht die sozialen und gesellschaftlichen Verhältnisse in Afghanistan wie etwa Stammesstrukturen oder Geschlechterverhältnisse. In der Folgezeit gewannen oppositionelle Kräfte immer mehr an Einfluss, sodass die afghanische Führung die Sowjetunion um militärische Hilfestellung ersuchte.

Sowjetische Truppen in Afghanistan 1987

Mit dem Einmarsch der sowjetischen Armee im Dezember 1979 entwickelte sich der Bürgerkrieg zu einem zehnjährigen Stellvertreterkrieg zwischen sowjetischer Besatzungsmacht und den von den USA, Saudi-Arabien und Pakistan unterstützten islamischen Mudschaheddin [vgl. dazu M1 S. 390]. Folgt man der Zeitschrift *Spiegel*, so sind die Islamisten unter ihrem pakistanischen Führer Hekmatjar in den ersten zehn Jahren des Bürgerkriegs mit „mehr als zwei Milliarden US-Dollar hochgerüstet worden“ (Der Spiegel Nr. 38 (1989), S. 194).

1989 zogen die sowjetischen Truppen ab – Zeichen weitreichender Veränderungen in der Sowjetunion, nicht zuletzt aber erzwungen durch hohe Verluste und die Einschätzung, den Krieg nicht gewinnen zu können. Noch vor dem Sturz der Regierung Nadschibullah begannen die Warlords der verschiedenen Mudschaheddin-Gruppierungen in einem Bürgerkrieg sich gegenseitig zu bekämpfen. Der Krieg wurde untereinander mit einer ungeheuren Brutalität fortgesetzt, die großen Städte wurden in Schutt und Asche gelegt. Letztlich konnte sich in diesem die hauptsächlich von Pakistan (zeitweise aber auch den USA) unterstützte Bewegung der Taliban durchsetzen und einen rudimentären Staat aufbauen. Seit 1997 kontrollierten sie drei Viertel des Landes und konnten diese Position bis zum Jahre 2001 weiter ausbauen. Nur der Nordosten des Landes war nicht unter ihrer Herrschaft, der Rest des Landes wurde in Islamisches Emirat Afghanistan umbenannt.
Obwohl unter den Taliban die Menschenrechte aufgehoben waren (vor allem Frauen hatten unter schweren Benachteiligungen und Misshandlungen zu leiden), sicherte ihnen die US-Administration in Fortsetzung ihrer mudschaheddinfreundlichen Politik zunächst Unterstützung zu [vgl. M1 S. 392], bevor sie dann öffentlich auf Distanz ging. Als nach den Anschlägen vom 11. September 2001 die Taliban Osama bin Laden Asyl gewährten (bereits zuvor konnte unter dem Schutz der Taliban die Terrororganisation Al Quaida Trainingslager zur Terrorausbildung betreiben), wurden sie zum Hauptfeind der Vereinigten Staaten. Ihr Regime wurde von den USA und Großbritannien mit militärischen Mitteln beseitigt.
Wie schon die Clinton-Administration verfolgte auch die Bush-Regierung eine zweigleisige Strategie. Verhandelte man einerseits zunächst noch mit den Taliban, so wurde andererseits seitens der USA die pakistanische Führung bereits im Juli 2001 (also vor dem 11. September) über mögliche Militärschläge gegen Afghanistan informiert [vgl. M 2 S. 391].
Bereits wenige Wochen nach Beginn des Krieges wurde Anfang Dezember 2001 auf dem Petersberg bei Bonn unter Federführung der UN eine Regierung für Afghanistan gebildet. Sie bestand aus Monarchisten und riva-

Hamid Karsai (Mitte) auf der Petersberger Konferenz

lisierenden Mudschaheddinführern aus dem Nordosten Afghanistans, also vielfach den Kräften, die in der ersten Hälfte der Neunzigerjahre an der Zerstörung Kabuls maßgeblich beteiligt waren. Auf dieser Konferenz konnten sich die USA mit ihrem Vorschlag, den ehemaligen Mudschahed und Feudalherrn Abdul Hamid Karsai zum Ministerpräsident zu ernennen, durchsetzen. Der Sicherheitsrat der Vereinten Nationen rief mit der Resolution 1386 vom 20. 12. 2001 die International Security Assistance Force (ISAF) in Afghanistan ins Leben, deren Auftrag in der Unterstützung der Staatsorgane bei der Aufrechterhaltung der Sicherheit bestand. Zur ISAF gehört auch die einige Tausend Mann starke Truppe der Bundeswehr.

Unter dem Einfluss der USA beschloss die NATO auf ihrem Gipfeltreffen in Istanbul (28. 6. 2004) die Unterordnung der ISAF unter NATO-Kommando, was zu einer Aufgabenvermischung von ISAF und den im Jahr 2001 ins Leben gerufenen US-geführten Antiterroreinheiten „Operation Enduring Freedom" (OEF) führte. Rund 100 Elitekämpfer des „Kommandos Spezialkräfte" (KSK) der Bundeswehr waren in diesem „Global War on terror" (Bush) bis Ende 2008 in Afghanistan im Einsatz.

Schließlich erstellen auf Grundlage eines Bundestagsmandates vom 9. 3. 2007 sechs Tornadowaffensysteme eines Aufklärungsgeschwaders Bildmaterial für die Überwachung Afghanistans. Damit beteiligt sich die Bundeswehr in Afghanistan erstmals unmittelbar an der Kriegsführung – flächendeckend auf dem gesamten Staatsgebiet.

Die Regierung Karsai genoss nie das Vertrauen der Mehrheit der afghanischen Bevölkerung. Zudem bleibt der Aufbau des Landes gegenüber den Erwartungen nach dem Sturz der Taliban weit zurück. So haben die Guerillakämpfer der Taliban in den letzten Jahren wieder an Stärke gewonnen. Allein im Jahr 2006 fanden in Afghanistan über 120 Selbstmordanschläge statt.

Der UN-Sicherheitsrat verlängerte das Engagement der ISAF mehrfach, zuletzt im Herbst 2008. Der Bundestag seinerseits beschloss im Rahmen dieses Einsatzes am 16. Oktober 2008 die erneute Beteiligung der Bundeswehr (mit nunmehr 4 500 Soldaten).

Literatur:

Matin Baraki, „Militärische Konfliktlösung" statt intelligenter Friedenspolitik: das Beispiel Afghanistan, in: Amy Holmes u. a., Imperial Djihad. Über Fundamentalismus, Schurkenstaaten und neue Kriege, Hamburg 2002, S. 133–155

Gwynne Dyer, Nach Irak und Afghanistan. Was kommt, wenn die westlichen Truppen gehen?, Frankfurt a. M./New York 2008

Aus Politik und Zeitgeschichte, H. 39 (2007), Thema: Afghanistan und Pakistan

Hessische Stiftung Friedens- und Konfliktforschung u. a. (Hrsg.), Friedensgutachten 2007, Berlin 2007

Jürgen Rose, Mission Impossible: Die Bundeswehr am Hindukusch, in: Blätter für deutsche und internationale Politik, H. 10 (2007), S. 1237–1244

AFGHANISTAN

	Afghanistan	Deutschland
Fläche	**652 225 km²**	357 000 km²
Einwohner	**32 Millionen**	82 Millionen

Einwohner

- **42 %** Paschtunen
- **27 %** Tadschiken
- **9 %** Hazara
- **9 %** Usbeken

Wirtschaft

Bruttoinlandsprodukt ca. 9 Mrd. US-$ (ca. 3 Mrd. aus Drogenanbau)

Finanzhilfe aus dem Ausland: 10,5 Mill. US $ (2006–2010)

Religion

99 % Muslime

davon **84 %** Sunniten, **15 %** Schiiten

Afghanistan

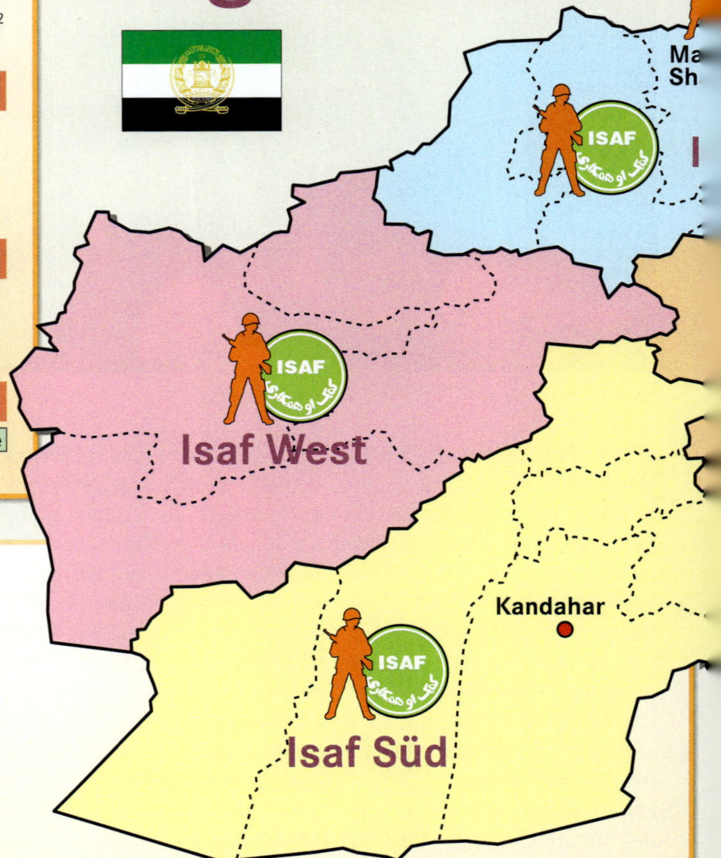

Afghanistan – eine Chronik

1979: Einmarsch sowjetischer Truppen und Einsetzung einer moskautreuen Regierung in Kabul.

1980 ff. Der antikommunistische Widerstand organisiert sich von Pakistan aus in verschiedenen meist religiös fundierten Gruppen und nimmt zunehmend militärische Formen an. Vom Westen unterstützte Widerstandskämpfer (Mujahedin) kontrollieren bis zu 80 Prozent der Landesfläche.

1988: Genfer Abkommen zwischen Afghanistan, Pakistan, der Sowjetunion und den USA über die Unabhängigkeit des Landes

1989: Die letzten russischen Soldaten verlassen das unregierbar gewordene Land. Ein langer Kampf verschiedener islamischer Gruppen und diverser Kriegsherren um die Kontrolle des Landes beginnt. Afghanistan versinkt weiter im Chaos.

1996: Die Taliban erobern Kabul, kontrollieren weite Teile des Landes und überziehen es mit einem religiös-fanatischen Regime.

1999/2000: UN-Sanktionen gegen die Taliban-Regierung

16. Sept. 2001: Die USA verlangen ultimativ die Auslieferung bin Ladens.

7. Okt. 2001: Beginn von US-Luftangriffen, die kurze Zeit später von Spezialeinheiten am Boden unterstützt werden

13. Nov. 2001: Die mit den USA verbündete Nordallianz besetzt Kabul und Kandahar. Die Taliban gehen in den Untergrund oder ziehen sich ins benachbarte Ausland zurück.

Dez. 2001: Erste Bonner Petersberg-Konferenz: Alle früheren Oppositionsgruppen unterzeichnen ein Abkommen über eine Übergangsregierung und einen Fahrplan für die politische Neuordnung des Landes. Die UN entsenden die Schutztruppe Isaf (International security assistance force) nach Kabul. Die Übergangsregierung unter Hamid Karzai nimmt die Arbeit auf.

Jan. 2002: Geberkonferenz von Tokyo mit 61 Ländern und 20 Organisationen

Juni 2002: Die Große Ratsversammlung (Loya Jirga) setzt eine Übergangsordnung in Kraft.

Aug. 2003: Die NATO übernimmt das Isaf-Kommando.

Herbst 2003: Ausdehnung des Isaf-Mandats über Kabul hinaus; Einrichtung des 1. Wiederaufbauteams (RPT) unter deutscher Federführung in der Region Kundus im Norden

Dez.-Jan. 2004: Die Loya Jirga in Kabul berät und verabschiedet eine Verfassung.

April 2004: Internationale Konferenz zur Auslandshilfe in Berlin

Juni 2004: Die NATO beschließt die Errichtung fünf weiterer RPTs (siehe S. 140).

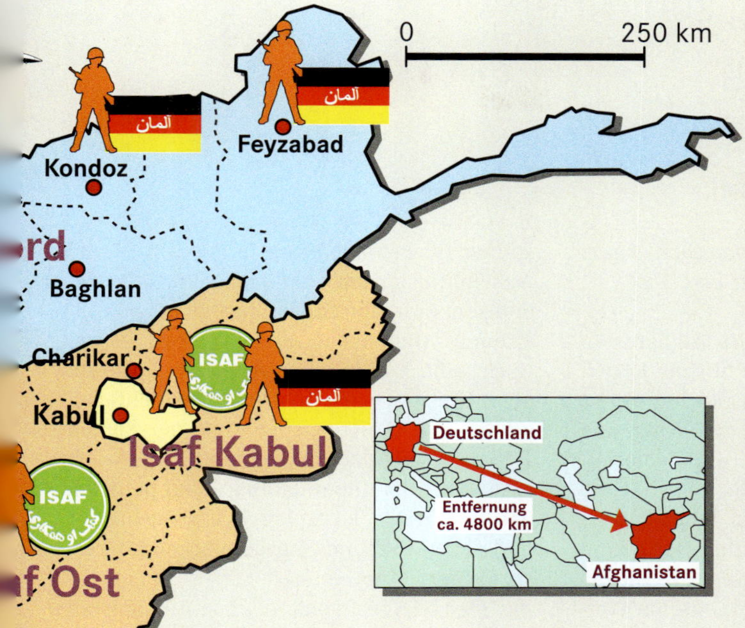

ISAF-STRUKTUR

■ **Fünf Regionalkommandos** leiten und schützen die insgesamt 25 Wiederaufbauteams (Provincial Reconstruction Teams – PRT) in Afghanistan.

■ **39 Nationen stellen insgesamt 41 786 Soldaten,** rund 36 000 davon sind in Afghanistan stationiert.

■ Ein US-General in Kabul hat das Isaf-Oberkommando.

ISAF-EINSATZ DER BUNDESWEHR

Deutschland untersteht das **Regionalkommando Nord.**

■ **Einsatzort:** Wiederaufbauteams in Kundus und Faisabad, Schutztruppen in Kabul, Versorgungseinheiten in Masar-i-Scharif, über Flughafen Termes (Usbekistan) wird der Transfer nach Deutschland abgewickelt

■ **Truppenstärke:** zurzeit rund 3200, u. a. Ingenieure, Techniker, Mediziner und Schutzpersonal

■ **Dauer des Einsatzes:** für die Soldaten circa vier Monate

■ **Ausrüstung:**

■ pro Soldat eine P8-Pistole und ein G36-Sturmgewehr, Splitterschutzweste und Helm

■ vor allem Fahrzeuge für Transport und Versorgung:

- **6** Transporthubschrauber CH-53
- **8** Transallmaschinen C-160
- **5** Tornado-Aufklärer
- **53** Fuchs-Panzer (MG-Aufbauten möglich)
- **500** gepanzerte Fahrzeuge der Typen Fennek, Marder, Dingo, Duro, Wolf
- **keine Artillerie und schwere Waffen**

Isaf-Kontingent gesamt

deutsches Isaf-Kontingent

Tornadostandort

BETEILIGTE NATIONEN

	Anzahl*	Tote**
Albanien	138	0
Aserbaidschan	22	0
Australien	892	4
Belgien	369	0
Bulgarien	401	0
Dänemark	628	9
Deutschland	3 200	26
Estland	125	2
Finnland	86	1
Frankreich	1 292	12
Georgien	k. A.	0
Griechenland	143	0
Großbritannien	7 753	87
Irland	7	0
Island	10	0
Italien	2 358	11
Jordanien	90	0
Kanada	1 730	78
Kroatien	211	0
Lettland	96	0
Litauen	196	0
Luxemburg	9	0
Mazedonien	125	0
Neuseeland	74	0
Niederlande	1 512	14
Norwegen	508	3
Österreich	3	0
Polen	1 141	1
Portugal	163	2
Rumänien	537	5
Schweden	350	2
Schweiz	2	0
Slowakei	70	0
Slowenien	66	0
Spanien	763	23
Tschechien	240	1
Türkei	1 219	0
Ungarn	219	0
USA	15 038	482
Gesamt	41 786	764

*Stand Dez. 2007, Deutschland Febr. 2008 **Tote insgesamt Isaf und OEF-Einsatz

L&P / 3667

3 Vom Stellvertreterkrieg zum Krieg der neuen Weltordnung

MATERIAL 1

USA und Afghanistan

Der Politikwissenschaftler Jochen Hippler zum Stellvertreterkrieg zwischen Ost und West

Die sowjetische Intervention in Afghanistan [1979] war für das Land und für die Sowjetunion selbst eine Katastrophe. Sie hatte etwa 15 000 tote Sowjetsoldaten zur Folge und ein Mehrfaches an Verletzten und dauerhaft Verkrüppelten. Der Unterhalt von 108 000 Soldaten über mehr als neun Jahre [...] erwies sich als eine schwere militärische und vor allem auch wirtschaftliche Bürde, die die ökonomische Krise der Sowjetunion verstärkte. [...]
Schließlich waren die außenpolitischen Kosten der Intervention beträchtlich: Die Position der UdSSR in der Dritten Welt war auf Dauer geschwächt, insbesondere verschlechterten sich die Beziehungen zu den islamischen Staaten. [...] Eine Belastung der ökonomisch-politischen Beziehungen zu den kapitalistischen Staaten Westeuropas und Nordamerikas kam hinzu. Da ein militärischer Sieg oder ein Erfolg [...] aussichtslos erschien, geriet die Sowjetunion zunehmend in den Zwang, sich aus dieser Lage lösen und nach Wegen eines Truppenabzugs suchen zu müssen, die den Schaden begrenzen würden.
Spätestens seit 1983, verstärkt nach dem Amtsantritt Gorbatschows, hat sich die Sowjetunion bemüht, sich mit den USA dahingehend zu verständigen, dass ein Truppenabzug dann erfolgen könnte, wenn die USA auf eine militärische Unterstützung der Mudschaheddin verzichten würden. [...]
Die US-Regierung war sich bezüglich Afghanistans alles andere als einig: Eine Fraktion, die den Abzug der sowjetischen Truppen erreichen wollte, war bereit, gewisse Zugeständnisse zu machen, um ihrem Ziel näher zu kommen. Eine militantere Fraktion, die stärker im Pentagon und in der CIA als im Außenministerium verankert war, hatte anderes im Sinn: Ihr ging es darum, die Sowjetunion in Afghanistan »ausbluten« zu lassen. Noch 1986 wurde mir von einem hochrangigen Gesprächspartner aus dem Pentagon erklärt, die US-Regierung wolle gar keinen Truppenabzug der Sowjetunion. Die Sowjets hätten sich in eine unhaltbare und politisch wie militärisch kostspielige Lage gebracht, und es läge nicht im amerikanischen Interesse, sie daraus zu befreien. [...]
Ziel [der USA] war, den Krieg in Afghanistan als einen „guten Krieg“ (in den Worten eines hohen Beamten der US-Regierung) zu verkaufen, in dem eine „Befreiungsbewegung“ (die Mudjahedin) gegen fremde Invasionstruppen kämpfte, um die Unabhängigkeit ihres Landes zurückzuerlangen. Die völkerrechtswidrige Intervention, die Bombardierungen aus der Luft und andere Praktiken des sowjetischen Militärs erleichterten diesen Versuch, den Krieg zum Kampf des Guten gegen das Böse zu stilisieren. [...]
Es ist bemerkenswert, dass die US-Regierung auch nach dem Rückzug der sowjetischen Truppen ihre Unterstützung der Mudjahedin nicht aufgegeben oder vermindert, sondern den Sturz der afghanischen Regierung zum Ziel erklärt hat. Damit wird noch einmal unterstrichen, dass der bloße Abzug der Sowjetunion nicht der Kern US-amerikanischer Afghanistanpolitik gewesen ist. Dies war bereits im August 1979 mit schöner Deutlichkeit in einem geheimen Bericht des US-Außenministeriums formuliert worden. Schon damals hieß es: „Der Sturz der Demokratischen Republik Afghanistan würde dem Rest der Welt zeigen, insbesondere der Dritten Welt, dass die sowjetische Sichtweise eines unvermeidbaren sozialistischen Ganges der Geschichte falsch ist.“

www.jochen-hippler.de/Zeitungs-Artikel/USA_und_Afghanistan/usa_und_afghanistan.html.

Nation-building in Afghanistan

MATERIAL 2

Matin Baraki, Mitglied des Zentrums für Konfliktforschung an der Universität Marburg, zum Afghanistankrieg nach dem 11. September 2001

Der 11. September 2001 lieferte den Anlass für den Krieg gegen Afghanistan, obwohl dieser schon lange vorher geplant war. Bereits im Juni 2001 hatte die Bush-Administration ihren regionalen Verbündeten Pakistan über solche Pläne informiert, wie der ehemalige Außenminister Pakistans Naiz Naik bestätigt hat. Ende September 2006 erklärte auch der ehemalige US-Präsident Bill Clinton, einen Krieg gegen Afghanistan geplant zu haben. Sowohl der Afghanistankrieg als auch der gegen den Irak waren Bestandteil der als „Greater Middle East Initiative" bezeichneten Strategie der Neokonservativen in den USA. [...] Seit Beginn der 1990er-Jahre wird die „Treuhandschaft" und das „liberale Protektorat" [...] als eine Chance zu „nation building" und zur Demokratisierung von außen thematisiert. Die „failing states" sollen für geraume Zeit unter internationale Verwaltung gestellt werden [...]
In Afghanistan wurde diese „Theorie" umgesetzt, der Konflikt im Lande hat sich jedoch dadurch nur noch verschärft. Die internationale Gemeinschaft ist selbst voreingenommen und Partei. Sie kann die Probleme Afghanistans nicht lösen – im Gegenteil, sie ist Teil des Problems geworden.

Aus: Matin Baraki, Nation-building in Afghanistan, in: Aus Politik und Zeitgeschichte, B. 39 (2007), S. 11–17, hier S. 12 f.

Die langfristigen Hegemonialinteressen der USA nach dem 11. September

MATERIAL 3

Welche Ziele verfolgen die USA – und natürlich auch ihre Verbündeten – mit der universellen Kriegserklärung gegen den Terror, die mit dem Hinweis auf die „nationalen Interessen" begründet wird?

1. Sie wollen jedem Gegner die „Glaubwürdigkeit" ihrer Drohungen, damit zugleich ihre militärische Überlegenheit bzw. „Unbesiegbarkeit" demonstrieren.
2. Für ihre unipolare, globale Führungsposition zu kämpfen bedeutet für die USA u. a., die Europäer in Schach und den Aufstieg Chinas zur Weltmacht in Ostasien bzw. im pazifischen Raum unter Kontrolle zu halten.
3. Die Sicherheitsinteressen der kapitalistischen Metropolen und der transnationalen Konzerne sind natürlich nicht allein militärischer und politischer Natur. Sie beinhalten auch die Frage nach einer funktionierenden (natürlich durch die Kapitalverwertungsinteressen definierten) Infrastruktur der Weltwirtschaft – also vor allem reibungslos funktionierende Verkehrs- und Kommunikationswege sowie eine optimale Rohstoffversorgung, wobei hier wiederum das Öl und das Erdgas eine entscheidende Rolle spielen. Geopolitik und Geostrategie bedeuten daher auch eine machtpolitische Neuordnung von Räumen in Mittelasien [...]. Die Kontrolle und Beherrschung dieser Räume ist zum zentralen Ziel der internationalen Politik, genauer der Außenpolitik der USA, geworden.

Aus: Frank Deppe, Der 11. September und die internationale Politik, in: Amy Holmes u. a., Imperial Djihad? Über Fundamentalismus, Schurkenstaaten und neue Kriege, Hamburg 2002, S. 19–35, hier S. 27 f.

1 Erläutern Sie am Beispiel Afghanistans den Begriff des Stellvertreterkrieges. (M 1)
2 Stellen Sie anhand der Materialien M 2 und M 3 Thesen zur Interessenlage der USA auf. Diskutieren Sie, ob und wie sich diese Thesen veri- bzw. falsifizieren lassen.

4 Ölinteressen in Zentralasien

MATERIAL 1

Kriege um Öl

Mohssen Massarrat, Professor für Politikwissenschaft an der Universität Osnabrück, über mögliche Ölinteressen im Afghanistankonflikt

Die traumatischen Auswirkungen der Ölpreissprünge von 1973/74 und 1979 veranlassten die Vereinigten Staaten, Rohstoffquellen und Transportrouten zu diversifizieren und Verknappungs- („Strangulierungs-") Situationen so weit wie möglich zu vermeiden. Diversifizierung entwickelte sich so zu einem substanziellen Element zur Absicherung und Fortentwicklung der US-energie- und geopolitischen Doppelstrategie [Massarrat versteht hierunter zum einen die störungsfreie Ölversorgung zu niedrigen Preisen, zum anderen aber auch die indirekte Kontrolle der vom Öl des Mittleren Ostens abhängigen militärischen Verbündeten, d. Verf.]. Die massiven Aktivitäten der US-Konzerne und der Regierungen in Ost- und Westafrika zur Erschließung neuer Energiequellen in den letzten zwei Jahrzehnten gehen in diese Richtung.

Eine gewichtigere Alternative zu den insgesamt dürftigen Ölquellen Afrikas bildet allerdings die Kaspische-Meer-Region, in der sich die zweitgrößten Ölquellen nach der Persischen-Golf-Region und die wichtigsten Gasquellen der Welt befinden. Diese neue energie- und geopolitische Option fiel nach dem Zusammenbruch der Sowjetunion und der Unabhängigkeit der zentralasiatischen Republiken in den 90er-Jahren den Vereinigten Staaten als Geschenk des Himmels quasi in den Schoß. Fortan pilgerten multinationale Ölkonzerne scharenweise in die neue Ölregion und machten in Kasachstan, Usbekistan, Turkmenistan und Aserbaidschan ihre Aufwartung. Die US-Konzerne betreiben dort intensive Lobbyarbeit und rekrutieren einflussreiche Berater, darunter Richard Cheney, ehemaliger Verteidigungsminister unter Bush sen. und der heutige Vizepräsident von Bush jun., sowie Zbigniew Brzezinski, der frühere Sicherheitsberater von Präsident Carter. Mit von der Partie sind auch die Ölkonzerne Amaco, Unocol, Texaco und Exxon Mobil, die alle bereits mehrere Milliarden US-Dollar in die Öl- und Gasproduktionsanlagen bzw. Pipelineprojekte investiert haben. Gleichzeitig unterzeichneten die Vereinigten Staaten unter dem Vorwand eines „humanitären" Einsatzes 1996 mit Usbekistan und danach mit Kasachstan und Kirgisistan das *Central Asia Bataillons-Abkommen* und schufen damit die Grundlage für Militärübungen und darüber hinaus auch langfristig angelegte Militärstützpunkte. [...] Die Einbindung Zentralasiens in „Amerikas Strategie der Weltherrschaft auf dem Eurasischen Schachbrett", so Brzezinski in seinem Buch „Die einzige Weltmacht", gewinnt mit Hinblick auf die Volksrepublik China als aufsteigende regionale Supermacht und geopolitischer Rivale der USA in Ostasien mit wachsendem Bedarf nach Energieimporten eine zusätzliche strategische Bedeutung. Was bisher für Europa und Japan in der energie- und geopolitischen Doppelstrategie der USA galt, gilt in Zukunft auch – angesichts ihrer zu erwartenden Abhängigkeit von Öl- und Gasimporten – für die Volksrepublik China.

Zu der Diversifizierung von Öl- und Gasquellen kommt auch die Diversifizierung von Transportrouten hinzu: (a) die russische Route von Kasachstan durch Russland zum russischen Schwarzmeerhafen Novorossijsk, (b) die Mittelmeerroute westlich vom Kaspischen Meer durch Aserbaidschan, Armenien, Georgien durch die Türkei oder über den Iran durch die Türkei zum türkischen Mittelmeerhafen Ceyhan und schließlich (c) die Afghanistanroute östlich vom Kaspischen Meer über Turkmenistan, Afghanistan und Pakistan zum Persischen Golf und Indischen Ozean.

Nahezu alle Kriege und Konflikte der letzten Jahre im kaukasisch-türkischen Raum [...] und in Zentralasien, vor allem die Kriege innerhalb und gegen Afghanistan, haben direkt oder indirekt mit dem Wettkampf zwischen den USA und Russland zu tun, den Zugriff zu den Energiequellen und Transportrouten in der Region für sich zu entscheiden.

Die Schlüsselrolle des Afghanistan-Pipelineprojektes

Durch die Diversifikation der Energiequellen und -routen soll die Abhängigkeit der USA von einer einzigen Quelle reduziert und der eigene Handlungsspielraum [...] maximiert werden. Die Energiequellen im Kaspischen Meer könnten sich allerdings nur dann als eine ernsthafte Alternative zu den Energiequellen der Persischen-Golf-Region etablieren, wenn außer den beiden möglichen, von Russland bzw. Iran abhängigen Routenoptionen eine direkt unter amerikanischer Kontrolle stehende weitere Öl- und Gastransportroute erschlossen würde. So kommt dem Afghanistan-Pipelineprojekt eine Schlüsselrolle zu. [...]

Folgt man der Feststellung der herausragenden Rolle des Afghanistan-Pipelineprojektes in der US-energie- und geopolitischen Doppelstrategie, so erscheint die Afghanistan-Politik der USA seit 1995 in einem neuen Licht. Es ging dabei in erster Linie um die Realisierung ebendieses Projektes, koste es, was es wolle, und mit wem auch immer. So wurde im März und Oktober 1995 die turkmenische und pakistanische Zustimmung für das Projekt eingeholt. Die Taliban, „eine Schöpfung des pakistanischen Geheimdienstes", waren schon zu Beginn des Jahres 1995 aufgetaucht. [...] Michael Bearden [Vertreter des CIA in Afghanistan während des Krieges gegen die Sowjetunion und heute halboffizieller Sprecher des CIA] gibt die damalige Stimmung der Amerikaner so wieder: „Diese Typen (die Taliban) waren nicht einmal die schlimmsten, etwas hitzige junge Leute, aber das war immer noch besser als der Bürgerkrieg. Sie kontrollierten das gesamte Gebiet zwischen Pakistan und den Erdgasfeldern Turkmenistans. Vielleicht war das doch eine ganz gute Idee, dachten wir, wenn wir eine Erdölpipeline durch Afghanistan bauen und das Gas und die Rohstoffe auf den neuen Markt befördern können. Alle wären zufrieden."

Die US-Geostrategen und -Außenpolitiker hat also weder der Steinzeitfundamentalismus der Taliban noch die Perspektivlosigkeit ihrer Politik für die afghanische Bevölkerung im Geringsten interessiert. Ihnen ging es offenbar allein um politische „Stabilität" in Afghanistan und die Sicherheitsgarantie für das Afghanistan-Pipelineprojekt. In Afghanistan wiederholt Bush jun., was Bush sen. 1991 im Irakkonflikt vormachte. Beide waren und sind, wie kein anderer US-Präsident zuvor, sehr eng mit der US-Ölindustrie verbunden und von den Spenden der Ölkonzerne in ihren Wahlkämpfen abhängig. George W. Bush ernannte in sein engstes Beraterteam Leute, die zur Führungsriege der US-Ölkonzerne gehörten, darunter der Vizepräsident Dick Cheney und die Sicherheitsberaterin Condoleezza Rice. Es war durchaus kein Zufall, dass George W. Bush kurz nach der Amtsübernahme ankündigte, die fossile Energienutzung stärker als bisher in den Vordergrund der Energiepolitik stellen zu wollen und dass er im März 2001 demzufolge die Klimavereinbarungen im Protokoll von Kyoto aufkündigte. Dem Öl und der Geopolitik wurde so ein neuer Auftrieb erteilt. Umso dringlicher wurde für die neue US-Regierung das Afghanistan-Pipelineprojekt. Ganz in diesem Sinne hat sie die laufenden Verhandlungen mit den Taliban, wie inzwischen *Le Monde diplomatique* vom Januar 2002 ausführlich recherchierte, intensiviert und sogar bis Ende Juli 2001 (sechs Wochen vor der Katastrophe in NewYork und Washington) fortgesetzt. [...] Die USA sind jetzt im Begriff, entlang der neuen Öl- und Gastransportrouten Militärstützpunkte zu errichten, um ihren globalen Anspruch auf die Vorherrschaft mittels Kontrolle der Ölquellen gegenüber Europa, Japan und nunmehr auch der VR China zu untermauern. Dass die hier dargestellte Doppelstrategie der USA mittels Öl- und Geopolitik die strukturelle Abhängigkeit von fossilen Energieimporten voraussetzt, erklärt, weshalb Russland aufgrund seiner eigenen umfangreichen Energieressourcen jenseits der Reichweite dieser energie- und geopolitischen Doppelstrategie liegt und dass es den USA in erster Linie darum geht, Russlands geopolitische Optionen in Zentralasien auf null zu reduzieren.

Aus: Mohssen Massarrat, Amerikas Weltordnung. Hegemonie und Kriege um Öl, Hamburg 2003, S. 81-89 (Auszüge)

MATERIAL 2 Die größten Mineralölverbraucher (in Mio.t)

	2000	2004	2008
USA	887,8	927,3	903,3
VR China	219,8	308,6	368,8
Japan	255,0	250,5	211,3
Russland	123,5	131,8	130,4
Deutschland	129,4	123,2	108,6
Indien	98,0	115,3	135,0
Brasilien	100,1	101,7	105,3
Kanada	93,0	100,1	108,0
Rep. Korea	99,3	99,1	98,6
Frankreich	95,2	95,2	94,1
Italien	89,9	91,0	79,5

Fischer Weltalmanach 2007. Zahlen, Daten, Fakten, Frankfurt 2006, S. 681, BGR Energiestudie 2009

MATERIAL 3 Eine strategische Ölregion

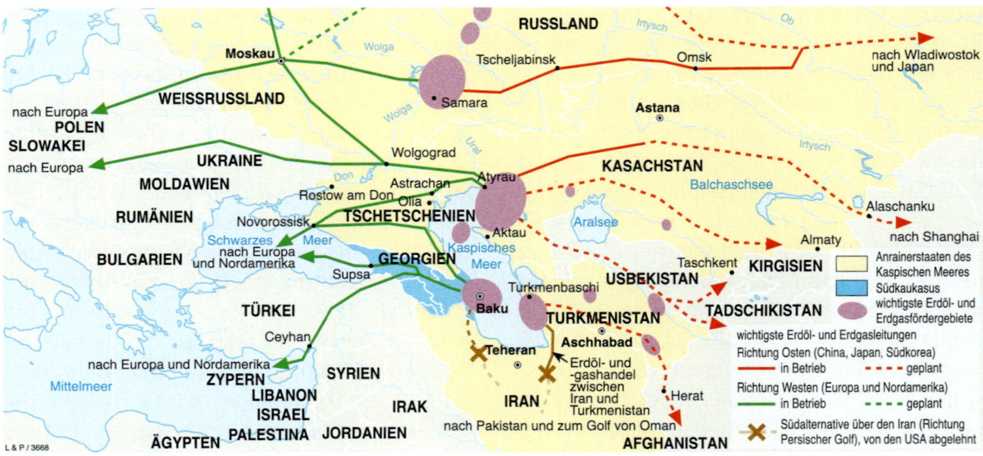

Le monde diplomatique (Hrsg.), Atlas der Globalisierung, Berlin 2007, S. 169

MATERIAL 4 Die Mär vom Ölkrieg

Der Zeit-Redakteur Thomas Kleine-Brockhoff gegen die „Ölkriegsthese"

Der Charme der Ölkriegtheorie besteht darin, dass sie so einleuchtend wirkt. Niemand will sich mit der Behauptung lächerlich machen, Öl sei bei einem Krieg inmitten von Ölfeldern bedeutungslos. Es stimmt ja auch: Die Konzerne (nicht nur die amerikanischen) buhlen längst um die Bohrrechte im neuen Öldorado. Und wer im meinungsbunten Washington lange genug sucht, wird schon jemanden finden, der zitierfähig behauptet, die Neuverteilung der Lizenzen sei nicht Folge, sondern Motiv des Krieges. Schließlich regieren im Weißen Haus die Ölmänner Bush und Cheney. Alles klar?

Das Problem ist bloß, dass diese verschwörerische Lesart die große Wende der amerikanischen Politik nach dem 11. September

Zeichnungen: Klaus Stuttmann

ignoriert. Zuvor hatte ein ebenso stiller wie dubioser Pakt das Verhältnis zum wichtigsten Lieferanten am Golf regiert: Die Saudis pumpen Öl zu moderaten Preisen, und die Amerikaner stützen dafür die korrupte Prinzengarde. Dieser Deal ist mit den Türmen des World Trade Center zusammengebrochen. Stattdessen wächst die Einsicht, dass die traditionelle Nahostpolitik in der Sackgasse steckt. Politiker aller Couleur glauben jetzt, dass Terror gebiert, wer im Nahen Osten doppelzüngig Demokratie predigt und Autokratie fördert. So ist das gewaltige Missionsprojekt der Demokratisierung Arabiens entstanden. [...]

Leider ist der Ölvorwurf gegen Fakten weitgehend resistent. [...] In Deutschland lebt der Vorwurf des kalten Materialismus seit den Tagen der linken Rebellion unverwüstlich fort, freilich auf Amerika gemünzt. Er ist zum „zentralen Bestandteil antiwestlichen Ressentiments“ geworden, wie Dan Diner in seinem jüngsten Buch *Feindbild Amerika* schreibt. Im Protest gegen den Golfkrieg wurde 1990 „Kein Blut für Öl“ zum Schlachtruf. Diesen Vorwurf vermochte nicht mal der Kriegsverlauf zu erschüttern: Die Amerikaner, angeblich des Öls wegen gekommen, haben nur Kuwaits Ölfelder eingenommen, Iraks Ölfelder aber kaum betreten.

Trotzdem erlebte der Verdacht 1993 seine Wiedergeburt, als sich die Amerikaner anschickten, im öllosen Somalia gegen Hunger und Warlords anzugehen. Prompt fand sich im Stern das Gerücht, US-Ölkonzerne hätten dort die „reichsten Ölfelder des arabisch-afrikanischen Tales“ entdeckt. Leider ist aus der Erschließung trotz US-Truppen nichts geworden, sonst wäre Somalia heute reich. [...] Nein, Bushs riskante Nahostpolitik hat eine schlagkräftigere Kritik verdient. Eine, die amerikanische Außenpolitik nicht auf zwei Buchstaben reduziert. [...] Das Problem ist der Krieg als Mittel. Einen Krieg zu beginnen ist einfacher, als den Frieden zu gewinnen.

Thomas Kleine-Brockhoff, Die Mär vom Ölkrieg, in: Die Zeit, Nr. 5 (2003)

1 Erläutern Sie, welche Rolle Massarat dem Öl in dem Konflikt beimisst und wie er das Verhältnis zu anderen politischen Faktoren bestimmt.

2 Diskutieren Sie im Kurs – unter Einbezug von M 4 – mögliche Einwände bzw. Gegenargumente.

3 Erörtern Sie unter Einbezug der Materialien 1–4 die Bedeutung der Energieressourcen für diesen Konflikt.

4 Analysieren und interpretieren Sie abschließend die Karikaturen. – Arbeiten Sie deren Aussage heraus und beziehen Sie zu dieser Stellung.

5 Die Außenpolitik der USA

MATERIAL 1 Terrororganisationen zerschlagen

Aus einer Denkschrift der US-Regierung über die neue Sicherheitsstrategie der USA vom 20. 11. 2002

[...] Wir werden Terrororganisationen durch folgende Maßnahmen zerschlagen und zerstören: unmittelbares und kontinuierliches Handeln, das sich aller Elemente nationaler und internationaler Macht bedient. Unser unmittelbarer Schwerpunkt werden die weltweit agierenden Terrororganisationen sowie die terroristischen und staatlichen Sponsoren sein, die versuchen, Massenvernichtungswaffen oder deren Vorstufen zu beschaffen oder anzuwenden;
Verteidigung der Vereinigten Staaten, des amerikanischen Volkes und unserer nationalen und internationalen Interessen, indem wir Bedrohungen ausmachen und ausschalten, bevor sie unsere Grenzen erreichen. Die Vereinigten Staaten werden sich ständig um die Unterstützung der internationalen Organisationen bemühen, werden aber auch nicht zögern zu handeln, wenn es notwendig werden sollte, unser Recht auf Selbstverteidigung wahrzunehmen, indem wir präemptiv gegen solche Terroristen vorgehen und sie davon abhalten, dass sie unserem Volk und unserem Land Schaden zufügen; wir werden den Terroristen weitere Finanzierung, Unterstützung und Zuflucht verwehren, indem wir Staaten überzeugen oder zwingen, ihrer souveränen Verantwortung gerecht zu werden. [...]
Jahrhundertelang erkannte das Völkerrecht an, dass Staaten nicht erst einen Angriff erleiden müssen, bevor sie sich rechtmäßig gegen Streitkräfte verteidigen können, von denen eine unmittelbare Angriffsgefahr ausgeht. Rechtswissenschaftler und Völkerrechtler machten die Legitimation der Präemption häufig von der Existenz einer unmittelbaren Bedrohung abhängig, die sich meistens in Form sichtbarer Mobilisierung von Land-, See und Luftstreitkräften manifestierte, die sich auf einen Angriff vorbereiten.
Wir müssen dieses Konzept der unmittelbaren Bedrohung an die Fähigkeiten und Ziele der heutigen Gegner anpassen. Schurkenstaaten und Terroristen wollen uns nicht auf konventionelle Weise angreifen. Sie wissen, dass solche Angriffe zum Scheitern verurteilt wären. Stattdessen setzen sie auf Terrorakte und potenziell auf den Einsatz von Massenvernichtungswaffen, die leicht versteckt und aus dem Verborgenen heraus und ohne Vorwarnung gegen uns eingesetzt werden können. [...]

Aus: Blätter für deutsche und internationale Politik, Heft 11/12 2002, S. 1391 ff. u. 1505 ff.

MATERIAL 2 Die Entwicklung der Rüstungsausgaben der USA

Militärausgaben 2007

Anteile an den gesamten militärischen Ausgaben 2007, nach Region und Einkommensgruppe

	Militärausgaben, 2007 (Mrd. USD)	Veränderung, 1998–2007 (%)
gesamte Welt	**1 339**	**+ 45**
Afrika	18,5	+ 51
Amerika	640	+ 63
Asien und Ozeanien	219	+ 52
Europa	370	+ 16
Naher Osten	91,5	+ 62
Länder mit niedrigem Einkommen	41,9	
Länder mit „unterem mittlerem" Einkommen	152	
Länder mit „oberem mittlerem" Einkommen	107	
Länder mit hohem Einkommen	1 039	

Ausgaben in laufenden USD. Veränderungsangaben basieren auf konstanten USD-Preisen (2005) und Wechselkursen

Quelle: SIPRI Yearbook 2008, Kurzfassung, Stockholm 2008, S. 10/11

Entwicklung der US-Militärausgaben

1940–2008

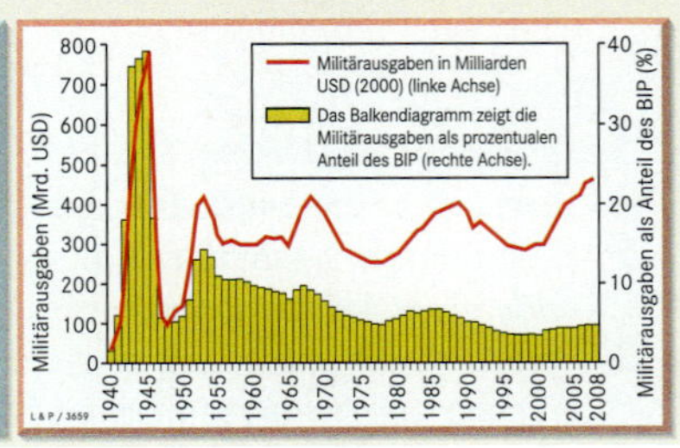

SIPRI Yearbook 2008, Kurzfassung, Stockholm 2008, S. 10/11

Bekenntnis zum Unilateralismus

MATERIAL 3

Michael Staack, Professor für Politikwissenschaft an der Universität der Bundeswehr (Hamburg) über die Außenpolitik der Bush-Administration

[...] Mit ihren außenpolitischen Zielsetzungen [...] nahm die Bush-Administration eine Anknüpfung an zentrale Traditionslinien der US-Außenpolitik vor. Allerdings spitzte sie diese stark zu und vertrat sie mit einer rhetorischen Vehemenz wie noch keine Regierung zuvor [...].

Drei Elemente der Weltordnungspolitik Bushs sind dabei von herausragender Bedeutung: (1) das Bekenntnis zum Unilateralismus und eine grundsätzlich ablehnende Haltung gegenüber internationalen Organisationen und Regelsystemen, (2) das Streben nach selektiver Weltherrschaft (primacy) auf der Grundlage umfassender militärischer Überlegenheit und (3) die Bereitschaft zum militärischen Machtgebrauch für die Durchsetzung strategischer Interessen unter Einschluss des „Regimewechsels“ (regime change) in anderen Staaten. Der neue Kurs wurde in der Nationalen Sicherheitsstrategie vom September 2002 inhaltlich zusammengefasst. [...]

Während die USA in den 1990er-Jahren unter den Präsidenten George Bush sen. und Bill Clinton zunächst eine kluge und freiwillige Selbstbeschränkung ihrer Hegemonie verfolgt hatten, entschieden sie sich beginnend mit der zweiten Clinton-Administration (1997–2001) und dann eindeutig in der Administration von George W. Bush für eine Strategie der imperialen Machtausübung, zeitweise (2001–2004) auch des „imperialistischen Unilateralismus“. [...]

[...] Die Bush-Administration definierte „9/11“ von Anfang an als Zeitenwende und den „Krieg gegen Terror“ als eine Herausforderung, vergleichbar mit dem Faschismus in den 1930er- und 1940er-Jahren oder mit der kommunistischen Gefahr im Kalten Krieg. [...]. Statt den Antiterrorkampf auf Al Qaida bzw. die transnational verbundenen islamistischen Terroristen zu konzentrieren, wurde der globale Terrorismus als solcher zum Ziel. Aus der mangelhaften Fokussierung folgte die zeitliche und räumliche Entgrenzung: Der „Krieg gegen den Terror“ wurde zur Generationenaufgabe erklärt. [...]

Angesichts dieser Rhetorik ist es bemerkenswert, dass der Kampf gegen islamistische Terroristen nach der Amtsübernahme der Bush-Administration zunächst nicht als zentrale außenpolitische Aufgabe verstanden worden war. Bis zum 11. September 2001 hatte sich der Präsident mit dieser Herausforderung gar nicht befasst. Die Schlussfolgerung liegt nahe, dass „9/11“ einen ausgezeichneten Anlass bot, um die eigene Bevölkerung und die Staatengemeinschaft in dieser Ausnahmesituation mit einem außenpolitischen Programm zu konfrontieren, das in Friedenszeiten wohl auf heftige innenpolitische und internationale Kritik gestoßen wäre. Der „Krieg gegen den Terror“ richtete sich keineswegs nur gegen Terroristen. Er wandte sich auch gegen den USA feindlich gesonnene Staaten wie Irak, Iran und Nordkorea, diente zudem der Eindämmung potenzieller Konkurrenten wie China und Russland (z. B. durch den Aufbau einer amerikanischen Militärpräsenz in Zentralasien und deren Verstärkung in Südostasien) und lässt sich generell als ambitionierter Weltordnungsversuch der einzig verbliebenen Supermacht USA interpretieren.

Aus: Politik und Zeitgeschichte, B. 37/38 (2008), S. 6–13. Der Text wurde um die Fußnoten gekürzt.

1 Stellen Sie die zentralen Gedanken der neuen Sicherheitsstrategie der USA (M 1) zusammen.

2 Diskutieren Sie, ob und wie sich in den Rüstungsausgaben (M 2) die neue Sicherheitsstrategie niederschlägt.

3 Diskutieren Sie abschließend Kontinuität und Diskontinuität amerikanischer Außenpolitik. Beziehen Sie die Überlgungen Bushs und Obamas ein (vgl. vor. Kap.)

VERWEIS

s. S. 326 f.
Uni- und Multilateralismus

6 Macht- und Gewaltstrukturen in Afghanistan

MATERIAL 1 Die Taliban

Der Leiter der Konrad-Adenauer-Stiftung in Kabul, Babak Khalatbari, über die Taliban

Politisch wie militärisch formierte sich die Talibanbewegung im Jahr 1993 und griff ab 1995 massiv in die Auseinandersetzungen in Afghanistan ein. Den Großteil ihrer Kämpfer rekrutierte die Bewegung aus den Koranschulen (madrassas) entlang der afghanisch-pakistanischen Grenze, mit deren Hilfe sie die Hauptstadt Kabul im September 1996 einnahm und im Folgejahr bis auf einige Teile im Nordosten ganz Afghanistan kontrollierte. Das Land wurde von ihnen in „Islamisches Emirat Afghanistan" umbenannt, das nur von Pakistan, Saudi-Arabien und den Vereinigten Arabischen Emiraten diplomatisch anerkannt wurde. Aus religiösen Gründen wurden Musik, Sport, Bilder und Fernsehen verboten, der größte Teil der Schulen und Universitäten geschlossen. Männer mussten sich Bärte wachsen lassen, und Frauen durften nur mit männlicher Begleitung und in Ganzkörperverschleierung (burqa) das Haus verlassen.
Schon im Jahr 1999 wurde den Taliban die Kooperation mit der Terrororganisation al-Qaida unterstellt. Kurz nach den Anschlägen des 11. September 2001 begann am 7. Oktober 2001 die Bombardierung Afghanistans, rasch folgte die Bodenoffensive amerikanischer Truppen in Kooperation mit den Milizen der Nordallianz. Die Talibanbewegung und ihre Anhänger verloren innerhalb weniger Wochen im ganzen Land ihren Rückhalt und wurden schließlich am 13. November 2001 aus Kabul vertrieben. Der Weg zu einer politischen Neuordnung des Landes schien bereitet. Die sogenannte Nordallianz hatte in der ersten Jahreshälfte 2001 zwischen fünf und zehn Prozent des Landes im Nordosten, im Wesentlichen in der Provinz Badakshan, unter ihrer Kontrolle. Mit der Ermordung von Ahmad Shah Massud am 9. September 2001 durch ein Sprengstoffattentat schien das Schicksal der Nordallianz besiegelt zu sein. Rückblickend muss daher der Vormarsch der Nordallianz gegen Kabul als ein Zugeständnis der USA angesehen werden, da diese in der Nordallianz einen natürlichen Verbündeten im Kampf gegen die Taliban sahen. Das Vorhaben der Vereinten Nationen, Kabul als de- oder entmilitarisierte Zone zu erhalten, war zum Scheitern verurteilt, als der Nordallianz von den USA gestattet wurde, die Hauptstadt zu besetzen, und über Nacht rund 5 000 Taliban ansch einend spurlos verschwanden. Ethnisch wie politisch wurde damit den Nachkriegsverhandlungen entscheidender Boden entzogen. Erstmals in der Geschichte Afghanistans sahen sich die tadschikischen Führer in der Lage, die historisch gewachsene paschtunische Dominanz zu brechen. Bereits zu diesem Zeitpunkt wurde der Versuch unterlassen, verhandlungsbereite, moderate Vertreter der Talibanbewegung in den politischen Prozess einzubeziehen und so die Bewegung aufzubrechen und zu schwächen. Da in den paschtunischen Gebieten südlich von Kabul die Bevölkerung weitgehend von den Taliban entwaffnet wurde, hatten die Tadschiken es relativ einfach, entlang der Fernverkehrsstraßen nach Süden vorzustoßen und den angrenzenden Gebieten ihr Regime aufzuzwingen. Mit dem parallel dazu verlaufenden Prozess der Stigmatisierung der Paschtunen als Taliban wurden auch die traditionellen Stammeseliten vom politischen Prozess ausgeschlossen. Eine erste Folge dessen war die absolute Unterrepräsentanz paschtunischer Vertreter bei den Bonner Verhandlungen auf dem Petersberg. Dieser Sachverhalt führte zu anhaltenden Spannungen, die die Karzai-Regierung dazu zwangen, mit hohem zeitlichen wie finanziellen Aufwand ethnisch ausgleichende Kompromisse zu suchen. Nicht zuletzt diese Auseinandersetzungen liefern der Talibanbewegung zunehmend Nährboden im Süden und Südosten Afghanistans.

Da die afghanische Regierung wegen der grassierenden Korruption und der Nichterfüllung vieler Versprechen in den Augen der Bevölkerung ihre Legitimität weitgehend verloren hatte, wenden sich seit Anfang 2006 viele einstige Anhänger den Oppositionskräften zu. Seit Mai 2006 erfolgt zudem eine Zunahme der Anschläge und Selbstmordattentate, die Verfestigung der nichtstaatlichen Gewaltmonopole sowie eine Zunahme der Opium- (Süden) und Cannabisproduktion (Norden). Die Feststellung, dass die Medien über den Irak zu schlecht und über Afghanistan zu gut berichten, scheint seitdem in doppelter Hinsicht nicht mehr zuzutreffen. Seit Anfang 2007 erfolgt eine Zunahme der militärischen Operationen mit hohen zivilen Opfern.

Der Legitimitäts- und Loyalitätsverlust der Regierung nimmt weiter zu, was unter anderem zu einer Formierung der politischen Opposition in Form der National United Front unter dem Vorsitz Burhanuddin Rabbanis im März 2007 führte. Die Korruption erscheint immer mehr als allmächtiger Krake, zudem ist der Versuch eines ethnischen Ausgleichs in der Regierung Karzai gescheitert. Während das paschtunische Lager weiterhin eine Verstärkung seiner Präsenz im Machtgefüge fordert, deuten Gerüchte über mögliche Kabinettsveränderungen auf das Bestreben tadschikischer Führungspersönlichkeiten hin, verlorene Machtpositionen möglichst noch 2007 wiederzuerlangen. Innenpolitisch zeichnet sich ein Machtkampf zwischen moderaten und islamistischen Kräften ab. Das internationale Afghanistan-Engagement wird durch diese Entwicklung und den sich nur langsam vollziehenden Wiederaufbauprozess, der in den Medien nicht die notwendige Berücksichtigung erfährt, sowie den hohen Blutzoll der entsandten Soldaten, Polizisten und Entwicklungshelfer in vielen europäischen Ländern und Kanada mittlerweile von unterschiedlich großen Bevölkerungsteilen infrage gestellt.

Aus: Babak Khalatbari, Afghanistan unter dem Terror der Taliban, in: Aus Politik und Zeitgeschichte, B. 39 (2007), S. 18–24, hier S. 20 f.

Ein fragmentiertes Land

MATERIAL 2

Le monde diplomatique (Hrsg.), Atlas der Globalisierung, Berlin 2007, S. 163

MATERIAL 3

Lokale Macht- und Gewaltstrukturen

Mit dem Zusammenbruch des Taliban-Regimes im Herbst 2001 wurde die Fragmentierung Afghanistans erneut offensichtlich. Das Land zerfiel in eine Vielzahl räumlich kaum fixierbare Herrschaftsgebiete, die von unzähligen Kommandeuren, Drogenbaronen, Stämmen und religiösen Würdenträgern regiert wurden. Bis heute vermag es die afghanische Regierung kaum, ihre Kontrolle über Kabul und die Provinzstädte hinaus auszudehnen, weshalb Präsident Hamid Karzai von Spöttern als „Bürgermeister von Kabul" bezeichnet wird. Kaum gibt es eine staatliche Präsenz in Form von Polizisten oder Beamten in den ländlichen Distrikten, in denen das Gros der afghanischen Bevölkerung lebt. So entziehen sich bis heute die ländlichen Regionen der staatlichen Kontrolle. Jedoch sind die lokalen Macht- und Gewaltstrukturen recht facettenreich und reichen von gelegentlichen Selbstverteidigungsfronten und Ordnungstrupps auf Dorf- oder Stammesebene bis hin zu hoch professionellen Milizen, Privatarmeen, Gangs, kriminellen Banden und militanten Oppositionsgruppen; Letztere werden in der Regel unter dem Begriff „Taliban" zusammengefasst. Im Folgenden soll anhand von drei Beispielen gezeigt werden, dass sich in verschiedenen Regionen Afghanistans ganz unterschiedliche Macht- und Gewaltstrukturen ausprägten.

In Paktia, einer Provinz im Südosten Afghanistans, leben vornehmlich paschtunische Stämme. Diese umfassen meist nur wenige Tausend Mitglieder und siedeln jeweils in einem eigenen Stammesterritorium. Die Identität mit dem Stamm stellt das zentrale Merkmal für die Bevölkerung dar. Das Paschtunwali, der Ehren- und Rechtskodex der Paschtunen, ist für alle Stammesmitglieder bindend, wenngleich seine Inhalte von Stamm zu Stamm graduell abweichen. Grundlegender Gedanke des Paschtunwali ist, dass sämtliche männlichen Stammesmitglieder den gleichen Status einnehmen und die Autonomie des Stammes oberste Priorität genießt. Entsprechend dieser Vorstellungen werden Entscheidungen im Konsens getroffen, indem eine Stammesversammlung (Jirga) in Konfliktfällen vermittelt und über den Einsatz von Gewalt entscheidet. Auch bedingt das Paschtunwali, dass politische Führerschaft stark umstritten ist, da die herausragende Stellung eines Stammesmitglieds vom Stamm nur temporär geduldet wird. Dies erklärt etwa, weshalb sich in Paktia kein von den Stämmen unabhängiges Kommandeurswesen längerfristig herausbilden konnte. Führerschaft benötigt stets eine Legitimierung durch den Stamm. Die Stämme verfügen auch über eigene Polizeieinheiten, die sogenannten Arbaki. Diese werden von den Stämmen je nach Bedarf ausgehoben, um die Entscheidungen der Stammesräte umzusetzen. Die Aufgaben der Arbaki reichen von der Kontrolle des Stammesterritoriums, dem Schutz von Stammesressourcen (Wälder, Weiden) bis hin zu Kampfhandlungen und dem Niederbrennen von Häusern verstoßener Stammesmitglieder. [...]

Die Situation in der nordöstlichen Provinz Kunduz unterscheidet sich in nahezu allen Belangen von der in Paktia. Verschiedene Migrationswellen und eine gesteuerte staatliche Siedlungspolitik bedingten die Ansiedlung unterschiedlicher ethnischer Gruppen im 19. und 20. Jahrhundert, sodass sich heutzutage die kulturellen Identitäten häufig von Dorf zu Dorf unterscheiden. Auch fehlen in Kunduz gruppenübergreifende Ordnungsvorstellungen wie das Paschtunwali in Paktia. Dementsprechend konzentrieren sich die Machtstrukturen vornehmlich auf Mikrokosmen wie Dörfer, Talschaften oder Kanalläufe. Allein in Regionen, in denen sich Großgrundbesitz ausprägen konnte (z.B. Imam Sahib), vermögen es lokale Eliten, ganze Landstriche zu kontrollieren. Im Unterschied zu Paktia bildete sich in Kunduz ein starkes Kommandeurswesen aus, das sich im Laufe des Afghanistankrieges entwickelt hatte. So liegt auch noch heute vielerorts die Macht in den Händen kampferprobter Kommandeure, wenngleich Waffen selten offen zur Schau gestellt werden. Auch sind diesen Kommandeuren durch die lokalen Gemeinschaften nur bedingt Grenzen gesetzt, sodass sie recht eigenständig Entscheidungen fällen können. Ihre Macht basiert daher häufig auf ihrer Waffengewalt und auf ihren politischen

Netzwerken. So sind viele Kommandeure, wie für ganz Nordafghanistan typisch, meist aufgrund ihrer ethnischen Ausrichtung mit regionalen Kriegsfürsten wie Rashid Dostum, Mohammad Daud oder Gulbuddin Hekmatyar verbunden. Im Unterschied zu Paktia stellt in Kunduz der Staatsapparat eine wichtige Ressource für die Legitimation lokaler Eliten dar. So erhoffen sich diese von der Ausübung eines staatlichen Amts eine allgemeine Anerkennnng ihrer Sonderstellung. [...]

Die Macht- und Gewaltstrukturen in der südafghanischen Provinz Kandahar zeigen ein anderes Bild. Zwar leben in Kandahar wie in Paktia fast ausschließlich paschtunische Stämme. Diese sind jedoch im Unterschied zu Paktia in großen Stammesverbänden organisiert, und ihre Siedlungsgebiete sind über ganz Südafghanistan verstreut. Auch sind die Stämme aufgrund vorherrschender Großgrundbesitzstrukturen weitaus stärker hierarchisch organisiert und werden von wenigen Elitefamilien beherrscht. So kristallisierten sich in Kandahar wenige, äußerst einflussreiche Machthaber (z.B. Wali Karzai, Gul Agha Shirzai) heraus, die jeweils über Großgrundbesitz verfügen, einen Stamm repräsentieren, eigene Milizen befehligen und ein staatliches Amt ausüben. Diese hierarchischen Machtstrukturen werden von dem Antiterrorkampf und von der Drogenökonomie stark beeinflusst. Die Taliban stellen in Kandahar weitaus weniger eine geeinte militante islamistische Bewegung dar als lose miteinander verbundene Kampfverbände. [...]

Mohammed Atta, früher Warlord, heute Gouverneur der Provinz Bakh

Wenngleich je nach lokalem Kontext die Beweggründe für den Anschluss an die Taliban variieren, so geht es meist um die Aufrechterhaltung der lokalen Autonomien sowie um die Herstellung von Sicherheit und Gerechtigkeit, die die Bevölkerung durch den afghanischen Staat und die Operation Enduring Freedom gefährdet sehen. Während die Taliban eher die hierarchischen Machtstrukturen herausfordern, verstärkt die Drogenökonomie, die in Kandahar eines ihrer wesentlichen Zentren hat, eher die herrschenden Machtkonstellationen. Denn die Drogenökonomie ist von solch wirtschaftlicher Bedeutung, dass nahezu alle Machthaber, ob auf Seiten der Regierung oder auf Seiten der Taliban, in diese involviert sein müssen, wenn sie ihren Einfluss auf die lokale Politik wahren wollen. Die gewaltsame Antidrogenkampagne, die die internationale Gemeinschaft gemeinsam mit der afghanischen Regierung in Kandahar durchführte, bedingte zudem, dass Bauern und Händler sich verstärkt den Taliban zuwendeten, da diese bislang nicht gegen die Drogenökonomie vorgingen.

Aus: Conrad Schetter, Lokale Macht- und Gewaltstrukturen in Afghanistan, in: Aus Politik und Zeitgeschichte 39 (2007), S. 3–10, hier S. 5 f.

1 Erarbeiten Sie anhand von M1 Bedeutung und Rolle der Taliban in Afghanistan.

2 Stellen Sie die Macht- und Gewaltstrukturen Afghanistans (M1 – M 3) dar und diskutieren Sie deren Auswirkungen auf die innere Stabilität des Landes.

7 (Drogen-)Ökonomie Afghanistan

MATERIAL 1 Drogenmarkt Afghanistan

Afghanistan ist nach wie vor Drogenlieferant Nummer eins. 90 % der weltweiten Opiummenge stammt aus dem Land am Hindukusch. Die Tendenz ist steigend.

Im UN-Drogenbericht von 2007 heißt es, dass allein im Jahr 2006 etwa 6 100 Tonnen des für die Herstellung von Heroin nötigen Opiums hergestellt wurden, 45 % mehr als im Jahr davor. Die Anbauflächen für Schlafmohn wuchsen um 156 000 Hektar, mehr und schneller denn je. Nach UN-Schätzungen wurden im Jahr 2007 mehr als 8 200 Tonnen Opium hergestellt (Exportwert: 4 Milliarden US-Dollar). [...] Auch Karsai-Anhänger profitieren vom Drogengeschäft – und schmieren nach Auskunft von Antidrogenkämpfern vielfach höchste Regierungsbeamte.

Aus: Frankfurter Rundschau vom 15. 8. 2008 (Panorama), S. 21 f.

MATERIAL 2 Drogenwege

Le monde diplomatique (Hrsg.), Atlas der Globalisierung, Berlin 2007, S. 162

MATERIAL 3 Keine blühenden Landschaften

Der Politikwissenschaftler Matin Baraki über Drogen und Korruption in Afghanistan

Erst seit 2001 werden in allen 32 Provinzen des Landes Drogen angebaut. Die Drogenbarone nutzen den „Wirtschaftsboom" zur Geldwäsche. Sie investieren nur im Luxussegment wie in Hotels, Häuser und Lebensmittel für den Bedarf zahlungskräftiger Ausländer. Ein Wiederaufbau für breite Schichten der Bevölkerung findet kaum statt. Die Arbeitslosigkeit beträgt ca. 70 Prozent, mancherorts, vor allem im Osten und Süden, sogar 90 Prozent. Dort sympathisieren bis zu 80 Prozent der Bevölkerung mit den Taliban. [...] Das von der UN in Millionenhöhe unterstützte Rückkehrprogramm für afghanische Flüchtlinge muss deswegen scheitern, weil sie weder Arbeit noch Unterkunft finden. Es gibt zwei Möglichkeiten, die Immigranten in Afghanistan zu reintegrieren: Zum einen sollten die Aufnahmeländer ihnen ihre Sozialhilfe für ein Jahr weiterzahlen, bis sie sich in Afghanistan eine Existenzgrundlage geschaffen haben. Zum anderen sollte die internationale Gemeinschaft diesen Personenkreis bevorzugt in ihren Projekten beschäftigen. Ein weiteres Problem stellt die fehlende Sicherheit dar. Viele von ihnen werden überfallen, sogar von Polizisten, weil man bei ihnen Geld vermutet.

Aus: Matin Baraki, Nation-building in Afghanistan, in: Aus Politik und Zeitgeschichte, B. 39 (2007), S. 11-17, hier S. 13

„Failed State" Afghanistan

MATERIAL 4

Der Journalist und Entwicklungshelfer Martin Gerner über das Scheitern der Drogenbekämpfung

Bei dem Versuch, alternative Lebensgrundlagen für die Opiumbauern zu schaffen, behindern sich die Geberländer teilweise gegenseitig. Die staatliche amerikanische Entwicklungshilfeagentur US-AID investiert insgesamt über 200 Mio. US-Dollar in die Schaffung alternativer Anbau- und Erwerbsstrukturen und damit ein Vielfaches dessen, was die Europäer in ähnliche Projekte stecken. Die Folge ist ein unkoordiniertes Vorgehen und ein „buy-out"; so haben US-Firmen afghanische Spezialisten aus Projekten der Europäer herausgekauft. „Das hat uns an einigen Stellen die Arbeit von ein bis zwei Jahren kaputt gemacht", erklärt ein Mitarbeiter der Agha-Khan-Stiftung, mit der auch die Deutsche Gesellschaft für Technische Zusammenarbeit (GTZ) kooperiert. [...]

Die Führung der UNODC [United Nations Office on Drugs and Crime] ist ein Verfechter der sogenannten Alternativentwicklung. Dieses Konzept sieht vor, dass Erntevernichtungen mit finanziellen Anreizen zur Aufnahme alternativer Landwirtschaftsproduktionen gepaart werden. Allerdings, so sagen Kritiker, zeigen die Erfahrungen, etwa im lateinamerikanischen Kokaanbau, dass es schwer möglich ist, Ertragsausfälle aus dem zerstörten Drogenanbau unmittelbar durch Einkommen aus neuen Landwirtschaftsgütern zu kompensieren. Dort ist es zu großer Landflucht und sozialen Problemen in den Städten gekommen. [...]

So gut wie alles in Afghanistan, hat man den Eindruck, wird aus den Nachbarländern Iran und Pakistan importiert: Reis und Öl, Zement und Strom. In afghanischen Kiosken und Straßengeschäften stapeln sich aber auch Produkte, wie man sie aus unseren Supermärkten kennt: Kiri-Käse, Kellog's Cornflakes, Coca Cola. Afghanische Produkte haben es schwer, konkurrenzfähig zu sein. Eine Erfolgsgeschichte kommt aus der Provinz Herat, wo ein afghanisches Cola-Getränk hergestellt wird, das guten Absatz findet. Generell aber ist zu beobachten, dass das Land als Absatzmarkt anderer Länder und Globalisierung als Einbahnstraße und Demütigung erlebt wird. „Das meiste, was in meinem Land passiert, ist mittlerweile fremdbestimmt", klagt ein Taxifahrer in Kabul. „Ich frage mich, was wir tun können, damit unsere Wirtschaft eine Chance erhält."

Aus: Martin Gerner, „Failed State" Afghanistan, in: Blätter für deutsche und internationale Politik, H. 10 (2006), S. 1213-1221, hier S. 1217 f.

1 Erläutern Sie die Bedeutung des Drogenanbaus und -handels für die Ökonomie Afghanistans (M 1-3).
2 Diskutieren Sie die Folgen für die Stabilität des Landes („nation-building").
3 Erklären Sie das bisherige Scheitern der Drogenbekämpfung.

8 Afghanistan und die Vereinten Nationen

Das sogenannte Petersberg-Abkommen, das am 5. Dezember 2001 unter den Auspizien der Vereinten Nationen geschlossen wurde, fixierte auf der Grundlage der Resolution 1378 des UN-Sicherheitsrates vorläufige Regelungen für die Einsetzung einer Interimsregierung und den Wiederaufbau in Afghanistan. Dieses Abkommen stellt das Ergebnis politischer Bemühungen dar, die parallel zum „Krieg gegen den Terror", den US-Präsident George W. Bush ausrief, liefen. Nachdem der Bundestag im November 2001 den Einsatz deutscher Streitkräfte im Rahmen dieses Krieges beschlossen hatte, nahm er am 21. Dezember 2001 einen Antrag der Bundesregierung zur befristeten Entsendung von bis zu 1 200 Soldaten im Rahmen einer Internationalen Sicherheitsunterstützungstruppe für Afghanistan an, der auf der Resolution 1386 des UN-Sicherheitsrates („Einsatz einer Internationalen Sicherheitsunterstützungstruppe") fußte.

MATERIAL 1 Resolution 1378 des UN-Sicherheitsrats vom 14. 11. 2001 über eine politische Lösung für Afghanistan

Der Sicherheitsrat [...]
1. bekundet seine nachdrückliche Unterstützung für die Anstrengungen des afghanischen Volkes, eine neue Übergangsverwaltung einzurichten, die zur Bildung einer Regierung führt; beide sollten

- auf breiter Grundlage stehen, multi-ethnisch sein und das gesamte afghanische Volk uneingeschränkt vertreten sowie sich zum Frieden mit den Nachbarn Afghanistans bekennen,
- die Menschenrechte aller Afghanen ungeachtet des Geschlechts, der ethnischen Zugehörigkeit oder der Religion achten,
- die internationalen Verpflichtungen Afghanistans achten, namentlich indem sie bei den internationalen Anstrengungen zur Bekämpfung des Terrorismus und des unerlaubten Drogenhandels innerhalb Afghanistans wie auch ausgehend von Afghanistan voll kooperieren, und
- die dringende Auslieferung humanitärer Hilfsgüter und die geregelte Rückkehr der Flüchtlinge und Binnenvertriebenen, sobald die Situation es zulässt, erleichtern [...].

Aus: Blätter für deutsche und internationale Politik H.3 (2002), S. 374 f.

MATERIAL 2 Petersberg-Abkommen

Übereinkommen über vorläufige Regelungen in Afghanistan bis zur Wiederherstellung dauerhafter staatlicher Insitutionen vom 5. 12. 2001 („Petersberg-Abkommen") (Auszug)

V. *Schlussbestimmungen*

(1) Zum Zeitpunkt des offiziellen Übergangs der Macht werden alle Mudschaheddin, afghanischen Streitkräfte und bewaffneten Gruppierungen im Land der Befehlsgewalt der Interimsverwaltung unterstellt und nach den Bedürfnissen der neuen afghanischen Sicherheits- und bewaffneten Streitkräfte umorganisiert.

(2) Die Interimsverwaltung und die außerordentliche Loya Jirga handeln im Einklang mit den Grundsätzen und Bestimmungen der internationalen Übereinkünfte über Menschenrechte und humanitäres Völkerrecht, deren Vertragspartei Afghanistan ist.

(3) Im Kampf gegen Terrorismus, Drogen und organisiertes Verbrechen arbeitet die

Interimsverwaltung mit der internationalen Gemeinschaft zusammen. Sie verpflichtet sich, das Völkerrecht zu achten sowie friedliche und freundschaftliche Beziehungen zu den Nachbarstaaten und der übrigen Völkergemeinschaft zu pflegen.
[...]

Anlage I: Internationale Sicherheitstruppe
[...]

Anlage II: Die Rolle der Vereinten Nationen während des Interimszeitraums

1. Der Sonderbeauftragte des Generalsekretärs ist für alle Aspekte der Arbeit der Vereinten Nationen in Afghanistan zuständig.
2. Der Sonderbeauftragte überwacht und unterstützt die Durchführung aller Aspekte dieses Übereinkommens.

Aus: Blätter für deutsche und internationale Politik H.3 (2002), S. 376 f.

MATERIAL 3

In Afghanistan wächst das Chaos

Der Journalist Andreas Schwarzkopf über die Aktivitäten der UN

Die internationale Gemeinschaft hat in Afghanistan ein blutiges Chaos angerichtet. Und keiner weiß so recht, wie das Sterben am Hindukusch beendet werden kann. Längst ist aus einer im Ansatz richtigen und guten Intervention ein Krieg geworden. Standen anfangs in Berichten aus dem fernen Land die Fortschritte beim Wiederaufbau im Vordergrund, dominieren inzwischen die vielen Opfer von Anschlägen und Kämpfen, die Korruption und die Rekordernten beim Opium die Nachrichten. [...]

Scheinbar unversöhnlich stehen sich die Positionen gegenüber. Die Befürworter der Truppenpräsenz argumentieren: Es war eine richtige Intervention, doch später machten die internationale Gemeinschaft und die neue afghanische Regierung zu viele Fehler, und nun darf sich der Westen nicht aus der Verantwortung stehlen. Die Gegner sagen: Der Einmarsch war nicht legitim, wir haben dort nichts zu suchen und also müssen wir abziehen, um das Sterben zu beenden.

Beide Seiten argumentieren im Übrigen mit den Menschenrechten. Für diese muss man nach Ansicht der Befürworter auch mal die Waffe in die Hand nehmen. Die Gegner sagen, der Westen habe in Afghanistan mehr Menschenrechte verletzt, als er dort umsetzte.

Bei alldem haben die beiden Lager nur eines gemeinsam: Sie fordern einen Strategiewechsel. Und da sind sie sich ähnlicher, als viele denken. Denn selbst die ernst zu nehmenden Abzugsbefürworter halten es für nötig, noch ein wenig zu bleiben. Zwar nur möglichst kurz, aber eine gewisse Phase der Stabilisierung und der Übergabe muss demnach sein. Zu befürchten ist aber, dass es einen abgestimmten Strategiewechsel nicht geben wird, da sich wahrscheinlich keiner der vielfältigen Vorschläge in den unterschiedlichen Machtzentren durchsetzen wird. Das heißt: Die verschiedenen Akteure wurschteln weiter vor sich hin. Das zeigt der jüngste Vorschlag der NATO, die Isaf-Truppen stärker in den Kampf gegen Drogen einzuspannen. Bisher war nicht zu hören, dass diese geplante Offensive mit zusätzlichen entwicklungspolitischen Schritten begleitet wird. Also wird das militärische wieder nicht mit dem zivilen Vorgehen abgestimmt. Der Westen scheint beratungsresistent.

Aus: Andreas Schwarzkopf, In Afghanistan wächst das Chaos, in: Frankfurter Rundschau vom 16. 10. 2008, S. 10

1 Stellen Sie die in den Materialien 1 und 2 formulierten Ziele der UN in Afghanistan dar.
2 Vergleichen Sie auf Grundlage der bisherigen Unterkapitel Anspruch und Wirklichkeit der UN-Maßnahmen.
3 Erläutern und diskutieren Sie die strukturellen Probleme der UN-Aktivitäten.

9 Die Bundeswehr am Hindukusch

MATERIAL 1 „Blühende Landschaften"?

Klaus Stuttmann

MATERIAL 2 Die Verteidigung Deutschlands am Hindukusch

Überlegungen des ehemaligen Verteidigungsministers Peter Struck

Immer mehr Staaten und nichtstaatliche Akteure streben nach dem Besitz von Massenvernichtungswaffen und ballistischen Trägermitteln und unterminieren damit die regionale und globale Sicherheit. […]
Es ist daher richtig, wenn wir von der Annahme ausgehen, dass der Schwerpunkt der Aufgaben der Bundeswehr auf absehbare Zeit im multinationalen Einsatz und jenseits unserer Grenzen liegen wird. Dies muss sich in Strukturen und Fähigkeiten konsequent niederschlagen. Ich habe vor einiger Zeit von der „Verteidigung am Hindukusch" gesprochen, Tatsächlich umfasst Verteidigung heute mehr als Verteidigung an den Landesgrenzen, wobei Landesverteidigung grundsätzlich auch weiterhin möglich bleiben muss. Was wir brauchen, ist eine zeitgemäße Verteidigung,

- die, erstens, die Verhütung von Konflikten und Krisen umfasst,
- die, zweitens, die gemeinsame Bewältigung von Krisen umfasst und
- die, drittens, die Krisennachsorge und die Beteiligung am Wiederaufbau und am „nation building" umfasst.

So ist unser militärisches Engagement in Afghanistan nicht nur deshalb unverzichtbar, weil wir den Menschen in diesem geschundenen Land helfen, nach Jahrzehnten von Krieg und Bürgerkrieg wieder eine Perspektive für die Zukunft zu gewinnen. Vielmehr liegt es in unserem ureigensten sicherheitspolitischen Interesse, dem internationalen Terrorismus, der uns alle unmittelbar bedroht, sein wichtigstes Rückzugs- und Ausbildungsgebiet dauerhaft zu entziehen. …
Vergessen wir nicht: Die Stabilisierung Afghanistans, die Festigung einer multiethnischen Regierung der nationalen Aussöhnung/die

Schaffung von Rahmenbedingungen für wirtschaftliche Entwicklung und gesellschaftliche Demokratisierung sind von zentraler Bedeutung für unseren Erfolg im Kampf gegen die Geißel des internationalen Terrorismus. Ich werde daher Präsident Karsai fragen, ob er – was ich mir nicht vorstellen kann – Einwände hat, wenn in Kabul die Flagge der NATO weht.

www.securityconference.de/konferenzen/rede.php?id=106&sprache=de

Mandatsverlängerung notwendig

MATERIAL 3

Der Leiter des Büros der Konrad-Adenauer-Stiftung in Kabul, Babak Khalatbari; zum Einsatz der Bundeswehr in Afghanistan

Die Grundlage der von den USA geführten Mission Operation Enduring Freedom (OEF) sind die Resolutionen 1368 (2001) und 1373 (2001) des Sicherheitsrates der Vereinten Nationen (VN) sowie Artikel 51 der VN-Charta und Artikel 5 des NATO-Vertrages zu gegenseitigem Beistand. Es beteiligen sich 20 Nationen mit Beiträgen zur OEF, davon 17 in Afghanistan. Der Deutsche Bundestag beschloss die Beteiligung an der OEF erstmals am 16. November 2001. Derzeit umfasst das Mandat die Bereithaltung von 25 Sanitätskräften, 100 KSK-Soldaten sowie Seestreitkräfte im Einsatz am Horn von Afrika. [...] Ein Ausscheren Deutschlands aus dem OEF-Mandat ist ohne politischen Flurschaden nicht denkbar. Die zu erwartende Folge wäre eine erneute transatlantische Verstimmung und ein Vertrauensverlust bei Bündnispartnern innerhalb der NATO. Zusätzlich könnten bei der Nichtverlängerung des OEF-Mandats deutsche ISAF-Truppen für Operationen im Süden Afghanistans angefordert werden. Man sollte bei der Mandatsentscheidung zwischen Kosten und Nutzen abwägen und sich auf die Stärken der Bundeswehr im Norden besinnen. Eine nicht mehr gewährleistete Trennung von Kampfeinsätzen gegen Terroristen im Süden und die zivilmilitärische Wiederaufbaumission im Norden des Landes könnte durch eine Nichtverlängerung des OEF-Mandats zum einen bei vielen Afghanen auf Unverständnis stoßen und zum anderen den Deutschland-Bonus am Hindukusch weiter reduzieren.
Die Grundlage für das Entstehen der International Security Assistance Force (ISAF) basiert auf der Bonner Vereinbarung über den Wiederaufbau Afghanistans vom Dezember 2001. [Vgl. S. 404/405 ...] Die ISAF besteht aus rund 36 000 Soldaten, aus Deutschland stammen ca. 3 000. Die ISAF kann als das stabilisierende Rückgrat des fragilen afghanischen Staates beschrieben werden. Sollten kurz- bis mittelfristig die ISAF-Truppen abgezogen werden, droht mit großer Wahrscheinlichkeit das afghanische Staatswesen zusammenzubrechen. Dies hätte verheerende Folgen nicht nur für die Bevölkerung und für die gesamte Region, sondern auch für die Zielregionen des internationalen islamistischen Terrors, speziell die USA und Europa. Das Signal, das durch eine ausbleibende Mandatsverlängerung 2007, 2008 oder später entstünde, würde sicherlich den Radikalislamisten zusätzlich politische Morgenluft und neue Antriebskraft verschaffen, ganz abgesehen von der bündnispolitischen Blamage. [...] Die Nichtverlängerung des ISAF-Mandats durch den deutschen Bundestag könnte somit für ISAF den Anfang vom Ende darstellen.

Aus: Babak Khalatbari, Afghanistan unter dem Terror der Taliban, in: Aus Politik und Zeitgeschichte, B. 39 (2007), S. 18–24, hier S. 21 f.

1 Fassen Sie die Gründe zusammen, die der ehemalige Verteidigungsminister der Bundesrepublik für das militärische Engagement der Bundeswehr in Afghanistan nennt.

2 Stellen Sie tabellarisch die unterschiedlichen Formen des Bundeswehreinsatzes sowie die damit verbundenen Ziele und Problemlagen dar.

MATERIAL 4 Bundestagsdebatte 2008: Verlängerung des ISAF-Mandats

Die Debatte im deutschen Bundestag über die Verlängerung des ISAF-Mandates der Bundeswehr und der Aufstockung der Zahl der Soldaten von 3 500 auf 4 500 (7. 10. 2008)

Dr. Frank-Walter Steinmeier (SPD), Bundesminister des Auswärtigen

Wir reden über ein Land, in dem vor sieben Jahren noch Menschen gesteinigt worden sind und Musik verboten war. All denjenigen, die unsere Erfolge immer noch kleinreden wollen, muss man entgegnen: Jedes Stück Land, das ein Bauer wieder bestellen kann, jedes Kind, das in die Schule geht, jedes neue Krankenhaus und jeder Kilometer Straße sind auch ein kleiner Sieg der Menschlichkeit. Keiner ist naiv: Natürlich ist der Weg länger und steiniger, als wir alle uns das erhofft haben. Jedes zivile Opfer und jedes Selbstmordattentat sind ein Rückschlag, und die Rückschläge haben zugenommen – auch im Norden. Weder die internationale Staatengemeinschaft noch die afghanische Regierung – auch das ist wahr – haben die Korruption oder den Anbau und Handel mit Schlafmohn bisher wirklich in den Griff bekommen. Im Süden und Osten verunsichern nach wie vor – oder im Augenblick noch mehr – Terroristen die Bevölkerung, weil die Grenzen zu Pakistan faktisch ungesichert sind.

Das ist die Lage, wie sie sich ungeschminkt darstellt. Die Fragen lauten: Welche Schlussfolgerungen ziehen wir aus dieser Lage? Sollen wir wirklich gehen, wenn es schwierig ist, wie manche es fordern? Sollen etwa Niederländer, Norweger, Polen und Finnen den Job machen, weil wir uns aus der Verantwortung stehlen? Wenn Länder wie wir gingen, dann wäre das nicht nur eine Verletzung der Solidarität all denen gegenüber, die dableiben, sondern es wäre noch schlimmer: Wir würden das Ziel aufgeben, für das wir sechs, fast sieben Jahre in Afghanistan gemeinsam gearbeitet haben. Unser Aufenthalt dort war nie und ist kein Selbstzweck. Wir hatten und haben ein klares Ziel: Wir wollen, dass die Menschen in Afghanistan die Zukunft ihres Landes möglichst schnell wieder in die eigenen Hände nehmen und selbst für Sicherheit in ihrem Land sorgen. Wir ziehen dabei mit vielen Afghanen an einem Strang. Das haben Sie in Gesprächen bei Afghanistanreisen und auch bei Besuchen afghanischer Politiker und Experten hier bei uns selbst erlebt. Diese sagen: Wir wollen und wir können die Vorsorge für die eigene Sicherheit leisten. Aber jetzt brauchen wir noch die Hilfe der internationalen Staatengemeinschaft. [...] Es ist eine gute Entwicklung, dass inzwischen 70 Prozent aller Sicherheitsoperationen in Afghanistan einheimische Sicherheitskräfte mitwirken. Außenminister Spanta hat mir das vor kurzer Zeit noch einmal berichtet. Das zeigt, dass wir insoweit auf dem richtigen Weg sind und auf diesem Weg weiter vorangehen müssen. [...]

Monika Knoche (Die Linke)

Insgesamt 55 000 NATO-Soldaten, darunter bald 4 500 deutsche, sollen dort für Sicherheit und Aufbau sorgen. Wozu haben die vergangenen sieben Jahre ISAF-Präsenz geführt? Was braucht Afghanistan, und mit welchen Mitteln sind die Ziele zu erreichen? Dazu nenne ich einige Fakten: Der ISAF-Oberkommandierende, General McNeill, sagte dieser Tage – Zitat –, es brauche 400 000 Soldaten, um Afghanistan zu befrieden. Er sagte allerdings auch, er sei der Auffassung, dass dieser Krieg bereits verloren ist. Aber unsere Minister Herr Jung und Herr Steinmeier nennen noch nicht einmal die wahren Opferzahlen. Deshalb nenne ich sie hier: 2007 waren 8 000 Tote zu beklagen, davon 1 500 Zivilisten. Laut UN sind dieses Jahr schon mehr als 4 600 Menschen ums Leben gekommen, darunter 1 450 Zivilpersonen. Die Zahl der bewaffneten Anschläge stieg von 9 000 im Jahr 2007 um 40 Prozent in diesem Jahr. Die USA teilen mit, dass in Afghanistan derzeit mehr amerikanische Soldaten als im Irak sterben. Die Sicherheitslage in Afghanistan ist so dramatisch wie nie zuvor, und da behauptet unsere Regierung doch tatsächlich, dass immer mehr Soldaten zu immer mehr Sicherheit und Stabilität führen. [...] Was macht die Taliban stark? Es ist der Krieg gegen sie. In Afghanistan werden deutsche Soldaten mittlerweile auch nicht mehr als Samariter in Uniform angesehen. Die Soldaten spüren das. Sie sind bewaffnet, sie sind bedroht, und sie sind sehr nervös. Gerade erst haben deutsche ISAF-Soldaten an einer Straßensperre eine Frau und zwei Kinder umgebracht. Es ist offenkundig: Das Militär ist der falsche Helfer für dieses Land. [...]

Deutschland sollte sich ausschließlich zivil engagieren. Aufgaben gibt es genug. Der Polizeiaufbau wurde genannt. Dabei hat sich Deutschland wahrlich blamiert. Ein funktionierendes Rechtswesen gibt es in dem Land nicht, aber es wird mit lokalen Kriegsherren zusammengearbeitet, um für eine fragwürdige Stabilität zu sorgen. Das muss aufhören, denn es handelt sich bei den Kriegsherren um Fundamentalisten, die Frauen unterdrücken und die Einhaltung der Menschenrechte nicht gewährleisten. Es sind dieselben Kräfte, die für den Drogenanbau verantwortlich sind. [...] 3,5 Milliarden Dollar wurden bisher für das Militär ausgegeben. Bis 2010 soll es lediglich 1 Milliarde Dollar für den Zivilaufbau sein. [...]

Birgit Hamburger (FDP)

[...] Wir haben hier und heute viel über den Aufbau gehört. Wir haben gehört, dass der Aufbau Fortschritte macht. Gleichzeitig verschlechtert sich allerdings die Sicherheitslage. Die Gespräche, die ich im Rahmen eines Delegationsbesuchs in der vergangenen Woche in Afghanistan führen konnte, bestärken mich in dem Eindruck, dass der Fortschritt für die Verschärfung der Sicherheitslage ursächlich ist. Die Taliban, die Aufständischen werden dadurch, dass sich die Situation verbessert, geradezu herausgefordert, Widerstand zu leisten. Deswegen steigt die Bedrohung für Polizisten, Entwicklungshelfer, Landarbeiter oder auch Lehrer. Es gibt aber auch ermutigende Zeichen der Zivilcourage. Ein Beispiel aus der letzten Woche: Im Süden Afghanistans ist eine Schule mit internationaler Hilfe aufgebaut worden. Als die Taliban kamen und diese Schule mit Bulldozern niedermachen wollten, hat sich die Bevölkerung dazwischengestellt und gesagt: Nein, wir wollen, dass diese Schule betrieben wird. – Das zeigt: Die Menschen wollen den Fortschritt. Wir sollten sie dabei unterstützen.

Der Erfolg in Afghanistan ist nicht allein mit immer mehr Militär zu erreichen; aber die militärische Absicherung ist notwendig. Keine Krankenschwester, kein Lehrer, kein Entwicklungshelfer kann auf Dauer ohne sicheres Umfeld arbeiten. Darum brauchen wir die militärische Absicherung nach wie vor. Es gibt viele Beispiele. So wurde zum Beispiel versucht, Straßen zu blockieren. Erst nachdem das Militär die Straßen von den Aufständischen freigeräumt hatte, konnte UNAMA mit dem Wiederaufbau weitermachen. Genau diesen Weg müssen wir weitergehen. Dafür brauchen wir schlicht und ergreifend auch das Militär.

Frau Kollegin Knoche, ich komme jetzt einmal auf Sie zu sprechen. Sie haben gesagt, dass Zivilpersonen ums Leben gekommen sind. Das ist in der Tat richtig und bedauerlich. Wir alle haben hier mehrfach deutlich gemacht, dass alles getan werden muss, um Schäden an der Zivilbevölkerung zu vermeiden. Sie aber haben suggeriert, das Militär habe das verursacht. [...] Wir alle haben heute ein Schreiben der Gesellschaft für bedrohte Völker erhalten. Ich zitiere:

Nun auf halbem Wege die Mission abzubrechen ist keine glaubwürdige Alternative, da ohne die Schutztruppe die Sicherheit der Zivilbevölkerung nicht gewährleistet ist. Dem schließe ich mich an. [...]

Deutscher Bundestag – 16. Wahlperiode – 181. Sitzung, 7. 10. 2008 (Plenarprotokoll), abgedruckt in: Das Parlament Nr. 42 (13. 10. 2008) – Dokumentation

1 Arbeiten Sie die unterschiedlichen Parteipositionen zur Verlängerung des ISAF-Mandats (M4) heraus.

2 Stellen Sie die jeweiligen Argumentationsketten einander gegenüber. Unterscheiden Sie Prämissen und (implizite) Schlussfolgerungen.

3 Beurteilen Sie vorläufig die Bundeswehreinsätze im Hinblick auf die zukünftige Sicherung des Friedens in Afghanistan. Ergänzen Sie Ihre Beurteilung dann nach Bearbeitung des folgenden Unterkapitels.

10 Der Wiederaufbau Afghanistans

MATERIAL 1

Ausbildung zum Kanonenfutter?

Der Politikwissenschaftler Matin Baraki zum deutschen Beitrag zur Aus- und Weiterbildung der Polizei in Afghanistan

Nach der Petersberger Konferenz 2001 hat die Bundesrepublik die Aus- und Weiterbildung der afghanischen Polizei übernommen. Die Polizeiakademie in Kabul wurde im August 2002 wieder aufgebaut, und für 1 600 Polizeioffiziere wurde die Ausbildung aufgenommen. Anfang 2004 standen bereits 2 624 Absolventen der Kabuler Administration zur Verfügung. Zur Finanzierung des Projektes hat die Bundesregierung für 2002 und 2003 insgesamt 33 Mio. Euro bereitgestellt. Es wurden bislang 4 250 Polizisten mittlerer und höherer Dienstgrade in jeweils ein- bzw. dreijährigen Lehrgängen aus- und über 18 000 Polizisten fachlich fortgebildet. [...]
Die Konzeption der deutschen Seite ist darauf gerichtet, afghanische Polizeikader auszubilden, die dann als Multiplikatoren für die Aus- und Fortbildung der afghanischen Polizeikräfte einzusetzen sind. Das ist in zweifacher Hinsicht sinnvoll: Einerseits ist es kostengünstiger, weil hier auf den Einsatz zahlreicher hoch qualifizierter deutscher Experten verzichtet werden kann, andererseits unterrichten die afghanischen Ausbilder in ihrer Muttersprache, was zum Verständnis wesentlich beiträgt. Diese Konzeption passt den USA aus zwei Gründen nicht. Sie wollen den Einfluss der Deutschen im innenpolitischen Bereich Afghanistans begrenzen. Hinzu kommt, dass die US-Armee die „Irakisierung" der afghanischen Polizei betreibt: Sie wird seit einiger Zeit auch im Süden und Osten des Landes zur Entlastung der US-Einheiten im Kampf gegen Aufständische eingesetzt. Nach Angaben des Innenministeriums in Kabul wurden allein von Januar bis Juli 2007 mehr als 450 Polizisten getötet. Von einer frisch ausgebildeten Einheit traten kürzlich nur 135 von 160 Männern überhaupt ihren Dienst in der Provinz Kandahar an. Nach wenigen Wochen waren es nur noch 70.
Für die Realisierung ihrer Konzeption sind die USA selbst in das Polizeiausbildungsprogramm eingestiegen. Im amerikanisch geführten Zentralen Trainingszentrum in Kabul ist der Einfluss des Verteidigungsministeriums der Vereinigten Staaten offensichtlich. Im Gegensatz zu den offiziellen US-Angaben erhalten die Afghanen dort keine Polizei-, sondern eine paramilitärische Ausbildung. Damit hat das Pentagon die amerikanische private Sicherheitsfirma „Dyncorp" beauftragt. Selbst ein Firmenmitarbeiter, ein ehemaliger Polizist, kritisiert, dass hier keine Polizisten, sondern Sicherheitkräfte ausgebildet würden. „Dann haben wir irakische Verhältnisse." Um den Vorwurf der „Irakisierung" zu entkräften, haben die USA inzwischen auch die Europäische Union in die Polizeiausbildung einbezogen. Nach außen wird bei der Eupol auf die Beibehaltung der deutschen Konzeption hingewiesen, intern jedoch wird offen gesagt: „Wir brauchen auch eine paramilitärische Ausbildung." In der EU sieht man jedoch die durch die USA betriebene Vermischung von Polizei- und Militäraufgaben kritischer. Statt mehr afghanische Soldaten in den Süden und Osten zu entsenden, haben die USA eine Erhöhung der Polizeikräfte um 20 000 Mann durchgesetzt. Es müssten möglichst schnell möglichst viele Polizisten ausgebildet werden. Das hat damit zu tun, dass die USA bislang erst 30 000 statt der geplanten 70 000 Soldaten ausgebildet haben. Polizisten werden in Schnellkursen ausgebildet und als „Kanonenfutter" eingesetzt. Bereits bei fünf US-geführten Militäroperationen – Riverdance, Mountain Lion, Mountain Fury, Medusa und Mountain Eagle – wurden Polizisten eingesetzt. Nach Angaben von Polizeiausbildern starben dabei über zwanzigmal mehr Polizisten als Soldaten.

Matin Baraki, Nation-building in Afghanistan, in: Aus Politik und Zeitgeschichte, B. 39 (2007), S. 11–17, hier S. 15

MATERIAL 2

Konkrete Maßnahmen

MATERIAL 3

Beitrag des Bundesministeriums für wirtschaftliche Zusammenarbeit und Entwicklung zum Wiederaufbau Afghanistans 2002–2008

Infrastruktur: Grundlage für wirtschaftlichen und sozialen Fortschritt (rd. 134 Mio. €)

- Wiederherstellung von Trinkwasserversorgung in Kabul, Kunduz und Herat (bisher mehr als 850 000 Menschen erreicht, geplant: 2 Mio.); seit 2008 Ausweitung der Programme vornehmlich auf Distriktstädte im Norden geplant
- Beratung der Regierung im Bereich Wasserversorgung (Wassergesetz, Stärkung und Strukturreform der nationalen wie lokalen Wasserbetreiber)
- Verbesserung der Stromversorgung durch Rehabilitierung von Leitungen; mit anderen Gebern: Beitrag zum Bau von Übertragungsleitungen für Strom aus Usbekistan (Rehabilitierung von Umspannstationen)
- Ausbau der dezentralen Versorgung mit erneuerbaren Energien: Leistungssteigerung und Wiederaufbau von Wasserkraftwerken im Großraum Kabul und in den Nordprovinzen; Beratung des Energieministeriums; Förderung der produktiven Nutzung erneuerbarer Energiequellen; bisher 2,5 Millionen Menschen erreicht

Nachhaltige Wirtschaftsentwicklung und entwicklungsorientierte Nothilfe: Alternativen zum Mohnanbau (rd. 93 Mio. EUR), darunter

- landesweiter Aufbau einer Mikrofinanzbank (bislang sechs Filialen): mehr als 60 000 Klein-und Kleinstkredite vergeben, ca. 200 000 Haushalte erreicht
- sichtbare und rasche Fortschritte im Um-feld der deutschen PRTs: Schulen, Brücken, Straßen, Bewässerungsanlagen in den Nordprovinzen
- Wiedereinführung des Zuckerrübenanbaus und Inbetriebnahme einer Zuckerfabrik (geplant: langfristige Sicherung einer Existenzgrundlage für 12 000 Menschen)
- Capacity Building: 200 Führungskräfte in Schlüsselministerien weitergebildet
- Befestigung von Märkten, Bau von Straßen, landwirtschaftlichen Wegen, Brücken, Erschließung von Bewässerungs- und Anbaugebieten, Aufbau und Förderung des Kammerwesens, Vermittlung von Basiskenntnissen zur Qualitätssteigerung der Produkte und zur besseren Teilhabe von Produzenten und Handwerkern am Wirtschaftsleben

Grundbildung: neue Zukunftsperspektiven für Jungen und Mädchen (35,5 Mio. EUR)

www.forumeinewelt.de/servlet/PB/show/1752912/Handout%20Afghanistan%20Juni%2008.pdf

MATERIAL 4 Sanierung einer Zuckerfabrik – ein deutsches Wiederaufbauprojekt

Initiator des Projektes ist das deutsche Unternehmen KWS Saat AG aus Niedersachsen. Bis zum Ausbruch des Krieges war KWS der wichtigste Saatgutlieferant für die afghanische Zuckerindustrie. Im Auftrag der Bundesregierung berät die Deutsche Investitions- und Entwicklungsgesellschaft [DEG] das niedersächsische Unternehmen bei der Sanierung der Zuckerfabrik. [...]
Auch private afghanische Investoren beteiligen sich an der neu gegründeten Zuckerfabrik. Die afghanische Regierung bringt die vorhandenen Grundstücke und die alte Fabrikanlage als Sachkapital in die Gesellschaft ein. Das Centrum für internationale Migration und Entwicklung und die Ernährungs- und Landwirtschaftsorganisation der Vereinten Nationen (FAO) unterstützen das Projekt mit Zuschüssen und technischer Assistenz. Das Bundesministerium für Ernährung, Landwirtschaft und Verbraucherschutz stellt über die FAO und in Kooperation mit dem BMZ 1,268 Millionen Euro für Beratung, Saatgut und landwirtschaftliche Produktionsmittel als Starthilfe zur Verfügung.
Die Investitionskosten für die Sanierung der Zuckerfabrik und die Wiedereinführung des Zuckerrübenanbaus in der Region betragen insgesamt etwa 17,3 Millionen Euro.
Aus betriebswirtschaftlicher Sicht wäre es sinnvoll, mittlere bis große landwirtschaftliche Betriebe als Zulieferer für die Zuckerfabrik auszuwählen. Ziel des Projektes ist es jedoch, die Kleinbauern in der Region als Vertragsproduzenten für die Zuckerfabrik zu gewinnen und ihnen somit ein sicheres Einkommen zu verschaffen. Ein Team von Agrarwissenschaftlern ist für die Bauern da und berät sie beim Anbau von Zuckerrüben.
Die Fabrik wurde Ende November 2006 in Betrieb genommen. Schon bei der Aufnahme der Produktion fanden 500 Landwirte und 100 Fabrikarbeiter ein Einkommen – einschließlich ihrer Familien sichert dies den Lebensunterhalt für rund 2 500 Menschen. Ziel ist es, in den nächsten Jahren etwa 12 000 Menschen den Lebensunterhalt zu sichern und rund 14 000 Tonnen Zucker im Jahr zu produzieren.

www.bmz.de/de/Laender/partnerlaender/afghanistan/projekte/zuckeranbau.html

MATERIAL 5 Eine Kehrtwende ist nötig

Der Journalist Martin Gerner äußert Kritik an Entwicklungshilfe und Wiederaufbau

Der Wiederaufbau in Afghanistan ist an einem Wendepunkt. Zivile wie militärische Bemühungen stoßen auf zunehmende Widerstände in der Bevölkerung. [...] Viele derer, die Afghanistan modernisieren wollen, kommen mit kultureller Überlegenheit daher. In deutschen Bundesministerien gibt es Stimmen, die pikiert reagieren, sobald die afghanische Regierung selbst Forderungen aufstellt. Zudem ist Demokratie bei den Präsidenten- und Parlamentswahlen der vergangenen beiden Jahre von oben nach unten verordnet worden. An der Basis jedoch, in den Dörfern, reibt sich die politische Neuausrichtung an traditionellen Wertvorstellungen. Bestehenden Shuras – Versammlungen also, die sich seit Jahrzehnten bewährt haben – werden im Eiltempo neue Gremien zur Seite gestellt, die auf die Gleichstellung von Frauen und Männern achten. Das Ergebnis ist eine Konfrontation der Kulturen.
De facto ist Afghanistan zu einem Protektorat der Vereinigten Staaten und der Vereinten Nationen geworden. Kritiker sprechen auch von einem Umerziehungslager. So gut wie alle Werte der Afghanen werden hinterfragt. Der Tschador ist zu Unrecht das meistzitierte Symbol für die Missachtung der Menschenrechte. Modelle für die Gleichberechtigung von Frauen werden zu sehr forciert. Vor nicht allzu langer Zeit hätten ähnliche

Programme vermutlich selbst konservative Landstriche in Europa überfordert. Die schubartige von außen kommende Modernisierung hat auch eine schleichende Zerstörung des afghanischen Selbstwertgefühls zur Folge.
Unabhängig ist Afghanistan nur auf dem Papier: Rund 80 Prozent des afghanischen Haushalts liegen in den Händen ausländischer Akteure. Der afghanische Staat bestimmt nur über 25 Prozent der Entwicklungshilfe mit. Das schafft Frustration. Mehr Mitsprache würde die Regierung und das gewählte Parlament in den Augen der eigenen Bevölkerung glaubwürdiger machen. Dass die Geberländer die Oberhand über die Hilfsgelder behalten, begründen sie mit der weit verbreiteten Korruption in Afghanistan.
Betrug, Missmanagement und Pfusch sind aber auch unter den internationalen Akteuren keine Ausnahme. Die Schnellstraße zwischen Kabul und Kandahar ist bereits nach zwei Jahren wieder reparaturbedürftig. Sie wurde mit der billigsten aller möglichen Teermischungen gebaut. Hier wie bei anderen Projekten wurden große Summen durch westliche Beraterfirmen für Spitzengehälter und Komfortwohnen zweckentfremdet. [...]
Viele Afghanen sind der Auffassung, internationale Firmen seien korrupter als die afghanischen, weil sie nur vorübergehend im Land seien, dabei oft von sämtlichen Steuern befreit und auf schnellen Profit aus, bevor sie wieder abzögen. Für Afghanistan gilt vielfach noch ein „state of impunity", ein Zustand der Straffreiheit. Das zieht windige Geschäftsleute an. [...].
Zu wenig ist in den vergangenen Jahren in verarbeitende Industrie investiert worden. Erfolgsstorys wie jene der afghanischen Coca-Cola sind die Ausnahme. Solange die Wirtschaft am Tropf der Nachbarn Iran und Pakistan hängt und westliche Konzerne hier ihr Geschäft machen, bleibt das Land ein Spielball fremder Interessen.
Ungut ist auch, dass die Ausländer dem afghanischen Staat die guten Leute wegschnappen, damit sie die Häuser und Autos der Entwicklungshelfer bewachen. Hunderte ausgebildeter Ärzte, Wissenschaftler und Ingenieure arbeiten in Kabul als Wächter oder Fahrer. Die weißen Landrover mit schwarzem Panzerglas, die durch die Straßen rasen, erwecken selbstverständlich Neid und Unmut auf die Hilfsorganisationen. Bars, in denen ausschließlich Westler Zugang haben, Alkohol ausgeschenkt oder – in Ausnahmen – Dienste asiatischer Frauen angeboten werden, heizen Vorurteile an. Vor diesem Hintergrund darf Modernisierung nicht als Mission verstanden werden.
Immer wieder schicken Organisationen zu junge, überforderte Entwicklungshelfer nach Afghanistan. Aber das Land ist zu komplex, um als Experimentierfeld für unreife Zwanzigjährige zu dienen. Deutsche Hilfsorganisationen verfügen über völlig wirklichkeitsfremde Verfahren zur Auswahl der Bewerber.
Eine Kehrtwende beim Wiederaufbau ist vonnöten: Sie sollte auf dem Gedanken der Gleichberechtigung, der Afghanisierung der Hilfe und eines langfristigen Engagements beruhen [...].

Aus: Martin Gerner, In Afghanistan versickert die Hilfe, in: Frankfurter Rundschau vom 26. 8. 2006

1 Arbeiten Sie die unterschiedlichen Positionen von Bundesrepublik und USA zur Ausbildung afghanischer Polizei heraus. (M 1) Stellen Sie Ziele, aber auch Schwierigkeiten der deutschen Konzeption bei der Ausbildung dar.
2 Analysieren und interpretieren sie die Karikatur. (M 2)
3 Informieren Sie sich beim Bundesministerium für wirtschaftliche Zusammenarbeit und Entwicklung über die Wiederaufbaumaßnahmen in Afghanistan. Erstellen Sie eine Liste aller Hilfsmaßnahmen (einschließlich der Kosten). (M 3)
4 Sammeln Sie im Internet aktuelle Informationen über die Zuckerfabrik in Baghlan und erarbeiten Sie eine Kurzpräsentation. (M 4)
5 Erläutern Sie, woran (aus Sicht Gerners) die Entwicklungspolitik scheitert. (M 5)
6 Diskutieren Sie: Ist der Wiederaufbau Afghanistans gescheitert?
7 Erstellen Sie abschließend unter Bezugnahme Ihrer Erkenntnisse aus den vorangegangenen Kapiteln eine Mindmap zum Thema „Schwierigkeiten beim Wiederaufbau Afghanistans".

Entwicklung in einer globalisierten Welt

Zwischen 1990 und 2005 sank die Zahl der Menschen, die täglich mit weniger als 1,25 US-Dollar auskommen müssen von 1,8 Milliarden auf 1,4 Milliarden; vor Beginn der Wirtschafts- und Nahrungsmittelkrise. Große Fortschritte beim Kampf gegen extreme Armut sind nicht zu erwarten, zeigt sich der Bericht entmutigt. Es wird geschätzt, dass im Jahr 2009 zwischen 55 und 90 Millionen Menschen zusätzlich in die extreme Armut getrieben werden.
Mehr als ein Viertel der Kinder in Entwicklungsländern sind untergewichtig. Der schwache Fortschritt bei der Kinderernährung zwischen 1990 und 2007 reicht nicht aus, um das Ziel bis 2015 zu erfüllen. Durch höhere Nahrungsmittelpreise und die Wirtschaftskrise wird die Lage noch ernster, schließt der Bericht.

Aus: www.glocalist.com/news/kategorie/soziales/titel/millenniums-entwicklungsbericht-2009/

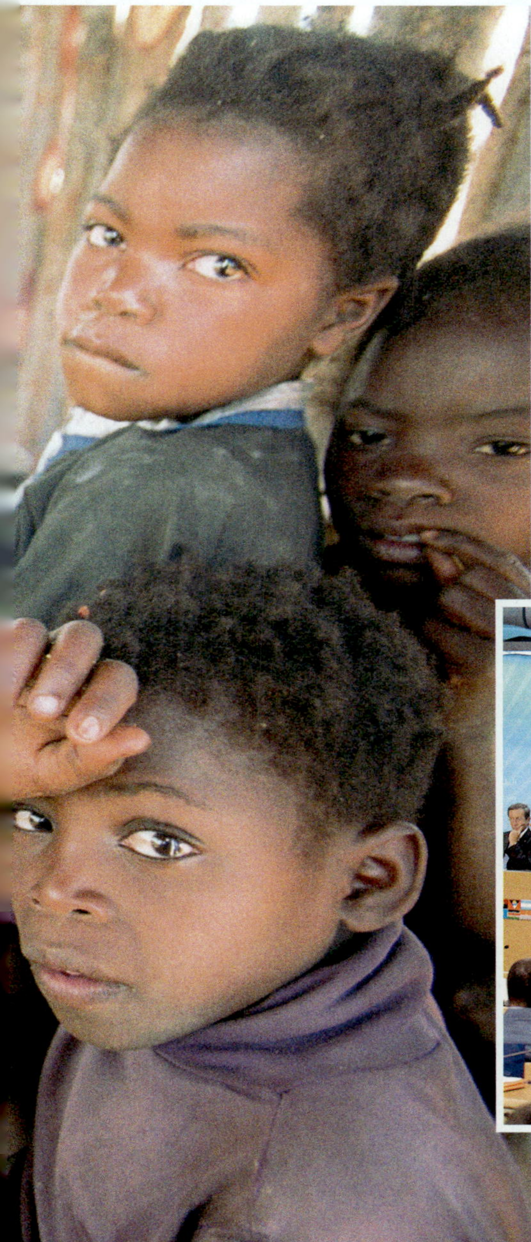

1 Die Welt entwickeln

„Die Zukunft wird immer mehr zu einer gemeinsamen Zukunft der Weltgemeinschaft", formulierte Kardinal Lehmann. Die Menschheit wachse immer stärker zu einer großen Schicksalsgemeinschaft zusammen. Doch ist es fraglich, ob aus diesen Erkenntnissen die richtigen Konsequenzen gezogen werden. Die Gründe für die Unterentwicklung von Ländern in einer solidarischen Weltgemeinschaft sind vielfältig. Im Hinblick auf eine gemeinsame, die Diskrepanzen und Unterschiede ausgleichende Weltentwicklung sind meistens nationalstaatliche Denkweisen, zu starke Interessenvertretungen und unterschiedliche Wertsysteme hinderlich.

Während in den letzten Jahren die Internationalisierung und Globalisierung der Wirtschaft zu einer starken Ausweitung des Welthandels und der Auslandsinvestitionen führten, zeigten sich zugleich auch kräftige Gegenentwicklungen. Der immer freier gewordene Welthandel wird durch die zunehmende Bildung von Wirtschaftsblöcken und Freihandelszonen einerseits und staatlichem Protektionismus andererseits stark behindert. Freihandelszonen, Wirtschafts- und Zollunionen wie z. B. die EU in Europa, NAFTA in Nordamerika, Mercosur in Lateinamerika, ASEAN in Südostasien oder SACU in Südafrika fördern zwar den Handel und die Integration innerhalb der Vereinigung, wirken aber diskriminierend gegenüber Drittländern, denen der freie Marktzugang versperrt wird. Vor allem Länder, die keiner Wirtschaftsgemeinschaft angehören, werden so weitgehend vom Welthandel abgekoppelt. Inzwischen macht der Handel innerhalb von Freihandelszonen und Zollunionen mehr als die Hälfte des Welthandels aus – eine Entwicklung, die grundsätzlich die Prinzipien der Welthandelsorganisation (WTO), nämlich Gleichbehandlung und Nichtdiskriminierung, verletzt.

Als wichtige Charakteristika der Weltwirtschaft, aus denen Schwerpunktprobleme und mögliche Tendenzen der künftigen weltwirtschaftlichen Entwicklung ablesbar sind, gelten derzeit die enormen wirtschaftlichen Ungleichgewichte zwischen den einzelnen Staatengruppen (vor allem zwischen den westlichen Industrieländern und den Entwicklungsländern), die rapide zunehmenden Internationalisierungs- und Globalisierungstendenzen, die weltweit hohe Arbeitslosigkeit bzw. Unterbeschäftigung, die für die Entwicklungsländer zu

niedrigen Rohstoffpreise auf dem Weltmarkt, die steigende Energienachfrage und zunehmende negative ökologische Folgen intensiver ökonomischer Aktivitäten.
Unter dem Aspekt der wirtschaftlichen Entwicklung und ihrer Einbindung in den Welthandel lassen sich vier Staatengruppen unterscheiden, die man in sich wiederum sehr differenziert sehen muss: die Industriestaaten, die sogenannten Schwellenländer, die Entwicklungs- bzw. unterentwickelten Länder und die sogenannten Transformationsländer (auch Reformstaaten oder Konversionsländer) in Ostmittel- und Osteuropa. Die führenden Welthandelsländer sind seit Jahren die USA, Deutschland und Japan, gefolgt von Frankreich und Großbritannien und den übrigen großen westlichen Industriestaaten. Von herausragender Bedeutung in Bezug auf den Welthandel sind ebenso einige der sogenannten Schwellenländer und die vornehmlich Rohstoffe exportierenden Staaten, zu denen auch Russland gehört; China gewinnt rasant an Bedeutung als Akteur in der internationalen Wirtschafts- und Energiepolitik.

Trotz wachsender Verflechtung im Welthandel verlaufen die wichtigsten Welthandelsströme zwischen den westlichen Industrienationen einschließlich Japan, allerdings gewinnen die Schwellenländer und zunehmend die Transformationsländer Osteuropas einen größeren Anteil am Welthandel, während die am wenigsten entwickelten Länder mit nur ca. 0,4 % an den Weltexporten beteiligt sind. Die meisten von ihnen exportieren immer noch vor allem Agrargüter und Rohstoffe, die aufgrund der starken Preisschwankungen auf dem Weltmarkt die Deviseneinnahmen unsicher machen, während die Preise für industrielle Importgüter steigen. Infolge dieses ungleichen Tauschs auf dem Weltmarkt veränderten sich die Austauschrelationen (Terms of Trade) langfristig zum Nachteil der Entwicklungsländer.

Um diese und andere Benachteiligungen auszugleichen, forderten sie eine „Neue Weltwirtschaftsordnung“, d. h., Strukturreformen im internationalen System (z. B. Rohstofffonds, Preisstabilisierungen) sollen den armen Ländern eine faire Chance verschaffen. Die Industrieländer setzten dagegen stets auf die Liberalisierung des Welthandels.

Kritiker verweisen darauf, dass eine Weltmarktintegration der armen Länder auch von anderen, nichtökonomischen Faktoren abhängt. Dazu zählen innerstaatliche Strukturen, Bevölkerungswachstum, technologische Entwicklung, ethische Prinzipien, Traditionen und Kooperationsmöglichkeiten zwischen Entwicklungsländern. Auf absehbare Zeit bleibt die Diskrepanz zwischen reichen und armen Ländern ein Faktum. Daraus resultieren entscheidende Fragen zur zukünftigen Gestaltung humanen Lebens in der „einen“ Welt:

- Was bedeutet die Forderung nach Menschenwürde angesichts der Armut in der Welt konkret für Politik und Wirtschaft?
- Bringen Liberalisierung und Internationalisierung des Handels allen Ländern gleiche Chancen?
- Werden die Staatengruppen weiter auseinanderdriften? Oder werden andere Wege gefunden, die wirklich zu der „einen Welt“ führen?
- Wie sind die weltweiten Verkehrs- und Kommunikationsmöglichkeiten und die der Menschheit insgesamt zur Verfügung stehenden Rohstoffe ausgleichend und zum Wohl aller Menschen zu nutzen?
- Bedarf es neuer weltweiter Institutionen und neuer Prinzipien für den Umgang der Völker miteinander?
- Reicht die eine Welt auf Dauer für alle bei weiter andauernder ökologischer Belastung und Zerstörung?

MATERIAL 1

„Chance, nicht Schicksal – die Globalisierung politisch gestalten"

Der ehemalige Bundespräsident Rau in seiner „Berliner Rede" (2002)

Die Globalisierung gestalten kann nur, wer klare Wertvorstellungen jenseits des Wirtschaftlichen hat. Wir müssen uns darüber klar werden, wie wir Freiheit und Gerechtigkeit für alle Menschen in Zeiten der Globalisierung sichern und fördern können. [...]
Alle müssen an den Vorteilen teilhaben können, die die weltweite Arbeitsteilung mit sich bringt. Davon sind wir weit entfernt [...]:
In den ärmsten Staaten der Welt leben heute vierzig Prozent aller Menschen, ihr Anteil am Welthandel liegt unter drei Prozent. Über drei Viertel des Welthandels hingegen entfallen auf knapp sechzehn Prozent der Weltbevölkerung. Über achtzig Prozent der Direktinvestitionen konzentrieren sich auf nur zehn Länder. In Afrika leben dreizehn Prozent der Weltbevölkerung; sie haben aber nur 0,3 Prozent aller Internetanschlüsse. [...]
Bisher droht die Globalisierung den Globus zu zerstückeln. [...] Eine Politik der Freiheit wird nur dann auch wirtschaftlich überzeugen, wenn sie Menschen befreit von Ausbeutung, aus Armut und Überschuldung, wenn sie für gleiche Chancen sorgt, wenn sie zu gegenseitigem Respekt beiträgt und wenn sie alle teilhaben lässt an dem, was den Globus bewegt. [...]
Gewiss, weltweit hat sich in den letzten Jahren vieles zum Besseren verändert: Die Einkommen in den ärmsten Länder haben sich in den vergangenen dreißig Jahren pro Kopf mehr als verdoppelt, die durchschnittliche Lebenserwartung ist weltweit um zwanzig Jahre gestiegen, die Kindersterblichkeit ist zurückgegangen, weltweit hat der Hunger abgenommen, der Analphabetismus ist gesunken.
Es stimmt aber auch, dass die Unterschiede zwischen den Lebensbedingungen der Menschen immer größer werden – weltweit und innerhalb der Gesellschaften: Eine Milliarde Menschen haben nicht einmal Zugang zu sauberem Wasser. Ein Kind in den Industrieländern konsumiert heute im Durchschnitt fünfzigmal so viel wie ein Kind, das in einem Entwicklungsland zur Welt kommt.
[...] Wo sich das Gefühl ausbreitet, dass es nicht gerecht zugeht, da reagieren die Menschen mit Rückzug oder Protest, mit Verweigerung oder gar mit Gewalt. [...]
Die armen Länder können viel tun, um sich selber zu helfen. Das setzt aber voraus, dass wir ihnen auch im Handel faire Chancen geben und unsere Wirtschaft nicht da abschotten, wo die Entwicklungsländer mit ihren Produkten konkurrenzfähig wären. [...]
Wir können die Globalisierung als Chance nutzen, wenn wir sie nicht als Schicksal hinnehmen, sondern als politische Aufgabe entdecken und ernst nehmen.
Die Globalisierung ist eine Chance, wenn wir uns am Leitbild der Freiheit und Gleichheit aller Menschen orientieren.
Die Globalisierung ist eine Chance, wenn Menschen unterschiedlicher Kulturen einander achten.
Die Globalisierung wird dann ein Erfolg, wenn die Dynamik der Marktkräfte politisch in gute Bahnen gelenkt wird. Die Menschen überall auf der Welt müssen erleben, dass sie im Mittelpunkt stehen. Sie müssen erkennen können: Die Politik und die Wirtschaft werden um der Menschen willen gemacht. Das gilt es neu zu entdecken.

www.bundespraesident.de/Reden-und-Interviews/Berliner-Reden-,12092/Berliner-Rede-2002.htm

„Die Glaubwürdigkeit der Freiheit"

MATERIAL 2

Bundespräsident Horst Köhler in seiner „Berliner Rede" (2009)

Die große Chance der Krise besteht darin, dass jetzt alle erkennen können: Keiner kann mehr dauerhaft Vorteil nur für sich schaffen. Die Menschheit sitzt in einem Boot. Und die in einem Boot sitzen, sollen sich helfen. Eigennutz im 21. Jahrhundert heißt: sich umeinander kümmern.

Vor allem wir im Norden müssen umdenken. Auf unserer Erde leben derzeit etwa 6 1/2 Milliarden Menschen. Nur rund 15 Prozent von ihnen leben in Umständen wie wir. Weit über zwei Milliarden Menschen müssen mit zwei Dollar pro Tag auskommen, eine Milliarde sogar nur mit einem Dollar. Wir sollten uns nicht länger einreden, das sei gerecht so. Sicherheit, Wohlstand und Frieden wird es auch in den Industrieländern dauerhaft nur geben, wenn mehr Gerechtigkeit in die Welt kommt. Wir brauchen eine Entwicklungspolitik für den ganzen Planeten. Das heißt: Die Industrieländer - auch Deutschland - müssen sich fragen, was sich auch bei ihnen verändern muss, um der Welt eine gute Zukunft zu sichern. [...]

Es geht um unsere Verantwortung für globale Solidarität. Es geht um die unveräußerliche Würde aller Menschen. Es geht um eine Weltwirtschaft, in der Kapital den Menschen dient und nicht Herrscher über die Menschen werden kann.

Begreifen wir den Kampf gegen Armut und Klimawandel als strategische Aufgaben für alle. Die Industriestaaten tragen als Hauptverursacher des Klimawandels die Verantwortung dafür, dass die Menschen in den Entwicklungsländern am härtesten davon getroffen sind. Der Kampf gegen die Armut und der Kampf gegen den Klimawandel müssen gemeinsam gekämpft werden.

Heute stellt die Welt uns die globale soziale Frage. Es ist unsere Pflicht, darauf Antworten zu finden. Es ist auch unsere große Chance. Zeigen wir: Der Norden lässt den Süden nicht im Stich. Die nötige Veränderung muss von überall her kommen. [...]

Deshalb müssen wir künftig auch Doppelstandards schärfer ins Visier nehmen. Das tut unserer Glaubwürdigkeit gut.

Ein Beispiel: Mit jahrzehntelangem, industriellem Fischfang hat auch die Europäische Union dazu beigetragen, dass die Küsten vor Westafrika inzwischen stark überfischt sind. Die Fischer Westafrikas können mit ihren Booten vom Fischfang heute immer schlechter leben. Da darf es uns nicht wundern, dass die Fischerboote immer mehr dazu benutzt werden, Flüchtlinge nach Europa zu transportieren. Wie viel effektiver, nachhaltiger und auch billiger wäre es doch gewesen, frühzeitig eine echte Partnerschaft mit den westafrikanischen Ländern einzugehen; gemeinsam Überwachungsmechanismen gegen Überfischung zu schaffen; gemeinsam dazu beizutragen, dass der Reichtum ihrer Fischgründe vor allem ihnen zugute kommt.

Ich stehe dazu: Für mich entscheidet sich die Menschlichkeit unserer Welt am Schicksal Afrikas.

Und wir wissen heute: Es wäre ein geringeres Risiko gewesen, eine Eisenbahnlinie quer durch Afrika zu bauen, als in eine angesehene New Yorker Investmentbank zu investieren."

www.bundespraesident.de/Reden-und-Interviews-,11057.653300/Berliner-Rede-2009-von-Bundesp.htm

1 Erarbeiten und diskutieren Sie das in den Redeauszügen des ehemaligen und des jetzigen Bundespräsidenten jeweils vorliegende Verständnis der Globalisierung und anstehender Aufgaben der Politik.

2 Freihandel – mehr Wohlstand für alle?

2.1 Außenhandelstheorien

MATERIAL 1 Klassische Außenhandelstheorie

Die Vorteile internationaler Arbeitsteilung hat bereits der Gründervater der Nationalökonomie, Adam Smith (1723–1790), formuliert, indem er die Vorzüge nationaler Arbeitsteilung auf den internationalen Austausch übertragen hat:

„Ein Familienvater, der weitsichtig handelt, folgt dem Grundsatz, niemals etwas herzustellen zu versuchen, was er sonst wo billiger kaufen kann. So sucht der Schneider nicht seine Schuhe selbst zu machen, er kauft sie vielmehr vom Schuhmacher. Dieser wiederum wird nicht eigenhändig seine Kleider nähen, sondern lässt sie vom Schneider anfertigen. Auch der Bauer versucht sich weder an dem einen noch an dem anderen, er kauft beides jeweils vom Handwerker. Alle finden, dass es im eigenen Interesse liegt, ihren Erwerb uneingeschränkt auf das Gebiet zu verlegen, auf dem sie ihren Nachbarn überlegen sind und den übrigen Bedarf mit einem Teil ihres Erzeugnisses oder, was dasselbe ist, mit dem Erlös daraus, zu kaufen. Was aber vernünftig im Verhalten einer einzelnen Familie ist, kann für ein mächtiges Königreich kaum töricht sein. Kann uns also ein anderes Land eine Ware liefern, die wir selbst nicht billiger herzustellen imstande sind, dann ist es für uns einfach vorteilhafter, sie mit einem Teil unserer Erzeugnisse zu kaufen, die wir wiederum günstiger als das Ausland herstellen können."

Smiths theoretische Begründung des Außenhandels wurde durch den britischen Nationalökonom David Ricardo (1772–1823) erweitert. Über Smiths These hinausgehend, dass Außenhandel und internationale Arbeitsteilung allen beteiligten Ländern Vorteile bringen, wenn jedes Land sich auf die Produktion der Güter spezialisiert und beschränkt, bei denen es einen absoluten Kostenvorteil besitzt, entwickelte Ricardo das Theorem der komparativen Kostenvorteile: Internationale Arbeitsteilung und internationaler Handel lohne sich auch dann, wenn ein Land alle Güter günstiger herstellen könne als das andere. Wenn jedes Land sich auf die Produkte konzentriere, die es – relativ (komparativ) zu allen anderen Produkten – kostengünstiger produzieren könne, wachse in beiden Ländern der Wohlstand. Als Beispiel seiner Zeit führt er die Produktion von Wein und Tuch in England und Portugal an. Auch wenn Portugal sowohl Tuch als auch Wein kostengünstiger produzieren könne, sei es lohnend, wenn Portugal sich auf die Produktion von Wein und England auf die Herstellung von Tuch spezialisiere, da der Kostenvorteil Portugals bei Wein aufgrund der klimatischen Voraussetzungen höher sei als der Kostenvorteil bei Tuch. Tauschen nun die beiden Länder ihre Produkte (portugiesischer Wein gegen englisches Tuch) aus, so komme der erreichte Produktions- und Kostenvorteil beiden Ländern zugute.

Autorentext

MATERIAL 2 Neuere Außenhandelstheorien

Eine erste Erweiterung des Ricardo-Modells bildet die Faktorproportionentheorie der beiden Schweden Eli Heckscher (1879–1952) und Bertil Ohlin (1899–1979). Diese erklärt internationalen Handel nicht durch Produktivitätsunterschiede, sondern durch unterschiedliche Faktorpreisrelationen. Die Produktionskosten eines Landes werden bestimmt durch die Preise der Produktionsfaktoren Arbeit, Boden und Kapital. Die Preisrelationen zwischen Arbeit, Boden und Kapital unterscheiden sich in verschiedenen

Ländern. Ob der Preis für Arbeit im Verhältnis zu den Kapitalkosten teuer ist oder nicht, hängt ab von den Faktorproportionen, das heißt davon, ob ein Produktionsfaktor verglichen mit den anderen in einem Land reichlich zur Verfügung steht oder knapp ist. Ist beispielsweise in einem Land E Arbeit im Verhältnis zum Kapital reichlich vorhanden, werden die Kapitalkosten (Zinsen) vergleichsweise zu den Löhnen hoch sein. Ist dagegen in einem Land I Arbeit im Verhältnis zum Kapitalbestand relativ knapp, werden die Löhne in Relation zu den Zinsen beträchtlich sein. Land E kann deshalb arbeitsintensive Produkte wie zum Beispiel Teppiche günstiger herstellen als I und hat bei solchen Gütern einen komparativen Kostenvorteil. In I werden die Arbeitsplätze eine relativ hohe Ausstattung mit Sachkapital aufweisen, und das Land hat komparative Kostenvorteile bei kapitalintensiven Gütern wie Maschinen. [...]

Eine zeitraumbezogene Betrachtung (dynamisches Modell) entwickelte der Amerikaner Raymond Vernon (1913–1999) mit der Produktlebenszyklus-Theorie [...]. Ausgangspunkt des Modells ist die Betrachtung des Lebenszyklus eines neuen Produktes. Typischerweise durchläuft ein Produkt mehrere Phasen, in denen sich seine Produktionsfunktion, der Produktionsstandort und der Absatzmarkt in bestimmter Weise verändern. Die Theorie geht davon aus, dass verschiedene Länder je nach ihrer Faktorausstattung komparative Vorteile in verschiedenen Phasen des Zyklus aufweisen. Unterschieden werden dabei die Innovationsphase, die Ausreifungsphase und die Sättigungsphase eines Produkts. [...] Da Innovationen kapital- und knowhowintensiv sind, erfolgen sie hauptsächlich in den hoch entwickelten Industrieländern. In der Innovationsphase ist das technologisch anspruchsvolle neue Produkt zunächst nur auf dem Inlandsmarkt präsent. In der Ausreifungsphase steigen die Produktions- und Absatzzahlen. Mit zunehmender Standardisierung der Produktion wird es möglich, die Herstellungskosten durch Massenproduktionsvorteile zu senken. [...] Oft ist es bereits in dieser Phase lohnend, auch Teile der Produktion ins Ausland zu verlagern [...] durch Errichtung von eigenen Unternehmen oder die Beteiligung an ausländischen Firmen (Direktinvestitionen). Auf diese Weise oder durch Lizenzvergabe gelangt die Technologie ins Ausland. Auch beginnen Firmen in Importländern, die Technologien zu kopieren und nicht selten illegal Imitate zu erstellen.

In der letzten Phase des Lebenszyklus sind die Märkte im Wesentlichen gesättigt, die Technologie ist standardisiert und stellt geringe Anforderungen an die Qualifikation von Arbeitskräften. Entwicklungsländer besitzen in dieser Phase komparative Kostenvorteile. [...]

Selbst wenn anfänglich keine Kostenunterschiede zwischen zwei Staaten bestehen, kann die Spezialisierung durch Außenhandel für beide vorteilhaft sein. Angenommen, die Niederlande und Belgien stellen beide Stahl und Autos her. In einer Situation ohne Außenhandel produzieren die Fabriken in beiden Ländern mit sehr hohen Stückkosten, weil die nationalen Märkte zu klein sind für die Ausnutzung von Massenproduktionsvorteilen. Stahl- und Autofabriken weisen hohe Fixkosten auf, das bedeutet, dass die Kosten pro Stück bei zunehmender Herstellungsmenge abnehmen (economies of scale). Öffnen die beiden Länder ihre Grenzen und spezialisieren sich auf eines der beiden Güter, können sie beide Produkte zu günstigeren Preisen herstellen.

Aus: Informationen zur politischen Bildung 299/2008, S. 25 – 27

1 Erarbeiten Sie die den Außenhandelstheorien in M1 und M 2 zu Grunde liegen Begründungen für die internationale Arbeitsteilung und den internationalen Handel.

2 Formulieren Sie eine Einschätzung der Tragweite der Erklärungsansätze, indem Sie verdeutlichen, welche Faktorkosten Berücksichtigung finden und welche vernachlässigt werden.

3 Prüfen Sie, inwiefern die neueren Außenhandelstheorien die gegenwärtigen Welthandelsströme (S. 185 – 187) abbilden.

VERWEIS

s. S. 88 f.
„Unsichtbare Hand“

2.2 Freihandel – Wohlstand für wen?

MATERIAL 1 Kampf in der Lobby?

Es ist der zweite Tag des Welternährungsgipfels in Rom, die Mächtigen der Welt sind in die Mittagspause geeilt, als Henry Saragih beschließt, nun endlich auch etwas zu sagen. Der Sohn eines Plantagenarbeiters aus Nordsumatra, 44 Jahre alt, Generalkoordinator der internationalen Bauernbewegung „Vía Campesina“, stellt ein paar Stühle in die Eingangshalle der Welternährungsorganisation FAO, unter eine Palme, die künstlich aussieht, aber echt ist. Neben ihm lassen sich Rita aus Sri Lanka und Juana aus Kolumbien nieder, [...] drei Vertreter von über einer Milliarde Kleinbauern weltweit. [...] Drinnen, in den klimatisierten Sälen, reden die Staatschefs über gestiegene Nahrungsmittelpreise, über Klimawandel und Biokraftstoffe, es gibt Mikrofone und Übersetzer, jedes Wort wird aufgezeichnet und um die Erde geschickt. Die aber, von denen so oft die Rede ist, dürfen den Gipfel nur in einem separaten Gebäudetrakt auf dem Bildschirm verfolgen – sie haben es schwer, sich Gehör zu verschaffen. [...]

Jetzt ist Henry Saragih an der Reihe [...]. Er sagt, dass Indonesien früher nur 10 Prozent Sojabohnen importiert habe; seit das Land [...] vor vier Jahren den Markt öffnete, seien es 70 Prozent. Dass die indonesischen Verbraucher nun den Weltmarktpreis von einem Dollar pro Kilo Reis zahlen müssten statt 50 Cent. Und dass davon die Spekulanten profitierten, nicht aber die Bauern, die ihren Reis nicht auf dem Weltmarkt verkauften, sondern an lokale Zwischenhändler. Gleichzeitig aber müssten sie sich zu Weltmarktpreisen Saatgut, Dünger, Benzin besorgen, Waren, die sich stark verteuert hätten.

Nach dem Abbau der Handelsschranken fühlen sich Saragih und seine Leute schutzlos dem Weltmarkt ausgeliefert, auf dem eben nicht alle gleich sind, auf dem arme Kleinbauern mit hoch subventionierten Großlandwirten in den Industrieländern konkurrieren – und oft unterliegen. Weshalb in den vergangenen Jahren die lange Zeit billigen Importe aus dem Norden die Märkte im Süden erobert und den lokalen Anbau bedrängt hätten. Jetzt stiegen zwar die Preise, aber die Kleinbauern seien längst in die Schuldenfalle gerutscht. Das, sagt Saragih, sei seine Botschaft. [...] Die globale Welt, so habe das Versprechen einst gelautet, werde allen nutzen. Mehr Markt senke die Preise, regele Angebot und Nachfrage, fair und gerecht für alle. „Aber was hat es uns gebracht?“, ruft er. „Nichts.“ [...]

In den Abschlusserklärungen am Tag darauf ist viel von neuen Partnerschaften die Rede, strategischen Visionen, innovativen Lösungen, angestoßenen Prozessen.

Aus: DER SPIEGEL 24/2008 vom 9.6.2008, Verf.: Juliane von Mittelstaedt

MATERIAL 2 Armutsindikatoren

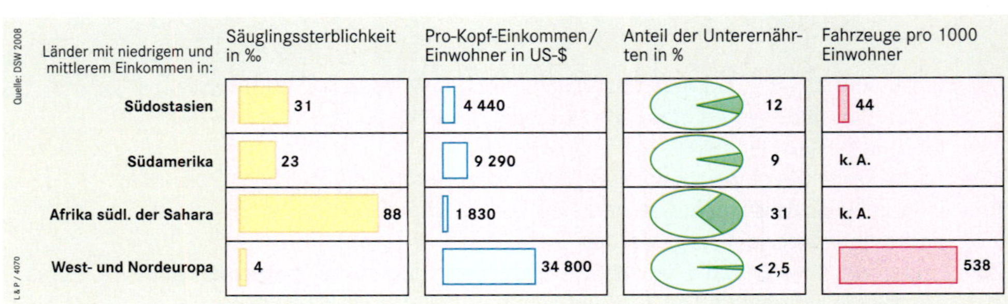

Eine Welt der Interessengegensätze

MATERIAL 3

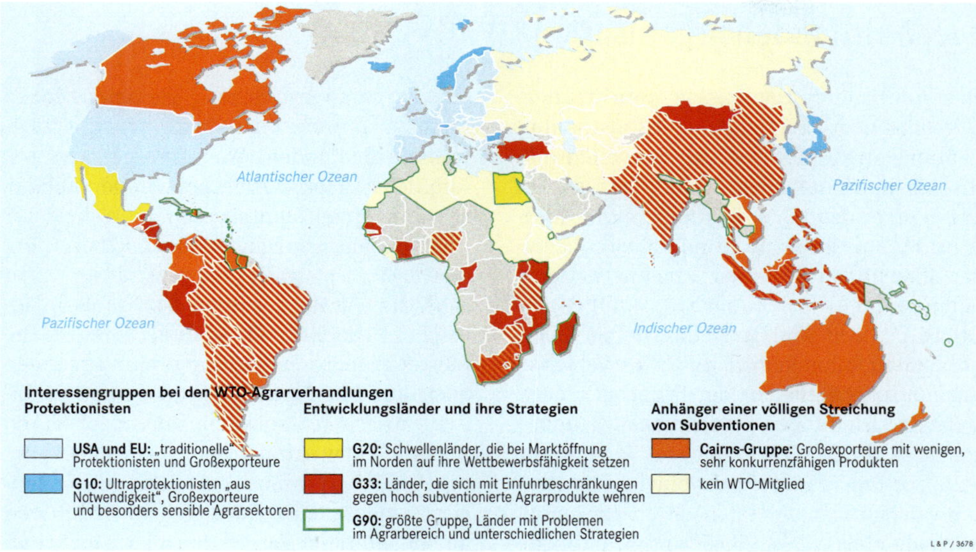

Freihandel als Dogma

MATERIAL 4

Durch den Zusammenbruch des realen Sozialismus hat sich die Ideologie des totalen Freihandels als allein selig machende Lehre durchgesetzt. Doch davon profitieren vor allem die international ausgerichteten Konzerne. Sie verfügen über die Möglichkeit, die Chancen des Freihandels zu nutzen. Erleichtert wird ihnen das durch die Internetrevolution, schließlich liegen die Kommunikationskosten zwischen einem Unternehmen in Deutschland gegenüber seinem Standort in China praktisch bei null. Der große amerikanische Ökonom Paul A. Samuelson, Träger des Wirtschaftsnobelpreises, hat jetzt allerdings in den USA eine spannende Debatte über die Frage in Gang gesetzt, ob der Freihandel tatsächlich am Ende für alle eine Optimierung des Wohlstands bringt. [...] Für die USA hat er ausgerechnet, dass die Globalisierung für die USA netto zu Wohlstandsverlusten führt. Durch den Lohndruck verlieren die Beschäftigten bis zu 15 Prozent an Lohn. Zudem gehen Arbeitsplätze verloren. Das ökonomische Gegenargument dafür war immer: Die Nominallöhne gehen zwar zurück, aber wir gewinnen auch an realer Kaufkraft, weil preiswerter produziert wird, etwa in China. Samuelson macht jetzt am Beispiel WalMart klar: Der Handelskonzern kauft in China billig ein, verkauft aber nicht in gleichem Maße billiger, die Preissenkung kompensiert also nicht die Lohnverluste. Für den Konsumenten bedeutet das, er ist nicht in gleichem Ausmaß Gewinner, wie er als Arbeitnehmer Verlierer ist.

Aus: Rudolf Hickel in einem Interview mit „Das Parlament“ 47/21. 11. 2005, Interviewer: Friedhelm Wolski-Prenger

1 Zeigen Sie anhand der Materialien, wer vom Freihandel vorrangig profitiert und wer verliert.

2 Formulieren Sie im Sinne von M 4 Bedingungen und Regeln, die den Freihandel ökologisch nachhaltiger und sozial gerechter gestalten könnten.

3 Internationale Handelspolitik

MATERIAL 1 Die Welthandelsorganisation (WTO)

Die Welthandelsorganisation (World Trade Organisation, WTO) ist die wichtigste internationale Institution, die sich mit den Regeln für den internationalen Handel befasst. [...] Die Hauptaufgabe der WTO ist, einen möglichst reibungslosen und freien Handel sicherzustellen (Liberalisierung der internationalen Wirtschaftsbeziehungen). [...] Ein großer Erfolg [...] war die Herstellung einer übergreifenden Rahmenordnung für die verschiedenen Teilordnungen der internationalen Handelsbeziehungen. Entsprechend umfassen sind die WTO-Verträge das Handelsabkommen (GATT), das Abkommen über den Dienstleistungshandel (General Agreement on Trade in Services, GATS) und das Abkommen über Aspekte der Rechte geistigen Eigentums (Agreement on Trade-Related Aspects of Intellectual Property Rights, TRIPS). [...]

Die zentralen Prinzipien, nach denen die angestrebte Liberalisierung des Welthandels sich vollziehen soll, sind Nichtdiskriminierung (Meistbegünstigungsprinzip und Inländerprinzip) und Reziprozität.

Das Meistbegünstigungsprinzip besagt, dass kein WTO-Mitgliedsland als Handelspartner diskriminiert und schlechter gestellt werden darf. Entsprechend müssen die einem Handelspartner gewährten Vergünstigungen (zum Beispiel niedriger Zollsatz für bestimmte Industrieprodukte) auch allen anderen Mitgliedsländern unverzüglich und uneingeschränkt eingeräumt werden.

Das Inländerprinzip verlangt, dass ausländische Waren sowie deren Anbieter nicht schlechter gestellt werden dürfen als inländische. Grundsätzlich können demnach Gebühren, Steuern und Sonderaufwendungen auch auf Importwaren erhoben und inländische Rechtsvorschriften auf Importwaren angewendet werden. Diese dürfen dabei aber nicht das Niveau der Belastungen übersteigen, denen gleiche oder gleichartige Waren aus inländischer Produktion ausgesetzt sind.

Das Reziprozitätsprinzip (Prinzip der Gegenseitigkeit) soll durch gegenseitige Zugeständnisse Zollschranken beseitigen. Der Abbau von Zöllen und anderen Handelsschranken soll „auf der Grundlage der Gegenseitigkeit und zum gemeinsamen Nutzen“ der beteiligten Länder erfolgen. [...] Weitere Prinzipien der WTO sind das Gebot zur Transparenz, der Zollbindung, d. h., noch bestehende Zölle sollen nicht erhöht werden, sowie das grundsätzliche Verbot von mengenmäßigen Handelsbeschränkungen.

Aus: Informationen zur politischen Bildung 299/2008, S. 39 f.

MATERIAL 2 Aus der Arbeit der WTO: die Doha-Runde

Die WTO legt ihre Abkommen in Handelsrunden fest. 2001 begann in Doha (Katar) die sogenannte Doha-Runde. Ziel der Verhandlungen sollte sein, die Welthandelsordnung zu stärken, die Marktöffnung weiter voranzutreiben und gleichzeitig die Integration von Entwicklungs- und Schwellenländern in die Weltwirtschaft zu verbessern.

Die Verhandlungen in Cancun (2003) und Hongkong (2005) scheiterten an den Interessengegensätzen zwischen Industrie- und Entwicklungsländern. Die Entwicklungsländer beklagten, dass ihre Produkte gegen die hoch subventionierte Konkurrenz auf den Weltmärkten keine Chance hätten. Die Industrieländer drängten umgekehrt auf eine Senkung der Industriegüterzölle der Schwellenländer. Die Welthandelskonferenz in Genf im Juli 2008 brachte das vorläufige Aus der Doha-Runde. Grund des Scheiterns waren erneut die Differenzen zwischen Entwicklungs- und Schwellenländern und Industrieländern.

Autorentext

Welthandelsrunden

MATERIAL 3

Die Vorgeschichte der aktuellen „Doha-Runde“ zur Liberalisierung der weltweiten Handelsbeziehungen

GATT/WTO (ab 1995) Verhandlungsrunden		Gegenstand der Verhandlungen	teilnehmende Länder	durchschnittliche Zollsenkung in %
1947	–	Zölle	23	35
1949	Annecy-Runde	Zölle	13	2
1951	Torquay-Runde	Zölle	38	3
1956	Genf-Runde	Zölle	26	2
1960–1961	Dillon-Runde	Zölle	26	7
1964–1967	Kennedy-Runde	Zölle, Preisdumping	62	35
1973–1979	Tokio-Runde	Zölle, nichttarifäre Handelshemmnisse*, Rahmenabkommen	102	34
1986–1994	Uruguay-Runde	umfassende Reformen, Gründung der WTO	123	40
seit 2001	Doha-Runde	bessere Einbindung der Entwicklungs- und Schwellenländer in den Welthandel	153	?

L&P / 3665

*z. B. Subventionen, mengenbezogene Ein- und Ausfuhrbeschränkungen

Quelle: Bundesministerium für Wirtschaft und Technologie 2008

Mittel der Konkurrenz

MATERIAL 4

Aus einem Kommentar der Frankfurter Rundschau zum Scheitern der Doha-Runde

Das Ende der Welthandelsgespräche erinnert an das Geschacher auf einem Viehmarkt. Franzosen und Italiener beschweren sich über geplante Kürzungen der Agrarsubventionen. Indien und China beteiligen sich erst an einem Kompromiss, den sie aber schon am nächsten Tag wieder verwerfen. Und die USA werfen beiden Ländern Sturheit vor, beharren aber selbst auf großzügigen Beihilfen für die eigenen Farmer. So sehen die Verhandlungen einer der bedeutendsten internationalen Organisationen aus: Jeder versucht, das Maximale herauszuholen – und zwar möglichst, ohne sich selbst zu bewegen. [...] Die Regierungsvertreter [...] erinnern zuweilen an Industriekapitäne auf der Suche nach dem besten Absatzmarkt. Wirtschaftspolitik ersetzt Weltpolitik. [...]

Besonders für die ärmeren Länder ging es in Genf [...] um Schadensbegrenzung. [...] Freihandel nützt nur dann allen, wenn alle Staaten vergleichbar konkurrenzfähig sind. Und davon sind nicht nur die ärmsten Entwicklungsländer noch weit entfernt. Auch viele Schwellenländer fürchten um die Existenz ihrer jungen Industrien. [...]

Die größten Verlierer der Globalisierung aber sind die Niedriglohnarbeiter in den Schwellen- und Entwicklungsländern wie in den Industriestaaten. Denn der Konkurrenzkampf, den die weitere Liberalisierung des Welthandels noch verschärft, wird weltweit über Löhne und Arbeitskosten ausgetragen. [...]

Die Handels- und Wirtschaftspolitik wird international von Organisationen wie WTO, IWF oder Weltbank gesteuert. Die sozialen und ökologischen Folgen sind dagegen den Nationalstaaten überlassen, die damit heillos überfordert sind. [...]

Aus: Eske Hicken, Handelt fair und frei!, in: FR vom 29. 7. 2008

1. Erläutern Sie die Zielsetzung der WTO und die ihr zugrunde liegenden Prinzipien.
2. Analysieren Sie die Praxis der WTO am Beispiel der Doha-Runde. Recherchieren Sie hierzu die unterschiedlichen Interessen, die zum Scheitern der Verhandlungen führten.
3. Erarbeiten und diskutieren Sie die im Kommentar (M 4) formulierte Kritik an der Zielsetzung und konkreten Arbeit der WTO.

VERWEIS

s. S. 147 f.
Gerechtigkeit

s. S. 184 ff.
Globalisierung

MATERIAL 5

Welcher WTO-Typ sind Sie?

Eine (etwas augenzwinkernde) Gegenüberstellung von drei Grundpositionen zur WTO in der Frankfurter Rundschau

Globalisierungsgegner

Wem nützt eigentlich der Freihandel? Einem kompromisslosen Zyniker wie Ihnen ist klar: den reichen, westlichen Industriestaaten. Ihre Überzeugung lautet: Freihandel macht die Reichen reicher und die Armen ärmer. Jede Zollsenkung, jede Marktöffnung trifft vor allem Niedriglöhner und Kleinbetriebe, die immer ungeschützter der Marktmacht des Großkapitals ausgeliefert sind. Und zwar sowohl im Norden als auch im Süden. Zölle rauf und Märkte zu, um jungen Industrien eine Chance zu geben, das fällt *Ihnen* zum Thema Freihandel ein. Sie hoffen sowieso, dass es endlich zu einer anständigen, internationalen, basisdemokratischen Protestbewegung kommt, die die Macht übernimmt und dann Privatisierungen rückgängig macht, Konzerne kräftig besteuert ... Aber das sagen Sie nicht allzu laut, Sie wollen sich schließlich nicht den Vorwurf einhandeln, ein realitätsferner Utopist zu sein.

Die Hoffnung, dass der Staat einschreiten möge, haben Sie längst aufgegeben. Denn die Regierungen in Europa und USA sind natürlich nichts anderes als Interessenvertretungen multinationaler Konzerne. Die Forderungen der Industrie und Agrarverbände gleichen ja fast im Wortlaut den Politikerstatements zum Thema Welthandel und Wirtschaftspolitik. Peinlich, finden Sie, wie offensichtlich das ist.

So blocken Sie Einwände ab: Klar. Manchen Menschen in Entwicklungsländern mag es besser gehen, weil sie in einer Fabrik ein sicheres, wenn auch niedriges Einkommen haben. Schwellenländer wie Indonesien oder Indien profitieren vom Freihandel, China ist auf dem Weg, Exportnation Nummer eins zu werden; in Afrika etablieren sich lokale Mobilfunkanbieter, Banken oder Agrarbetriebe, die es mit westlicher Konkurrenz aufnehmen können. Aber bitte, wie naiv kann man sein? Es hat ja auch niemand behauptet, dass Eliten in aller Welt nicht immer schon geschickt ihren Reichtum zu mehren wussten. Und miese Jobs in stickigen Fabriken sind für Sie kein Grund zum Jubeln. Es ist doch politisch gewollt, dass es ein Heer von Niedriglöhnern gibt, die nicht mehr als ein paar Dollar pro Tag verdienen. Wer täglich um sein Überleben kämpfen muss, hat keine Zeit, sich aufzulehnen. Deshalb halten Sie es für Ihre Pflicht, offen zu machen, was für ein korrupter und profitgieriger Haufen die WTO ist.

Die WTO-Verhandlungen müssen deshalb .... Was heißt hier Verhandlungen? Die WTO gehört abgeschafft.

Der Liberale

Wem nützt eigentlich der Freihandel? Für Sie ist die Frage reine Rhetorik. Die Antwort liegt doch auf der Hand – allen!

Ihre Überzeugung lautet: Freihandel bringt Wohlstand. Wenn es nur endlich echten, ungehinderten, weltweiten Handel von Arbeit, Dienstleistungen, Wissen und Gütern gibt. Auswüchse und Ungleichgewichte reguliert ganz sicher der Markt am besten und nicht irgendwelche Beamte in staatlichen Aufsichtsbehörden.

Auch Sie sehen, dass der Wohlstand nicht gleich verteilt ist. Aber das liegt doch nicht am Freihandel, sondern daran, dass es noch immer keinen Freihandel gibt! Weil sich leider, leider, die Regierungen überall auf der Welt einmischen. Und zwar durch Zölle, Subventionen, Handelsbeschränkungen und den Schutz einheimischer Güter und Unternehmen. Das muss aufhören. Langfristig auch in Europa und den USA, um das mal deutlich zu sagen. Größere Aufträge und Privatisierungen sind international auszuschreiben – ob ein Brückenbau in Ägypten oder Finanzdienstleistungen in der Mongolei. Und wenn ein westliches Unternehmen die Arbeit besser und billiger erledigt als ein einheimisches, bekommt es selbstverständlich den Zuschlag. Leider sperren sich die Schwellen- und Entwicklungsländer derzeit, indem sie sich weigern, Märkte zu öffnen und Zölle weiter zu senken. Dass die EU und die USA ihre Agrarsubventionen deshalb als Druckmittel einsetzen müssen, ist nicht schön. Anders sind Verhandlungsfortschritte aber kaum zu erreichen. Schließlich geht es um ein höheres Ziel.

So blocken Sie Einwände ab: Sicher, afrikanische Tomatenbauern sind nicht mit westlichen Agrarkonzernen zu vergleichen. Und es gibt Länder, deren gesamte Wirtschaft von wenigen Produkten abhängt. Aber deshalb Schutzzölle aufrechterhalten und Schonfristen für sogenannte sensible Güter einräumen? Wer auf dem Weltmarkt nicht konkurrenzfähig ist, muss sich andere Erwerbszweige suchen. Es nutzt niemandem, künstlich unrentable Wirtschaftssektoren aufrechtzuerhalten. Dumpinglöhne und bedenkliche Arbeitsbedingungen finden natürlich auch Sie nicht wünschenswert. Aber erging es dem Europa des 19. Jahrhunderts nicht ähnlich? Der Übergang vom rückständigen Agrarland zur Industrienation ist nie schön.
Die WTO-Verhandlungen müssen deshalb ... endlich erfolgreich abgeschlossen werden!

Der Pragmatiker
Wem nützt eigentlich der Freihandel: Ein nüchterner Realo wie Sie weiß natürlich: Im Moment vor allem reichen Industrienationen und erfolgreichen Schwellenländern, leider.
Ihre Überzeugung lautet: Die Welt verändern wird schwierig, aber ein paar Strukturreformen sind immer drin. Gerechten Handel soll es geben, aber wer so etwas von der WTO erwartet, der hat – im Gegensatz zu Ihnen – keine Vorstellung, wie es auf internationalen Konferenzen zugeht. Zölle, Agrarsubventionen, Dienstleistungen, Patentrechte, Ausnahmen und Besonderheiten: Da behalten nur Experten den Überblick. Dass afrikanische Betriebe mit westlichen Konzernen konkurrieren können, behaupten Sie ja gar nicht. Auch nicht, dass die Macht in der WTO gleich verteilt wäre. Und dass Vertreter von Entwicklungsländern regelmäßig unter Druck gesetzt werden, für sie ungünstige Verträge zu unterschreiben, ist Ihnen auch schon zu Ohren gekommen. Das ist nun mal die Lage. Die wollen natürlich auch Sie verbessern: schrittweise. Über vieles kann man doch reden. Die Gespräche besser organisieren, in kleineren Gruppen verhandeln. Und über längere Übergangsfristen für Zollsenkungen in den ärmsten Ländern kann man sich ja auch unterhalten. Für aufstrebende Industrien wie China oder Indien gilt das aber ganz sicher nicht. Sie lassen sich nicht täuschen vom Gejammere über die arme Landbevölkerung und sich entwickelnde Industrien, die noch ganz dringend Schutzzölle brauchen. Und in ein paar Jahrzehnten werden womöglich auch die ärmeren Entwicklungsländer aufgeholt haben. Falls nicht, müssen wir wohl weiter Entwicklungshilfe zahlen.
So blocken Sie Einwände ab: Sie müssen gar keine Einwände abblocken, denn Sie bestreiten die Probleme ja gar nicht. Dumpinglöhne und unschöne Arbeitsbedingungen sind noch immer traurige Realität, sicher. Aber da ist man ja schon dran. Wofür gibt es internationale Arbeitsstandards?
Die WTO-Verhandlungen müssen ... weitergehen, was will man machen.

Aus: FR vom 26. 7. 2008, Verf.: Eske Hicken

1 Erarbeiten Sie arbeitsteilig in Gruppen die unterschiedlichen „WTO-Typen“ und legen Sie unter Einbezug der Materialien auf den vorhergehenden Seiten (S. 422–425) eine auch empirisch abgesicherte Argumentationsstrategie fest.

2 Führen Sie eine Podiumsdiskussion (von Gruppensprechern bzw. -sprecherinnen) durch zur Frage einer Neuauflage der gescheiterten Doha-Runde.

4 Der IWF

Der Internationale Währungsfonds wurde 1944 in Bretton Woods (USA) als Sonderorganisation der UN gegründet. Ursprünglich war der IWF als Kreditgeber und Währungsaufseher geplant. Auch heute gilt er noch als Feuerwehrmann des Weltfinanzsystems: Rutscht eines der Mitgliedsländer in ein Zahlungsbilanzdefizit, kann der IWF einen Kredit auflegen, der durch Beiträge der Mitglieder finanziert wird. Defizite in der Zahlungsbilanz entstehen, wenn ein Land mehr Güter importiert als exportiert und gleichzeitig nicht genug Kapital ins Land fließt. Die Kredite werden aus den Kapitaleinlagen der Mitgliedsländer, den sogenannten Quoten, finanziert. Die Stimmrechte im IWF bemessen sich nach der Finanzkraft der Staaten.

MATERIAL 1 So funktioniert der IWF

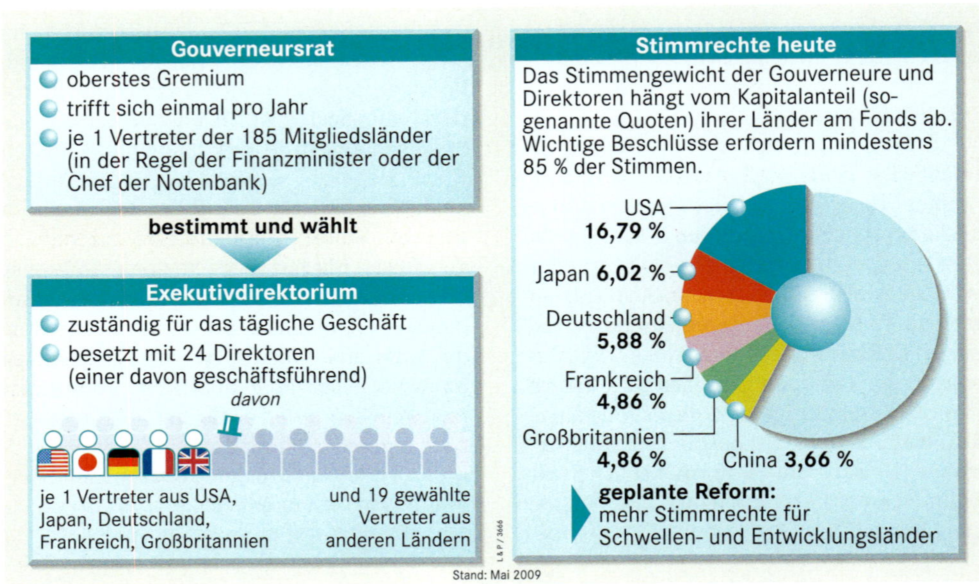

MATERIAL 2 Kann der IWF die Welt retten?

Die weltweit 20 wichtigsten Industrie- und Schwellenländer beschlossen vergangene Woche, den IWF zu einer Art Superwaffe gegen die jetzige und mögliche künftige Krisen zu machen. […]
In den vergangenen sechs Monaten reichte der IWF 55 Mrd. $ an in Schieflage geratene Staaten aus. […]
Nach den Beschlüssen der G20 wird der Fonds eine Art Krisenwarnsystem und Feuerwehr in einem. Gemeinsam mit dem neu zu schaffenden Financial Stability Board (FSB) soll er makroökonomische Risiken erspähen sowie Praktiken identifizieren und anprangern, die zu einer neuen Krise führen könnten. Die Mittel des IWF sollen auf 750 Mrd. $ verdreifacht werden. […]

Aus: FTD vom 07. 04. 2009, Verf.: Christine Mai und Tobias Bayer, http://nachrichten.finanztreff.de/news_news,awert,ticker,id,28295739,quelle,ftd,sektion,uebersicht.html

Aktivitäten des IWF

MATERIAL 3

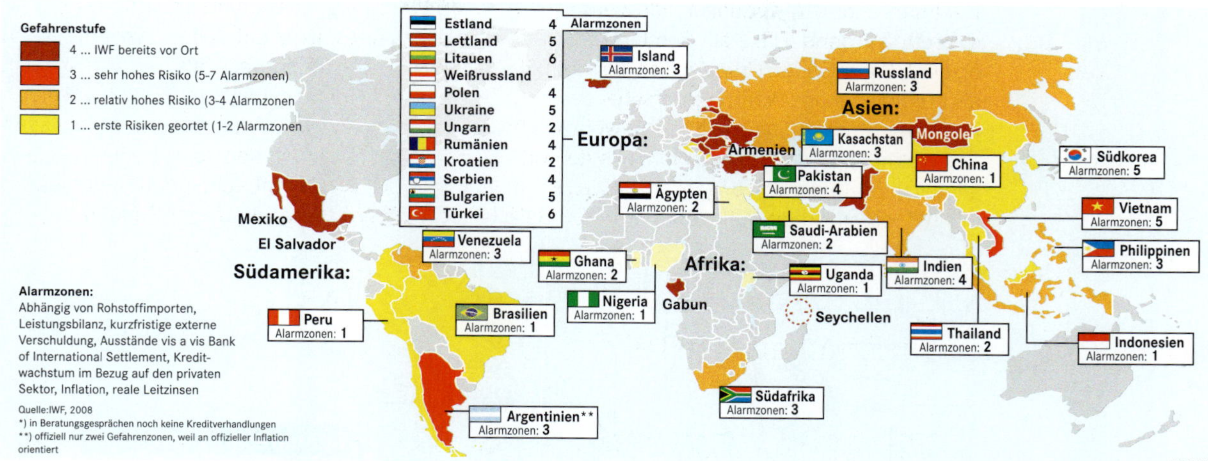

Brandstifter als Feuerwehr

MATERIAL 4

Aus einer Presseerklärung von Attac

Die jüngsten Kreditvergaben des IWF an Ungarn, die Ukraine und Pakistan sind an klassische Auflagen gebunden. Alle drei Länder mussten sich verpflichten, ihre Haushalte zu konsolidieren. Zudem hat die pakistanische Regierung zugesagt, Energiezuschüsse auslaufen zu lassen, die Steuern anzuheben und weitere „Reformen" durchzusetzen, um Geld zu sparen. Die Ukraine muss Sozialleistungen einfrieren, die Energiepreise in Richtung Weltmarktniveau erhöhen und den Wechselkurs freigeben. Ungarn kürzt unter anderem die Beamtengehälter. Vorrang vor staatlichen Investitionen muss für alle drei Länder die Rückzahlung der durch die Finanzkrise gestiegenen Auslandsschulden haben. [...]

Offenbar dürfen nur reiche Industrieländer der Krise mit höherer Verschuldung und staatlichen Investitionen begegnen. Während die Europäische Union den Stabilitätspakt aussetzt, werden die ärmeren Länder erpresst, neoliberale Instrumente einzusetzen. Welchen Preis Länder bezahlen müssen, die nicht den neoliberalen Vorgaben des IWF folgen, zeigt das Beispiel Argentinien, dessen Regierung der IWF Hilfe verwehrt hat. Attac forderte die Bundesregierung auf, sich endlich dafür einzusetzen, dass unter dem Dach der Vereinten Nationen eine demokratische Organisation entsteht, die allen Ländern dieselben Stimmrechte einräumt und endlich die Lehren aus den katastrophalen Auswirkungen der Anpassungspolitik des IWF zieht.

Aus: Presseerklärung vom 17. 12. 2008, www.attac.de

1 Bestimmen Sie die Rolle und Bedeutung, die dem IWF bei der „Lösung" der Finanzkrise zugewiesen wird. (M 1, M 2)

2 Diskutieren Sie auf Grundlage von M 4 und weiterer Recherchen die Folgewirkungen der mit der Kreditvergabe verbundenen Auflagen für die Gesellschaften der Kredit nehmenden Staaten.

3 Nehmen Sie Stellung zur Forderung von Attac nach einer organisatorischen Umgestaltung und inhaltlichen Neuausrichtung des IWF.

5 Freihandel versus Protektionismus

MATERIAL 1 Zwei Seiten einer Medaille

MATERIAL 2 Das Gespenst des Protektionismus geht um

Rolf Langhammer (Vizepräsident des Instituts für Weltwirtschaft (IfW) in Kiel)

Ein Gespenst geht um in der Welt, das Gespenst des Protektionismus. Es ist weder neu noch kommt es unerwartet: Jede Krise hat bislang Versuche genährt, Anpassungskosten auf Dritte abzuwälzen und den Graben zwischen In- und Ausland (oder In- und Ausländern) tiefer zu ziehen. Was in der gegenwärtigen Krise neu ist, sind die Bereiche, in denen die Protektionisten agieren. Früher nahmen sie vor allem den Güterhandel ins Visier. [...]

Bei [...] Hilfsprogrammen, etwa für die Automobilindustrie, schießen derweil die Franzosen den Vogel ab. Der Staat zahlt Kredithilfen an französische Autohersteller und deren Zulieferer und verlangt im Gegenzug, keine Fertigung ins Ausland zu verlagern, vorrangig bei französischen Zulieferern zu kaufen und fünf Jahre lang keine Werke in Frankreich zu schließen. Dieses Ansinnen wird der EU-Kommission viel Arbeit bescheren. Wenn dies kein Verstoß gegen den Binnenmarkt ist, was müsste dann noch kommen? [...]

Die Krise ist aber auch eine Blütezeit, um die Kapital- und Arbeitskräftefreizügigkeit einzuschränken. Würde ein chinesischer Staatsfonds zum jetzigen Marktpreis bei General Motors (einschließlich Opel) einsteigen wollen, um in den Besitz des technologischen Wissens zu kommen (oder um befürchtete Einfuhrhemmnisse in den Produktionsländern zu umgehen), wäre staatlicher Widerstand programmiert. Und dass ausländische Arbeitskräfte zum jetzigen Zeitpunkt mehr denn je als unliebsame Konkurrenz für heimische Belegschaften gelten und die Nationalstaaten den Arbeitsmarkt abzuschotten versuchen, liegt auf der Hand.

Protektionismus ist ein Ziehkind von Krisen. Daher dürften viele geneigt sein, ihn als zyklisches, vorübergehendes Phänomen abzutun oder gar als pragmatisches Handeln zu preisen. Dies wäre fatal. Der Bodensatz für Protektionismus ist lange vor der Krise durch Globalisierungsskepsis in weiten Teilen der Bevölkerung gelegt worden. [...]

Wer Protektionismus betreibt, verzichtet auf Innovationen, auf Wachstum - und auf Einkommen. Protektionismus wirkt wie eine regressive und damit unsoziale Einkommensteuer. Die alleinerziehende Sekretärin bezahlt mit einem höheren Einkommensverzicht als ihr Chef, weil in ihrem Warenkorb höher geschützte Güter stärker vertreten sind als in dem ihres Vorgesetzten. US-Studien zufolge kostet allein die Protektion von Konsumgütern Alleinerziehende den Gegenwert von drei Tagen ihres Jahreseinkommens, die Bezieher hoher Einkommen nur anderthalb Tage.

www.wiwo.de/politik/das-gespenst-des-protektionismus-geht-um-391470/, 7.4.2009

Wieso Protektionismus sein Gutes hat

MATERIAL **3**

Noreena Hertz, Ökonomie-Professorin in Cambridge und Rotterdam

Die Dogmen des Neoliberalismus - Privatisierung, Deregulierung, ausgeglichene Haushalte - wurden von allen verworfen, von den wenigen ehernen Dogmatikern einmal abgesehen. Nur einem Grundsatz will keiner abschwören. Die Vorrangstellung des freien Welthandels ist immer noch sakrosankt. [...] Dabei bräuchten wir dringend eine offene und ehrliche Diskussion über das letzte Dogma des Neoliberalismus: den freien Welthandel. [...] Zumal es Beispiele dafür gibt, dass streng limitierte und zeitlich begrenzte Handelsschranken einer Volkswirtschaft durchaus helfen können. Schweden und Japan verschafften sich in den Siebzigerjahren nach dem Ölschock auf diese Weise Luft, um ihre Industrien gesundzuschrumpfen und neu aufzustellen.

Um Missverständnissen vorzubeugen: Ich plädiere weder für ein Wiederaufleben von Handelskriegen noch dafür, dass reiche Industriestaaten ungestraft Handelsschranken errichten. Doch ebenso wenig ist es angemessen, Protektionismus pauschal zu brandmarken. Wir sollten Einfuhrbegrenzungen [...] als Instrument betrachten lernen, mit dessen Hilfe eine Nation den freien Fall ihrer Wirtschaft gegebenenfalls aufhalten kann. [...] Möglicherweise könnte die Welthandelsorganisation WTO in eine neue Rolle schlüpfen, vom Mantra des schrankenlosen Welthandels abrücken und für einen fairen Interessenausgleich zwischen den starken und weniger starken Ökonomien sorgen. Ein solches System des Ausgleichs hätte womöglich auch verhindern können, dass Großbritannien weite Teile seines Investments in die heimische Windkraftindustrie abschreiben muss, so wie dies in der vergangenen Woche geschehen ist. Die Unternehmen hatten das Nachs ehen gegenüber der Konkurrenz aus dem Ausland, die weit mehr Subventionen und Garantien bekam - die im Prinzip die gleiche Wirkung entfalten wie Handelsschranken.

Ohnehin böte ein fairer Interessenausgleich Möglichkeiten, die über die reine Krisenbewältigung hinausgehen. So könnten Staaten etwa ihre noch jungen Betriebe im Umweltsektor schützen, um international vereinbarte Ziele im Klimaschutz zu erreichen und gleichzeitig ihre Energieversorgung sicherzustellen. Ärmere Staaten wiederum hätten die Möglichkeit, Handelsschranken zu errichten, um ihre Industrie so weit zu entwickeln, bis sie sich im rauen internationalen Wettbewerb behaupten können.

www.spiegel.de/wirtschaft/0,1518,616746,00.html, 1.4.2009

1 Beschreiben und interpretieren Sie die Karikatur.

2 Erarbeiten Sie aus M 2 und M 3 die kontroversen Positionen zum Freihandel bzw. Protektionismus.

3 Diskutieren Sie die Folgen einer stärker an nationalstaatlichen Interessen ausgerichteten protektionistischen Politik für eine Exportnation wie Deutschland.

6 Unterentwicklung – Schicksal oder Politikergebnis?

Unterentwicklung ist ein sehr komplexer Zustand oder Prozess, der nicht mit einfachen Begriffen und Formeln erklärt werden kann. Eigentlich müssten die Ursachen der Unterentwicklung für jedes Land ganz spezifisch ermittelt werden, um dann eine Einordnung in allgemeine Begründungen für Unterentwicklung vorzunehmen.

Eine historische Bedingung für Unterentwicklung ist der Kolonialismus. Die Ausbeutung seitens der Kolonialmächte zerstörte in den kolonialisierten Gebieten die vorhandenen wirtschaftlichen und sozialen Strukturen und verhinderte die Entwicklung einer eigenständigen Wirtschaft durch Ausbeutung, Unterdrückung und Zerstörung vorgefundener Kulturen und militärische Besetzung.

Heute spielen in vielen unterentwickelten Ländern innergesellschaftliche Verhältnisse eine Rolle, z.B. Gesellschafts- und Herrschaftsstrukturen, übergroßer Rüstungsimport (und Kriegsführung), Misswirtschaft oder Ausbeutungsbeziehungen. Zunehmend wird auch der Zusammenhang zwischen Armut und der Anerkennung und Durchsetzung der Menschenrechte, der Demokratie und der Rechtsstaatsprinzipien anerkannt. Zudem gewinnen weitere Faktoren an Bedeutung für die Entwicklungschancen ärmerer Länder wie die Nichtbeherrschung von Krankheiten und Seuchen (z.B. AIDS), fehlende Infrastruktur und Kommunikationstechnologien, verpasster Anschluss an die technologische Entwicklung (Patente), organisierte Kriminalität und weltpolitische Veränderungen seit dem Ende des Kalten Krieges.

Vorrangig dürften wirtschaftlichen Gründe für die Unterentwicklung verantwortlich sein. Die übergroße Verschuldung hemmt entscheidend die Entwicklung. Insgesamt müssen die heutigen ungleichen Weltwirtschaftsbeziehungen als Entwicklungshemmnis angesehen werden, da sie die unterentwickelten Länder in einer strukturellen Abhängigkeit halten. Der fehlende ausreichende Zugang für Produkte aus Entwicklungsländern zum Weltmarkt durch Zollblockaden der Industrieländer sowie der weitgehende Ausschluss der Entwicklungsländer von der technologischen Entwicklung machen diese zu drittklassigen Teilnehmern am Weltmarkt. Hinzu kommt die Frage, ob die Maßnahmen internationaler Einrichtungen wie IWF und Weltbank den Entwicklungsbedingungen der betroffenen Länder entsprechen.

Grundsätzlich gilt: Es gibt keine unüberwindbaren Hindernisse – seien sie endogen oder exogen, natur- oder kulturbedingt – auf dem Weg zu einer gerechten Entwicklung. Ideen, politischer Wille und politische Entscheidungen sind gefordert.

Was macht Afrika arm?

MATERIAL 1

Irgendetwas läuft schief: Die Wirtschaft Afrikas schrumpft seit den 60er-Jahren. Über die Hälfte der 600 Millionen Menschen leben in Armut. [...] Gründe für die Armut gibt es viele. Hier die wichtigsten.
Der Kolonialismus? Engländer, Franzosen oder Deutsche haben Afrika ausgebeutet. [...] Doch seit 40 Jahren leben die Staaten in Unabhängigkeit – und sie haben diese Zeit nicht genutzt. Die Globalisierung? Das behaupten die Globalisierungsgegner: Multinationale Konzerne meiden Afrika. Sie machen nur dort Geschäfte, wo es sich lohnt. Selbst die Pharmaindustrie habe kein Interesse am afrikanischen Markt (Aids, Malaria). Die Globalisierungskritiker liegen falsch: Nicht die Globalisierung, sondern die Verweigerung der Globalisierung ist schuld an der Armut. [...] Die Entwicklungshilfe? Bis in die 80er-Jahre erhielten afrikanische Staaten unter allen Entwicklungsländern den höchsten Anteil. Genutzt hat es nichts. Im Gegenteil: Statt frei zu werden („Hilfe zur Selbsthilfe"), wurde der Kontinent abhängig. Nur die Eliten wurden wohlhabend – und korrupt. Der Protektionismus? Europa und Amerika tragen Mitschuld an der Armut Afrikas. Würden die OECD-Länder all ihre Zölle für die heimischen Märkte streichen, würde das Schätzungen zufolge Afrika [...] aus dem Stand ein zusätzliches Wachstum von vier Prozent bescheren. [...]
Fehlende Bildung? Afrika ist rohstoffreich und trotzdem arm. Bildung generiert heutzutage offenbar besseres Wachstum als Rohstoffvorkommen. Doch angesichts der Kriege ist es in vielen Ländern lohnender, zur Waffe als zum Buch zu greifen. [...] Stammeswirtschaft? Afrikas politische Eliten verweigern die Entwicklung und bleiben modernisierungsresistent. Stämme sind nicht in der Lage oder bereit, sich dem Gedanken des Nationalstaates zu unterwerfen, Stammeskulturen vertragen sich offenbar besonders schwer mit dem Kapitalismus.

Aus: Rainer Hank, Frankfurter Allgemeine Sonntagszeitung vom 1.6.2003, S. 27

Afrikas fortdauernde Probleme

MATERIAL 2

Die Entwicklung in Afrika südlich der Sahara ist insgesamt negativer verlaufen als in anderen Weltregionen. Dies hat sowohl externe wie interne Gründe. Die Hypotheken aus der Kolonialzeit – z. B. die Konzentration auf wenige städtische Zentren und Eliten, die Missachtung des Selbstbestimmungsrechtes, die Vernachlässigung von Investitionen in Infrastruktur oder die Förderung einseitiger Produktionsstrukturen – erschweren eine breitenwirksame Entwicklung und eine Integration Afrikas in den Weltmarkt.
Die internationale Arbeitsteilung hat sich seit der Kolonialzeit kaum verändert. Noch immer liefert Afrika im Wesentlichen Rohstoffe und Agrarprodukte und importiert Fertigprodukte. Der Anteil Afrikas südlich der Sahara am Welthandel ist aufgrund der vorherrschenden Arbeitsteilung und der Verschlechterungen der Terms of Trade gesunken. Diktatorische Regime und kleptokratische Eliten waren nach dem Ende der Kolonialherrschaft häufig nicht an einer Trendwende interessiert. [...]
Nahezu alle afrikanischen Staaten können – wie übrigens die Mehrzahl der Entwicklungs- und Transformländer – als schwache Staaten bezeichnet werden. Die durch die Kolonialmächte willkürlich festgelegten Grenzen und die dadurch entstandenen künstlichen Staatsgebilde erschweren immer noch eine friedliche Entwicklung und die Ausbildung kollektiver Identitäten als Grundlage einer Nation. Der Prozess der Staatsbildung („nation building") und Demokratisierung ist noch jung und nicht abgeschlossen, sodass interne Konflikte immer wieder auch gewaltsam ausgetragen werden. [...] Verschärft wird die Situation in vielen afrikanischen Ländern durch HIV/AIDS. AIDS befällt vor allem die erwerbstätigen und aktiven Jahrgänge. Dadurch wird die gesamte wirtschaftliche und soziale Entwicklung beeinträchtigt. [...]

Afrikanische Staaten südlich der Sahara haben im Welthandel seit Ende der 60er-Jahre verloren, sie sind Verlierer der Globalisierung. Es gibt eine erhebliche Kapitalflucht aus afrikanischen Ländern. [...] Afrikas wird durch Subventionen für die Landwirtschaft der OECD-Länder (jährlich rund 300 Milliarden US-Dollar, das entspricht dem Bruttoinlandsprodukt Afrikas südlich der Sahara) behindert. [...] Afrika war nicht in der Lage, Produktion und Handel zu diversifizieren; die Abhängigkeit von Rohstoffexporten ist nach wie vor sehr hoch. Die Terms of Trade haben sich für Nichtölexporteure deutlich verschlechtert. Dies führte zu erheblichen Einnahmeverlusten. Die jüngsten Ölpreiserhöhungen belasten die kein Erdöl exportierenden afrikanischen Staaten ganz besonders; die Ölrechnung hat sich seit 1998 in vielen Ländern verdoppelt.

Die Schulden beliefen sich 1999 für Afrika südlich der Sahara auf 231 Milliarden US-Dollar; das entspricht 225 Prozent der gesamten Exporteinnahmen. Der jährlich geleistete Schuldendienst lag bei 15 Prozent der Exporteinnahmen, für einzelne Länder noch wesentlich höher. [...].

Aus: Die afrikanische Herausforderung, Bundesmin. für wirtsch. Zusammenarbeit und Entwicklung, Bonn 2001

MATERIAL 3

Kontinent meistbietend zu verkaufen

Tröstende Worte hatte IWF-Chef Dominic Strauss-Kahn für die Finanzminister und Funktionsträger aus Afrika in der tansanischen Hafenstadt nicht übrig: „Auch wenn es gedauert hat, bis die Krise Afrika erreicht hat: Sie kommt, und ihre Folgen werden schwer sein. [...] Afrikas Aufschwung wird enden, Millionen werden erneut verarmen" [...].

Vor allem Afrikas reichere Nationen spüren die Krise schon seit Monaten. Händeringend suchen Regierungen nach neuen Einnahmequellen – und haben eine der letzten begehrten Ressourcen entdeckt, die ihnen noch zum Verkauf bleibt: Land. Weil Erz- und Ölpreise gesunken sind, Investoren und Touristen ausbleiben und afrikanische Auswanderer immer weniger Geld aus dem Ausland nach Hause überweisen können, klingen die Angebote vor allem aus Asien und Arabien immer attraktiver. Schon in wenigen Wochen wird der saudische Konzern Hadco auf seinen Feldern im Sudan die erste Ernte einfahren. Gemüse, Weizen und Viehfutter von 10 000 Hektar Land sollen helfen, den seit Jahren steigenden Bedarf an Lebensmitteln in Saudi-Arabien zu decken. Für das Land an den fruchtbaren Bänken des Nils hat Hadco unbestätigten Informationen zufolge 95 Millionen US-Dollar Pacht an die Regierung in Khartum gezahlt – und mehr Geld soll folgen. Sudans Regierung hat den Golfstaaten angeblich bereits 900 000 Hektar bestes Farmland zugesagt, für 99 Jahre Pacht. Offiziell will das in Khartum freilich niemand bestätigen. Denn der Verkauf von Ackerland an ausländische Investoren ist bei den Bürgern, fast überall in Afrika überwiegend Kleinbauern, nicht sonderlich beliebt. Am höchsten hinaus will der koreanische Mischkonzern Daewoo, der auf Madagaskar Futtermais und Ölpalmen anbauen will. 1,3 Millionen Hektar hat die Regierung des bettelarmen Inselstaats dafür bereitgestellt. In Kenias Tana-Flussdelta sollen 40 000 Hektar Land an den Golfstaat Katar verpachtet werden – zum Anbau von Früchten und Gemüse. Ein Viertel Ersparnis gegenüber dem Weltmarktpreis erwarten die Regierungen, die mit den Verpachtungen praktisch ihr Hoheitsgebiet erweitern. Von „Neokolonialismus" sprechen denn auch Kritiker wie der britische Umweltschützer George Monbiot. „Früher haben die reichen Nationen Kanonenschiffe und Glasperlen eingesetzt, heute sind es Anwälte und Scheckbücher", so Monbiot. „Der Westen will sich mit aller Kraft vor der drohenden Nahrungsmittelkrise retten, auch wenn das heißt, dass Menschen anderswo verhungern werden."

Aus: taz vom 11.3.2009, Verf.: Marc Engelhardt

MATERIAL **4**

Auslandsschulden und Schuldendienst der Entwicklungsländer in Mrd. US-$

	1970	1980	1990	2000	2002
Schuldenstand	72,8	609,4	1 458,4	2 492,0	2 441,1
öffentlich oder öffentlich verbürgt	47,3	381,1	1 113,8	1 490,4	1 467,6
privat, nicht verbürgt	15,4	70,6	65,6	557,3	531,1
Auszahlungen und Schuldendienst					
Auszahlungen insgesamt	13,4	113,8	136,6	274,8	253,0
Tilgungen	6,8	44,5	93,5	272,1	259,7
Zinszahlungen	2,4	48,9	70,3	126,7	122,2
Schuldendienst insgesamt	9,2	93,4	163,8	398,9	381,9

Quelle: Weltbank 2002

MATERIAL **5**

Einkommen in Afrika

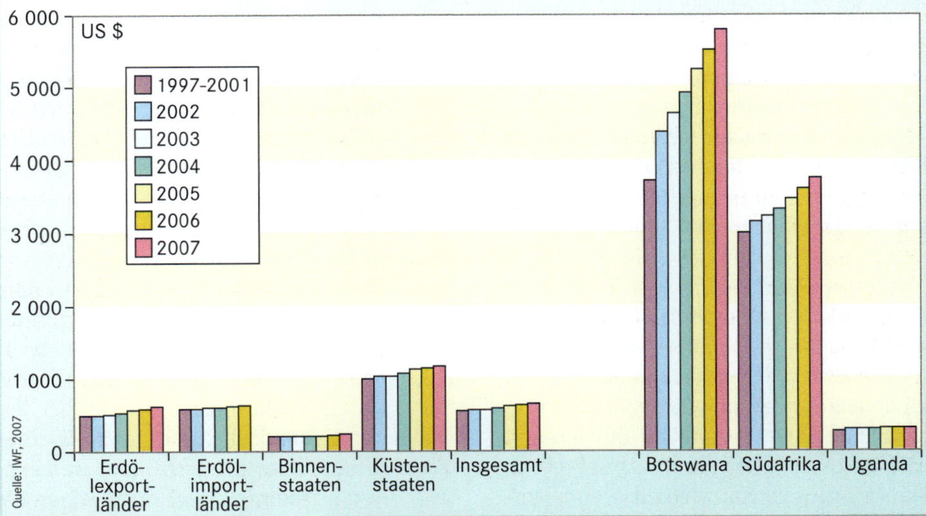

Pro-Kopf-Einkommen

nach Regionen 1950 und 2003 (in % des Weltdurchschnitts)

	1950	2003
Westeuropa	170	363
USA	453	448
China	21	71
Indien	29	33
Afrika	41	21

Quelle: IWF, 2007

L&P / 4071

1 Vergleichen Sie M 1 und M 2: Wie werden jeweils exogene und endogene Bedingungen für Unterentwicklung gewichtet?

2 Beschreiben Sie anhand von M 3 bis M 5 Grundzüge der wirtschaftlichen Situation und Entwicklung Afrikas.

3 Diskutieren Sie, inwieweit die Unterentwicklung durch die Wirtschaft der Industriestaaten bedingt ist.

4 Entwickeln Sie Maximen für eine zukünftige Entwicklungspolitik.

VERWEIS

s. S. 54
Armut in Deutschland

7 Beispiel Nigeria

Nigeria ist nicht nur einer der größten, sondern auch einer der am meisten zerrissenen Staaten Afrikas, der gegenwärtig weitgehend mit Gewalt und Terror zusammengehalten wird. Untersucht man die Gesamtsituation des Landes, wird klar, dass Nigeria aus vielen Gründen als Beispielland für die unterentwickelten Teile der Welt - gerade im Bezug zu den Industriestaaten - angesehen werden kann.

Trotz gewisser Reichtümer muss Nigeria im Weltmaßstab als unterentwickelt eingestuft werden. Das sehr rasche Bevölkerungswachstum frisst buchstäblich wirtschaftliche Erfolge auf. Innenpolitisch lassen Auseinandersetzungen zwischen einer Vielzahl von Ethnien und Migrationsprobleme das Land nicht zur Ruhe kommen, der Gegensatz Muslime (im Norden) - Christen (im Süden) schafft zusätzlich Probleme. Die soziale Lage ist gekennzeichnet durch die Verarmung der breiten Bevölkerungsmehrheit, während eine kleine Elite den immensen Reichtum des Landes vereinnahmt.

Der Rohstoffreichtum, vor allem Erdöl im Nigerdelta, und seine Ausbeutung durch internationale Konzerne unter Beteiligung innerstaatlicher Cliquen könnten dem Land Reichtum und Entwicklungsmöglichkeiten bescheren, erreichen aber z. B. durch die gewaltige Umweltzerstörung das Gegenteil und machen eine nachhaltige Entwicklung unmöglich. Solange Nigeria als sechst größter Ölproduzent der OPEC seine wirtschaftliche Entwicklung nur auf das Öl stützt und dadurch weder wirtschaftliche noch soziale Reformen in Gang setzt, wird es kaum aus dem Status eines Entwicklungslandes herauskommen können.

Nigeria als volkreichstes und nach Südafrika wirtschaftlich und politisch bedeutendstes Land Afrikas macht eine wichtige Phase der Transformation durch. Allerdings fehlt es dabei an Reformwillen. Innerstaatliche Instanzen stehen der Entwicklung im Wege, um die strukturelle Instabilität und die permanente Krise überwinden zu können.

Nigeria und der Fluch des Reichtums

MATERIAL 1

Ebocha, ein Nest mitten im Nigerdelta: Hier pumpt der Agip-Konzern Öl aus der Erde. Dabei strömt Gas mit nach oben. Und das wird seit Jahrzehnten abgefackelt. Schwarzer Qualm steigt in den Himmel, er verpestet die Luft und macht den Regen sauer. [...]

Wer nach Gerechtigkeit sucht, wird im Nigerdelta nicht fündig. [...] Die Firmen verdienen gut, der Staat noch besser. [...] Aber Tag um Tag fragen sich die Leute, wo all die Milliarden bleiben, die in die Kassen des Staates fließen. Gewalt und Elend, Korruption und Machtmissbrauch, Ausbeutung und Frustration – alles fließt in den Sümpfen des Deltas zusammen und bildet ein explosives Gemisch, das nicht nur den Frieden in Nigeria bedroht. Kommt kein Öl mehr aus dem Delta, wird dies auch die Industrienationen schwer erschüttern, allen voran die Vereinigten Staaten, die zwölf Prozent ihres Bedarfs aus den Quellen Nigerias decken.

So wichtig nehmen die Amerikaner die Region Westafrika, dass sie dort sogar ein eigenes Militärkommando, Africom, etablieren. [...] Im Golf von Guinea patrouillieren Kriegsschiffe der US-Marine, um Bohrinseln vor Angriffen der Rebellen zu schützen. Besonders gefährlich ist es aber im Labyrinth des Flussdeltas. Dort bunkern sich die Konzerne ein. Zum Beispiel in der Nähe des Ortes Omoko: Schwarze Wachtürme ragen über dem Gelände des Ölkonzerns Total empor. Gewaltige Mauern, Elektrozäune, Stacheldraht. Neben dem Metalltor haben sich Wächter hinter Sandsäcken verschanzt. Sie halten ein Maschinengewehr im Anschlag. So sieht es in Kriegsgebieten aus [...]

Fahrt durch Port Harcourt, Ölmetropole und tropisches Elendsnest zugleich: Riesige Plakate säumen die Straßen, von denen Peter Odili herunterstrahlt. Der Ölprinz trägt eine blendend weiße Weste [...]. Schließlich ist Odili die vergangenen acht Jahre Gouverneur von Rivers State gewesen. [...] Natürlich hat Odili auch Großartiges hinterlassen, wie die Plakate verkünden: „Exzellente Arbeit für die Nachwelt" steht dort zu lesen – zu sehen ist Odilis prunkvoller Dienstsitz. Man studiert das Bild noch an der Ampel, da trommelt eine kleine Faust gegen die Fensterscheibe. Der Bub ist vielleicht vier Jahre alt, er trägt ein zerlumptes T-Shirt und dreckige Shorts. Er fleht um ein paar Naira, aber da ist das Auto auch schon angefahren, und der Kleine muss sehen, dass er rechtzeitig in den vermüllten Graben springt, damit ihn die Limousinen der Reichen nicht überrollen. [...]

Harte Zeiten auch für Pamela. Sie finanzierte ihr Studium bislang damit, dass sie mit Ölarbeitern ins Bett stieg. [...] Nun ist es schwer, noch Kunden zu finden. Wenn sie weiterhin so schlecht verdient, muss sie ihr Studium abbrechen – und wird zurück ins Elend stürzen. Auch Prince, ein dürrer Hüne, hat Zukunftsängste, nur dass er einen anderen Ausweg als Pamela sucht. Er greift zur Kalaschnikow. [...] Er hat es satt, herumgeschubst zu werden. Früher wollte er Pipelines schweißen, doch die Firmen sagten, dass er die Ausbildung selbst zahlen müsse. Das war viel Geld, und seine Eltern konnten nicht helfen. So heuerte Prince schließlich bei einer Miliz an. [...]

Spurensuche im Dorf K-Dere: Die Abendsonne wirft ihr warmes Licht auf ein metallisches Ungetüm aus alten Rohren und Tanks. [...] In der Mitte ragt ein sogenannter Christbaum heraus. Das ist der Kopf eines Bohrlochs – er leckt. Öl tritt aus und ergießt sich in den Tümpel. [...] „Spilling" nennen die Konzerne so eine ölige Riesensauerei. Und davon hat es über die Jahrzehnte viele gegeben. Von 1976 bis 1996 wurden mehr als 6 000 Öllecks registriert, dabei liefen mehr als vier Millionen Barrel aus. Und die Lage hat sich seither nicht verbessert. Oft sind Kräfte der Selbstzerstörung am Werk, wenn Einheimische Leitungen zerstören [...]. Doch viele Lecks haben die Firmen selbst zu verantworten, wenn es zu Unfällen kommt oder altes Material bricht. [...] In K-Dere fordern die Leute jetzt Kompensation. [...] Ein Konzernsprecher aber wehrt sich: „Das ist eine komplizierte Geschichte", sagt er. Sabotage habe das Leck verursacht. Außerdem bekomme Shell keinen Zugang, um den Schaden zu beheben. „Das ist nicht unsere Schuld." Die Quelle sprudelt also weiter.

Aus: Süddeutsche Zeitung vom 30.4.2007, Verf.: Arne Perras

MATERIAL 2 Überblick zu Nigeria

Als das weitaus bevölkerungsreichste Land in Afrika und mit seinem großen wirtschaftlichen Potenzial ist Nigeria einer der „main players" im afrikanischen politischen Geschehen, ist die Regionalmacht in Westafrika und strebt einen Sitz im UN-Sicherheitsrat an, in dem Afrika bisher nicht vertreten ist.
Die Einwohnerzahl schwankt zwischen dem Zensus von 1991 über knapp 90 Millionen und Schätzungen, die zwischen 120 und 150 Millionen liegen. Da jeder Zensus auch politische Implikationen hat, ist er je nach politischer Interessenlage stark manipuliert, wie die meisten statistischen Angaben Nigerias. Wie in allen Entwicklungsländern ist die nigerianische Gesellschaft sehr jung. [...] Im Human Development Index nimmt Nigeria einen der untersten Plätze ein. [...] Im Norden des Landes überwiegt der muslimische Anteil an der Bevölkerung, im Südosten der christliche, während es im Middle Belt und im Südwesten eher gleiche Anteile gibt. Die traditionellen Religionen sind lebendig, obwohl ihr Anteil nur schwer geschätzt werden kann, da sie kaum öffentlich in Erscheinung treten. [...] Amtssprache ist Englisch [...]. Es werden ca. 430 Sprachen und über 1 000 Dialekte gesprochen.

www.inwent.org/v-ez/lis/nigeria/seite1.htm, (Zugriff: 5. 3. 2006)

MATERIAL 3 Religiöse Konflikte in Nigeria

Im Vielvölkerstaat Nigeria leben mehr als 400 Ethnien, die Hausa-Fulani, die Yoruba und die Igbo machen mehr als die Hälfte der Bevölkerung aus. Die Hausa sind islamisch geprägt und siedeln traditionell im Norden, die christlichen Yoruba und Igbo im Süden. Obwohl in vielen Landesteilen Minderheiten der drei Gruppen leben, orientiert sich die Bildung politischer Gruppierungen an der ethnischen bzw. religiösen Zugehörigkeit Während der Norden in der nachkolonialen Phase bis 1999 politisch dominant war, schritt die ökonomische Entwicklung im Süden schneller voran. Mit der Machtübernahme durch Präsident Olusegun Obasanjo, Yoruba und Christ, im Mai 1999 verschoben sich die Machtverhältnisse.
Seit der Unabhängigkeit war es immer wieder zu religiösen Spannungen zwischen Muslimen und Christen gekommen. Hintergrund der religiös begründeten Konflikte sind Verteilungskämpfe um Land und Ressourcen. Mit der Einführung der islamischen Rechtsprechung in Zivilrechtsfragen (Scharia) in zwölf nördlichen Bundesstaaten 1999/2000 eskalierte der Konflikt. [...] Aber auch im Süden haben in der jüngeren Vergangenheit die gewaltsamen Auseinandersetzungen zugenommen.

Aus: Fischer Weltalmanach Afrika, Frankfurt 2006, S. 167

MATERIAL 4 Arm und Reich

	Einkommen 2000 (BIP in Mrd. Dollar)	Bevölkerung im Jahr 2000
Senegal	4	9 530 000
Nigeria	42	126 910 000
die 400 US-Amerikaner mit dem höchsten Einkommen	69	400

Quelle: Internal Revenue Service (2003), Weltbank (2004); nach: Jeffrey D. Sachs, Das Ende der Armut, München 2005, S. 371

Bauarbeiter in Lagos, 2008

MATERIAL 5

Wirtschaftliche Beziehungen und Entwicklungszusammenarbeit Deutschland – Nigeria

Eine zusammenfassende Darstellung des Auswärtigen Amtes

Aktueller Schwerpunkt der Wirtschaftsbeziehungen *(Stand: 2009)* ist die Zusammenarbeit im Energiebereich. Im Fokus stehen die Rehabilitierung und Weiterentwicklung der Stromproduktion in Nigeria – auch mittels Nutzung erneuerbarer Energien – und eine stärkere Beteiligung deutscher Firmen an der Gewinnung von Energieträgern in Nigeria.

Deutschland exportierte 2008 Waren im Wert von knapp 1,25 Mrd. Euro nach Nigeria, dies entspricht einem Zuwachs um 16 Prozent. Der Wert von Deutschland importierter nigerianischer Produkte stieg – nach einen Rückgang um 35 Prozent im Jahr 2007 – um 96 Prozent auf fast 1,8 Mrd. Euro. Der Zuwachs der Exporte beruht vor allem auf höherer Einfuhr von Enderzeugnissen nach Nigeria, der Anstieg der Importe ist in erster Linie auf den starken Anstieg des Ölpreises und höhere Erdöleinfuhr nach Deutschland zurückzuführen. Die wichtigsten deutschen Ausfuhrgüter nach Nigeria sind Maschinen, Fahrzeuge, chemische und elektrotechnische Produkte. Deutschland steht nach China, den USA, der Schweiz und Großbritannien an fünfter Stelle der Hauptlieferländer Nigerias und als Abnehmerland an neunter Stelle (1. Quartal 2008). Im deutschen Außenhandel liegt Nigeria bei den Ausfuhren an 62., bei den Einfuhren an 45. Stelle (2008).

Der Bestand deutscher Direktinvestitionen in Nigeria ist seit 2001 rückläufig und betrug Ende 2006 rund 94 Mio. Euro (2001: 298 Mio.). Etwa 50 deutsche Unternehmen sind in Nigeria teils mit Produktionsstätten, teils mit Repräsentanzen vertreten. Der im Jahr 2000 unterzeichnete bilaterale Investitionsschutz- und Fördervertrag mit Nigeria trat im September 2007 in Kraft. [...]

Mit der Rückkehr Nigerias zur Demokratie 1999 kehrten Deutschland und andere frühere Geberländer wieder nach Nigeria zurück. [...] Der neue Schwerpunkt *(der)* Entwicklungszusammenarbeit ist die beschäftigungsorientierte Förderung kleinster bis mittlerer privater Betriebe in den beiden Bundesstaaten Niger und Nasarawa. Die Bundesregierung hat seit Ende 2004 insgesamt 20 Mio. Euro früherer Zusagen der finanziellen Zusammenarbeit für die Unterstützung eines Programms zur Bekämpfung der Kinderlähmung umgewidmet. Des Weiteren wurden 1,5 Mio. Euro aus den „Studien- und Fachkräftefonds“ sowie „Studien- und Expertenfonds“ für das Projekt „Stärkung der Rechte von Frauen und Mädchen in Borno State“ umgewidmet. Insgesamt belaufen sich die Mittelzusagen an Nigeria seit Beginn der entwicklungspolitischen Zusammenarbeit auf über 360 Mio. Euro. Davon entfallen rund zwei Drittel auf die finanzielle Zusammenarbeit und ein Drittel auf die technische Zusammenarbeit.

www.auswaertiges-amt.de/diplo/de/Laenderinformationen/Nigeria/Bilateral.html

MATERIAL 6

Nigerias Ölexporte

Jahr	Exportförderung Mio. Fass/Tag	$ je Fass	Anteil an den Exporten in %
1969	0,540	k. A.	41,1
1970	1,085	2,30	57,6
1980	2,055	35,60	96,0
1990	1,810	20,00	97,0
1992	1,959	20,00	97,9
1993	2,038	17,40	97,7
1994	1,897	15,80	97,5
1995	1,990	17,20	95,7
1996	2,173	20,80	98,2
1997	2,003	19,80	98,0
1998	1,995	12,90	96,5
1999	1,844	17,62	97,0
2000	1,952	28,00	98,8
2001	1,814	25,50	98,0
2002	1,630	25,00	98,6
2003	1,850	28,20	97,8
2004	2,120	38,10	98,2
2005	2,480	51,00	96,1
2006	1,980	66,30	93,0
2007	1,960	72,80	96,5
2008	1,820	78,00	97,9

Quelle: Traub 1990; Frynas 2000: 25; IMF 1998, 2000, 2001c; EIU versch. Jg.; Tecson 2009, www.eia.doe.gov, 2009

MATERIAL 7

Shell Nigeria und die Umwelt

Das negative Image für die Royal Dutch/Shell Group of Companies (SpDC) […] führten zu weltweiten Boykotts gegen Shell. Diese veranlassten den Konzern, seine Kernwerte […] zu überdenken. Die neuen Werte im Mission Statement konzentrieren sich auf die Verantwortung der SPDC, für eine nachhaltige Entwicklung im Nigerdelta zu sorgen, insbesondere im Ogoniland. […] Die SPDC wollte auch ihr Verhalten im Nigerdelta verändern. Zum Beispiel versprachen sie, alle unnötigen Abfackelungen einzustellen und stattdessen das freigesetzte Gas zu sammeln und mithilfe einer Verflüssigungsanlage sicher nach Europa zu exportieren. […] Die angestrebten Veränderungen betrafen allerdings nicht nur die Infrastruktur der SPDC. Mit den Ogoni versucht die SPDC, mittels kommunaler Programme einen Wiedergutmachungs- und Aussöhnungsprozess einzuleiten, was sich nach SPDC-Aussagen offensichtlich schwierig gestaltet, da die Führung der Ogoni und die der MOSOP gespalten sind. Der Konzern investiert eigenen Angaben zufolge 33 Millionen US-Dollar jährlich in freiwillige kommunale Entwicklungs- und Versorgungsprogramme […].

www.weltpolitik.net/print/1490.html, Zugriff: 5. 3. 2006

Nigeria – gesamtwirtschaftliche Lage

MATERIAL 8

Aus einer volkswirtschaftlichen Länderanalyse der Bayern LB

Die wirtschaftliche Lage hat sich in den vergangenen Jahren deutlich verbessert. [...] Zwischen 2003 und 2007 verzeichnete Nigeria ein durchschnittliches Wirtschaftswachstum von 4,9 %. In den Jahren 2006 und 2007 stieg das reale BIP sogar um jeweils rund 6 %. [...] Die erhöhte Rohölförderung gepaart mit einem starken Wachstum im Nicht-Ölsektor sollten 2008 ein reales BIP-Plus von rund 9 % ermöglichen. [...] Die Konsolidierung des Bankenwesens wirkte sich positiv auf das Wachstum des Sektors aus, der 2007 mit 3,8 Prozent fast ebenso viel wie das verarbeitende Gewerbe (ohne Öl) zum BIP beitrug. [...] Die Wirtschaftsreformen zeigen auch Wirkung bei der Inflationsbekämpfung. So gelang es, die Inflationsrate von 17,8 % im Jahr 2005 auf 5,4 % im Jahr 2007 zu senken. [...] Nigeria ist Mitglied der OPEC und laut EIA (Energy Information Administration) weltweit der zwölftgrößte Ölproduzent. Dementsprechend profitiert das Land von steigenden Rohölpreisen und wies 2007 aufgrund der hohen Einnahmen aus Rohöl- und Gasexporten einen Handelsbilanzüberschuss von 22,5 Mrd. US-$ aus. [...]

Aus: www.bayernlb.de/ar/Internet/de/Downloads/0100_CorporateCenter/5700Laender/LaenderanalysenL-Z/Nigeria/Nigeria.pdf

Aus einer Studie der Heinrich Böll Stiftung

Der nigerianische Wirtschaftsaufschwung ist weitgehend an der eigenen Bevölkerung vorbeigegangen. Nach Angaben der Weltbank leben 54 Prozent der rund 140 Millionen Nigerianer unterhalb der Armutsgrenze. Diese liegt in Nigeria bei einem Verdienst von 2 US-Dollar pro Tag. [...] Der rasante Anstieg der Lebensmittelpreise führte weite Teile der Landbevölkerung in eine noch größere Verelendung. [...] Die Preise für importierte Lebensmittel wie Reis, Weizen, Milch und Fisch verdoppelten sich [...].

Nach Ansicht vieler Beobachter befindet sich die nigerianische Wirtschaft in einer strukturellen Krise, deren Auswirkungen noch nicht abzusehen sind. [...] Der zentrale Motor der nigerianischen Wirtschaft geriet ins Stottern. 2007 erlebte das Land einen dramatischen Rückgang der Ölförderung um rund 40 Prozent. Ende 2007 lag die Förderung bei 1,89 Millionen Barrel/Tag (mbd) [...]. Im April 2008 waren es nur noch 1,5 mbd. [...]

Oft wird der Bankensektor Nigerias als ein überzeugendes Beispiel der Konsolidierung bezeichnet. So hatte die Zentralbank die Mindestkapitalisierung der in Nigeria zugelassenen Banken deutlich auf jeweils 25 Milliarden Naira (ca. 140 Millionen Euro) erhöht und damit eine beispiellose Fusionswelle ausgelöst. An deren Ende blieben heute lediglich neun größere Geschäftsbanken mit enormem Marktpotenzial übrig. Sie [...] können aufgrund der hohen Liquidität aus den Erdöleinnahmen auch auf einem globalisierten Kapitalmarkt bestehen. Viele expandieren zurzeit in andere afrikanische Märkte, bevorzugt in Westafrika. Dennoch stehen den hohen Vermögenswerten kaum Investitionen in die reale Wirtschaft gegenüber. [...] Beobachter gehen [...] davon aus, dass nur ein Viertel des Einlagevermögens tatsächlich in Wirtschaftsbetriebe investiert wird. Der Rest bewegt sich spekulierend auf den Finanzmärkten der Region und im überhitzten Grundstücksmarkt Nigerias.

Aus: Nigeria 2007/2008. Politischer Jahresbericht der Heinrich Böll Stiftung, Juni 2008, www.boell.de/downloads/weltweit/JB_2008__Nigeria_Endv.pdf

1 Stellen Sie grafisch die Faktoren zusammen, die Nigeria in der Entwicklung hemmen.

2 Erläutern Sie am Beispiel Nigerias die Verflechtung von Industrie- und Entwicklungsländern im Energiesektor.

3 Vergleichen Sie die unterschiedlichen Analysen zu Nigeria vom Juni 2008 (M 8) und problematisieren Sie die den Analysen zugrunde liegenden Interessen.

4 Erarbeiten Sie in einem Konferenzspiel (z. B. mit Vertretern Nigerias, Deutschlands, ökonomischer Institutionen usw.) die Entwicklungschancen Nigerias.

8. Entwicklung durch Politik

„Es war eine hübsche kleine Palmenoase, bevor die Entwicklungshelfer kamen."

Entwicklungshilfe – wozu? Entwicklungspolitik – wie? Hinter solchen Fragen stehen oft Zweifel und Vorurteile. Wer verpflichtet die reicheren Länder eigentlich zur Hilfe? Und nützt diese Hilfe überhaupt? Man kann unter den „klassischen" Motiven unterscheiden zwischen militärischen (z. B. strategische Lage eines Entwicklungslandes), politischen (z. B. Konservierung der Abhängigkeiten zur Stabilisierung der Machtverhältnisse), ökonomischen (z. B. billige Rohstoffe, Absatzmärkte) und humanitären Gesichtspunkten (z. B. Überwindung von Hunger, Wiedergutmachung aus der Kolonialzeit). Hinzu treten heute zunehmend neue Aspekte: Sicherheitsbedürfnisse, Durchsetzung von Menschenrechten, Demokratisierung.

Der Optimismus, die unterentwickelten Länder könnten durch Imitation des „nördlichen" Entwicklungsmodells in einer nachholenden Modernisierung den Rückstand aufholen, ist zerfallen. Auch die Grundbedürfnisstrategie führte nur zu bescheidenen Erfolgen. Vielmehr sind Strategien für nachhaltiges Wirtschaften gefragt, um die Kostenvorteile der Peripherien wirksam werden zu lassen, damit die auf Information und Wissen gestützte wirtschaftliche Entwicklung nicht nur eine neue Generation von Superreichen hervorbringt.

Die „UNO-Konferenz Umwelt und Entwicklung" (UNCED) 1992 in Rio de Janeiro markiert einen Wendepunkt von der traditionellen zu einer globalen Entwicklungskonzeption. Der Zusammenhang von Umweltzerstörung und Benachteiligung der Entwicklungsländer wurde zur Basis gemeinsamer Entscheidungen. Erstmals wurde nationale Umweltpolitik globalen Zielen und Lösungsansätzen untergeordnet, und den Entwicklungsländern gelang es, als gemeinsame politische Interessengruppe ihre entwicklungspolitischen Interessen in die Entscheidungen zu integrieren. Die Industriestaaten erkennen die besondere Verantwortung an, die ihnen als Verursachern globaler Umweltprobleme bei deren Lösung zukommt. Zunächst geht es um verbindliche Verpflichtungen der Industriestaaten. Gleichzeitig versuchen die Entwicklungsländer, die ökologische Asymmetrie zu ihren Gunsten und zulasten der Industriestaaten durch eine neue Agenda zu verändern, die Umwelt-, Welthandels- und Entwicklungspolitik zusammenfasst.

Strategie des Wachstums und der Modernisierung

MATERIAL 1

Als erste international vorherrschende Strategie in der entwicklungspolitischen Debatte gilt die ökonomisch akzentuierte Wachstumsstrategie. Ein viel diskutiertes Beispiel war das Stadienmodell des amerikanischen Ökonomen Walt W. Rostow, nach dem alle Länder fünf Entwicklungsphasen zu durchlaufen haben:

1. Traditionelle Gesellschaft [...]. Technisches Wissen und Beteiligung der Bevölkerung am wirtschaftlichen und politischen Leben sind gering.
2. Übergangsgesellschaft, in der ein Minimum an wirtschaftlicher und sozialer Infrastruktur vorhanden ist [...].
3. Startgesellschaft als Volkswirtschaft in wirtschaftlichem Aufstieg [...].
4. Reife Industriegesellschaft, in der die technischen und unternehmerischen Fähigkeiten weiterentwickelt werden, um die Güter zu erzeugen, die man herstellen möchte.
5. Massenkonsumgesellschaft mit hohen Aufwendungen für Volkswohlfahrt und soziale Einrichtungen.

Während die Industriestaaten in den Stadien vier und fünf angekommen seien, sei die kritische Phase für die Entwicklungsländer das Stadium drei, in dem es darum gehe, einen sich selbst tragenden Wachstumsprozess einzuleiten.

Die wachstumsorientierten Entwicklungsstrategien zielen daher in erster Linie auf die Steigerung des Wirtschaftswachstums durch massive Kapitalzufuhr von außen und verschiedene Entwicklungshilfemaßnahmen. Von starkem Wirtschaftswachstum wurden in der Folge auch gesellschaftliche Strukturveränderungen in Richtung Modernisierung erwartet. Schon bald erwies sich die Hoffnung, allein Kapitalzufuhr könne [...] in den Entwicklungsländern als Initialzündung für einen sich selbst tragenden breit gefächerten Wachstumsprozess wirken, als trügerisch [...]

Die Folge war, dass die ökonomisch begrenzte Wachstumsstrategie zugunsten einer Modernisierungsstrategie erweitert wurde, die auch die gesellschaftlichen und politischen Hemmfaktoren [...] in das Handlungskonzept einbezog.

Nach: Informationen zur politischen Bildung Nr. 221, S. 17 f.

Grundbedürfnisstrategie

MATERIAL 2

Als oberstes Ziel gilt die Befriedigung grundlegender menschlicher Bedürfnisse:
Erfüllung von Minimalbedürfnissen des persönlichen Konsums, wie Ernährung, Wohnung, Heizung, Bekleidung;

- Zugang zu wesentlichen Dienstleistungen wie Trinkwasser, sanitären Anlagen, Transport-, Gesundheits-, Ausbildungseinrichtungen;
- Bereitstellung ausreichender Arbeitsplätze und ausreichender Bezahlung; Leben in einer humanen und gesunden Umwelt;
- Partizipationsmöglichkeiten für die breite Bevölkerung an den sozialen, politischen und wirtschaftlichen Errungenschaften [...]

Der [...] Entwicklungspfad muss den jeweiligen sozialen, wirtschaftlichen, geografischen und kulturellen Gegebenheiten [...] angepasst sein:

1. Die wirtschaftlichen Aktivitäten [...] müssen auf die Nutzung lokaler Ressourcen ausgerichtet werden; hierzu zählt vor allem auch die Arbeitskraft.
2. Die extrem hohe Arbeitslosigkeit muss durch die Eingliederung aller arbeitsfähigen erwachsenen Personen in produktive Projekte und Wirtschaftszweige verringert und schließlich beseitigt werden.
3. In der Landwirtschaft müssen Produktions- und Produktivitätssteigerungen auf breiter Basis angestrebt werden [...]
4. Neben dem landwirtschaftlichen Sektor und dem Sektor der Massenkonsumgüter ist der Aufbau eines einheimischen Grundstoff- und Produktionsgütersektors erforderlich [...].

Aus: Informationszentrum Dritte Welt 1980, S. 253 f.

MATERIAL 3

Die Millenniums-Entwicklungsziele

Verabschiedet von der sogenannten Millenniumsversammlung der Vereinten Nationen mit 147 Staats- und Regierungschefs im September 2000.

1. **Beseitigung von extremer Armut und Hunger**
   - Halbierung des Anteils der Weltbevölkerung bis 2015, der mit weniger als einem Dollar täglich auskommen muss
   - Halbierung des Anteils der Weltbevölkerung bis 2015, der hungert

2. **Grundschulbildung für alle Kinder**
   - Gewährleistung von Grundschulbildung für alle Kinder weltweit Jungen wie Mädchen, bis 2015

3. **Förderung der Gleichberechtigung der Geschlechter und der Teilhabe von Frauen**
   - Beseitigung der Ungleichbehandlung von Mädchen und Jungen im Grundschul- und Sekundarschulbereich möglichst bis 2005 und auf sämtlichen Bildungsebenen bis spätestens 2015

4. **Senkung der Kindersterblichkeit**
   - Senkung der Sterblichkeit von Kindern unter fünf Jahren um zwei Drittel bis 2015

5. **Verbesserung der Gesundheitsversorgung von Müttern**
   - Senkung der Sterblichkeit von Müttern um drei Viertel bis 2015

6. **Bekämpfung von HIV/Aids, Malaria und anderen übertragbaren Krankheiten**
   - Eindämmung der Ausbreitung von HIV/Aids und Einleitung der Trendwende bis 2015
   - Eindämmung der Ausbreitung von Malaria und anderen schwerwiegenden Infektionskrankheiten [...] bis 2015

7. **Ökologische Nachhaltigkeit**
   - Ausrichtung nationaler Strategien und Programme an den Grundsätzen nachhaltiger Entwicklung sowie Bewahrung und Ausbau von Umweltressourcen
   - Halbierung des Anteils der Weltbevölkerung ohne dauerhaften Zugang zu sauberem Trinkwasser und sanitärer Grundversorgung bis 2015
   - Verbesserung der Lebensumstände von mind. 100 Mio. Slumbewohnern bis 2020

8. **Aufbau einer weltweiten Entwicklungspartnerschaft**
   - Weiterentwicklung eines offenen, geregelten, berechenbaren und nicht diskriminierenden Handels- und Finanzsystems; [...]
   - in Zusammenarbeit mit den Entwicklungsländern Schaffung auskömmlicher und produktiver Arbeitsplätze für Jugendliche
   - in Zusammenarbeit mit der Pharmaindustrie Gewährleistung lebenswichtiger Medikamente zu erschwinglichen Preisen für Entwicklungsländer
   - in Zusammenarbeit mit dem privaten Sektor Verbesserung des Zugangs zu neuen Technologien insbesondere im Informations- und Kommunikationsbereich

Aus: J. D. Sachs, Das Ende der Armut, München 2005, S. 265

VERWEIS

s. S. 368 ff.
UNO

s. S. 99
Nachhaltige Entwicklung

1 Vergleichen Sie die Entwicklungsstrategien in M 1 und M 2 und prüfen Sie diese hinsichtlich ihrer Vor- und Nachteile für die Entwicklungsländer.

2 Stellen Sie den Entwicklungszielen von 2000 (M 3) die Bilanz von 2008 (M 4) gegenüber. Ist die Bilanz Ihrer Ansicht nach eher positiv oder negativ?

3 Formulieren Sie unter Berücksichtigung der derzeitigen Weltfinanz- und Weltwirtschaftskrise (M 5) eine Einschätzung, ob die Ziele 2015 erreichbar sind.

Aus dem Zwischenstandsbericht der Vereinten Nationen (2008) zu den Milleniumszielen:

MATERIAL 4

Entwicklungsfortschritte:	Entwicklungsdefizite:
■ Das übergreifende Ziel der Halbierung der absoluten Armut liegt für die Welt insgesamt in Reichweite; ■ die Zahl der Sterbefälle durch Aids ging von 2,2 Millionen im Jahr 2005 auf 2 Millionen im Jahr 2007 zurück, und die Zahl der Neuinfektionen sank von 3 Millionen im Jahr 2001 auf 2,7 Millionen im Jahr 2007; ■ die Malariaprävention nimmt zu, und weitaus mehr Kinder unter fünf Jahren in Afrika südlich der Sahara nutzen insektizidbehandelte Moskitonetze: In 16 von 20 Ländern hat sich ihre Nutzung seit etwa 2000 mindestens verdreifacht; ■ seit 1990 haben etwa 1,6 Milliarden Menschen erstmals Zugang zu einwandfreiem Trinkwasser erhalten; ■ die Nutzung Ozon abbauender Stoffe wurde fast vollständig eingestellt, was zu den Anstrengungen zur Eindämmung der Erderwärmung beiträgt; ■ in den Entwicklungsländern ist der für den Auslandsschuldendienst verwendete Anteil an den Exporteinnahmen von 12,5 Prozent im Jahr 2000 auf 6,6 Prozent im Jahr 2006 zurückgegangen, wodurch diesen Ländern mehr Mittel für die Armutsbekämpfung zur Verfügung stehen; ■ der Privatsektor hat einige unentbehrliche Medikamente besser verfügbar gemacht und für die rasche Ausbreitung der Mobilfunktechnologie in allen Entwicklungsländern gesorgt.	■ Der Anteil der Menschen in Afrika südlich der Sahara, deren Einkommen weniger als 1 Dollar pro Tag beträgt, wird wahrscheinlich nicht zielgerecht halbiert werden; ■ etwa ein Viertel aller Kinder in den Entwicklungsländern gelten als untergewichtig und laufen Gefahr, ein Leben lang unter den Langzeitwirkungen der Unterernährung zu leiden; ■ mehr als 500 000 schwangere Frauen in den Entwicklungsländern sterben jedes Jahr bei der Entbindung oder an Komplikationen bei der Schwangerschaft; ■ etwa 2,5 Milliarden Menschen, beinahe die Hälfte der Bevölkerung der Entwicklungsländer, haben keinen Zugang zu besseren sanitären Einrichtungen; ■ mehr als ein Drittel der wachsenden städtischen Bevölkerung in den Entwicklungsländern lebt in Slumverhältnissen; ■ der Kohlendioxidausstoß ist trotz des internationalen Zeitplans zur Bewältigung dieses Problems weiter angestiegen; ■ die Ausgaben der entwickelten Länder für Auslandshilfe sind 2007 im zweiten Jahr in Folge zurückgegangen und laufen Gefahr, hinter den 2005 abgegebenen Zusagen zurückzubleiben

www.dgvn.de/fileadmin/user_upload/PUBLIKATIONEN/Sonstiges/mdg_report_2008_german_081219_klein.pdf (Auszüge)

Finanzkrise belastet Entwicklungsländer schwer

MATERIAL 5

Bericht über eine öffentliche Anhörung des Bundestagsausschusses für wirtschaftliche Zusammenarbeit und Entwicklung.

Peter Wolff vom Deutschen Institut für Entwicklungspolitik (DIE) in Bonn, bezeichnete die Krise als „außergewöhnlich“. Man könne davon ausgehen, dass sich die Wachstumsraten in den Entwicklungs- und Schwellenländern in diesem Jahr „in etwa halbieren“ werden, sagte er. [...] Zum einen hätten sich die Finanzierungsmöglichkeiten auf den internationalen Kapitalmärkten drastisch verschlechtert. [...] Zum anderen gebe es einen starken, weltweiten Nachfragerückgang, der besonders jene Länder massiv treffe, die stark in den Welthandel integriert seien und Rohstoffe exportierten.

Louis Kasekende von der Afrikanischen Entwicklungsbank in Tunis betonte, viele afrikanische Länder hätten in den vergangenen Jahren vom weltweiten Handel profitiert. Nun jedoch seien viele Preise, etwa für Öl, Kaffee, Diamanten und Grunderzeugnisse, gesunken. Daher habe die Krise große Auswirkungen etwa auf Öl exportierende Länder wie Angola und Nigeria, aber auch auf andere exportierende Staaten wie Ägypten, Kenia, Südafrika und Uganda. Nicht zuletzt ginge vielerorts der Tourismus stark zurück und Investoren würden Projekte aufschieben. „All das ist mit enormen Arbeitsplatzverlusten verbunden“, sagte Kasekende. [...]

Aus: Das Parlament 08/2009 (16. 2. 2009), Johanna Metz

MATERIAL 7

Entwicklungshilfe und Welthandel

[...] Es ist absurd: Der Westen zahlt Entwicklungshilfe für die Landwirtschaften der Dritten Welt, verhindert aber gleichzeitig deren Entwicklung durch seine eigene Überproduktion. Die gleiche Summe, die die OECD-Länder jährlich an Agrarbeihilfe für afrikanische Entwicklungsländer leisten, erhalten ihre Landwirte – täglich.

Selbst der Abfall der Reichen kann arme Länder ins Wanken bringen. Als die Weltbank die Länder der westafrikanischen Wirtschafts- und Währungsunion UEMOA im Jahr 2000 dazu bewegte, die Einfuhrzölle auf Geflügelteile von 55 auf 20 Prozent zu senken, wurde der Kontinent mit Hähnchenflügeln und -keulen überschüttet. Die gelten in den gesundheitsbewussten Industrieländern als igittigitt, das Geschäft wird dort mit dem mageren Brustfleisch gemacht. Plötzlich aber bot sich die Chance, Beine und Flügel zu verscherbeln, statt sie wie bisher als Dünger auf den Felder zu verstreuen – ein Geschäft, das sich sogar ohne Exportzuschüsse rechnet. Den senegalesischen Geflügelzüchtern war damit der Hals umgedreht. Aus einem Sektor mit einer ausgeprägten Wertschöpfungskette von der Aufzucht bis zur Schlachtung, mit 10 000 Arbeitnehmern und einem Jahresumsatz von 3,8 Millionen Euro wurde ein Sanierungsfall. 2000 Kleinzüchter gaben auf. Innerhalb von fünf Jahren sank der Marktanteil senegalesischer Hühnerproduzenten von 80 auf 35 Prozent, während der Import sich bis 2003 fast verdoppelte. Drei Viertel der Einfuhren kamen tiefgefroren aus Belgien und Holland – für die Hälfte des Preises eines senegalesischen Huhns.

Das sei kein Dumping, behauptet die EU, und tatsächlich fließen bei dieser Resteverwertung keine Exportsubventionen. Über zwei Ecken jedoch ist der niedrige Preis immer noch ein Produkt europäischer Subventionspolitik. Denn als Folge der Direktzahlungen an Getreidebauern verbilligte sich das Hühnerfutter, das bei der Zucht bis zu 70 Prozent der Kosten ausmacht, zwischen 1990 und 2002 um zwei Drittel.

Aus: SPIEGEL SPECIAL Geschichte 2/2007 vom 22.05.2007, Seite 112,
Verf.: Michaela Schießl

MATERIAL 8

Reformen helfen

Eine ehemalige Staatssekretärin im Bundesministerium für wirtschaftliche Zusammenarbeit und Entwicklung über Chancen Afrikas

[Das Potenzial Afrikas ist groß.] Die Notwendigkeit, es produktiv zu nutzen und zu entwickeln, hat eine Reihe afrikanischer Reformpolitiker erkannt und beschlossen, ihren Kontinent aus der Misere zu führen. Seit gut fünf Jahren treiben sie Reformen voran, um Entwicklungshemmnisse abzubauen – etwa durch mehr Rechtsstaatlichkeit und Investitionssicherheit, den Abbau von Bürokratie, Korruption und innerafrikanischer Handelsschranken. Grundlage ist die von afrikanischen Reformern 2001 vorgelegte Entwicklungsstrategie Nepad (Neue Partnerschaft für Afrikas Entwicklung) und das darin vorgesehene, innovative Instrument eines gegenseitigen Bewertungsprozesses, der sogenannte „Peer Review".

Solche tief greifenden Veränderungen in Afrika zwangen die G8-Staaten, ihre Politik neu auszurichten. Afrikanische Reformpolitik in all ihren Facetten durch internationale Unterstützung zu begleiten – das ist die Grundidee der Partnerschaft der G8 mit Reformstaaten [...]. Auch die Bundesregierung musste umdenken. Statt der bisher gängigen sind neue, an afrikanischen Strategien orientierte Formen der Zusammenarbeit angesagt. Das macht auch eine Veränderung und Flexibilisierung der entwicklungspolitischen Instrumente nötig. Außerdem wurde klar, dass wir Afrika [...] stärker als bislang als festen Bestandteil in unserer Außen-, Sicherheits- und Wirtschaftpolitik begreifen müssen.

Afrika will weg von der Rolle des „Entwicklungshilfeempfängerkontinents“, es will seine Volkswirtschaften in die Weltwirtschaft integrieren und zu einem ernst zu nehmenden Akteur auf der internationalen Bühne werden. [...] Afrika ist nicht der „Kontinent der Hoffnungslosigkeit“. In Afrika stehen die Zeichen auf Aufbruch.

Aus: Frankfurter Rundschau vom 1. 6. 2007, Verf.: Uschi Eid

Hilfe lähmt

MATERIAL 9

James Shikwati, Direktor des Inter Region Economic Network (IREN) in Kenia, über negative Folgen von Entwicklungshilfe

Was Afrika derzeit erlebt ist, dass die Hilfe als Instrument im Kampf um Einfluss benutzt wird. Der Westen ist besorgt über das Vordringen der Chinesen. Beide Seiten wollen an die Reichtümer des Kontinents kommen. Während der Westen seine Interessen mit schönen Worten von Demokratie und Menschenrechten bemäntelt, stellt China „wertfreie Hilfe“ zur Verfügung. Steht bei alledem etwa Afrika auf der Tagesordnung? [...]
Erlaubte man afrikanischen Ländern uneingeschränkten Handel mit reichen Nationen zu nur einem Prozent, bedeutete das einen Jahresgewinn von 70 Milliarden Dollar.
Entwicklungshilfe hat in Afrika ein wirtschaftsfeindliches Klima geschaffen. Mit den Hilfsgeldern im Rücken schikanieren die Regierungen kleine Händler und Bauern. [...]
Man könnte das Ziel setzen, den Tee- und Kaffeebedarf von 950 Millionen Afrikanern zu decken. Ein solcher, nach innen gerichteter Ansatz könnte der erste Schritt zu einer [...] Industrie sein. Hilfsgelder zementieren nur die alten Bindungen und gefährden wirtschaftlichen Fortschritt.
Der einfache Afrikaner kann nur hilflos zusehen, wenn Entwicklungshelfer und Regierungsbeamte durchs Land fahren und nach Armut Ausschau halten. Ohne Hilfe würden die Afrikaner das Töten von Moskitos kommerzialisieren, die Agrarproduktion verbessern und für effektive Gesundheitsversorgung sorgen. Die Hilfe hat die Lösung der Probleme Afrikas ausgelagert. [...]
Anscheinend ist es vertretbarer, profitorientierte Organisationen zu beauftragen, Afrika von Fliegen, Malaria und Hunger zu befreien, als Afrikas Regierungsbeamte anzuhalten, die Steuergelder ihrer Wähler zur Selbsthilfe zu verwenden. Afrika muss seine Bodenschätze vermarkten, eine Mehrwertsteuer auf seine Produkte im In- und Ausland erheben und sein Schicksal in eigene Hände nehmen.

Aus: Frankfurter Rundschau vom 1. 6. 2007, Verf.: James Shikwati

1 Erarbeiten und problematisieren Sie die von den Industriestaaten geleistete Entwicklungshilfe. (Karikatur, M 7)

2 Recherchieren Sie arbeitsteilig aktuelle Entwicklungshilfeprojekte des BMZ insbes. in Afghanistan (s. S. 412) und Nigeria (s. S. 436) und stellen Sie diese im Kurs vor.

3 Verfassen Sie auf der Grundlage von M 8 oder M 9 ein Plädoyer „pro“ oder „kontra“ Entwicklungshilfe.

4 Beurteilen Sie auf der Grundlage des Gesamtkapitels die von den Bundespräsidenten formulierten Ansprüche an eine politische Gestaltung der Globalisierung (S. 418 f.) im Hinblick auf ihre Realisierbarkeit.

VERWEIS

s. S. 218 ff.
Finanzkrise

9. Migration – die Welt in Bewegung

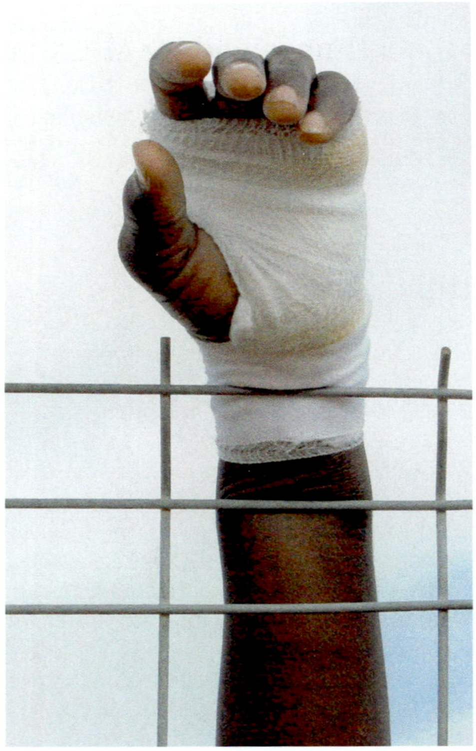

In einem Auffanglager in der spanischen Afrikaexklave Melilla streckt ein Flüchtling seine verbundene Hand über eine Absperrung. Der Mann hatte sich beim Überklettern des Grenzzauns, der Melilla von Marokko trennt, verletzt. Tausende von Schwarzafrikanern versuchen, den „Vorposten" der Europäischen Union in Nordafrika zu erreichen, um so dem Elend auf ihrem Kontinent zu entfliehen.

Weltweite Flüchtlings- und Wanderungsbewegungen dringen erst aufgrund spektakulärer Ereignisse in das Bewusstsein unserer Gesellschaft, obwohl Migration weltweit zu einem massenhaften Phänomen geworden ist. Die Gesamtzahl der Migrantinnen und Migranten wurde Mitte der Neunzigerjahre des 20. Jahrhunderts auf mindestens 150 Millionen geschätzt, jedes Jahr kommen 2 bis 4 Millionen hinzu. Ein großer Teil von ihnen wird von direkten Nachbarländern aufgenommen, die meist nicht viel wohlhabender sind als die Herkunftsländer.

Migration ist das Ergebnis eines komplexen Prozesses. Um die Ursachen von Wanderungsbewegungen zu erklären, unterscheidet die Migrationsforschung Push- und Pull-Faktoren. Als Push-Faktoren werden unbefriedigende oder bedrohliche Bedingungen im Herkunftsland bezeichnet, angefangen bei wirtschaftlich-materieller Not über Diskriminierung als Minderheit bis hin zu Lebensgefährdung durch Kriege, Verfolgung, Umweltzerstörung und Naturkatastrophen. Bei den Pull-Faktoren handelt es sich um die Bedingungen im Zielland, die ein besseres Leben verheißen und deshalb anziehend wirken. Zu ihnen zählen (bessere) Lebens- und Verdienstmöglichkeiten oder allgemein ein Leben in Freiheit und Sicherheit. Die Migrationsbereitschaft wächst, wenn sich Push- und Pull-Faktoren summieren. So fiel beispielsweise der Wunsch vieler Menschen aus der Türkei nach besseren Lebens- und Arbeitsbedingungen über viele Jahre hinweg mit dem Interesse des Industrielandes Deutschland an zusätzlichen Arbeitskräften zusammen.

Zur Lösung von Migrationsproblemen sind Programme in Zusammenarbeit aller betroffenen Länder und Bevölkerungsgruppen zu entwickeln. Am effektivsten und billigsten sind auf Dauer Maßnahmen zur Prävention von Migration, die in erster Linie den Frieden und die Verbesserung der Lebensqualität in den Abwanderungsgebieten fördern, z. B. durch verstärkte Entwicklungshilfe, durch eine globale Umweltpolitik, aber auch durch sozial- und bevölkerungspolitische Maßnahmen. Die Verbesserung der Lebensqualität von Menschen in ihrer Heimat ist in jedem Fall menschenwürdiger als eine massenhafte Abwanderung mit allen Risiken und Gefahren.

Flüchtlingselend im Mittelmeer

MATERIAL 1

Flüchtlinge vor Teneriffa, 2008

Um zu verstehen, warum diese Menschen ihr Leben aufs Spiel setzen, sollte man wissen, wer sich überhaupt auf den Weg macht. Die meisten stammen aus den Ländern südlich der Sahara. Es sind überwiegend gut ausgebildete Männer zwischen 20 und 40 Jahren, und kaum einer von ihnen ist von Hunger, Krieg oder politischer Verfolgung bedroht.
Deshalb ist auch der Begriff Flüchtling nicht wirklich treffend, es handelt sich vielmehr um Auswanderer, die sich im nördlichen Nachbarkontinent ein besseres Leben und ein sicheres Einkommen erhoffen. Wer jemals in den mit afrikanischen Auswanderern überfüllten Transitstädten Gao in Mali oder Agadez in Niger war, der weiß, wie hochmotiviert diese Emigranten sind. [...]
Auf die Frage, warum sie sich immer wieder in Lebensgefahr begeben, warum sie die Energie und das Geld, das die Reise nach Europa kostet, nicht in ihren Ländern investieren, hört man Antworten wie: Weil es keine Arbeit und keine Hoffnung gibt. Weil die Regierungen korrupt sind. Weil wir seit Jahren warten, dass sich in unseren Ländern etwas bewegt. Weil Orangenpflücker in Spanien mit 50 Euro Lohn am Tag mehr verdienen als ein Professor in Lagos in einem ganzen Monat. Und weil man die Familien in Afrika dann mit dem in Europa verdienten Geld unterstützen kann.
Da aber fast keiner die 1 000 Euro alleine aufbringen kann, die die Menschenhändler für den Transport nach Europa im Durchschnitt fordern, legen die Familien zusammen, damit der Sohn den gelobten Kontinent erreicht. Die Auswanderung ist also eine Risikoinvestition. Entweder der Emigrant kommt durch und macht damit auch die Angehörigen wohlhabend, so das Kalkül, oder er stirbt. Für die Gescheiterten gibt es kein Zurück in die Heimat, denn mit so einer Schmach will niemand leben.
Es ist diese Kombination aus der Sehnsucht nach einem besseren Leben und dem gewaltigen Druck durch die Familien, warum so viele Auswanderer nach Europa drängen. Wer aber bereit ist, sein Leben aufs Spiel zu setzen, den halten auch keine Mauern, Stacheldrähte oder Grenzen auf, um an sein Ziel zu gelangen.
Und selbst die Aufklärungskampagnen in Afrika, die das Elend in den europäischen Auffanglagern zeigen, wirken meist nur rührend. Keine noch so erbärmliche Unterkunft in Spanien oder Italien ist schlechter als ein Slum in Lagos, Nairobi oder Kinshasa. [...]
Wer aber angesichts der vollen Auffanglager und der Toten im Mittelmeer von einem „Sturm auf Europa" spricht, wer Angst davor hat, von Millionen Hungerleidern und Habenichtsen überrannt zu werden, der verkennt die Dimensionen. Zum einen spielen sich die echten Flüchtlingskatastrophen immer noch innerhalb Afrikas ab, zum anderen sähe es südlich der Sahara noch elender aus, gäbe es die Auswanderer nicht. In Berichten der Vereinten Nationen heißt es regelmäßig: Die Summen, die Migranten an ihre Angehörigen in die Heimat überweisen, sind dreimal so hoch wie die offizielle Entwicklungshilfe. Allein nach Äthiopien fließt auf diese Weise jährlich eine Milliarde Euro, das ist so viel wie ein Viertel des Staatshaushalts.

Aus: Frankfurter Rundschau vom 1. 6. 2007, Verf.: James Shikwati

9.1 Weltweite Migration

MATERIAL 1 Migration – Fakten

Migration

... umfasst alle Wanderungsbewegungen von Menschen, seien es Individuen oder Gruppen, die ihren bisherigen Wohnsitz längerfristig oder dauerhaft wechseln, unabhängig von den Motiven oder Ursachen, welche der Verlagerung des Wohnsitzes zugrunde liegen. [...] Idealtypisch unterscheidet die Migrationsforschung hinsichtlich der Migrationsmotivation zwischen Flucht und Arbeitsmigration und in Bezug auf die betroffenen politischen Einheiten zwischen grenzüberschreitender Migration [...] und Binnenmigration.

Günter Rieger, Migration; in: Dieter Nohlen/Rainer-Olaf Schultze (Hrsg.), Lexikon der Politikwissenschaft. Band 1: A-M. München 2002, S. 537

Nach Schätzungen der Weltbank lebten im Jahr 2005 weltweit etwa 190 Millionen Menschen in Staaten, in denen sie nicht geboren sind. Fünf bzw. fünfzehn Jahre zuvor lag diese Zahl noch bei 174 bzw. 155 Millionen. 54 Prozent aller Migranten leben in nur zehn Staaten, alleine 32 Prozent in den USA, Russland und Deutschland.

Allerdings sind die Staaten, in denen absolut die meisten Migranten leben, nicht gleichzeitig die Staaten, in denen der Anteil der Migranten an der Gesamtbevölkerung am höchsten ist. Um zu dieser Staatengruppe zu gehören, muss der Anteil der Migranten an der Gesamtbevölkerung bei über 25 Prozent liegen – dies gilt hier nur für die Vereinigten Arabischen Emirate (71,4 Prozent), Hongkong als Teil von China (42,6 Prozent), Israel (39,6 Prozent) und Saudi Arabien (25,9 Prozent). Andere Staaten mit einem sehr hohen Anteil an Migranten sind Kuwait, Jordanien, Singapur, Oman, Estland, Lettland, die Schweiz und Neuseeland.

In den ökonomisch entwickelten Staaten hat sich der Anteil der Migranten an der Gesamtbevölkerung von 6,2 Prozent im Jahr 1990 auf 9,3 Prozent im Jahr 2005 erhöht. In den Staaten mit mittlerem Einkommen ist der Anteil der Migranten an der Gesamtbevölkerung seit zwanzig Jahren stabil unter zwei Prozent; in den Staaten mit niedrigem Einkommen geht der entsprechende Anteil seit 1985 kontinuierlich zurück und liegt gegenwärtig bei etwa einem Prozent.

Nach Prognosen des UN/DESA wird die Nettozuwanderung in die ökonomisch entwickelten Staaten bis 2050 bei insgesamt etwa 97 Millionen liegen – das sind durchschnittlich 2,2 Millionen Migranten pro Jahr. Von diesen 2,2 Millionen Migranten werden schätzungsweise 1,1 Millionen auf die USA, jeweils 200 000 auf Deutschland und Kanada, 130 000 auf Großbritannien, 120 000 auf Italien und 100 000 auf Australien entfallen. Die meisten Migranten werden nach den Schätzungen des UN/DESA aus China (-327 000), Mexiko (-293 000), Indien (-241 000), den Philippinen (-180 000), Indonesien (-164 000), Pakistan (-154 000) und der Ukraine (-100 000) stammen.

Unter den Migranten gab es laut Weltbank im Jahr 2004 weltweit 8,7 Millionen Flüchtlinge, davon stammten 6,8 Millionen, also fast 80 Prozent, aus nur 15 Staaten. Allein aus Afghanistan, dem Sudan und Burundi flüchteten im selben Jahr 3,3 Millionen Menschen. Afghanistan war auch in den Jahren 1995 und 2003 der Staat, aus dem die meisten Menschen geflüchtet sind. Deutlich über die Hälfte aller Flüchtlinge wurden 2004 von nur sieben Staaten aufgenommen: Iran, Pakistan, Deutschland, Tansania, USA, China und Großbritannien.

Aus: www.bpb.de/wissen/Q93RXO,0,0,Migration.html
www.bpb.de/wissen/Q93RXO,0,0,Migration.html (Zugriff: 01/2009)

Migrations-„ströme“?

MATERIAL 2

Die Grenzschutzbehörden der Mitgliedsstaaten der Europäischen Union, so auch das in Deutschland zuständige Bundesinnenministerium, sprechen von weltweit anwachsenden „Migrantenströmen“, die bedrohliche Ausmaße annehmen würden. Die Fakten sind weit weniger dramatisch. [...] Der „Bevölkerungsfonds der Vereinten Nationen“ (UNFPA) hat festgestellt, dass der Anteil der Migrantinnen und Migranten an der Weltbevölkerung seit den 60er Jahren mit nur geringen Schwankungen bei etwa 3 % liegt.
Auch in Bezug auf Flüchtlinge klaffen die Realität und die öffentliche Wahrnehmung auseinander. Die Gesamtzahl der Flüchtlinge schätzt das „Hochkommissariat der Vereinten Nationen für Flüchtlinge“ (UNHCR) auf 40 Millionen Menschen. Die weit überwiegende Mehrheit von ihnen – 80 bis 85 % – verbleibt in der Herkunftsregion. Allein die Zahl der „Binnenflüchtlinge“, die innerhalb ihres Herkunftslandes auf der Flucht sind, liegt nach Schätzungen des Internal Displacement Monitoring Centre (IDMC) aus dem Jahr 2006 bei 24,5 Millionen – darunter 5,8 Millionen Binnenflüchtlinge im Sudan, zwischen 2 und 4 Millionen in Kolumbien, 2,2 Millionen im Irak, 1,4 Millionen in der Demokratischen Republik Kongo, 1,3 Millionen in Uganda und über 1 Million in der Türkei. Im Falle grenzüberschreitender Flucht sind es die unmittelbaren Nachbarländer, die die Aufnahme von Hunderttausenden Flüchtlingen gewährleisten müssen – darunter Länder wie Pakistan (wo 2 Millionen afghanische Flüchtlinge leben), Tansania (mit je über 1 Million Flüchtlingen aus dem Kongo und Burundi), Syrien (mit 500 000 Irakerinnen und Irakern allein im Jahr 2006) oder Jordanien (das ebenfalls 700 000 Menschen aus dem Irak aufgenommen hat). Zum Vergleich: In allen 27 Mitgliedsstaaten der Europäischen Union (EU) zusammen wurden 223 000 Asylanträge im Jahr 2007 verzeichnet. [...] Von den häufig zitierten „Massen“, die vor den Toren Europas stünden, kann keine Rede sein. Die überwiegende Mehrheit der Flüchtlinge lebt unter prekärsten Bedingungen in Notbehausungen und Flüchtlingslagern in den Entwicklungs- und Schwellenländern.

Aus: http://www.proasyl.de/fileadmin/proasyl/fm_redakteure/STARTSEITE/medico/medico.pdf, 2007

„Ströme“ der Armuts- und Wirtschaftsflüchtlinge

MATERIAL 3

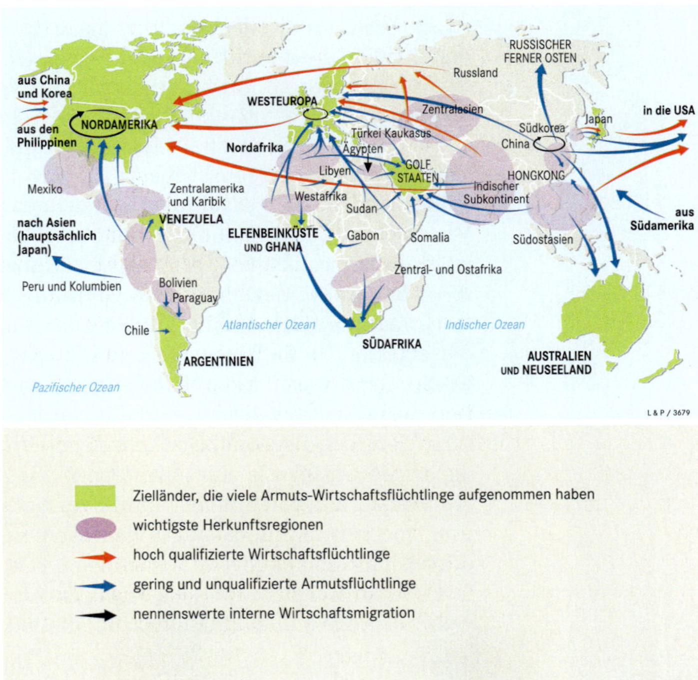

1 Stellen Sie Fakten zur weltweiten Migration zusammen: Herkunfts- und Aufnahmeländer, grenzüberschreitende und Binnenmigration.
2 Ermitteln Sie mögliche Motive der Migration.
3 Diskutieren Sie, worauf die Diskrepanz zwischen öffentlicher Wahrnehmung und tatsächlichem Ausmaß der Migration zurückzuführen ist.

MATERIAL 4 Fluchtgründe

Menschen, die ihre Heimat verlassen, haben dafür meist mehrere Motive. Nicht immer steht Verfolgung im Vordergrund. Oft sind es Gründe der Existenzsicherung, die zum Weggang bewegen, mithin die Hoffnung, anderswo ihr Glück zu finden („pursuit of happiness" - Bill of Rights).

Bei näherer Betrachtung aber wird deutlich, dass auch die Migration von Menschen, die sich nicht auf der Flucht vor Verfolgung fühlen, von einem wachsenden Zwang begleitet wird. Es ist deshalb sinnvoll, von erzwungener Migration zu sprechen [...].

Einer der Hauptgründe für Flucht und Migration ist die sich weiter öffnende Schere zwischen Arm und Reich. Die Welt ist im Zuge der wirtschaftlichen Globalisierung zwar näher zusammengerückt, doch sie ist heute gespaltener denn je. Hier der globale Norden mit seiner wirtschaftlichen, politischen und kulturellen Vorherrschaft, dort der globale Süden mit den Zonen der Elends, der Ausgrenzung und Demütigung. [...] Die Menschen in den Armutsregionen der Welt wissen meist sehr genau, dass Erhalt und Vernichtung der eigenen Lebensgrundlagen von den globalen Verhältnissen abhängen. Viele Dörfer, Clans, Familien setzen zur Risikominderung auf eine Art Diversifizierung ihrer Einkünfte. Gezielt werden Hoffnungsträger auf die Welt verteilt, um die Chancen der eigenen Zukunftssicherung zu erhöhen. Und so drückt sich in der weltweiten Migration nicht nur Ungleichheit und die Vernichtung von Lebensgrundlagen aus, sondern auch der Anspruch auf Überleben, eine „Globalisierung von unten". Für die Vernichtung von Lebensgrundlagen in den Ländern des Südens sind endogene wie exogene Faktoren verantwortlich. Fraglos ist es beispielsweise in Angola eine korrupte Elite, die mit repressiven Mitteln dafür sorgt, dass der Reichtum des Landes nicht der Bevölkerung zugute kommt, sondern auf Konten im Ausland verschwindet. Mitverantwortlich aber sind auch multinationale Konzerne und Regierungen im Norden, die zum Wohle der eigenen Rendite mit diesen Eliten Verträge schließen, die Korruption fördern und für die Aushöhlung staatlicher Institutionen sorgen. [...]

Bereits seit 20 Jahren weisen wissenschaftliche Studien darauf hin, dass sich hinter vielen Migrationsprozessen und Fluchtbewegungen auch ökologische Probleme verbergen. Hierzu gehören die grenzüberschreitende Luft- und Wasserverschmutzung, die Verringerung des weltweiten Rohstoffpotenzials, die Vernichtung der Biotope, Abholzung der tropischen und subtropischen Wälder und deren Folgen - Erosion, Brennstoffknappheit, Verminderung der Bodenfruchtbarkeit, Wassermangel. Die meisten Schätzungen gehen davon aus, dass heute bereits mehr Menschen vor Umweltkatastrophen fliehen als vor Kriegen. [...]

Vielerorts ist die ländliche Selbstversorgung durch Monokulturen ersetzt worden, die für überregionale Märkte produzieren. Die Folgen: Überdüngung, die Zerstörung des Wasserhaushaltes, Degradierung der Böden, Verwüstung. Aktuell sorgt die Umstellung großer Teile der globalen Landwirtschaft auf Bioäthanol für wachsende Armut und erhöhten Druck auf bislang ungenutzte Biosphären.

[...] Die Hauptverursacher der globalen Umweltprobleme aber sind die Staaten des reichen Nordens und zunehmend die sogenannten Schwellenländer. Sie verbrauchen vier Fünftel der weltweiten Ressourcen und verursachen CO_2-Emissionen in ähnlicher Größenordnung.

Aus: Pro-Asyl/medico international (Hrsg.), Migration und Flüchtlingsschutz im Zeichen der Globalisierung, Mai 2008; www.proasyl.de/fileadmin/proasyl/fm_redakteure/STARTSEITE/medico/medico.pdf

1 Arbeiten Sie die Fluchtgründe von Menschen heraus und nehmen Sie eine Gewichtung von exogenen und endogenen Faktoren vor.

2 Formulieren Sie Schlussfolgerungen im Hinblick auf eine Erfolg versprechende Migrationspolitik.

9.2 Migration und Entwicklung

Entwicklungshilfe zum Selbermachen

MATERIAL 1

Weltweit überweisen jährlich etwa 200 Millionen Migranten mehr als umgerechnet 190 Milliarden Euro in ihre Heimatländer. Und 12,5 Milliarden transferieren Arbeitsmigranten aus Afrika, deren Rücküberweisungen seit Beginn des 21. Jahrhunderts um 55 Prozent gestiegen sind. [...] So sind laut den Ergebnissen verschiedener Studien die Rücküberweisungen, die in manchen afrikanischen Ländern das Sieben- bis Achtfache der öffentlichen Entwicklungshilfe (APD) ausmachen, eine verlässlichere und stabilere Einnahmequelle als die Entwicklungshilfe oder die Investitionen der Privatwirtschaft. [...] Die Nationalbank von Ghana schätzt, dass diese Gelder etwa einem Fünftel des nationalen Exportvolumens entsprechen. [...]
In Nigeria, dem Land, das alle Stärken und Schwächen des Kontinents in sich zu vereinen scheint, ist das Phänomen besonders augenfällig: Jeder fünfte afrikanische Migrant kommt aus Nigeria. Diese Auswanderer haben bereits ein Netz von Handels- und Geschäftsbeziehungen geschaffen, das sich von São Paulo nach Houston, von London nach Dubai und Atlanta und von Neu-Delhi nach Hamburg spannt. Schätzungsweise 17 Milliarden Euro haben Nigerianer in den vergangenen zehn Jahren aus dem Ausland an ihre Familien überwiesen, laut Weltbank knapp 2 Milliarden Euro allein im Jahr 2007.

Aus: Anne-Cécile Robert /Jean-Christophe Servant, Entwicklungshilfe zum Selbermachen. In: Le Monde diplomatique vom 16. 1. 2009, Übers.: Edgar Peinelt

Auswanderung von Medizinern – die Folgen

MATERIAL 2

Aus dem Weltbevölkerungsbericht 2006 der Deutschen Stiftung Weltbevölkerung

Die massive Abwanderung von Krankenschwestern, Hebammen, Ärzten und Ärztinnen aus armen in reichere Länder ist eine der größten Herausforderungen, vor die uns die internationale Migration heute stellt. Einerseits ist die Migration für immer mehr qualifizierte Frauen und Männer eine Möglichkeit, ihr eigenes Leben und die Lebensverhältnisse ihrer Familien zu verbessern. Andererseits stehen ihre Heimatländer vor einer schweren medizinischen Versorgungskrise.
In vielen armen Ländern brechen die unterfinanzierten Gesundheitssysteme angesichts chronischer Knappheit an lebenswichtigen Medikamenten, medizinischen Instrumenten und Fachpersonal zusammen. Diese Situation wird durch den hohen Bedarf an medizinischer Versorgung verschärft. [...]
Die Auswirkung des „braindrain" [„Abfluss der Gehirne" i. S. der Abwanderung der Intelligenz] ist in den ohnehin angeschlagenen Gesundheitssystemen der Entwicklungsländer besonders deutlich zu spüren. Jüngsten Studien zufolge ist der Anteil der Beschäftigten im Gesundheitswesen, die zur Auswanderung entschlossen sind, in den am schwersten von HIV/Aids betroffenen Regionen besonders hoch. 68 Prozent der Befragten in Simbabwe und 26 Prozent in Uganda wollen ihr Land verlassen, um im Ausland zu arbeiten.

Aus: Deutsche Stiftung Weltbevölkerung (DSW), Weltbevölkerungsbericht 2006, www.dsw-online.de/pdf/wbb_2006_zusammenfassung.pdf

1 Arbeiten Sie den Zusammenhang zwischen Migration und Entwicklung heraus.

9.3 Migration und Globalisierung

MATERIAL 1

Migration und Staatssouveränität

Saskia Sassen, US-amerikanische Soziologin und Wirtschaftswissenschaftlerin

Mit der Herausbildung eines globalen Wirtschaftssystems sind ganz neue Bedingungen entstanden, die sich auf die regulierende Rolle des Staates und auf seine Autonomie auswirken [...]. Statt eine Krise der Kontrolle zu behaupten, müssen wir uns [...] mit den äußeren Zwängen befassen, denen die Staaten zunehmend ausgesetzt sind – und die ihre Migrationspolitik genauso stark, wenn nicht stärker bestimmen als staatliche Maßnahmen gegen einzelne Menschen an den Grenzen. [...]

Beginnen wir mit der angeblichen Autonomie des Migrationsprozesses. Dieser Prozess wird durch wichtige Akteure beeinflusst, die man freilich selten als solche identifiziert. So gibt es:

- multinationale Unternehmen, die maßgeblich zur Internationalisierung der Produktion beitragen, also lokale Kleinproduzenten verdrängen bzw. deren Überlebensperspektive innerhalb der traditionellen Ökonomie beschränken und damit mobile Arbeitskräfte hervorbringen, überdies knüpft die Entstehung neuer Produktionsstandorte im Ausland Verbindungen zwischen den Kapital exportierenden und den Kapital importierenden Ländern;
- Regierungen, die durch ihre militärischen Operationen Menschen entwurzeln und damit Flüchtlings- und Migrantenströme auslösen;
- internationale Organisationen wie der IWF, deren Austeritätsprogramme *(strenge Sparprogramme)* die Armen der betroffenen Länder verzweifelte Überlebensstrategien aufzwingen, zu denen auch die (nationale oder internationale) Migration gehört;
- Freihandelsabkommen im Rahmen internationaler Konferenzen, die grenzüberschreitende Bewegungen von Kapital, Dienstleistungen und Informationen fördern, wozu vor allem auch die Wanderung qualifizierter Arbeitskräfte gehört. [...]

Gerade die Aktivitäten der entwickelten Industrien haben erhebliche Auswirkungen auf die Menschen vor Ort und die Art und Weise ihres Überlebens. Sie erzeugen in den unterentwickelten Ländern genau die Bedingungen, die dazu führen, dass die einheimische Bevölkerung in der Emigration eine Überlebensperspektive sieht.

Als Beispiel sei hier auf die Globalisierung des Marktes für Agrarprodukte verwiesen und auf die Rolle, die hierbei die US-amerikanischen Agrarkonzerne spielen. Sie haben in etlichen Entwicklungsländern zur Entstehung einer exportorientierten Plantagenwirtschaft beigetragen, die automatisch die Überlebensmöglichkeit der Kleinbauern einschränkte. Diese wurden folglich zu Lohnarbeitern auf den Großplantagen, oder sie müssen häufig zwischen beiden Rollen hin- und herpendeln. Das bedeutet in der Regel den Beginn einer (womöglich nur saisonalen) Binnenmigration – und damit den ersten Schritt zur grenzüberschreitenden Migration. [...]

Ein zweites klassisches Muster: Wenn die westlichen Gesellschaften ihre Fabrikations- und Montagebetriebe in Niedriglohnländern errichten, trägt die Anwerbung weiblicher Arbeitskräfte dazu bei, die traditionelle Dorfökonomie zu destabilisieren, bei der die jungen Frauen im Produktionsprozess zumeist eine wichtige Rolle spielten. Die Männer folgten also den Frauen, zunächst in die Stadt, am Ende gehen sie dann mitunter auch ins Ausland, einem ungewissen Schicksal entgegen. [...] Die Ursachenforschung hat ergeben, dass Emigrationsbewegungen weitgehend durch staatliche Maßnahmen auf anderen Politikfeldern bedingt sind. [...] Das weit verbreitete Gefühl, wir hätten es mit einer Krise der Migrationskontrollen zu tun, scheint demnach keineswegs gerechtfertigt.

Aus: Anne-Cécile Robert / Jean-Christophe Servant, Entwicklungshilfe zum Selbermachen. In: Le Monde diplomatique vom 16. 1. 2009, Übers.: Edgar Peinelt

Migrationsblockaden und Kapitalströme

MATERIAL 2

Der Journalist Niels Kadritzke über Nützlichkeitsdenken in der Flüchtlingspolitik

Die reiche Welt, die der armen Welt die Segnungen der Globalisierung aufdrängt, macht ihre Grenzen dicht. [...] Im „global village" stoßen [die Migranten] überall auf elektrische Gartenzäune. Dieses Grenzregime steht für den Grundwiderspruch der Globalisierungslehre. Die grenzenlose Mobilität, die angeblich dafür sorgt, dass alle ökonomischen Faktoren ihren produktivsten Platz finden, gilt für Waren und Geld, nicht aber für menschliche Arbeitskraft. Das vagabundierende Kapital wird als universaler Träger des globalen Wirtschaftswunders vergöttert, der vagabundierende Mensch als „Wirtschaftsflüchtling" verteufelt. [...]

Wie gehen die Missionare der Globalisierung mit diesem Widerspruch um? Prinzipiell haben sie zwei Optionen. Die erste besteht darin, den Widerspruch anzuerkennen und Modelle vorzuschlagen, die ihn überwinden. Das tun eher zaghaft die Politiker, die eine „intelligente" Migrationspolitik vorschlagen: Wir holen indische Computerspezialisten ins Land, um eine Lücke auf dem Arbeitsmarkt zu füllen. Konsequenter sind die Dogmatiker, die ein strikt marktwirtschaftliches Einwanderungsregime vorschlagen. Ihre Lieblingsidee ist das Auktionsmodell: Arbeitsplätze im Norden werden meistbietend an Bewerber aus dem Süden versteigert. [...] Das nutzt der heimischen Volkswirtschaft, weil der legale Immigrant wie ein Wilder arbeiten wird, um sein Eintrittsgeld abzuzahlen.

Pragmatiker wie Modelltheoretiker haben dasselbe Ziel im Auge. Die Einwanderung dient den reichen Gesellschaften. Die Interessen der Armutsmigranten spielen keine Rolle. Das gilt auch für die zweite Reaktion auf den Grundwiderspruch der Globalisierungsideologie. Man vergisst die reine Lehre und verweist auf die schnöde Wirklichkeit: Die massive Zuwanderung von Fremden wirkt destabilisierend; sie gefährdet die kulturelle Identität und den sozialen Zusammenhalt; mit armen Einwanderern wird Armutskriminalität importiert und so weiter. Die meisten dieser Argumente sind richtig und in jeder Gesellschaft ernst zu nehmen.

In jeder Gesellschaft. Und hier liegt das intellektuelle und moralische Defizit, das die „realistischen" Bedenken offenbaren: Sie sind selektiv. Dieselben Bedenken sind nicht zu vernehmen, wenn die Folgen der Globalisierung der Waren- und Finanzmärkte ganze Gesellschaften des Südens destabilisieren. [...] Wenn die Regierung eines betroffenen Landes mit Abschottung reagiert, wird sie von der Globalisierungsaufsichtsbehörde IWF abgestraft. Schutzmaßnahmen von armen oder Schwellenländern gegen destruktive Folgen der unbeschränkten Waren- und Kapitalströme gelten als Verstoß gegen die universale ökonomische Lehre - und nicht als Ausdruck legitimer Selbstbehauptung wie die Hightechzäune der reichen Länder.

Dabei sind die Wirkungen des vagabundierenden Kapitals für die aufnehmenden Länder weit tiefgreifender und in der Regel auch krimineller. [...] Selbst die Prediger des Neoliberalismus [...] müssen zugeben, dass sich die sozialen Gegensätze verschärft haben, und zwar sowohl zwischen den reichen und den armen Ländern als auch innerhalb der ärmsten Gesellschaften. Diese doppelte Polarisierung ist die Hauptursache der globalen Migrationsströme, die im Übrigen zum größten Teil zwischen den armen und den ganz armen Regionen des Südens verlaufen.

Aus: Niels Kadritzke, Der Nord-Süd-Widerspruch in der Globalisierungslehre. Migrationsblockaden und Kapitalströme, in: Le Monde diplomatique Nr. 6852 vom 13.9.2002

1 Arbeiten Sie den in M 1 und M 2 dargestellten Zusammenhang zwischen Migration und Globalisierung heraus.

2 Bestimmen und diskutieren Sie die konstatierten Widersprüche zwischen staatlicher Wirtschafts-/Handelspolitik – Einwanderungspolitik und Globalisierungsideologie – Migrationspolitik.

10. Krise als Chance – ein Ausblick

MATERIAL 1 Eine neue kosmopolitische Realpolitik liegt in der Luft

Ulrich Beck, Soziologe an der Universität München und der London School of Economics über Chancen der gegenwärtigen Situation

Die Welt mag untergehen. Das haben wir jetzt zur Genüge gehört. Aber das ist übermorgen oder überübermorgen und damit unsicher. Heute und (relativ) sicher ist dagegen, dass diese Antizipation möglicher Menschheitskatastrophen (Klimawandel, Finanzkrise, atomare Selbstzerstörung) eine historische Chance eröffnet, die es zu begreifen und zu ergreifen gilt: Eine neue kosmopolitische Realpolitik liegt in der Luft!

[...] Mit „kosmopolitisch" meine ich nicht den idealistisch-elitären Begriff, der imperialen Ansprüchen transnationaler Eliten und Organisationen als ideologische Speerspitze dient. Was in der Luft liegt, ist etwas gänzlich anderes.

Am Beginn des dritten Jahrtausends muss die Maxime nationaler Realpolitik – nationale Interessen müssen national verfolgt werden – ersetzt werden durch die Maxime kosmopolitischer Realpolitik: Unsere Politik ist umso nationaler und erfolgreicher, je kosmopolitischer sie ist; und sie ist umso mehr zum Scheitern verurteilt, je nationaler sie ist. [...] Wer den Weg des ökonomischen Nationalismus wählt, handelt unpatriotisch, schadet nicht nur sich selbst, sondern am Ende allen. Das ist die schmerzliche Lehre, die die Große Depression und der darauf folgende Zweite Weltkrieg bereithalten. Wer glaubt [...], zwischen der nationalen Souveränität zum Schutz der deutschen Wirtschaft und der Arbeitsplätze in Deutschland und dem politischen Ausbau der Europäischen Union in Wirtschafts- und Arbeitsmarktfragen wählen zu müssen, sitzt nicht nur einer falschen Alternative auf, sondern begeht, wie die Geschichte der Großen Depression lehrt, einen gefährlichen Irrtum.

[...] Nur wenn es Europa gut geht, geht es Deutschland gut. Nur wenn es der Welt gut geht, kann der Exportweltmeister Deutschland seine Produkte verkaufen. [...]

Der kosmopolitische Realismus hat damit zu tun, [...] wie Minoritäten, Fremde, Ausgeschlossene behandelt werden. Er hat aber vor allem auch mit der sich fundamental verändernden und zu gestaltenden Rolle des Staates im Zusammenwirken mit zivilgesellschaftlichen Gruppen zu tun, mit dem Problem, das die Menschenrechte der verschiedenen Gruppen und Parteien bei der Festigung wie dem Umbau der Demokratie im transnationalen Raum aufwerfen. Und er hat vor allem mit der Frage zu tun, wie Gewaltausbrüchen, die aus den Enttäuschungen und Entwürdigungen der Menschen entstehen, begegnet werden kann. [...]

Bislang gilt: Globalisierung wird von den Mächtigen gegen die Armen gestaltet. Es wird keine die Kulturen übergreifende Interaktion verschiedener Gesellschaften und Religionen vorangetrieben, sondern die Durchsetzung einer besonderen gegen alle anderen. Die kosmopolitische Imagination [...] ist der Versuch, Interdependenz [...] neu zu denken, und zwar im Sinne eines kosmopolitischen Realismus, der den Blick öffnet und schärft für die unbekannten, in ihrem Inneren miteinander vernetzten und aufeinander angewiesenen Gesellschaften, in denen wir leben und handeln.

Aus: Frankfurter Rundschau vom 28.12.2008

1 Erarbeiten Sie den Text, indem Sie zuerst Begriffe klären, dann Abschnitte bilden und mit Stichworten versehen und abschließend eine Wiedergabe in eigenen Worten versuchen.

2 Unterscheiden Sie in Becks Text deskriptive und normative Elemente.

3 Diskutieren Sie: Liegt ein „kosmopolitischer Realismus" in der Luft?

4 Befragen Sie einen Experten/eine Expertin zum Thema „Zukunft – Eine Welt?".

Expertenbefragung

Politischer Unterricht braucht immer sowohl die Sachinformation als auch die Kenntnis von Positionen, um Realität zu reflektieren.

Dazu kann die Expertenbefragung ein wichtiges Element im Unterricht sein.

Wer ist Experte? Welche Anforderungen sollten an ihn gestellt werden?

- Der wichtigste formale Maßstab für seine Auswahl ist seine Sachkunde und sein Wille zur sachlichen Darstellung. Er sollte für ein Sachgebiet (nicht unbedingt beruflich) besonders qualifiziert und erfahren sein: Politiker, Unternehmerin, Gewerkschaftsvertreter, Freiberufler, Beamtin, Entwicklungshelfer u. a. Die Auswahl und Einladung dürfte weitgehend Aufgabe des Kurslehrers sein, aber Vorschläge und Kenntnisse der Schülerinnen und Schüler können hilfreich sein.
- Experten sollten bereit sein, sich auf Schüler und deren Denk- und Verhaltensweisen einzulassen und deshalb das entsprechende Sach- und Sprachniveau zu treffen und angemessene Methoden einzusetzen.
- Für die Schule sollte das Auftreten eines Experten kostenlos sein.

Wie ist eine Expertenbefragung vorzubereiten?

- Begrenzen Sie möglichst genau das Sachgebiet bzw. die Problemstellung im Rahmen Ihres Unterrichts: Wozu wollen wir etwas wissen? Halten Sie Kernfragen in systematischer Ordnung fest und verteilen Sie die Fragen zur Vorbereitung auf möglichst viele Fragesteller.
- Geben Sie (rechtzeitig) Informationen an den Experten über Ihr Vorwissen, Verständnisniveau, Arbeitsformen, unterrichtlichen Zusammenhang, Interessen und legen Sie ihm möglichst genau Ihr gewünschtes Sachgebiet bzw. Problemstellung dar. Manchmal wünschen Experten auch im Voraus konkrete Fragen. Im Gegenzug können Sie gegebenenfalls vom Experten vorab entsprechende Materialien zur Vorbereitung erbitten.
- Der Veranstaltungsraum sollte bezüglich Sitzordnung (z. B. Halbrund) und Hilfsmedien entsprechend hergerichtet sein.

Wie kann eine Expertenbefragung durchgeführt werden?

- Die Rolle des Moderators kann von Lehrern wie Schülern übernommen werden. Seine wichtigste Aufgabe ist es, für einen geordneten und zielgerichteten Ablauf zu sorgen. Dazu gehören vor allem die Aufgabe, das Wort nach klaren Regeln zu erteilen, eventuelle Nachfragen zu stellen, bei Abschweifungen auf die inhaltliche Linie des Gesprächs zurückzulenken, Verständlichkeit der Ausdrucksweise einzufordern und notwendige Zusammenfassungen zu formulieren.
- Der Moderator stellt zu Beginn den Experten vor, insbesondere mit Hinweisen auf Beruf, Funktion in Verband o. Ä., Spezialkenntnisse und Erfahrungen.
- Die einfachste Form der Expertenbefragung ist der Wechsel von (vorbereiteter) Fragestellung (auch Bündelung von mehreren Detailfragen) und die korrespondierende Sachauskunft oder fachliche Stellungnahme des Experten. Sind die Teilnehmer schon mit der Sache vertraut und in Diskussionsmethoden erfahren, kann die Expertenbefragung auch als freie Diskussion erfolgen.
- Wenn nötig, sollte um verständliche Sprache, Erklärung von Fachtermini und zwischenzeitliche kurze Zusammenfassungen gebeten werden. Entsprechende Medien können dies unterstützen.
- Die wichtigsten Ergebnisse der Befragung sind zur weiteren Aufarbeitung schriftlich festzuhalten durch ein Protokoll oder durch Individualnotizen. Eine sachliche Zusammenfassung durch den Moderator und ein Dank an den Experten beschließen die Befragung.

Glossar

Aktiengesellschaft: Unternehmungsform, bei der für die Verbindlichkeiten für die Gläubiger nur in Höhe des Gesellschaftsvermögens Haftung besteht. Die Gesellschafter (Aktionäre) sind mit Einlagen an dem Aktienkapital beteiligt. Das Grundkapital der AG wird meist von einer größeren Zahl von Kapitalgebern aufgebracht. Der Vorteil für den Aktionär liegt darin, dass er jederzeit die Aktie an der Börse verkaufen kann; dem Unternehmen erschließen sich Kapitalquellen. Die Banken spielen bei der Gründung einer AG und der Aktienausgabe eine große Rolle. Die Aktiengesellschaft muss über eine Satzung (Statut, Gesellschaftsvertrag) verfügen, die den Namen der Firma, Sitz, Gegenstand des Unternehmens, Grundkapital, den Nennwert der Aktien, Art der Zusammensetzung des Vorstandes und die Form für die Bekanntmachungen der AG enthalten muss.

Aktienindex: Kennziffer zur Darstellung der Kursentwicklung von Aktien. Zur Berechnung werden ausgewählte Aktien herangezogen. Der Deutsche Aktienindex (DAX) und der amerikanische DowJones- sowie der japanische NIKKEI-Index sind die bekanntesten Aktienindices.

Angebotsorientierte Wirtschaftspolitik: Wirtschaftspolitisches Konzept als Gegenmodell zur keynesianischen makroökonomischen Nachfragesteuerung. Das Wachstum der Volkswirtschaft soll durch verbesserte Bedingungen für die Kapitalverwertung gesteigert werden. Durch veränderte politische Rahmenbedingungen, z. B. durch Steuerentlastungen, Senkung der Staatsquote, Abbau von die wirtschaftliche Aktivität hemmenden Vorschriften, Flexibilisierung der Löhne, Senkung der Lohnzusatzkosten usw. sollen die Gewinnerwartungen der Unternehmer erhöht und damit eine gesteigerte Investitionstätigkeit angeregt werden.

Arbeitsmarktpolitik: Summe aller Maßnahmen, die die Beziehungen zwischen Angebot und Nachfrage auf den Arbeitsmärkten ordnen und den Arbeitsmarktprozess beeinflussen.

Armut: Begriff, der nur relativ zur Entwicklung des gesellschaftlichen Reichtums zu bestimmen ist. Armut ist nicht nur eine Frage monetärer Ressourcen (definiert durch ein Mindesteinkommen), sondern betrifft weitere Dimensionen der Unterversorgung (wie Gesundheit, Bildung, Erwerbsstatus) und auch die Verfügbarkeit von Handlungsspielräumen in Abhängigkeit von gesellschaftlichen Rahmenbedingungen.

Aufschwung: Belebung der Konjunktur.

Auslastungsgrad: Auslastung des gesamtwirtschaftlichen Produktionspotenzials durch die tatsächliche Produktion (Kapazitätsauslastung). Der Auslastungsgrad wird als Konjunkturindikator verwendet.

Außenwirtschaftliches Gleichgewicht: Eines der Ziele des Stabilitäts- und Wachstumsgesetzes. Außenwirtschaftliches Gleichgewicht bezieht sich auf den Ausgleich der Leistungsbilanz, d. h. die durch das ursprüngliche Leistungsbilanzungleichgewicht entstandene Akkumulation von Verbindlichkeiten gegenüber dem Ausland muss durch Handelsbilanzüberschüsse bedient werden.

Baisse: Sinkende Börsenkurse oder Preise.

BIP (Bruttoinlandsprodukt): Siehe Sozialprodukt.

Börse: Eine staatlich genehmigte Marktveranstaltung, auf der sich Kaufleute treffen, um Effekten, Waren oder Devisen, die nicht im Börsenraum körperlich vorhanden sind, zu standardisierten Börsen- und Vertragsbedingungen zu handeln.

Boom: Phase der Hochkonjunktur.

Bretton-Woods-System: Noch während des Zweiten Weltkriegs (1944) beschlossenes, stabiles Währungssystem. Dabei waren die Währungen der Teilnehmer an den US-Dollar gekoppelt. Ziel war die reibungslose und von Handelsbarrieren befreite Abwicklung des Welthandels bei festen Wechselkursen. Das System hatte bis zu seinem Zusammenbruch 1973 Bestand.

BSP (Bruttosozialprodukt): Siehe Sozialprodukt.

Deficit spending: Überschuss der Ausgaben über die Einnahmen der öffentlichen Haushalte (Haushaltsfehlbetrag), um einen expansiven Effekt im Zustand der Unterbeschäftigung zu erzielen (Keynesianismus).

Deflation: Sinkendes Preisniveau in einer Volkswirtschaft.

Dienstleistungen: In Abgrenzung zur Warenproduktion (materielle Güter) spricht man bei den Dienstleistungen von immateriellen Gütern. Dienstleistungen zeichnen sich dadurch aus, dass sie unmittelbar verbraucht werden (z. B. Haarschnitt). In der Volkswirtschaftlichen Gesamtrechnung werden Dienstleistungen als dritter Sektor erfasst. Der Theorie der drei Sektoren zufolge dehnt sich der Dienstleistungsbereich in entwickelten Industriegesellschaften immer stärker aus.

Dividende: Anteil eines Gesellschafters am Reingewinn der Aktiengesellschaft, ausgedrückt in Prozenten des Nennwertes der Aktie.

Dritte Welt: Der Begriff wird verwendet für wenig oder überhaupt nicht industrialisierte Länder, deren Wohlstand erheblich unter dem der Industrieländer liegt, die sich als Erste Welt bezeichnen. „Zweite Welt" waren die industrialisierten sozialistischen Staaten. Die Länder der „Dritten Welt" erstrecken sich vornehmlich auf die tropischen und subtropischen Gebiete der südlichen Halbkugel, auf die früher koloniale Welt.

Elite: Personenkreis, der regelmäßig Einfluss auf gesamtgesellschaftlich wichtige Entscheidungen nehmen kann.

Embargo-Politik: Im Bereich der internationalen Politik eine Maßnahme eines Staates oder einer Staatengemeinschaft, die darauf abzielt, einen dritten Staat zu einem bestimmten Handeln oder Unterlassen zu veranlassen. Sie umfasst die Zurückhaltung von Eigentum ebenso wie das Verbot, dem dritten Staat Waren zu liefern oder abzukaufen.

Erwerbstätige: Diejenigen Erwerbspersonen, die nicht erwerbslos sind, sondern eine Tätigkeit ausüben. Erwerbstätige können abhängig Beschäftigte sein (Arbeiter, Angestellte, Auszubildende, Beamte, Soldaten) oder Selbstständige bzw. mithelfende Familienangehörige.

Euro: Europäische Währungseinheit, die im Rahmen der Europäischen Wirtschafts- und Währungsunion nach dem Vertrag von Maastricht seit dem 1. 1. 1999 in Europa in Ländern, die die festgelegten Kriterien erfüllen, eingeführt wurde. Die bisherigen Zahlungsmittel der beitretenden Länder wurden 2002 ungültig.

Europäische Union: In Maastricht wurde am 7. 2. 1992 von den (damals) zwölf Mitgliedstaaten der EG der „Vertrag über die Europäische Union" unterzeichnet; der Begriff kennzeichnet die gegenüber der EG weiter vertiefte Zusammenarbeit mit erhöhter Kompetenzzuweisung an die EU-Institutionen. Symbol für die immer engere politische Union ist die Einführung der Unionsbürgerschaft.

Europäische Zentralbank (EZB): Zentralnotenbank in „Euroland" mit Sitz in Frankfurt/Main, die das alleinige Recht zur Ausgabe von Banknoten und Geldmünzen (Euro/Cent) hat und die Geld und Währungspolitik der EU durchführt.

Europarat: 1949 gegründet, befasst sich vorrangig mit Fragen der Harmonisierung des Rechts, dem Schutz der Menschenrechte (Europäische Menschenrechtsdeklaration) und der Demokratie sowie der Erhaltung des kulturellen Erbes. Fast alle europäischen Staaten sind Mitglieder.

Exekutive (lat. = ausführen, vollziehen): Vollziehende Gewalt (Regierung).

Existenzminimum: Mindesteinkommen, das für den jeweiligen Lebensunterhalt ausreicht.

Finanzpolitik: Sie verfolgt das Ziel, Struktur und Höhe des Sozialprodukts einer Volkswirtschaft mithilfe öffentlicher Einnahmen und öffentlicher Ausgaben zu beeinflussen. Sie wird als Ordnungspolitik und Prozesspolitik betrieben. Unter ordnungspolitischem Aspekt gehört zu einer Wettbewerbswirtschaft z. B. ein Steuersystem, das den Wettbewerbsmechanismus möglichst wenig verfälscht; unter prozesspolitischem Aspekt verändern staatliche Einnahmen und Ausgaben die volkswirtschaftlichen Gesamtgrößen, aber auch Entscheidungen auf Einzelmärkten.

Fiskalpolitik: Alle finanzpolitischen Maßnahmen des Staates im Dienst der Konjunkturpolitik. Es geht vor allem um eine antizyklische Finanzpolitik (antizyklische Wirtschaftspolitik) zur Beeinflussung der gesamtwirtschaftlichen Nachfrage gemäß den makroökonomischen Ansätzen der keynesianischen Theorie, häufig verbunden mit einer Verschuldungspolitik *(deficit spending).*

Föderalismus (lat. = Bündnis, Vertrag): Gliederung eines Staates in mehrere gleichberechtigte, in bestimmten politischen Bereichen selbstständige Bundesländer, die an der Willensbildung des Bundes mitwirken. Art. 20 GG bestimmt: „Die Bundesrepublik Deutschland ist ein demokratischer und sozialer Bundesstaat." Dies ist eine Bestandsgarantie des Föderalismus, allerdings keine Bestandsgarantie über die Anzahl und die Größe der Länder, die sich nach Art. 29 GG neu gliedern könnten.

Fraktion: Organisatorischer Zusammenschluss einer Gruppe von Abgeordneten (Teil der Partei im Parlament) zur gemeinsamen Wahrnehmung parlamentarischer Aufgaben.

Freiheit: Unabhängigkeit von Zwang durch äußere oder innere Natur oder durch Menschen. Die Charakterisierung einer Gesellschaft oder Gruppe als „freiheitlich" bezieht sich nicht nur auf institutionell abgesicherte Freiheitsräume (z. B. Grundrechte), sondern ebenso auf das Werte- und Normsystem, das - setzt man es als gänzlich verhaltensleitend voraus - zu einem Verlust an Freiheit führen kann.

Freiheitlich-demokratische Grundordnung (FDGO): Politische Ordnung der Bundesrepublik Deutschland, die nach der Definition des Bundesverfassungsgerichts im SRP-Urteil von 1952 „unter Ausschluss jeglicher Gewalt- und Willkürherrschaft eine rechtsstaatliche Herrschaftsordnung auf der Grundlage der Selbstbestimmung des Volkes nach dem Willen der jeweiligen Mehrheit und der Freiheit und Gleichheit darstellt." Die FDGO ist gekennzeichnet durch „die Achtung vor den im Grundgesetz konkretisierten Menschenrechten, [...] die Volkssouveränität, die Gewaltenteilung, die Verantwortlichkeit der Regierung, die Gesetzmäßigkeit der Verwaltung, die Unabhängigkeit der Gerichte, das Mehrparteiensystem und die Chancengleichheit für alle politischen Parteien mit dem Recht auf verfassungsmäßige Bildung und Ausübung einer Opposition."

GATT (General Agreement on Tariffs and Trade): Allgemeines Zoll- und Handelsabkommen. Teil der WTO (World Trade Organization).

Geldmenge: Geldvolumen: Menge des Geldes in Händen inländischer Nichtbanken; Geldmenge M 1: Bargeld und Sichteinlagen inländischer Nichtbanken; M 2: M 1 zuzüglich Termineinlagen, M 3: M 2 zuzüglich Spareinlagen.

Gemeinsame Außen- und Sicherheitspolitik (GASP): In Weiterentwicklung der EPZ die „Zweite Säule der EU": Verpflichtung des Maastrichter Vertrages, entsprechend den Leitlinien des Europäischen Rates eine gemeinsame Außen- und Sicherheitspolitik zu „erarbeiten" und zu „verwirklichen". Entscheidungen werden weiterhin einstimmig beschlossen.

Gewaltenteilung: Von Locke und Montesquieu entwickelter Verfassungsgrundsatz, der durch institutionelle und/ oder funktionelle Differenzierung der Staatsgewalt und ihre Verteilung auf mehrere unabhängige „Gewalten" eine Konzentration der Staatsgewalt an einer Stelle verhindert. Durch Aufteilung der Gewalt auf die drei staatlichen Funktionen Gesetzgebung (Legislative), Regierung/Verwaltung (Exekutive) und Rechtsprechung (Judikative) sollen Freiheit des Einzelnen, Begrenzung und Kontrolle der staatlichen Machtausübung ermöglicht werden.

Gewinn: Die positive Differenz zwischen Umsatz und Kosten.

Globalisierung: Tendenz zur Intensivierung weltweiter Verflechtungen in ökonomischen, politischen, kulturellen und informationstechnischen Bereichen.

Grundgesetz: Vom Parlamentarischen Rat 1948/49 ausgearbeitete Verfassung der Bundesrepublik. Die Bezeichnung Grundgesetz wurde gewählt, um den provisorischen Charakter des westdeutschen Teilstaates zu verdeutlichen. Im Zuge des Beitritts der neuen Länder zum Geltungsbereich des Grundgesetzes (1990) und einer intensiven Verfassungsdiskussion (1991-94) wurde an der Bezeichnung festgehalten, um damit zu signalisieren, dass man im vereinten Deutschland an einer bewährten politischen Grundordnung festhält.

Grundrechte: Verfassungsmäßige Rechte, die den Bürger vor Übergriffen des Staates schützen (Abwehr- bzw. Freiheitsrechte) und ihm die Teilnahme an der politischen Willensbildung garantieren (Teilhaberechte).

Hegemonie: Vormachtstellung eines Staates gegenüber anderen. Hegemonie ergibt sich durch ein tatsächliches militärisches, kulturelles oder wirtschaftliches Übergewicht und ist häufig durch Verträge abgesichert.

Individualisierung: Theorie, in deren Mittelpunkt die wachsende Bedeutung des Individuums steht, das sich gegenüber den sozialen Einheiten und Herkunftsbindungen zunehmend emanzipiert.

Inflation: dauerhafter Anstieg des gesamtwirtschaftlichen Preisniveaus.

Inflationsrate: Prozentsatz, der den Anstieg des Preisniveaus in einem bestimmten Zeitraum (meist ein Jahr) ausdrückt. Dazu werden Preisveränderungen, die ein definierter Warenkorb aus Gütern und Dienstleistungen erfährt, mit den Preisen eines Basisjahres verglichen.

Innerparteiliche Demokratie: Die Anwendung demokratischer Grundsätze innerhalb der Parteien, z. B. die regelmäßig stattfindende Wahl der Führungsgremien und die freie innerparteiliche Meinungsäußerung.

Interessengruppen: Zusammenschluss von Personen mit gleicher Interessenlage, um auf Parteien, Abgeordnete und Regierung Einfluss zu nehmen, ohne - wie die Parteien - sich an Wahlen zu beteiligen oder selbst Regierungsgewalt anzustreben. Interessengruppen sind ein wesentliches Merkmal einer pluralistischen Gesellschaftsordnung.

Internalisierung externer Kosten: Anlastung von externen Kosten - z. B. der Umweltverschmutzung - beim Verursacher.

Internationaler Währungsfond (IWF): Der IWF (gegründet 1944, heute 182 Mitgliedstaaten, Sitz in Washington) überwacht die Wechselkurspolitik der Mitgliedstaaten: Er analysiert die nationale Wirtschaftsentwicklung und -politik, überprüft fiskal-, wechselkurs- und geldpolitische Maßnahmen und beurteilt die Auswirkungen der Politik der Mitgliedstaaten auf deren Zahlungsbilanzen, begutachtet die Weltwirtschaftslage und erteilt Finanzhilfen zur Überbrückung von Zahlungsbilanzdefiziten.

Investition: Zielgerichtete, meist langfristige Kapitalbindung zur Erwirtschaftung zukünftiger Erträge.

Jurisdiktion/Judikative (lat.= Recht sprechen): Richterliche Gewalt.

Kapitalismus: Ein Wirtschaftssystem auf der Grundlage von Privateigentum an Produktionsmitteln, in dem Unternehmen zueinander im Wettbewerb stehen. Wichtigster Antrieb zum Wirtschaften ist privates Gewinnstreben, das durch das Wirtschaftssystem (Konkurrenz) selbst hervorgerufen wird.

Kaufkraft: Geldsumme, die einem Wirtschaftssubjekt real zur Verfügung steht.

Klasse, soziale: Personen einer Gesellschaft mit vergleichbaren ökonomischen Merkmalen, hauptsächlich den Besitz oder die Verfügung über Produktionsmittel betreffend.

Konjunktur: Bezeichnung für die Existenz von zyklischen Schwankungen der wirtschaftlichen Aktivität.

Konjunkturindikatoren: Ökonomische Zeitreihen und aus ihnen abgeleitete Messgrößen, die den Konjunkturverlauf anzeigen.

Konjunkturzyklus: Der Verlauf eines Zyklus kann unterteilt werden in Tief (Depression, Stagnation), Aufschwung (Wiederbelebung, Expansion), Hoch (Boom) und Abschwung (Krise, Rezession).

Konjunkturpolitik: Maßnahmen der Wirtschaftspolitik, die konjunkturelle Schwankungen der gesamtwirtschaftlichen Nachfrage vermindern sollen. Konjunkturpolitik hat zum Ziel, eine möglichst stetige Produktionsentwicklung mit geringen Schwankungen im Auslastungsgrad des Produktionspotenzials herbeizuführen.

Konservatismus (von lat.: conservare = bewahren): Politische Anschauung, die sich vornehmlich für die Erhaltung und Entwicklung des Bestehenden ausspricht. Kennzeichen sind in der Regel Verfassungspatriotismus, Achtung der nationalen Existenz, Forderung nach einem ordnenden Staat.

konstruktives Misstrauensvotum: Nach Art. 67 GG kann der Bundeskanzler vom Bundestag nur gestürzt werden, wenn gleichzeitig die Mehrheit des Parlaments einen neuen Kanzler wählt.
Konzern: Ein zeitlich unbefristeter, durch Kapitalverflechtung vollzogener vertraglicher Zusammenschluss von Unternehmen, die rechtlich selbstständig bleiben, aber ihre wirtschaftliche Eigenständigkeit vollständig aufgegeben haben.
Legislative: Gesetzgebende Gewalt; in der parlamentarischen Demokratie das Parlament.
Legitimation: Anerkennung einer politischen Ordnung und ihrer Repräsentanten durch das Volk. Voraussetzung dafür ist die Übereinstimmung der politischen Ordnung mit den in der Gesellschaft allgemein anerkannten Vorstellungen über die Begründung von politischer Herrschaft. In einer demokratischen Ordnung wird die Legitimation der Herrschaftsausübung auf Zeit vor allem durch demokratische Wahlen geschaffen.
Liberalismus: Politische Anschauung, in deren Mittelpunkt die ungehinderte Entfaltung des Einzelnen und einzelner Gruppen unter Zurückdrängen der Ansprüche des Staates steht.
Liquidität: Fähigkeit und Bereitschaft, bestehenden Zahlungsverpflichtungen termingerecht und betragsgenau nachzukommen.
Lohnnebenkosten (Personalnebenkosten): Kosten für die Beschäftigung von Arbeitnehmerinnen und Arbeitnehmern, die neben Lohn bzw. Gehalt anfallen, z. B. Arbeitgeberbeiträge zur Sozialversicherung, Weihnachtsgeld, Urlaubsgeld, Zuschüsse zum Kantinenessen usw.
Macht: Verhältnis der Über- und Unterordnung zwischen Personen, Gruppen, Organisationen oder Staaten, das – im Unterschied zu Herrschaft und Autorität – nicht der Anerkennung der von ihr Betroffenen bedarf. Max Weber definierte Macht als „die Chance, innerhalb einer sozialen Beziehung den eigenen Willen auch gegen Widerstreben durchzusetzen, gleichviel, worauf diese Chance beruht".
Marktwirtschaft: Wirtschaftssystem des Wettbewerbs, in dem die Wirtschaftsprozesse dezentral geplant und über die Preisbildung auf den Märkten gelenkt werden. Gewerbe- und Vertragsfreiheit sowie die freie Wahl des Berufs bzw. des Arbeitsplatzes sind Grundvoraussetzungen der Marktwirtschaft (vgl. Kapitalismus).
Menschenrechte: Sie sind universal und individuell, d. h. sie gelten für alle Menschen in allen Staaten und kommen jedem Einzelnen zugute unabhängig von seiner „Rasse", Nationalität, seinem Geschlecht oder seinem gesellschaftlichen Ansehen. Menschenrechte sind vorstaatlich, d. h. wir verdanken sie nicht dem Staat, der sie allenfalls erklären, aber nicht schaffen kann. Menschenrechte sind angeboren ... ! Vom Staat wird erwartet, dass er auf Eingriffe in die persönliche Freiheitssphäre verzichtet.
Milieu, soziales: Das soziale Umfeld, in dem ein Mensch lebt und von dem er geprägt wird.
Mobilität, soziale: Positionell-soziale Bewegung von Personen, Personengruppen, Schichten oder Klassen einer Gesellschaft. Wechsel der Position, die keine Änderung im Status einschließen, werden als horizontale Mobilität, soziale Auf- und Abstiegsprozesse werden als vertikale Mobilität bezeichnet.
Multipolarität: Mehr- oder Vielpoligkeit. Sie geht davon aus, dass das internationale System durch mehrere oder viele Staaten bestimmt wird, die in etwa gleich mächtig eingeschätzt werden.
Monetarismus: Wirtschaftspolitische Lehre, die von der Grundannahme ausgeht, dass eine stabilitätsorientierte Geldpolitik unter bestimmten Rahmenbedingungen die Wirtschaft stabilisieren kann.
Monopol: Marktform, bei der auf der Seite der Nachfrage oder auf der Seite des Angebots nur ein Käufer oder Verkäufer vorhanden ist.
Nachfrage: Bedarf mit dem Willen und der (finanziellen) Möglichkeit zur Bedarfsdeckung.
Nachfrageorientierte Konjunkturpolitik: Der auf Keynes zurückgehende wirtschaftspolitische Ansatz, wonach mangelnde private Nachfrage die Ursache von Massenarbeitslosigkeit ist und nur durch zusätzliche staatliche Nachfrage beseitigt werden kann.
Nachhaltige Entwicklung (sustainable Development): Bezeichnung für das Prinzip, nach dem die wirtschaftliche Entwicklung so zu beeinflussen ist, dass der Umweltverbrauch zunehmend geringer wird und das ökologische System sich erholen kann.
Nationalismus: Die auf den Begriff der Nation und den souveränen Nationalstaat als zentrale Werte bezogene Ideologie. Nationalismus und Nationalbewusstsein sind geeignet, soziale Großgruppen zu integrieren und sie durch Identifikation von der andersstaatlichen Umwelt abzugrenzen. Als politische Ideologie gewann der Nationalismus seit der franz. Revolution durch die Verbindung mit den demokratischen Ideen der Selbstbestimmung und der Volkssouveränität überragende Bedeutung.
Nominaleinkommen: In Geld ausgedrücktes Einkommen ohne Rücksicht auf die Kaufkraft dieses Einkommens.
OECD (Organization for Economic Cooperation and Development): Als Nachfolgeorganisation der Organisation für europäische wirtschaftliche Zusammenarbeit (OEEC) 1961 gegründet; Sitz: Paris; Hauptaufgaben: Sicherung der Währungsstabilität, Förderung des Welthandels, Planung und Förderung des wirtschaftlichen Wachstums in Europa und Koordination der Wirtschaftshilfe für die Entwicklungsländer.
Öffentliche Güter: Güter, die nicht individuell genutzt werden können, z. B. öffentliche Schwimmbäder oder Müllverbrennungsanlagen.
Ökobilanz: Systematische Berechnung aller Umweltwirkungen eines Produkts oder eines Vorgangs.
Oligarchie: Herrschaftsform, in der die Macht nur von einer kleinen Gruppe ausgeübt wird.
Opposition: Minderheit im Parlament; ständige Alternative zur Regierung, die entsprechend den konstitutionellen Regeln (Wahlen, konstruktives Misstrauensvotum) Mehrheit werden will und kann.
Ordnungspolitik: Summe aller rechtlich-organisatorischen Maßnahmen, durch die die Träger der Wirtschaftspolitik über eine entsprechende Ausgestaltung der Wirtschaftsverfassung die längerfristigen Rahmenbedingungen für den Wirtschaftsprozess innerhalb einer Wirtschaftsordnung setzen. Die ordnungspolitischen Maßnahmen müssen dem Grundtypus der Wirtschaftsordnung (Marktwirtschaft) entsprechen (z. B. marktkonform sein).
Partizipation: Beteiligung des Bürgers am Willensbildungs- und Entscheidungsprozess im politischen Prozess, u. a. durch Wahlen, Mitgliedschaft in Parteien, Verbänden, Bürgerinitiativen und Vereinen bzw. Wahrnehmung der in der Verfassung verankerten Artikulations- und Mitwirkungsrechte.
Plebiszit: Volksabstimmung über eine Vorlage der Regierung.
Plenum: Die Gesamtheit der Mitglieder eines Parlamentes. Eine Sitzung, an der die Abgeordneten teilnehmen, nennt man auch Plenarsitzung.
Pluralisierung: Prozess der Entwicklung vielfältiger Formen, Strukturen, Lebensstile usw.
Pluralismus: Auffassung, dass es mehrere in Voraussetzungen und Zielsetzungen verschiedenartige politische und gesellschaftliche Konzeptionen gibt, die in der Gesellschaft gleichzeitig legitim nebeneinander vorhanden sind, wobei allen das gleiche Recht auf Entfaltung ihrer Interessen zukommt.
Produktionsmittel: Grund und Boden, Fabriken, Maschinen und Werkzeuge, die zur Herstellung von Gütern benötigt werden.
Produktivität: Verhältnis zwischen dem Produktionsergebnis und den Mengen der eingesetzten Produktionsfaktoren.
Rationalisierung: In der Wirtschaft der Sammelbegriff für alle technischen und organisatorischen Maßnahmen in Produktion und Verwaltung mit dem Ziel, Kosten zu sparen.
Reallohn: Nominallohn dividiert durch einen Preisindex. Der Reallohn ist Indikator für die reale Kaufkraft des Nominallohns.
Referendum: Abstimmung über eine Vorlage (z. B. ein Gesetz, das das Parlament beschlossen hat), die auf Antrag der Regierung, des Parlaments oder eines bestimmten Quorums der stimmberechtigten Bevölkerung durchgeführt wird.

Rendite: Jahresertrag eines eingesetzten Kapitals.
Rentabilität: Das prozentuale Verhältnis zwischen dem Gewinn einer Unternehmung und dem eingesetzten Kapital.
Repräsentation: Ausübung von Herrschaftsfunktionen durch demokratisch gewählte staatliche Institutionen, die im Namen des Volkes handeln, aber dabei nicht an dessen Auftrag oder Weisung gebunden sind.
Rezession: Konjunkturabschwung.
Schengener Abkommen: Abkommen von 1985, in dem (mittlerweile die meisten) EU-Staaten den Abbau der Grenzkontrollen und u. a. eine verstärkte grenzüberschreitende Zusammenarbeit der Polizeibehörden vereinbart haben.
Schwellenländer: Länder, die aufgrund ihrer fortgeschrittenen Wirtschaftskraft, ihrem (mittleren) Volkseinkommen und ihrer infrastrukturellen Entwicklung aus dem Status von Entwicklungsländern herausgewachsen sind und damit von der wirtschaftlichen Entwicklung her an der Schwelle zu den Industrieländern stehen. Vor allem die NIC-Länder oder NIE-Länder („newly industrialized countries“ bzw. „economies“) gehören hierzu.
Soziale Marktwirtschaft: Von Alfred Müller Armack, Walter Eucken und Ludwig Erhard konzipiertes wirtschaftspolitisches Leitbild, das ab 1948 in der Bundes-republik Deutschland verwirklicht worden ist. Es greift die Forderung des Ordoliberalismus nach staatlicher Gewährleistung einer funktionsfähigen Wettbewerbsordnung auf, ergänzt jedoch den Katalog wirtschaftspolitischer Staatsaufgaben unter Betonung sozialpolitischer Ziele mit dem Zweck der Integration aller Bürger.
Sozialleistungen: Soziale Leistungen des Staates, z. B. Kranken-, Pflege-, Unfall-, Renten- und Arbeitslosenversicherung, Kriegsopferversorgung, Jugendhilfe, Kindergeld, Erziehungsgeld.
Sozialpolitik: Gesamtheit der staatlichen und privaten Maßnahmen zur Sicherung eines Minimums an sozialer Sicherheit. Neben einem menschenwürdigen Leben für alle Mitglieder der Gesellschaft zielt die Sozialpolitik u. a. auf gleiche Startchancen für alle. Mit dem Sozialstaatsgebot des Grundgesetzes (Art. 20 und 28 GG) ist die Sozialpolitik in der Bundesrepublik zu einem Verfassungsprinzip erhoben.
Sozialprodukt: Verkürzende Bezeichnung für die wirtschaftliche Leistung einer Volkswirtschaft. Im Bruttosozialprodukt ist die gesamte Wertschöpfung einer Volkswirtschaft in einer Periode zusammengefasst, einschließlich der Investitionen. Wird diese Größe um die Abschreibungen vermindert, so spricht man vom Nettosozialprodukt.
Wird der gesamte von Inländern erwirtschaftete Produktionswert berechnet, so spricht man vom Inlandsprodukt. Das Nettoinlandsprodukt entspricht dabei dem Volkseinkommen.
Sozialstaat: Eines der vier Grundprinzipien des politischen Systems der Bundesrepublik Deutschland – neben Demokratie, Rechtsstaat und Bundesstaat. Das Prinzip bedeutet, dass der Staat seine Bürger gegen soziale Risiken abzusichern und soziale Ungleichheit abzumildern hilft.
Staat: Erstmals seit der Renaissance für den obersten Herrschaftsverband verwendeter Begriff, der seit dem 19. Jahrhundert zunehmend Eingang in den Sprachgebrauch fand. Der Begriff umfasst das Staatsvolk, das Staatsgebiet und die Staatsgewalt. Als rechtlich verfasste Gemeinschaft ist der Staat mit dem Gewaltmonopol ausgestattet, um Rechtsfrieden und Sicherheit zu gewährleisten.
Staatsquote: Verhältnis der öffentlichen Ausgaben zum Sozialprodukt.
Strukturpolitik: Gesamtheit der staatlichen Maßnahmen zur Gestaltung der branchenorientierten und regionalen Zusammensetzung der Wirtschaft und deren Entwicklung.
Strukturwandel: Mit jedem wirtschaftlichen Wachstumsprozess einhergehende Änderung in der Zusammensetzung der Produktionsgegebenheiten, der Aufteilung der Geschäftigten usw.

Subsidiaritätsprinzip: Aus der katholischen Soziallehre stammendes
Subvention: Finanzhilfen bzw. Steuervergünstigungen zur Unterstützung privater Unternehmen.
Tarifvertrag: Vertrag zwischen Parteien mit Tariffähigkeit zur Regelung ihrer Rechte und Pflichten und zur Festsetzung von arbeitsrechtlichen Normen.
Überhangmandate: Entstehen, wenn eine Partei in den Wahlkreisen eines Bundeslandes mehr Direktmandate gewinnt, als ihr nach dem Zweitstimmenergebnis dort proportional zustehen. Diese Mandate bleiben der Partei erhalten, die Gesamtzahl der Bundestagsmandate erhöht sich entsprechend.
Umweltpolitik: Gesamtheit der Maßnahmen, die darauf zielen, die natürliche Umwelt als Lebensgrundlage der Menschen auch für die nachfolgenden Generationen zu erhalten.
Ungleichheit, soziale: Unterschiede in den Lebenschancen, die nicht nur durch Kriterien wie Berufs- und Bildungsstatus beeinflusst werden, sondern auch durch Kriterien wie Geschlecht, Nationalität, Alter, Generation oder Region.
Verbände: Organisierte Gruppen mit bestimmten sachlichen und/oder ideellen Zielen und Interessen. Sie unterscheiden sich von Parteien dadurch, dass sie kein allgemeines politisches Programm anbieten und keine Beteiligung an Wahlen anstreben. Stattdessen versuchen sie, politische Entscheidungen der Legislative und Exekutive in ihrem Sinne zu beeinflussen.
Verfassung: Legt die politische Grundordnung eines Staates fest und bestimmt Umfang und Grenzen der Staatsgewalt.
Versicherungsprinzip: Die gegenseitige Deckung eines im Einzelnen zufälligen, im Ganzen aber schätzbaren Geldbedarfs durch eine Vielzahl gleichartig bedrohter Wirtschaftseinheiten.
Vertrauensfrage: Nach Art. 68 Abs. 1 GG kann der Bundestag dem Bundeskanzler (und damit der Bundesregierung) sein Vertrauen aussprechen. Findet ein entsprechender Antrag im Bundestag nicht die Mehrheit, „so kann der Bundespräsident auf Vorschlag des Bundeskanzlers binnen einundzwanzig Tagen den Bundestag auflösen.“
Volkspartei: Ein Parteityp, der mit einem breit gefächerten Programm möglichst viele Wähler und Mitglieder aus unterschiedlichen sozialen Schichten ansprechen will.
Volkswirtschaftliche Gesamtrechnung (VGR): Quantitative Darstellung des wirtschaftlichen Geschehens einer Volkswirtschaft in einer abgelaufenen Periode.
Wachstum: Zunahme des Ergebnisses des Wirtschaftens von einer Periode zur nächsten.
Wachstumspolitik: Wirtschaftspolitische Maßnahmen zur Sicherung und Förderung des wirtschaftlichen Wachstums.
Warenkorb: Zusammenfassung der für die Berechnung des Preisindex für die Lebenshaltung ausgewählten Güter.
Warschauer Pakt: Im Westen gebräuchliche Kurzform für den am
Wettbewerbspolitik: Alle staatlichen Maßnahmen, die der Aufrechterhaltung des Wettbewerbs dienen.
WTO (World Trade Organization): 1995 gegründet; Sitz: Genf; Sonderorganisation der Vereinten Nationen mit derzeit 146 Mitgliedern; neben dem Internationalen Währungsfonds (IWF) und der Weltbank die wichtigste Institution zur Behandlung internationaler Wirtschaftsprobleme; zu den wichtigsten Aufgaben der WTO zählen die Liberalisierung des Welthandels, die Senkung von Zöllen und die Überwachung internationaler Handels- und Dienstleistungsregelungen.

Stichwortverzeichnis

A

Afghanistan 384 ff.
Agenda 2010 74 ff., 133
AIDS 432, 443, 453
Aktienmarkt 210 ff.
Angebot (und Nachfrage) 93
Angebotspolitik 162 ff., 171 f.
Arbeit (siehe auch Beschäftigung) 40 ff., 46
Arbeitnehmer 46
Arbeitskosten 196 f.
Arbeitslosengeld 73, 75
Arbeitslosigkeit 61, 73 ff., 144 ff., 154 ff.
Arbeitslosigkeit (Ursachen) 156 f.
Arbeitsmarkt 16, 76
Arbeitswelt 40 ff.
Arbeitszeit 199 f.
Armut 56, 60, 175, 418 f., 422, 433, 452
Armut, relative 60
Aufklärung 234
Außenhandelstheorie 420 f.
Außenpolitik, deutsche 344 ff.
Automobilpolitik 110

B

Beruf 62 f.
Beschäftigung, prekäre 46 f., 48 f.
Beschäftigungsformen 46 ff.
Beteiligung siehe Partizipation
Bevölkerungsaufbau 24 f.
Bildung 52, 56, 63, 91, 122
Binnenmarkt, europäischer (siehe auch Europ. Union) 290
BKA-Gesetz 280 ff.
Bruttoinlandsprodukt (siehe Sozialprodukt)
Bruttosozialprodukt (siehe Sozialprodukt)
Bundeskartellamt 140 f.
Bundespräsident 28, 259
Bundesrat 278
Bundesregierung 278
Bundestag (und Gesetzgebung) 274 ff.
Bundestag (Wahl zum) 270 ff.
Bundesverfassungsgericht 128 f.
Bundeswehr 351 ff., 406 ff.

C

China 328 f.
Computer 41 f.
Containerhandel 187 f.

D

Deflation 152 f.
Demografie 22 ff., 29
Demografischer Wandel 22 ff., 26 f.
Demokratie 226 ff.
Demokratie (innerparteiliche) 248 ff.
Demokratie (und Grundrechte) 268 ff.
Demokratie, direkte 231 f.
Demokratietheorie 234 ff.
Deregulierung 209
Dienstleistungen 134
Diplomatie 320
Direktinvestitionen 190 f., 418
Drogen (in Afghanistan) 402 ff.
Elterngeld 34 f., 58 ff., 61, 132, 223

E

Emissionshandel 99
Energieeinsparung 109, 116
Energieverbrauch (in der Schule) 123
Energieverbrauch (und Nahrungsmittelproduktion) 120
Energiewirtschaft 111 f., 117, 136 f., 141 f.
Engagement, gesellschaftliches 228 f.
Entwicklungshilfe 416 ff., 446 f., 453
Entwicklungshilfe (in Afghanistan) 410 ff.
Entwicklungspolitik 318, 416 ff., 443 ff.
Erdöl 392 ff., 438 f.
Erwerbslosigkeit (siehe Arbeitslosigkeit)
Europäische Kommission 291 f.
Europäische Union 108 ff., 143, 202 ff., 290 ff., 319, 345
Europäische Union (Demokratiedefizit) 292
Europäische Union (GASP) 291, 354 ff., 360, 363
Europäische Union (Gesetzgebung) 292
Europäische Union (Klimapolitik) 111 ff.
Europäische Wirtschafts- und Währungsunion 208 ff.
Europäische Zentralbank 173
Europäischer Binnemarkt 204 f.
Europäischer Gerichtshof 143
Europäischer Rat 291 f.
Europäisches Parlament 291 f.
Externalisierung (von Kosten) 98

F

Familie 9, 30 ff., 61
Familie (und Berufstätigkeit) 32, 37
Familienpolitik 32 ff., 36
Finanzkrise 114, 144, 180, 216 ff.
Finanzkrise (und Entwicklungsländer) 445
Finanzmärkte 210 ff.
Fiskalpolitik 168 ff.
Flüchtlinge 448 ff.
Frauen (-arbeitslosigeit) 156
Frauen (siehe auch Gleichstellung) 51 ff.
Frauenbewegung 51
Freihandel 423 ff., 430 ff.
Freiheit 129, 221, 419
Freizügigkeit 91
Frieden 315, 373, 380 f.
Friedenssicherung 373 ff.
Fürsorgeprinzip 71

G

GATT 42, 184
Geld 164 f.
Geldpolitik 168 ff., 173, 222
Generationenkonflikt 28
Generationenvertrag 23, 28 f.
Gerechtigkeit, soziale 55, 174 f., 221
Gesellschaft 8 ff., 14, 16 ff., 55
Gesellschaftlicher Wandel 8f., 38 ff.
Gesellschaftsstruktur 47, 66 ff.
Gesellschaftsvertrag 234, 241 ff.
Gesetzesinitiative 276
Gesetzgebung 235, 274 ff.
Gewaltenteilung 235 f.
Gewerkschaften 196 ff.
Gleichgewicht (auf dem Arbeitsmarkt) 155
Gleichgewicht, außenwirtschaftliches 145 f.
Gleichstellung (der Geschlechter) 51 ff., 259
Globalisierung 180 ff., 418
Globalisierung (Ursachen) 192 ff.
Globalisierungsgegner 426
Grundgesetz 51, 128, 131 ff.
Grundrechte 268 ff., 280 ff.
Güterschifffahrt 187

H

Handelsströme siehe Welthandel
Hartz-Gesetze 74 f.
Haushaltsdefizit 208

I

Identität (-sbildung) 15 ff., 18
Identitätstheorie (der Demokratie) 234 ff.
Ideologiekritik 177
Imperialismus 340 ff.
Indien 328 f.
Individualisierung 18 f., 21
Industriegesellschaft 43
Inflation 145 ff., 152 f.
Informationsgesellschaft 40 ff.
Informationstechnologie ,42, 181
Interessenorganisation 260 ff.
Internationale Beziehungen 313 ff., 318 ff.
Internationaler Gerichtshof 371
Internationaler Währungsfonds siehe IWF
Internet 42, 181
ISAF 345, 407 ff.
Islamismus 336 ff.
IWF 184, 428 ff.

J

Jugendkulturen 10 ff.
Jugendliche 9 ff.
Jugendliche (und Politik) 228 ff.
Jungen 52

K

Kapitalismus 221 f.
Kartelle 138 f.
Kartellrecht 140 f.
Keynesianismus 162 ff., 171 f.
Kinderbetreuung 32
Kinderlosigkeit (und Einkommen) 33
Kindheit 14 f.

Klasse, gesellschaftliche 8
Klassengesellschaft 66
Klimapolitik 101 ff.
Klimawandel 80 ff.
Kohlekraftwerke 111
Kohlendioxid-Emissionen 85, 100, 110 ff., 122, 137
Konjunkturpolitik 90, 168 ff.
Konjunkturtheorie 162 ff.
Konjunkturverlauf 148 ff., 157, 162 ff.
Konkurrenz 90 f.
Konkurrenz (auf dem Weltmarkt) 425
Konkurrenztheorie (der Demokratie) 234 ff.
Konzerne, transnationale 190 f.
Kopenhagen (Klimagipfel) 101, 112 f.
Krieg 31, 379 ff.
Kriegsursachen 385
Krise siehe Finanzkrise
KSZE siehe OSZE
Kulturen, Kampf der 332 ff.
Kyoto-Protokoll 100 f., 103

L

Lange Wellen (der Konjunktur) 150 f.
Lebensplanung 9, 13
Lebensstil 67
Leiharbeit 49 f.
Leitzinsen 173
Liberalsimus (klassischer) 88 f., 162 f., 420
Lobby 260 ff.
Löhne 155 ff., 196, 198 ff., 223
Lohnnebenkosten 196 f.
Lohnstückkosten 197

M

Maastrichter Vertrag 204
Macht 56, 132, 137
Macht (in der internationalen Politik) 324
Mädchen 52
Magisches Viereck (siehe Stabilitätsgesetz)
Markt 92, 136 ff.
Marktformen 136
Marktwirtschaft, freie 88 ff., 99
Marktwirtschaft, soziale 88 ff.
Medien (und Politik) 298 ff.
Mediendemokratie 304 ff.
Medienkonsum 304
Medienkonzentration 302
Mehrheitsprinzip 235
Mehrheitswahl 268 ff.
Menschenrechte 286 ff., 320 f., 369, 378
Menschenrechtsverletzungen 287
Microsoft 142 f.
Migration 448 ff.
Milieu, soziales 8, 67 ff.
Millenniumsziele (der UN) 444 f.
Mitbestimmung 129
Mobilität, soziale 64 ff.
Modernisierung 47
Monetarismus 164 f.
Monopol 136
Multilateralismus 327 f.

N

Nachfragepolitik 162 ff., 171 f.
Nachhaltigkeit 98 f., 122
Nahrunsgmittelproduktion (und Umweltschutz) 120,123
Nationalismus 340 ff.
Nationalstaat 325, 342 f., 374
NATO 313, 318, 344, 354, 360 ff., 374 f.
Neoklassik 155, 167, 171 f.
NGO 318 ff., 422
Normalarbeitsverhältnis 48
Normen, gesellschaftliche 14 f.

O

ÖKOPROFIT 123
Oligopol 14, 141
Opportunitäskosten 35
OSZE 354, 364 ff.

P

Parteien 228, 238 ff.
Parteien (Begriff) 24, 251
Parteien (Geschichte in Deutschland) 241
Parteien (Mitglieder) 242, 251
Parteien (Mitgliederentscheide) 251
Parteienfinanzierung 252 ff.
Parteiengesetz 239
Parteienkritik 257 f.
Parteispenden 254
Partizipation 231 ff.
Pazifismus 315
Pisa-Studie 65
Planwirtschaft 130
Pluralismus 234 f.
Politikverdrossenheit 226 f.
Preisbildung 92 f., 138
Preise 94, 98
Preisfunktion 93
Preisstabilität (siehe Inflation)
Pressekodex 301
Prestige, soziales 56, 63
Privateigentum 13, 90
Privatisierung 131 ff.
Privatsphäre 280 ff.
Protektionismus 430 f.
Punk 12

R

Recht 133
Rente 77
Repräsentation 235
Rio de Janeiro (Klimakonferenz) 101 f., 105
Rolle, soziale 16

S

Schicht, soziale 8, 66 f.
Schule (und Umweltschutz) 123
Sektorenmodell (der Wirtschaft) 43
Sicherheitspolitik 349 ff.
Sicherung, soziale (siehe Sozialstaat)
Sozialisation 14 ff.
Sozialleistungen 72, 74 f.
Sozialpolitik 21, 211
Sozialprodukt 94 f., 97, 148 f.
Sozialstaat 70 ff., 74 ff.
Sozialstruktur siehe Gesellschaftsstruktur
Sozialversicherung 30, 72 f.
Staat (und Marktwirtschaft) 131 ff., 156 ff.
Staatsausgaben 172
Staatsfunktionen (in der Wirtschaft) 135
Staatsverschuldung 160 ff., 166
Stabilitätsgesetz 144 f., 168
Ständegesellschaft 66
Standortdebatte 194 ff.
Steuern 73, 160 f., 172
Steuerpolitik (siehe Fiskalpolitik)
Strukturwandel 42, 44 ff.
Studentenbewegung 11
Subsidiaritätsprinzip 130
Subventionen 108

T

Taliban 384 ff.
Terrorismus 182, 312, 314 ff., 338 f., 386 ff.
Transnationale Konzerne siehe Konzerne
Transport 124
Treibhauseffekt 82 f., 86, 104

U

Umweltpolitik 108 ff.
Umweltschutz 115 ff., 147
Umweltschutz (und Beschäftigung) 115
Umweltschutz (und Nahrungsmittel) 120 f.
Umweltschutz (vor Ort) 116
UN-Blauhelmsoldaten 372
UN-Charta 369 f.
UN-Umweltkonferenz 80 f., 378
Ungleichheit, soziale 54 ff., 63
Unilateralismus 327,
UNO 80 f., 98, 286, 312 ff., 345, 362, 368 ff., 376, 404 ff., 428, 444 f.
UNO (Generalsekretär) 371 f.
UNO (Generalversammlung) 37, 368
UNO (Sicherheitsrat) 370 f., 404
Unsichtbare Hand (des Marktes) 88 f., 162
Unterentwicklung 416 ff., 432 ff.
Unternehmen 91
USA 103 f.

V

Verbände 260 ff.
Vereinte Nationen (siehe UNO)
Verhältniswahl 268 ff.
Verkehrsmittel 122
Vermittlungsausschuss 278
Verschuldung (von Entwicklungsländern) 435
Versicherungsprinzip 70 f.
Versorgungsprinzip 71
Verteilung (von Einkommen) 55 f., 147
Vertragsfreiheit 90 f.132
Völkerrecht 320 f., 374 f.
Volksbegehren 233
Volksentscheid 231
Volksinitiative 231
Volksparteien 243 ff.

Volkswirtschaftliche Gesamtrechnung 95f.
Vollbeschäftigung 145f.

W

Wachstum (siehe Wirtschaftswachstum)
Wägungsschema 152
Wahlbeteiligung 247
Wahlen 228, 268ff.
Wahlrecht (in Deutschland) 268ff.
Währungshandel 210ff.
Wandel, gesellschaftlicher 8f., 38ff.
Warenkorb 152
Wasserverbrauch 118f.
Weltbank 184
Welthandel 185ff., 416f.
Welthandelsorganisation siehe WTO
Weltordnung 312ff., 323f., 390
Weltwirtschaft 183ff., 220, 416f.
Werte, gesellschaftliche 55
Werte, soziale 20f.
Wertpapiermärkte 210f.
Wettbewerb 92, 136ff., 196
Wettbewerbspolitik 140ff.
Wettbewerbspolitik (der EU) 142ff.
Wirtschaftsordnung 128ff., 174f.
Wirtschaftspolitik 128ff., 144ff.
Wirtschaftsstandort Deutschland 195f.
Wirtschaftswachstum 96f., 145ff., 220
Wirtschaftswachstum und Ressourcenverbrauch 97
World Trade Center 181, 312, 341
WTO 184, 424ff.

Z

Zielkonflikte (in der Wirtschaftspolitik) 144ff.
Zinsen 160f.

Bildquellenverzeichnis

antifa offensive neubrandenburg: 224; **Axel Springer INFOPOOL**, Berlin: 298; **Baaske Cartoons**, Müllheim: Plaßmann: 48, 51, 160, 223, Mester: 318; **Bensch**: 195; **Caro**, Berlin: 414 (Trappe); **CCC, www.c5.net.de**: Behrendt: 416, Haitzinger: 243, 256, Hanel: 180, 190, Luff: 364, Mester: 22, 227, 354, 432, Mohr: 240.1, Murschetz: 442, Plaßmann: 193, Stuttmann: 259, Tomicek: 104, Wössner: 205, 250; **Corbis**, Düsseldorf: Umschlagfoto li.; **ddp**, Berlin: 38; **Deutsches Historisches Museum**, Berlin: 11.2, 11.3; **Fotolia**: 118 (Stocksnapper), 119 (spotlight-studios); **Gesellschaft für ökologische Forschung/W. Zängl**: 84.1, 84.2; **Getty Images**, München: 182 (AFP), 373 (AFP), 382 o. (J. Moore); **Haitzinger**, H., München: 95 M4; **Horsch**, W., Niedernhall: 194, 296; **imago**, Berlin: 6 (S. Stickforth), 40.2 (Kolvenbach), 79 (N. Schmidt), 383 (Xinhua), 386 (Russian Look), 418 (Hoffmann); **Initiative EnergieEffizienz/dena**: 109, **KULKAFOTO**: 369; **Laif**, Köln 7.2 (D. Butzmann); **Mohr**, B., Königswinter: 35, 307, 339.2, 345; **Pfohlmann**, Ch., Landsberg/Lech: 293, **Picture Alliance**, Frankfurt/M.: dpa: 10, 11.1, 12, 39, 39, 40, 54.1 (Tass Fomichev Mikhail), 54.2 (W. Grubitzsch), 78/79 (J. Lübke), 89, 90, 100 (joke), 125, 126 (R. Vennenbernd), 127 (F. Rumpenhorst), 131 (R. Weihrauch), 138.1 (O. Berg), 138.2 (K.-D. Gabbert), 143, 178 (O. Berg), 179 (F. Rumpenhorst), 189 (M. Gambarini), 225 (T. Brakemeier), 238, 248 (M. Gambarini), 267 (A. Scheidemann), 310, 311, 312 (epa/J. Lane), 314, 375, 387 (O. Multhaup), 415 (epa/ansana/E. Oliverio), 419 (Sven Simon), 439 (U. Koltermann), 448, 449 (epa efe HO), Umschlagfoto re. (T. Koehler), ZB: 8, 97, 117, 240.4 (S. Sauer); **Röth**, F.: 26.1, 26.2; **Sammlung Stadtmuseum Povelturm**, Nordhorn: 44 (R. Bulla 1960); **Schmidt**, R., Brunsbüttel: 283; **Siedler-Verlag**, Berlin: 334; **Skott**, B. A., Düsseldorf: 430; **Stehle**, K., München: 341; **Stuttmann**, K., Berlin: 395.1, 395.2, 406, 411; **Time Magazine**: 336 (V. R. Caivano); **ullstein bild**, Berlin: 266 (ddp); **Vario Images**, Bonn: 401; **© www.kunstsam.de**: 339.1 (F. Speth).